Die Auslegung des Rechts auf Bildung in der europäischen Grundrechtsordnung

Kölner Schriften zu Recht und Staat

Herausgegeben von
Prof. Dr. Hartmut Schiedermair und
Prof. Dr. Bernhard Kempen

Band 32

PETER LANG
Frankfurt am Main · Berlin · Bern · Bruxelles · New York · Oxford · Wien

Cécile Günther

Die Auslegung des Rechts auf Bildung in der europäischen Grundrechtsordnung

Eine Analyse von Schutzbereich und Reichweite – dargestellt am Beispiel des Art. 14 EU-GRCh (Art. II-74 EuVerf)

PETER LANG
Europäischer Verlag der Wissenschaften

Bibliografische Information der Deutschen Nationalbibliothek
Die Deutsche Nationalbibliothek verzeichnet diese Publikation in der Deutschen Nationalbibliografie; detaillierte bibliografische Daten sind im Internet über <http://www.d-nb.de> abrufbar.

Zugl.: Köln, Univ., Diss., 2006

Umschlagabbildung:
Historisches Universitätssiegel der Universität zu Köln.

D 38
ISSN 1433-0253
ISBN 978-3-631-56472-1

www.peterlang.de

Meinen Eltern

Vorwort

Die vorliegende Arbeit wurde im Wintersemester 2006/2007 von der Juristischen Fakultät der Universität zu Köln als Dissertation angenommen. Literatur und Rechtsprechung befinden sich auf dem Stand von Dezember 2006.

Besonders danken möchte ich zunächst meinem Doktorvater, Herrn Prof. Dr. *Bernhard Kempen*, der mir während der Promotionszeit als Wissenschaftliche Mitarbeiterin am Institut für deutsches und europäisches Wissenschaftsrecht bei Anfragen stets mit wertvollen Anregungen zur Seite stand und den zügigen Abschluss meiner Dissertation gefördert hat. Mein Dank gilt ihm und Herrn Prof. Dr. *Hartmut Schiedermair* auch für die Aufnahme dieser Arbeit in die von ihnen herausgegebene Schriftenreihe.

Herrn Prof. Dr. *Michael Sachs* gebührt mein Dank für die äußerst schnelle Erstellung des Zweitgutachtens.

Weiterer Dank gilt zudem allen Kolleginnen und Kollegen des Instituts sowie des Lehrstuhls für Staats- und Verwaltungsrecht für das angenehme Arbeitsklima sowie die freundschaftliche Zusammenarbeit, so dass mir die Zeit im Universitätsbetrieb in sehr guter Erinnerung bleiben wird.

Schließlich danke ich herzlich meinem Bruder, Dr. iur. *Thomas Günther*, für die kritische Durchsicht sowie für das mühselige Korrekturlesen meiner Dissertation.

Von ganzem Herzen möchte ich meinen lieben Eltern, *Bernd und Christiane Günther*, meinen größten Dank aussprechen für ihren ununterbrochenen Beistand nicht nur während meines akademischen Werdegangs. Ihnen widme ich diese Arbeit.

Köln, im Dezember 2006 *Cécile Günther*

Inhaltsverzeichnis

Abkürzungsverzeichnis

a.A.	andere(r) Ansicht
a.a.O.	am angegebenen Ort
ABl.	Amtsblatt
Abs.	Absatz
ADD	Addendum/Addenda
a.E.	am Ende
AEMR	Allgemeine Erklärung der Menschenrechte
a.F.	alte Fassung
Alt.	Alternative
AMRK	Amerikanische Menschenrechtskonvention
Anm.	Anmerkung
AöR	Archiv des öffentlichen Rechts
ArabMRCh	Arabische Charta der Menschenrechte
Art.	Artikel
ATC	Beschluss des spanischen Verfassungsgerichts (amtliche Sammlung)
AU	Österreich
Aufl.	Auflage
B	Belgien
BaWüVerf	Verfassung des Landes Baden-Württemberg
BayEUG	Bayerisches Gesetz über das Erziehungs- und Unterrichtswesen
BayObLG	Bayerisches Oberlandesgericht
BayVBl.	Bayerische Verwaltungsblätter
BayVerf	Verfassung des Freistaates Bayern

BayVfGH	Bayerischer Verfassungsgerichtshof
BayVfGHE	Entscheidungen des bayerischen Verfassungsgerichtshofs (amtliche Sammlung)
BbgVerf	Verfassung des Landes Brandenburg
BbgVerfG	Brandenburgisches Verfassungsgericht
Bd.	Band
Bek. v.	Bekanntmachung vom
belg.	belgische
BerlVerf	Verfassung von Berlin
BGBl.	Bundesgesetzblatt
BremVerf	Landesverfassung der Freien Hansestadt Bremen
BT-Drs.	Drucksachen des Deutschen Bundestages
Bull.	Bulletin
B-VG	Österreichisches Bundesverfassungsgesetz
BVerfG	Bundesverfassungsgericht
BVerfGE	Entscheidungen des Bundesverfassungsgerichts (amtliche Sammlung)
BVerwG	Bundesverwaltungsgericht
BVerwGE	Entscheidungen des Bundesverwaltungsgerichts (amtliche Sammlung)
bzw.	beziehungsweise
CC	Conseil Constitutionnel (französischer Verfassungsrat)
chap.	chapter
CHARTE	Dokument des Europäischen Grundrechtekonvents
CIG	Conférence intergouvernementale
CMLR	Common Market Law Review
CONTRIB/ CON	Contribution
CONV	Dokument des Europäischen Verfassungskonvents

CONVENT	Dokument des Europäischen Verfassungskonvents
D	Deutschland
dän.	dänisch
DC	Décisions du Conseil Constitutionnel concernant la conformité à la Constitution (Entscheidung des französischen Verfassungsrats betreffend die Verfassungsmäßigkeit nach Art. 54 und 61 frz. Verf.)
Dec.	Decision / Décision
ders.	derselbe
Dez.	Dezember
DFG	Deutsche Forschungsgemeinschaft
d.h.	das heißt
dies.	dieselbe(n)
DJT	Deutscher Juristentag
DK	Dänemark
Doc.	Document
DOK	Dokument
DÖV	Die Öffentliche Verwaltung
DR	Decisions and Reports (Sammlung der Entscheidungen und Beschlüsse der EKMR)
DRiZ	Deutsche Richterzeitung
DVBl.	Deutsches Verwaltungsblatt
E	España (Spanien)
EA	Europa-Archiv
EAG	Europäische Atomgemeinschaft
EEA	Einheitliche Europäische Akte
EG	Europäische Gemeinschaft(en)

EGKS	Europäische Gemeinschaft für Kohle und Stahl
EGKSV	Vertrag über die Gründung der Europäischen Gemeinschaft für Kohle und Stahl
EGMR	Europäischer Gerichtshof für Menschenrechte
EG(V)	Vertrag zur Gründung der Europäischen Gemeinschaft
EKMR	Europäische Kommission für Menschenrechte
EMRK	Europäische Konvention zum Schutze der Menschenrechte und Grundfreiheiten (Europäische Menschenrechtskonvention)
endg.	endgültige Fassung
EP	Europäisches Parlament
ESC	Europäische Sozialcharta
estn.	estnische/er/es
etc.	et cetera
ETS	European Treaty Series
EU	Europäische Union
EURATOM	Europäische Atomgemeinschaft
EuG	Europäisches Gericht erster Instanz
EuGH	Gerichtshof der Europäischen Gemeinschaften
EU-GRCh	Charta der Grundrechte der Europäischen Union
EuGRZ	Europäische Grundrechte-Zeitschrift
EuR	Europarecht
EU(V)	Vertrag über die Europäische Union
EuVerf	Vertrag über eine Verfassung für Europa
EuZW	Europäische Zeitschrift für Wirtschaftsrecht
EWG	Europäische Wirtschaftsgemeinschaft
EWGV	Vertrag zur Gründung der Europäischen Wirtschaftsgemeinschaft

F	Frankreich
f./ff.	folgend(e)
FamRZ	Zeitschrift für das gesamte Familienrecht
FAZ	Frankfurter Allgemeine Zeitung
finn.	finnisch(e)
Fn.	Fußnote
frz.	französisch(e)
GA	General Assembly (Generalversammlung der Vereinten Nationen)
GB	Großbritannien
GG	Grundgesetz für die Bundesrepublik Deutschland
ggf.	gegebenenfalls
GR	Griechenland
GRC	Charta der Grundrechte der Europäischen Union
griech.	griechisch
Hdb	Handbuch
Hdb StaatsR	Handbuch des Staatsrechts der Bundesrepublik Deutschland
Hdb VerfR	Handbuch des Verfassungsrechts der Bundesrepublik Deutschland
Hdb WissR	Handbuch des Wissenschaftsrechts
HessVerf	Verfassung des Landes Hessen
HRG	Hochschulrahmengesetz
HRLJ	Human Rights Law Journal
Hrsg.	Herausgeber(in)
HS.	Halbsatz

i.d.F.	in der Fassung
IPbürgR	Internationaler Pakt über bürgerliche und politische Rechte
IPwirtR	Internationaler Pakt über wirtschaftliche, soziale und kulturelle Rechte
IR	Irland / Entscheidung des Irish Supreme Court
ir.	irisch(e)
i.S.d./v.	im Sinne des/der / von
IT	Italien
ital.	italienisch(e)
i.V.m.	in Verbindung mit
JA	Juristische Arbeitsblätter
JöR	Jahrbuch des öffentlichen Rechts der Gegenwart
Jura	Juristische Ausbildung
JuS	Juristische Schulung
JZ	Juristenzeitung
Kap.	Kapitel
KOM	Dokument der Europäischen Kommission
KRK	UN-Konvention über die Rechte des Kindes (Kindesrechtskonvention)
lett.	lettisch(e)
lit.	litera / litauisch(e)
LOCE	Ley Orgánica de Calidad de la Enseñanza (Rahmengesetz über die Bildungsqualität)
LODE	Ley Orgánica del Derecho a la Educación (Gesetz über das Recht auf Bildung)

LOECE	Ley Orgánica del Estatuto de Centros Escolares (Rahmengesetz über die Statuten von Bildungszentren)
LOGSE	Ley Orgánica de Ordenación General de Sistema Educativo (Gesetz zur allgemeinen Neuordnung des Bildungswesens)
LRU	Ley Orgánica de Reforma Universitaria (Hochschulreformgesetz)
Ls.	Leitsatz
LUX	Luxemburg
lux.	luxemburgisch(e)
malt.	maltesisch
MJ	Maastricht Journal of European and Comparative Law
M-VVerf	Verfassung des Landes Mecklenburg-Vorpommern
m.w.N.	mit weiteren Nachweisen
NdsVBl.	Niedersächsische Verwaltungsblätter
NdsVerf	Niedersächsische Verfassung
niederl.	niederländisch
NJ	Neue Justiz
NJW	Neue Juristische Wochenschrift
NL	Niederlande
n.n.v.	noch nicht veröffentlicht
No.	number / numéro
Nr.	Nummer
NRWVerf	Verfassung für das Land Nordrhein-Westfalen
NW	Nordrhein-Westfalen
NWVBl.	Nordrheinwestfälische Verwaltungsblätter
NVwZ	Neue Zeitschrift für Verwaltungsrecht

NVwZ-RR	Neue Zeitschrift für Verwaltungsrecht – Rechtsprechungsreport
Ö	Österreich
o.ä.	oder ähnliches
ÖJZ	Österreichische Juristenzeitung
österr.	österreichisch
OVG	Oberverwaltungsgericht
OVGE	Entscheidungen des Oberverwaltungsgerichts (amtliche Sammlung)
P	Portugal
PL	Polen
poln.	polnisch(e)
port.	portugiesisch(e)
Präamb.	Präambel
PRESID	Praesidium of the Convention (Präsidium des Konvents)
RabelsZ	Rabels Zeitschrift für ausländisches und internationales Privatrecht
RdA	Recht der Arbeit
RdJB	Recht der Jugend und des Bildungswesens
Rdn.	Randnummer(n)
REV	Revised Document
RhPfVerf	Verfassung für Rheinland-Pfalz
RdS	Recht der Schule
Rec.	Recueil (amtliche Entscheidungssammlung)
RJC	Recueil de jurisprudence constitutionnelle (Entscheidungssammlung des französischen Verfassungsrats)
RJD	Reports of Judgments and Decisions / Recueil des Arrêts et Décisions (amtliche Sammlung des EGMR)

RL	Richtlinie
RM	Rheinischer Merkur
Rs.	Rechtssache
RTD eur.	Revue trimestrielle de droit européen
RUDH	Revue Universelle des Droits de l'Homme
S	Schweden
S.	Satz / Seite
s.	siehe
SaarlSchOG	Saarländisches Schulorganisations-Gesetz
SaarlVerf	Verfassung des Saarlandes
SächsVerf	Verfassung des Freistaates Sachsen
SchlHVerf	Verfassung des Landes Schleswig-Holstein
schwed.	schwedisch(e)
sent.	la sentenza (Urteil des italienischen Verfassungsgerichts)
Slg.	Amtliche Sammlung der Rechtsprechung des Europäischen Gerichtshofs
slow.	slowenisch(e)
slowak.	slowakisch(e)
sog.	so genannte(r)
span.	spanisch(e)
SPE	Sammlung Schul- und Prüfungsrechtlicher Entscheidungen
st. Rspr.	ständige Rechtsprechung
STC	Tribunal Constitucional (Urteil des spanischen Verfassungsgerichts)
StGBl.	Staatsgesetzblatt (Österreich)
StGG	österreichisches Staatsgrundgesetz
StV Wien	Staatsvertrag von Wien

ThürVerf	Verfassung des Freistaats Thüringen
TR	Türkische Republik
TSCH	Tschechische Republik
tschech.	tschechisch(e)
u.a.	und andere / unter anderem
UG	Gesetz über die Universitäten
UN	United Nations
UN GA Res.	United Nations General Assembly Resolution
UN MRA	Menschenrechtsausschuss der Vereinten Nationen
UN-Doc.	United Nations-Document
UNESCO	United Nations Educational, Scientific and Cultural Organization
ungar.	ungarisch(e)
v.	versus / von/vom
verb. Rsn.	verbundene Rechtssachen
Verf.	Verfassung
VerfG	Entscheidung des tschechischen Verfassungsgerichts
VerfGH	Österreichischer Verfassungsgerichtshof
VerfLSA	Verfassung des Landes Sachsen-Anhalt
VG	Verwaltungsgericht
vgl.	vergleiche
VO	Verordnung
Vorb./Vorbem.	Vorbemerkung
VSSR	Vierteljahresschrift für Sozialrecht
VVDStRL	Veröffentlichungen der Vereinigung der Deutschen Staatsrechtslehrer

WHI	Walter-Hallstein-Institut (Berlin)
WissR	Wissenschaftsrecht, Wissenschaftsverwaltung, Wissenschaftsförderung
WRV	Weimarer Reichsverfassung
WVK	Wiener Vertragsrechtskonvention (Wiener Übereinkommen über das Recht der Verträge)
ZaöRV	Zeitschrift für ausländisches öffentliches Recht und Völkerrecht
ZAR	Zeitschrift für Ausländerrecht und Ausländerpolitik
z.B.	zum Beispiel
ZE	Zulässigkeitsentscheidung (EGMR, Menschenrechtskommission)
ZEuS	Zeitschrift für europarechtliche Studien
ZfRV	Zeitschrift für Rechtsvergleichung, Internationales Privatrecht und Europarecht
ZG	Zeitschrift für Gesetzgebung
Ziff.	Ziffer
ZP	(Erstes) Zusatzprotokoll zur Europäischen Menschenrechtskonvention
ZRP	Zeitschrift für Rechtspolitik
zypriot.	zypriotisch(e)

Einführung

Art. 14 EU-GRCh (Art. II-74 EuVerf) – ein deutungsoffener Schutzbereich

„Wo kam die schönste Bildung her, / Und wenn sie nicht vom Bürger wär?“ – ob sich diese bereits im frühen 19. Jahrhundert vom deutschen Dichter JOHANN W. V. GOETHE[1] in den Zahme Xenien gestellte und zugleich beantwortete Frage gegenwärtig bewahrheiten lässt, wird sich zu zeigen haben.

Auch die wenige Zeit später erklärte Losung *„Bildung macht frei“* des Bibliographen JOSEPH MEYER[2], welche er zeitlebens verfolgte, verdeutlicht den einst aufklärerischen Impuls des 19. Jahrhunderts. Ein Jahrhundert später hat der Soziologe RALF DAHRENDORF mit seiner provozierenden Feststellung *„Bildung ist Bürgerrecht“*[3], welche zum Kampfruf für Bildungswerbung und den Ausbau des Bildungswesens während der späten 1960er und 1970er Jahre wurde, nicht nur in der nationalen Bildungspolitik, sondern auch im Bildungsrecht Aufsehen erregt.[4] Wird mit diesen „althergebrachten“ Formeln die nachstehende Bestim-

---

[1] *Johann Wolfgang von Goethe* (1749-1832), Zahme Xenien IX (1828, Weimar), Gedichte in zeitlicher Folge, S. 1129. Vgl. dazu auch *G. Bollenbeck*, Bildung und Kultur, 1994, S. 195 f.

[2] JOSEPH MEYER (1796-1856), dessen Todestag sich am 27.6.2006 zum 150. Mal jährt, war Begründer des bibliographischen Instituts (1826) und ab 1850 Herausgeber des 52bändigen *„Großen Conversations-Lexikons“*. Ähnlich *Th. Oppermann*, in: Isensee/Kirchhof (Hrsg.), Hdb StaatsR VI, § 135 Rdn. 34 ff.; *E. Klein*, in: Merten/Papier (Hrsg.), Handbuch der Grundrechte in Deutschland und Europa, Bd. I, § 5 Rdn. 105: Das Ziel von Bildung und Ausbildung besteht im Wesentlichen darin, ein selbstbestimmtes Leben in Freiheit zu führen.

[3] *R. Dahrendorf*, Bildung ist Bürgerrecht, 1965, S. 9 ff.; sowie die Nachweise bei *A. Bauer*, RdJB 1973, 225 (225 ff.); vgl. auch *Th. Oppermann*, in: Isensee/Kirchhof (Hrsg.), Hdb StaatsR VI, § 135 Rdn. 83. In diesem Sinne *J. Gündisch*, in: Beckmann/Dieringer/Hufeld (Hrsg.), Eine Verfassung für Europa, 2005, S. 429 (432) in Bezug auf Art. 14 EU-GRCh; *S. Jenkner*, in: Jach/Jenkner (Hrsg.), 50 Jahre GG und Schulverfassung, 2000, S. 1 (6): *„Das Bürgerrecht auf Bildung als Leitbild der Französischen Revolution“*.

[4] *A. Leschinsky*, in: Cortina/Baumert u.a. (Hrsg.), Das Bildungswesen in der Bundesrepublik Deutschland, 2003, S. 188 f. Vgl. auch *E. Klein*, in: Merten/Papier (Hrsg.), Handbuch der Grundrechte in Deutschland und Europa, Bd. I, § 5 Rdn. 105, nach dem in Anspielung an die vom Pädagogen und Religionsphilosophen G. PICHT formulierte *„menetekelhaft*

mung der Europäischen Grundrechtecharta zu einem europäischen Postulat des 21. Jahrhunderts erhoben?

In dem in Art. 14 der Charta der Grundrechte der Europäischen Union[5] (EU-GRCh = Art. II-74 EuVerf) normierten „*Recht auf Bildung*“ heißt es:

„*(1) Jede Person hat das Recht auf Bildung sowie auf Zugang zur beruflichen Ausbildung und Weiterbildung.*

(2) Dieses Recht umfasst die Möglichkeit, unentgeltlich am Pflichtschulunterricht teilzunehmen.

(3) Die Freiheit zur Gründung von Lehranstalten unter Achtung der demokratischen Grundsätze sowie das Recht der Eltern, die Erziehung und den Unterricht ihrer Kinder entsprechend ihren eigenen religiösen, weltanschaulichen und erzieherischen Überzeugungen sicherzustellen, werden nach den einzelstaatlichen Gesetzen geachtet, welche ihre Ausübung regeln.“

---

an die Wand gemalte Bildungskatastrophe“ später eingetreten sei, vgl. *G. Picht*, Die deutsche Bildungskatastrophe, 1964.

5 Sämtliche Artikel entsprechen der Charta der Grundrechte der Europäischen Union in der am 29.10.2004 als Teil II des „*Vertrages über eine Verfassung für Europa*“ (EuVerf) beschlossenen (aber noch nicht verbindlichen) Fassung; veröffentlicht in ABl. 2004 Nr. C 310 S. 1 ff. v. 16.12.2004 (= Amtsblatt für amtliche Veröffentlichungen der Europäischen Gemeinschaften, Vertrag über eine Verfassung für Europa, 2005, S. 432 ff.); abrufbar unter http://europa.eu.int/eur-ex/lex/LexUriServ/site/de/oj/2004/c310/c31020041216de00410054.pdf (Stand der Abfrage 15.6.2006).

Die Darstellung in dieser Arbeit hat mit dem Befund zu kämpfen, dass die Grundrechtecharta in zwei Fassungen vorliegt, nämlich der vom Dezember 2000 (vgl. Charta der Grundrechte der Europäischen Union am 7.12.2000 vom Europäischen Rat in Nizza feierlich proklamiert, ABl. 2000 Nr. C 364 S. 1 ff. v. 18.12.2000 abrufbar unter http://europa.eu.int/eur-lex/lex/JOHtml.do?uri=OJ:C:2000:364:SOM:de:HTML, entspricht Text in Dokument CIG 87/2/04 REV 2, S. 1 ff., abrufbar unter http://ue.eu.int/uedocs/cmsUpload/cg00087-re02.de04.pdf, Stand der Abfrage jeweils 15.6.2006) und der vom Oktober 2004. Die beiden Fassungen weichen zwar nur wenig voneinander ab, doch finden sich in der Fassung von 2004 eine Reihe von Verbesserungen und Klarstellungen (vgl. den Schlussbericht der vom Verfassungskonvent eingesetzten Arbeitsgruppe II [Charta], Dokument CONV 354/02 v. 22.10.2002). Aus diesem Grunde wird in dieser Arbeit die vom Verfassungskonvent und der nachfolgenden Regierungskonferenz 2003-2004 beschlossenen Änderungen und Ergänzungen in diesen Artikeln berücksichtigt, jedoch die bisherige Nummerierung der Charta-Artikel, d.h. Art. 1 bis 54 EU-GRCh (Art. II-61 bis II-114 EuVerf), verwendet. Auf die Abweichungen zur Fassung von 2000 wird aber, soweit erforderlich, hingewiesen. Vgl. dazu unten, 1. Teil, B. III.

Dem unbefangenen Verständnis bietet der soeben zitierte Text des Art. 14 EU-GRCh bereits in Absatz 1 verschiedene Deutungsvarianten und legt freilich diverse Nachfragen nahe: Welchen Gewährleistungsinhalt umfasst das Recht auf Bildung? Begründet dieses Recht etwa – wie zumindest der Wortlaut auszudrücken scheint – ein (einklagbares) subjektiv-öffentliches Recht auf Verschaffung von „Bildung" im Sinne eines Bildungsanspruchs, und zwar unabhängig vom Bedarf, je nach Begabung und Neigung? Oder handelt es sich bei dem Recht auf Bildung um einen bloßen Programmsatz, welches lediglich als Minimalgarantie ausgestaltet ist? Es schließen sich weitere Fragen an: Ist mit dem Recht auf Bildung auch ein gleiches Recht auf Sozialleistungen – etwa auf Ausbildungsförderung – gemeint, das von der Union zu respektieren und von den Mitgliedstaaten zu schützen wäre? Ist es akzeptabel, dass die Gründung von Lehranstalten nach der Charta prinzipiell frei sein soll?[6] Hier ist daran zu erinnern, dass die Gründung von Privatschulen in Deutschland (Art. 7 Abs. 4 GG) erheblicher staatlicher Kontrolle unterliegt.

Ebenso ist fraglich, was der Ausdruck „*Bildung*" über die Tragweite des Rechts aussagen soll. Soll zur Auslegung des Schutzbereichs des Art. 14 EU-GRCh der gemeinschaftsrechtliche Bildungsbegriff im Sinne der Art. 149 f. EG (Art. III-282 f. EuVerf) – wie schon vorher durch die Rechtsprechung des Gerichtshof der Europäischen Gemeinschaften (EuGH) entwickelt[7] – zugrunde gelegt werden oder werden die nationalen Begrifflichkeiten herangezogen? Umfasst das Recht auf Bildung lediglich die schulische Elementarausbildung oder sind hiermit auch die weiterführenden Schulen und der Hochschulbereich gemeint?

Mit diesem neuen Grundrecht auf Bildung gehen – wie gerade skizziert – viele juristische Fragestellungen einher.

Da die Charta der Grundrechte der Europäischen Union mit dem in Art. 14 EU-GRCh verankerten Recht auf Bildung eine neue Ebene betritt[8], können die aufgeworfenen Fragen noch nicht abschließend geklärt sein, und diese Fragestellungen zeigen, dass die Deutungsvielfalt dieses Rechts weit reichend ist.

---

6 Der in dem Verweis auf die einzelstaatlichen Gesetze zum Ausdruck kommende Vorbehalt wird teilweise für nicht ausreichend erachtet, vgl. *N. Bernsdorff*, NdsVBl. 2001, 177 (181).

7 S. dazu unten, 4. Teil, A. I. 2 b) aa) (1) (a).

8 Vgl. *B. Beutler*, in: Groeben/Schwarze (Hrsg.), EUV/EGV, Art. 6 EU Rdn. 107; *Chr. Grabenwarter*, DVBl. 2001, 1 (8); *Th. Schmitz*, JZ 2001, 833 (833).

Im folgenden ersten Teil dieser Arbeit soll zunächst ein kurzer historischer Rückblick auf die Entwicklung der Grundrechte in der Europäischen Gemeinschaft/Europäischen Union (EG/EU) bis hin zur Entstehung der Europäischen Grundrechtecharta geworfen werden, denn nur vor diesem Hintergrund wird man Inhalt und Genese der Grundrechtecharta der Europäischen Union verstehen können. Der zweite Teil widmet sich sodann der EU-Grundrechtecharta; hierzu sind neben einer kurzen Analyse der Funktionen, die die Charta-Grundrechte im Einzelnen aufweisen können (A.), insbesondere die einzelnen Interpretationsmethoden zu bestimmen. In diesem Zusammenhang sollen auch die Auslegungsregeln der Charta aufgezeigt werden, die in den Art. 51 ff. EU-GRCh (Art. II-111 ff. EuVerf) enthalten sind, ohne die die Auslegung und Anwendung der in der Charta niedergelegten Rechte nicht möglich ist (B. II. 2.).[9]

Zudem beinhaltet Art. 52 EU-GRCh (Art. II-112 EuVerf) eine Schrankensystematik, auf die im Einzelnen noch einzugehen sein wird.[10] In einem dritten Teil soll die Entstehungsgeschichte des Art. 14 EU-GRCh durchleuchtet werden, die aufgrund der transparenten Arbeitsweise der beiden Konvente nachvollzogen werden kann. Bezeichnend wird hierbei sein, wie kontrovers die Aufnahme eines Rechts auf Bildung in den Beratungen des Grundrechtekonvents diskutiert wurde.

Vor diesem Hintergrund erfolgt unter Zugrundelegung der genannten spezifischen Interpretationsregeln der Art. 51 ff. EU-GRCh im vierten Teil der Arbeit die Auslegung der einzelnen Teilgewährleistungen[11] des Art. 14 EU-GRCh. Auf diesen Gewährleistungskomplexen, innerhalb derer sowohl die völkerrechtlichen Vorschriften der EMRK und der Sozialchartas wie die Verfassungsüberlie-

---

9 *M. Borowsky*, in: Meyer (Hrsg.), EU-GRCh, Vor Kapitel VII Rdn. 4. Ausführlich zur Auslegung der Grundrechtecharta vgl. *Cl. Ladenburger*, in: Stern/Tettinger (Hrsg.), Europäische Verfassung im Werden, 2006, S. 83 ff.; *Y. Dorf*, JZ 2005, 126 ff.

10 Umfassend *M. Bühler*, Einschränkung von Grundrechten nach der Europäischen Grundrechtecharta, 2005, S. 212 ff.

11 Die Vorschrift des Art. 14 EU-GRCh vereint fünf verschiedene Ausprägungen des „*Rechts auf Bildung*“: Das Recht auf (schulische) Bildung, das Recht auf Zugang zur beruflichen Aus- und Weiterbildung, das Recht auf unentgeltliche Teilnahme am Pflichtschulunterricht, die Freiheit zur Gründung von Lehranstalten und das Elternrecht, vgl. *K. Odendahl*, in: Heselhaus/Nowak (Hrsg.), Handbuch der Europäischen Grundrechte, § 39 Rdn. 1. S. dazu im Einzelnen unten, 4. Teil. Nach *H. D. Jarass*, EU-Grundrechte, § 19 Rdn. 1, soll Art. 14 EU-GRCh drei Grundrechte enthalten: Art. 14 Abs. 1 und 2 EU-GRCh als einheitliches Grundrecht sowie zwei eigenständige Rechte in Abs. 3.

ferungen der EU-Mitgliedstaaten im Einzelnen analysiert werden, soll der Schwerpunkt der Untersuchung liegen.

1. Teil
Die Entstehung der Grundrechtecharta

Im letzten Absatz der Präambel der Europäischen Grundrechtecharta heißt es:

> *„Daher erkennt die Union die nachstehend aufgeführten Rechte, Freiheiten und Grundsätze an.“*

Scheint diese Erklärung auf den ersten Blick wenig beeindruckend zu wirken und für den an den Rechtsstaat gewöhnten Europäer indes selbstverständlich klingen, so macht ein historischer Rückblick den Gehalt dieser Aussage unabdingbar.[12]

A. Die Entwicklung des Grundrechtsschutzes auf europäischer Ebene

In den siebziger Jahren wurde die Europäische Gemeinschaft noch als „*Herrschaft ohne Grundrechte*“ kritisiert.[13] Diese Feststellung trifft – freilich erheblich abgeschwächt – bis heute zu.[14]

---

12 Vgl. etwa *R. Pitschas*, VSSR 2000, 207 (209 f.): *„Allerdings war schon der Weg zu dem grundrechtlichen Ist-Zustand in der Gemeinschaft lang und steinig.“*.

13 So *H. H. Rupp*, NJW 1970, 353 (354).

14 S. etwa *I. Pernice/F. C. Mayer*, in: Grabitz/Hilf (Hrsg.), EUV/EGV, Bd. I, nach Art. 6 EUV (2002) Rdn. 1; *Chr. Callies*, in: Ehlers (Hrsg.), Europäische Grundrechte, § 20 Rdn. 1; *D. Ehlers*, in: Ehlers (Hrsg.), Europäische Grundrechte, § 14 Rdn. 4; *M. H. Knecht*, Die Charta der Grundrechte der Europäischen Union, 2005, S. 38; *N. Bernsdorff*, NdsVBl. 2001, 177 (177); *M. Kenntner*, ZRP 2000, 423 (423); *Th. Kingreen*, JuS 2000, 857 (857); *B. Losch/W. Chr. Radau*, ZRP 2000, 84 (85); *P. Pescatore*, EuGRZ 1978, 441 (441); *H.-W. Rengeling*, DVBl. 1982, 140 (141).

Die Gründungsverträge der drei Europäischen Gemeinschaften – Europäische Gemeinschaft für Kohle und Stahl (EGKS)[15], Europäische Wirtschaftsgemeinschaft (EWG)[16], die seit dem Maastrichter Vertrag von 1992[17] i.d.F. des Amsterdamer Vertrages von 1997 bzw. des Vertrags von Nizza von 2001[18] schlicht Europäische Gemeinschaft (EG) heißt, und Europäische Atomgemeinschaft (EAG oder auch EURATOM)[19] – enthalten, wie soeben angedeutet, bis zum heutigen Tage[20] keine ausdrücklichen Grundrechtsverbürgungen in Form eines geschlossenen Grundrechtskatalogs nach Art der nationalen Verfassungen der Mitgliedstaaten.[21] Zwar lassen sich vereinzelt in den Gemeinschaftsverträgen

---

15 Vertrag über die Gründung der Europäischen Gemeinschaft für Kohle und Stahl v. 18.4.1951 (Vertrag von Paris; „Montanunion"), in Kraft getreten am 23.7.1952, BGBl. 1952 II S. 445. Für die auf technische Aspekte beschränkte EGKS, deren Vertrag am 23.7.2002 auslief (vgl. Art. 97 EGKSV), hatte sich die Grundrechtsfrage von vornherein nicht gestellt, vgl. *E. Chwolik-Lanfermann*, Grundrechtsschutz in der Europäischen Union, 1994, S. 42.

16 Vertrag zur Gründung der Europäischen Wirtschaftsgemeinschaft v. 25.3.1957 („Römische Verträge" oder „EG-Vertrag"), in der ursprünglichen Version in Kraft seit dem 1.1.1958, BGBl. 1958 II S. 1 ff. Die mit EWGV bezeichneten Vertragsartikel beziehen sich auf den Vertrag alter Fassung. Auch der Fusionsvertrag v. 8.4.1965, der am 1.7.1967 in Kraft trat und die zuvor gegründeten Gemeinschaften zu einer Europäischen Gemeinschaft unter Schaffung von Rat und Kommission zusammenfügte, enthielt keine Grundrechte.

17 Vertrag über die Europäische Union (auch „Maastrichter-Vertrag" genannt) v. 7.2.1992, in Kraft getreten am 1.11.1993, BGBl. II S. 1253, zuletzt geändert durch Art. 12 EU-Beitrittsakte v. 16.4.2003 (ABl. Nr. 236 S. 33), BGBl. II 2003 S. 1408. Der Gründungsvertrag der EWG wurde mit dem Maastrichter Vertrag in EGV umbenannt.

18 Vertrag von Amsterdam, (ABl. 1997 Nr. C 340 S. 1), BGBl. 1998 II S. 387. Mit dem Vertrag von Amsterdam (unterzeichnet am 2.10.1997, in Kraft getreten am 1.5.1999) erfolgte eine „Konsolidierung" der Artikel-Bezeichnungen des Maastrichter Vertrags, seither gilt eine neue Nummerierung. Durch den am 26.2.2001 unterzeichneten Vertrag von Nizza (ABl. 2001 Nr. C 80 S. 1), BGBl. 2001 II S. 1667, ist der Vertrag am 1.2.2003 in seiner geänderten Fassung in Kraft getreten (konsolidierte Fassungen der Verträge s. ABl. 2002 Nr. C 325 S. 5 [EU-Vertrag], ABl. 2002 Nr. C 325 S. 33 [EG-Vertrag]).

19 Vertrag zur Gründung der Europäischen Atomgemeinschaft v. 25.3.1957, in Kraft getreten am 1.1.1958, BGBl. 1957 II S. 1014.

20 Zur nachträglichen Verankerung der Rechtsprechung des EuGH zu den Gemeinschaftsgrundrechten in Art. 6 Abs. 2 EU (Art. I-9 Abs. 3 EuVerf) s. unten, III.

21 *I. Pernice/F. C. Mayer*, in: Grabitz/Hilf (Hrsg.), EUV/EGV, Bd. I, nach Art. 6 EUV (2002) Rdn. 1; *Chr. Callies*, in: Ehlers (Hrsg.), Europäische Grundrechte, § 20 Rdn. 1; *D. Ehlers*, in: Ehlers (Hrsg.), Europäische Grundrechte, § 14 Rdn. 4; *M. H. Knecht*, Die Charta der Grundrechte der Europäischen Union, 2005, S. 38; *P. Szczekalla*, Die sogenannten grundrechtlichen Schutzpflichten im deutschen und europäischen Recht, 2002, S. 459; *S. Schulenberg*, in: Kämmerer/Wyrzykowski (Hrsg.), Verfassungsgebung für Europa, 2005, S. 287 (287); *N. Bernsdorff*, NdsVBl. 2001, 177 (177); *M. Kenntner*, ZRP 2000, 423 (423); *Th.*

individualschützend wirkende und damit Grundrechten ähnelnde Verbürgungen finden, zu denen neben den verschiedenen Ausprägungen des Diskriminierungsverbotes (vgl. etwa Art. 12 EG[22] und Art. 141 EG[23]) insbesondere die so genannten vier Grundfreiheiten (freier Waren-, Personen-, Dienstleistungs- und Kapitalverkehr, vgl. Art. 3 Abs. 1 lit. c) EG[24]) zählen.[25] Allerdings bleiben die Grundfreiheiten – anders als die Grundrechte – auf den Binnenmarkt und nicht auf den persönlichen Freiheitsraum des Einzelnen orientiert.[26]

Ungeachtet des anfänglichen Fehlens von ausdrücklichen Grundrechtsverbürgungen sind die Grundrechte in der Gemeinschaft jedoch durch eine gefestigte Rechtsprechung des EuGH wirksam entwickelt und geschützt worden. Um den genauen Entwicklungsprozess des Grundrechtsschutzes auf europäischer Ebene erfassen zu können, sollen zunächst in einer kurzen rechtshistorischen Analyse die Defizite des europäischen Grundrechtsschutzes beleuchtet werden. Erläutert wird, warum die Europäische Gemeinschaft über keinen umfassenden Grundrechtskatalog verfügt, gefolgt von der Darstellung der Entwicklung des Grundrechtsschutzes durch die Judikatur des EuGH.

Kingreen, JuS 2000, 857 (857); *S. Leutheusser-Schnarrenberger*, ZRP 2002, 329 (330); *B. Losch/W. Chr. Radau*, ZRP 2000, 84 (85); *P. Pescatore*, EuGRZ 1978, 441 (441); *R. Pitschas*, VSSR 2000, 207 (209); *H.-W. Rengeling*, DVBl. 1982, 140 (141).

22 Art. I-4 Abs. 2 EuVerf und Art. III-123 EuVerf.

23 Art. III-214 EuVerf.

24 Art. III-130 Abs. 2 EuVerf.

25 Ausführlich zur Einordnung der Grundfreiheiten als (Gemeinschafts-) Grundrechte: *P. Szczekalla*, Die sogenannten grundrechtlichen Schutzpflichten im deutschen und europäischen Recht, 2002, S. 461 ff. m.w.N. Zur Einordnung als grundrechtsähnliche Rechte vgl. etwa *A. Bleckmann*, in: Bleckmann (Hrsg.), Europarecht, Rdn. 755 ff.; *M. Schweitzer/W. Hummer*, Europarecht, Rdn. 787 f.; *D. Ehlers*, in: Ehlers (Hrsg.), Europäische Grundrechte, § 14 Rdn. 13; *E. Chwolik-Lanfermann*, Grundrechtsschutz in der Europäischen Union, 1994, S. 41 ff., 74 ff.; *dies.*, ZRP 1995, 126 (127, Sp. 1); *Kl. Stern*, in: Stern/Tettinger (Hrsg.), Die Europäische Grundrechte-Charta im wertenden Verfassungsvergleich, 2005, S. 13 (17); *A. Zimmermann*, Charta der Grundrechte der Europäischen Union, 2002, S. 9; *P. Pescatore*, EuGRZ 1978, 441 (441); *H.-W. Rengeling*, DVBl. 1982, 140 (141); vgl. auch *U. Kischel*, EuGRZ 1997, 1 ff. A.A. *R. Scholz*, in: Maunz/Dürig (Hrsg.), GG, Art. 12 (2006) Rdn. 14.

26 *R. v. Borries/Chr. Zacker*, Europarecht von A-Z, Stichwort „Grundrechte“, S. 341.

I. Verzicht auf Grundrechtsverbürgungen in den Gründungsverträgen

Beim Abschluss der Gründungsverträge wurde bewusst auf eine ausdrückliche Anerkennung von Grundrechten in Gestalt eines geschriebenen Grundrechtskatalogs verzichtet.[27] Die absichtliche Weglassung von ausdrücklichen Grundrechtsverbürgungen in den Verträgen resultierte aus dem instrumentalen Charakter der EG, die ursprünglich allein auf wirtschaftliche und nicht auf politische Integration ausgerichtet war.[28] Die Europäische Gemeinschaft wurde damit zuvörderst zur Stärkung und Erweiterung individueller Freiheit, insbesondere durch die Schaffung eines Gemeinsamen Wirtschaftsmarktes auf der Basis umfassender Marktfreiheiten und Diskriminierungsverbote, gegründet.[29] Dies wiederum schien die Grundrechte des Einzelnen nicht zu berühren.[30] Dessen ungeachtet konnten Grundrechtsfragen zudem zunächst der innerstaatlichen Rechtsprechung überlassen werden, da der Vollzug des Gemeinschaftsrechts überwiegend auf mitgliedstaatlicher Ebene vorgenommen wird.[31] Die Anerkennung von Gemeinschaftsgrundrechten ist indes im Zusammenhang mit der Entwicklung der Gemeinschaftsprinzipien der unmittelbaren Anwendbarkeit[32] und des Vorrangs des Gemeinschaftsrechts[33] zu sehen. Nachdem der EuGH in den ersten Jahren seiner Rechtsprechung entweder auf Grundrechtsrügen nicht eingegangen war oder sich für die Auslegung von nationalen Grundrechten für un-

---

[27] Vgl. *M. Bühler*, Einschränkung von Grundrechten nach der Europäischen Grundrechtecharta, 2005, S. 15 f.; *E. Chwolik-Lanfermann*, Grundrechtsschutz in der Europäischen Union, 1994, S. 42 ff. *K. Lenaerts/E. de Smijter*, CMLR 2001, 273 (274 f.) sehen dagegen schon in dem Diskriminierungsverbot des Art. 7 EWG eine erste Verankerung von Grundrechten.

[28] *E. Chwolik-Lanfermann*, Grundrechtsschutz in der Europäischen Union, 1994, S. 42 ff.; *C. Eisner*, Die Schrankenregelung der Grundrechtecharta der Europäischen Union, 2005, S. 30; *S. Schulenberg*, in: Kämmerer/Wyrzykowski (Hrsg.), Verfassungsgebung für Europa, 2005, S. 287 (287); *N. Bernsdorff*, NdsVBl. 2001, 177 (179).

[29] *M. Möstl*, Verfassung für Europa, 2005, S. 11; *I. Pernice*, Integration 2001, 194 (194). Vgl. auch *B. Losch/W. Chr. Radau*, NJ 1999, 632 (632).

[30] *S. Schulenberg*, in: Kämmerer/Wyrzykowski (Hrsg.), Verfassungsgebung für Europa, 2005, S. 287 (287).

[31] *B. Losch/W. Chr. Radau*, NJ 1999, 632 (633); *S. Leutheusser-Schnarrenberger*, ZRP 2002, 329 (330).

[32] Grundlegend EuGH, Urteil v. 5.2.1963, Rs. 26/62, („van Gend & Loos"), Slg. 1963, 1 (24 f.).

[33] Grundlegend EuGH, Urteil v. 15.7.1964, Rs. 6/64, („Costa/ENEL"), Slg. 1964, 1251 (1269 f.).

zuständig erklärt hatte,[34] stellte er mit der Entscheidung zum gemeinschaftsrechtlichen Anwendungsvorrang, klar, dass nationale Grundrechtsgewährleistungen auf der gemeinschaftsrechtlichen Ebene keine Geltung beanspruchen können, da sonst die einheitliche Anwendung des Gemeinschaftsrechts in den Mitgliedstaaten in Frage gestellt wäre.[35] In diesem Zusammenhang unterstrich der EuGH[36] weiter, dass selbst nationale Grundrechte hinter Gemeinschaftsrecht gleich welchen Ranges zurücktreten sollten.[37] Zusammen mit dem Gemeinschaftsprinzip der unmittelbaren Anwendbarkeit, wonach Bestimmungen des Gemeinschaftsrechts im innerstaatlichen Bereich ohne eine Umsetzung unmittelbar Anwendung finden können,[38] und der damit verbundenen unmittelbaren Betroffenheit der Individuen wurde das Bedürfnis nach grundrechtlicher Legitimation der gemeinschaftsrechtlichen Hoheitsgewalt sichtbar und ihr Fehlen von den Mitgliedstaaten als mit dem gemeinschaftsrechtlichen Anwendungsvorrang unvereinbar kritisiert.[39] Angesichts der so entstehenden Lücke im Grundrechtsschutz sah sich der EuGH gezwungen, einen eigenständigen gemeinschaftsrechtlichen Grundrechtsschutz zu entwickeln.[40] Vor diesem Hintergrund nahm insbe-

---

[34] EuGH, Urteil v. 4.2.1959, Rs. 1/58, („Stork"), Slg. 1958-1959, 43 (63 f.); EuGH, Urteil v. 15.7.1960, verb. Rsn. 36/59, 37/59, 38/59 u. 40/59, („Ruhrkohlenverkaufsgesellschaften"), Slg. 1960, 885 (920 f.); EuGH, Urteil v. 1.4.1965, Rs. 40/64, („Sgarlata u.a."), Slg. 1965, 295 (311 ff.).

[35] Hierzu der Überblick von *Th. Kingreen,* in: Callies/Ruffert (Hrsg.), EUV/EGV, Art. 6 EUV Rdn. 84 ff.; *R. Streinz*, Europarecht, Rdn. 190 ff., vgl. auch *A. Bleckmann*, in: Bleckmann (Hrsg.), Europarecht, Rdn. 1086 ff.; *Th. Oppermann*, Europarecht, Rdn. 616 ff.; *D. Ehlers*, in: Ehlers (Hrsg.), Europäische Grundrechte, § 14 Rdn. 5; *S. Schulenberg*, in: Kämmerer/Wyrzykowski (Hrsg.), Verfassungsgebung für Europa, 2005, S. 287 (288); *N. Bernsdorff*, NdsVBl. 2001, 177 (177); *Chr. Callies*, EuZW 2001, 261 (261).

[36] EuGH, Urteil v. 17.12.1970, Rs. 11/70, („Internationale Handelsgesellschaft"), Slg. 1970, 1125.

[37] Vgl. *S. Schulenberg*, in: Kämmerer/Wyrzykowski (Hrsg.), Verfassungsgebung für Europa, 2005, S. 287 (288).

[38] Vgl. etwa *S. Schulenberg*, in: Kämmerer/Wyrzykowski (Hrsg.), Verfassungsgebung für Europa, 2005, S. 287 (288).

[39] Vgl. *H. P. Ipsen*, Europäisches Gemeinschaftsrecht, 1972, S. 715 m.w.N.

[40] Ausführlich zur Entwicklung von Gemeinschaftsgrundrechten durch den EuGH *D. Ehlers*, in: Ehlers (Hrsg.), Europäische Grundrechte, § 14 Rdn. 5; *E. Chwolik-Lanfermann*, Grundrechtsschutz in der Europäischen Union, 1994, S. 49 f.; *C. Eisner*, Die Schrankenregelung der Grundrechtecharta der Europäischen Union, 2005, S. 32 ff.; *S. Schulenberg*, in: Kämmerer/Wyrzykowski (Hrsg.), Verfassungsgebung für Europa, 2005, S. 287 (287); *I. Wetter*, Die Grundrechtscharta des Europäischen Gerichtshofes, 1998, S. 11 f.; *I. Pernice*, NJW 1990, 2409 (2411 f.); *Th. Schilling,* EuGRZ 2000, 3 (6 f.).

sondere das Bundesverfassungsgericht (BVerfG) neben der italienischen *Corte Costituzionale*[41] und der französischen *Cour de Cassation*[42] maßgeblichen Einfluss auf die Entwicklung des europäischen Grundrechtsschutzes.[43] Schon 1974 hatte das BVerfG in dem so genannten Solange I-Beschluss[44] einen „*formulierten Katalog von Grundrechten*" angemahnt, „*der dem Grundrechtskatalog des Grundgesetzes adäquat ist*"[45]. Darin behielt sich das Gericht vor, gemeinschaftsrechtliche Vorschriften auf ihre Vereinbarkeit mit deutschen Grundrechten zu überprüfen, solange das Gemeinschaftsrecht keinen ausreichenden Grundrechtsschutz (Grundrechtskatalog) gewährleistete. Diese Kompetenzanmaßung durch das Bundesverfassungsgericht führte nicht zuletzt zur Intensivierung des Grundrechtsschutzes durch den EuGH und zu den Erklärungen der Gemeinschaftsorgane[46]. Daraus folgte: Wollte der EuGH an den von ihm entwickelten Prinzipien und seiner integrativen Rechtsprechung festhalten, so musste ein umfassender und effektiver Grundrechtsschutz auf Gemeinschaftsebene etabliert werden.[47]

II. Die Entwicklung des europäischen Grundrechtsschutzes durch die Rechtsprechung des EuGH bis 1992

Im Laufe der Jahre entstand durch die Rechtsprechung des EuGH ein so genannter „richterrechtlicher Grundrechtekatalog".[48]

---

41 *Corte Costituzionale*, Urteil v. 18.12.1973, wiedergegeben in EuR 1974, 255 ff. (262); Urteil v. 30.10.1975, wiedergegeben in EuR 1976, 246 ff. Zu weiteren Urteilen des italienischen Verfassungsgerichts vgl. *G. G. Sander*, DÖV 2000, 588 (591 ff.).

42 *Cour de Cassation*, Urteil v. 25.5.1975, wiedergegeben in EuR 1975, 326 mit Anm. *R. Bieber*.

43 Vgl. dazu ausführlich *E. Chwolik-Lanfermann*, Grundrechtsschutz in der Europäischen Union, 1994, S. 118 ff., ferner auch *I. Pernice*, NJW 1990, 2409 (2419): Europäischer Grundrechtsschutz als „*Ergebnis eines regen Dialogs zwischen nationalen (Verfassungs-) Gerichten und EuGH, begleitet vom Orchester der Literaturmeinungen*".

44 BVerfG, Beschluss v. 29.5.1974, („Solange I"), BVerfGE 37, 271 ff.

45 BVerfGE 37, 271 (280).

46 Zu diesen Erklärungen s. unten, B. I.

47 *S. Schulenberg*, in: Kämmerer/Wyrzykowski (Hrsg.), Verfassungsgebung für Europa, 2005, S. 287 (288).

48 Vgl. dazu den Überblick bei *Th. Kingreen,* in: Callies/Ruffert (Hrsg.), EUV/EGV, Art. 6 EUV Rdn. 20 ff., 93 ff., wo sich eine Art Katalog der ungeschriebenen vom EuGH anerkannten Grundrechte findet; ferner *B. Beutler*, in: Groeben/Thiesing/Ehlermann (Hrsg.), 5. Aufl., EUV/EGV, Art. F EUV Rdn. 54 ff.; *C. Stumpf*, in: Schwarze (Hrsg.), EU, Art. 6 EUV

1. Die Grundrechtsjudikatur des EuGH

a) Rechtssache Algera u.a., 1957

Schon 1957 war der Gerichtshof im Fall *Algera u.a.*[49] hinsichtlich des Widerrufs von Verwaltungsakten, durch die den Klägern „*wohlerworbene Rechte*“ verliehen worden waren, – in knapper Darstellungsweise – von seiner Pflicht zur Entwicklung und Anwendung rechtsstaatlicher Verfahrensgarantien ausgegangen, da er sich ansonsten dem Vorwurf der Rechtsverweigerung (Art. 4 frz. Code Civil: „*déni de justice*“) aussetzen würde.

b) Rechtssache Stork, 1959

Zwei Jahre später stellte sich für den EuGH in der Rechtssache *Stork*[50] die Frage nach der Geltung von Grundrechten. Hier betonte er, dass es nicht seine Aufgabe sei, das Handeln der Gemeinschaftsorgane an nationalen Grundrechten zu messen, als er es ablehnte, auf eine Grundrechtsverletzung des deutschen Grundgesetzes einzugehen.[51]

Rdn. 20 ff.; *E. Chwolik-Lanfermann*, Grundrechtsschutz in der Europäischen Union, 1994, S. 67; *St. Griller*, in: Duschanek/Griller (Hrsg.), Grundrechte für Europa, 2002, S. 131 f.; *H.-W. Rengeling*, Grundrechtsschutz in der Europäischen Gemeinschaft, 1993, S. 16 ff.; *I. Wetter*, Die Grundrechtscharta des Europäischen Gerichtshofes, 1998, S. 129 ff.

[49] EuGH, Urteil v. 12.7.1957, verb. Rsn. 7/56 u. 3/57 bis 7/57, („Algera u.a.“), Slg. 1957, 83 (117).

[50] EuGH, Urteil v. 4.2.1959, Rs. 1/58, („Stork”), Slg. 1958-1959, 43 ff.

[51] EuGH, Slg. 1958-1959, 43 (63 f.) Rdn. 4 a): „*Wie sich aus Artikel 8 des Vertrages ergibt, ist die Hohe Behörde nur berufen, das Recht der Gemeinschaft anzuwenden; für die Anwendung innerstaatlicher Vorschriften der Mitgliedstaaten fehlt ihr die Zuständigkeit. Auch der Gerichtshof hat, gemäß Artikel 31 des Vertrages, lediglich die Wahrung des Rechts bei der Auslegung und Anwendung des Vertrages und seiner Durchführungsvorschriften zu sichern, im Regelfall aber sich nicht über nationale Rechtsvorschriften auszusprechen. Infolgedessen kann auch auf den Vorwurf, die Hohe Behörde habe mit ihrer Entscheidung Grundsätze des deutschen Verfassungsrechts [...] verletzt, im Verfahren vor diesem Gerichtshof nicht eingegangen werden.*“. Vgl. in diesem Zusammenhang auch EuGH, Urteil v. 15.7.1960, verb. Rsn. 36/59, 37/59, 38/59 u. 40/59, („Ruhrkohlenverkaufsgesellschaften“), Slg. 1960, 885 (918, 920 f.) und EuGH, Urteil v. 12.2.1960, verb. Rsn. 16/59, 17/59 u. 18/59, („Geitling“), Slg. 1960, 45.

c) Rechtssache van Gend & Loos, 1963

1963 stellte der EuGH in dem bereits erwähnten Urteil *van Gend & Loos*[52] fest, dass nicht nur die Mitgliedstaaten, sondern auch der Einzelne ohne ausdrückliche Anordnung in den Gemeinschaftsverträgen Rechtssubjekt und damit Inhaber eines Gemeinschaftsrechts sein kann.[53]

d) Rechtssache Stauder, 1969

Den Auftakt der erwähnten Grundrechtsjudikatur des EuGH markierte jedoch die Rechtssache *Stauder*[54] aus dem Jahre 1969.[55] In diesem Fall wurde erstmals von „*Grundrechte[n] der Person*" gesprochen.[56] Der Gerichtshof anerkannte nun, dass der Einzelne sich gegenüber der Gemeinschaft auf Grundrechte berufen konnte und erklärte sich zum ersten Mal dazu bereit, die Grundrechte zu schützen. Fortan zählte der EuGH die Grundrechte in diesem Urteil zu den allgemeinen Rechtsgrundsätzen der Gemeinschaftsordnung.

Zum Durchbruch gelangt ist die Anerkennung von Unionsgrundrechten in den nachfolgenden Entscheidungen *Internationale Handelsgesellschaft* und *Nold.*

e) Rechtssache Internationale Handelsgesellschaft, 1970

Auch das bereits erwähnte Urteil in der Rechtssache *Internationale Handelsgesellschaft*[57] von 1970 war für die Schaffung eines europäischen Grundrechts-

---

52 EuGH, Urteil v. 5.2.1963, Rs. 26/62, („van Gend & Loos"), Slg. 1963, 1 ff.

53 EuGH, Slg. 1963, 1 (25): „*Das von der Gesetzgebung der Mitgliedstaaten unabhängige Gemeinschaftsrecht soll daher den Einzelnen, ebenso wie es ihnen Pflichten auferlegt, auch Rechte verleihen. Solche Rechte entstehen nicht nur, wenn der Vertrag dies ausdrücklich bestimmt, sondern auch auf Grund von eindeutigen Verpflichtungen, die der Vertrag den Einzelnen wie auch den Mitgliedstaaten und den Organen der Gemeinschaft auferlegt.*".

54 EuGH, Urteil v. 12.11.1969, Rs. 29/69, („Stauder"), Slg. 1969, 419 ff.

55 Dazu *H. D. Jarass*, EU-Grundrechte, § 1 Rdn. 18; *C. Eisner*, Die Schrankenregelung der Grundrechtecharta der Europäischen Union, 2005, S. 47 f.

56 EuGH, Slg. 1969, 419 (425) Rdn. 7: „*Bei dieser Auslegung enthält die streitige Vorschrift nichts, was die in den allgemeinen Grundsätzen der Gemeinschaftsrechtsordnung, deren Wahrung der Gerichtshof zu sichern hat, enthaltenen Grundrechte der Person in Frage stellen könnte.*". Vgl. aber *Th. Kingreen*, EuGRZ 2004, 570 (570), der kritisiert, dass der EuGH in dieser Entscheidung die Existenz von Gemeinschaftsgrundrechten „*eher beiläufig*" behauptet.

57 EuGH, Urteil v. 17.12.1970, Rs. 11/70, („Internationale Handelsgesellschaft"), Slg. 1970, 1125 ff.

katalogs wegweisend und führte so zu einer weitergehenden Präzisierung des Grundrechtsschutzes. Der EuGH führte aus, Rechtserkenntnisquelle, d.h. methodischer Anhaltspunkt für die richterrechtliche Herausbildung der Gemeinschaftsgrundrechte[58], seien die gemeinsamen Verfassungsüberlieferungen der Mitgliedstaaten.[59]

f) Rechtssache Nold, 1974

Einen Schritt weiter ging der EuGH 1974 im Urteil *Nold*[60], indem er zum ersten Mal auf *„die internationalen Verträge über den Schutz der Menschenrechte, an deren Abschluß die Mitgliedstaaten beteiligt waren oder denen sie beigetreten sind“*[61] hinwies. Damit machte der EuGH deutlich, dass die Grundrechte nicht nur aus den nationalen Rechtsordnungen, sondern auch aus internationalen Verträgen gewonnen werden können und wies auf diese Weise auf zwei für ihn wichtige Rechtserkenntnisquellen hin, nämlich die internationalen Menschenrechtsverträge und die nationalen Rechtsordnungen.[62]

g) Rechtssache Rutili, 1975

Bedeutung erlangte ebenfalls der Fall *Rutili*[63] aus dem Jahre 1975, da der EuGH hier erstmals die Europäische Konvention zum Schutze der Menschen-

---

[58] Zum Begriff der Rechtserkenntnisquelle s. *H. D. Jarass*, EU-Grundrechte, § 2 Rdn. 11, 26.

[59] EuGH, Slg. 1970, 1125 (1135) Rdn. 4: *„Es ist jedoch zu prüfen, ob nicht eine entsprechende gemeinschaftsrechtliche Garantie verkannt worden ist; denn die Beachtung der Grundrechte gehört zu den allgemeinen Rechtsgrundsätzen, deren Wahrung der Gerichtshof zu sichern hat. Die Gewährleistung dieser Rechte muß zwar von den gemeinsamen Verfassungsüberlieferungen der Mitgliedstaaten getragen sein, sie muß sich aber auch in die Struktur und die Ziele der Gemeinschaft einfügen.“*.

[60] EuGH, Urteil v. 14.5.1974, Rs. 4/73, („Nold“), Slg. 1974, 491 ff.

[61] EuGH, Slg. 1974, 491 (507) Rdn. 13.

[62] EuGH, Slg. 1974, 491 (507) Rdn. 13: *„[...], daß die Grundrechte zu den allgemeinen Rechtsgrundsätzen gehören [...] und daß er bei der Gewährleistung dieser Rechte von den gemeinsamen Verfassungsüberlieferungen der Mitgliedstaaten auszugehen hat. [...] Auch die internationalen Verträge über den Schutz der Menschenrechte, [...], können Hinweise geben, die im Rahmen des Gemeinschaftsrechts zu berücksichtigen sind.“*.

[63] EuGH, Urteil v. 28.10.1975, Rs. 36/75, („Rutili“), Slg. 1975, 1219 ff.

rechte und Grundfreiheiten vom 4. November 1950 (EMRK)[64] als Rechtserkenntnisquelle herangezogen hat.[65]

h) Rechtssache Hauer, 1979

Im Urteil *Hauer*[66] benannte der EuGH wiederum die gemeinsamen Verfassungsüberlieferungen der Mitgliedstaaten und die internationalen Verträge zum Schutz der Menschenrechte als wesentliche Rechtserkenntnisquellen seiner Rechtsermittlung.[67] Seit den Fällen *Rutili* und *Hauer* wurde die EMRK in die ständige Rechtsprechung des EuGH[68] einbezogen.[69]

Darüber hinaus bezog sich der EuGH zur Bestätigung seiner Rechtsprechung auf die Gemeinsame Erklärung des Europäischen Parlaments, des Rates und der

---

64 Konvention zum Schutze der Menschenrechte und Grundfreiheiten (EMRK) v. 4.11.1950, BGBl. 1954 II S. 14, in der Fassung der Neubekanntmachung v. 17.5.2002, BGBl. 2002 II S. 1054. Die Konvention ist am 3.9.1953 in Kraft getreten; die Bundesrepublik Deutschland ratifizierte diese am 5.12.1952.

65 EuGH, Slg. 1975, 1219 (1232) Rdn. 32: „*Insgesamt stellen sich die Beschränkungen der ausländerpolizeilichen Befugnisse der Mitgliedstaaten als eine besondere Ausprägung eines allgemeineren Grundsatzes dar, der in den Artikeln 8, 9, 10 und 11 der am 4. November 1950 in Rom unterzeichneten und von allen Mitgliedstaaten ratifizierten Konvention zum Schutz der Menschenrechte und Grundfreiheiten Artikel 2 des am 16. September 1963 in Straßburg unterzeichneten Protokolls Nr. 4 zu dieser Konvention verankert ist [...].*“.

66 EuGH, Urteil v. 13.12.1979, Rs. 44/79, („Hauer“), Slg. 1979, 3727 ff.

67 EuGH, Slg. 1979, 3727 (3728) Rdn. 3: „*Die Grundrechte gehören zu den allgemeinen Rechtsgrundsätzen, die der Gerichtshof zu wahren hat. Bei der Gewährleistung dieser Rechte hat der Gerichtshof von den gemeinsamen Verfassungsüberlieferungen der Mitgliedstaaten auszugehen, [...]. Auch die internationalen Verträge über den Schutz der Menschenrechte [...] können Hinweise geben, die im Rahmen des Gemeinschaftsrechts zu berücksichtigen sind.*“.

68 Vgl. etwa EuGH, Urteil v. 5.3.1980, Rs. 98/79, („Pecastaing“), Slg. 1980, 691 ff.; EuGH, Urteil v. 11.7.1989, Rs. 265/87, („Schräder“), Slg. 1989, 2237 ff.; EuGH, Urteil v. 13.7.1989, Rs. 5/88, („Wachauf“), Slg. 1989, 2609 ff.; EuGH, Urteil v. 21.9.1989, verb. Rsn. 46/87 u. 227/88, („Hoechst“), Slg. 1989, 2359 ff.; EuGH, Urteil v. 18.6.1991, Rs. C-260/89, („ERT“), Slg. 1991, I-2925 ff.

69 *P. Pescatore*, EuGRZ 1978, 441 (442); *E. Chwolik-Lanfermann*, ZRP 1995, 126 (127).

Kommission vom 5. April 1977[70], in der die Organe von einer Grundrechtsbindung der Gemeinschaft ausgehen.[71]

i) Zwischenergebnis und Konsequenzen des BVerfG

Mit den dargestellten Urteilen hat der EuGH nach und nach seine Grundrechtsjudikatur präzisiert, dogmatisch vertieft und eine Vielzahl von Grundrechten auf europäischer Ebene ermittelt und so einen im Wesentlichen lückenlosen Grundrechtskatalog geschaffen.[72] Vor diesem Hintergrund hat das BVerfG 1986 in dem so genannten Solange II-Beschluss seinen Prüfungsvorbehalt zurückgenommen, in dem es ausführte:

> „*Solange die Europäischen Gemeinschaften, insbesondere die Rechtsprechung des Gerichtshofs der Gemeinschaften einen wirksamen Schutz der Grundrechte gegenüber der Hoheitsgewalt der Gemeinschaften generell gewährleisten, der dem vom Grundgesetz als unabdingbar gebotenen Grundrechtsschutz im wesentlichen gleichzuachten ist, zumal den Wesensgehalt der Grundrechte generell verbürgt, wird das Bundesverfassungsgericht seine Gerichtsbarkeit über die Anwendbarkeit von abgeleitetem Gemeinschaftsrecht, das als Rechtsgrundlage für ein Verhalten deutscher Gerichte oder Behörden im Hoheitsbereich der Bundesrepublik Deutschland in Anspruch genommen wird, nicht mehr ausüben und dieses Recht mithin nicht mehr am Maßstab der Grundrechte des Grundgesetzes überprüfen; […].*"[73]

In den Entscheidungsgründen setzte sich das BVerfG intensiv mit den Entwicklungen des europäischen Grundrechtsschutzes auseinander. Es konstatierte, dass die Grundrechte auch ohne einen formellen europäischen Grundrechtskatalog so dauerhaft gesichert seien, dass eine Absenkung des Grundrechtsstandards auf ein im Lichte des Grundgesetzes unangemessenes Maß nicht zu erwarten sei. Ob der EuGH der weiteren Erwartung des BVerfG, nämlich bei unterschiedlichem mitgliedstaatlichen Grundrechtsschutz dem Prinzip des maximalen

---

70 ABl. 1977 Nr. C 103 S. 1. Siehe dazu unten, B. I.

71 EuGH, Urteil v. 13.12.1979, Rs. 44/79, („Hauer"), Slg. 1979, 3727 (3744 f.).

72 *Th. Kingreen*, JuS 2000, 857 (857); *C. Eisner*, Die Schrankenregelung der Grundrechtecharta der Europäischen Union, 2005, S. 50 ff.

73 BVerfG, Beschluss v. 22.10.1986, („Solange II"), BVerfGE 73, 339 (378), 2. Ls.; vgl. auch BVerfG, Beschluss v. 8.4.1987, („Bindungswirkung von Vorab- entscheidungen des EuGH"), BVerfGE 75, 223 (244): „*Rechtsakten des Gemeinschaftsrechts kommt für den Fall eines Widerspruchs zu innerstaatlichem Gesetzesrecht auch vor deutschen Gerichten der Anwendungsvorrang zu.*".

Schutzumfangs zu folgen, nachgekommen ist, soll im Folgenden erörtert werden.

2. Entwicklung der Gemeinschaftsgrundrechte aus allgemeinen Rechtsgrundsätzen

Auf der Grundlage des damaligen Art. 164 EWGV (Art. 220 EG = Art. I-29 Abs. 1 S. 2 und III-359 EuVerf)[74], wonach der EuGH bei Auslegung und Anwendung des Vertrages die Wahrung des Rechts sichert, entwickelte der EuGH die Grundrechte im Wege der Rechtsfortbildung aus den *„allgemeinen Rechtsgrundsätzen"*[75], wobei er als „Quellen der Inspiration" vor allem die Europäische Menschenrechtskonvention und andere europäische und internationale Abkommen herangezogen sowie auf die gemeinsamen Verfassungsüberlieferungen der Mitgliedstaaten zurückgegriffen hat (vgl. jetzt auch Art. 6 Abs. 2 EU = Art. I-9 Abs. 3 EuVerf, dazu unten, III.).[76] Diese Vorschrift legt für die Rechtsprechungsbefugnis des EuGH einen sehr weiten materialen Rahmen fest, der gerade im Bereich der Rechtsfortbildung und Lückenfüllung des geschriebenen Rechts[77], namentlich die Entwicklung der ungeschriebenen allgemeinen Rechts-

---

[74] Zur Kompetenz des EuGH zur Grundrechtsentwicklung auf Grund von Art. 220 EG s. *Th. Kingreen,* in: Callies/Ruffert (Hrsg.), EUV/EGV, Art. 6 EUV Rdn. 32 m.w.N.; vgl. auch *I. Pernice/Fr. C. Mayer*, in: Grabitz/Hilf (Hrsg.), EUV/EGV, Bd. III, Art. 220 EGV (2002) Rdn. 40; *R. Streinz*, Europarecht, Rdn. 414.

[75] Vgl. EuGH, Urteil v. 14.5.1974, Rs. 4/73, („Nold"), Slg. 1974, 491 (507) Rdn. 13; ähnlich EuGH, Urteil v. 12.11.1969, Rs. 29/69, („Stauder"), Slg. 1969, 419 Rdn. 7: *„allgemeine Grundsätze"*, vgl. auch Art. 6 Abs. 2 EU.

[76] Ausführlich dazu *H.-W. Rengeling*, Grundrechtsschutz in der Europäischen Gemeinschaft, 1993, S. 179 ff., 223 ff.; vgl. ferner *Kl.-D. Borchardt*, in: Lenz/Borchardt (Hrsg.), EUV/EGV, Art. 220 EGV Rdn. 42 ff.; *Th. Kingreen,* in: Callies/Ruffert (Hrsg.), EUV/EGV, Art. 6 EUV Rdn. 32 ff.; *B. Wegener*, in: Callies/Ruffert (Hrsg.), EUV/EGV, Art. 220 EGV Rdn. 33; *Chr. Callies*, in: Ehlers (Hrsg.), Europäische Grundrechte, § 20 Rdn. 1; *M. Bühler*, Einschränkung von Grundrechten nach der Europäischen Grundrechtecharta, 2005, S. 17; *E. Chwolik-Lanfermann*, Grundrechtsschutz in der Europäischen Union, 1994, S. 53 ff.; *C. Eisner*, Die Schrankenregelung der Grundrechtecharta der Europäischen Union, 2005, S. 36 f. (39 ff.); *I. Pernice*, Grundrechtsgehalte im Europäischen Gemeinschaftsrecht, 1979, S 26 f.; *Kl. Stern*, in: Stern/Tettinger (Hrsg.), Die Europäische Grundrechte-Charta im wertenden Verfassungsvergleich, 2005, S. 13 (18); *Chr. Callies*, EuZW 2001, 261 (262); *U. Fink*, EuGRZ 2001, 193 (197 f.); *S. Leutheusser-Schnarrenberger*, ZRP 2002, 329 (330); *I. Pernice*, NJW 1990, 2409 (2413).

[77] EuGH, Urteil v. 12.7.1957, verb. Rsn. 7/56 u. 3/57 bis 7/57, („Algera u.a."), Slg. 1957, 83 (118).

grundsätze, eine nicht unerhebliche Bedeutung zukommt.[78] Da sich der EuGH zur Methode der Gewinnung allgemeiner Rechtsgrundsätze aus den gemeinsamen Verfassungstraditionen der Mitgliedstaaten nur sporadisch äußert[79], stellt sich die Frage, wie er dabei vorgeht: Orientiert er sich insoweit eher am kleinsten gemeinsamen Nenner in allen Mitgliedstaaten (sog. „Minimaltheorie")[80] oder wählt er das Maximum an Schutz (sog. „Maximaltheorie")[81], entscheidet er also nach der Quantität oder aber handelt es sich um eine „wertende Rechtsvergleichung"?[82] Beispielsweise arbeitete der EuGH im Urteil *AM & S*[83] hinsichtlich des Grundsatzes der Vertraulichkeit des Schriftwechsels zwischen Anwalt und Mandant ein Schutzniveau heraus, das in der zugesprochenen, hohen Intensität in den wenigsten Rechtsordnungen anerkannt war.[84] Insoweit liegt es nahe zu glauben, der EuGH folge dem Prinzip des Maximalstandards. Andererseits

---

[78] Vgl. *Kl.-D. Borchardt*, in: Lenz/Borchardt (Hrsg.), EUV/EGV, Art. 220 EGV Rdn. 48; *I. Pernice/Fr. C. Mayer*, in: Grabitz/Hilf (Hrsg.), EUV/EGV, Bd. III, Art. 220 EGV (2002) Rdn. 26; *J. Schwarze*, in: Schwarze (Hrsg.), EU, Art. 220 EGV Rdn. 14; *B. Wegener*, in: Callies/Ruffert (Hrsg.), EUV/EGV, Art. 220 EGV Rdn. 32; *R. Streinz*, Europarecht, Rdn. 414; *A. Bleckmann*, in: Bleckmann (Hrsg.), Europarecht, Rdn. 573, 594 f.; *M. Bühler*, Einschränkung von Grundrechten nach der Europäischen Grundrechtecharta, 2005, S. 224 f.; *E. Chwolik-Lanfermann*, Grundrechtsschutz in der Europäischen Union, 1994, S. 47 f.; *H. Kutscher*, EuR 1981, 392 (401); *P. Meyer*, Jura 1994, 455 (457); *P. Pescatore*, EuGRZ 1978, 441 (441); *Th. Schilling*, EuGRZ 2000, 3 (7).

[79] Vgl. nur EuGH, Urteil v. 13.7.1989, Rs. 5/88, („Wachauf"), Slg. 1989, 2609 (2639 f.) Rdn. 17 ff., wo der EuGH die Grundrechte ganz allgemein prüft, ohne näher zu konturieren, welches Grundrecht konkret einschlägig ist. Zu den Gründen, vgl. *K. Lenaerts*, RTD eur. 2001, 487 (490 mit Fn. 7); vgl. ferner *Th. Kingreen*, in: Callies/Ruffert (Hrsg.), EUV/EGV, Art. 6 EUV Rdn. 83; *H. D. Jarass*, EU-Grundrechte, § 5 Rdn. 29, § 6 Rdn. 8.

[80] Vgl. die Darstellung der Theorie bei *A. Bleckmann*, DVBl. 1978, 457 (459 f.), der sie aber verwirft.

[81] *R. Streinz*, Europarecht, Rdn. 762 f.; *P. Pescatore*, EuGRZ 1978, 441 (445).

[82] Vgl. zu den einzelnen Ansätzen ausführlich *E. Chwolik-Lanfermann*, Grundrechtsschutz in der Europäischen Union, 1994, S. 54 ff.; *I. Pernice*, Grundrechtsgehalte im Europäischen Gemeinschaftsrecht, 1979, S. 217 f.; vgl. ferner *I. Wetter*, Die Grundrechtscharta des Europäischen Gerichtshofes, 1998, S. 41 ff.; *A. Bleckmann*, DVBl. 1978, 457 (458); *H. Kutscher*, EuR 1981, 392 (401).

[83] EuGH, Urteil v. 18.5.1982, Rs. 155/79, („AM & S"), Slg. 1982, 1575 (1611), s. auch EuGH, Urteil v. 13.12.1979, Rs. 44/79, („Hauer"), Slg. 1979, 3727.

[84] Vgl. dazu *I. Wetter*, Die Grundrechtscharta des Europäischen Gerichtshofes, 1998, S. 52.

nahm er im Urteil *Hoechst*[85] eine im Vergleich zum deutschen Art. 13 GG restriktive Auslegung des Grundrechts der „*Unverletzlichkeit der Wohnung*“ in Bezug auf Geschäftsräume vor. Letztlich entscheidet der EuGH also weder am strikten Maßstab einer Maximal- noch dem einer Minimallösung. Vielmehr bedient er sich insgesamt einer „*wertenden Rechtsvergleichung*“[86], die nach der jeweils zweckmäßigsten, den Besonderheiten des Gemeinschaftsrechts am besten gerecht werdenden Lösung sucht.[87] Durch die Rechtsvergleichung tritt insoweit die „*materiale Verflechtung und Einheit von innerstaatlichem Recht und Gemeinschaftsverfassung*“[88] deutlich hervor. Die vom EuGH herangezogene Methode der wertenden Rechtsvergleichung besitzt jedoch eine weitere Dimension: So stellt – wie einleitend erwähnt – im Bereich der Grundrechtsgewinnung neben den nationalen Verfassungsüberlieferungen insbesondere die EMRK eine wichtige Rechtserkenntnisquelle dar.[89] Nachdem der EGMR im Urteil *Niemitz*[90] auch Geschäftsräume vom Schutzbereich des Art. 8 Abs. 1 EMRK umfasst sah, passte der EuGH seine alte Rechtsprechung aus dem soeben erwähnten Urteil *Hoechst* der des EGMR an.[91]

---

85 EuGH, Urteil v. 21.9.1989, verb. Rsn. 46/87 u. 227/88, („Hoechst AG“), Slg. 1989, 2859 (2924 f.); vgl. auch EuGH, Urteil v. 17.10.1989, verb. Rsn. 97/87, 98/87 u. 99/87, („Dow Chemical Ibérica SA u.a.“), Slg. 1989, 3165 (3185).

86 Der Ausdruck geht zurück auf *K. Zweigert*, RabelsZ 1964, 601 (610 f.).

87 *M. Borowsky*, in: Meyer (Hrsg.), EU-GRCh, Art. 52 Rdn. 44a; *I. Pernice/Fr. C. Mayer*, in: Grabitz/Hilf (Hrsg.), EUV/EGV, Bd. I, nach Art. 6 EUV (2002) Rdn. 13 ff.; *Th. Oppermann*, Europarecht, Rdn. 491, 483; *H. P. Ipsen*, Europäisches Gemeinschaftsrecht, 1972, S. 113; *M. Bühler*, Einschränkung von Grundrechten nach der Europäischen Grundrechtecharta, 2005, S. 49; *H.-W. Rengeling*, Grundrechtsschutz in der Europäischen Gemeinschaft, 1993, S. 224, 228; *I. Schübel-Pfister*, Sprache und Gemeinschaftsrecht, 2004, S. 130; *I. Wetter*, Die Grundrechtscharta des Europäischen Gerichtshofes, 1998, S. 53; *A. Bleckmann*, EuGRZ 1981, 257 (272); *H. Kutscher*, EuR 1981, 392 (401); *P. Meyer*, Jura 1994, 455 (458).

88 *I. Pernice/Fr. C. Mayer*, in: Grabitz/Hilf (Hrsg.), EUV/EGV, Bd. III, Art. 220 EGV (2002) Rdn. 47.

89 Vgl. EuGH, Urteil v. 14.5.1974, Rs. 4/73, („Nold“), Slg. 1974, 491 (507). S. dazu oben, II. 1 f). Vgl. auch *H. D. Jarass*, EU-Grundrechte, § 2 Rdn. 11; *Th. Kingreen*, in: Callies/Ruffert (Hrsg.), EUV/EGV, Art. 6 EUV Rdn. 40; *R. Streinz*, Europarecht, Rdn. 761; *D. Ehlers*, in: Ehlers (Hrsg.), Europäische Grundrechte, § 14 Rdn. 8 f.

90 EGMR, Urteil v. 16.12.1992, Nr. 13710/88, („Niemitz ./. D“), Serie A 251 = EuGRZ 1993, 65 ff.

91 EuGH, Urteil v. 20.9.2000, Rs. C-94/00, („Roquette Frères“), Slg. 2002, I-9011 (9052 ff.); dazu auch *Th. Kingreen*, JuS 2000, 857 (861): Der EuGH wurde mit dem Urteil

Auf dieser Basis sind wichtige Grundrechte wie etwa die Menschenwürde[92], der Schutz von Privatsphäre[93], die Unverletzlichkeit der Wohnung[94] und die Berufsfreiheit[95] in das Gemeinschaftsrecht transformiert worden.[96]

Ein eigenständiges Gemeinschaftsgrundrecht auf Bildung hat der EuGH in der zuvor dargestellten Grundrechtsrechtsprechung bislang aber noch nicht entwickelt.[97] In der „Bildungsrechtsprechung" des EuGH, auf die im Folgenden noch ausführlich einzugehen sein wird[98], hat das Recht auf Bildung, vor allem dasjenige der Berufsausbildung, sowohl bei den Grundfreiheiten des Binnenmarktes[99] als auch im Bereich des Diskriminierungsverbots[100] eine gewisse Rol-

---

Niemitz „kalt erwischt". Kritisch dazu *P. Szczekalla*, in: Heselhaus/Nowak (Hrsg.), Handbuch der Europäischen Grundrechte, § 7 Rdn. 3.

92 EuGH, Urteil v. 12.11.1969, Rs. 29/69, („Stauder"), Slg. 1969, 419 Rdn. 17.

93 EuGH, Urteil v. 26.6.1980, Rs. 136/79, („National Panasonic"), Slg. 1980, 2033 (2056 f.); EuGH, Urteil v. 8.4.1992, Rs. C-62/90, („Kommission ./. D"), Slg. 1992, I-2575 ff.

94 EuGH, Urteil v. 21.9.1989, verb. Rsn. 46/87 u. 227/88, („Hoechst AG"), Slg. 1989, 2859 (2924 f.).

95 EuGH, Urteil v. 11.7.1989, Rs. 265/87, („Schräder"), Slg. 1989, 2237; EuGH, Urteil v. 13.12.1979, Rs. 44/79, („Hauer"), Slg. 1979, 3727.

96 Eingehende Übersicht über die Rechtsprechung etwa bei *Th. Kingreen,* in: Callies/Ruffert (Hrsg.), EUV/EGV, Art. 6 EUV Rdn. 93 ff.; *B. Beutler*, in: Groe- ben/Schwarze (Hrsg.), EUV/EGV, Art. 6 EU Rdn. 76 ff.; *C. Stumpf*, in: Schwarze (Hrsg.), EU, Art. 6 EUV Rdn. 20 ff.; *H.-M. Wolffgang,* in: Lenz/Borchardt (Hrsg.), EUV/EGV, Anh. zu Art. 6 EUV Rdn. 26 ff.; vgl. auch die Aufzählung bei *B. Losch/W. Chr. Radau*, ZRP 2000, 84 (85). S. auch *Th. Oppermann*, Europarecht, Rdn. 492; *E. Chwolik-Lanfermann*, Grundrechtsschutz in der Europäischen Union, 1994, S. 49 f.; *C. Eisner*, Die Schrankenregelung der Grundrechtecharta der Europäischen Union, 2005, S. 46 ff.

97 Vgl. *N. Bernsdorff*, in: Meyer (Hrsg.), EU-GRCh, Art. 14 Rdn. 4; *Th. Kingreen,* in: Callies/Ruffert (Hrsg.), EUV/EGV, Art. 6 EUV Rdn. 128; *B. Kempen*, in: Tettinger/Stern (Hrsg.), Kölner Gemeinschaftskommentar zur Europäischen Grundrechte-Charta, Art. 14 Rdn. 13; *I. Pernice/F. C. Mayer*, in: Grabitz/Hilf (Hrsg.), EUV/EGV, Bd. I, nach Art. 6 EUV (2002) Rdn. 128; *R. Streinz,* in: Streinz (Hrsg.), EUV/EGV, Art. 14 GR-Charta Rdn. 4; *K. Odendahl*, in: Heselhaus/Nowak (Hrsg.), Handbuch der Europäischen Grundrechte, § 39 Rdn. 31; *H. D. Jarass*, EU-Grundrechte, § 19 Rdn. 2; *G. Seidel*, Hdb Grund- und Menschenrechte, S. 201; *St. Bode*, Europarechtliche Gleichbehandlungsansprüche Studierender und ihre Auswirkungen in den Mitgliedstaaten, 2005, S. 294; *J. Ennuschat*, RdJB 2003, 436 (441); *R. Pitschas*, VSSR 2000, 207 (210).

98 S. unten, 4. Teil, A. I. 2 b) aa) (1) (a).

99 EuGH, Urteil v. 3.7.1974, Rs. 9/74, („Casagrande"), Slg. 1974, 773 Rdn. 6; EuGH, Urteil v. 21.6.1988, Rs. 39/86, („Lair"), Slg. 1988, 3161 Rdn. 17 ff.

le gespielt, wobei es sich aber nicht um grundrechtliche Fragen handelte.[101] Das Recht auf Elementarausbildung hat in der Rechtsprechungspraxis darüber hinaus nur eine untergeordnete Rolle gespielt.[102]

III. Verankerung von Gemeinschaftsgrundrechten seit dem Maastrichter Vertrag, 1992

Durch den Maastrichter Unionsvertrags (EU) von 1992 wurde die Rechtsprechung des EuGH zu den Gemeinschaftsgrundrechten in dem damaligen Art. F Abs. 2 EUV (jetzt Art. 6 Abs. 2 EU = Art. I-9 Abs. 3 EuVerf) nachträglich bestätigend verankert.[103] Hiernach achtet die Union

> *„die Grundrechte, wie sie in der am 4. November 1950 in Rom unterzeichneten Europäischen Konvention zum Schutze der Menschenrechte und Grundfreiheiten gewährleistet sind und wie sie sich aus den gemeinsamen Verfassungsüberlieferungen der Mitgliedstaaten als allgemeine Grundsätze des Gemeinschaftsrechtes ergeben.“*[104]

Seit dem Amsterdamer Vertrag von 1997 erklärt Art. 46 lit. d EU[105] diese Vorschrift ausdrücklich zum Anwendungsbereich des EuGH.[106] Sie war in gewisser

---

100 EuGH, Urteil v. 13.2.1985, Rs. 293/83, („Gravier”), Slg. 1985, 593 Rdn. 19 ff.; EuGH, Urteil v. 21.6.1988, Rs. 39/86, („Lair“), Slg. 1988, 3161 Rdn. 15; EuGH, Urteil v. 27.9.1988, Rs. 42/87, („Studentenquoten“), Slg. 1988, 5445 Rdn. 8 ff.; EuGH, Urteil v. 3.5.1994, Rs. C-74/93, („Einschreibegebühr“), Slg. 1994, I-1593.

101 Ausführlich dazu *H. Schneider*, in: Bleckmann (Hrsg.), Europarecht, Rdn. 2668 ff.; vgl. auch *N. Bernsdorff*, in: Meyer (Hrsg.), EU-GRCh, Art. 14 Rdn. 4; *Th. Kingreen,* in: Callies/Ruffert (Hrsg.), EUV/EGV, Art. 6 EUV Rdn. 128; *I. Pernice/F. C. Mayer*, in: Grabitz/Hilf (Hrsg.), EUV/EGV, Bd. I, nach Art. 6 EUV (2002) Rdn. 128; *H.-M. Wolffgang,* in: Lenz/Borchardt (Hrsg.), EUV/EGV, Anh. zu Art. 6 EUV Rdn. 39; *Th. Oppermann*, Europarecht, § 29 Rdn. 1908; *ders.*, Europarecht, 1. Aufl., § 29 Rdn. 1930 ff.

102 Siehe etwa die „Gravier“-Entscheidung (EuGH, Urteil v. 13.2.1985, Rs. 293/83, Slg. 1985, 593); ferner EuGH, Urteil v. 21.6.1988, Rs. 39/86, („Lair“), Slg. 1988, 3161; EuGH, Urteil v. 3.5.1994, Rs. C-74/93, („Einschreibegebühr“), Slg. 1994, I-1593; vgl. auch *N. Bernsdorff*, in: Meyer (Hrsg.), EU-GRCh, Art. 14 Rdn. 4.

103 *M. Bühler*, Einschränkung von Grundrechten nach der Europäischen Grundrechtecharta, 2005, S. 17.

104 Zur Bedeutung dieser Bestimmung *Th. Kingreen*, in: Callies/Ruffert (Hrsg.), EUV/EGV, Art. 6 EUV Rdn. 16 ff.

105 Enthält keine Entsprechung im EuVerf.

Hinsicht bereits in der Präambel zur Einheitlichen Europäischen Akte (EEA)[107] vom 28. Februar 1986 angekündigt, wenn dort auf die EMRK und die Europäische Sozialcharta vom 18. Oktober 1961 (ESC)[108] hingewiesen wurde.[109] Auch die Präambel des Maastrichter Vertrags verwies auf den demokratischen Legitimationszusammenhang und die schon erwähnten Quellen der Rechtsprechung.[110]

Das BVerfG nahm in der Maastricht-Entscheidung[111] vom Oktober 1993 zu der Frage des Grundrechtsschutzes in der EG erneut Stellung. Dabei konkretisierte das BVerfG die Solange II-Rechtsprechung und betonte das „*Kooperationsverhältnis*", das zwischen ihm und dem EuGH im Bereich des Grundrechtsschutzes besteht.[112] Das BVerfG reklamierte für sich im Grundrechtsbereich zwar weiterhin eine Prüfungskompetenz, beschränkt seine Verwerfungskompetenz aber auf den bislang nicht akut gewordenen Fall, dass der unabdingbare Grundrechtsstandard vom EuGH nicht gewahrt würde.[113] Nach dem Bananen-

---

106 Zu Auswirkungen der Neufassung von Art. 46 EU auf die Grundrechtsprüfungskompetenz des EuGH für die zweite und dritte Säule vgl. *H.-H. Herrnfeld*, in: Schwarze (Hrsg.), EU, Art. 46 EUV Rdn. 13 ff.

107 ABl. 1987 Nr. L 169 S. 2, in Kraft getreten am 1.7.1987.

108 Europäische Sozialcharta v. 18.10.1961 – ETS No. 35 = BGBl. 1964 II S. 1262, abgedruckt in Sartorius II Nr. 115. Die ESC ist für Deutschland am 26.2.1965 in Kraft getreten. Die so genannte revidierte Fassung v. 3.5.1996, die seit dem 1.7.1999 in Kraft getreten ist (BGBl. 1999 II S. 777) wurde bislang nur von 14 Staaten, darunter sechs EU-Mitgliedstaaten, ratifiziert; auch die Bundesrepublik strebt nunmehr die Ratifikation der revidierten Fassung an) – ETS No. 163; sie findet sich in – nicht amtl. – deutscher Übersetzung im Internet unter http://conventions.coe.int/Treaty/ger/Treaties/Html/ 163.htm (Stand der Abfrage 15.6.2006). Vgl. auch *X. Neubeck*, Die Europäische Sozialcharta und deren Protokolle, 2002, S. 66 ff.; *Th. Oppermann*, Europarecht, Rdn. 66.

109 Die Präambel der Einheitlichen Europäischen Akte lautete insoweit: „*Entschlossen, gemeinsam für die Demokratie einzutreten, wobei sie sich auf die in den Verfassungen und Gesetzen der Mitgliedstaaten, in der Europäischen Konvention zum Schutze der Menschenrechte und Grundfreiheiten und der Europäischen Sozialcharta anerkannten Grundrechte, insbesondere Freiheit, Gleichheit und soziale Gerechtigkeit, stützen [...]*.".

110 Die Präambeln stellen aber keine unmittelbare rechtliche Verbindlichkeit her, vgl. *M. Zuleeg*, in: Groeben/Schwarze (Hrsg.), EUV/EGV, Präambel Rdn. 3.

111 BVerfG, Urteil v. 12.10.1993, („Maastricht"), BVerfGE 89, 155 (174 f.).

112 Näher dazu *H. Gersdorf*, DVBl. 1994, 674 ff. Vgl. auch *Th. Kingreen*, JuS 2000, 857 (857 f.).

113 *H. Gersdorf*, DVBl. 1994, 674 (680 ff.).

markt-Beschluss des BVerfG[114] vom 7. Juni 2000, der dem Kooperationsverhältnis zum EuGH schärfere Konturen gibt und die Grundrechtsjudikatur des EuGH mit einem in dieser Deutlichkeit nicht vergebenen Gütesiegel versieht, ist auch in Deutschland ein fundamentaler Konflikt zwischen deutschem und gemeinschaftsrechtlichem Grundrechtsschutz immer weniger wahrscheinlich.[115]

Zwar hatte der EuGH bis dahin bereits eine ausdifferenzierte Grundrechtsrechtsprechung entwickelt, die sich nicht nur auf einzelne Grundrechte bezog, sondern die zumindest auch erste Ansätze einer generellen Grundrechtsdogmatik aufwies, dennoch gab es immer wieder Versuche, den Grundrechtsschutz auch formell stärker im Gemeinschaftsrecht zu verankern. Sicher ist jedenfalls, dass Art. 6 Abs. 2 EU die „*Konstitutionalisierungs-, Integrations- und Legitimationsfunktion eines geschriebenen Grundrechtskatalogs betont*“.[116]

IV. Beitritt der Gemeinschaft zur EMRK?

Vor diesem Hintergrund erklären sich die politischen Bemühungen eines Beitritts der Union zur EMRK, die lange Zeit die Grundrechtsdebatte in der Gemeinschaft beherrschten.[117] Insbesondere die Kommission hatte immer wieder die Forderung vertreten, die Europäische Gemeinschaft möge den gemeinschaftlichen Grundrechtsschutz dadurch stärken, dass sie – neben ihren Mitgliedstaaten – als eigenes Rechtssubjekt der EMRK beitrete und sich so ihrerseits auch

---

114 BVerfG, Beschluss v. 7.6.2000, („Bananenmarktverordnung“), BVerfGE 102, 147 (163 f.).

115 *Th. Kingreen*, in: Callies/Ruffert (Hrsg.), EUV/EGV, Art. 6 EUV Rdn. 205. Zur Bewertung der jüngsten BVerfG-Entscheidung zur Bananenmarktverordnung vgl. *M. Zuleeg*, EuGRZ 2000, 511 (513): „*Rückkehr zu Solange-II ohne Wenn und Aber*“. Sollte die neue Verfassung in Kraft treten (dazu s. unten, B. III.) und nunmehr auch ein geschriebener Grundrechtskatalog existieren, besteht noch weniger Anlass, um des Grundrechtsschutzes willen Abstriche von dem in Art. I-6 EuVerf normierten Verfassungsgrundsatz des Vorrangs des Unionsrechts (auch gegenüber deutschen Grundrechten) zu machen.

116 Zu diesen und weiteren Funktionen eines Grundrechtskatalogs sowie der EU-Grundrechte, vgl. *Th. Kingreen*, in: Callies/Ruffert (Hrsg.), EUV/EGV, Art. 6 EUV Rdn. 18 m.w.N.; *M. Nettesheim*, Integration, 2002, 35 ff.; *M. Zuleeg*, EuGRZ 2000, 511 (514 ff.).

117 Historischer Überblick zur Diskussion um den EMRK-Beitritt *Chr. Walter*, in: Ehlers (Hrsg.), Europäische Grundrechte, § 1 Rdn. 28 f. Zur Frage zur Zulässigkeit eines Beitritts der EG zur EMRK vgl. *R. Bernhardt*, Festschrift U. Everling, 1995, S. 103 ff.; *C. Eisner*, Die Schrankenregelung der Grundrechtecharta der Europäischen Union, 2005, S. 111 ff.

der Rechtsprechung in Straßburg unterwerfe.[118] Zwar strebt die Union nach Art. I-9 Abs. 2 S. 1 EuVerf den Beitritt zur EMRK nunmehr an.[119] Für den Beitritt zur EMRK müsste jedoch, wie vom EuGH in seinem Gutachten 2/94[120] festgestellt, eine ausdrückliche Ermächtigungsgrundlage geschaffen werden. Ferner müsste im Recht der EMRK eine Lösung für das Problem gefunden werden, dass bislang nur „*Staaten*" der Konvention beitreten können (vgl. Art. 4 S. 1 Satzung des Europarates).[121]

B. Ausdrückliche Grundrechtsverbürgungen

Die Charta der Grundrechte der Europäischen Union aus dem Jahre 2000 kodifiziert erstmals in der Geschichte der Europäischen Union einen Grundrechtskatalog für die Unionsbürger.[122] Allerdings wurde bereits seit den 70er Jahren

---

[118] Vgl. Erklärung der Kommission v. 4.4.1979, Bull. EG Beilage 2/79, S. 8; KOM (90) 2087 endg. v. 19.11.1990; s. dazu *K. Strasser*, Grundrechtsschutz in Europa, 2001, S. 90 ff. Zur Notwendigkeit der Charta auch nach einem Beitritt zur EMRK, s. *H. D. Jarass*, EU-Grundrechte, § 1 Rdn. 10, 20.

[119] Vgl. dazu *H.-W. Rengeling/P. Szczekalla*, Grundrechte in der Europäischen Union, § 3 Rdn. 170.

[120] EuGH, Gutachten 2/94 v. 28.3.1996, („EMRK"), Slg. 1996, I-1759 (I-1762) Rdn. 6: „*Zwar ist die Wahrung der Menschenrechte eine Voraussetzung für die Rechtmäßigkeit der Handlungen der Gemeinschaft, doch hätte der Beitritt der Gemeinschaft zur Europäischen Menschenrechtskonvention eine wesentliche Änderung des gegenwärtigen Gemeinschaftssystems des Schutzes der Menschenrechte zur Folge, da er die Einbindung der Gemeinschaft in ein völkerrechtliches, andersartiges institutionelles System und die Übernahme sämtlicher Bestimmungen der Konvention in die Gemeinschaftsrechtsordnung mit sich brächte [...]. Sie kann nur im Wege der Vertragsänderung vorgenommen werden.*".

[121] Art. 4 S. 1 Satzung: „*Jeder europäische Staat [...] kann [...] Mitglied des Europarates [zu] werden.*", Satzung des Europarats v. 5.5.1949, BGBl. 1950 I S. 263, neu gefasst durch Änderungsbek. V. 30.11.1954, Anl. B (BGBl. II S. 1126), zuletzt geändert (BGBl. 2003 II S. 703), näher dazu *Chr. Krüger/J. Polakiewicz*, EuGRZ 2001, 92 (101 ff.).

[122] Vgl. dazu *M. Möstl*, Verfassung für Europa, 2005, S. 49 f.; *R. Knöll*, NVwZ 2001, 392 (392); *P. J. Tettinger*, NJW 2001, 1010 (1010).

mehrmals der Anstoß zur Kodifizierung eines geschriebenen Grundrechtskatalogs gegeben.[123]

I. Vorläufer der Europäischen Grundrechtecharta seit 1977

In der bereits angesprochenen Gemeinsamen Erklärung vom 5. April 1977 bekräftigten auch das Europäische Parlament, die Kommission und der Rat ihren Willen, die auf den beiden vom Gerichtshof benannten Quellen (d.h. EMRK und Verfassungsüberlieferungen der Mitgliedstaten) beruhenden Grundrechte auch in Zukunft zu achten.[124] Diese Formulierung wurde am 12. April 1989 in einer Erklärung des Europäischen Parlaments über Grundrechte und Grundfreiheiten erweitert[125], mit der das Europäische Parlament an seinen 1984 verabschiedeten Entwurf für einen Vertrag zur Gründung der Europäischen Union[126] anknüpfte. Der Grundrechtskatalog, der das Modell einer deutlich an der EMRK orientierten, kodifizierten Grundrechtecharta verfolgte, enthielt neben der Aufzählung der „klassischen" Grundrechte vor allem auch soziale Grundrechte wie z.B. das Recht auf Bildung (Art. 16 EP-Grundrechtserklärung[127]).[128] Ein weiterer Entwurf zu einer Grundrechtsdeklaration wurde vom Europäischen Parlament als Teil der Entschließung des Europäischen Parlaments vom 10. Februar 1994 über das „Projekt einer Europäischen Verfassung" vorgelegt.[129] Schließlich setzte die Europäische Kommission in Umsetzung ihres sozialpolitischen Aktionspro-

---

[123] S. *Th. Schmitz*, JZ 2001, 833 (833 f.); *J. Meyer/M. Engels*, in: Deutscher Bundestag (Hrsg.), Charta der Grundrechte der Europäischen Union, 2001, S. 9. Für eine Aufstellung der einschlägigen Erklärungen vgl. auch *Chr. Starck*, EuGRZ 1981, 545 (546).

[124] ABl. 1977 Nr. C 103 S. 1; dazu *M. Hilf*, EuGRZ 1977, 158 ff.

[125] ABl. 1989 Nr. C 120 S. 51 ff.; Text u.a. in EuGRZ 1989, 205 ff. Die Erklärung der Grundrechte und Grundfreiheiten wurde allerdings ausschließlich vom Europäischen Parlament verabschiedet und hat keinerlei nennenswerte rechtliche Bedeutung erlangt, vgl. dazu *B. Beutler*, EuGRZ 1989, 185 ff.

[126] ABl. 1984 Nr. C 77 S. 36 f. (sog. „Spinelli-Entwurf"). Vgl. dazu *E. Klein/M. Beckmann*, DÖV 1990, 179 (180).

[127] Art. 16 EP-Grundrechtserklärung lautet: „*Jeder hat das Recht auf Bildung und Ausbildung gemäß seinen Fähigkeiten. Die freie Schulwahl wird gewährleistet. Das Recht der Eltern auf Erziehung der Kinder gemäß ihren religiösen und weltanschaulichen Überzeugungen wird gewährleistet.*".

[128] *H. D. Jarass*, EU-Grundrechte, § 1 Rdn. 19; *A. Weber* (Hrsg.), Charta der Grundrechte der Europäschen Union, 2002, S. 2; *E. Klein/M. Beckmann*, DÖV 1990, 179 (180).

[129] Entschließung zur Verfassung der Europäischen Union – Titel VIII: Von der Union verbürgte Menschenrechte, ABl. 1994 Nr. C 61 S. 166 ff. (sog. „Herman-Entwurf").

gramms 1998-2000, wonach die Diskussion über die Grundrechte fortzuführen sei, eine Expertengruppe „Grundrechte“ ein.[130]

Erst mit der Aussage

> *„Der Europäische Rat ist der Auffassung, dass im gegenwärtigen Entwicklungsstand der Europäischen Union die auf der Ebene der Union geltenden Grundrechte in einer Charta zusammengefasst und dadurch sichtbarer gemacht werden sollten*“[131]

erfolgte der Durchbruch in dem Bemühen zur Erstellung einer europäischen Grundrechtecharta[132], als die Staats- und Regierungschefs der Mitgliedstaaten auf der Tagung des Europäischen Rates am 3./4. Juni 1999 in Köln („Kölner Mandat“) – 50 Jahre nach Europarat – die Ausarbeitung einer Charta der Grundrechte der Europäischen Union[133] beschlossen – ein Beschluss, der wohl als Grundsteinlegung zur feierlichen Unterzeichnung des Vertrages über eine Verfassung für Europa[134] vom 29. Oktober 2004 durch die Staats- und Regierungschefs der 25 EU-Mitgliedstaaten und der drei Kandidatenländer in Rom angesehen werden kann.[135]

---

[130] Sog. „Simitis-Kommission“. Vgl. hierzu *J. Fr. Lindner*, DÖV 2000, 543 (543 f.).

[131] Schlussfolgerungen des Vorsitzes Europäischer Rat in Köln 3./4.6.1999, EuGRZ 1999, 364. Zitiert nach: *N. Bernsdorff/M. Borowsky*, Handreichungen und Sitzungsprotokolle, 2002, S. 59.

[132] Zur Vorgeschichte und zum politischen Hintergrund der Charta sowie zum Verfahren des Konvents ausführlich *R. Geesmann*, Soziale Grundrechte im deutschen und französischen Verfassungsrecht und in der Charta der Grundrechte der Europäischen Union, 2005, S. 8 ff.; vgl. auch *A. Weber*, NJW 2000, 537 (539 f.); *I. Pernice*, DVBl. 2000, 847 ff.; *J. Fr. Lindner*, DÖV 2000, 543 ff.; *S. Baer*, ZRP 2000, 361 ff.; *J. Meyer/M. Engels*, in: Deutscher Bundestag (Hrsg.), Charta der Grundrechte der Europäischen Union, 2001, S. 11 ff.; *E. Pache*, EuR 2001, 475 (483 ff.); *M. Hilf*, Sonderbeilage zu NJW, EuZW, NVwZ und JuS (2000), 1 (5).

[133] ABl. 2000 Nr. C 354 S. 1 ff.

[134] S. amtliche Textfassung der Regierungskonferenz v. 29.10.2004, Dokument CIG 87/2/04 REV 2, S. 1 ff.; Ausgabe im Amtsblatt v. 16.12.2004, ABl. 2004 Nr. C 310 S. 1 ff.

[135] Zu dem Weg des Verfassungsprozesses *Th. Oppermann*, DVBl. 2004, 1264 ff.

II. Proklamation der Charta der Grundrechte der Europäischen Union am 7.12.2000

Die Charta der Grundrechte der Europäischen Union wird in der Öffentlichkeit oft als Meilenstein in der Entwicklung des Grundrechtschutzes in der Europäischen Union wahrgenommen.[136] Hat die französische Erklärung der Menschen- und Bürgerrechte von 1789 erstmals die Geltung von Rechten proklamiert, so soll der in der Europäischen Union erreichte Entwicklungsstand des Grundrechtsschutzes, der mit Blick auf die EMRK als selbstverständlich gelten kann,[137] durch den jetzigen Katalog *„sichtbarer gemacht werden"* (vgl. 4. Erwägungsgrund der Präambel),[138] und anders als ihre Vorläufer besitzt die Charta die reale Möglichkeit und Wahrscheinlichkeit, in absehbarer Zeit in Rechtsverbindlichkeit zu erwachsen.[139]

Hintergrund des Auftrags des Europäischen Rats war die Erkenntnis, dass trotz der grundsätzlich positiv zu bewertenden Grundrechtsrechtssprechung des EuGH die ausdrückliche Formulierung eines Grundrechtskatalogs für erforderlich gehalten wurde. Die Gemeinschaftsgrundrechte sind – wie bereits dargelegt – im Wege der Rechtsfortbildung durch den EuGH entwickelt worden.[140] Die daraus folgende Einzelfallabhängigkeit des Grundrechtschutzes bringt es mit sich, dass für Grundrechtsberechtigte und -verpflichtete gleichermaßen Unsicherheit darüber besteht, welche Rechte mit welchem Inhalt existieren.[141] Eine Katalogisierung bringt demgegenüber einen erheblichen Zuwachs an Rechtssi-

---

136 So hat auch Bundesaußenminister J. FISCHER die Charta als *„Meilenstein in der Geschichte der europäischen Einigung"* bezeichnet; FR v. 13.10.2000. Vgl. dazu auch *I. Burr*, in: Tettinger/Stern (Hrsg.), Kölner Gemeinschaftskommentar zur Europäischen Grundrechte-Charta, B I Rdn. 1; *Chr. Grabenwarter*, in: Tettinger/Stern (Hrsg.), Kölner Gemeinschaftskommentar zur Europäischen Grundrechte-Charta, B III Rdn. 34; *Th. Schmitz*, JZ 2001, 833 (833); *A. Weber* (Hrsg.), Charta der Grundrechte der Europäschen Union, 2002, S. 1.

137 Vgl. nur *Kl. Stern*, in: Stern/Tettinger (Hrsg.), Die Europäische Grundrechte-Charta im wertenden Verfassungsvergleich, 2005, S. 13 (17), der die EMRK als *„„erstes Europäisches Gesetz', ja als Teil einer europäischen Verfassung"* bezeichnet.

138 Schlussfolgerungen, Anlage IV; *M. Hilf*, Sonderbeilage zu NJW, EuZW, NVwZ und JuS zur Charta der Grundrechte der EU (2000), 1 (5); vgl. auch *A. Weber* (Hrsg.), Charta der Grundrechte der Europäschen Union, 2002, S. 1.

139 *M. Bühler*, Einschränkung von Grundrechten nach der Europäischen Grundrechtecharta, 2005, S. 21.

140 Siehe oben, A. II. 2.

141 Vgl. *S. Magiera*, DÖV 2000, 1017 (1018).

cherheit und Rechtsklarheit mit sich.[142] Zudem wird für den EuGH jedenfalls in dem Umfang, in dem die Grundrechte in die Charta aufgenommen sind, die komplizierte Ermittlung der Schutzbereiche erleichtert.[143] Nicht zuletzt trägt ein sichtbarer Grundrechtsschutz auch dazu bei, die Ausübung von Hoheitsgewalt durch die EU gegenüber dem Bürger zu legitimieren.[144]

Auf der Basis der Einigung des Europäischen Rates von Köln[145] setzte der Europäische Rat von Tampere am 15. und 16. Oktober 1999 ein Gremium zur Erarbeitung der Charta ein, das sich selbst[146] nach seiner konstituierenden Sitzung vom 17. Dezember 1999 den Namen „Konvent" gab.[147] Der so genannte „Grundrechtekonvent", dem der frühere Bundespräsident und ehemalige Präsident des Bundesverfassungsgerichts, *Roman Herzog* vorsaß, stellte in der Geschichte der europäischen Einigung ein Novum dar. Um möglichst viele widerstreitende Interessen berücksichtigen zu können und dem Entwurf größtmögliches Gewicht zu verleihen, wurde keine klassische Regierungskonferenz einberufen, sondern eine Versammlung von Abgesandten der europäischen Institutionen, der nationalen Parlamente und der Regierungen der Mitgliedstaaten.[148] Die-

---

142 *B. Beutler*, in: Groeben/Schwarze (Hrsg.), EUV/EGV, Art. 6 EU Rdn. 99; *Chr. Callies*, in: Ehlers (Hrsg.), Europäische Grundrechte, § 20 Rdn. 2; *C. Eisner*, Die Schrankenregelung der Grundrechtecharta der Europäischen Union, 2005, S. 20; *S. Magiera*, in: Scheuing (Hrsg.), Europäische Verfassungsordnung, 2003, S. 117 (120); *J. Fr. Lindner*, DÖV 2000, 543 (546); *I. Pernice*, NJW 1990, 2409 (2418); *M. Zuleeg*, DÖV 1992, 937 (944).

143 Vgl. *G. M. Hoffmann*, Grundrechte in Europa, 1995, S. 75 f.

144 *B. Beutler*, in: Groeben/Schwarze (Hrsg.), EUV/EGV, Art. 6 EU Rdn. 99; *J. Caspar*, RdJB 2001, 165 (174); *M. Zuleeg*, DÖV 1992, 937 (944); *I. Pernice*, DVBl. 2000, 847 (849); *ders.*, NJW 1990, 2409 (2418).

145 BullEU 6-99, S. 35, I. 64.

146 Vgl. Protokoll der Ersten Sitzung des Konvents (förmliche Tagung) am 1./2.2.2000, in: *N. Bernsdorff/M. Borowsky*, Handreichungen und Sitzungsprotokolle, 2002, S. 126.

147 Europäischer Rat von Tampere, Schlussfolgerungen des Vorsitzes, Ziff. 44 f. und Anhang IV, abgedruckt in: EuGRZ 1999, 364 und abrufbar unter http://www.europarl.eu.int/summits/kol1de.htm (Ziff. 44 f.) und http://www.europarl.eu.int/summits/kol2de. htm#an4 (Anhang IV), Stand der Abfrage jeweils 15.6.2006.

148 Im Einzelnen setzte sich der Konvent aus 62 Mitgliedern, darunter 15 persönlichen Beauftragten der Staats- und Regierungschefs der Mitgliedstaaten, einem Beauftragten des Präsidenten der Kommission, sowie 16 Mitgliedern des Europäischen Parlaments, 30 Mitgliedern der nationalen Parlamente und einem Mitglied der Kommission zusammen. Der EuGH und der Europarat nahmen als Beobachter an den Beratungen teil (Namensliste in EuGRZ 2000, 570). Ausführlich zu Entstehungsgeschichte und Zusammensetzung des Konvents *St. Barriga*, Entstehung der Charta der Grundrechte, 2003, S. 20 ff.; vgl. auch *M. Hilf*, Sonder-

ser Konvent erarbeitete bis zum 2. Oktober 2000 den Textentwurf für eine solche Charta. Textliche Grundlagen der Charta sind die EMRK und ihre Zusatzprotokolle[149], die Europäische Sozialcharta von 1961[150], die Gemeinschaftscharta der Sozialen Grundrechte vom 9. Dezember 1989[151] und Bestimmungen des EG-Vertrages zur Unionsbürgerschaft, zu den Grundfreiheiten und zum Sozialrecht (einschließlich Arbeitsrecht). Dieses Dokument ist nach einigen geringfügigen Änderungen am 7. Dezember 2000 anlässlich des EU-Gipfels von Nizza durch die Staats- und Regierungschefs der Mitgliedstaaten „feierlich proklamiert“[152] worden.

In erstaunlich kurzer Zeit von nur einem Jahr gelang es mit der Charta erstmals, einen gesamteuropäischen Katalog von Grundrechten ins Leben zu rufen, der den Wandel der Gemeinschaft von einer Wirtschaftsgemeinschaft zu einer Gemeinschaft der Werte[153] dokumentiert und den anstehenden Schritten der europäischen Integration einen würdigen demokratisch-rechtsstaatlichen Rahmen schafft.[154]

---

beilage zu NJW, EuZW, NVwZ und JuS zur Charta der Grundrechte der EU (2000), 1 (5); *M. Herdegen*, Europarecht, Rdn. 174a.

[149] Erwähnt sei hier lediglich das für diese Arbeit einzig relevante erste dieser Protokolle (in der offiziellen Überschrift schlicht als „Zusatzprotokoll“ bezeichnet, vgl. *H. D. Jarass*, EU-Grundrechte, § 1 Rdn. 9). Zusatzprotokoll zur Konvention zum Schutze der Menschenrechte und Grundfreiheiten v. 20.3.1952 (BGBl. 1956 II S. 1880), in der Fassung der Bekanntmachung v. 17.5.2002 (BGBl. 2002 II S. 1072), in Kraft getreten am 18.5.1954. Das Zusatzprotokoll ist für die Bundesrepublik Deutschland am 13.2.1957 in Kraft getreten (Bekanntmachung v. 13.4.1957, BGBl. II S. 226). Es ist mittlerweile von allen Vertragsstaaten der EMRK mit Ausnahme von Andorra, Monaco und der Schweiz ratifiziert worden. Aktualisierte Fassung in deutscher Übersetzung in Sartorius II Nr. 131.

[150] Vgl. dazu oben Fn. 108.

[151] KOM (89) 248 endg. Aktualisierte Fassung in deutscher Übersetzung in Sart. II Nr. 190. Die Gemeinschaftscharta der Sozialen Grundrechte der Arbeitnehmer wurde am 9.12.1989 vom Europäischen Rat (ohne Großbritannien) verabschiedet.

[152] Zum Verfahren dieser Proklamation und der rechtlichen Bedeutung *S. Alber*, EuGRZ 2001, 349 (350 f.).

[153] S. *P. J. Tettinger*, NJW 2001, 1010 (1010); *J. Meyer*, ZRP 2000, 114 ff.; *ders./M. Engels*, in: Deutscher Bundestag (Hrsg.), Charta der Grundrechte der Europäischen Union, 2001, S. 7. Diese Absicht geht aus der Präambel der Grundrechtecharta hervor, die in ihrem 1. und 2. Erwägungsgrund auf gemeinsame Werte der Union und ihrer Bürger Bezug nimmt; s. zu der Präambel der Charta näher unten, 2. Teil, B. II. 2 a).

[154] *P. J. Tettinger*, NJW 2001, 1010 (1010); vgl. ferner *J. Caspar*, RdJB 2001, 165 (165); *M. Hilf*, Sonderbeilage zu NJW, EuZW, NVwZ und JuS zur Charta der Grundrechte

Die Frage der Rechtsverbindlichkeit der Charta war vom Grundrechtekonvent bewusst offen gelassen.[155] Sie wurde jedoch so abgefasst, als ob sie später in das europäische Primärrecht aufgenommen und zwingende Wirkung haben würde (sog. „Als-Ob-Doktrin“).[156]

III. Unterzeichnung des Vertrags über eine Verfassung für Europa am 29.10.2004

Am 14./15. Dezember 2001 beschloss der Europäische Rat von Laeken, einen Verfassungsvertrag für die Europäische Union zu schaffen.[157] Dazu wurde der „Konvent zur Zukunft Europas“ (auch bezeichnet als „Europäischer Konvent“

---

der EU (2000), S. 1 (5). Kritisch zur Charta *T. Stein*, Festschrift H. Steinberger, 2002, S. 1425 ff.

155 Vgl. etwa *R. Streinz*, in: Streinz (Hrsg.), EUV/EGV, GR-Charta Vorbem. Rdn. 4. Ausführlich zu den bisherigen Selbstverpflichtungen und der Frage ihrer Verbindlichkeit *S. Alber*, EuGRZ 2001, 349 ff.; s. auch *Chr. Callies*, in: Ehlers (Hrsg.), Europäische Grundrechte, § 20 Rdn. 3; *St. Hobe*, Europarecht, Rdn. 241; *R. Streinz,* Europarecht, Rdn. 758; *M. Bühler*, Einschränkung von Grundrechten nach der Europäischen Grundrechtecharta, 2005, S. 22; *U. v. Creytz*, Verfassungsfragen des Bildungsrechts, 2003, S. 135; *M. Triebel*, Jura 2003, 525 (525); *Chr. Grabenwarter*, DVBl. 2001, 1 (11); *J. Caspar*, RdJB 2001, 165 (165); *M. Hilf*, EuR 2002 (Beiheft 3), 13 (24 ff.). Das Für und Wider der Charta wurde seither lebhaft diskutiert; allein das deutsche Schrifttum zu ihr ist mittlerweile ins Unübersehbare angewachsen, vgl. daher stellvertretend nur *S. Magiera*, in: Scheuing (Hrsg.), Europäische Verfassungsordnung, 2003, S. 117 (118); *R. Scholz*, Festschrift H. Maurer, 2001, S. 993 ff.;

S. Baer, ZRP 2000, 362 ff.; *N. Bernsdorff*, NdsVBl. 2001, 177 ff.; *Chr. Callies*, EuZW 2001, 261 ff.; *Chr. Grabenwarter*, DVBl. 2001, 1 ff.; *G. Häfner/Chr. Strawe/R. Zuegg*, ZRP 2000, 365 ff.; *M. Hilf*, Sonderbeilage zu NJW, EuZW, NVwZ und JuS zur Charta der Grundrechte der EU (2000), 1 ff.; *R. Knöll*, NVwZ 2001, 392 ff.; *S. Magiera*, DÖV 2000, 1017 ff.; *J. Meyer/M. Engels*, ZRP 2000, 368 ff.; *E. Pache*, EuR 2001, 475 ff.; *I. Pernice*, DVBl. 2000, 847 ff.; *Th. Schmitz*, JZ 2001, 833 ff.; *P. Szczekalla*, DVBl. 2001, 345 ff.; *P. J. Tettinger*, NJW 2001, 1010 ff.; *A. Weber*, NJW 2000, 537 ff. jeweils m.w.N.

156 *N. Bernsdorff/M. Borowsky*, Handreichungen und Sitzungsprotokolle, 2002, S. 50; *St. Barriga*, Entstehung der Charta der Grundrechte, 2003, S. 65; vgl. ferner *R. Geesmann*, Soziale Grundrechte im deutschen und französischen Verfassungsrecht und in der Charta der Grundrechte der Europäischen Union, 2005, S. 12 f.; *M. Triebel*, Jura 2003, 525 (525). Vgl. auch die Mitteilung der Kommission v. 11.10.2000, Zum Status der Grundrechte der Europäischen Union, KOM (2000) 664, Ziffer 7.

157 Vgl. zum Konventsverfahren *M. Möstl*, Verfassung für Europa, 2005, S. 22 ff.; *M. Hilf*, EuR 2002 (Beiheft 3), 13 (18 ff.).

oder „Verfassungskonvent“)[158] unter der Leitung des früheren französischen Präsidenten VALÉRY GISCARD D'ESTAING einberufen, der die für 2004 vorgesehene Regierungskonferenz zur Reform der Verträge durch „ein Abschlussdokument“ vorbereiten sollte.[159] Am 18. Juli 2003 überreichte das Präsidium des Verfassungskonvents dem Präsidenten des Europäischen Rates einen vollständigen Verfassungsentwurf.[160] Der vom Europäischen Konvent erarbeitete Verfassungsvertrag enthält als Teil II eine „Charta der Grundrechte der Union“, die inhaltlich fast vollständig mit der Charta des Grundrechtekonvents übereinstimmt.[161] Die feierliche Unterzeichnung des „Vertrages über eine Verfassung für Europa“ (EuVerf) erfolgte – wie bereits erwähnt – im Oktober 2004 durch die Staats- und Regierungschefs der Mitgliedstaaten in Rom.[162] Der Europäische Verfassungsvertrag bildet damit nach 20jähriger Verfassungsdiskussion die erste Verfassung der Europäischen Union. Zugleich bedeutet er die bisher größte Reform der Europäischen Union.

Mit ihrer grundsätzlich unveränderten unmittelbaren Aufnahme in den Verfassungstext des Verfassungsvertrages bildet die Grundrechtecharta als Teil II der Verfassung einen integralen Bestandteil des Vertragswerks[163] und ist zu primärem Gemeinschaftsrecht erstarkt.[164] Auf diese Weise haben die Grundrech-

---

158 Der Europäische Konvent (Verfassungskonvent) bestand aus 105 Mitgliedern: Er setzte sich aus dem Konventsvorsitzenden *Valéry Giscard d'Estaing* und seiner beiden Stellvertreter *Giuliano Amato* und *Jean-Luc Dehaene*, 15 Vertretern der Staats- und Regierungschefs der Mitgliedstaaten, 13 Vertretern der beitrittswilligen Länder, 30 Vertretern der nationalen Parlamente der Mitgliedstaaten, 26 Vertretern der nationalen Parlamente der beitrittswilligen Länder, 16 Vertretern der Mitglieder des Europäischen Parlaments und 2 Vertretern der Europäischen Kommission zusammen, ausführlich dazu *Th. Oppermann*, DVBl. 2004, 1264 (1265 f.).

159 BullEU 12–2001, Schlussfolgerungen des Vorsitzes, Anlage 1.

160 CONV 828/1/03 REV 1 v. 18.7.2003.

161 Zu den Abweichungen in der Fassung der Grundrechtecharta in der Fassung des Grundrechtekonvents und der EU-GRCh im Europäischen Verfassungsvertrag *H. D. Jarass*, EU-Grundrechte, § 1 Rdn. 25; *M. Ruffert*, EuR 2004, 165 ff.

162 Endgültiger Text: Dokumente CIG 87/1/04 REV 1 mit ADD 1 und ADD 2; veröffentlicht in ABl. 2004 Nr. C 310 S. 1 ff. Vgl. dazu auch *R. Streinz*, Europarecht, Rdn. 60.

163 Vgl. Art. I-9 Abs. 1 EuVerf: *„Die Union erkennt die Rechte, Freiheiten und Grundsätze an, die in der Charta der Grundrechte, die den Teil II bildet, enthalten sind.“*.

164 *R. Streinz*, in: Streinz (Hrsg.), EUV/EGV, GR-Charta Vorbem. Rdn. 13. Vgl. auch *S. Schulenberg*, in: Kämmerer/Wyrzykowski (Hrsg.), Verfassungsgebung für Europa, 2005, S. 287 (287); *Y. Dorf*, JZ 2005, 126 (126); *Th. Oppermann*, DVBl. 2003, 1234 (1242 f.).

te das „*Arkanum prätorischer Rechtsfortbildung*"[165] verlassen und formen die Union nun auch als normierte europäische Grundrechtsgemeinschaft.[166]

Um in Kraft treten zu können, bedarf der Verfassungsvertrag der Ratifizierung aller 25 Mitgliedstaaten (vgl. Art. 48 Abs. 3 EU = Art. IV-447 EuVerf).[167] Der Vertrag und damit auch der Grundrechteteil ist bereits von 16 Mitgliedstaaten ratifiziert worden und sollte frühestens zum 1. November 2006 in Kraft treten[168]. Am 29. Mai bzw. am 1. Juni 2005 haben ihn das französische und niederländische Volk jeweils in einem mit Spannung erwarteten Referendum bei hoher Beteiligung deutlich abgelehnt.[169] Damit ist der Verfassungsvertrag vorerst gescheitert.[170] Der Europäische Rat hat sich infolgedessen am 16./17. Juni 2005 für eine zunächst einjährige Aussetzung weiterer Ratifikationen ausgesprochen („*verlängerte Denkpause*"[171]).[172]

Doch auch wenn der Verfassungsvertrag endgültig nicht in Kraft treten sollte, ist davon auszugehen, dass er jedenfalls seine verfassungsgeschichtliche Bedeu-

---

165 So *Th. Kingreen*, EuGRZ 2004, 570 (570); ähnlich *G. Odendahl*, JA 1996, 898 (901); *R. Pitschas*, VSSR 2000, 207 (209); *I. Pernice*, Grundrechtsgehalte im Europäischen Gemeinschaftsrecht, 1979, S. 32 (mit Fn. 55): „*Arkanjurisprudenz*".

166 *Kl. Stern*, in: Stern/Tettinger (Hrsg.), Europäische Verfassung im Werden, 2006, S. 25 ff. (31); s. auch *Chr. Grabenwarter*, EuGRZ 2004, 563 ff.

167 *R. Streinz*, Europarecht, Rdn. 60; *M. Möstl*, Verfassung für Europa, 2005, S. 9, 26 ff.

168 *D. Ehlers*, in: Ehlers (Hrsg.), Europäische Grundrechte, § 14 Rdn. 17; *R. Streinz*, Europarecht, Rdn. 60.

169 Zu den Gründen, warum Frankreich und die Niederlande „Nein" gesagt haben, s. *J. Wuermeling*, ZRP 2005, 149 (150). Dazu auch ausführlich die Beiträge von *R. Bieber*, in: Kadelbach (Hrsg.), Europäische Verfassung und direkte Demokratie, 2006, S. 57 ff.; *S. Hölscheidt*, in: Kadelbach (Hrsg.), Europäische Verfassung und direkte Demokratie, 2006, S. 17 ff.; *St. Kadelbach*, in: Kadelbach (Hrsg.), Europäische Verfassung und direkte Demokratie, 2006, S. 9 ff.

170 Ausführlich zum Scheitern des Europäischen Verfassungsvertrags, *Kl. Stern*, in: Stern/Tettinger (Hrsg.), Europäische Verfassung im Werden, 2006, S. 25 ff.; *J. Wuermeling*, ZRP 2005, 149 ff.

171 So J.-CL. JUNCKER, in: RM, „Schwitzen für Europa", 18.5.2006, Nr. 20, S. 3; vgl. auch *J. Meyer*, in: Meyer (Hrsg.), EU-GRCh, Vorwort zur zweiten Auflage, S. 5.

172 Erklärung der Staats- und Regierungschefs der Mitgliedstaaten der Europäischen Union zur Ratifizierung des Vertrags über eine Verfassung für Europa, EU-Nachrichten, Dokumentation Nr. 2/2005, S. 28. Seit den negativen Referenden haben das Parlament von Malta und die Bevölkerung Luxemburgs zugestimmt.

tung behält – ähnlich wie die deutsche Paulskirchenverfassung von 1849[173].[174] Denn wenngleich der Ausgang des Ratifikationsprozesses mit dem „*non*" der Franzosen (55 Prozent) und dem „*nee*" der Niederländer (62 Prozent) ungewiss ist und der europäische Verfassungsvertrag insgesamt scheitern sollte[175], darf die Bedeutung der Charta – trotz ihrer bis jetzt fehlenden rechtlichen Bindungswirkung – nicht unterschätzt werden und wird Unionsrecht, EMRK und nationales Verfassungsrecht in mehrfacher Hinsicht beeinflussen.[176] So wird in Dokumenten der Kommission[177], in Texten des Europäischen Parlaments[178] wie auch in Richtlinienentwürfen[179] darauf hingewiesen, dass man im Einklang mit der Charta handele.[180] Darüber hinaus haben das Europäische Gericht erster Instanz

---

173 Zum historischen Vergleich mit der Paulskirchenverfassung s. *A. Große Wentrup*, Europäische Grundrechtecharta, 2003, S. 19 ff.

174 *Kl. Stern*, in: Stern/Tettinger (Hrsg.), Europäische Verfassung im Werden, 2006, S. 25 ff. Vgl. auch *P. J. Tettinger*, NJW 2001, 1010 (1010): Die Charta entfaltet eine „*beachtliche Signalwirkung im Sinne einer Verstärkung der Grundsätze der Transparenz und der Bürgernähe auf der Ebene der Europäischen Union.*".

175 Vgl. dazu die Besprechung von *Y. Dorf*, NWVBl. 2005, II f.

176 Ausführlich dazu *S. Schulenberg*, in: Kämmerer/Wyrzykowski (Hrsg.), Verfassungsgebung für Europa, 2005, S. 287 (290 ff.); vgl. ferner *M. Borowsky*, in: Meyer (Hrsg.), EU-GRCh, Vor Kapitel VII Rdn. 3; *M. Pechstein*, in: Streinz (Hrsg.), EUV/EGV, Art. 6 EUV Rdn. 14; *D. Ehlers*, in: Ehlers (Hrsg.), Europäische Grundrechte, § 14 Rdn. 17; *Chr. Walter*, in: Ehlers (Hrsg.), Europäische Grundrechte, § 1 Rdn. 32; *S. Alber/U. Widmaier*, EuGRZ 2000, 497 (510); *Y. Dorf*, DVBl. 2005, 486 (486); *Chr. Grabenwarter*, DVBl. 2001, 1 (11); *J. Wuermeling*, ZRP 2005, 149 (152).

177 Vgl. etwa Ziff. 1 der Kommissionsmitteilung v. 8.5.2001, KOM (2001) 252 endg., S. 3 (mit Fn. 27) über die Rolle der EU bei der Förderung der Menschenrechte: „*Die außenpolitische Aktion der Kommission wird von der Wahrung der Rechte und Grundsätze geprägt werden, die in der [...] Europäischen Grundrechtscharta enthalten sind, die die Übereinstimmung zwischen dem internen und externen Vorgehen der EU gewährleisten wird.*".

178 Vgl. etwa Erwägungsgrund 3 der „Empfehlung des Europäischen Parlaments zu strafrechtlichen Maßnahmen und Gemeinschaftsstrafrecht" v. 15.11.2001, B5-0707/2001 – Dok. PE 312.077/1.

179 Beispielhaft 2. Erwägung Präamb. RL 2003/86/EG betr. das Recht auf Familienzusammenführung; 34. Erwägung Präamb. RL 2003/54/EG zum Elektrizitätsbinnenmarkt; 33. Erwägung Präamb. RL 2003/55/EG zum Erdgasbinnenmarkt; 5. Erwägung Präamb. VO 859//2003/EG; 3. Erwägung Präamb. RL 2002/73/EG (zu Änderung der RL 76/207/EWG); weitere Beispiele bei *S. Magiera*, in: Scheuing (Hrsg.), Europäische Verfassungsordnung, 2003, S. 117 (129 f.).

180 Vgl. *A. Zimmermann*, Charta der Grundrechte der Europäischen Union, 2002, S. 17 ff.

(EuG)[181] sowie einige Generalanwälte des EuGH, darunter der deutsche, in ihren Schlussanträgen[182] bereits auf die Charta Bezug genommen und für eine Art Selbstbindung der europäischen Organe plädiert.[183] Schließlich hat selbst der Europäische Gerichtshof für Menschenrechte (EGMR) die Grundrechtecharta in seiner Rechtsprechung[184] ohne rechtliche Verpflichtung de facto berücksichtigt, um die über fünfzig Jahre alten Artikeln der EMRK in einem modernen Licht

---

181 EuG, Urteil v. 20.1.2002, Rs. T-54/99, („max.mobil Telekommunikation Service GmbH"), Slg. 2002, II-313 Rdn. 48, 57 (zu Art. 47 EU-GRCh); EuG, Urteil v. 20.2.2001, Rs. T-112/98, („Mannesmannröhrenwerke AG"), Slg. 2001, II-729 ff.; EuG, Urteil v. 3.5.2002, Rs. T-177/01, („Jégo-Quéré et Cie SA"), Slg. 2002, II-2365 Rdn. 42, 47; EuG, Urteil v. 15.1.2003, verb. Rsn. T-377/00, T-379/00, T-380/00, T-260/01 u. T-272/01, („Philipp Morris International, Inc., u.a."), Slg. 2003, II-1 Rdn. 122; EuG, Urteil v. 9.7.2003, Rs. T-223/00, („Kyowa Hakko Kogyo Co. Ltd.,"), Slg. 2003, II-2553; EuG, Urteil v. 5.8.2003, verb. Rsn. T-116/01 u. T-118/01, („P&O European Ferries [Vizcaya] SA"), Slg. 2003, II-2957 Rdn. 197 ff.; vgl. auch EuG, Beschluss v. 2.4.2004, Rs. T-231/02, („Gonnelli und AIFO"), Slg. 2004, II-1051; zuletzt EuG, Urteil v. 13.7.2005, Rs. T-242/02, („Sunrider"), Slg. 2005, II-2793.

182 Seit ihrer Proklamation fand die Charta etliche Male Eingang in den Schlussanträgen, in den meisten Fällen mit dem Zweck, die Existenz eines bestimmten Grundrechts zu bestätigen, vgl. etwa die Schlussanträge der Generalanwälte *Alber* v. 1.2.2001, Rs. C-340/99, („TNT Traco SpA"), Slg. 2001, I-4109, Nr. 94; *Tizzano* v. 8.2.2001, Rs. C-173/99, („BECTU"), Slg. 2001, I-4881, Nr. 26 ff.; *Jacobs* v. 22.3.2001, Rs. C-270/99 P, („Z"), Slg. 2001, I-9197, Nr. 40; *ders.* v. 14.6.2001, Rs. C-377/98, („Niederlande ./. EP", „Biopatentrichtlinie"), Slg. 2001, I-7079, Nr. 197, 210; *ders.* v. 21.3.2002, Rs. C-50/00 P, („Unión de Pequeños Agricultores"), Slg. 2002, I-667; *Geelhoed* v. 5.7.2001, Rs. C-413/99, („Baumbast und R"), Slg. 2002, I-7091, Nr. 59, 110; *ders.* v. 12.7.2001, Rs. C-313/99, („Mulligan u.a."), Slg. 2002, I-5719 Nr. 28; *Léger* v. 10.7.2001, Rs. C-353/99 P, („Rat ./. Heidi Hautala"), Slg. 2001, I-9565, Nr. 51, 73-83; *Stix-Hackl* v. 12.7.2001, Rs. C-131/00, („Nilsson/Länsstyrelsen i Norbottens län"), Slg. 2001, I-10165 (10167), Nr. 18, 44; *Mischo* v. 20.9.2001, verb. Rsn. C-20/00 u. C-64/00, („Booker Aquaculture Ltd."), Slg. 2003, I-7411, Nr. 125 (alle veröffentlicht unter http://europa.eu.int/jurisp/cgi-bin/form.pl?lang=de, Stand der Abfrage 15.6.2006). Ausführlich dazu der Beitrag von *S. Alber*, EuGRZ 2001, 349 (351 ff.).

183 Vgl. *M. Pechstein*, in: Streinz (Hrsg.), EUV/EGV, Art. 6 EUV Rdn. 14; *M. Borowsky*, in: Meyer (Hrsg.), EU-GRCh, Vor Kapitel VII Rdn. 3 f.; *M. Büdenbender*, Das Verhältnis des Europäischen Gerichtshofs zum Bundesverfassungsgericht, 2005, S. 164; *A. Zimmermann*, Charta der Grundrechte der Europäischen Union, 2002, S. 17 f.; *E. Pache*, EuR 2001, 475 (486); *M. Zuleeg*, EuGRZ 2000, 511 (514).

184 EGMR, Urteil v. 11.7.2002, Nr. 28957/95, („Christine Goodwin ./. GB"), RJD 2002-VI, Rdn. 58. Im Fall EGMR, Urteil v. 8.7.2003, Nr. 36022/97, („Hatton and others ./. GB".), RJD 2003-VIII, hat der Richter am EGMR *Costa* auf Art. 37 EU-GRCh (Umweltschutz) hingewiesen; jüngst EGMR, Urteil v. 30.6.2005, Nr. 45036/98, („Bosphorus") NJW 2006, 197 ff.

auslegen zu können.[185] Ferner haben einige Verfassungsgerichte der Mitgliedstaaten[186] auf die Charta Bezug genommen, um zu begründen, dass auf Gemeinschaftsebene ausreichender, dem nationalen Niveau entsprechender Grundrechtsschutz gewährleistet wird.[187] Auch das Bundesverfassungsgericht sowie das Bundesverwaltungsgericht haben die Charta zumindest unterstützend herangezogen.[188]

Schließlich ist anzuführen, dass die bisherige europäische Grundrechtsordnung gemäß Art. 6 Abs. 2 EU – neben der Rechtserkenntnisquelle der EMRK[189] – aus den „*gemeinsamen Verfassungsüberlieferungen der Mitgliedstaaten [...] als allgemeine Grundsätze [...] des Unionsrechts*" besteht.[190] Der EuGH und das EuG werden zwangsläufig bei der ihnen nach Art. 6 Abs. 2 EU aufgetragenen

---

185 Vgl. auch *Chr. Grabenwarter*, DVBl. 2001, 1 (11): Der EGMR wird die Grundrechtecharta in seiner Rechtsprechung berücksichtigen, sei es als Hilfsmittel zur Bestimmung eines europäischen Standards, sei es, um die Evidenz der Richtigkeit eines Ergebnisses zu unterstreichen.

186 S. Österreichischer VerfGH, Vorlage KR 1-6, 8/00 gem. Art. 234 EGV v. Dez. 2000; spanisches Verfassungsgericht (*Tribunal Constitucional*), STC 292/2000 v. 30.11.2000, Ziff. II.8, zuletzt Urteil des spanischen Verfassungsgerichtshofs v. 13.12.2004 zur Vereinbarkeit des Verfassungsvertrages mit der spanischen Verfassung, abgedruckt in EuGRZ 2005, 339 ff.; Entscheidung des französischen Verfassungsrats (*Conseil Constitutionnel*) v. 19.11.2004 zum Verfassungsvertrag, abgedruckt in EuGRZ 2005, 45 ff.

187 *M. Pechstein*, in: Streinz (Hrsg.), EUV/EGV, Art. 6 EUV Rdn. 14.

188 Soweit ersichtlich hat das BVerfG mittlerweile drei Mal auf die Charta Bezug genommen, BVerfG, Beschluss v. 22.11.2001, („NPD-Verbotsverfahren"), BVerfGE 104, 214 (219). Das BVerfG hat im NPD-Verbotsverfahren zum Aussetzungs- und Vorlageantrag der Partei hervorgehoben, dass „*eine allgemeine Bindung der Mitgliedstaaten an die konstitutionellen Vorschriften des Unions- und Gemeinschaftsrechts*" nicht besteht und sich insoweit neben der Rechtsprechung des EuGH (Slg. 1991, I-2925) ausdrücklich auch auf Art. 51 der Charta der Grundrechte der bezogen. Vgl. auch – jeweils mit Bezug auf Art. 47 Abs. 2 EU-GRCh – BVerfG, Beschluss v. 30.4.2003, BVerfG, 1 PbvU 1/02, und BVerfG, Beschluss v. 4.5.2004, BVerfG, 1 BvR 1892/03. Das BVerwG hat in einem Urteil zur Einführung eines Emissionshandelssystems Art. 17 EU-GRCh herangezogen, vgl. BVerwG, Urteil v. 30.6.2005, („Treibhausgas"), BVerwGE 124, 47 (58): „*Diese Charta tritt zwar erst mit der Verfassung der Europäischen Union in Kraft. Dennoch können ihre Formulierungen, soweit sie an Verfassungsüberlieferungen der Mitgliedstaaten anknüpfen, als Verkörperung der gemeinsamen Grundüberzeugung herangezogen werden.*".

189 Vgl. dazu *H.-W. Rengeling*, Grundrechtsschutz in der Europäischen Gemeinschaft, 1993, S. 184.

190 Vgl. *J. Caspar*, RdJB 2001, 165 f.; *M. Hilf*, Sonderbeilage zu NJW, EuZW, NVwZ und JuS zur Charta der Grundrechte der EU (2000), 1 (6); ähnlich mit Blick auf die künftige Rechtsprechung des EuGH *Chr. Grabenwarter*, DVBl. 2001, 1 (11).

Ermittlung der gemeinsamen Verfassungstraditionen der Mitgliedstaaten auf den in der Charta festgeschriebenen Konsens zurückgreifen.[191]

Damit bleibt festzuhalten, dass selbst bei Scheitern des Verfassungsvertrages die Bestimmungen der Charta fortan als Grundlage einer gemeinsamen Verfassungsüberlieferung im Sinne des Art. 6 Abs. 2 EU sowohl die europäische als auch die mitgliedstaatliche Rechtsprechung nachhaltig beeinflussen werden, so dass die Grundrechtecharta auch als nicht rechtsverbindliches Dokument einen wichtigen Beitrag dazu leisten wird, die Konturen des bislang ungeschriebenen Grundrechtsstandards zu schärfen.[192]

---

191 *Chr. Busse*, EuGRZ 2002, 559 (562); *M. Hilf*, Sonderbeilage zu NJW, EuZW, NVwZ und JuS zur Charta der Grundrechte der EU (2000), 1 (5); vgl. auch *Y. Dorf*, JZ 2005, 126 (127); *Chr. Grabenwarter*, DVBl. 2001, 1 (11). Diese Prognose erscheint besonders realistisch, wenn man das Urteil des EuGH in der Rechtssache „Hauer" (EuGH, Urteil v. 13.12.1979, Rs. 44/79, Slg. 1979, 3727 [3744] Rdn. 15) betrachtet, in dem die kurz zuvor zur EMRK verabschiedete Gemeinsame Erklärung des Europäischen Parlaments, des Rats und der Kommission der Gemeinschaft aus dem Jahre 1977 in die Begründung einfließt, vgl. *A. Iber*, ZEuS 2002, 483 (492); *P. J. Tettinger*, NJW 2001, 1010 (1015). A.A. offensichtlich *Th. Schmitz*, JZ 2001, 833 (835): „*Die Charta gehört nicht einmal zu den Inspirationsquellen, auf welche der EuGH seine Grundrechtsrechtsprechung nach Art. 6 Abs. 2 EUV bauen kann.*".

192 Vgl. *Th. Schmitz*, EuR 2004, 691 (697 f.), der bemängelt, dass Art. 6 Abs. 2 EU nicht ersetzt, sondern ebenfalls in den Verfassungsvertrag aufgenommen wurde und so der abschließende Charakter der Grundrechtecharta ignoriert werde.

2. Teil

Die Funktionen und die Interpretation der Grundrechte der EU-Charta

Im folgenden zweiten Teil gilt vorab kurz zu klären, welche grundrechtlichen Verpflichtungen die Grundrechte der EU-Grundrechtecharta im Allgemeinen enthalten können, bevor die genaue Funktion der in Art. 14 EU-GRCh vorgesehenen Rechte untersucht werden soll.[193] Die Grundrechtsfunktionen sind insbesondere im Hinblick auf die Grundrechtseinschränkungen, auf die in dieser Arbeit noch näher eingegangen werden soll[194], bedeutsam.[195] Im Anschluss daran soll zunächst die Vorfrage geklärt werden, wie und nach welchen Interpretationsmaßstäben die einzelnen Grundrechtsgewährleistungen der Europäischen Grundrechtecharta auszulegen sind.

A. Die Grundrechtsfunktionen

Mit dem Begriff der „Grundrechtsfunktionen“ werden die rechtlichen Wirkungen der Grundrechte zugunsten des Schutzgutes beschrieben.[196] Man kann in diesem Zusammenhang auch von „Grundrechtsdimensionen“ oder „grundrecht-

---

193 S. dazu unten, 4. Teil, jeweils unter II. (Gewährleistungsumfang) der Abschnitte A.-E.

194 S. unten, 4. Teil, jeweils unter III. (Beeinträchtigung und Rechtfertigung) der Abschnitte A.-E.

195 Vgl. *Th. Schmitz*, JZ 2001, 833 (838); *M. Kenntner*, ZRP 2000, 423 (424).

196 *H. Krieger*, in: Grote/Marauhn (Hrsg.), EMRK/GG, Kap. 6 Rdn. 1; *H. D. Jarass*, EU-Grundrechte, § 5 Rdn. 8; vgl. ferner *Th. Kingreen*, in: Callies/Ruffert (Hrsg.), EUV/EGV, Art. 6 EUV Rdn. 44; *H.-W. Rengeling/P. Szczekalla*, Grundrechte in der Europäischen Union, § 6 Rdn. 397.

lichen bzw. positiven Verpflichtungen" sprechen.[197] Den in der Charta enthaltenen Grundrechten kommen dabei verschiedene Funktionen zu: Zum einen stellt sich die Frage, ob es sich bei den Grundrechten nur um Gleichheits- bzw. Freiheitsrechte handelt, die dem Einzelnen subjektive Abwehrrechte vermitteln („klassische Grundrechtsfunktion")[198], oder ob sie auch Leistungsrechte enthalten können. Zum anderen könnten die Grundrechte von objektiv-rechtlicher Bedeutung sein. Innerhalb der grundrechtlichen Gewährleistung sind demgemäß sowohl objektive wie auch subjektive Dimensionen zu unterscheiden[199], die im Folgenden kurz erläutert werden sollen.

I. Die subjektiv-rechtliche Dimension

Die klassischen Funktionen der Unionsgrundrechte lassen sich ebenso wie die Grundrechte der EMRK[200] grundsätzlich in Abwehr-, Leistungs- und Mitwirkungsrechte einteilen.[201] In Anlehnung an das von GEORG JELLINEK entwickelte System der subjektiven öffentlichen Rechte[202] sollen – gleichsam als nützliche

---

197 *H.-W. Rengeling/P. Szczekalla*, Grundrechte in der Europäischen Union, § 6 Rdn. 397; *Th. Kingreen*, in: Callies/Ruffert (Hrsg.), EUV/EGV, Art. 6 EUV Rdn. 44; *M. Bühler*, Einschränkung von Grundrechten nach der Europäischen Grundrechtecharta, 2005, S. 467 f.

198 *M. Bühler*, Einschränkung von Grundrechten nach der Europäischen Grundrechtecharta, 2005, S. 467.

199 Dazu ausführlich *I. Pernice*, Grundrechtsgehalte im Europäischen Gemeinschaftsrecht, 1979, S. 56, 62 f. in Anlehnung an *P. Häberle*, Die Wesensgehaltgarantie des Art. 19 Abs. 2 Grundgesetz, 1983, S. 8 ff., 49 f., 185, der von einem Doppelcharakter der Grundrechte spricht, welche vom französischen Rechtsdenken beeinflusst seien (vgl. S. 4 ff.). Eingehend für die deutschen Grundrechte *M. Sachs*, in: Sachs (Hrsg.), GG, Vor Art. 1 Rdn. 27 ff., 39 ff.; *ders.*, Verfassungsrecht II, Grundrechte, A 4 Rdn. 1 ff., 46 ff.; *Kl. Stern*, in: Stern (Hrsg.), Staatsrecht III/1, S. 473 ff.

200 Siehe allgemein zu den Konventionsrechten die Überblicksdarstellung bei *Chr. Grabenwarter*, EMRK, §§ 19, 20 ff.; *J. Meyer-Ladewig*, EMRK, Art. 2 ff. (S. 46 ff.); *A. Peters*, EMRK, §§ 5 ff., S. 36 ff.

201 *D. Ehlers*, in: Ehlers (Hrsg.), Europäische Grundrechte, § 14 Rdn. 22 ff.; vgl. auch *S. Schulenberg*, in: Kämmerer/Wyrzykowski (Hrsg.), Verfassungsgebung für Europa, 2005, S. 287 (305 f.); *Chr. Callies*, EuZW 2001, 261 (263). Für die deutschen Grundrechte s. etwa *H. Siekmann/G. Duttge*, Staatsrecht I: Grundrechte, Rdn. 941 ff.

202 *G. Jellinek*, System der subjektiven öffentlichen Rechte, 1892, 2. Auflage (1905), Nachdruck 1979, S. 81 ff. (87, 94 ff.). Siehe dazu auch *B. Pieroth/B. Schlink*, Grundrechte, Rdn. 57 ff.; *D. Murswiek*, in: Sachs (Hrsg.), GG, Art. 2 Rdn. 14 ff.; *Chr. Starck*, in: v. Mangoldt/Klein/Starck (Hrsg.), GG I, Art. 1 Abs. 3 Rdn. 182 ff.

Hilfe bei der Typisierung von Grundrechten – auch auf der Ebene der europäischen Grundrechte die Begrifflichkeiten des *„status negativus“*, *„status positivus“* und des *„status activus“* verwendet werden.[203]

1. Abwehrfunktionen (*„status negativus“*)

Grundrechte, die bestimmte Freiheiten, Freiräume oder der freien Verfügung des Einzelnen überlassene Rechtsgüter gegen staatliche Eingriffe, Einschränkungen, Beschränkungen oder Verletzungen schützen, werden als so genannte Freiheits- oder Abwehrrechte bezeichnet.[204] Sie zielen primär auf die Abwehr von Eingriffen bzw. Einschränkungen und dienen dazu, die Freiheitssphäre der Bürger vor Eingriffen der Grundrechtsadressaten zu schützen; es geht folglich um den *„status negativus“*.[205] Zwar trifft der EuGH in seiner Judikatur in Bezug auf die abwehrrechtliche Dimension der Grundrechte keine ebenso eindeutige Aussage wie das deutsche BVerfG, wonach die Grundrechte *„Abwehrrechte des Bürgers gegen den Staat“* seien[206]. Allerdings betrifft nahezu die gesamte Rechtsprechung des EuGH Eingriffe der Gemeinschaftsorgane in die individuelle Freiheitssphäre, so dass die Abwehrfunktion der Gemeinschaftsgrundrechte allgemein anerkannt ist.[207]

---

[203] So auch *D. Ehlers*, in: Ehlers (Hrsg.), Europäische Grundrechte, § 2 Rdn. 12; *H. D. Jarass*, EU-Grundrechte, § 5 Rdn. 8 ff.; *M. Holoubek*, in: Duschanek/Griller (Hrsg.), Grundrechte für Europa, 2002, S. 25 (26); *A. Große Wentrup*, Europäische Grundrechtecharta, 2003, S. 72 f.; *S. Schulenberg*, in: Kämmerer/Wyrzykowski (Hrsg.), Verfassungsgebung für Europa, 2005, S. 287 (305).

[204] *H. D. Jarass*, EU-Grundrechte, § 5 Rdn. 9, 21; *D. Ehlers*, in: Ehlers (Hrsg.), Europäische Grundrechte, § 14 Rdn. 22; *S. Schulenberg*, in: Kämmerer/Wyrzykowski (Hrsg.), Verfassungsgebung für Europa, 2005, S. 287 (305). Ausführlich zu den Grundrechten als Abwehrrecht im GG auch *H. Dreier*, Jura 1994, 505 ff.

[205] *B. Pieroth/B. Schlink*, Grundrechte, Rdn. 58 f.; *H. D. Jarass*, EU-Grundrechte, § 5 Rdn. 9; *S. Schulenberg*, in: Kämmerer/Wyrzykowski (Hrsg.), Verfassungsgebung für Europa, 2005, S. 287 (305).

[206] Grundlegend BVerfG, Urteil v. 15.1.1958, („Lüth“), BVerfGE 7, 198 (204): *„Ohne Zweifel sind die Grundrechte in erster Linie dazu bestimmt, die Freiheitssphäre des einzelnen vor Eingriffen der öffentlichen Gewalt zu sichern; sie sind Abwehrrechte des Bürgers gegen den Staat.“*; vgl. auch *B. Pieroth/B. Schlink*, Grundrechte, Rdn. 58.

[207] S. *Th. Kingreen*, in: Callies/Ruffert (Hrsg.), EUV/EGV, Art. 6 EUV Rdn. 45 m.w.N.

Auch bei den meisten Grundrechten der Charta steht die abwehrrechtliche Dimension und damit die negative Verpflichtung im Vordergrund.[208] In allgemeiner Form wird diese Abwehrfunktion mit ihren negativen Verpflichtungen in der Regelung des Art. 51 Abs. 1 S. 2 EU-GRCh (Art. II-111 Abs. 1 S. 2 EuVerf) formuliert, wenn die Organe der EU und die Mitgliedstaaten bei der Durchführung des Rechts der Union verpflichtet werden, die „*Rechte*" zu „*achten*" („*respect*" / „*respectent*").[209] Dagegen sind die ebenfalls in dieser Vorschrift angesprochenen „*Grundsätze*" lediglich einzuhalten und ggf. zu „*fördern*" und enthalten keine subjektiven Rechte.[210]

2. Leistungs- bzw. Schutzfunktionen („*status positivus*")

Neben der rein abwehrrechtlichen Dimension weisen die Grundrechte noch weitere Schutzgehalte auf, beschränken sich also nicht auf den Schutz vor Eingriffen des Staates in die Freiheitssphäre des Einzelnen: Bei diesen Grundrechten ist der Staat gefordert, durch positive Maßnahmen die Grundrechtsausübung erst zu ermöglichen und sicherzustellen.[211] So wird im deutschen Recht aus den Freiheitsgrundrechten unter bestimmten Voraussetzungen ein Anspruch gegen den Staat auf Schutz vor rechtswidrigen Eingriffen Privater abgeleitet.[212] Dabei kommt die Leistungsfunktion der Grundrechte zum Tragen; es geht also um den „*status positivus*".[213]

---

208 Vgl. *H. G. Fischer*, Europarecht, § 5 Rdn. 17. Beispielhaft etwa: Das Grundrecht des Art. 3 EU-GRCh (Art. II-63 EuVerf) zielt auf das Unterlassen von Eingriffen in die körperliche und geistige Unversehrtheit ab; Art. 7 EU-GRCh (Art. II-67 EuVerf) schützt das Unterlassen von Eingriffen in das Privat- und Familienleben; Art. 12 EU-GRCh (Art. II-72 EuVerf) beschränkt Behinderungen von Versammlungen und Vereinigungen.

209 *H. D. Jarass,* EU-Grundrechte, § 5 Rdn. 9.

210 Zu der Unterscheidung zwischen „*Rechten*" und „*Grundsätzen*", s. unten 4. Teil, C. II. 2. Dazu auch *M. Borowsky*, in: Meyer (Hrsg.), EU-GRCh, Art. 52 Rdn. 45a, Art. 51 Rdn. 33 ff.; *H. D. Jarass,* EU-Grundrechte, § 7 Rdn. 22 ff.

211 Etwa *Chr. Grabenwarter*, EMRK, § 19 Rdn. 1; *H. D. Jarass*, EU-Grundrechte, § 5 Rdn. 10; *H. Krieger*, in: Grote/Marauhn (Hrsg.), EMRK/GG, Kap. 6 Rdn. 21.

212 Vgl. die Rechtsprechungsnachweise bei *M. Sachs*, in: Sachs (Hrsg.), GG, Vor Art. 1 Rdn. 35 (mit Fn. 69). Näher dazu *J. Dietlein*, Die Lehre von den grundrechtlichen Schutzpflichten, 1992, S. 51 ff.

213 *H. D. Jarass*, EU-Grundrechte, § 5 Rdn. 10. Vgl. auch *Th. Kingreen*, in: Callies/Ruffert (Hrsg.), EUV/EGV, Art. 6 EUV Rdn. 46 ff.; *D. Ehlers*, in: Ehlers (Hrsg.), Europäische Grundrechte, § 14 Rdn. 24; *A. W. Heringa/L. Verhey*, MJ 1 (2001), 11 (19 f.).

Auf der Ebene der Europäischen Menschenrechtskonvention ist diese Grundrechtsfunktion seit langem anerkannt,[214] überdies hat der EGMR die Leistungs- und Schutzfunktion von EMRK-Grundrechten vielfach ausgesprochen.[215] Entsprechende Wirkungen – also ein positives Tätigwerden des Grundrechtsadressaten – vermögen auch die Unionsgrundrechte zu entfalten.[216] Zwar hat der EuGH diese Grundrechtsfunktionen in seiner Rechtsprechung noch nicht so eindeutig herausgestellt, doch lassen sich einzelne Judikate im Sinne einer grundrechtlichen Schutzfunktion deuten.[217] Bei diesen Rechten kann der Einzelne – wie bereits erwähnt – seine Freiheit nicht ohne den Staat ausüben, sondern ist für die Schaffung und Erhaltung seiner freien Existenz auf hoheitliche Vorkehrungen angewiesen.[218] Hierauf gründen sich die so genannten Teilhabe- und Leistungs-, Schutzgewähr- und Verfahrensrechte gegen den Staat.[219] Den Teilhabe- und Leistungsrechten ist gemeinsam, dass sie dem Einzelnen einen Anspruch auf positives Tun hoheitlicher Einrichtungen einräumen.[220] Sie unterscheiden sich dadurch, dass Teilhaberechte auf die Beteiligung an bereits vor-

---

[214] Vgl. dazu ausführlich *Chr. Grabenwarter*, EMRK, § 19 Rdn. 2 ff.; *J. Meyer-Ladewig*, EMRK, Einleitung Rdn. 40. S. auch *H. Krieger*, in: Grote/Marauhn (Hrsg.), EMRK/GG, Kap. 6 Rdn. 9, 23 ff.; *D. Ehlers*, in: Ehlers (Hrsg.), Europäische Grundrechte, § 2 Rdn. 15.

[215] Vgl. nur EGMR, Urteil v. 16.3.2000, Nr. 23144/93, („Özgür Gündem ./. TR"), RJD 2000-III, Rdn. 42; EGMR, Urteil v. 26.3.1985, Nr. 8978/80, („X. & Y. ./. NL"), Serie A 91 Rdn. 23 = EuGRZ 1989, 522; der EGMR spricht hierbei von „*positive obligations*" bzw. „*obligations positives*". Dazu s. auch *J. Meyer-Ladewig*, EMRK, Einleitung Rdn. 40; *H. Krieger*, in: Grote/Marauhn (Hrsg.), EMRK/GG, Kap. 6 Rdn. 9 (m.w. Rechtsprechungsnachweisen in Fn. 22).

[216] *H. D. Jarass*, EU-Grundrechte, § 5 Rdn. 10; vgl. auch *D. Ehlers*, in: Ehlers (Hrsg.), Europäische Grundrechte, § 14 Rdn. 24; *S. Schulenberg*, in: Kämmerer/Wyrzykowski (Hrsg.), Verfassungsgebung für Europa, 2005, S. 287 (305). Zurückhaltend *H. G. Fischer*, Europarecht, § 5 Rdn. 17.

[217] Vgl. etwa EuGH, Urteil v. 12.6.2003, Rs. C-112/00, („Schmidberger"), Slg. 2003, I-5694 Rdn. 74. Zu den Schutzpflichten in der Rechtsprechung des EuGH, s. *H. Krieger*, in: Grote/Marauhn (Hrsg.), EMRK/GG, Kap. 6 Rdn. 38 ff.

[218] Beispielhaft: Art. 1 EU-GRCh verlangt neben der Achtung der Menschenwürde auch deren Förderung; Art. 24 EU-GRCh verlangt den Schutz und die Förderung der Kinder; Art. 29 EU-GRCh garantiert das Recht auf Zugang zu einem unentgeltlichen Arbeitsvermittlungsdienst; Art. 30 EU-GRCh verlangt den Schutz vor ungerechtfertigter Entlassung von Arbeitnehmern; vgl. dazu *H. D. Jarass*, EU-Grundrechte, § 5 Rdn. 10.

[219] *B. Pieroth/B. Schlink*, Grundrechte, Rdn. 60. Umfassend dazu s. nur *M. Sachs*, in: Stern (Hrsg.), Staatsrecht III/1, S. 687 ff

[220] *H. D. Jarass*, EU-Grundrechte, § 5 Rdn. 10; vgl. auch *H. Siekmann/G. Duttge*, Staatsrecht I: Grundrechte, Rdn. 947; *M. Sachs*, in: Sachs (Hrsg.), GG, vor Art. 1 Rdn. 46 ff.

handenen staatlichen Vorkehrungen und Leistungsrechte (im engeren Sinne) auf deren Schaffung gerichtet sind. Anknüpfend an diese Unterscheidung werden Teilhaberechte oft auch als „derivative", d.h. vom Bestehenden abgeleitete Leistungsrechte bezeichnet; Leistungsrechte im engeren Sinne werden dagegen als „originäre" Leistungsrechte charakterisiert, d.h. das noch nicht Vorhandene hervorbringenden Rechten.[221] In allgemeiner Form wird die Leistungs- und Schutzfunktion mit ihren positiven Verpflichtungen in der Bestimmung des Art. 51 Abs. 1 S. 2 EU-GRCh (Art. II-111 Abs. 1 S. 2 EuVerf) angesprochen, wenn dort von „*fördern*" („*promote*" / „*promouvent*") die Rede ist.[222]

3. Mitwirkungsfunktion („*status activus*")

Als „*status activus*" wird schließlich der Zustand bezeichnet, in dem der Einzelne staatsbürgerliche Rechte bzw. politische Mitwirkungsrechte, z.B. das Wahlrecht, auszuüben berechtigt ist.[223] Auf diese Weise wird das Individuum seinerseits für den Staat tätig.[224] Derartige Rechte wurden bereits durch die Verträge auf Unionsebene gewährleistet – insbesondere das aktive und passive Wahlrecht bei den Wahlen zum Europäischen Parlament und bei den Kommunalwahlen, das Recht auf Freizügigkeit und Aufenthaltsfreiheit sowie das Petitionsrecht, vgl. die sog. „*Unionsbürgerschaft*" gemäß Art. 17 ff. EG (Art. I-10, III-125 ff. EuVerf).[225] Auch die Grundrechtecharta sieht in dem mit „*Bürgerrechte*" überschriebenem Titel V (Art. 39 ff. EU-GRCh = Art. II-99 ff. EuVerf) Mitwirkungsrechte im Sinne von Unionsbürgerrechten vor, wie etwa die Wahlrechte in Art. 39 f. (Art. II-99 f. EuVerf), das Rechte auf Zugang zu Dokumenten in Art. 42 EU-GRCh (Art. II-102 EuVerf), die Freizügigkeit in Art. 45 EU-GRCh (Art. II-105 EuVerf) sowie das Recht auf Schutz durch diplomatische und konsultatorische Stellen in Art. 46 EU-GRCh (Art. II-106 EuVerf).[226]

---

221 *B. Pieroth/B. Schlink*, Grundrechte, Rdn. 60; vgl. auch *M. Sachs*, in: Stern (Hrsg.), Staatsrecht III/1, S. 700 ff.

222 *H. D. Jarass*, EU-Grundrechte, § 5 Rdn. 10.

223 *B. Pieroth/B. Schlink*, Grundrechte, Rdn. 65. Vgl. auch *D. Ehlers*, in: Ehlers (Hrsg.), Europäische Grundrechte, § 14 Rdn. 26.

224 *G. Jellinek*, System der subjektiven öffentlichen Rechte, 1892, 2. Auflage (1905), Nachdruck 1979, S. 87.

225 *D. Ehlers*, in: Ehlers (Hrsg.), Europäische Grundrechte, § 14 Rdn. 26.

226 Ausführlich dazu *St. Kadelbach,* in: Ehlers (Hrsg.), Europäische Grundrechte, § 21 Rdn. 10 ff.; vgl. ferner *H. D. Jarass*, EU-Grundrechte, § 4 Rdn. 24 ff.

II. Die objektiv-rechtliche Dimension

Darüber hinaus enthalten die Grundrechtsbestimmungen eine objektiv-rechtliche Dimension, die über die subjektiv-rechtliche Seite hinausgeht oder davon losgelöst ist.[227]

1. Einrichtungsgarantien

Einige Gemeinschaftsgrundrechte leisten neben subjektiven Rechten auch objektiv Einrichtungen Gewähr.[228] Diese so genannten Einrichtungsgarantien verschaffen dem Einzelnen als solche keine Ansprüche, sondern gewährleisten den Bestand öffentlicher Einrichtungen oder privatrechtlicher Institute, die für die gesellschaftliche Ordnung von grundlegender Bedeutung sind und die schon lange vor Erlass der Verfassung anerkannt waren. In Anlehnung an die im deutschen Recht gebräuchliche Terminologie von CARL SCHMITT[229] sind dabei „Institutsgarantien" und „institutionelle Garantien" zu unterscheiden.[230]

a) Institutsgarantie

Von so genannten Institutsgarantien spricht man, wenn es sich um den Schutz privatrechtlicher Einrichtungen, wie beispielsweise die Ehe und Familie, die Privatschule, das Eigentum und das Erbrecht handelt. Diese Garantien sind der Disposition des Gesetzgebers entzogen. Zugleich verbürgen die Institutsgarantien das subjektive Recht, Ehen und Familien zu gründen, Eigentum zu haben, Privatschulen zu errichten etc.[231]

---

[227] *D. Ehlers*, in: Ehlers (Hrsg.), Europäische Grundrechte, § 14 Rdn. 28; vgl. dazu auch *Th. Schmitz*, JZ 2001, 833 (839 f.); s. entsprechend für das deutsche Recht *H. Siekmann/G. Duttge*, Staatsrecht I: Grundrechte, Rdn. 975; *B. Pieroth/B. Schlink*, Grundrechte, Rdn. 76; *Kl.-D. Borchardt*, in: Grabitz (Hrsg.), Grundrechte in Europa, 1986, Kap. 3: Bundesrepublik Deutschland, S. 115 (135 f.).

[228] Dazu *B. Pieroth/B. Schlink*, Grundrechte, Rdn. 70 ff.

[229] *C. Schmitt*, Verfassungsrechtliche Aufsätze aus den Jahren 1924-1954, 1958, S. 140 ff.

[230] *B. Pieroth/B. Schlink*, Grundrechte, Rdn. 70 ff.

[231] *B. Pieroth/B. Schlink*, Grundrechte, Rdn. 71.

b) Institutionelle Garantie

Im Gegensatz dazu werden durch die so genannten institutionellen Garantien öffentlich-rechtliche Einrichtungen gewährleistet, wie die Institution der Universität und das Institut der freien Presse, die ebenfalls durch den Gesetzgeber nicht abgeschafft werden dürfen.[232]

2. Gemeinschaftsgrundrechte als Elemente objektiver Wertordnung

Im Rahmen der Grundrechtecharta stellt sich darüber hinaus die Frage, ob es sich bei den Grundrechten ihrer Struktur nach um objektive Rechtsprinzipien handelt, die eine das gesamte Rechtssystem der Gemeinschaft durchwirkende Werteordnung konstituieren könnten.[233] So ist denkbar, dass die Chartagrundrechte gemeinschaftsgrundrechtliche Schutzpflichten beinhalten, die auch im Rahmen von Privatrechtsbeziehungen zur Geltung zu bringen wären.[234]

In den Grundrechtsvorschriften des deutschen Grundgesetzes verkörpert sich eine objektive Wertordnung, „*in der eine prinzipielle Verstärkung der Geltungskraft der Grundrechte zum Ausdruck kommt*".[235] Die Grundrechte sind daher als objektive Wertentscheidungen bei der Auslegung und Anwendung der einfachgesetzlichen, insbesondere zivilrechtlichen unbestimmten Rechtsbegriffe und Generalklauseln zu berücksichtigen. Diese sog. *Ausstrahlungswirkung der Grundrechte* haben die Gerichte zu beachten und das einschlägige Recht, auch

---

232 *B. Pieroth/B. Schlink*, Grundrechte, Rdn. 70.

233 Dazu *J. Meyer*, ZRP 2000, 114 (114 f.), der den Charakter der EU als Wertegemeinschaft betont; so auch *B. Speer*, DÖV 2001, 980 (980).

234 Umfassend dazu *P. Szczekalla*, Die sogenannten grundrechtlichen Schutzpflichten im deutschen und europäischen Recht, 2002; *J. Suerbaum*, EuR 2003, 390 ff. Erste Anhaltspunkte finden sich bereits bei *H.-W. Rengeling*, Grundrechtsschutz in der Europäischen Gemeinschaft, 1993, S. 112 f., 206 f.; vgl. ferner *J. Caspar*, RdJB 2001, 165 (168).

235 BVerfG, Urteil v. 22.11.1951, („Lüth"), BVerfGE 7, 198 (205). St. Rspr. des BVerfG, Urteil v. 17.1.1957 bzw. Beschluss v. 7.5.1957, („Zusammenveranlagung der Ehegatten"), BVerfGE 6, 55 (72); 6, 386 (388); BVerfG, Urteil v. 29.7.1959, („Stichentscheid"), BVerfGE 10, 59 (81); BVerfG, Urteil v. 28.2.1961, („Fernsehen"), BVerfGE 12, 205 (259); BVerfG, Urteil v. 5.8.1966, („Spiegel"), BVerfGE 20, 162 (175); BVerfG, Beschluss v. 2.5.1967, („Landesversicherungsanstalt"), BVerfGE 21, 362 (371 f.); BVerfG, Urteil v. 18.12.1968, („Hamburger Deich"), BVerfGE 24, 367 (389); BVerfG, Beschluss v. 26.2.1969, („Blinkfüer"), BVerfGE 25, 256 (263); BVerfG, Beschluss v. 24.2.1971, („Mephisto"), BVerfGE 30, 173 (188 ff.); BVerfG, Urteil v. 18.7.1972, („numerus clausus"), BVerfGE 33, 303 (330 f.).

soweit es das Verhältnis von Privatpersonen regelt (man spricht dann von der *mittelbaren Drittwirkung* der Grundrechte), grundrechtskonform auszulegen und anzuwenden.[236] Werden demnach grundrechtlich geschützte Güter durch Handlungen Dritter gefährdet, kann der Bürger einen Anspruch gegen den Staat geltend machen, der diesen verpflichtet, Schutznormen zu erlassen (sog. *Lehre von den grundrechtlichen Schutzpflichten*).[237]

Zwar hat sich der EuGH in seiner Judikatur mit der Anerkennung gemeinschaftsrechtlicher Schutzpflichten der Gemeinschaftsgrundrechte bislang noch nicht befasst,[238] jedoch besteht eine gewisse Parallele zu den Grundfreiheiten, für die der EuGH grundsätzlich eine Drittwirkung anerkennt.[239] Dagegen haben in der Rechtsprechung des EGMR Drittwirkung und Schutzpflichten für die

---

[236] Vgl. aus der neueren Rechtsprechung etwa BVerfG, Beschluss v. 27.1.1998, („Kündigungsschutzgesetz"), BVerfGE 97, 196 (175 ff.) m.w.N. Ausführlich zur mittelbaren Drittwirkung im deutschen Recht: *Kl. Stern*, in: Stern (Hrsg.), Staatsrecht III/1, S. 1511 ff.; s. auch *W. Rüfner*, in: Isensee/Kirchhof (Hrsg.), Hdb StaatsR V, § 117 Rdn. 54 ff.; *B. Pieroth/B. Schlink*, Grundrechte, Rdn. 173 ff.; *M. Sachs*, in: Sachs (Hrsg.), GG, Vor Art. 1 Rdn. 32 f.; *Chr. Starck*, in: v. Mangoldt/Klein/Starck (Hrsg.), GG I, Art. 1 Rdn. 303 ff.; *M. Sachs*, Verfassungsrecht II, Grundrechte, A 4, Rdn. 56 ff.

[237] Vgl. nur BVerfG, Urteil v. 29.5.1973, („Hochschulurteil"), BVerfGE 35, 79 (114); BVerfG, Urteil v. 5.6.1973, („Soldatenmord von Lebach"), BVerfGE 35, 202 (220 f.); BVerfG, Urteil v. 25.2.1975, („Fristenlösung"), BVerfGE 39, 1 (41); BVerfG, Urteil v. 16.10.1977, („Schleyer"), BVerfGE 46, 160 (164 f.); BVerfG, Urteil v. 20.12.1979, („Friedliche Nutzung der Atomenergie"), BVerfGE 53, 30 (57); BVerfG, Urteil v. 14.1.1981, („Fluglärm"), BVerfGE 56, 54 (78 f.). Aus der Literatur statt vieler *J. Isensee*, in: Isensee/Kirchhof (Hrsg.), Hdb StaatsR V, § 111; *J. Dietlein*, Die Lehre von den grundrechtlichen Schutzpflichten, 1992; s. ferner *M. Sachs*, in: Sachs (Hrsg.), GG, Vor Art. 1 Rdn. 35 ff. Aktuelle Bestandsaufnahmen zur deutschen Schutzpflichtdogmatik bildet zudem der erste Teil von *P. Szczekalla*, Die sogenannten grundrechtlichen Schutzpflichten im deutschen und europäischen Recht, 2002, S. 92 ff.

[238] Vgl. *J. Suerbaum*, EuR 2003, 390 (393 ff.); *Th. Kingreen*, in: Callies/Ruffert (Hrsg.), EUV/EGV, Art. 6 EUV Rdn. 47 ff. Vgl. aber EuGH, Urteil v. 9.12.1997, Rs. C-165/95, („Agrarblockade"), Slg. 1997, I-6959, Rdn. 55, wo der EuGH die Pflicht der Mitgliedstaaten zur aktiven Durchsetzung der Grundfreiheiten anerkannt hat; dazu ausführlich *J. Suerbaum*, EuR 2003, 390 (394 ff.).

[239] Zur Drittwirkung siehe erstmals EuGH, Urteil v. 12.12.1974, Rs. 36/74, („Walrave"), Slg. 1974, 1405 Rdn. 16 ff.; dazu *W. Kluth*, AöR 122 (1997), 557 (559 f.). Vgl. auch jüngst die Entscheidung EuGH, Urteil v. 6.6.2000, Rs. C-281/98, („Angonese"), Slg. 2000, I-4139 Rdn. 34 ff., die in Richtung einer allgemeinen, nicht nur bei kollektiven Regelung geltenden Drittwirkung geht, dazu *R. Streinz/St. Leible*, EuZW 2000, 459 ff.

Grundrechte der EMRK vielfach ihren Niederschlag gefunden[240], freilich mit einer weniger allgemein entwickelten Dogmatik wie die des BVerfG. Diese Schutzpflichtdogmatik des EGMR muss für die Auslegung und Anwendung zumindest der Chartarechte, die den Rechten der EMRK entsprechen, gemäß der EMRK-Regel des Art. 52 Abs. 3 EU-GRCh (Art. II-112 Abs. 3 EuVerf)[241] übereinstimmen.[242] Aber auch für die nicht von der Transferwirkung des Art. 52 Abs. 3 EU-GRCh erfassten Chartarechte gibt es Anhaltspunkte dafür, eine mittelbare Drittwirkung anzunehmen und Schutzpflichten herzuleiten. So wird dies beispielsweise für die eindeutig formulierten Verbote, etwa des reproduktiven Klonens von Menschen und der gewinnorientierten Nutzung menschlicher Körperteile (Art. 3 Abs. 2 EU-GRCh = Art. II-63 Abs. 2 EuVerf), des Menschenhandels (Art. 5 Abs. 3 EU-GRCh = Art. II-65 Abs. 3 EuVerf) oder der Kinderarbeit (Art. 32 EU-GRCh = Art. II-92 EuVerf), angenommen.[243] Für die Annahme, dass die Grundrechte wenigstens mittelbar gelten, lässt sich auch die Vorschrift des Art. 51 EU-GRCh anbringen, der die Unionsorgane und Mitgliedstaaten, nicht aber die Bürger als Grundrechtsadressaten nennt.[244]

---

240 Vgl. etwa EGMR, Urteil v. 13.6.1979, Nr. 6833/74, („Marckx ./. B"), Serie A 31; EGMR, Urteil v. 26.5.1994, Nr. 16969/90, („Keegan ./. IR"), Serie A 290; EGMR, Urteil v. 20.4.1993, Nr. 14327/88, („Sibson ./. GB"), Serie A 258-A; EGMR, Urteil v. 19.2.1998, Nr. 14967/89, („Guerra u.a. ./. IT"), RJD 1998-I Rdn. 58 ff.; EGMR, Urteil v. 23.9.1998, Nr. 25599/94, („A ./. GB"), RJD 1998-VI Rdn. 22; EGMR, Urteil v. 24.6.2004, Nr. 59320/00, („Caroline von Hannover ./. D"), RJD 2004-VI Rdn. 57 f. S. zu den grundrechtlichen Schutzpflichten der EMRK *J. Abr. Frowein/W. Peukert*, EMRK, Art. 1 Rdn. 10 ff.; Art. 11 Rdn. 15 m.w.N.; *Chr. Grabenwarter*, EMRK, § 19 Rdn. 7 ff.; *A. Peters,* EMRK, § 2 S. 15 f.; *H. D. Jarass*, EU-Grundrechte, § 5 Rdn. 12.

241 Dazu s. unten, B. II. 2 c) bb).

242 Vgl. *M. Borowsky*, in: Meyer (Hrsg.), EU-GRCh, Art. 51 Rdn. 31.

243 *M. Borowsky*, in: Meyer (Hrsg.), EU-GRCh, Art. 51 Rdn. 31; vgl. auch *J. Suerbaum*, EuR 2003, 390 (405), der dies mit der Wortlautidentität von Art. 1 Abs. 1 GG und Art. 1 S. 1 EU-GRCh (Art. II-61 Abs. 1 S. 1 EuVerf) und damit mit der ausdrücklichen Verpflichtung, die Menschenwürde zu schützen (und nicht nur zu achten), begründet; *Th. Schmitz*, JZ 2001, 833 (840) nimmt bei Art. 32 EU-GRCh sogar eine unmittelbare Drittwirkung an. Ausführlich zur mittelbaren Drittwirkung der Grundrechte, vgl. *H.-W. Rengeling/P. Szczekalla*, Grundrechte in der Europäischen Union, § 4 Rdn. 331 ff.; *H. D. Jarass*, EU-Grundrechte, § 4 Rdn. 17 ff., § 5 Rdn. 19 f.; *I. Pernice*, DVBl. 2000, 847 (855); vgl. auch *J. Caspar*, RdJB 2001, 165 (168); *A. Peters,* EMRK, § 2 S. 15 f.

243 *Th. Schmitz*, JZ 2001, 833 (840).

244 Vgl. *H. Krieger*, in: Grote/Marauhn (Hrsg.), EMRK/GG, Kap. 6 Rdn. 82; *Th. Schmitz*, JZ 2001, 833 (840).

Die Gerichte haben demgemäß die so genannte Ausstrahlungswirkung[245] der Grundrechte zu beachten und das einschlägige Recht, auch soweit es das Verhältnis zwischen Privatpersonen regelt, grundrechtskonform auszulegen und anzuwenden.[246] Jedoch gilt insoweit zu berücksichtigen, dass die Unionsgrundrechte die Kompetenzen der Gemeinschaft nicht zu erweitern vermögen (vgl. klarstellend Art. 51 Abs. 2 EU-GRCh = Art. II-111 Abs. 2 EuVerf).[247]

III. Zusammenfassendes Ergebnis

Zusammenfassend ist festzuhalten, dass die Grundrechte auch auf der Ebene der Europäischen Union in subjektiver Hinsicht eine abwehr-, teilhabe- und leistungsrechtliche Funktion sowie Mitwirkungsrechte enthalten können. Darüber hinaus können sie auch objektiv Einrichtungen Gewähr leisten und besitzen eine Schutzpflichtdimension.

B. Die Interpretation der Grundrechtecharta

„Auslegung ist nicht ein zum Verstehen nachträglich und gelegentlich hinzukommender Akt, sondern Verstehen ist immer Auslegung, und Auslegung ist daher die explizite Form des Verstehens.“[248]

Obwohl die Verfassung noch nicht in Kraft getreten ist, zeichnen sich bereits im Vorfeld künftiger Verfassungswirklichkeit Konflikte um die Auslegung des Textes ab. Insbesondere im Bereich der Grundrechtecharta, die nunmehr inte-

---

245 Dazu *H. D. Jarass*, EU-Grundrechte, § 5 Rdn. 20.

246 Vgl. nur EuGH, Urteil v. 8.4.1992, Rs. 62/90, („Arztgeheimnis“), Slg. 1992, I-2575 Rdn. 23; EuGH, Urteil v. 18.6.1991, Rs. C-260/89, („ERT“), Slg. 1991, I-2925 Rdn. 43; EuGH, Urteil v. 26.6.1997, Rs. C-368/95, („Familiapress“), Slg. 1997, I-3689 Rdn. 24. Ausführlich dazu *H. D. Jarass*, EU-Grundrechte, § 3 Rdn. 9 f.; *D. Ehlers*, in: Ehlers (Hrsg.), Europäische Grundrechte, § 14 Rdn. 28, § 7 Rdn. 35.

247 *D. Ehlers*, in: Ehlers (Hrsg.), Europäische Grundrechte, § 14 Rdn. 28; *Th. Schmitz*, JZ 2001, 833 (840).

248 *H.-G. Gadamer*, Wahrheit und Methode, 1990, S. 312. Vgl. dazu auch *K. Larenz/Cl.-W. Canaris*, Methodenlehre der Rechtwissenschaft, S. 25.

graler und damit rechtsverbindlicher Teil der Verfassung sein wird, betritt die europäische Grundrechtsordnung eine neue Ebene und wirft hinsichtlich der Interpretation der Gewährleistungen der einzelnen Grundrechte – bei allen positiven Bemühungen um eine europäische Grundrechtsdogmatik[249] – neue Fragen auf, auch wenn man berücksichtigt, dass auf der Ebene der EMRK und der Rechtsprechung des EuGH zu den so genannten ungeschriebenen Gemeinschaftsgrundrechten gewisse Vorprägungen bestehen.[250] Besonderheiten bringt die Grundrechtecharta allerdings insoweit mit sich, als sie in einigen Bestimmungen bereits eine Antwort auf die Frage ihrer Auslegung bereitzuhalten und insoweit ihre künftige Interpretation zu antizipieren scheint. Versteht sich die Charta demzufolge „von selbst"?

Bevor also eine inhaltliche Konkretisierung von Gewährleistungsinhalt und Schutzniveau des Art. 14 EU-GRCh vorgenommen werden kann, muss zunächst die Vorfrage geklärt werden, wie und nach welchen Interpretationsmaßstäben die einzelnen Grundrechtsgewährleistungen der Europäischen Grundrechtecharta auszulegen sind.

I. Interpretatorischer Rückgriff aus den nationalen Verfassungen auf die europäische Grundrechtecharta?

Zunächst könnte überlegt werden, ob nicht Gewährleistungsinhalt und Schutzniveau eines gleich lautenden Grundrechts aus einer nationalen Verfassung auf den europäischen Verfassungstext übertragen werden könnte. So scheinen sich bei einem ersten Textbefund die einzelnen Chartagrundrechte in ihrem Wesensgehalt weitgehend mit den deutschen Grundrechten zu decken: In wörtlicher Anlehnung an Art. 1 Abs. 1 GG („*Die Würde des Menschen ist unantastbar.*") stellt die Charta beispielsweise das Bekenntnis zur Menschenwürde an den Anfang des Grundrechtskatalogs, vgl. Art. 1 S. 1 EU-GRCh (Art. II-61 EuVerf).[251] Aber auch andere Garantien des ersten Titels wie das Recht auf Leben

---

249 Vgl. nur *W. Schroeder*, JuS 2004, 180 ff.; *M. Zuleeg*, EuGRZ 2000, 511 ff.; *E. Pache*, EuR 2001, 475 ff.; *Chr. Grabenwarter*, DVBl. 2001, 1 ff.; *Th. Schmitz*, JZ 2001, 833 ff.; *A. v. Bogdandy*, JZ 2001, 157 ff.; *Chr. Callies*, EuZW 2001, 261 ff.; *A. Weber*, DVBl. 2003, 220 ff.; *J. Meyer/S. Hölscheidt*, EuZW 2003, 613 (618 ff.); *H.-W. Rengeling*, DVBl. 2004, 453 (456).

250 Vgl. *Y. Dorf*, DVBl. 2005, 486 (486).

251 Die Aufnahme dieses Artikels fußt auf einem Diskussionsentwurf zur Grundrechtecharta, den *J. Meyer* bereits 1995 vorgelegt hat und der als erste Eingabe an den Konvent gerichtet worden ist; GRC DOK. CONTRIB. 2 v. 6.1.2000; vgl. auch *St. Barriga*, Entstehung

(Art. 2 Abs. 1 EU-GRCh = Art. 62 EuVerf)[252] oder das Recht auf körperliche und geistige Unversehrtheit (Art. 3 Abs. 1 EU-GRCh = Art. II-63 EuVerf)[253] sind gleichsam wortlautidentisch mit dem Bonner Grundgesetz (Art. 2 Abs. 2 S. 1 GG)[254]. Darüber hinaus weisen etliche Gewährleistungsgarantien des mit „Freiheiten“[255] bzw. „Gleichheit“[256] überschriebenen Titels (früher Kapitel) II und III der europäischen Grundrechtecharta einen gewissen textlichen Zusammenhang mit dem deutschen Grundgesetz auf.

Aber: Bedeutet die Wortgleichheit etwa des Art. 1 S. 1 der Charta mit Art. 1 Abs. 1 S. 1 des Grundgesetzes auch inhaltliche Identität?[257] Zweifel sind etwa im Hinblick auf bestimmte eugenische Praktiken und genetische Manipulationen erlaubt. So enthält Art. 3 Abs. 2 EU-GRCh insoweit eigenständige biomedizinische Verbote[258], die in Deutschland aus der Achtung der Menschenwürde fol-

---

der Charta der Grundrechte, 2003, S. 70. Zu dessen Vorbildfunktion siehe statt vieler *Chr. Grabenwarter*, DVBl. 2001, 1 (3); *Th. Schmitz*, EuR 2004, 691 (700); *W. Höfling*, in: Stern/Tettinger (Hrsg.), Die Europäische Grundrechte-Charta im wertenden Verfassungsvergleich, 2005, S. 151 (153).

[252] Die Vorschrift des Art. 2 Abs. 1 EU-GRCh lautet: „*Jede Person hat das Recht auf Leben.*“.

[253] Die Vorschrift des Art. 3 Abs. 1 EU-GRCh hat folgenden Wortlaut: „*Jede Person hat das Recht auf körperliche und geistige Unversehrtheit.*“.

[254] In Art. 2 Abs. 2 S. 1 GG heißt es: „*Jeder hat das Recht auf Leben und körperliche Unversehrtheit.*“.

[255] Beispielsweise die Gedanken-, Gewissens- und Religionsfreiheit in Art. 10 EU-GRCh (vgl. Art. 4 GG); die Meinungsäußerungs- und Informationsfreiheit in Art. 11 EU-GRCh (vgl. Art. 5 Abs. 1 GG); die Versammlungs- und Vereinigungsfreiheit in Art. 12 EU-GRCh (vgl. Art. 8 und 9 GG); die Kunst- und Wissenschaftsfreiheit in Art. 13 EU-GRCh (vgl. Art. 5 Abs. 3 GG).

[256] Beispielsweise der allgemeine Gleichheitssatz in Art. 20 EU-GRCh (vgl. Art. 3 Abs. 1 GG); das Diskriminierungsverbot in Art. 21 EU-GRCh (vgl. Art. 3 Abs. 3 GG) und die Gleichheit von Männern und Frauen in Art. 23 EU-GRCh (vgl. Art. 3 Abs. 2 GG).

[257] Diese Frage aufwerfend *G. Hirsch*, in: Schwarze (Hrsg.), Der Verfassungsentwurf des Europäischen Konvents, 2004, S. 111 (119).

[258] Art. 3 Abs. 2 EU-GRCh lautet: „*Im Rahmen der Medizin und der Biologie muss insbesondere Folgendes beachtet werden: [...] – das Verbot eugenischer Praktiken, insbesondere derjenigen, welche die Selektion von Personen zum Ziel haben, – das Verbot, den menschlichen Körper und Teile davon als solche zur Erzielung von Gewinnen zu nutzen, – das Verbot des reproduktiven Klonens von Menschen.*“.

gen.[259] Es stellt sich die Frage, ob etwa im Hinblick auf das therapeutische Klonen, die Keimbahntherapie, die Präimplantationsdiagnostik und die Verwendung embryonaler Zellen zu Therapie- oder Forschungszwecken[260] der Schutzbereich der Menschenwürde nach Art. 1 Abs. 1 GG[261] mit dem übereinstimmt, den die Charta normiert.[262] Die Diskussion innerhalb der Kommission und die Entscheidung des Europäischen Parlaments, die verbrauchende Forschung an Embryonen finanziell zu fördern, auch wenn sie nach dem Recht einzelner Mitgliedstaaten, etwa Deutschlands, verboten ist, verdeutlicht, dass die Fundamentalnorm der Menschenwürde also durchaus unterschiedlich interpretiert wird.[263] Entsprechendes gilt für das in Art. 4 EU-GRCh (Art. II-64 EuVerf) ausdrücklich normierte Verbot der Folter und unmenschlicher oder erniedrigender Strafe oder Behandlung, welches nach deutschem Grundrechtsverständnis vom Schutzbereich des Art. 1 Abs. 1 GG geschützt wird.[264] Ebenso das Verbot der Sklaverei und des Menschenhandels gemäß Art. 5 Abs. 1 und 3 EU-GRCh (Art. II-65 EuVerf) wird von Art. 1 Abs. 1 GG umfasst, während das in Art. 5 Abs. 2 EU-GRCh normierte Verbot der Zwangs- und Pflichtarbeit in Art. 12 Abs. 3 GG eine eigene Ausprägung erfahren hat. Diese Gegenüberstellung macht indes deutlich, dass auch die Tragweite systematischer Zusammenhänge zwischen der

---

[259] Ausführlich zur Bioethik-Debatte am Beispiel des therapeutischen Klonens *H.-G. Dederer*, AöR 127 (2002), 1 ff.; *W. Höfling*, in: Stern/Tettinger (Hrsg.), Die Europäische Grundrechte-Charta im wertenden Verfassungsvergleich, 2005, S. 151 (159 ff.).

[260] Dazu ausführlich *J. Taupitz*, NJW 2001, 3433 ff.

[261] Zur rechtlichen Würdigung *Chr. Starck*, in: v. Mangoldt/Klein/Starck (Hrsg.), GG I, Art. 1 Rdn. 101; *A. Podlech*, in: AK-GG, Art. 1 (2001) Rdn. 49, 51; *W. Höfling*, in: Sachs (Hrsg.), GG, Art. 1 Rdn. 21 ff.; *Ph. Kunig*, in: v. Münch/Kunig (Hrsg.), GG I, Art. 1 Rdn. 36 (Gentechnik), Art. 2 Rdn. 72 (Transplantation).

[262] Siehe dazu *M. Herdegen*, in: Maunz/Dürig (Hrsg.), GG, Art. 1 Abs. 1 (2005) Rdn. 98 ff.; *M. Büdenbender*, Das Verhältnis des Europäischen Gerichtshofs zum Bundesverfassungsgericht, 2005, S. 165; *J. Taupitz*, NJW 2001, 3433 (3439).

[263] So auch *M. Büdenbender*, Das Verhältnis des Europäischen Gerichtshofs zum Bundesverfassungsgericht, 2005, S. 165, vgl. auch *W. Höfling*, in: Stern/Tettinger (Hrsg.), Die Europäische Grundrechte-Charta im wertenden Verfassungsvergleich, 2005, S. 151 (163); *J. Taupitz*, NJW 2001, 3433 (3439); *Chr. Callies*, EuZW 2001, 261 (263), der in diesem Zusammenhang von einer „*Signalwirkung*" der Charta spricht.

[264] Vgl. *H. Dreier*, in: Dreier (Hrsg.), GG I, Art. 1 Rdn. 60; *Chr. Starck*, in: v. Mangoldt/Klein/Starck (Hrsg.), GG I, Art. 1 Rdn. 51; *A. Podlech*, in: AK-GG, Art. 1 (2001) Rdn. 45; *W. Höfling*, in: Sachs (Hrsg.), GG, Art. 1 Rdn. 20; *Ph. Kunig*, in: v. Münch/Kunig (Hrsg.), GG I, Art. 1 Rdn. 36, alle m.w.N.

Grundrechtecharta einerseits und des Grundgesetzes begrenzt ist.[265] Überdies enthält die Charta im Unterschied zum deutschen Grundrechtskatalog keine Garantie der allgemeinen Handlungsfreiheit (Art. 2 Abs. 1 GG), was in Deutschland schwerwiegende Fragen aufwerfen lässt.[266] Denn nach der Rechtsprechung des Bundesverfassungsgerichts schützt dieses Grundrecht als Auffanggrundrecht umfassend jedes menschliche Tun und Unterlassen, sofern es nicht vom Schutzbereich eines besonderen Freiheitsrechts erfasst wird.[267] Damit stellt sich die rechtsdogmatische Frage, ob das Fehlen dieses Grundrechts im Gemeinschaftsrecht die Reservezuständigkeit aufleben lässt, die das Bundesverfassungsgericht – wie erwähnt – für sich in den Fällen reklamiert, in denen das Gemeinschaftsrecht keinen dem Grundgesetz entsprechenden Grundrechtsschutz gewährleistet.[268] Dass dem nicht so sein sollte, liegt wohl auf der Hand.

Die Vergleiche der Grundrechtecharta einerseits und des Grundgesetzes andererseits haben gezeigt, dass ein interpretatorischer Rückgriff aus der nationalen Verfassung auf die europäische Grundrechtecharta nicht möglich ist und dass die herkömmlichen Instrumente der Verfassungsinterpretation bei der Auslegung der europäischen Grundrechtecharta nur eingeschränkt zur Anwendung kommen dürften.[269] Dass die Begriffe des Europäischen Gemeinschaftsrechts autonom sind und folglich voll durch das Gemeinschaftsrecht selbst und nicht durch Verweisung auf das nationale Recht bestimmt werden müssen, hat auch der EuGH mehrfach ausdrücklich festgestellt.[270] Damit enthält das Europäische Gemeinschaftsrecht autonome, d.h. für alle Mitgliedstaaten einheitliche Begrif-

---

265 Vgl. *Y. Dorf*, JZ 2005, 126 (127), die auch hinsichtlich des Schutzes personenbezogener Daten auf die begrenzte Tragweite systematischer Zusammenhänge hinweist.

266 Dazu auch *A. Zimmermann*, Charta der Grundrechte der Europäischen Union, 2002, S. 37 f., der das Fehlen eines Auffanggrundrechts aber nicht als Mangel ansieht.

267 Grundlegend BVerfG, Urteil v. 16.1.1957, („Elfes"), BVerfGE 6, 32 ff.; BVerfG, Beschluss v. 6.6.1989, („Reiten im Wald"), BVerfGE 80, 137 (154 f.).

268 BVerfG, Beschluss v. 22.10.1986, („Solange II"), BVerfGE 73, 339 (376), 387.

269 Vgl. *Y. Dorf*, DVBl. 2005, 486 (486 f.); ebenso *H. Krieger*, in: Grote/Marauhn (Hrsg.), EMRK/GG, Kap. 6 Rdn. 5.

270 Vgl. etwa EuGH, Urteil v. 1.2.1972, Rs. 49/71, („Hagen ./. Einfuhr- u. Vorratsstelle Getreide"), Slg. 1972, 23 (35); EuGH, Urteil v. 1.2.1972, Rs. 50/71, („Wünsche ./. Einfuhr- u. Vorratsstelle Getreide"), Slg. 1972, 53 (65); EuGH, Urteil v. 10.1.1980, Rs. 69/79, („Jordens-Vosters ./. Bedrijfsvereniging voor de Leder- en Lederverwerkende Industrie"), Slg. 1980, 75; EuGH, Urteil v. 14.1.1982, Rs. 64/81, („Corman ./. Hauptzollamt Gronau"), Slg. 1982, 13; EuGH, Urteil v. 18.1.1984, Rs. 327/82, („Ekro ./. Produktschap voor Vee en Vlees"), Slg. 1984, 107. Vgl. auch *A. Bleckmann*, in: Bleckmann (Hrsg.), Europarecht, Rdn. 553, 557.

fe, die anhand eigener spezifischer Interpretationsregeln aus sich selbst heraus ausgelegt werden müssen und nicht auf das nationale Recht verweisen.[271]

II. Methoden zur Auslegung der Grundrechtecharta

Im folgenden Abschnitt soll daher geklärt werden, wie und nach welchen Maßstäben die einzelnen Grundrechte der Grundrechtecharta auszulegen sind.

1. Herkömmliche Auslegungsmethoden im EU-Recht

Mit ihrer Aufnahme in den Verfassungsvertrag (vgl. Art. I-9 Abs. 1 und 3 EuVerf) bildet die bis dahin rechtlich unverbindliche Charta einen integralen Bestandteil des Verfassungsvertrags. Der EuGH ist damit prinzipiell für alle Bereiche des EG-/EU-Rechts zuständig und hat zugleich die Letztentscheidung über die „richtige" Interpretation des Gemeinschaftsrechts (vgl. Art. 220 Abs. 1 EG und Art. 234 EG [Art. III-369 ff. EuVerf]). Allerdings ist die Zuständigkeit des EuGH im Rahmen der GASP nach Art. 46 f) und 47 EU nur eingeschränkt.[272] Bereits 1963 hat der EuGH in seinem Grundsatzurteil *van Gend & Loos*[273] betont, dass er sich bei der Auslegung des EU-Rechts *„vom Geist der Vorschriften, von ihrer Systematik und von ihrem Wortlaut"* leiten lässt. Im Hinblick auf diese Entwicklung erscheint es sinnvoll, obwohl die Charta – wie noch zu zeigen sein wird (s. unten, 2) – über eigene Auslegungsregeln verfügt, auch die vom EuGH herausgebildeten Grundsätze zur Auslegung primären[274] Gemeinschaftsrechts anzuwenden.[275]

Die nachfolgenden zu erörternden herkömmlichen Interpretationsmethoden, die – wie erwähnt – ursprünglich für die Auslegung des Gemeinschaftsrechts

---

[271] *A. Bleckmann*, in: Bleckmann (Hrsg.), Europarecht, Rdn. 557; *H. Krieger*, in: Grote/Marauhn (Hrsg.), EMRK/GG, Kap. 6 Rdn. 5.

[272] *J. Schwarze*, Europäisches Verwaltungsrecht, S. 242.

[273] EuGH, Urteil v. 5.2.1963, Rs. 26/62, („van Gend & Loos"), Slg. 1963, 1 (27).

[274] Da sich die Auslegung auf die Grundrechtecharta als Teil des zukünftigen Verfassungsrechts bezieht, konzentriert sich die Analyse auf die Auslegungsregeln für das gegenwärtige Primärrecht.

[275] Dazu ausführlich *A. Bleckmann*, in: Bleckmann (Hrsg.), Europarecht, Rdn. 537 ff.; *ders.*, NJW 1982, 1177 ff. S. auch *J. Schwarze*, Europäisches Verwaltungsrecht, S. 242; *A. Große Wentrup*, Europäische Grundrechtecharta, 2003, S. 65, *W. Schroeder*, JuS 2004, 180 (181 ff.).

herausgebildet wurden, sollen auf das gesamte Recht der EU übertragen werden.[276] Hierbei werden auch die dem nationalen Recht bekannten Methoden der wörtlichen, systematischen, historischen und teleologischen Interpretation angewendet.[277] Diese Auslegungsregeln unterscheiden sich allerdings aufgrund der Besonderheiten der europäischen Rechtsordnung in Einzelheiten von den Grundsätzen, die innerhalb der nationalen Rechtsordnungen gelten.[278] Im Gegensatz zu den nationalen Rechtsordnungen handelt es sich beim Gemeinschaftsrecht nämlich nicht um eine in vergleichbarem Maß homogen gewachsene, sondern um eine neu – und in diesem Sinne „künstlich" – geschaffene Rechtsordnung.[279] Zudem kommt dem Gemeinschaftsrecht weniger eine statische Ordnungs-, als vielmehr eine dynamische Integrationsfunktion zu.

a) Die Wortlautinterpretation

Zunächst ist – wie im deutschen Recht – auch bei der Auslegung der Charta der Wortlaut Ausgangspunkt jeder Interpretation.[280] Hierbei ist der normale und

---

276 Vgl. *W. Schroeder*, JuS 2004, 180 (181); in diesem Sinne *A. Weber*, in: Tettinger/Stern (Hrsg.), Kölner Gemeinschaftskommentar zur Europäischen Grundrechte-Charta, B V Rdn. 6 ff.

277 Ausführlich dazu *I. Schübel-Pfister*, Sprache und Gemeinschaftsrecht, 2004, S. 128 ff.; *J. Schwarze*, Europäisches Verwaltungsrecht, S. 242; *A. Bleckmann*, in: Bleckmann (Hrsg.), Europarecht, Rdn. 539 ff.; *ders.*, NJW 1982, 1177 ff.; s. auch *R. Streinz*, Europarecht, Rdn. 570.

278 Vgl. *A. Weber*, in: Tettinger/Stern (Hrsg.), Kölner Gemeinschaftskommentar zur Europäischen Grundrechte-Charta, B V Rdn. 1 ff.; *O. Nowoczyn*, Bildungspolitische Kompetenzen der Europäischen Gemeinschaft nach Maastricht, 1996, S. 62; *A. Große Wentrup*, Europäische Grundrechtecharta, 2003, S. 65.

279 Vgl. *I. Pernice/F. C. Mayer*, in: Grabitz/Hilf (Hrsg.), EUV/EGV, Bd. III, Art. 220 EGV (2002) Rdn. 42.

280 *I. Schübel-Pfister*, Sprache und Gemeinschaftsrecht, 2004, S. 128 f.; *Th. Oppermann*, Europarecht, Rdn. 682; *A. Weber*, in: Tettinger/Stern (Hrsg.), Kölner Gemeinschaftskommentar zur Europäischen Grundrechte-Charta, B V Rdn. 7; *C. Buck*, Über die Auslegungsmethoden des Gerichtshofs der Europäischen Gemeinschaften, 1998, S. 141; *P. M. Huber*, Recht der Europäischen Integration, § 10 Rdn. 2; *A. Bleckmann*, in: Bleckmann (Hrsg.), Europarecht, Rdn. 539 f. Vgl. auch beispielhaft die Entscheidungen des EuGH, in denen er den Wortlaut einer Vorschrift zur Interpretation herangezogen hat: EuGH, Urteil v. 27.2.1962, Rs. 10/61, („angewandte Zollsätze"), Slg. 1962, 1 (20) zur Wortlautauslegung von Art. 12 und 14 EWGV; EuGH, Urteil v. 12.7.1962, Rs. 9/61, („Transportwesen"), Slg. 1962, 437 (471) zur Wortlautauslegung von Art. 70 EGKSV; EuGH, Urteil v. 15.7.1963, Rs. 25/62, („Fa. Plaumann & Co."), Slg. 1963, 211 (237) zur Auslegung von Art. 173 Abs. 2 EWGV; EuGH, Urteil v. 22.6.1976, Rs. 119/75, („Terrapin"), Slg. 1976, 1039 (1061) zur Auslegung von Art. 36

natürliche Sinn der Worte[281] im unmittelbaren Zusammenhang des Satzes, Absatzes oder Artikels zu ermitteln.[282]

Dabei spielt die Erforschung des Sinngehalts eines Wortes nach seinem „allgemeinen Sprachgebrauch“[283] auch im EU-Recht eine Rolle.[284] Allerdings hat der EuGH in dem frühen Urteil *Humblet*[285] darauf hingewiesen, dass er sich *„nicht mit einer wörtlichen Auslegung begnügen“* kann. Sie dient ihm lediglich als Ausgangspunkt für eine weiterführende Interpretation oder umgekehrt als Absicherung eines bereits mit Hilfe anderer Methoden gefundenen Ergebnisses.[286]

Fernerhin müssen bei der Wortlautinterpretation auch andere Sprachfassungen als die deutsche berücksichtigt werden.[287] Zwar kann der grammatikalischen

---

EWGV; EuGH, Urteil v. 10.10.1978, Rs. 3/78, („Centrafarm BV“), Slg. 1978, 1823 (1840) Rdn. 7/10. Vgl. auch *W. Schroeder*, JuS 2004, 180 (182); *O. Nowoczyn*, Bildungspolitische Kompetenzen der Europäischen Gemeinschaft nach Maastricht, 1996, S. 62 f.; *A. Große Wentrup*, Europäische Grundrechtecharta, 2003, S. 65.

281 Hierzu *C. Buck*, Über die Auslegungsmethoden des Gerichtshofs der Europäischen Gemeinschaften, 1998, S. 165 ff.; *I. Burr*, in: Stern/Tettinger (Hrsg.), Die Europäische Grundrechte-Charta im wertenden Verfassungsvergleich, 2005, S. 61 (68 f.).

282 Vgl. *Th. Oppermann*, Europarecht, Rdn. 682; *A. Bleckmann*, in: Bleckmann (Hrsg.), Europarecht, Rdn. 539; *I. Schübel-Pfister*, Sprache und Gemeinschaftsrecht, 2004, S. 128.

283 Ausführlich dazu *K. Larenz/Cl.-W. Canaris*, Methodenlehre der Rechtwissenschaft, S. 141 ff.

284 Vgl. etwa EuGH, Urteil v. 6.6.2000, Rs. C-281/98, („Angonese“), Slg. 2000, I-4139 Rdn. 30, der die Anwendung der Arbeitnehmerfreizügigkeit zwischen Privatpersonen u.a. mit dem offenen Wortlaut der Vorschrift des Art. 39 Abs. 2 EGV (in seiner damaligen Fassung) begründet hat; s. hierzu auch *R. Streinz*, Europarecht, Rdn. 837 f.

285 EuGH, Urteil v. 16.12.1960, Rs. 6/60, („Humblet“), Slg. 1960, 1163 (1194).

286 Vgl. *A. Weber*, in: Tettinger/Stern (Hrsg.), Kölner Gemeinschaftskommentar zur Europäischen Grundrechte-Charta, B V Rdn. 7; *W. Schroeder*, JuS 2004, 180 (182); *A. Bleckmann*, in: Bleckmann (Hrsg.), Europarecht, Rdn. 542.

287 Umfassend dazu *I. Burr*, in: Stern/Tettinger (Hrsg.), Die Europäische Grundrechte-Charta im wertenden Verfassungsvergleich, 2005, S. 61 (73 ff.); *I. Schübel-Pfister*, Sprache und Gemeinschaftsrecht, 2004, S. 37 ff., 128; vgl. auch *A. Weber*, in: Tettinger/Stern (Hrsg.), Kölner Gemeinschaftskommentar zur Europäischen Grundrechte-Charta, B V Rdn. 3, 7 f.; *Th. v. Danwitz/S. Röder*, in: Stern/Tettinger (Hrsg.), Die Europäische Grundrechte-Charta im wertenden Verfassungsvergleich, 2005, S. 31 (32); *A. Bleckmann*, in: Bleckmann (Hrsg.), Europarecht, Rdn. 541; *Th. Oppermann*, Europarecht, Rdn. 683; *P. M. Huber*, Recht der Europäischen Integration, § 10 Rdn. 2; *M. Bühler*, Einschränkung von Grundrechten nach der Euro-

Auslegung aufgrund der mittlerweile 20 Vertragssprachen[288] in der Europäischen Union im Gegensatz zu der Wortlautinterpretation in den nationalen Rechtsordnungen nur eine eingeschränkte Bedeutung beigemessen werden.[289] Jedoch war die Ausgangsfassung der Präsidiumsentwürfe oft französisch[290], so dass Französisch im Grundrechtekonvent oft als Ausgangssprache diente;[291] bei den von Konventsmitgliedern eingereichten Dokumenten überwog das Englische.[292]

b) Die systematische Interpretation

Große Bedeutung bei der Auslegung des Gemeinschaftsrechts kommt auch der am unmittelbaren systematischen Zusammenhang ausgerichteten Interpretation zu.[293] Im Wege der systematischen Auslegung wird die Bedeutung einer

---

päischen Grundrechtecharta, 2005, S. 225; *O. Nowoczyn*, Bildungspolitische Kompetenzen der Europäischen Gemeinschaft nach Maastricht, 1996, S. 63.

288 Laut Verordnung Nr. 1/58 (ABl. 1985 Nr. 17 S. 385/58) i.d.F. der Beitrittsakte von 1994 (ABl. 1994 Nr. C 241 S. 1) sind folgende *„Amts- und Arbeitssprachen"* aufgeführt: Dänisch, Deutsch, Englisch, Finnisch, Französisch, Griechisch, Italienisch, Niederländisch, Portugiesisch, Schwedisch und Spanisch. Irisch (Gaëlisch) ist keine Amtssprache i.S.d. Verordnung Nr. 1/58; doch ist die irische Sprache im Primärrecht sowie in der EU-GRCh gleichermaßen verbindlich. In der Verordnung Nr. 1/58 nach der Fassung der Akte zum Beitrittsvertrag v. 16.4.2003 (ABl. 2003 Nr. L 236/33 S. 791 v. 23.9.2003) sind die Nationalsprachen Estnisch, Lettisch, Litauisch, Maltesisch, Polnisch, Slowakisch, Slowenisch, Tschechisch und Ungarisch hinzugefügt worden, vgl. zu den Problemen der Mehrsprachigkeit ausführlich *I. Burr*, in: Stern/Tettinger (Hrsg.), Die Europäische Grundrechte-Charta im wertenden Verfassungsvergleich, 2005, S. 61 (64 f.); *Fr. C. Mayer*, Der Staat 44 (2005), 367 (369). Die unterschiedlichen Amtssprachen sind auch abrufbar unter http://europa.eu.int/comm/education/policies/lang/languages/index.de.html, Stand der Abfrage 15.6.2006.

289 Ausführlich dazu *Fr. C. Mayer*, Der Staat 44 (2005), 367 ff.; *B. Wegener*, in: Callies/Ruffert (Hrsg.), EUV/EGV, Art. 220 EGV Rdn. 11; *O. Nowoczyn*, Bildungspolitische Kompetenzen der Europäischen Gemeinschaft nach Maastricht, 1996, S. 63.

290 *N. Bernsdorff/M. Borowsky*, Handreichungen und Sitzungsprotokolle, 2002, S. 48.

291 Vgl. auch *M. Hilf*, Sonderbeilage zu NJW, EuZW, NVwZ und JuS zur Charta der Grundrechte der EU (2000), 1 (5).

292 *N. Bernsdorff/M. Borowsky*, Handreichungen und Sitzungsprotokolle, 2002, S. 48.

293 *M. Zuleeg*, EuR 1969, 97 (102 f.); *A. Bleckmann*, in: Bleckmann (Hrsg.), Europarecht, Rdn. 543. Vgl. auch *I. Schübel-Pfister*, Sprache und Gemeinschaftsrecht, 2004, S. 37 ff., 129; *M. Bühler*, Einschränkung von Grundrechten nach der Europäischen Grundrechtecharta, 2005, S. 224; *A. Große Wentrup*, Europäische Grundrechtecharta, 2003, S. 66; anders aber *W. Schroeder*, JuS 2004, 180 (182 f.), der behauptet, die systematische Interpretation habe keinen entscheidenden Stellenwert bei der Auslegung des EU-Rechts.

Norm unter Berücksichtigung ihrer Struktur und ihrer Stellung im Zusammenhang mit anderen Vorschriften ermittelt.[294] Die systematische Auslegungsmethode berührt sich mit der Wortlautinterpretation, wenn auch die Stellung einzelner Rechtsbe-griffe innerhalb des Textzusammenhangs einer Rechtsnorm ermittelt wird.[295] Der EuGH neigt aber dazu, der systematischen Auslegung das Übergewicht über die grammatikalische Auslegung zu geben.[296] In zahlreichen Fällen hat er sich auf Argumente der Vertragssystematik gestützt, in dem er auf den Zusammenhang des auszulegenden Textes mit den übrigen Absätzen des Artikels, mit anderen Artikeln, mit einem Vertragskapitel oder mit dem ganzen Vertrag zurückgriff.[297]

c) Die teleologische Interpretation

Die wichtigste Auslegungsmethode ist die als Bezugnahme auf den „Geist des Vertrages", die *„économie générale"*, bezeichnete teleologische Interpretation.[298] Diese Auslegungsmethode, die auch die meisten Entscheidungen des EuGH prägt,[299] knüpft an den vom Gesetzgeber mit der Norm verfolgten Sinn

---

294 *A. Bleckmann*, in: Bleckmann (Hrsg.), Europarecht, Rdn. 542; *P. M. Huber*, Recht der Europäischen Integration, § 8 Rdn. 3 f.; *P. Meyer*, Jura 1994, 455 (457); *W. Schroeder*, JuS 2004, 180 (182); *O. Nowoczyn*, Bildungspolitische Kompetenzen der Europäischen Gemeinschaft nach Maastricht, 1996, S. 64 f.

295 *W. Schroeder*, JuS 2004, 180 (182 f.).

296 *A. Bleckmann*, in: Bleckmann (Hrsg.), Europarecht, Rdn. 543.

297 *A. Bleckmann*, in: Bleckmann (Hrsg.), Europarecht, Rdn. 543. Die Methode systematischer Auslegung benutzte der EuGH etwa in den Urteilen EuGH, Urteil v. 5.2.1963, Rs. 26/62, („van Gend & Loos"), Slg. 1963, 1 (24 ff.); EuGH, Urteil v. 13.7.1966, Rs. 32/65, („Wettbewerbsvorschriften für Unternehmen"), Slg. 1966, 457 (483); EuGH, Urteil v. 16.12.1970, Rs. 13/70, („Cinzano"), Slg. 1970, 1089 (1095); EuGH, Urteil v. 3.2.1976, Rs. 59/75, („Manghera"), Slg. 1976, 91 (100); EuGH, Urteil v. 22.6.1976, Rs. 119/75, („Terrapin"), Slg. 1976, 1039 (1061) Rdn. 5; EuGH, Urteil v. 15.6.1978, Rs. 149/77, („Defrenne/Sabena"), Slg. 1978, 1365 (1377) Rdn. 15-18; EuGH, Urteil v. 27.2.1980, Rs. 168/78, („Besteuerung von Branntwein"), Slg. 1980, 347 (359); EuGH, Urteil v. 13.12.1983, Rs. 271/81, („Mialocq"), Slg. 1983, 4063 (4075) Rdn. 15; EuGH, Urteil v. 14.7.1994, Rs. C-91/92, („Faccini Dori"), Slg. 1994, I-3325 Rdn. 24.

298 Vgl. *R. Streinz*, Europarecht, Rdn. 570; *I. Schübel-Pfister*, Sprache und Gemeinschaftsrecht, 2004, S. 130 f.; *P. M. Huber*, Recht der Europäischen Integration, § 8 Rdn. 4; *M. Schweitzer/W. Hummer*, Europarecht, Rdn. 451; *P. Meyer*, Jura 1994, 455 (456).

299 Vgl. nur EuGH, Urteil v. 5.2.1963, Rs. 26/62, („van Gend & Loos"), Slg. 1963, 1 (24); EuGH, Urteil v. 15.7.1964, Rs. 6/64, („Costa/ENEL"), Slg. 1964, 1251 (1270); EuGH, Urteil v. 23.3.1982, Rs. 53/81, („Levin"), Slg. 1982, 1035 Rdn. 9; *I. Pernice/Fr. C. Mayer*, in:

und Zweck einer Vorschrift oder gar des gesamten Gesetzestextes, in dem die Vorschrift enthalten ist, ab.[300] So hat der EuGH im Urteil *Levin* festgestellt, dass mangels Definition des Begriffs des „Arbeitnehmers" in den Verträgen, die Bedeutung dieses Begriffs „*deshalb unter Rückgriff auf die allgemein anerkannten Auslegungsgrundsätze, und zwar ausgehend vom gewöhnlichen Sinn der Begriffe in ihrem Kontext und im Lichte der Ziele des Vertrages, ermittelt werden*"[301] müsse. Ihre entscheidende Rolle ist Ausdruck der dynamischen und evolutiven Entwicklung des Gemeinschaftsrechts.

d) Die historische Interpretation

Der historischen, am subjektiven Willen des Gesetzgebers orientierten Auslegung, die nach dem wahren Willen der Vertragsparteien zum Zeitpunkt des Vertragsschlusses forscht, kommt im Bereich des Gemeinschaftsrechts gegenüber den zuvor erwähnten Auslegungsregeln nur eine marginale Bedeutung zu.[302] Hinsichtlich der Auslegung des Primärrechts liegt der Grund zunächst darin, dass die Materialien zur Entstehungsgeschichte der Gründungsverträge, d.h. die Vorarbeiten zu den Verträgen, nicht veröffentlicht sind (bzw. waren) und im Hinblick auf ein rechtsstaatliches Verfahren damit nicht verwertet werden können.[303] Damit können die sog. „*travaux préparatoirs*" nicht als Richtschnur die-

Grabitz/Hilf (Hrsg.), EUV/EGV, Bd. III, Art. 220 EGV (2002) Rdn. 46 m.w. Rechtsprechungsnachweisen.

300 Umfassend *K. Larenz/Cl.-W. Canaris*, Methodenlehre der Rechtwissenschaft, S. 149 ff.; vgl. auch *O. Nowoczyn*, Bildungspolitische Kompetenzen der Europäischen Gemeinschaft nach Maastricht, 1996, S. 65.

301 EuGH, Urteil v. 23.3.1982, Rs. 53/81, („Levin"), Slg. 1982, 1035 Rdn. 9.

302 Vgl. *I. Schübel-Pfister*, Sprache und Gemeinschaftsrecht, 2004, S. 131 f.; *C. Buck*, Über die Auslegungsmethoden des Gerichtshofs der Europäischen Gemeinschaften, 1998, S. 141; *A. Weber*, in: Tettinger/Stern (Hrsg.), Kölner Gemeinschaftskommentar zur Europäischen Grundrechte-Charta, B V Rdn. 4; *I. Pernice/Fr. C. Mayer*, in: Grabitz/Hilf (Hrsg.), EUV/EGV, Bd. III, Art. 220 EGV (2002) Rdn. 53; *Th. Oppermann*, Europarecht, Rdn. 687; *P. M. Huber*, Recht der Europäischen Integration, § 8 Rdn. 9; *W. Schroeder*, JuS 2004, 180 (183); *M. Zuleeg*, EuR 1969, 97 (100 ff.); *A. Bleckmann*, NJW 1982, 1177 (1178); *P. Meyer*, Jura 1994, 455 (455).

303 *M. Zuleeg*, EuR 1969, 97 (101); *J. Schwarze*, in: Schwarze (Hrsg.), EU, Art. 220 EGV Rdn. 28; *W. Schroeder*, JuS 2004, 180 (183); *O. Nowoczyn*, Bildungspolitische Kompetenzen der Europäischen Gemeinschaft nach Maastricht, 1996, S. 64, der darauf hinweist, dass die Materialien zur Entstehung des Vertrages geheim und unveröffentlicht sind, so dass sie vom EuGH nicht verwertet werden können. Einschränkend *A. Bleckmann*, NJW 1982, 1177 (1178).

nen, um einen gemeinsamen Willen aller Vertragsparteien ermitteln zu können. Vorgeschlagen wird daher, die anlässlich der innerstaatlichen Ratifikation der Verträge vorgelegten amtlichen Begründungen der nationalen Regierungen bzw. die parlamentarischen Beschlussanträge und Debatten heranzuziehen.[304] Zwar greift der EuGH in dem bereits erwähnten frühen Urteil *Humblet*[305] auf derartige Regierungserklärungen zurück, jedoch ist es ihm nicht möglich, darin eine übereinstimmende Auffassung der Mitgliedstaaten festzustellen. Dieses Ergebnis liegt allein schon deshalb nahe, weil solche Erklärungen primär eine innerstaatliche Zielrichtung verfolgen, die von Land zu Land unterschiedlich sein kann. Darüber hinaus stellen die Normen des Gemeinschaftsrechts in der Regel eine Kompromisslösung nach kontroversen Verhandlungen dar, so dass die Stellungnahme der Beteiligten, an die die historische Auslegung anknüpfen muss, oft gegensätzliche, teilweise in der Regelung letztendlich auch nicht berücksichtigte Ansichten enthalten.[306]

Allerdings gilt im Zusammenhang mit der Auslegung der Grundrechtecharta zu berücksichtigen, dass sich in der Entstehungsgeschichte der Charta, die aufgrund der transparenten Arbeitsweise der beiden Konvente nachvollzogen werden kann[307], zahlreiche Hinweise auf die verschiedenen Deutungsvarianten einer bestimmten Vorschrift finden lassen.[308] Zudem normiert Art. 52 Abs. 7 EU-

---

304 So *P. M. Huber*, Recht der Europäischen Integration, § 10 Rdn. 10, der beispielhaft BT-Drucks., BR-Drucks. und sogar Urteile des BVerfG nennt.

305 EuGH, Urteil v. 16.12.1960, Rs. 6/60, („Humblet“), Slg. 1960, 1163 (1194).

306 *B. Wegener,* in: Callies/Ruffert (Hrsg.), EUV/EGV, Art. 220 EGV Rdn. 8; *O. Nowoczyn*, Bildungspolitische Kompetenzen der Europäischen Gemeinschaft nach Maastricht, 1996, S. 64; *A. Große Wentrup*, Europäische Grundrechtecharta, 2003, S. 66.

307 Die Dokumente sind im Internet unter http://www.consilium.europa.eu/docCenter.asp?lang=de&cmsid=245 unter „Dokumente“ frei zugänglich (Stand der Abfrage 15.6.2006); vgl. ferner. *Th. v. Danwitz/S. Röder*, in: Stern/Tettinger (Hrsg.), Die Europäische Grundrechte-Charta im wertenden Verfassungsvergleich, 2005, S. 31 (34); *M. Hilf*, in: Duschanek/Griller (Hrsg.), Grundrechte für Europa, 2002, S. 15 (17); *N. Bernsdorff/M. Borowsky*, Handreichungen und Sitzungsprotokolle, 2002, S. 54; *I. Pernice/F. C. Mayer*, in: Grabitz/Hilf (Hrsg.), EUV/EGV, Bd. III, Art. 220 EGV (2002) Rdn. 53.

308 *A. Weber*, in: Tettinger/Stern (Hrsg.), Kölner Gemeinschaftskommentar zur Europäischen Grundrechte-Charta, B V Rdn. 4; *Th. v. Danwitz/S. Röder*, in: Stern/Tettinger (Hrsg.), Die Europäische Grundrechte-Charta im wertenden Verfassungsvergleich, 2005, S. 31 (33 f.). Vgl. hierzu auch *J. Meyer*, in: Meyer (Hrsg.), EU-GRCh, Vorwort zur ersten Auflage, S. 6 f., wonach auch bei den ersten Kommentierungen des Bonner Grundgesetzes insbesondere die Entstehungsgeschichte der einzelnen Artikel, wie sie sich vor allem in den Verhandlungen des Parlamentarischen Rates nachlesen ließ, für die Auslegung ausschlaggebend waren.

GRCh (Art. II-112 Abs. 7 EuVerf), der in enger Verbindung zu Satz 2 der 5. Erwägung der Präambel der Grundrechtecharta steht, dass die *„Erläuterungen, die als Anleitung für die Auslegung der Charta der Grundrechte verfasst wurden [...] gebührend zu berücksichtigen*" seien.[309] Da eine zukünftige Aktualisierung der Erläuterungen (jedenfalls bislang) nicht geplant ist, spricht nichts dagegen, Art. 52 Abs. 7 EU-GRCh im Bereich der historischen Auslegung dogmatisch einzuordnen, so dass man die Erläuterungen als historisches Material durchaus zur Klärung von Zweifelsfragen heranziehen kann.[310] Dies hat zumindest eine Aufwertung des historischen Arguments zur Folge. Dennoch darf das durch die gesteigerte Transparenz erhöhte Anwendungspotential der subjektiv-historischen Auslegung nicht überschätzt werden, da eine zu starr auf den historischen Willen fixierte Auslegung der im Werden begriffenen europäischen Rechtsordnung strukturell nicht gerecht würde.[311]

e) Die rechtsvergleichende Auslegung

Im Bereich der nationalen Verfassungsdiskussion wird teilweise neben den vier erwähnten Auslegungsmethoden die Rechtsvergleichung als *„fünfte*" Auslegungsmethode vorgeschlagen.[312] Zwar hat sich der EuGH – wie bereits er-

---

309 Zu der Präambel und der Verbindlichkeit der Erläuterungen ausführlich unten, 2 a) und c) ff).

310 So auch *M. Wendel*, WHI-Paper 5/05, abrufbar unter www.rewi.hu-berlin.de/WHI/deutsch/papers/WHI-Paper4-05.pdf, Stand der Abfrage 15.6.2006; *M. Bühler*, Einschränkung von Grundrechten nach der Europäischen Grundrechtecharta, 2005, S. 227; *St. Griller*, in: Duschanek/Griller (Hrsg.), Grundrechte für Europa, 2002, S. 131 (139); *A. Weber*, in: Tettinger/Stern (Hrsg.), Kölner Gemeinschaftskommentar zur Europäischen Grundrechte-Charta, B V Rdn. 12 mit dem Hinweis darauf, dass es das erste Mal sei, dass bei einer Grundrechtskodifikation auf nationaler, europäischer und internationaler Ebene interne Beratungsergebnisse einer vorbereitenden Versammlung, die selbst nicht über die Legitimation des „pouvoir constituant" verfüge, als mehr oder weniger verbindliche Auslegungshinweise in einen Vertrag integriert werden.

311 Vgl. *I. Pernice/Fr. C. Mayer*, in: Grabitz/Hilf (Hrsg.), EUV/EGV, Bd. III, Art. 220 EGV (2002) Rdn. 53; *M. Wendel*, WHI-Paper 5/05, abrufbar unter www.rewi.hu-berlin.de/WHI/deutsch/papers/WHI-Paper_4-05.pdf, Stand der Abfrage 15.6.2006. Anzumerken ist in diesem Zusammenhang, dass die subjektiv-historische Auslegung selbst nach den allgemeinen völkervertragsrechtlichen Auslegungsegeln – deren Anwendbarkeit einmal vorausgesetzt – nur eine ergänzende Funktion innehat (vgl. Art. 32 WVK: *„insbesondere die vorbereitenden Arbeiten und die Umstände des Vertragsabschlusses*"), näheres dazu s. unten, 4.

312 Im nationalen Recht ausführlich dazu *P. Häberle*, JZ 1989, 913 (916 ff.); *ders.*, Europäische Verfassungslehre, 2006, S. 250 ff.; vgl. auch *A. Weber*, Menschenrechte, 2004, S. 4

wähnt[313] – in den Entscheidungsgründen nur sporadisch zur Methode der wertenden Rechtsvergleichung geäußert, was aber nicht darüber hinwegtäuschen sollte, dass der interne rechtsvergleichende Aufwand beträchtlich ist.[314] Ob die Rechtsvergleichung dabei als eigenständige Auslegungsmethode geführt[315] oder aber als Bestandteil der systematischen Auslegung zu kategorisieren ist,[316] erscheint dabei weniger wichtig.[317] Entscheidend ist demgegenüber, dass die Charta die Rechtsvergleichung in doppelter Dimension vorsieht: der Orientierung an den Gewährleistungen der EMRK einerseits sowie als Ausdruck der gemeinsamen Verfassungsüberlieferungen der Mitgliedstaaten andererseits, vgl. auch Art. 6 Abs. 2 EU bzw. Art. I-9 Abs. 3 EuVerf. In diesem Zusammenhang misst Art. 52 Abs. 3 EU-GRCh (Art. II-112 Abs. 3 EuVerf) – auf den noch näher einzugehen sein wird[318] – den Rechten der Charta, die den durch die EMRK garantierten entsprechen, die gleiche Bedeutung und Tragweite bei, ohne einem weiter gehenden Schutz des Unionsrechts entgegenzustehen. Art. 52 Abs. 4 EU-GRCh (Art. II-112 Abs. 4 EuVerf) normiert zudem, dass, soweit in der Charta Grundrechte anerkannt werden, wie sie sich aus den gemeinsamen Verfassungsüberlie-

---

ff.; *K. Lenaerts*, RTD eur. 2001, 487 (487 f.); skeptisch allgemein zur *„fünften"* Auslegungsmethode *K.-P. Sommermann*, in: Merten/Papier (Hrsg.), Handbuch der Grundrechte in Deutschland und Europa, Bd. I, § 16 Rdn. 39. Zur Rechtsvergleichung als Auslegungsmethode der Charta s. *A. Weber*, in: Tettinger/Stern (Hrsg.), Kölner Gemeinschaftskommentar zur Europäischen Grundrechte-Charta, B V Rdn. 15; *J. Meyer*, in: Meyer (Hrsg.), EU-GRCh, Präambel Rdn. 13; ferner *H.-W. Rengeling/P. Szczekalla*, Grundrechte in der Europäischen Union, § 7 Rdn. 479.

313 S. oben, 1. Teil, A. II. 2.

314 *H. Kutscher*, EuR 1981, 392 (401).

315 *M. Bühler*, Einschränkung von Grundrechten nach der Europäischen Grundrechtecharta, 2005, S. 225.

316 So beispielsweise *Th. Oppermann*, Europarecht, Rdn. 684.

317 *P. Häberle*, Europäische Verfassungslehre, 2006, S. 256 spricht von einem *„Annexcharakter"* und hält eher um der *„(auch pädagogischen) Durchschlagskraft willen"* an der Einordnung als fünfte Auslegungsmethode fest. *A. Weber*, in: Tettinger/Stern (Hrsg.), Kölner Gemeinschaftskommentar zur Europäischen Grundrechte-Charta, B V Rdn. 15, scheint die rechtsvergleichende Auslegung als Bestandteil der wörtlich-grammatikalischen Auslegung zu sehen

318 S. unten, 2. c) bb).

ferungen der Mitgliedstaaten ergeben, sie im Einklang mit diesen Überlieferungen ausgelegt werden.[319] Insoweit wird die angesprochene „*materiale Verflechtung*“[320] normativ festgehalten.

f) Ergebnis

Als herkömmliche Methoden zur Auslegung der Charta werden zunächst die grammatikalische, die systematische und als deren Bestandteil die rechtsvergleichende sowie die teleologische und historische Interpretation herangezogen.

Über diese herkömmlichen Methoden hinaus ist allerdings auch – wie zuvor veranschaulicht wurde[321] – ein eigenständiger in der Charta fundierter Interpretationsansatz notwenig, der sich an den Auslegungsregeln der Charta zu orientieren hat.[322] Im Folgenden gilt es zu prüfen, was diese Auslegungsregeln im Einzelnen beinhalten.

2. Vorgegebene Auslegungsregeln der Charta

Erste maßstäbliche Hinweise auf die Auslegung der Grundrechtecharta erhält man bereits aus der 5. Erwägung der Präambel der Charta mit ihrer Bezugnahme auf die Erläuterungen des Konventspräsidiums. Daneben enthalten insbesondere die Vorschriften der Art. 51 ff. EU-GRCh unter den mit „*Allgemeine Bestimmungen über die Auslegung und Anwendung der Charta*“ überschriebenen Titel VII normative Auslegungsvorgaben.[323] Diese horizontalen Regelungen[324]

---

319 S. dazu unten, 2 c) dd).

320 S. oben, 1. Teil, A. II. 2.

321 S. oben, B. I.

322 *Y. Dorf*, DVBl. 2005, 486 (486 f.).

323 Vgl. *M. Borowsky*, in: Meyer (Hrsg.), EU-GRCh, Vor Kapitel VII Rdn. 1: „*Die vier im Schlussteil aufgenommenen Artikel enthalten wertvolle Auslegungsklauseln und -hinweise.*“. Ausführlich dazu *Th. v. Danwitz/S. Röder*, in: Stern/Tettinger (Hrsg.), Die Europäische Grundrechte-Charta im wertenden Verfassungsvergleich, 2005, S. 31 ff. (48 ff.); *Cl. Ladenburger*, in: Stern/Tettinger (Hrsg.), Europäische Verfassung im Werden, 2006, S. 83 ff.; *Y. Dorf*, JZ 2005, 126 ff.

324 Unter „*horizontalen Schranken*“ versteht man solche, die sich auf die Charta in ihrer Gesamtheit beziehen. Dieser Begriff wurde durch die Arbeit im Konvent geprägt und umschreibt die „*Allgemeinen Bestimmungen über die Auslegung und Anwendung der Charta*“ in Titel VII EU-GRCh. Dagegen umschreibt die „*vertikale Schranke*“ eine für jedes Grundrecht individuelle Schrankenregelung; vgl. *H.-W. Rengeling/P. Szczekalla*, Grundrechte in der Eu-

bestimmen unter anderem Schutzbereich und Schranken der Chartagrundrechte und könnten die Grundlage einer eigenständigen europäischen Grundrechtsdogmatik bilden.[325] Darüber hinaus könnte auch die bereits erwähnte Rechtsprechung des EuGH zu den ungeschriebenen Gemeinschaftsgrundrechten[326] Auslegungshinweise liefern (s. unten, 3.). Schließlich könnten bei der Interpretation der Grundrechtecharta auch die völkerrechtlichen Vertragsauslegungsregeln zum Zuge kommen (s. unten, 4.).

a) Die Präambel (Teil II EuVerf)

Zu beobachten ist zunächst, dass die meisten grundlegenden Rechtstexte häufig mit einer Präambel beginnen.[327] Präambeln dienen dabei in der Regel als Einleitung[328], um auf die konkreten Regelungen vorzubereiten und sie in einen erweiterten Kontext zu stellen.[329] Vor diesem Hintergrund besteht ein allgemei-

---

ropäischen Union, § 7 Rdn. 483 ff.; vgl. auch *M. Borowsky*, in: Meyer (Hrsg.), EU-GRCh, Vor Kapitel VII Rdn. 1; *N. Bernsdorff/M. Borowsky*, Handreichungen und Sitzungsprotokolle, 2002, etwa S. 126, 138, 230; *C. Eisner*, Die Schrankenregelung der Grundrechtecharta der Europäischen Union, 2005, S. 130 f.

325 *M. Borowsky*, in: Meyer (Hrsg.), EU-GRCh, Vor Kapitel VII Rdn. 7; *Chr. Grabenwarter/K. Pabel*, in: Stern/Tettinger (Hrsg.), Die Europäische Grundrechte-Charta im wertenden Verfassungsvergleich, 2005, S. 81 (90 f.); *Y. Dorf*, JZ 2005, 126 (127).

326 S. oben, 1. Teil, A. II. 2.

327 Dies gilt sowohl für Verfassungen wie etwa die amerikanische und französische Verfassung sowie das deutsche Grundgesetz, als auch für internationale Verträge wie die Charta der Vereinten Nationen, die Seerechtskonvention und der Vertrag über die WTO oder Menschenrechtstexte wie die französische Erklärung der Menschen- und Bürgerrechte, der Allgemeinen Erklärung der Menschenrechte, der beiden Menschenrechtspakte der Vereinten Nationen und der EMRK. Zur Bedeutung von Präambeln im Allgemeinen s. *P. Häberle*, Europäische Verfassungslehre, 2006, S. 284 ff.; *H. Kopetz*, in: Becker/Bovenkerk u.a. (Hrsg.), Die Europäische Verfassung, 2005, S. 9 ff.

328 Der Duden beispielsweise definiert den Begriff der Präambel als „feierliche Einleitung" und „Vorrede", vgl. *Duden*, Bd. 1, S. 762; nach dem Münchener Rechts-Lexikon wird Präambel mit „vorangestellter Vorspruch" erläutert, vgl. *H. Tilch*, Münchener Rechts-Lexikon, Bd. 1, S. 1322 f., zum Begriff der Präambel s. ferner *J. Meyer*, in: Meyer (Hrsg.), EU-GRCh, Präambel Rdn. 2.

329 Zur allgemeinen Bedeutung von Präambeln in Rechtstexten *Chr. Busse*, EuGRZ 2002, 559 (563 f.).

ner Rechtsgrundsatz dahingehend, dass die in der Präambel enthaltenen „Erläuterungen" zur Auslegung des eigentlichen Textes heranzuziehen sind.[330]

Auch die der Charta vorangestellte Präambel (Teil II EuVerf)[331] spielt für die teleologische Auslegung der Grundrechtecharta eine beachtliche Rolle.[332] Zwar spricht die Chartapräambel nicht ausdrücklich von „Zielen"[333], verweist jedoch vor dem Hintergrund einer ausführlich formulierten europäischen Werteordnung[334] auf den notwendigen Zweck, *„angesichts der Weiterentwicklung der Gesellschaft, des sozialen Fortschritts und der wissenschaftlichen und technologischen Entwicklung"*[335] Grundrechte zu statuieren. Damit spiegelt die Präambel

---

330 Für die GG-Präambel vgl. die Nachweise in der Literatur bei *Chr. Starck*, in: v. Mangoldt/Klein/Starck (Hrsg.), GG I, Präambel, Rdn. 30; *H. Dreier*, in: Dreier (Hrsg.), GG I, Präambel, Rdn. 20. Vgl. auch die Entscheidungen des BVerfG über das Ausländerwahlrecht (BVerfG, Urteil v. 31.10.1990, BVerfGE 83, 37 [51]) und über die Enteignungen in der sowjetischen Besatzungszone (BVerfG, Beschluss v. 18.4.1996, BVerfGE 94, 12 [36]), in dem es die Präambel als Auslegungsmaßstab herangezogen hat. Für Österreich vgl. etwa VfSlg. 3669/1959 und 7338/1974 zu Gesetzespräambeln. Auch der französische *Conseil Constitutionnel* hat 1971 die Präambel der Verfassung von 1946 als Maßstab für die Überprüfung von Gesetzen herangezogen, ausführlich dazu *C. Grewe*, EuGRZ 2002, 209 (209 f.); *H. Kopetz*, in: Becker/Bovenkerk u.a. (Hrsg.), Die Europäische Verfassung, 2005, S. 9 (17 ff.).

331 Die Präambel der EU-Grundrechtecharta wurde von *P. Häberle* als *„höchste Verdichtungsstufe allen gemeineuropäischen Präambelrechts"* bezeichnet, vgl. *P. Häberle*, Europäische Verfassungslehre, 2006, S. 285. Zur Entstehungsgeschichte der Chartapräambel umfassend *J. Meyer*, in: Meyer (Hrsg.), EU-GRCh, Präambel Rdn. 5 ff.; *Chr. Busse*, EuGRZ 2002, 559 (564 ff.), zu den Veränderungen während der Beratungen des Verfassungskonvents und der anschließenden Regierungskonferenz, *J. Meyer*, in: Meyer (Hrsg.), EU-GRCh, Präambel Rdn. 45a.

332 So auch *J. Meyer*, in: Meyer (Hrsg.), EU-GRCh, Präambel Rdn. 6; *Y. Dorf*, JZ 2005, 126 (130); *H. Kopetz*, in: Becker/Bovenkerk u.a. (Hrsg.), Die Europäische Verfassung, 2005, S. 9 (21, 25 ff.). Vgl. auch *W. Vitzthum*, EuR 2002, 1 (13 f.), nach dem die Präambel sowohl beim Definieren der europäischen Identität als auch bei dem künftigen „Verfassen" seines Gefüges wichtige Impulse gibt. Kritisch dagegen *Kl. Stern*, in: Stern/Tettinger (Hrsg.), Die Europäische Grundrechte-Charta im wertenden Verfassungsvergleich, 2005, S. 13 (27 f.).

333 Zu den Staatszielen in Präambeln vgl. *H. Kopetz*, in: Becker/Bovenkerk u.a. (Hrsg.), Die Europäische Verfassung, 2005, S. 9 (23).

334 Vgl. nur Erwägungsgrund Nr. 1: *„[...] auf der Grundlage gemeinsamer Werte [...]"*; Erwägungsgrund Nr. 2: *„[...] gründet sich die Union auf die unteilbaren und universellen Werte der Würde des Menschen, der Freiheit, der Gleichheit und der Solidarität. [...]."*; Erwägungsgrund Nr. 3: *„Die Union trägt zur Erhaltung und zur Entwicklung dieser gemeinsamen Werte [...]."*. S. hierzu auch das Rechtsgespräch mit *J. Meyer*, ZRP 2000, 114 ff.

335 Vgl. Erwägungsgrund Nr. 4.

die geistige Intention der Chartagrundrechte wider, nämlich die Notwendigkeit von niedergeschriebenen Grundrechten in einer sich fortentwickelnden Union.[336]

Eine echte Auslegungsregel findet sich dagegen im zweiten Satz des Erwägungsgrundes Nr. 5 der Präambel, wo es heißt:

> *„In diesem Zusammenhang erfolgt die Auslegung der Charta durch die Gerichte der Union und der Mitgliedstaaten unter gebührender Berücksichtigung der Erläuterungen, die unter der Leitung des Präsidiums des Konvents zur Ausarbeitung der Charta formuliert und unter der Verantwortung des Präsidiums des Europäischen Konvents aktualisiert wurden.*“[337]

Mit der Bezugnahme auf die „Erläuterungen“ einigte man sich nach der Präzisierung und Aktualisierung einzelner Erläuterungen auf die ergänzende Präambelformulierung, dass die Charta von den Gerichten der Union *„unter gebührender Berücksichtigung*“ der Erläuterungen *„ausgelegt*“ werden sollte.[338] Diese sollten also keineswegs verbindlich werden.[339] Vielmehr sollte durch die Präambel als Auslegungsinstrument auf die „Erläuterungen“ als „weiteres Auslegungsinstrument“ verwiesen werden. Diese Vorgabe der Präambel war bereits mit vergleichbarem Wortlaut im Entwurf des Europäischen Konvents[340] enthalten und wird durch den als Ergebnis der Regierungskonferenz am 18. Juni 2004 in den Chartatext neu eingefügten siebten Absatz des Art. 52 EU-GRCh zusätzlich aufgegriffen (dazu unten c) ff)).

---

336 Vgl. *J. Meyer*, in: Meyer (Hrsg.), EU-GRCh, Präambel Rdn. 43.

337 Der Hinweis auf die *„gebührende(r) Berücksichtigung der Erläuterungen*“ des Präsidiums des *Herzog*-Konvents bei der Auslegung der Charta durch die nationale und europäische Gerichtsbarkeit wurde – um dem Vereinigten Königreich entgegenzukommen – in die Präambel eingefügt, vgl. dazu *J. Meyer*, in: Meyer (Hrsg.), EU-GRCh, Präambel Rdn. 45a; ferner *J. Schwarze*, in: ders. (Hrsg.), Der Verfassungsentwurf des Europäischen Konvents, 2004, S. 489 (507); *Th. Oppermann*, DVBl. 2003, 1234 (1242).

338 *J. Meyer*, in: Meyer (Hrsg.), EU-GRCh, Präambel Rdn. 45a.

339 *R. Streinz,* in: Streinz (Hrsg.), EUV/EGV, GR-Charta Präambel Rdn. 17.

340 S. Entwurf des Europäischen Konvents v. 18.7.2003, Dokument CONV 850/03.

b) Das Kompetenzausweitungsverbot des Art. 51 Abs. 2 EU-GRCh (Art. II-111 Abs. 2 EuVerf)

Die Vorschrift des Art. 51 EU-GRCh, die nach den Erläuterungen des Präsidiums den Anwendungsbereich festlegen soll,[341] formuliert in Absatz 2 einen ersten Auslegungsmaßstab:

> *„Diese Charta dehnt den Geltungsbereich des Unionsrechts nicht über die Zuständigkeiten der Union hinaus aus und begründet weder neue Zuständigkeiten noch neue Aufgaben für die Union, noch ändert sie die in den anderen Teilen der Verfassung festgelegten Zuständigkeiten und Aufgaben.“*

Bereits im Vorfeld der Charta zeigte sich recht früh, dass einige Mitgliedstaaten[342], darunter auch die Bundesländer[343], skeptisch gegenüber dem Chartaprojekt waren. Sie äußerten Befürchtungen dahingehend, dass ein Grundrechtskatalog rechtsvereinheitlichende Wirkung haben könne und es im Ergebnis zu einer *„kompetenzansaugenden Wirkung“*[344] der Union auf alle von der Charta geregelten Sachbereiche kommen würde.[345] Gerade im Hinblick auf die sehr beschränk-

---

[341] Adressaten der Charta sind neben den beiden intergouvernementalen Säulen der Gemeinsamen Außen- und Sicherheitspolitik sowie der polizeilichen und justiziellen Zusammenarbeit in Strafsachen auch alle Organe und Einrichtungen der Gemeinschaften und die Mitgliedstaaten bei der Durchführung des Rechts der Union, vgl. *M. Borowsky*, in: Meyer (Hrsg.), EU-GRCh, Art. 51 Rdn. 1, 16; *S. Magiera*, DÖV 2000, 1017 (1024 f.). S. auch Erläuterungen des Präsidiums des Europäischen Konvents v. 16.12.2004 zu Art. 51 EU-GRCh, ABl. 2004 Nr. C 310 S. 454.

[342] So insbesondere England, Frankreich und Dänemark, s. *J. Meyer*, ZRP 2000, 114 (115); ferner *S. Baer*, ZRP 2000, 362 (364).

[343] S. Entschließung des Bundesrates zur Charta der Grundrechte der Europäischen Union BR-Dr. 47/00 (Beschluss v. 17.3.2000). Zu den Bedenken aus dem Blickwinkel der Bundesländer s. *R. Knöll*, NJW 2000, 1845 (1846 ff.).

[344] Der Begriff geht auf den ehemaligen Richter am EuGH HIRSCH zurück (vgl. FAZ v. 17.4.2000 und 5.6.2000). Vgl. auch *M. Borowsky*, in: Meyer (Hrsg.), EU-GRCh, Art. 51 Rdn. 37; *Chr. Langenfeld*, Festschrift G. Ress, 2005, S. 599 (610 ff.); *J. Meyer/M. Engels*, in: Deutscher Bundestag (Hrsg.), Charta der Grundrechte der Europäischen Union, 2001, S. 19, 33; *dies.*, ZRP 2000, 368 (371).

[345] Vgl. *M. Borowsky*, in: Meyer (Hrsg.), EU-GRCh, Art. 51 Rdn. 14, 37 ff.; *R. Streinz,* in: Streinz (Hrsg.), EUV/EGV, Art. 51 GR-Charta Rdn. 14; *J. Meyer/M. Engels*, in: Deutscher Bundestag (Hrsg.), Charta der Grundrechte der Europäischen Union, 2001, S. 33; s. auch *N. Bernsdorff*, NdsVBl. 2001, 177 (181); *J. Caspar*, RdJB 2001, 165 (174); *Chr. Grabenwarter*, DVBl. 2001, 1 (2); *J. Pietsch*, ZRP 2003, 1 (3); *Chr. Koenig*, EuZW 2000, 417. *S. Alber/U. Widmeier*, EuGRZ 2000, 497 (501) weisen zudem auf folgende Befürchtungen der Länder hin: Wenn die Charta-Rechte verbindlich und Teil der Verträge werden, müssten die Mit-

ten Kompetenzen der Europäischen Union im Bereich der Bildung befürchteten vor allem die deutschen Bundesländer, denen nach dem Grundgesetz die Kulturhoheit, also die Definitionsgewalt über den Bildungsbereich, zusteht[346], dass Art. 14 EU-GRCh auf längere Sicht zu einer Kompetenzerweiterung der Union führt.[347] Dieser Befürchtung trägt bereits die Kompetenzbestimmung des Art. 51 Abs. 1 S. 1 EU-GRCh hinreichend Rechnung, wonach die Charta für die Mitgliedstaaten „*ausschließlich bei der Durchführung des Rechts der Union*“ gilt.[348] Zur weiteren Verdeutlichung, dass die Charta zu keiner Kompetenzausdehnung führt, wurde zusammen mit Art. 51 Abs. 1 S. 2 EU-GRCh[349] auch ein ausdrück-

---

gliedstaaten, wollten sie einen Verstoß gegen die allgemeine Vertragsbestimmung des Art. 10 EGV und die Einleitung von Vertragsverletzungsverfahren durch die Kommission vermeiden, ihre Rechtsordnungen den Bestimmungen der Charta angleichen.

346 Art. 30, 70 ff. GG, vgl. *Th. Günther*, Zur Zulässigkeit der Errichtung privater Volksschulen als Bekenntnisschulen religiös-ethnischer Minderheiten nach Art. 7 Abs. 5 GG, 2006, S. 91 f.; *D. O. Reich*, EuGRZ 2001, 1 (3); *J. Meyer/M. Engels*, in: Deutscher Bundestag (Hrsg.), Charta der Grundrechte der Europäischen Union, 2001, S. 15; *J. Caspar*, RdJB 2001, 165 (175); *A. Leschinsky*, in: Cortina/Baumert u.a. (Hrsg.), Das Bildungswesen in der Bundesrepublik Deutschland, 2003, S. 156.

347 Ausführlich *D. O. Reich*, EuGRZ 2001, 1 (3); vgl. auch *N. Bernsdorff*, VSSR 2001, 1 (20 f.); *B. Losch/W. Chr. Radau*, NVwZ 2003, 1440 (1444).

348 Wie ein Vergleich mit einer früheren Fassung des entsprechenden Art. 46 des Entwurfs zeigt, ist dieser Begriff anstelle der früheren Formulierung „im Anwendungsbereich des Vertrages“ getreten, der in der bisherigen Rechtsprechung des EuGH für die Geltung der ungeschriebenen Gemeinschaftsgrundrechte verwendet wurde, vgl. EuGH, Urteil v. 11.7.1985, verb. Rsn. 60 u. 61/84, („Cinéthèque“), Slg. 1985, 2605 (2627) Rdn. 26; EuGH, Urteil v. 13.7.1989, Rs. 5/88, („Wachauf“), Slg. 1989, 2609 (2639 f.) Rdn. 19; EuGH, Urteil v. 18.6.1991, Rs. C-260/89, („ERT“), Slg. 1991, I-2925 (2964) Rdn. 42; EuGH, Urteil v. 24.3.1994, Rs. C-2/92, („Bostock“), Slg. 1994, I-955 (983) Rdn. 16; EuGH, Urteil v. 18.12.1997, Rs. C-309/96, („Annibaldi“), Slg. 1997, I-7493 (7510) Rdn. 13. Ausführlich dazu: *Cl. Ladenburger*, in: Stern/Tettinger (Hrsg.), Europäische Verfassung im Werden, 2006, S. 83 (102 ff.); *M. Ruffert*, EuGRZ 1995, 518 (523); *Chr. Callies*, in: Ehlers (Hrsg.), Europäische Grundrechte, § 20 Rdn. 26. Nach den Erläuterungen des Präsidiums v. 16.12.2004 zu diesem Artikel (S. 454) wurde bewusst die engere Formulierung im Anschluss an ein EuGH-Urteil (EuGH, Urteil v. 13.4.2000, Rs. C-292/97, [„Karlsson u.a.“], Slg. 2000, I-2737 [2774] Rdn. 37) gewählt, wonach die sich aus dem Schutz der Gemeinschaftsgrundrechte ergebenden Erfordernisse auch die Mitgliedstaaten „*bei der Durchführung der gemeinschaftsrechtlichen Regelungen*“ binden.

349 Art. 51 Abs. 1 S. 2 EU-GRCh (Art. II-111 Abs. 1 S. 2 EuVerf) bestimmt in Bezug auf den Adressatenkreis der Charta: „*Dementsprechend achten sie die Rechte, halten sie sich an die Grundsätze und fördern sie deren Anwendung entsprechend ihren jeweiligen Zuständigkeiten und unter Achtung der Grenzen der Zuständigkeiten, die der Union in anderen Teilen der Verfassung übertragen wurden.*“.

licher Hinweis auf das Subsidiaritätsprinzip in Satz 1[350] aufgenommen. Mit anderen Worten stellt Art. 51 Abs. 2 EU-GRCh klar, dass die Charta keine Erweiterung der Zuständigkeiten und Aufgaben bewirken darf, die der Union durch die bisherigen Verträge (bzw. nach Teilen I und III der Verfassung) zugewiesen sind.[351]

Ohne diesen Artikel wäre eine Reihe von Rechten – insbesondere die sozialen Rechte – im Grundrechtekonvent nicht durchsetzbar gewesen.[352] Die Grundrechte, wie sie in der Union garantiert werden, werden daher nur im Rahmen dieser vom Vertrag bestimmten Zuständigkeiten wirksam.[353] Damit wird die Reichweite der Grundrechtsgarantien der Charta begrenzt durch die Kompetenzen der Gemeinschaft.[354] Im Ergebnis führt dies zu erheblichen Einschränkungen des in der Charta aufgeführten Grundrechtsschutzes.

c) Das Schrankensystem des Art. 52 EU-GRCh (Art. II-112 EuVerf)

Für die tatsächliche Effektivität und die praktische Schutzwirkung der Grundrechte ist weiterhin nicht nur die Bestimmung der Schutzbereiche, sondern auch die Festlegung der Grundrechtsbeschränkungen und deren Begrenzungen von herausragender Bedeutung.[355] Dies gilt im Gemeinschaftsrecht umso mehr, als

---

[350] Art. 51 Abs. 1 S. 1 EU-GRCh (Art. II-111 Abs. 1 S. 1 EuVerf) lautet: „*Diese Charta gilt [...] unter Wahrung des Subsidiaritätsprinzips [...].*“.

[351] Erläuterungen des Präsidiums des Europäischen Konvents v. 16.12.2004 zu Art. 51 Abs. 2 EU-GRCh, ABl. 2004 Nr. C 310 S. 454 f. Diese vor allem aus politischen Gründen aufgenommene Kompetenzschutzklausel hat allerdings deklaratorischen Charakter, da sich dieser Grundsatz bereits aus dem Prinzip der begrenzten Einzelermächtigung (Art. 5 Abs. 1 EG = Art. I-11 Abs. 2 EuVerf) und der Subsidiarität ergibt, vgl. *M. Borowsky*, in: Meyer (Hrsg.), EU-GRCh, Art. 51 Rdn. 37. S. auch *I. Pernice/F. C. Mayer*, in: Grabitz/Hilf (Hrsg.), EUV/EGV, Bd. I, nach Art. 6 EUV (2002) Rdn. 30; *Cl. Ladenburger*, in: Stern/Tettinger (Hrsg.), Europäische Verfassung im Werden, 2006, S. 83 (103 ff.); *J. Caspar*, RdJB 2001, 165 (174); *J. Pietsch*, ZRP 2003, 1 (3).

[352] Vgl. *M. Borowsky*, in: Meyer (Hrsg.), EU-GRCh, Art. 51 Rdn. 37; *J. Meyer/M. Engels*, in: Deutscher Bundestag (Hrsg.), Charta der Grundrechte der Europäischen Union, 2001, S. 33.

[353] *I. Pernice/F. C. Mayer*, in: Grabitz/Hilf (Hrsg.), EUV/EGV, Bd. I, nach Art. 6 EUV (2002) Rdn. 30; *St. Breitenmoser/B. Riemer/Cl. Seitz*, Praxis des Europarechts – Grundrechtsschutz, 2006, S. 344 f.

[354] *J. Caspar*, RdJB 2001, 165 (174); vgl. auch *I. Pernice/F. C. Mayer*, in: Grabitz/Hilf (Hrsg.), EUV/EGV, Bd. I, nach Art. 6 EUV (2002) Rdn. 30.

[355] Vgl. *H.-W. Rengeling*, Grundrechtsschutz in der Europäischen Gemeinschaft, 1993, S. 212: Schranken als „*Kristallisationspunkt effektiven Grundrechtrechtsschutzes*“. Ausführ-

der EuGH in seiner Rechtsprechung zwar in großzügiger Weise eine Vielzahl ungeschriebener Gemeinschaftsgrundrechte als allgemeine Rechtsgrundsätze des Gemeinschaftsrechts anerkannt hat,[356] jedoch auf Grund einer ebenso großzügigen Handhabung der Einschränkungsmöglichkeiten in den meisten Fällen die beanstandete Maßnahme – im Geiste der integrationsfreundlichen *„effet-utile"*-Rechtsprechung – als gerechtfertigt angesehen hat.[357]

Die mit *„Tragweite und Auslegung der Rechte und Grundsätze"* überschriebene Bestimmung des Art 52 EU-GRCh enthält in ihren sieben Absätzen[358] keine einheitliche Auslegungsregel und Schranke für alle Chartagrundrechte, vielmehr muss zwischen den unterschiedlichen Absätzen differenziert werden.[359] Gemäß Art. 52 Abs. 1 EU-GRCh können die in der Charta niedergelegten Rechte nur dann beschränkt werden, wenn dies erstens gesetzlich vorgesehen ist, wenn zweitens der Wesensgehalt der Grundrechte nicht verletzt und drittens dem Verhältnismäßigkeitsgrundsatz entsprochen wird. Die Charta führt damit im Unterschied zum deutschen Grundgesetz und zur EMRK eine allgemeine Schrankenregelung[360] ein, nicht wie letztere eine nach dem jeweiligen Grundrecht differenzierende.[361] Allerdings muss diese Bestimmung im unmittelbaren

---

lich dazu *M. Bühler*, Einschränkung von Grundrechten nach der Europäischen Grundrechtecharta, 2005, S. 25 ff.; vgl. ferner *M. Borowsky*, in: Meyer (Hrsg.), EU-GRCh, Art. 52 Rdn. 2, 12; *H. D. Jarass*, EU-Grundrechte, § 6 Rdn. 1 ff. (15 ff.); *Th. v. Danwitz/S. Röder*, in: Stern/Tettinger (Hrsg.), Die Europäische Grundrechte-Charta im wertenden Verfassungsvergleich, 2005, S. 31 (48 f.); *M. Kenntner*, ZRP 2000, 423 (424); *S. Magiera*, DÖV 2000, 1017 (1022); *Th. Schmitz*, JZ 2001, 833 (838).

356 Vgl. dazu oben, 1. Teil, II. 2.

357 Einziger bekannter Ausnahmefall EuGH, Urteil v. 5.10.1994, Rs. C-404/92, („Aids-Test"), Slg. 1994, I-4737 Rdn. 24 f.; vgl. *M. Kenntner*, ZRP 2000, 423 (424). Kritisch dazu *Th. Kingreen*, in: Callies/Ruffert (Hrsg.), EUV/EGV, Art. 6 EUV Rdn. 77; *M. Bühler*, Einschränkung von Grundrechten nach der Europäischen Grundrechtecharta, 2005, S. 26 ff.; *T. Stein*, Festschrift H. Steinberger, 2002, S. 1425 (1431); *Th. Kingreen*, JuS 2000, 857 (861); *Th. Schilling*, EuGRZ 2000, 3 (12); *Th. Schmitz*, JZ 2001, 833 (838).

358 Die Bestimmung des Art. 52 EU-GRCh wurde vom Verfassungskonvent und der Regierungskonferenz um die Absätze 4 bis 7 ergänzt, vgl. *M. Borowsky*, in: Meyer (Hrsg.), EU-GRCh, Art. 52 Rdn. 1, 12.

359 *Th. v. Danwitz/S. Röder*, in: Stern/Tettinger (Hrsg.), Die Europäische Grundrechte-Charta im wertenden Verfassungsvergleich, 2005, S. 31 (49).

360 Siehe nur die im Wesentlichen vergleichbare Regelung des Art. 36 der Schweizerischen Verfassung.

361 Kritisch zur allgemeinen Schrankenregelung des Art. 52 Abs. 1 EU-GRCh *M. Kenntner*, ZRP 2000, 423 (424 f.); *Th. Schmitz*, JZ 2001, 833 (838).

Zusammenhang mit den weiteren Absätzen des Art. 52 EU-GRCh gesehen werden.[362] Gemäß Art. 52 Abs. 3 EU-GRCh haben nämlich die Rechte, die den auch in der EMRK garantierten Grundrechten „*entsprechen*", die „*gleiche Bedeutung und Tragweite, wie sie ihnen in der [EMRK] verliehen wird*". Daraus ergibt sich, dass diese Vorschrift für diese keine allgemeine Schrankenregel aufstellt, sondern auf die Schutzbereiche und Schranken der EMRK verweist.[363] Für diejenigen Rechte, die Entsprechungen im ersten und dritten Teil der Verfassung besitzen, gelten über Art. 52 Abs. 2 EU-GRCh dieselben Grenzziehungen.[364] Damit gilt die allgemeine Schrankenregelung des Art. 52 Abs. 1 EU-GRCh grundsätzlich nur für die Grundrechte, die weder von Absatz 2 noch 3 des Art. 52 EU-GRCh erfasst werden.[365] Für diese letzte Gruppe an Rechten können sich über Art. 52 Abs. 4 EU-GRCh zusätzliche Vorgaben für Einschränkungen ergeben. Dieser Systematik folgend sollen zunächst die Anpassungs- und EMRK-Regel der Absätze 2 bzw. 3 aufgezeigt werden, und dem folgend wird die allgemeine Schrankenregel des Art. 52 Abs. 1 EU-GRCh sowie die Regeln der Absätze 4 bis 7 erörtert.

aa) Die Anpassungs-Regel, Art. 52 Abs. 2 EU-GRCh (Art. II-112 Abs. 2 EuVerf)

Gemäß Art. 52 Abs. 2 EU-GRCh erfolgt die

> *„Ausübung der durch diese Charta anerkannten Rechte, die in anderen Teilen der Verfassung geregelt sind, [...] im Rahmen der dort festgelegten Bedingungen und Grenzen."*

---

362 *M. Borowsky*, in: Meyer (Hrsg.), EU-GRCh, Art. 52 Rdn. 13; vgl. auch *M. Bühler*, Einschränkung von Grundrechten nach der Europäischen Grundrechtecharta, 2005, S. 262 f.; *M. Holoubek*, in: Duschanek/Griller (Hrsg.), Grundrechte für Europa, 2002, S. 25 (32 ff.).

363 Ausführlich dazu *P. Szczekalla*, in: Heselhaus/Nowak (Hrsg.), Handbuch der Europäischen Grundrechte, § 7 Rdn. 76 ff. Vgl. auch *Th. v. Danwitz/S. Röder*, in: Stern/Tettinger (Hrsg.), Die Europäische Grundrechte-Charta im wertenden Verfassungsvergleich, 2005, S. 31 (49).

364 *M. Borowsky*, in: Meyer (Hrsg.), EU-GRCh, Art. 52 Rdn. 15.

365 Ebenso *M. Borowsky*, in: Meyer (Hrsg.), EU-GRCh, Art. 52 Rdn. 13, 24, 29; *R. Streinz*, in: Streinz (Hrsg.), EUV/EGV, Art. 52 GR-Charta Rdn. 8; *Th. v. Danwitz/S. Röder*, in: Stern/Tettinger (Hrsg.), Die Europäische Grundrechte-Charta im wertenden Verfassungsvergleich, 2005, S. 31 (49, 53); *St. Barriga*, Entstehung der Charta der Grundrechte, 2003, S. 157; *St. Griller*, in: Duschanek/Griller (Hrsg.), Grundrechte für Europa, 2002, S. 131 (146); *Chr. Grabenwarter*, Festschrift H. Steinberger, 2002, S. 1129 (1139); *ders.*, DVBl. 2001, 1 (2); *Th. Schmitz*, JZ 2001, 833 (838). Einschränkend *H.-W. Rengeling*, DVBl. 2004, 453 (459), vgl. auch *M. Bühler*, Einschränkung von Grundrechten nach der Europäischen Grundrechtecharta, 2005, S. 428 f. A.A. *K. Lenaerts/E. de Smijter*, CMLR 2001, 273 (293); *D. Triantafyllou*, CMLR 2002, 53 (59).

Der zuvor zitierte Text des Art. 52 EU-GRCh soll die Kohärenz der Normen der Charta und der Verfassung sicherstellen und damit der Rechtssicherheit dienen.[366] Inhaltlich handelt es sich dabei um eine sog. Anpassungsvorschrift,[367] d.h. die Rechte aus den anderen Teilen der Verfassung sollen nicht geändert werden, da deren Ausübung „*im Rahmen der dort festgelegten Bedingungen und Grenzen*" erfolgt. Dies entspricht auch dem Kölner Mandat, wonach die Charta an der bestehenden Rechtslage nichts ändern, sondern diese nur sichtbarer machen sollte.[368] Dem Grundrechtekonvent zufolge soll Art. 52 Abs. 2 EU-GRCh daher alle Rechte umfassen, die im einschlägigen Primär- und Sekundärrecht verankert sind und subjektiv-rechtliche Verbürgungen enthalten.[369] Von Art. 52 Abs. 2 EU-GRCh erfasst werden dabei insbesondere die Rechte aus der Unionsbürgerschaft in Titel V.[370] Aber auch die Niederlassungsfreiheit des Art. 15 Abs. 2 EU-GRCh (Art. II-75 Abs. 2 EuVerf)[371] aus dem Bereich der Freiheitsrechte (Titel II) ist beispielsweise für die Anwendung des Art. 52 Abs. 2 EU-GRCh

---

366 *M. Borowsky*, in: Meyer (Hrsg.), EU-GRCh, Art. 52 Rdn. 24; vgl. auch *K. Lenaerts/E. d. Smijter*, CMLR 2001, 273 (283); *Chr. Grabenwarter/K. Pabel*, in: Stern/Tettinger (Hrsg.), Die Europäische Grundrechte-Charta im wertenden Verfassungsvergleich, 2005, S. 81 (91). Zur Entstehungsgeschichte dieser Vorschrift ausführlich *M. Bühler*, Einschränkung von Grundrechten nach der Europäischen Grundrechtecharta, 2005, S. 268 ff.

367 So *Y. Dorf*, JZ 2005, 126 (128); vgl. auch *M. Borowsky*, in: Meyer (Hrsg.), EU-GRCh, Art. 52 Rdn. 24: „*erste Transferklausel*".

368 CONV 47, CHARTE 4488/00 v. 14.9.2000, S. 6. Vgl. auch *M. Borowsky*, in: Meyer (Hrsg.), EU-GRCh, Art. 52 Rdn. 24; *Th. v. Danwitz/S. Röder*, in: Stern/Tettinger (Hrsg.), Die Europäische Grundrechte-Charta im wertenden Verfassungsvergleich, 2005, S. 31 (50): „*dient der Erhaltung des bisherigen acquis*".

369 Diese Lesart hat der Verfassungskonvent bestätigt. Vgl. auch *M. Borowsky*, in: Meyer (Hrsg.), EU-GRCh, Art. 52 Rdn. 24 f.; *Th. v. Danwitz/S. Röder*, in: Stern/Tettinger (Hrsg.), Die Europäische Grundrechte-Charta im wertenden Verfassungsvergleich, 2005, S. 31 (50). Differenzierend *M. Bühler*, Einschränkung von Grundrechten nach der Europäischen Grundrechtecharta, 2005, S. 279, nach der es hilfreich sein kann, Art. 52 Abs. 2 EU-GRCh auch auf objektiv-rechtliche Bestimmungen wie etwa Art. 152 EG (= Art. III-278 EuVerf, Gesundheitswesen) bzw. Art. 153 EG (= Art. III-235 EuVerf, Verbraucherschutz) anzuwenden, um zu verstehen, was mit Gesundheitsschutz in Art. 35 EU-GRCh (Art. II-95 EuVerf) oder Verbraucherschutz in Art. 38 EU-GRCh (Art. II-98 EuVerf) gemeint ist; weitere Beispiele Art. 12 EU-GRCh (Art. II-72 EuVerf), der Art. 191 Abs. 2 EG entspricht, sowie Art. 22 EU-GRCh (Art. II-82 EuVerf), der sich auf Art. 6 EU und Art. 151 Abs. 1 und 4 EG stützt.

370 Vgl. die beispielhafte Aufzählung bereits in Dokument CHARTE 4316/00 CONVENT 34.

371 Diese Vorschrift lautet: „*Alle Unionsbürgerinnen und Unionsbürger haben die Freiheit, in jedem Mitgliedstaat Arbeit zu suchen, zu arbeiten, sich niederzulassen oder Dienstleistungen zu erbringen.*".

anzuführen, da die Freizügigkeit in Art. 39 EG begründet (bzw. in Art. III-133 EuVerf geregelt) ist. Über Art. 52 Abs. 2 EU-GRCh sind Einschränkungsmöglichkeiten zunächst nach Art. 39 Abs. 3 und 4 EG möglich; zudem ist das einschlägige Sekundärrecht zu beachten, wie beispielsweise die Freizügigkeitsverordnung (Verordnung EWG Nr. 1612/68[372]).[373] Die Chartagrundrechte dürfen gemäß Art. 52 Abs. 2 EU-GRCh mithin nicht anders ausgelegt und eingeschränkt werden als ihr Gegenstück in den Verträgen bzw. in anderen Teilen der Verfassung.

bb) Die EMRK-Regel, Art. 52 Abs. 3 EU-GRCh (Art. II-112 Abs. 3 EuVerf)

Die Vorschrift des Art. 52 Abs. 3 EU-GRCh[374] regelt das Verhältnis zu der EMRK und bestimmt:

> „*Soweit diese Charta Rechte enthält, die den durch die Europäische Konvention zum Schutze der Menschenrechte und Grundfreiheiten garantierten Rechten entsprechen, haben sie die gleiche Bedeutung und Tragweite, wie sie ihnen in der genannten Konvention verliehen wird. Diese Bestimmung steht dem nicht entgegen, dass das Recht der Union einen weiter gehenden Schutz gewährt.*"

Mit dieser zitierten Regelung soll die notwendige Kohärenz zwischen der Charta und der EMRK gesichert werden, indem der Grundsatz aufgestellt wird, dass die Grundrechte der Charta, die den durch die EMRK garantierten Rechte entsprechen, die gleiche Bedeutung und Trageweite besitzen, wie sie ihnen in der EMRK verliehen werden.[375] Dabei ist mit der Wendung „*Bedeutung*" das

---

372 Siehe auch die Richtlinie des Rates v. 15.10.1968 (RL 68/360/EWG) zur Aufhebung der Reise- und Aufenthaltsbeschränkungen für EG-Arbeitnehmer und ihrer Familienangehörigen, ABl. 1968 Nr. L 257 S. 13 ff.; vgl. auch die RL 64/221/EWG v. 25.2.1964 zur Koordinierung der Sondervorschriften der Einreise und des Aufenthaltes von Ausländern, ABl. 1964 Nr. P 056 S. 850 ff.; RL 90/364/EWG v. 28.6.1990 (Unionsbürger), ABl. 1990 Nr. L 180 S. 26 ff.; RL 90/365/EWG v. 28.6.1990 für aus dem Erwerbsleben ausgeschiedene Arbeitnehmer und selbstständig Erwerbstätige, ABl. 1990 Nr. L 180 S. 28; RL 93/96 v. 29.10.1993 (Studenten), ABl. 1993 Nr. L 371 S. 59.

373 Vgl. *Th. v. Danwitz/S. Röder*, in: Stern/Tettinger (Hrsg.), Die Europäische Grundrechte-Charta im wertenden Verfassungsvergleich, 2005, S. 31 (50). Zu weiteren Beispielen s. *M. Borowsky*, in: Meyer (Hrsg.), EU-GRCh, Art. 52 Rdn. 25a; *K. Lenaerts/E. d. Smijter*, CMLR 2001, 273 (285 mit Fn. 68); *Y. Dorf*, JZ 2005, 126 (128).

374 Zur Entstehungsgeschichte dieser Vorschrift ausführlich *M. Bühler*, Einschränkung von Grundrechten nach der Europäischen Grundrechtecharta, 2005, S. 303 ff.

375 *M. Borowsky*, in: Meyer (Hrsg.), EU-GRCh, Art. 52 Rdn. 30 spricht dabei neben Art. 52 Abs. 2 EU-GRCh von einer „*weiteren Transferklausel*"; *P. Szczekalla*, in: Hesel-

Schutzgut, also der Schutzbereich des jeweiligen EMRK-Rechts zu verstehen, während sich der Begriff „*Tragweite*" auf den jeweiligen Zuschnitt des Schutzbereichs sowie der Einschränkungsmöglichkeiten, namentlich die Schranken[376] der EMRK-Rechte, bezieht.[377] Die „*gleiche*" Bedeutung und Tragweite ist im Sinne von „deckungsgleich"[378] und nicht „mindestens gleichwertig" zu verstehen.[379] Entscheidend ist letztlich nur, dass die EMRK-Bestimmungen, einschließlich der einschlägigen Zusatzprotokolle[380] integral inkorporiert werden, d.h. dass die Schutzbereiche und Schranken der Chartagrundrechte ebenso weit zu ziehen sind wie diejenigen der EMRK.[381] Folglich unterliegen auch die auf den ersten Blick beschränkbar erscheinenden Grundrechte der Charta, wie etwa das Folterverbot, sehr wohl den spezifischen Schranken der EMRK.[382] Bietet umgekehrt die Charta einen höheren Schutz als die EMRK, so setzt sich nach Art. 52 Abs. 3 S. 2 EU-GRCh das Schutzniveau der Charta durch.

Der EuGH wird in seiner künftigen Rechtsprechung zum Verfassungsvertrag zu ermitteln haben, welche Bedeutung und Tragweite den Rechten im Einzelnen zukommt. Dabei drängt sich die Frage auf, welche Rolle die Rechtsprechung des

---

haus/Nowak (Hrsg.), Handbuch der Europäischen Grundrechte, § 7 Rdn. 76 bezeichnet Art. 52 Abs. 3 EU-GRCh als „*zweite ‚Kompatibilitäts-' bzw. ‚Kongruenzsicherungsklausel'*". Vgl. ferner *C. Eisner*, Die Schrankenregelung der Grundrechtecharta der Europäischen Union, 2005, S. 150; *Th. v. Danwitz/S. Röder*, in: Stern/Tettinger (Hrsg.), Die Europäische Grundrechte-Charta im wertenden Verfassungsvergleich, 2005, S. 31 (51); *R. Uerpmann-Wittzak*, DÖV 2005, 152 (155); *M. Fischbach*, RUDH 2000, 7 (8).

376 Eingeschlossen sind hierbei die Schranken-Schranken, da die gemeinschaftsrechtliche Grundrechtsdogmatik und die EMRK nicht zwischen Schranken und Schranken-Schranken differenzieren, vgl. *M. Bühler*, Einschränkung von Grundrechten nach der Europäischen Grundrechtecharta, 2005, S. 313.

377 Ebenso *M. Borowsky*, in: Meyer (Hrsg.), EU-GRCh, Art. 52 Rdn. 30a; *H.-W. Rengeling/P. Szczekalla*, Grundrechte in der Europäischen Union, § 7 Rdn. 468; *P. Szczekalla*, in: Heselhaus/Nowak (Hrsg.), Handbuch der Europäischen Grundrechte, § 7 Rdn. 77; *M. Bühler*, Einschränkung von Grundrechten nach der Europäischen Grundrechtecharta, 2005, S. 309, 313; *Y. Dorf*, JZ 2005, 126 (128); *Chr. Grabenwarter*, DVBl. 2001, 1 (2); *Th. Schmitz*, JZ 2001, 833 (838); *R. Uerpmann-Wittzak*, DÖV 2005, 152 (155).

378 Vgl. auch die englische und französische Fassung („*the same*" bzw. „*les mêmes*").

379 So *M. Bühler*, Einschränkung von Grundrechten nach der Europäischen Grundrechtecharta, 2005, S. 313 f.; *Th. Schmitz*, JZ 2001, 833 (839).

380 *M. Borowsky*, in: Meyer (Hrsg.), EU-GRCh, Art. 52 Rdn. 35.

381 *M. Borowsky*, in: Meyer (Hrsg.), EU-GRCh, Art. 52 Rdn. 30a.

382 *M. Holoubek*, in: Duschanek/Griller (Hrsg.), Grundrechte für Europa, 2002, S. 25 (32 ff.).

EGMR spielen wird, wenn man berücksichtigt, dass viele EMRK-Rechte erst in der Judikatur des EGMR scharfe Konturen angenommen haben.[383] So wird zum Teil behauptet, dass insbesondere die bereits angesprochenen Negativdefinitionen der EMRK-Rechte ohne Kenntnis der Rechtsprechung der Europäischen Kommission für Menschenrechte (EKMR) und des EGMR nicht zu verstehen seien.[384] Der EuGH wird sich daher zwangsläufig an der Rechtsprechung des EGMR zu orientieren haben und in der Anwendung des Art. 52 Abs. 3 S. 1 EU-GRCh keine abweichende Interpretation vornehmen dürfen.[385] Auch soll sich Art. 52 Abs. 3 EU-GRCh auf die zukünftige, noch zu ergehende Rechtsprechung des EGMR erstrecken.[386] Dies geht zwar nicht aus dem Wortlaut des Art. 52 Abs. 3 EU-GRCh hervor, wohl aber aus der Präambel der Charta, die auf die Rechtsprechung des EGMR Bezug nimmt[387], und aus den Erläuterungen, in denen es heißt:

> *„Die Rechte, bei denen derzeit – ohne die Weiterentwicklung des Rechts, der Gesetzgebung und der Verträge auszuschließen – davon ausgegangen werden kann, dass sie Rechten aus der EMRK im Sinne dieses Absatzes entsprechen, sind nachstehend aufgeführt.“*[388]

---

383 Vgl. *Y. Dorf*, JZ 2005, 126 (128), die als Beispiel den Eigentumsschutz nach Art. 1 des 1. ZP zur EMRK aufführt.

384 Vgl. etwa *J.-P. Jacqué*, Diskussionsbeitrag, RUDH 2000, 13, der dies ohne Hinweis auf die Präambel behauptet.

385 *K. Lenaerts/E. d. Smijter*, CMLR 2001, 273 (296); *Y. Dorf*, JZ 2005, 126 (128); *Th. v. Danwitz/S. Röder*, in: Stern/Tettinger (Hrsg.), Die Europäische Grundrechte-Charta im wertenden Verfassungsvergleich, 2005, S. 31 (51). A.A. offenbar *Chr. Grabenwarter*, Festschrift H. Steinberger, 2002, S. 1129 (1136): Rechte, die „*nicht im Text der EMRK enthalten sind, sondern erst nach der Rechtsprechung des EGMR als vom Grundrecht geschützt angesehen werden können*“, seien nicht von diesem Verweis umfasst.

386 So auch *M. Borowsky*, in: Meyer (Hrsg.), EU-GRCh, Art. 52 Rdn. 37, der die Vorschrift des Art. 52 Abs. 3 EU-GRCh als „*dynamische Verweisungsklausel*“ und gerade nicht als „*statische Verweisungsklausel*“ ansieht.

387 Im Erwägungsgrund Nr. 5 der Präambel heißt es in Satz 1: „*Diese Charta bekräftigt unter Achtung der Zuständigkeiten und Aufgaben der Union und des Subsidiaritätsprinzips die Rechte, die sich [...] aus der Rechtsprechung [...] des Europäischen Gerichtshofs für Menschenrechte ergeben.*“.

388 Hervorhebung durch Verfasserin. Siehe die Auflistung in den Erläuterungen des Präsidiums des Europäischen Konvents v. 16.12.2004 zu Art. 52 Abs. 3 EU-GRCh, ABl. 2004 Nr. C 310 S. 456; vgl. ferner *A. Weber*, DVBl. 2003, 220 (224); *St. Griller*, in: Duschanek/Griller (Hrsg.), Grundrechte für Europa, 2002, S. 131, 158.

Für eine solche dynamische Verweisung sprechen zudem Gründe eines einheitlichen Mindeststandards im europäischen Grundrechtsschutz, um ein Auseinanderdriften von Union und Rest-EMRK-Europa beim Grundrechtsschutz zu vermeiden.[389] Denn nur so kann der EuGH die Interpretationsdynamik der EMRK-Rechte vor Drittstaaten, die nicht Mitglied der Europäischen Union sind, rechtfertigen.[390]

Fraglich ist allerdings, wie zu verfahren ist, wenn es zu Konfliktfällen, insbesondere im Fall kollidierender grundrechtlicher Ansprüche der verschiedenen Grundrechtsordnungen, kommt (bei sog. „mehrpoligen Grundrechtsverhältnissen“).[391] Konkret: Welche Auslegungsregel geht vor, wenn es zu einer Überschneidung von Grundrechten, die in anderen Teilen der Verfassung geregelt sind (vgl. Art. 52 Abs. 2 EU-GRCh), und Grundrechten, die EMRK-Rechten entsprechen (vgl. Art. 52 Abs. 3 EU-GRCh), kommt?[392] Als Beispiel ist etwa das Diskriminierungsverbot des Art. 21 EU-GRCh anzuführen, das sich einerseits auf Art. 14 EMRK stützt, andererseits aber auch in Art. 3 Abs. 2, 12 und 141 EG begründet ist.[393]

Anders als die Verfassungen der Mitgliedstaaten ist die EMRK ein neben dem Unionsrecht bestehender Verpflichtungsstandard, über den die Staaten nicht einfach durch Verfassungsänderung disponieren können.[394] Sie sind und bleiben

---

[389] Vgl. auch *Y. Dorf*, JZ 2005, 126 (128), die zusätzlich darauf hinweist, dass auch nur so vermieden werden kann, dass bei einem zu erwarteten Beitritt der EU zur EMRK (vgl. nur Art. I-9 Abs. 2 EuVerf) sich nicht schwer überwindbare Interpretationsgräben auftun werden.

[390] Der EMRK sind mittlerweile 44 Staaten beigetreten; zu diesem Mitgliederbestand zählen auch alle 25 Mitgliedstaaten der Europäischen Union.

[391] Vgl. dazu *Chr. Grabenwarter/K. Pabel*, in: Stern/Tettinger (Hrsg.), Die Europäische Grundrechte-Charta im wertenden Verfassungsvergleich, 2005, S. 81 (93 f.); *H.-W. Rengeling/P. Szczekalla*, Grundrechte in der Europäischen Union, § 7 Rdn. 496; *A. Weber*, DVBl. 2003, 220 (224).

[392] Dazu ausführlich *M. Bühler*, Einschränkung von Grundrechten nach der Europäischen Grundrechtecharta, 2005, S. 430 f.; vgl. zu dieser Interpretationsproblematik auch *St. Barriga*, Entstehung der Charta der Grundrechte, 2003, S. 107 f., 166 f.; *K. Lenaerts/E. d. Smijter*, CMLR 2001, 273 (294); *Y. Dorf*, JZ 2005, 126 (129).

[393] Vgl. *K. Lenaerts/E. d. Smijter*, CMLR 2001, 273 (294); *Y. Dorf*, JZ 2005, 126 (129). *M. Bühler*, Einschränkung von Grundrechten nach der Europäischen Grundrechtecharta, 2005, S. 430 f. stellt dagegen schon die Frage, ob es überhaupt Rechte gibt, für die sowohl Art. 52 Abs. 2 als auch Abs. 3 EU-GRCh einschlägig ist, so dass sie diese Problematik theoretisch diskutiert.

[394] *Chr. Grabenwarter*, Festschrift H. Steinberger, 2002, S. 1129 (1142 f.).

Verpflichtete, wie sie es vor dem EU-Beitritt und der Fortentwicklung der Grundfreiheiten des Binnenmarktes waren. Zur Vermeidung dadurch einhergehender etwaiger Völkerrechtsverletzungen gegenüber den EMRK-Staaten, die nicht zugleich Mitgliedstaaten der Union sind, und im Interesse der Kohärenz zwischen den Chartarechten und der EMRK spricht entscheidend dafür, EMRK-Rechten im Falle einer Kollision Vorrang gegenüber den Rechten aus anderen Teilen der Verfassung einzuräumen.[395] Nur bei dieser Sichtweise wird ein Ergebnis erzielt, das verlässlich sicherstellt, dass die völkerrechtlichen Verpflichtungen der Mitgliedstaaten[396] respektiert werden können. Damit ist in Kollisionsfällen der Vorschrift des Art. 52 Abs. 3 EU-GRCh Vorrang einzuräumen.

cc) Die Schranken-Regel, Art. 52 Abs. 1 EU-GRCh (Art. II-112 Abs. 1 EuVerf)

Die allgemeine Einschränkungsregelung des Art. 52 Abs. 1 EU-GRCh greift – wie einleitend bereits erwähnt – nur ein, wenn weder Art. 52 Abs. 2 EU-GRCh noch Art. 52 Abs. 3 EU-GRCh anwendbar sind.[397] In Art. 52 Abs. 1 EU-GRCh heißt es:

> „*Jede Einschränkung der Ausübung der in dieser Charta anerkannten Rechte und Freiheiten muss gesetzlich vorgesehen sein und den Wesensgehalt dieser Rechte und Freiheiten achten. Unter Wahrung des Grundsatzes der Verhältnismäßigkeit dürfen Einschränkungen nur vorgenommen werden, wenn sie notwendig sind und den von der Union anerkannten dem Gemeinwohl dienenden Zielsetzungen oder den Erfordernissen des Schutzes der Rechte und Freiheiten anderer tatsächlich entsprechen.*“

---

395 Im Ergebnis ebenso *M. Borowsky*, in: Meyer (Hrsg.), EU-GRCh, Art. 53 Rdn. 20; *H.-W. Rengeling/P. Szczekalla*, Grundrechte in der Europäischen Union, § 7 Rdn. 496; *M. Bühler*, Einschränkung von Grundrechten nach der Europäischen Grundrechtecharta, 2005, S. 431; *Chr. Grabenwarter*, Festschrift H. Steinberger, 2002, S. 1129 (1142 ff.); *Y. Dorf*, JZ 2005, 126 (129); *M. Fischbach*, RUDH 2000, 7 (8); *Chr. Grabenwarter*, VVDStRL 60 (2001), 290 (341 f.); *ders.*, DVBl. 2001, 1 (11); *ders.*, EuGRZ 2004, 563 (566); *J.-P. Jacqué*, RUDH 2000, 3 (4); *Chr. Krüger/J. Polakiewicz*, EuGRZ 2001, 92 (99); *K. Lenaerts/E. d. Smijter*, CMLR 2001, 273 (294); *R. Uerpmann-Wittzak*, DÖV 2005, 152 (156).

396 Der *Mitgliedstaaten* deshalb, da es eine völkerrechtliche Verpflichtung der Europäischen Union oder der Gemeinschaften nach der EMRK (noch) nicht gibt, vgl. aber Art. I-9 Abs. 2 EuVerf, der den Beitritt der Europäischen Union zur EMRK vorsieht.

397 S. oben, c).

Nach der zitierten Vorschrift darf eine Einschränkung zunächst nur erfolgen, wenn sie „*gesetzlich*" vorgesehen ist (sog. Gesetzesvorbehalt).[398] Somit werden jedenfalls gewisse Anforderungen an die demokratische Legitimation von Grundrechtseinschränkungen gewahrt.[399] Diese allgemeine Schrankenregel lehnt sich nach den Erläuterungen des Präsidiums an die Rechtsprechung des EuGH an, wonach

> „*die Ausübung dieser Rechte, insbesondere im Rahmen einer gemeinsamen Marktorganisation, Beschränkungen unterworfen werden [kann], sofern diese tatsächlich dem Gemeinwohl dienenden Zielen der Gemeinschaft entsprechen und nicht einen im Hinblick auf den verfolgten Zweck unverhältnismäßigen, nicht tragbaren Eingriff darstellen, der diese Rechte in ihrem Wesensgehalt antastet.*".[400]

So sind auch gemäß Art. 52 Abs. 1 EU-GRCh Beschränkungen nur möglich, wenn sie den von der Union anerkannten, dem Gemeinwohl dienenden Zielsetzungen entsprechen. Als derartige Gemeinwohlziele kommen etwa der Umweltschutz oder der Schutz der öffentlichen Gesundheit in Betracht.[401] Schließlich

---

398 Während es bislang problematisch war, den Begriff des „*Gesetzes*" in die europäische Handlungsform einzuordnen, ist mittlerweile Art. I-33 EuVerf von Bedeutung. Dort ist zum ersten Mal in der Geschichte der Europäischen Union im Primärrecht der Begriff „*Gesetz*" definiert. In Art. I-33 Abs. 1 S. 2 EuVerf heißt es: „*Das Europäische Gesetz ist ein Gesetzgebungsakt mit allgemeiner Geltung. Es ist in allen Teilen verbindlich und gilt unmittelbar in jedem Mitgliedstaat.*". Daneben sieht Art. I-33 Abs. 1 EuVerf die Europäische Verordnung, den Europäischen Beschluss sowie Empfehlungen und Stellungnahmen vor. Das Europäische Gesetz entspricht der bisherigen Verordnung i.S.d. Art. 249 EG. Art. I-33 Abs. 1 EuVerf legt für den Erlass von Gesetzgebungsakten ein Mitentscheidungsverfahren (vgl. Art. 251 EG) fest, wonach nur mit Zustimmung des Europäischen Parlaments und des Ministerrats ein Gesetz gemäß Art. I-33 Abs. 1 EuVerf zustande kommen kann. Vgl. auch die Diskussion im Grundrechtekonvent, *N. Bernsdorff/M. Borowsky*, Handreichungen und Sitzungsprotokolle, 2002, S. 234; *D. Triantafyllou*, CMLR 2002, 53 (56 ff.).

399 *M. Bühler*, Einschränkung von Grundrechten nach der Europäischen Grundrechtecharta, 2005, S. 244.

400 EuGH, Urteil v. 13.4.2000, Rs. C-292/97, („Karlsson u.a."), Slg. 2000, I-2737 (2774) Rdn. 45. Siehe auch die Erläuterungen des Präsidiums des Europäischen Konvents v. 16.12.2004 zu Art. 52 EU-GRCh, ABl. 2004 Nr. C 310 S. 456.

401 Vgl. *I. Pernice/Fr. C. Mayer*, in: Grabitz/Hilf (Hrsg.), EUV/EGV, Bd. I, nach Art. 6 EUV (2002) Rdn. 41 mit weiteren Beispielen.

müssen Einschränkungen der Grundrechte der Charta verhältnismäßig sein und der Wesensgehalt beachtet werden.[402]

dd) Die Traditions-Regel, Art. 52 Abs. 4 EU-GRCh (Art. II-112 Abs. 4 EuVerf)

Absatz 4 des Art. 52 EU-GRCh lautet:

> „*Soweit in dieser Charta Grundrechte anerkannt werden, wie sie sich aus den gemeinsamen Verfassungsüberlieferungen der Mitgliedstaaten ergeben, werden sie im Einklang mit diesen Überlieferungen ausgelegt.*“

Dieser von der Arbeitsgruppe II im Oktober 2002 vorgeschlagene und von Verfassungskonvent und Regierungskonferenz übernommene ergänzende Absatz 4 soll neben den ebenfalls hinzugefügten fünften bis siebten Absatz des Art. 52 EU-GRCh keine inhaltlichen Änderungen darstellen; vielmehr soll es sich lediglich um eine technische redaktionelle Anpassungen und Klarstellungen der Allgemeinen Bestimmungen der Charta handeln.[403]

Die Regel des Art. 52 Abs. 4 EU-GRCh, wonach Grundrechte im Einklang mit den Verfassungsüberlieferungen der Mitgliedstaaten auszulegen sind, knüpft ersichtlich an die vom EuGH im Zusammenhang mit den ungeschriebenen Gemeinschaftsgrundrechten angewandte Methode wertender Rechtsvergleichung an.[404] Dem Einwand in der Literatur, durch den Bezug auf die EuGH-

---

402 Umfassend dazu *M. Bühler*, Einschränkung von Grundrechten nach der Europäischen Grundrechtecharta, 2005, S. 223 ff., 235 ff.; *C. Eisner*, Die Schrankenregelung der Grundrechtecharta der Europäischen Union, 2005, S. 167 ff.; *Th. v. Danwitz/S. Röder*, in: Stern/Tettinger (Hrsg.), Die Europäische Grundrechte-Charta im wertenden Verfassungsvergleich, 2005, S. 31 (55 f.).

403 So Europäischer Konvent, Schlussbericht der Arbeitsgruppe II über die Charta, Dokument CONV 354/02 WG II 16 v. 22.10.2002: Die Anpassungen sollen lediglich „*Schlüsselelemente des allgemeinen Konsenses über die Charta, auf die sich der vorherige Konvent bereits geeinigt hatte, bekräftigen und ihnen Eindeutigkeit und rechtliche Unanfechtbarkeit verleihen*“, abrufbar unter http://register.consilium.eu.int/pdf/de/02/ cv00/00354d2.pdf, Stand der Abfrage 15.6.2006; dazu auch *H.-W. Rengeling/P. Szczekalla*, Grundrechte in der Europäischen Union, § 7 Rdn. 478; ob dagegen mit diesen Bestimmungen inhaltliche Änderungen einhergehen, vgl. *M. Borowsky*, in: Meyer (Hrsg.), EU-GRCh, Vor Kapitel VII Rdn. 2 m.w.N., *ders.*, in: Meyer (Hrsg.), EU-GRCh, Art. 52 Rdn. 43.

404 Vgl. die Erläuterungen des Präsidiums des Europäischen Konvents v. 16.12.2004 zu Art. 52 Abs. 4 EU-GRCh, ABl. 2004 Nr. C 310 S. 458; vgl. auch *M. Borowsky*, in: Meyer (Hrsg.), EU-GRCh, Art. 52 Rdn. 44a; *H.-W. Rengeling/P. Szczekalla*, Grundrechte in der Europäischen Union, § 7 Rdn. 480.

Rechtsprechung könne der EuGH seine Jurisdiktion *„über die Charta hinweg"* aufrechterhalten und wäre somit nicht einmal an die Vorgaben der Charta gebunden,[405] kann der Wortlaut des Art. 52 Abs. 4 EU-GRCh entgegengehalten werden, wonach die Charta *„im Einklang"* mit den Verfassungstraditionen ausgelegt wird und nicht umgekehrt. Art. 52 Abs. 4 EU-GRCh stellte gerade keinen Bezug zur EuGH-Rechtsprechung her, sondern zu den gemeinsamen Verfassungsüberlieferungen.[406] Die vom EuGH bislang angewandte Methode wertender Rechtsvergleichung dient jetzt also nicht mehr der Herstellung von unionalen Grundrechten, sondern der Erschließung des nationalen Grundrechtebestandes für Zwecke der Grundrechtsinterpretation auf Unionsebene.[407] Die Chartagrundrechte sind dann in Übereinstimmung mit den Verfassungsüberlieferungen der Mitgliedstaaten zu interpretieren. Sinn und Zweck dieser Auslegungsregel ist es, nationale Werte und Traditionen weitestgehend zu wahren.[408] Die Bedeutung des Art. 52 Abs. 4 EU-GRCh erstreckt sich in erster Linie auf die Bestimmung des Schutzbereichs der überlieferten Chartarechte; darüber hinaus erscheint es sinnvoll und geboten, im Interesse eines möglichst umfassenden Grundrechtsschutzes die Regel auch auf die Schrankenerfordernisse der gemeinsamen Verfassungsüberlieferungen der Mitgliedstaaten zu übertragen, wenn sich daraus weitere Eingriffshindernisse ergeben, die über diejenigen des Art. 52 Abs. 1 EU-GRCh hinausgehen.[409]

Die Traditions-Regel kommt jedoch grundsätzlich nur dann zum Tragen, wenn weder die Anpassungs-Regel des Art. 52 Abs. 2 EU-GRCh noch die EMRK-Regel des Art. 52 Abs. 3 EU-GRCh eingreifen.[410] Denn – wie zuvor im Rahmen des Verhältnisses der Absätze 2 und 3 des Art. 52 EU-GRCh dargelegt (s. oben bb) – müssen die Chartarechte gegenüber EMRK-Mitgliedstaaten, die nicht zugleich Unions-Mitgliedstaaten sind, standardwahrend wirken, d.h. die völkerrechtliche Verpflichtung durch die EMRK, der die Mitgliedstaaten unter-

---

405 *J. Pietsch*, ZRP 2003, 1 (3).

406 *M. Bühler*, Einschränkung von Grundrechten nach der Europäischen Grundrechtecharta, 2005, S. 395.

407 *Y. Dorf*, JZ 2005, 126 (129).

408 *M. Borowsky*, in: Meyer (Hrsg.), EU-GRCh, Art. 52 Rdn. 44.

409 *N. Bernsdorff*, in: Meyer (Hrsg.), EU-GRCh, Art. 10 Rdn. 17, Art. 14 Rdn. 21; *M. Borowsky*, in: Meyer (Hrsg.), EU-GRCh, Art. 52 Rdn. 44c.

410 *M. Borowsky*, in: Meyer (Hrsg.), EU-GRCh, Art. 52 Rdn. 44b; vgl. auch *M. Bühler*, Einschränkung von Grundrechten nach der Europäischen Grundrechtecharta, 2005, S. 394; *St. Griller*, in: Duschanek/Griller (Hrsg.), Grundrechte für Europa, 2002, S. 131 (164 f.); *Y. Dorf*, JZ 2005, 126 (129).

liegen, wird nur durch einen Vorrang der EMRK-Regel berücksichtigt, da ansonsten der Eindruck des Vertragsbruchs gegenüber EMRK-Drittstaaten erweckt werden könnte.[411] Damit findet Art. 52 Abs. 4 EU-GRCh grundsätzlich nur bei den Grundrechten Anwendung, die von der allgemeinen Schrankenregelung des Art. 52 Abs. 1 EU-GRCh erfasst werden.[412]

Allerdings gilt hier zu berücksichtigen, dass den Erläuterungen des Präsidiums zufolge, bestimmte Grundrechte, nämlich das Eigentumsrecht in Art. 17 EU-GRCh (Art. II-77 EuVerf) und das Recht auf Bildung in Art. 14 EU-GRCh, sowohl den Rechten der EMRK, nämlich Art. 1 des 1. ZP bzw. Art. 2 des 1. ZP[413], entsprechen als auch auf den gemeinsamen Verfassungsüberlieferungen der Mitgliedstaaten basieren.[414] Da insoweit Art. 52 Abs. 3 S. 1 EU-GRCh Anwendung findet, stellt sich die Frage, ob damit ein zusätzlicher Rückgriff auf Art. 52 Abs. 4 EU-GRCh von vorneherein versperrt ist. Gegen eine derart restriktive Anwendung der Traditions-Regel[415] spricht indes der mehrfache Rekurs auf die gemeinsamen Verfassungsüberlieferungen innerhalb der Charta: So bekräftigt bereits der 5. Erwägungsgrund ihrer Präambel *„die Rechte, die sich vor allem aus den gemeinsamen Verfassungstraditionen [...] ergeben“*; daneben unterstreicht die Aussage von Art. 53 EU-GRCh (Art. II-113 EuVerf, s. dazu unten d), dass das Schutzniveau der Grundrechte auch mit Blick auf die Verfassungs-

---

411 Vgl. *St. Griller*, in: Duschanek/Griller (Hrsg.), Grundrechte für Europa, 2002, S. 131 (164 f.).

412 *M. Borowsky*, in: Meyer (Hrsg.), EU-GRCh, Art. 52 Rdn. 44b.

413 Wobei im Rahmen des Art. 14 EU-GRCh wiederum zu differenzieren ist: Bei dem allgemeinen Recht auf Bildung gemäß Art. 14 Abs. 1, 1. Alt. EU-GRCh und dem Recht der Eltern gemäß Art. 14 Abs. 3, 2. Alt. EU-GRCh gilt Art. 52 Abs. 3 EU-GRCh. Bei dem Recht auf Zugang zur beruflichen Aus- und Weiterbildung gemäß Art. 14 Abs. 1, 2. Alt. EU-GRCh, dem Recht auf unentgeltliche Teilnahme am Pflichtschulunterricht gemäß Art. 14 Abs. 2 EU-GRCh sowie der Freiheit zur Gründung von Lehranstalten gemäß Art. 14 Abs. 3, 1. Alt. EU-GRCh findet die allgemeine Schrankenregelung des Art. 52 Abs. 1 und damit auch die Vorschrift des Art. 52 Abs. 4 EU-GRCh Anwendung, s. dazu ausführlich unten, 4. Teil.

414 Vgl. Erläuterungen des Präsidiums des Europäischen Konvents v. 16.12.2004, ABl. 2004 Nr. C 310 zu Art. 17 EU-GRCh S. 437: *„Dieser Artikel entspricht Artikel 1 des Zusatzprotokolls zur EMRK: [...]. Es handelt sich um ein gemeinsames Grundrecht aller einzelstaatlichen Verfassungen.“*; zu Art. 14 EU-GRCh S. 434: *„1. Dieser Artikel lehnt sich sowohl an die gemeinsamen verfassungsrechtlichen Traditionen der Mitgliedstaaten als auch an Artikel 2 des Zusatzprotokolls zur EMRK an [...].“*.

415 So aber in der Neuauflage *M. Borowsky*, in: Meyer (Hrsg.), EU-GRCh, Art. 52 Rdn. 44b, nach dem es bei Art. 14 und 17 EU-GRCh keine Rolle spielen soll, dass die Erläuterungen zusätzlich auf die nationalen Verfassungstraditionen verweisen.

traditionen der Mitgliedstaaten zu bestimmen ist, wenn es dort heißt, dass keine Bestimmung dieser Charta als Einschränkung oder Verletzung der Menschenrechte und Grundfreiheiten auszulegen ist, die in dem jeweiligen Anwendungsbereich durch u.a. die Verfassungen der Mitgliedstaaten anerkannt werden.[416] Man kann in der Regelung des Art. 52 Abs. 4 EU-GRCh einen Versuch sehen, ein Auseinanderdriften des Schutzstandards auf Gemeinschafts- bzw. Unionsebene und des – eventuell, wenn auch nicht notwendigerweise höheren – Standards auf mitgliedstaatlicher Ebene zu verhindern. Die Vorschrift soll damit in Anlehnung an Art. 6 Abs. 2 EU bzw. Art. I-9 Abs. 3 EuVerf offenbar bezwecken, den kleinsten gemeinsamen Nenner bei der Heranziehung der gemeinsamen Verfassungsüberlieferungen zu vermeiden und mithin ein hohes Schutzniveau der Grundrechte (jedoch nicht im Sinne einer „Maximallösung") zu erreichen.[417] Dies entspricht ohnehin wie einleitend erwähnt der Methode der „wertenden Rechtsvergleichung" des EuGH. Zur Erreichung dieses hohen Schutzniveaus erscheint es daher durchaus sinnvoll, im Rahmen einer rechtsvergleichenden Analyse die gemeinsamen Verfassungsüberlieferungen zumindest als nicht geschriebene Untergrenze für den europäischen Grundrechtsschutz auch bei den Grundrechten zugrunde zu legen, für die grundsätzlich die EMRK-Regel des Art. 52 Abs. 3 EU-GRCh gilt, so dass der Anwendungsbereich der Regelung des Art. 52 Abs. 4 EU-GRCh bei diesen Rechten nicht von vorneherein auszuschließen ist.[418]

---

[416] S. die Erläuterungen des Präsidiums des Europäischen Konvents v. 16.12.2004, ABl. 2004 Nr. C 310 zu Art. 53 EU-GRCh S. 459: „*Der Zweck dieser Bestimmung ist die Aufrechterhaltung des durch [...] das Recht der Mitgliedstaaten [...] gegenwärtig gewährleisteten Schutzniveaus.*"; vgl. auch *M. Bühler*, Einschränkung von Grundrechten nach der Europäischen Grundrechtecharta, 2005, S. 395.

[417] Vgl. den Schlussbericht der Arbeitsgruppe II des Europäischen Konvents über die Charta, Dokument CONV 354/02 WG II 16, S. 7 v. 22.10.2002. So ausdrücklich in den Erläuterungen des Präsidiums des Europäischen Konvents v. 16.12.2004 zu Art. 52 Abs. 4 EU-GRCh, ABl. 2004 Nr. C 310 S. 458: „*Anstatt einem restriktiven Ansatz eines ‚kleinsten gemeinsamen Nenners' zu folgen, sind die Charta-Rechte so azulegen, dass sie ein hohes Schutzniveau bieten, das dem Unionsrecht angemessen ist und mit den gemeinsamen Verfassungsüberlieferungen im Einklang steht.*".

[418] Ähnlich *G. Braibant*, La Charte des droits fondamentaux, 2001, Art. 14 (S. 130: „*Cet article est inspiré tant des traditions constitutionnelles communes aux États membres que de l'article 2 du protocole additionnel à la CEDH*". A.A. wie bereits erwähnt (vgl. oben Fn. 415) *M. Borowsky*, in: Meyer (Hrsg.), EU-GRCh, Art. 52 Rdn. 44b mit der Endbemerkug „*Eine komplizierte Angelegenheit.*".

Dagegen ist jedoch der EMRK-Regel in den Fällen Vorrang vor der Traditions-Regel einzuräumen, wenn es zu einer Grundrechts*kollision* kommt, was am bereits angesprochenen Beispiel im Fall *Hoechst*[419] deutlich wird. Dieser Fall offenbart die Schwierigkeit der Anlehnung an die Verfassungen der Mitgliedstaaten, denn der unterschiedliche grundrechtliche Schutz der Geschäftsräume in den Mitgliedstaaten rechtfertigt nicht automatisch und ohne weitere Begründung die vom EuGH daraus abgeleitete Reduzierung auf einen gemeinsamen Minimalstandard, sondern lässt gerade die Frage offen, ob der Schutz des Grundrechts der Unverletzlichkeit der Wohnung auch die Geschäftsräume erfasst. Bei derartigen Problemfällen ist eine vorrangige Bezugnahme auf die EMRK unerlässlich, wofür entscheidend – ähnlich wie zuvor schon im Verhältnis der Absätze 2 und 3 dargelegt – der hinter Art. 52 Abs. 3 EU-GRCh stehende völkerrechtliche Zusammenhang spricht.[420]

Mithin soll nach hier vertretener Auffassung zur Erreichung eines hohen Schutzniveaus die Traditions-Regel des Art. 52 Abs. 4 EU-GRCh auch auf diejenigen Rechte Anwendung finden, die der EMRK-Regel des Art. 52 Abs. 3 EU-GRCh entsprechen, wobei sich die Rechte der EMRK lediglich im Falle einer Grundrechtsdivergenz durchsetzen würden.

ee) Die Mitgliedstaats-Regel, Art. 52 Abs. 6 EU-GRCh (Art. II-112 Abs. 6 EuVerf)

Die Mitgliedstaats-Regel[421] des Art. 52 Abs. 6 EU-GRCh bestimmt:

> „*Den einzelstaatlichen Rechtsvorschriften und Gepflogenheiten ist, wie es in dieser Charta bestimmt ist, in vollem Umfang Rechnung zu tragen.*“

In einer Reihe von Chartaartikeln finden sich die Verweise auf nationales Recht wieder.[422] Diese Verweise in die jeweiligen innerstaatlichen Rechtsord-

---

419 S. dazu oben, 1. Teil, A. II. 2.

420 Ähnlich *Th. Kingreen,* JuS 2000, 857 (861); *Y. Dorf,* JZ 2005, 126 (129).

421 So *Y. Dorf,* JZ 2005, 126 (129).

422 Dabei handelt es sich um Art. 9, 10 Abs. 2, 14 Abs. 3, 16, 27, 28, 30, 34, 35 und 36 EU-GRCh (Art. II-69, II-70 Abs. 2, II-74 Abs. 3, II-76, II-87, II-88, II-90, II-94, II-95, II-96 EuVerf), vgl. auch die knappen Erläuterungen des Präsidiums des Europäischen Konvents v. 16.12.2004, ABl. 2004 Nr. C 310 zu Art. 52 Abs. 6 EU-GRCh S. 459: „*Absatz 6 bezieht sich auf die verschiedenen Artikel in der Charta, in denen im Sinne der Subsidiarität auf die einzelstaatlichen Rechtsvorschriften und Gepflogenheiten verwiesen wird.*“. Kritisch *Cl. Ladenburger,* in: Stern/Tettinger (Hrsg.), Europäische Verfassung im Werden, 2006, S. 83 (97 f.),

nungen dienen in erster Linie der Klarstellung, dass es bei jenen Grundrechten, für deren Gewährleistung nicht die Gemeinschaften, sondern die Mitgliedstaaten zuständig sind, bei der bisherigen Kompetenzaufteilung bleibt;[423] die Regelung des Art. 52 Abs. 6 EU-GRCh trägt damit vor allem mitgliedstaatlichen Befürchtungen einer Ausweitung von Unions- bzw. Gemeinschaftskompetenzen Rechnung.[424] Inwieweit dabei die grundrechtliche Gewährleistung ggf. nach Schutzbereich und Schranken in der Hand der Mitgliedstaaten liegt, wird im 4. Teil dieser Arbeit noch eingehend zu beleuchten sein.

ff) Die Erläuterungs-Regel, Art. 52 Abs. 7 EU-GRCh (Art. II-112 Abs. 7 EuVerf)

Die Erläuterungsregel des Art. 52 Abs. 7 EU-GRCh greift – wie bereits dargelegt – auf, was bereits in Abs. 5 S. 2 der Präambel zur Grundrechtecharta vorgegeben ist.[425] Die Auslegungsregel bestimmt, dass die

> *„Erläuterungen, die als Anleitung für die Auslegung der Charta der Grundrechte verfasst wurden, [...] von den Gerichten der Union und der Mitgliedstaaten gebührend zu berücksichtigen"*

sind.[426]

Die Erläuterungen, die ursprünglich vom Präsidium des Grundrechtekonvents als Anleitung zur Ausarbeitung der Charta erstellt wurden[427], stellten zunächst

---

wonach sich die Verweise in nationales Recht mit dem Charakter des Unionsrechts als autonomer, supranationaler und einheitliche Anwendung fordernder Rechtsordnung nicht leicht vereinbaren lasse.

423 Vgl. insoweit *M. Borowsky*, in: Meyer (Hrsg.), EU-GRCh, Art. 52 Rdn. 46 mit dem Verweis, die Vorschrift des Art. 52 Abs. 6 EU-GRCh habe lediglich deklaratorischen Charakter und „*erscheint unnötig*"; anders dagege *Y. Dorf*, JZ 2005, 126 (130): „*von größter Bedeutung*".

424 Vgl. *M. Borowsky*, in: Meyer (Hrsg.), EU-GRCh, Art. 52 Rdn. 46b: „*Angstklauseln*"; *M. Bühler*, Einschränkung von Grundrechten nach der Europäischen Grundrechtecharta, 2005, S. 396 f. mit dem Hinweis, dass Art. 52 Abs. 6 EU-GRCh insoweit mit Art. 51 EU-GRCh hinsichtlich des Anwendungsbereichs und des Subsidiaritätsprinzips und Art. 53 EU-GRCh zu lesen ist.

425 Siehe oben, 2 a).

426 Zur Aufwertung der Erläuterungen durch die Aufnahme in Art. 52 Abs. 7 EU-GRCh *J. Meyer*, in: Meyer (Hrsg.), EU-GRCh, Präambel Rdn. 45a.

427 Vgl. Dokument CHARTE 4473/00 CONVENT 49 v. 11.10.2000. *M. Borowsky*, in: Meyer (Hrsg.), EU-GRCh, Art. 52 Rdn. 47, wonach die Erläuterungen ursprünglich eine untergeordnete Rolle gespielt hatten.

eine Hilfestellung für die Konventsmitglieder dar, um ein korrektes Verständnis der Charta zu gewährleisten und die Bestimmungen der Charta zu verdeutlichen.[428] Nunmehr sind die vom Präsidium des Verfassungskonvents überarbeiteten Erläuterungen[429] in der *„Erklärung betreffend die Erläuterungen zur Charta der Grundrechte“* aufzufinden, die als „Erklärung Nr. 12“ im Rahmen der *„Erklärungen zu Bestimmungen der Verfassung“* in die Schlussakte zum Vertrag über eine Verfassung für Europa aufgenommen worden ist.[430] Einleitend heißt es dort, die Erläuterungen hätten als solche *„keinen rechtlichen Status“*, stellten jedoch eine *„nützliche Interpretationshilfe“* dar, die dazu diene, die Bestimmungen der Charta zu verdeutlichen.[431] Sie stellen mithin eine gewichtige Rechtserkenntnisquelle dar.[432] Da die Erläuterungen des Konventspräsidiums bei der Auslegung gemäß Art. 52 Abs. 7 EU-GRCh lediglich *„gebührend zu berücksichtigen“* sind, sie nach überwiegender Meinung damit keineswegs verbindlich sind.[433] So wird den EuGH freilich nichts daran hindern, eine eigene judizielle Auslegung vorzunehmen, die im Einzelfall von den Erläuterungen abweichen

[428] CONV 354/02, S. 10. Vgl. auch *N. Bernsdorff/M. Borowsky*, Handreichungen und Sitzungsprotokolle, 2002, S. 51; *Kl. H. Fischer*, Der Europäische Verfassungsvertrag, 2005, S. 220; *J. Ennuschat*, WissR 36 (2003), 186 (192).

[429] Dokument CONV 828/1/03 REV 1 v. 18.7.2003.

[430] Dazu *J. Meyer*, in: Meyer (Hrsg.), EU-GRCh, Präambel Rdn. 45a. Die Erläuterungen des Präsidiums sind nunmehr im Amtsblatt C v. 16.12.2004 veröffentlicht, vgl. ABl. 2004 Nr. C 310 S. 424 ff. (siehe auch CIG 85/04, PRESID 27 v. 18.6.2004, S. 17). Sie haben dadurch besondere Bedeutung erlangt, dass sie bemerkenswerterweise im Europäischen Verfassungsvertrag sowohl in der Präambel zur Grundrechtecharta (einerseits Absatz 5 Satz 2) als auch im normativen Teil der Charta (andererseits Art. 52 Abs. 7 EU-GRCh) eine Pflicht zur gebührenden Berücksichtigung dieser Erläuterungen statuiert wurden, vgl. dazu *D. H. Scheuing*, EuR 2005, 162 (185); s. auch *Th. v. Danwitz/S. Röder*, in: Stern/Tettinger (Hrsg.), Die Europäische Grundrechte-Charta im wertenden Verfassungsvergleich, 2005, S. 31 (34).

[431] CONV 354/02, S. 10. So auch ausdrücklich die Erläuterungen des Präsidiums des Europäischen Konvents v. 16.12.2004, ABl. 2004 Nr. C 310 S. 424. Vgl. ferner *Kl. H. Fischer*, Der Europäische Verfassungsvertrag, 2005, S. 220; *St. Barriga*, Entstehung der Charta der Grundrechte, 2003, S. 65; *M. Bühler*, Einschränkung von Grundrechten nach der Europäischen Grundrechtecharta, 2005, S. 226; *J. Ennuschat*, WissR 36 (2003), 186 (192).

[432] Sie bilden aber gerade keine echte Rechtsquelle, vgl. *H. D. Jarass*, EU-Grundrechte, § 3 Rdn. 29; *J. Schwarze*, in: ders. (Hrsg.), Der Verfassungsentwurf des Europäischen Konvents, 2004, S. 489 (507).

[433] Vgl. *M. Borowsky*, in: Meyer (Hrsg.), EU-GRCh, Art. 52 Rdn. 47b; *J. Meyer*, in: Meyer (Hrsg.), EU-GRCh, Präambel Rdn. 45a; *M. Bühler*, Einschränkung von Grundrechten nach der Europäischen Grundrechtecharta, 2005, S. 226 f. *R. Streinz*, in: Streinz (Hrsg.), EUV/EGV, GR-Charta Vorb. Rdn. 18 spricht dagegen von der *„Funktion einer verbindlichen Auslegungshilfe“*.

kann.[434] Dies führt im Ergebnis zwar zu einer erheblichen Verminderung der Bedeutung der Erläuterungen.[435] Gleichwohl wurden die Erläuterungen bereits vom „*Conseil Constitutionnel* herangezogen, um zu begründen, dass die Europäische Verfassung mit der französischen Verfassung vereinbar sei.[436] Dies dürfte immerhin eine nicht zu unterschätzende Aufwertung des Status der Erläuterungen mit sich bringen.

d) Die Schutzniveau-Regel des Art. 53 EU-GRCh (Art. II-113 EuVerf)

Bei der Auslegung der Charta-Rechte ist weiterhin noch die Schutzniveau- oder Mindestgarantie-Regel des Art. 53 EU-GRCh[437] zu beachten, in der es heißt:

> „*Keine Bestimmung dieser Charta ist als eine Einschränkung oder Verletzung der Menschenrechte und Grundfreiheiten auszulegen, die in dem jeweiligen Anwendungsbereich durch das Recht der Union und das Völkerrecht sowie durch die internationalen Übereinkommen, bei denen die Union oder alle Mitgliedstaaten Vertragsparteien sind, darunter insbesondere die Europäische Konvention zum Schutz der Menschenrechte und Grundfreiheiten, sowie durch die Verfassungen der Mitgliedstaaten anerkannt werden.*“

Diese Regel ist in Wortlaut und Inhalt dem Art. 53 EMRK[438] nachgebildet, der ein Günstigkeitsprinzip zugunsten der nationalen Grundrechtsverbürgungen enthält.[439] Diese Regel soll laut der Erläuterungen des Präsidiums die Aufrechterhaltung des gegenwärtig gewährleisteten Schutzniveaus der Grundrechte si-

---

434 Vgl. *D. H. Scheuing*, EuR 2005, 162 (185); *M. Bühler*, Einschränkung von Grundrechten nach der Europäischen Grundrechtecharta, 2005, S. 227.

435 *M. Borowsky*, in: Meyer (Hrsg.), EU-GRCh, Art. 52 Rdn. 47b.

436 *Conseil Constitutionnel*, Entscheidung v. 19.11.2004, abgedruckt in EuGRZ 2005, 45 (47, Ziff. 21).

437 Zur Entstehungsgeschichte dieser Vorschrift ausführlich *M. Bühler*, Einschränkung von Grundrechten nach der Europäischen Grundrechtecharta, 2005, S. 397 ff.; s. auch *H. D. Scheuing*, EuR 2005, 162 (188 f.).

438 Gemäß Art. 53 EMRK ist die Konvention „*nicht so auszulegen, als beschränke oder beeinträchtige sie Menschenrechte und Grundfreiheiten, die in den Gesetzen einer Hohen Vertragspartei [...] anerkannt werden.*“, vgl. dazu *Chr. Grabenwarter*, EMRK, § 2 Rdn. 14 ff.

439 *M. Borowsky*, in: Meyer (Hrsg.), EU-GRCh, Art. 53 Rdn. 1a, 15. Vgl. auch *R. Uerpmann-Wittzak*, DÖV 2005, 152 (156); *Chr. Grabenwarter/K. Pabel*, in: Stern/Tettinger (Hrsg.), Die Europäische Grundrechte-Charta im wertenden Verfassungsvergleich, 2005, S. 81 (92).

cherstellen (Wahrung des menschenrechtlichen status quo).[440] Darüber hinaus stellt Art. 53 EU-GRCh eine Art Meistbegünstigungsklausel dar.[441] Soweit sich der Anwendungsbereich gleicht oder überschneidet, ergänzt die Charta die anderen in Art. 53 EU-GRCh genannten Instrumente, und das jeweils günstigere Recht kommt zu Anwendung.[442] Dem Einzelnen steht der Schutz nach der ihm günstigsten Norm zu – wie bei Art. 53 EMRK –, wobei er sich aber nicht auf diese Norm berufen kann.[443] Gemäß Art. 53 EU-GRCh ist die Grundrechtecharta daher so zu interpretieren, dass Kohärenz und Übereinstimmung des Schutzniveaus der Grundrechte mit den völkerrechtlichen Verpflichtungen der Gemeinschaft und der Mitgliedstaaten besteht.[444]

Die Bestimmung des Art. 53 EU-GRCh kann darüber hinaus Hinweise dafür geben, wie Grundrechtskollisionen in den bereits angesprochenen mehrpoligen Grundrechtsverhältnissen[445] – namentlich der verschiedenen Grundrechtsordnungen der EMRK, der anderen Teile der Verfassung und der nationalen Verfassungen – zu lösen sind.[446] Bereits im Rahmen des Verhältnisses der Absätze

---

440 S. Erläuterungen des Präsidiums des Europäischen Konvents v. 16.12.2004, ABl. 2004 Nr. C 310 S. 459: *„Der Zweck dieser Bestimmung ist die Aufrechterhaltung des durch das Recht der Union, das Recht der Mitgliedstaaten und das Völkerrecht in seinem jeweiligen Anwendungsbereich gegenwärtig gewährleisteten Schutzniveaus.*“. Vgl. auch *M. Borowsky*, in: Meyer (Hrsg.), EU-GRCh, Art. 53 Rdn. 11 f., 15; *Th. v. Danwitz/S. Röder*, in: Stern/Tettinger (Hrsg.), Die Europäische Grundrechte-Charta im wertenden Verfassungsvergleich, 2005, S. 31 (56).

441 *M. Borowsky*, in: Meyer (Hrsg.), EU-GRCh, Art. 53 Rdn. 14; *M. Bühler*, Einschränkung von Grundrechten nach der Europäischen Grundrechtecharta, 2005, S. 404 ff., 420; *Chr. Grabenwarter/K. Pabel*, in: Stern/Tettinger (Hrsg.), Die Europäische Grundrechte-Charta im wertenden Verfassungsvergleich, 2005, S. 81 (92). Vgl. auch *Chr. Callies*, EuZW 2001, 261 (267), der von einer „*Schutzverstärkungsklausel*“ spricht.

442 *M. Borowsky*, in: Meyer (Hrsg.), EU-GRCh, Art. 53 Rdn. 14.

443 Auch auf Art. 53 EMRK kann sich der Einzelne nicht berufen, dazu ausführlich *M. Bühler*, Einschränkung von Grundrechten nach der Europäischen Grundrechtecharta, 2005, S. 416 ff.

444 *N. Bernsdorff*, in: Meyer (Hrsg.), EU-GRCh, Art. 14 Rdn. 3; *M. Borowsky*, in: Meyer (Hrsg.), EU-GRCh, Art. 53 Rdn. 12.

445 S. oben, c) bb).

446 Ausführliche und umfassende Darstellung des problematischen Verhältnisses der nationalen Grundrechte zu den Charta-Rechten, wenn sich die Anwendungsbereiche nationaler Grundrechte und der Charta überschneiden, s. *M. Bühler*, Einschränkung von Grundrechten nach der Europäischen Grundrechtecharta, 2005, S. 404 ff., die darauf hinweist, dass Art. 53 EU-GRCh nicht als Widerspruch zum Vorrang des Gemeinschaftsrechts zu verstehen ist, das eigentliche Problem aber, namentlich die Erfassung des Regelungsgehalts des Art. 53 EU-

2, 3 und 4 des Art. 52 EU-GRCh wurde aufgrund der Notwendigkeit, im Außenverhältnis zu Drittstaaten die Verletzung völkerrechtlicher Verpflichtungen zu unterbinden, festgestellt, dass sich die EMRK-Auslegungsregel im Kollisionsfalle gegenüber anderen Auslegungsregeln durchsetzt.[447] Sowohl der Wortlaut des Art. 53 EU-GRCh mit der besonderen Hervorhebung der EMRK wie auch die Erläuterungen zu dieser Vorschrift[448] unterstützen dabei den getroffenen Befund.[449] Mithin sind den EMRK-Rechten im Falle einer Kollision Vorrang gegenüber den Rechten aus den anderen Teilen der Verfassung einzuräumen. In allen übrigen Fällen ist jedoch von einer Gleichwertigkeit der diversen Rechte und Grundfreiheiten auszugehen.[450]

e) Die Missbrauchs-Regel des Art. 54 EU-GRCh (Art. II-114 EuVerf)

Als letzte Auslegungsregel des Titels VII ordnet Art. 54 EU-GRCh an:

> „*Keine Bestimmung dieser Charta ist so auszulegen, als begründe sie das Recht, eine Tätigkeit auszuüben oder eine Handlung vorzunehmen, die darauf abzielt, die in der Charta anerkannten Rechte und Freiheiten abzuschaffen oder sie stärker einzuschränken, als dies in der Charta vorgesehen ist.*“[451]

GRCh, (noch) nicht zufrieden stellend gelöst wurde und nur durch eine Nachbesserung der Vorschrift möglich ist. Zu den unterschiedlichen Sichtweisen bei der Auslegung des Art. 53 EU-GRCh; s. auch *Chr. Grabenwarter/K. Pabel*, in: Stern/Tettinger (Hrsg.), Die Europäische Grundrechte-Charta im wertenden Verfassungsvergleich, 2005, S. 81 (93 f.); *St. Griller*, in: Duschanek/Griller (Hrsg.), Grundrechte für Europa, 2002, S. 131 (165 ff.) m.w.N.

447 S. oben, c) bb).

448 Dies wurde auch im Grundrechtekonvent diskutiert: Vgl. die Erläuterungen des Präsidiums des Europäischen Konvents v. 16.12.2004, ABl. 2004 Nr. C 310 S. 459 zu Art. 53 der Charta: „*Der Zweck dieser Bestimmung ist die Aufrechterhaltung des durch das Recht der Union, das Recht der Migliedstaaten und das Völkerrecht in seinem jeweiligen Anwendungsbereich gegenwärtig gewährleisteten Schutzniveaus. Aufgrund ihrer Bedeutung findet die EMRK Erwähnung.*“.

449 Anders dagegen *Chr. Grabenwarter/K. Pabel*, in: Stern/Tettinger (Hrsg.), Die Europäische Grundrechte-Charta im wertenden Verfassungsvergleich, 2005, S. 81 (93): „*Auch die Meistbegünstigungsklausel des Art. 53 GRCh hilft hier nicht weiter.*“.

450 *M. Borowsky*, in: Meyer (Hrsg.), EU-GRCh, Art. 53 Rdn. 20; vgl. auch EuGH, Urteil v. 12.6.2003, Rs. C-112/00, („Schmidberger“), Slg. 2003, I-5694 Rdn. 79 ff., dazu *Chr. Grabenwarter/K. Pabel*, in: Stern/Tettinger (Hrsg.), Die Europäische Grundrechte-Charta im wertenden Verfassungsvergleich, 2005, S. 81 (94).

451 Zur Entstehungsgeschichte des Art. 54 EU-GRCh ausführlich *M. Bühler*, Einschränkung von Grundrechten nach der Europäischen Grundrechtecharta, 2005, S. 423 f.

Gemäß der Missbrauchs-Regel des Art. 54 EU-GRCh, der sich auf Art. 17 EMRK[452] stützt, scheidet eine Berufung auf die Grundrechte bei grundrechtswidrigen Tätigkeiten und Handlungen aus. Ein Grundrechtsmissbrauch ist etwa dann anzunehmen, wenn jemand die Rechte der Charta dazu benutzt, die Rechte anderer unverhältnismäßig einzuschränken oder gar abzuschaffen.[453] Art. 54 EU-GRCh soll den Grundrechtsmissbrauch durch Feinde der Demokratie verhindern und ist damit Ausdruck der so genannten *„streitbaren (wehrhaften) Demokratie“*.[454] Art. 54 EU-GRCh richtet sich sowohl an Grundrechtsverpflichtete und als auch an die Grundrechtsberechtigten:[455] Für die Unionsorgane oder die Mitgliedstaaten ist die Missbrauchsvorschrift wohl eine der Rechtfertigungsebene einzustufende Schrankenklausel, die bei der Einschränkung von Grundrechten zu beachten ist; für den Grundrechtsträger bedeutet die Einschränkung, dass eine Berufung auf Grundrechte zur Zerstörung von Freiheit ausgeschlossen werden soll.[456] Demgemäß verhindert die Regel des Art. 54 EU-GRCh nicht nur eine Interpretation zugunsten missbräuchlicher individueller Grundrechtswahrnehmung, verhindert werden soll dadurch auch eine Auslegung im Sinne einer grundrechtsmissachtenden Kompetenzzuweisung an die Grundrechtsverpflichteten.[457]

---

[452] S. Erläuterungen des Präsidiums des Europäischen Konvents v. 16.12.2004 zu Art. 54 EU-GRCh, ABl. 2004 Nr. C 310 S. 459. Art. 17 EMRK lautet: *„Diese Konvention ist nicht so auszulegen, als begründe sie für einen Staat, eine Gruppe oder eine Person das Recht, eine Tätigkeit auszuüben oder eine Handlung vorzunehmen, die darauf abzielt, die in der Konvention festgelegten Rechte und Freiheiten abzuschaffen oder sie stärker einzuschränken, als es in der Konvention vorgesehen ist.“*. Vgl. dazu auch *H.-W. Rengeling/P. Szczekalla*, Grundrechte in der Europäischen Union, § 7 Rdn. 500 (mit weiteren völkerrechtlichen Beispielen in Fn. 134).

[453] Vgl. *M. Borowsky*, in: Meyer (Hrsg.), EU-GRCh, Art. 54 Rdn. 11; *H. D. Jarass*, EU-Grundrechte, § 7 Rdn. 67.

[454] *H.-W. Rengeling/P. Szczekalla*, Grundrechte in der Europäischen Union, § 7 Rdn. 501; *M. Borowsky*, in: Meyer (Hrsg.), EU-GRCh, Art. 54 Rdn. 1, 8; *M. Bühler*, Einschränkung von Grundrechten nach der Europäischen Grundrechtecharta, 2005, S. 427.

[455] *M. Borowsky*, in: Meyer (Hrsg.), EU-GRCh, Art. 54 Rdn. 13; *Th. Kingreen*, in: Callies/Ruffert (Hrsg.), EUV/EGV, Art. 6 EUV Rdn. 66 a.

[456] Vgl. *Th. Kingreen*, in: Callies/Ruffert (Hrsg.), EUV/EGV, Art. 6 EUV Rdn. 66 a; *H. D. Jarass*, EU-Grundrechte, § 7 Rdn. 69; *M. Bühler*, Einschränkung von Grundrechten nach der Europäischen Grundrechtecharta, 2005, S. 426 f.

[457] *Y. Dorf*, JZ 2005, 126 (130).

3. Auslegung nach der Rechtsprechung des EuGH zu den ungeschriebenen Gemeinschaftsgrundrechten

Für die Auslegung der Chartagrundrechte spielt auch die Rechtsprechung des EuGH zu den ungeschriebenen Gemeinschaftsgrundrechten eine beachtliche Rolle. Art. 6 Abs. 2 EU (Art. I-9 Abs. 3 EuVerf) legt fest, dass

> „*Die Union [...] die Grundrechte, [...– neben der Rechtserkenntnisquelle der EMRK –] wie sie sich aus den gemeinsamen Verfassungsüberlieferungen der Mitgliedstaaten als allgemeine Grundsätze des Gemeinschaftsrechts ergeben*“

zu achten habe.[458]

Wie bereits erwähnt verweist Art. 6 Abs. 2 EU ausdrücklich auf die wertende Rechtsvergleichung des EuGH zur Erkenntnis ungeschriebener Gemeinschaftsgrundrechte.[459] Für die Auslegung der Chartagrundrechte bedeutet dies, dass bei der Interpretation eines Chartarechts die innerstaatlichen Grundrechtsverbürgungen zu berücksichtigen sind.[460] Gleiches gilt für die Erwähnung der Gemeinschaftsgrundrechte in Satz 1 des fünften Erwägungsgrundes der Chartapräambel[461] bzw. die Hervorhebung der Menschenrechte in Art. 6 Abs. 1 EU („*Achtung der Menschenrechte*“), die einen systematischen Zusammenhang mit internationalen Menschenrechten und innerstaatlichen Grundrechtsverbürgungen herstellen und demgemäß auch bei der Auslegung der Chartarechte zu berücksichtigen sind.[462] Hervorzuheben ist hierbei, dass die Charta als die jüngste Grundrechtsordnung möglichst schonend in das bereits bestehende Geflecht des Grundrechtsschutzes durch die Verfassungsordnungen der Mitgliedstaaten und die EMRK einzupassen ist. Die Charta soll damit den in der EMRK und der Rechtsprechung des EuGH verkörperten gemeineuropäischen Standard an

---

458 Vgl. *J. Caspar,* RdJB 2001, 165 f.; *M. Hilf*, Sonderbeilage zu NJW, EuZW, NVwZ und JuS zur Charta der Grundrechte der EU (2000), 1 (6); ähnlich mit Blick auf die künftige Rechtsprechung des EuGH *Chr. Grabenwarter*, DVBl. 2001, 1 (11).

459 S. dazu oben, 1. Teil, A. III.

460 *Y. Dorf*, JZ 2005, 126 (131).

461 In Satz 1 des Erwägungsgrundes 5 der Präambel heißt es: „*Die Charta bekräftigt [...] die Rechte, die sich [...] aus der Rechtsprechung des Gerichtshofs der Europäischen Gemeinschaften [...] ergeben.*“.

462 Vgl. *Y. Dorf*, JZ 2005, 126 (131).

Grund- und Menschenrechten anerkennen. Diese Sichtweise wird auch durch die zuvor dargestellte Traditions-Regel des Art. 52 Abs. 4 EU-GRCh[463] bestätigt.

4. Auslegung nach völkervertragsrechtlichen Auslegungsregeln

Schließlich könnte man überlegen, ob für die Interpretation der Grundrechtecharta nicht auch die völkerrechtlichen Vertragsauslegungsregeln heranzuziehen sind. Voraussetzung dazu ist aber zunächst, dass das Gemeinschaftsrecht auch mit dem derzeitigen Verfassungsvertrag weiterhin völkerrechtlich verankert ist und gerade nicht in eine Verfassungsordnung im staatsrechtlichen Sinne übergegangen ist. Eine herkömmliche staatsrechtliche Verfassungsordnung ist auch mit dem Verfassungsvertrag nicht anzunehmen: Dies ergibt sich schon aus der weiterhin bestehenden Herrschaft der Mitgliedstaaten über die Verträge, die sich sowohl aus der Möglichkeit, aus der Union auszutreten (vgl. Art. I-60 Abs. 1 EuVerf) und des Ratifikationsvorbehalts (vgl. Art. 52 EU bzw. Art. 313 EG = Art. IV-447 Abs. 1 EuVerf) herleiten lässt. Damit ist das Gemeinschaftsrecht auch mit dem Verfassungsvertrag weiterhin völkerrechtlich fundiert. Mithin bleiben auch die völkerrechtlichen Vertragsauslegungsregeln anwendbar.

In der Wiener Vertragsrechtskonvention vom 23. Mai 1969 (WVK)[464], deren Regeln auch völkergewohnheitsrechtlich gelten, heißt es in Art. 32 WVK:

> *„Ergänzende Auslegungsmittel, insbesondere die vorbereitenden Arbeiten und die Umstände des Vertragsabschlusses, können herangezogen werden, um die sich unter Anwendung des Artikels 31 ergebende Bedeutung zu bestätigen oder die Bedeutung zu bestimmen, wenn die Auslegung nach Artikel 31 a) die Bedeutung mehrdeutig oder dunkel lässt [...].“*

Danach ist bei Deutungsoffenheit einer Vertragsregelung auf die „vorbereitenden Arbeiten und Umstände des Vertragsabschlusses“ abzustellen. Dieser völkerrechtliche Interpretationsansatz der Vertragsgeschichte wird wohl die bisherige Rechtsprechung des EuGH nach Maßgabe des *effet utile* nicht beeinflussen oder gar verdrängen. Mithin ist davon auszugehen, dass der EuGH sich im interpretatorischen Zweifelsfall zuerst an den dargestellten Auslegungsregeln

---

463 Siehe oben, 2 c) dd).

464 BGBl. 1985 II S. 927.

der Grundrechte, insbesondere der Art. 51 ff. EU-GRCh, orientieren wird, nur als ultima ratio wird er auf die Vertragsgenese zurückgreifen müssen.[465]

III. Zusammenfassendes Ergebnis

Zusammenfassend ist festzuhalten, dass sich innerhalb der Art. 51 ff. EU-GRCh wichtige normative Auslegungsvorgaben und zahlreiche Interpretationsansätze für eine eigenständige europäische Grundrechtsdogmatik haben finden lassen. So verweist bereits die Präambel der Charta sowohl auf die Rechtsprechung des EuGH zu den ungeschriebenen Gemeinschaftsgrundrechten und als auch auf die gebührend zu berücksichtigenden Erläuterungen des Konventspräsidiums, was zusätzlich durch die Regel des Art. 52 Abs. 7 EU-GRCh wiederholt wird. Die Transferklauseln der Art. 52 Abs. 2 und 3 EU-GRCh stellen die Kohärenz der Normen der Charta und der Rechte, die den übrigen Teilen des Verfassungsvertrages bzw. der EMRK entsprechen, sicher. Daneben sieht Art. 52 Abs. 1 EU-GRCh eine allgemeine Schrankenregel vor, die grundsätzlich nur für die von Art. 52 Abs. 2 und 3 EU-GRCh nicht erfassten Grundrechte gilt. Nach der Traditionsregel des Art. 52 Abs. 4 EU-GRCh sollen die überlieferten Chartagrundrechte in Übereinstimmung mit den Verfassungsüberlieferungen der Mitgliedstaaten interpretiert werden, wobei die Mitgliedstaats-Regel des Art. 52 Abs. 6 EU-GRCh eine weitere Rücksichtnahme auf nationale Traditionen gebietet. Durch die Schutzniveau-Regel muss zusätzlich die Mindestgarantie des Art. 53 EU-GRCh beachtet werden. Schließlich soll eine Auslegung gemäß der Missbrauchs-Regel des Art. 54 EU-GRCh einen Grundrechtsmissbrauch durch Feinde der Demokratie verhindern.

Ergänzend zu den genannten Auslegungsregeln der Charta sollen auch die herkömmlichen Auslegungsmethoden des EU-Rechts, d.h. die grammatikalische, systematische, teleologische und historische Interpretation, bei der Ermittlung von Schutzbereich und Schranken angewendet werden.

---

465 S. *Y. Dorf*, JZ 2005, 126 (131).

3. Teil
Die Entstehungsgeschichte des Art. 14 EU-GRCh

Bevor Schutzbereich und Gewährleistungsumfang der einzelnen Teilgewährleistungen des Art. 14 der Charta in grammatikalischer und systematischer Auslegung analysiert werden sollen, ist es zunächst aufschlussreich – trotz der erwähnten beschränkten Reichweite historischer Auslegung –, die Entstehungsgeschichte des Art. 14 EU-GRCh zu durchleuchten, um so erste Anhaltspunkte für die Bedeutung der erfolgten Verbürgung eines *„Rechts auf Bildung"* in der Charta zu gewinnen. Zwar bestehen über die Konventsberatungen mit wenigen Ausnahmen keine offiziellen Protokolle[466], doch liegen ursprünglich für die deutschen Länder erstellte und mit anderen Mitschriften abgeglichene Protokolle der Konventssitzungen vor.[467] Die in den insgesamt 18 Sitzungen des Brüsseler Konvents geführten Debatten sollen im Folgenden nur kurz skizziert und im Hinblick auf die Auseinandersetzungen um die Aufnahme eines Rechts auf Bildung dargestellt werden.

A. Die Beratungen des Grundrechtekonvents zu Art. 14 EU-GRCh

Ohne Kenntnis des Diskussionsverlaufs im Grundrechtekonvent lässt sich das von den Delegierten gefundene und den Europäischen Räten in Biarritz und Nizza präsentierte Ergebnis der Aufnahme eines Rechts auf Bildung in Art. 14

---

[466] *N. Bernsdorff/M. Borowsky*, Handreichungen und Sitzungsprotokolle, 2002, S. 54, weisen darauf hin, dass das Präsidium anfänglich Protokolle erstellen und veröffentlichen lassen wollte (vgl. Protokoll der Ersten Sitzung des Konvents [konstituierende Tagung] am 17.12.1999, in: *N. Bernsdorff/M. Borowsky*, Handreichungen und Sitzungsprotokolle, 2002, S. 122), dies bis auf drei Wortprotokolle in französischer Sprache dann aber nicht geschah.

[467] Vgl. die „Protokolle der förmlichen und informellen Sitzungen des Konvents", in *N. Bernsdorff/M. Borowsky*, Handreichungen und Sitzungsprotokolle, 2002, S. 107 ff.

EU-GRCh kaum richtig bewerten.[468] Der folgende Diskussionsverlauf in den Beratungen des Grundrechtekonvents ist exemplarisch dafür, wie umstritten und kontrovers die Aufnahme eines Rechts auf Bildung diskutiert wurde.[469] Die unterschiedlichen Positionen zu dieser Chartabestimmung, die vertreten wurden, können indes kaum unterschiedlicher ausfallen.

I. Protokoll der Vierten Sitzung des Konvents am 2./3.3.2000

Am 2./3. März 2000 erörterte der Grundrechtekonvent als „Arbeitsgruppe" anlässlich der Beratungen in der vierten Sitzung in informeller Zusammensetzung einen ersten Entwurf von Artikeln.[470] So wurde ein *erster Textvorschlag* (Art. 12) zu einem „Recht auf Bildung" in Dokument CHARTE 4137/00 CONVENT 8 vorgelegt.[471] In vier Absätzen hatte das Präsidium – in zunächst positiver Formulierung – das Recht eines jeden auf Bildung *„gemäß seinen Fähigkeiten"*, das Recht auf freie Wahl der Bildungsstätte[472], das Recht der Eltern, Erziehung und Bildung ihrer Kinder entsprechend ihrer religiösen und weltanschaulichen Überzeugungen sicherzustellen und die Freiheit von Kunst, Wissen-

---

468 Vgl. *N. Bernsdorff/M. Borowsky*, Handreichungen und Sitzungsprotokolle, 2002, S. 14. Ausführlich zu den Berichten der Konventssitzungen s. auch *Deutscher Bundestag* (Hrsg.), Charta der Grundrechte der Europäischen Union, 2001, S. 211 ff.

469 Dazu etwa *B. Kempen*, in: Tettinger/Stern (Hrsg.), Kölner Gemeinschaftskommentar zur Europäischen Grundrechte-Charta, Art. 14 Rdn. 1: *„Die Kontroverse wirft ein bezeichnendes Licht auf die facettenreiche politische und juristische Kultur in den Mitgliedstaaten der Union."*; ähnlich *G. Braibant*, La Charte des droits fondamentaux, 2001, Art. 14 (S. 131): *„a provoqué des débats difficiles"*.

470 CHARTE 4137/00 CONVENT 8. Vgl. *St. Barriga*, Entstehung der Charta der Grundrechte, 2003, S. 94 f.; *N. Bernsdorff/M. Borowsky*, Handreichungen und Sitzungsprotokolle, 2002, S. 56; *Deutscher Bundestag* (Hrsg.), Charta der Grundrechte der Europäischen Union, 2001, S. 233 ff.

471 *N. Bernsdorff/M. Borowsky*, Handreichungen und Sitzungsprotokolle, 2002, S. 81, 160 ff.; *B. Kempen*, in: Tettinger/Stern (Hrsg.), Kölner Gemeinschaftskommentar zur Europäischen Grundrechte-Charta, Art. 14 Rdn. 2. Der bereits erwähnte Art. 16 EP-Grundrechtserklärung (vgl. oben, 1. Teil, B. I.) bildete den Ausgangspunkt für die Formulierung des *„Rechts auf Bildung"*; *St. Barriga*, Entstehung der Charta der Grundrechte, 2003, S. 94.

472 Der Gedanke der freien Schulwahl wurde auf Art. 16 EP-Grundrechtserklärung gestützt, vgl. *St. Barriga*, Entstehung der Charta der Grundrechte, 2003, S. 95.

schaft, Forschung und Lehre als Teilgewährleistungen zu einem einheitlichen „Recht auf Bildung" zusammengefasst.[473]

Einen Schwerpunkt der Auseinandersetzung gegen den Präsidiumsvorschlag nahm zunächst die Frage ein, ob Artikel 12 als Grundrecht zu klassifizieren sei.[474] Ein weiteres Schwergewicht der Debatte lag bei der Frage der „rechtlichen Auswirkungen der Vorschrift". Hierbei wurden erheblich unterschiedliche Auffassungen vertreten, die von einem Recht auf Bildung in Form eines absoluten Rechts[475], eines Abwehrrechts[476], eines Gleichheits- oder Freiheitsrechts[477], eines sozialen Rechts[478] oder einer Unionszielbestimmung[479] reichten.[480]

Weiterhin wurde lebhaft diskutiert, ob ein Recht auf Bildung mit der Kompetenzaufteilung zwischen der Union und den Mitgliedstaaten überhaupt vereinbar sei.[481] Da die Union im Bildungsbereich über keine unmittelbare Kompetenzen verfüge, wurde zum Teil gefordert, das Recht auf Bildung ganz aus der Charta herauszulassen.[482] Bei der Erörterung der einzelnen Teilgewährleistungen des Bildungsrechts wurden von den Delegierten im Wesentlichen drei Änderungs-

---

473 *N. Bernsdorff*, in: Meyer (Hrsg.), EU-GRCh, Art. 14 Rdn. 5.

474 Siehe ausführlich *N. Bernsdorff/M. Borowsky*, Handreichungen und Sitzungsprotokolle, 2002, S. 160 ff.

475 AZEVEDO (P) wollte sogar formulieren: „*Jedem ist der Zugang ... zu gewähren.*".

476 FRIEDRICH (EP; D), GRIFFITHS (GB).

477 ZEPTER (Kommission).

478 RODRIGUEZ BEREIJO (E), was das Recht auf Berufsausbildung betrifft. Für die Einordnung eines Rechts auf Bildung als soziales Recht auch KORTHALS ALTES (NL) und ALTMAIER (D), der alternativ die Einordnung des „*Rechts*" als Staatszielbestimmung befürwortete.

479 Auch ZEPTER (Kommission).

480 So legte das deutsche Konventsmitglied GNAUCK eine Stellungnahme der deutschen Bundesländer vor, in welcher diese die Formulierung selbst eines Rechts auf bloße Weiterbildung ablehnten; wenn aber doch, so dürften sich aus diesem Recht keine Teilhaberechte oder Leistungsansprüche herleiten lassen; CHARTE 4269/00, S. 6. Siehe ausführlich auch *N. Bernsdorff/M. Borowsky*, Handreichungen und Sitzungsprotokolle, 2002, S. 160.

481 *N. Bernsdorff/M. Borowsky*, Handreichungen und Sitzungsprotokolle, 2002, S. 160, 190 f.; *B. Kempen*, in: Tettinger/Stern (Hrsg.), Kölner Gemeinschaftskommentar zur Europäischen Grundrechte-Charta, Art. 14 Rdn. 3.

482 ALTMEIER (D) und TARSCHYS (S) vertraten die Auffassung, dass die Vorschrift nur die Rechte der Mitgliedstaaten wiedergebe und es daher an einem „*Mehrwert*" fehle. A.A. ZEPTER (Kommission), nach dessen Meinung dem Subsidiaritätsprinzip ausreichend Rechnung getragen werde.

vorschläge unterbreitet: So forderten zahlreiche Konventsmitglieder in Bezug auf die Unentgeltlichkeit der Bildung, dass ein Recht auf „kostenlose" Bildung nur im Bereich von Schulpflichten gewährleistet werden könne.[483] Was das Recht auf freie Wahl der Bildungsstätte (Art. 12 Abs. 2) betrifft, wurde kritisiert, dass ein individueller Leistungsanspruch nur den gleichen Zugang zu vorhandenen Bildungseinrichtungen verbürgen[484], nicht aber auf die Schaffung neuer Bildungsstätten abzielen könne[485]. Schließlich wurde an dem Präsidiumsvorschlag bemängelt, das Recht der Eltern auf Erziehung und Bildung ihrer Kinder (Art. 12 Abs. 3) vernachlässige das Selbstbestimmungsrecht des Kindes, da es in erster Linie als Elternrecht formuliert sei[486].

Das Präsidium reagierte auf diese Kritik, indem es in einem *zweiten Entwurf* das Recht auf Bildung in Anlehnung an Art. 2 S. 1 des Zusatzprotokolls zur Konvention zum Schutze der Menschenrechte und Grundfreiheiten (1. ZP zur EMRK)[487] negativ formulierte und so die abwehrrechtliche Seite des Rechts auf Bildung stärker betonte (Dokument CHARTE 4149/00 CONVENT 13).[488] Des Weiteren wurde durch den Präsidiumsentwurf ein Recht auf unentgeltliche Teilnahme am Pflichtschulunterricht als Teilgewährleistung besonders hervorgeho-

---

483 PRUSTI (FN), DERYCKE (B) und KORTHALS ALTES (NL): Recht auf kostenlose Grundausbildung. BRAIBANT (F), RODRIGUEZ BEREIJO (E), ROTKIRCH (FN) und ZEPTER (Kommission): zumindest Recht auf kostenlose obligatorische Grundausbildung. Vgl. auch *St. Barriga*, Entstehung der Charta der Grundrechte, 2003, S. 95; *N. Bernsdorff/M. Borowsky*, Handreichungen und Sitzungsprotokolle, 2002, S. 161.

484 FAYOT (LUX), GOLDSMITH (GB), ROTKIRCH (FN), RODRIGUEZ BEREIJO (E), KORTHALS ALTES (NL) und BERTHU (EP; F).

485 GOLDSMITH (GB) und KORTHALS ALTES (NL) bemängelten insbesondere, dass sich aus dieser Vorschrift eine Pflicht der Mitgliedstaaten ergeben könne, religiöse Schulen oder Stätten zu schaffen.

486 So insbesondere von BRAIBANT (F) und PRUSTI (FN) kritisiert. HERZOG und FRIEDRICH (EP; D) hielten die Formulierung dagegen ausdrücklich für vertretbar, da letztlich auch das Elternrecht schützenswert sei.

487 Zusatzprotokoll zur Konvention zum Schutze der Menschenrechte und Grundfreiheiten v. 20.3.1952 (BGBl. 1956 II S. 1880). Das Zusatzprotokoll ist für die Bundesrepublik Deutschland am 13.2.1957 in Kraft getreten (Bekanntmachung v. 13.4.1957, BGBl. II S. 226). Aktualisierte Fassung in deutscher Übersetzung in Sartorius II Nr. 131.

488 Art. 16 Abs. 1 CONVENT 13. Vgl. *N. Bernsdorff/M. Borowsky*, Handreichungen und Sitzungsprotokolle, 2002, S. 81, 190 f.; *St. Barriga*, Entstehung der Charta der Grundrechte, 2003, S. 94.

ben[489] und die Freiheit zur Gründung von Lehranstalten[490] neu aufgenommen.[491] Zugleich sah das Präsidium ein „Recht auf Berufsbildung" in Anlehnung an Nr. 15 S. 1 der Gemeinschaftscharta der Sozialen Grundrechte der Arbeitnehmer vom 9.12.1989 vor.[492] Diese Ergänzung fand im Konvent durchaus breite Zustimmung.[493]

II. Protokoll der Fünften Sitzung des Konvents am 20./21.3.2000

In einer Art „zweitem Durchgang" befasste sich das Plenum des Konvents in der fünften[494] Konventssitzung vom 20./21. März 2000 in förmlicher Sitzung mit den zwischenzeitlich überarbeiteten Vorschlägen des Präsidiums in Dokument CONVENT 13.[495] Anlässlich der Aussprache zu diesen Präsidiumsvorschlägen wurde erneut darauf hingewiesen, dass einem Recht auf Bildung keine Kompetenz der Gemeinschaft gegenüber stünde.[496] Einige Delegierte forderten, dass das Recht auf Bildung wieder positiv formuliert werden solle[497], ohne dass dadurch inhaltliche Abweichungen zum Schutzgehalt von Art. 2 S. 1 des 1. ZP zur EMRK beabsichtigt gewesen wären.[498] Weitere Vorschläge der Delegierten zur Änderung des Präsidiumsvorschlags betrafen zum einen die Formulierung

---

489 Im zweiten Entwurf wurde an Art. 12 Abs. 1 der Halbsatz angefügt: „*[...] dazu gehört insbesondere die Möglichkeit, unentgeltlich am Pflichtschulunterricht teilzunehmen.*", vgl. CHARTE 4194/00 CONVENT 13.

490 Vgl. dazu *St. Barriga*, Entstehung der Charta der Grundrechte, 2003, S. 100 f.

491 Vgl. *N. Bernsdorff*, in: Meyer (Hrsg.), EU-GRCh, Art. 14 Rdn. 6.

492 Art. X CONVENT 18. Vgl. *N. Bernsdorff/M. Borowsky*, Handreichungen und Sitzungsprotokolle, 2002, S. 224 f.

493 Vgl. aber Änderungsanträge Nr. 300 von FRIEDRICH (D) und Nr. 312 von RODRIGUEZ BEREIJO (E) in CHARTE 4332/00 CONVENT 35.

494 *N. Bernsdorff/M. Borowsky*, Handreichungen und Sitzungsprotokolle, 2002, S. 190 f.

495 *N. Bernsdorff/M. Borowsky*, Handreichungen und Sitzungsprotokolle, 2002, S. 56; vgl. auch *Deutscher Bundestag* (Hrsg.), Charta der Grundrechte der Europäischen Union, 2001, S. 239 ff.

496 GOLDSMITH (GB), DUFF (GB), BOWNESS (GB) und BERTHU (F).

497 BERÈS (F), DUFF (GB), GRIFFITHS (GB) und TRIAS SAGNIER (E) mit dem Hinweis, dass das Recht auf Bildung so wichtig sei wie die Menschenwürde und folglich Voraussetzung für die Wahrnehmung aller anderen Grundrechte.

498 Die Ablehnung der positiven Formulierung wurde vor allem mit der Befürchtung eines neuen Kompetenztitels für die Union begründet, vgl. Änderungsantrag Nr. 300 von FRIEDRICH (D) in CHARTE 4332/00 CONVENT 35.

des Elternrechts (Art. 16 Abs. 3)[499], zum anderen das Recht zur Gründung von Lehranstalten[500].

III. Protokoll der Achten Sitzung des Konvents am 27./28.4.2000

Bei der Aussprache zur achten Sitzung des Konvents[501] am 27./28. April 2000 forderten die Delegierten schließlich in großer Übereinstimmung, dass das Recht auf Berufsbildung mit dem allgemeinen Recht auf Bildung in einer Vorschrift zusammen geregelt werden solle.[502]

In einem *weiteren zur Vorbereitung der zweiten Lesung übermittelten Entwurf*[503] wurde das Recht auf Bildung wieder positiv und damit teilhaberechtlich umformuliert und um ein Recht auf Zugang zur beruflichen Ausbildung und Weiterbildung ergänzt. Auf die zuvor geäußerte fundierte Kritik der Delegierten ging das Präsidium nicht näher ein. Die Konventsmitglieder entschieden in den Änderungsanträgen[504] zu Art. 16 CONVENT 28, es trotz eingeschränkter Kompetenzen der Union bei einem Grundrecht auf Bildung zu belassen.[505] Gleichzeitig wurden die bereits diskutierten Teilgewährleistungen, das Recht zur Gründung von Lehranstalten[506] und das Elternrecht[507], erneut ausführlich erörtert so-

499 Nach BERTHU (F) fehlten die pädagogischen Überzeugungen in Absatz 3; TRIAS SAGNIER (E) plädierte dafür, in Absatz 3 den Passus „*religiöse und weltanschauliche Überzeugungen*" zu streichen; GOLDSMITH (GB) kritisierte, dass der dritte Absatz zu stark formuliert sei; BOWNESS (GB) merkte an, dass die mit Absatz 3 aufgeworfenen Fragen die Gefahr zeigten, sich auf politisches Terrain zu begeben und damit das Subsidiaritätsprinzip zu verletzen.

500 LEHMANN (DK), BERTHU (F), BERÈS (F) und GOLDSMITH (GB): Zur Verhinderung, dass sich auch irgendeine Sekte auf die Vorschrift berufen und damit problemlos eine Lehranstalt gründen könne, sei ein solches Recht an strikte Voraussetzungen zu binden; vgl. *N. Bernsdorff/M. Borowsky*, Handreichungen und Sitzungsprotokolle, 2002, S. 190.

501 Dazu *Deutscher Bundestag* (Hrsg.), Charta der Grundrechte der Europäischen Union, 2001, S. 261 ff.; *N. Bernsdorff/M. Borowsky*, Handreichungen und Sitzungsprotokolle, 2002, S. 224 f.

502 *N. Bernsdorff*, in: Meyer (Hrsg.), EU-GRCh, Art. 14 Rdn. 6.

503 Art. 16 CONVENT 28 (Entwurf der Freiheits-, Gleichheits- und Unionsbürgerrechte sowie der justiziellen Rechte).

504 CHARTE 4332/00 CONVENT 35.

505 Dagegen: VAN DAM (NL), TARSCHYS (S) und BERTHU (F).

506 CHARTE 4332/00 CONVENT 35. Die scheinbar (obwohl sich die Schranke der Freiheit zur Gründung von Lehranstalten ohnehin aus Art. 52 Abs. 1 EU-GRCh ergeben hät-

wie mit der Aufnahme von Unterrichtszielen[508] und der Festschreibung der Neutralität des Bildungswesens[509] wie der Pflicht der Mitgliedstaaten zur Vorhaltung ausreichender Bildungseinrichtungen[510] auch neue Gesichtspunkte angesprochen. In einem Kompromissvorschlag[511] wurden schließlich lediglich die gegen das Recht zur Gründung von Lehranstalten erhobenen Einwände berücksichtigt, in dem der Schutzbereich dieses Rechts eingeschränkt („... *unter Achtung der demokratischen Grundsätze nach den nationalen Regeln für die Ausübung dieses Rechts...*") und das Recht weniger absolut ausgestaltet wurde („... *ist ... gewährleistet*").[512]

IV. Protokoll der Dreizehnten Sitzung des Konvents am 28./29./30. 6.2000

Anlässlich der Beratungen der dreizehnten Sitzung[513] des Konvents vom 28. bis 30. Juni 2000 wurde die restriktive Fassung des Rechts zur Gründung von Lehranstalten mehrheitlich[514] begrüßt. Darüber hinaus entzündete sich die Kritik

---

te) absolute Formulierung dieses Rechts sollte relativiert werden und führte in der Folge zu Forderungen nach einer Einschränkung dieser Freiheit anhand bestimmter Maßstäbe: GNAUCK (D), FAYOT (LUX) und OLSEN (DK): ersatzlose Streichung; BEISSEL (LUX) und LALLEMAND (B): Notwendigkeit einer Staatsaufsicht; BRAIBANT (F): Verweis auf die einzelstaatlichen Gesetze; RODRIGUEZ BEREIJO (E): Vorbehalt „*der Beachtung der demokratischen Grundsätze*"; DUFF (GB): Achtung der Unabhängigkeit von Lehranstalten; FRIEDRICH (D): Garantie eines gleichberechtigten Zugangs zu Lehranstalten; KORTHALS ALTES (NL): Freiheit der Wahl zwischen Lehranstalten. Vgl. auch *St. Barriga*, Entstehung der Charta der Grundrechte, 2003, S. 95.

507 BERÈS (F), RODOTÀ (IT), MANZELLA (IT), PACIOTTI (IT), JANSSON (FN), BRAX (FN) und NIKULA (FN) bemängelten das Fehlen einer korrelativen Bindung an das Recht des Kindes.

508 RODOTÀ (IT), MANZELLA (IT), PACIOTTI (IT) und DEHOUSSE (B): Notwendigkeit des progressiv aufgebauten Erlernens von drei Sprachen.

509 BRAIBANT (F) und BERÈS (F).

510 DEHOUSSE (B).

511 CONVENT 37.

512 Vgl. *N. Bernsdorff/M. Borowsky*, Handreichungen und Sitzungsprotokolle, 2002, S. 289.

513 *N. Bernsdorff/M. Borowsky*, Handreichungen und Sitzungsprotokolle, 2002, S. 289 ff.; *Deutscher Bundestag* (Hrsg.), Charta der Grundrechte der Europäischen Union, 2001, S. 301 ff.

514 BENAKI-PSAROUDA (GR) befürchtete dagegen eine Aushöhlung des Rechts durch den nationalen Gesetzgeber; GOLDSMITH (GB) und KORTHALS ALTES (NL) kritisierten aller-

vor allem an der positiven Formulierung des Rechts auf Bildung. Einige Konventsmitglieder wiesen darauf hin, dass die in bewusster Abkehr von der negativen Formulierung des Art. 2 S. 1 des 1. ZP zur EMRK erfolgte positive Formulierung den Schluss auf die Gewährung eines einklagbaren Anspruchs auf Errichtung und ggf. Subventionierung eines entsprechenden Bildungssystems zuließe.[515] Die Befürworter der Formulierung eines Leistungsrechts trugen dagegen vor, dass die Union mit den Art. 149, 150 EG über erhebliche Detailkompetenzen verfüge.[516]

V. Protokoll der Sechzehnten und Siebzehnten Sitzung des Konvents am 11./12. bzw. 25./26.9.2000

Die abschließende dritte Lesung begann mit der sechzehnten Sitzung am 11./12. September 2000.[517] In einem ersten Entwurf eines vollständigen Textes der Grundrechtecharta[518] wurden die aufgezählten Erziehungsgrundsätze der Eltern um die „erzieherischen Überzeugungen" ergänzt[519], das Recht zur Grün-

---

dings weiterhin die Maßgabe der Beachtung der demokratischen Grundsätze wegen ihren unklaren Bedeutung und machten Bedenken geltend, die Vorschrift könne „*gefährliche Umkehrschlüsse*" zulassen, da nicht ersichtlich sei, wieso die Achtung der demokratischen Grundsätze nur bei Ausübung des Rechts zur Gründung von Lehranstalten gelten sollte (und nicht etwa auch bei der Freiheit der Meinungsäußerung oder der Versammlungsfreiheit), vgl. *St. Barriga*, Entstehung der Charta der Grundrechte, 2003, S. 95.

515 GOLDSMITH (GB); gegen die positive Formulierung ebenfalls FRIEDRICH (EP; D), GRIFFITHS (GB) und TARSCHYS (S). Vgl. *Deutscher Bundestag* (Hrsg.), Charta der Grundrechte der Europäischen Union, 2001, S. 306; s. auch *R. Geesmann*, Soziale Grundrechte im deutschen und französischen Verfassungsrecht und in der Charta der Grundrechte der Europäischen Union, 2005, S. 47.

516 MEYER (D); für die positive Formulierung *Leinen* (EP; D) und BACELAR DE VASCONCELLOS (P). Vgl. *Deutscher Bundestag* (Hrsg.), Charta der Grundrechte der Europäischen Union, 2001, S. 306.

517 *N. Bernsdorff/M. Borowsky*, Handreichungen und Sitzungsprotokolle, 2002, S. 57; *Deutscher Bundestag* (Hrsg.), Charta der Grundrechte der Europäischen Union, 2001, S. 359 ff.

518 CONVENT 45.

519 Mit der Berücksichtigung der „*erzieherischen*" Überzeugungen wurde über Art. 2 S. 2 des 1. ZP zur EMRK hinausgegangen. Diese Ergänzung erfolgte auf einen Änderungsantrag (CONVENT 34) MEYERS (D), der darüber hinaus in seinem Änderungsantrag (CONVENT 39) zu Art. 35 CONVENT 34 vorgeschlagen hatte, das Recht auf Bildung aus systematischen Gründen bei den sozialen Rechten zu verorten.

dung von Lehranstalten und das Elternrecht in einem Absatz zusammengefasst[520] und das Bildungsgrundrecht nicht mehr in Art. 16, sondern in Art. 14 verankert. Auf der Grundlage dieser Dokumente wurden die Gruppendiskussionen in der siebzehnten Sitzung des Konvents am 25./26. September 2000 fortgesetzt.[521] Der erwähnte Präsidiumsvorschlag war in der sechzehnten[522] und siebzehnten[523] Sitzung nur noch zurückhaltend kritisiert worden. Danach stand der endgültige Chartaentwurf – mit einigen Änderungen des Präsidiums[524] – bereits fest.

VI. Abschlusssitzung am 2.10.2000

Die feierliche Abschlusssitzung fand am 2. Oktober 2000 statt.[525] Die endgültige Fassung der Vorschrift des Art. 14 („Recht auf Bildung") kam wegen weiterer sukzessiver Änderungen in CONVENT 47[526], CONVENT 47 REV 1 und CONVENT 47 REV 1 ADD 1[527] allerdings erst in CONVENT 50 zustande.[528]

---

[520] CHARTE 4422/00 CONVENT 45.

[521] *Deutscher Bundestag* (Hrsg.), Charta der Grundrechte der Europäischen Union, 2001, S. 377 ff.

[522] Vgl. die Wortbeiträge in dieser Sitzung bei *N. Bernsdorff/M. Borowsky*, Handreichungen und Sitzungsprotokolle, 2002, S. 362 ff.

[523] Vgl. die Wortbeiträge in dieser Sitzung bei *N. Bernsdorff/M. Borowsky*, Handreichungen und Sitzungsprotokolle, 2002, S. 383, 386.

[524] Dokument CHARTE 4470/1/00 REV 1 ADD 1 CONVENT 47 v. 25.9.2000.

[525] Wortprotokoll in CHARTE 4412/00 CONVENT 54; vgl. auch *St. Barriga*, Entstehung der Charta der Grundrechte, 2003, S. 66; *N. Bernsdorff/M. Borowsky*, Handreichungen und Sitzungsprotokolle, 2002, S. 402 ff.

[526] In CONVENT 47 wurde das Recht auf unentgeltlichen Pflichtschulunterricht in einem selbständigen Absatz 2 normiert: mit dem Begriff „*Möglichkeit*" sollte klargestellt werden, dass die Verpflichtung zur Bereitstellung kostenlosen Pflichtschulunterrichts nicht die „*Union*" selbst treffen sollte. Da nach Ansicht des Konvents in allen Mitgliedstaaten bereits kostenloser Pflichtschulunterricht besteht, bot dieser Absatz kaum Anlass für Kontroversen; vgl. *St. Barriga*, Entstehung der Charta der Grundrechte, 2003, S. 95.

[527] In CONVENT 47 REV 1 und CONVENT 47 REV 1 ADD 1 wurde bei dem Erziehungsrecht nach Abs. 3 der Ausdruck „*Regelung*" durch „*Gesetze*" ersetzt. Des Weiteren sind die Erziehungsrechte nach Abs. 3 nicht – wie in Art. 2 S. 2 des 1. ZP zur EMRK – „*sicherzustellen*", sondern sie werden nur „*geachtet*". Nach einigen Zwischenentwürfen (CHARTE 4422/00 CONVENT 45, CHARTE 4470/00 CONVENT 47) sollten sie „*gewährleistet*" werden, dies wurde jedoch in letzter Sekunde wieder in „*geachtet*" umformuliert (CHARTE

B. Zusammenfassendes Ergebnis

Die Entstehungsgeschichte von Art. 14 EU-GRCh in besonderem Maße von der kontroversen Debatte in den Beratungen des Konvents und der politischen Konsensfindung um die Aufnahme eines Rechts auf Bildung geprägt. Dieser Entstehungsprozess macht deutlich, dass die Norm des Art. 14 EU-GRCh Ausdruck eines langwierig gewachsenen bildungspolitischen Kompromisses ist, der zwischen dem Entwurf eines noch in einem Satz formulierten „Rechts auf Bildung" von MEYER (D) einerseits und der ablehnenden Haltung anderer Teilnehmer gelagert ist. Der Grund dieser Kontroverse lässt sich freilich mit den kulturellen und bildungspolitischen Divergenzen in Bezug auf die Ausgestaltung des staatlichen Schulwesens, den Umfang der subjektiven Rechte des Einzelnen auf Bildung und die Stellung und die Finanzierung von Privatschulen innerhalb der Bildungssysteme der EU-Mitgliedstaaten erklären. So spiegelt die Auseinandersetzung um die Aufnahme eines „*Rechts auf Bildung*" die mannigfaltigen bildungspolitischen Traditionen der einzelnen europäischen Staaten um das richtige Schul- und Bildungssystem wider. Eine Einigung der Delegierten hinsichtlich der Aufnahme eines Rechts auf Bildung kam letztendlich deshalb zustande, da eine Charta, die zur Bildung schweige, für die Delegierten kaum vorstellbar gewesen wäre.[529]

4470/1/00 REV 1 ADD 1 CONVENT 47); vgl. *St. Barriga*, Entstehung der Charta der Grundrechte, 2003, S. 96.

[528] Vgl. *N. Bernsdorff*, in: Meyer (Hrsg.), EU-GRCh, Art. 14 Rdn. 9.

[529] Vgl. *N. Bernsdorff/M. Borowsky*, Handreichungen und Sitzungsprotokolle, 2002, S. 190.

4. Teil
Die Auslegung des Art. 14 EU-GRCh

Bei der Beurteilung der Frage, wie bzw. nach welchen Kriterien Art. 14 EU-GRCh auszulegen ist, ist zunächst eine Prüfung in mehreren Stufen von Nutzen, wie sie insbesondere in der Rechtsprechung des EGMR vollzogen wird.[530] Ausgangspunkt dieser Prüfung ist zunächst die Klärung, ob der Schutzbereich eines Grundrechts berührt, also das Grundrecht einschlägig ist.[531] Der Begriff „*Schutzbereich*" meint dabei den grundrechtlich geschützten Lebensbereich, in dem der Einzelne gegen staatliche Eingriffe geschützt ist,[532] d.h. die (potentielle) Reichweite eines bestimmten Grundrechts.[533] Zwar findet sich der sowohl im deutschen wie auch im österreichischen Recht verwendete Begriff des „*Schutz-*

---

530 *Chr. Grabenwarter*, EMRK, § 18 Rdn. 1 ff. Vgl. auch die insoweit entsprechende Struktur der Grundrechtsprüfung der Grundrechte nach dem GG, statt vieler: *M. Sachs*, in: Sachs (Hrsg.), GG, Vor Art. 1 Rdn. 77 ff.; *ders.*, Verfassungsrecht II, Grundrechte, A 7 Rdn. 1 ff.; *H. Dreier*, in: Dreier (Hrsg.), GG I, Vorb. Rdn. 119 ff. m.w.N. Trotz der insgesamt rudimentären inhaltlichen Aussagen zu den Einzelgrundrechten lässt auch die Rechtsprechung des EuGH eine solche Abstufung durchaus erkennen, beispielhaft: EuGH, Urteil v. 21.9.1989, verb. Rs. 46/87 und 227/88, („Hoechst AG"), Slg. 1989, 2859 (2924 f.) Rdn. 18; EuGH, Urteil v. 17.10.1989, verb. Rs. 97 bis 99/87, („Dow Chemical Ibérica SA u.a."), Slg. 1989, 3165 (3185 f.) Rdn. 15; EuGH, Urteil v. 26.6.1997, Rs. C-368/95, („Familiapress"), Slg. 1997, I-3689 (3717) Rdn. 25.

531 *H.-W. Rengeling/P. Szczekalla*, Grundrechte in der Europäischen Union, § 7 Rdn. 508; *P. Szczekalla*, in: Heselhaus/Nowak (Hrsg.), Handbuch der Europäischen Grundrechte, § 7 Rdn. 1.

532 *B. Pieroth/B. Schlink*, Grundrechte, Rdn. 195 ff. (197); *Th. Kingreen*, JuS 2000, 857 (860); *M. Bühler*, Einschränkung von Grundrechten nach der Europäischen Grundrechtecharta, 2005, S. 62 f.; ähnlich *M. Sachs*, in: Sachs (Hrsg.), GG, Vor Art. 1 Rdn. 77; *ders.*, Verfassungsrecht II, Grundrechte, A 7 Rdn. 1: „*Schutzgegenstand*".

533 Der sog. sachliche Schutzbereich eines Grundrechts wird wesentlich durch die textlichen Aussagen des betreffenden Grundrechts bestimmt, der sog. persönliche Schutzbereich umschreibt dagegen die Person, die das Grundrecht schützen soll. Ausführlich zum Schutzbereich der EU-Grundrechte, 2005 *H. D. Jarass*, EU-Grundrechte, § 6 Rdn. 1 ff. (6, 11, 13); vgl. auch *A. Peters*, EMRK, § 3 S. 22 ff., § 4 S. 27 ff.

bereichs" weder in der Rechtsprechung des EuGH[534] noch des EGMR[535]. Dennoch wird in dieser Arbeit von „*Schutzbereich*" gesprochen werden, denn dieser ist im Gegensatz zu den von EuGH und EGMR benutzten (wohl synonymen) Begrifflichkeiten „*Anwendungsbereich*" bzw. „*Anwendbarkeit*" wegen der ebenfalls in der Vorschrift des Art. 51 EU-GRCh auftauchenden Überschrift „*Anwendungsbereich*" („*field of application*" / „*champ d'application*"), in der es aber gerade nicht um den Schutzbereich geht, weniger missverständlich.

Ist der Schutzbereich einschlägig, wird weiter geprüft, ob eine bestimmte Maßnahme als Beeinträchtigung bzw. als Grundrechtseingriff zu qualifizieren ist; der Begriff des „*Eingriffs*" („*interference*" / „*ingérence*") wird dabei sowohl von EuGH[536] und vor allem vom EGMR[537] verwendet.[538] Die Frage, wann bei Belastungen des Grundrechtsträgers eine Beeinträchtigung bzw. ein Eingriff vorliegt, hat dagegen in der Rechtsprechung des EuGH[539] bislang keine große Rolle gespielt; vielmehr sah der Gerichtshof die beanstandete Maßnahme – im Geiste der integrationsfreundlichen „effet-utile"-Rechtsprechung – als gerecht-

---

534 Der EuGH benutzt stattdessen den Begriff „*Anwendungsbereich*" („*scope*" / „*champ d'application*"), vgl. etwa EuGH, Urteil v. 20.5.2003, verb. Rsn. C-465/00, C-138/01 u. C-139/01 („Österreichischer Rundfunk u. a."), Slg. 2003, I-4989 Rdn. 73. S. auch *A. v. Bogdandy*, in: Duschanek/Griller (Hrsg.), Grundrechte für Europa, 2002, S. 69 (102 f.).

535 Der EGMR spricht von „*Anwendbarkeit*" („*applicability*" / „*applicabilité*" bzw. „*application*"), vgl. etwa EGMR, Urteil v. 20.2.2003, Nr. 44324/98, („Kind ./. D"), Rdn. 41; EGMR, Urteil v. 22.6.2004, Nr. 31443/96, („Broniowski ./. PL"), Rdn. 126; EGMR, Urteil v. 8.1.2004, Nr. 47169/99, („Voggenreiter ./. D"), RJD 2004-I Rdn. 28.

536 Vgl. besonders deutlich EuGH, Urteil v. 20.5.2003, verb. Rsn. C-465/00, C-138/01 u. C-139/01, („Österreichischer Rundfunk"), Slg. 2003, I-4989 Rdn. 74; vgl. auch EuGH, Urteil v. 29.4.2004, verb. Rsn. C-482/01 u. 493/01, („Orfanopoulos"), Slg. 2004, I-5257 Rdn. 98 f.; EuGH, Urteil v. 9.9.2004, verb. Rsn. 184/02 u. 223/02, („Arbeitszeit im Transportgewerbe"), Slg. 2004, I-7789 Rdn. 52.

537 Vgl. etwa EGMR, Urteil v. 13.2.2003, Nr. 41340/98 u.a., („Refah Partisi u.a. ./. TR"), RJD 2003-II.

538 Missverständlich *H. D. Jarass*, EU-Grundrechte, § 6 Rdn. 17, der die Begriffe „*Eingriff*" und „*Einschränkung*" („*limitation*" / „*limitation*") im Sinne des Art. 52 Abs. 1 EU-GRCh gleichbedeutend anwendet.

539 Vgl. etwa EuGH, Urteil v. 28.10.1992, Rs. C-219/91, („Ter Voort"), Slg. 1992, I-5485 Rdn. 36 f.; EuGH, Urteil v. 28.4.1998, Rs. 200/96, („Metronome Musik GmbH"), Slg. 1998, I-1953 Rdn. 28; EuGH, Urteil v. 30.7.1996, Rs. C-84/95, („Bosphorus"), Slg. 1996, I-3953 Rdn. 22 ff.; EuGH, Beschluss v. 13.11.2000, Rs. 317/00, („Invest"), Slg. 2000, I-9541 Rdn. 59; EuGH, Urteil v. 5.10.1994, Rs. C-280/93, („Bananen-Urteil"), Slg. 1994, I-4973.

fertigt an.[540] Der EGMR scheint daneben einen großzügigen Eingriffsbegriff zugrunde zu legen und bejaht in Grenzfällen eher die Rechtfertigung.[541] Bei Abwehrrechten ist ein Eingriff generell anzunehmen, soweit ein Rechtsakt durch Maßnahmen der Exekutive oder Legislative auf den tatbestandlich fixierten Schutzbereich beschränkend einwirkt; im Bereich der grundrechtlichen Leistungsfunktion und damit der Beachtung positiver Verpflichtungen liegt die Grundrechtsbeeinträchtigung demgegenüber im Unterlassen der fraglichen Leistung bzw. des fraglichen Schutzes.[542]

Bei der Bejahung eines Eingriffs bzw. einer Beeinträchtigung gilt es dann zu entscheiden, ob der Eingriff bzw. die Beeinträchtigung gerechtfertigt ist, d.h. es müssen die Schranken bestimmt werden. Denn für die Effektivität des jeweiligen Grundrechts ist nicht nur die Bestimmung seines Schutzbereichs, sondern gerade die Festlegung der Einschränkungsmöglichkeiten von herausragender Bedeutung, da diese die Reichweite, also die Grenze des tatsächlichen Gewährleistungsgehalts, des jeweiligen Grundrechts determiniert.[543]

Ausgehend von dieser Prüfungsreihenfolge[544] sollen daher zunächst die Schutzbereiche der einzelnen Teilgewährleistungsinhalte des Rechts auf Bildung

---

540 Kritisch dazu *M. Kenntner*, ZRP 2000, 423 (424): *„wenig transparent"*; zur großzügigen Handhabung der Grundrechtseinschränkungen durch den EuGH, vgl. auch *A. Weber*, NJW 2000, 537 (543); *Th. Kingreen*, JuS 2000, 857 (860 f.).

541 Vgl. *A. Peters*, EMRK, § 3 S. 22.

542 Vgl. zu dieser Unterscheidung *H. Krieger*, in: Grote/Marauhn (Hrsg.), EMRK/GG, Kap. 6 Rdn. 44; ebenso *H. D. Jarass*, EU-Grundrechte, § 6 Rdn. 20, 59 ff.; *P. Lerche*, in: Isensee/Kirchhof (Hrsg.), Hdb StaatsR V, § 121 Rdn. 45; vgl. auch *R. Winkler*, Die Grundrechte der Europäischen Union, 2006, S. 188; *P. Szczekalla*, in: Heselhaus/Nowak (Hrsg.), Handbuch der Europäischen Grundrechte, § 7 Rdn. 19 ff.; *Th. Kingreen*, JuS 2000, 857 (861); ausführlich dazu auch *M. Bühler*, Einschränkung von Grundrechten nach der Europäischen Grundrechtecharta, 2005, S. 72 ff.

543 Vgl. etwa *A. Weber*, in: Tettinger/Stern (Hrsg.), Kölner Gemeinschaftskommentar zur Europäischen Grundrechte-Charta, B V Rdn. 15; *M. Kenntner*, ZRP 2000, 423 (424). Ebenso für die deutsche Grundrechtsdogmatik *M. Sachs*, Verfassungsrecht II, Grundrechte, A 7 Rdn. 25.

544 Im Ergebnis ebenso *H.-W. Rengeling/P. Szczekalla*, Grundrechte in der Europäischen Union, § 7 Rdn. 505 f.; *P. Szczekalla*, in: Heselhaus/Nowak (Hrsg.), Handbuch der Europäischen Grundrechte, § 7 Rdn. 1 ff.; *M. Bühler*, Einschränkung von Grundrechten nach der Europäischen Grundrechtecharta, 2005, S. 33; *R. Winkler*, Die Grundrechte der Europäischen Union, 2006, S. 188 f.; *H. D. Jarass*, EU-Grundrechte, § 6 Rdn. 1 f.; *Th. Kingreen*, JuS 2000, 857 (860 ff.); *ders.*, in: Callies/Ruffert (Hrsg.), EUV/EGV, Art. 6 EUV Rdn. 64 ff. Wohl auch *H. Krieger*, in: Grote/Marauhn (Hrsg.), EMRK/GG, Kap. 6 Rdn. 44.

im Sinne des Art. 14 EU-GRCh in grammatikalischer und systematischer Interpretation ausgelegt werden, um dann anhand der vorgegebenen und zuvor dargestellten Auslegungsregeln der Charta (Art. 51 ff. EU-GRCh) Inhalt und Schranken bzw. Begrenzungen der Gewährleistungen des Art. 14 EU-GRCh zu ermitteln. Im Rahmen der Ermittlung der Reichweite des Rechts auf Bildung und der einzelnen Teilgewährleistungen soll auch – wie einleitend erwähnt – der Rechtebestand der EMRK sowie die Vorschriften der Sozialchartas durchleuchtet werden, an die sich die Auslegung des Art. 14 EU-GRCh gemäß Art. 52 Abs. 3 bzw. 53 EU-GRCh zu orientieren hat. Ferner sollen die Verfassungen der 25 Mitgliedstaaten der EU im Hinblick auf ein Recht auf Bildung untersucht werden; dabei dürfte für die Auslegung des Art. 14 EU-GRCh nach hier vertretener Ansicht[545] auch die Anwendung der Traditions-Regel des Art. 52 Abs. 4 EU-GRCh aufschlussreich sein, falls sämtliche in Art. 14 EU-GRCh enthaltene Teilgewährleistungen in den gemeinsamen Verfassungsüberlieferungen in Gestalt eines Grundrechts tradiert sind. Schließlich soll der Kontext internationaler Verträge beleuchtet werden, der nach der Schutzniveau-Regel des Art. 53 EU-GRCh zu beachten ist.

A. Das Recht auf Bildung nach Art. 14 Abs. 1, 1. Alt. EU-GRCh

I. Der sachliche Schutzbereich von „*Bildung*"

Die Vorschrift des Art. 14 Abs. 1 EU-GRCh bestimmt in seiner ersten Alternative:

> „*Jede Person hat das Recht auf Bildung [...].*"

Der Schutzbereich des Art. 14 Abs. 1, 1. Alt. EU-GRCh erfasst damit zunächst die „*Bildung*". Da die Grundrechtecharta nicht näher definiert, was der Ausdruck „*Bildung*" im Einzelnen umfassen soll, muss im Folgenden geprüft werden, was in diesem Zusammenhang mit dieser Begrifflichkeit gemeint ist.

---

545 S. dazu oben, 2. Teil, B. II. 2 c) dd).

1. Die grammatikalische Auslegung

Ein allgemein anerkannter Bildungsbegriff hat sich bisher nicht durchsetzen können.[546] Die Definitionsbreite dieses Begriffs ist freilich mannigfaltig und facettenreich.[547] Nach dem gewöhnlichen Sprachgebrauch kann der Begriff „*Bildung*“ als die Entwicklung des Menschen im Hinblick auf seine geistigen, seelischen, kulturellen und sozialen Fähigkeiten bezeichnet werden.[548] Diese allgemein verstandene Bildung kann durch Erziehung, Unterricht oder eigene Tätigkeit erlangt werden.[549] In Anlehnung an dieses Begriffsverständnis spricht nichts dagegen, auch den Terminus „*Bildung*“ im Sinne des Art. 14 Abs. 1, 1. Alt. EU-GRCh einerseits als einen Bildungsprozess, zum anderen auch das Resultat die-

---

[546] Vgl. *Cl. Menze*, in: Staatslexikon Bd.1, Stichwort „Bildung“, S. 784; *Th. Oppermann*, in: Isensee/Kirchhof (Hrsg.), Hdb StaatsR VI, § 135 Rdn. 7; *E.-W. Luthe*, Bildungsrecht, 2003, S. 3 f.; *H. J. Faller*, EuGRZ 1981, 611 (611); *W. Kämpfer*, EuGRZ 1981, 721 (722); *M. Abelein*, DÖV 1967, 375 (376); *J. Dietlein*, Grundrechte in den Verfassungen der neuen Bundesländer, 1993, S. 151; *I. Richter*, RdJB 1997, 2 (2).

[547] Vgl. etwa *K. Odendahl*, in: Heselhaus/Nowak (Hrsg.), Handbuch der Europäischen Grundrechte, § 39 Rdn. 1: „*Das ‚Recht auf Bildung' ist ein schillernder Begriff. Seine genauen Konturen sind schwer festzumachen.*“. Umfassend zum Versuch, den Begriff der Bildung zu erklären, *R. Koselleck*, in: Koselleck (Hrsg.), Bildungsbürgertum im 19. Jahrhundert, Teil II, 1990, S. 11 (13 ff.): „*Bildung ist weder Ausbildung noch Einbildung. [...] Weder läßt sich Bildung auf ihre institutionellen Voraussetzungen reduzieren: nur Ergebnis der Ausbildung zu sein, noch läßt sich Bildung psychologisch oder ideologisch auflösen: nur Einbildung der vermeintlich Gebildeten zu sein.*“. Vgl. nur *L. Kühnhardt*, in: Kühnhardt (Hrsg.), Erweiterung und Vertiefung, 2005, S. 195 (195): „*Bildung ist ein relationaler Begriff, der sich nicht darin erschöpfen lässt, dass eine Minimaldiskussion seines Inhaltes in eine lexikonfähige Definition gegossen wird. Bildung und Erziehung stehen immer im Gesamtzusammenhang der gesellschaftlichen Situtation und Entwicklung. Gerade deswegen ist das Bildungswesen der Schlüsselbereich schlechthin, um gesellschaftliche Prozesse zu fördern oder Veränderungen einzuleiten.*“. Nach *H. Schiedermair*, Forschung und Lehre 10/2004, 588, ist Bildung die „*Prägung, die als solche den Menschen im Umgang mit Wissen und Können zur geistigen Bewältigung seiner Existenz befähigt.*“. *B. Pieroth/A. Siegert*, RdJB 1994, 438 (442) definieren Bildung als „*alles [...], was geistig erworben werden kann, auch wenn es nicht der beruflichen Qualifikation dient, wie z.B. der Besuch von Grund- und Hauptschulen.*“. Vgl. ferner *G. Bollenbeck*, Bildung und Kultur, 1994, S. 103: „*Bildung kann ein Resultat und einen Prozess ausdrücken, so in der Bedeutung von ‚Gestalt' (forma) oder in der Bedeutung von ‚Gestaltung' (formatio).*“.

[548] *Der Brockhaus*, Zweiter Band, Stichwort „Bildung“, S. 132; vgl. auch *L. Kühnhardt*, in: Kühnhardt (Hrsg.), Erweiterung und Vertiefung, 2005, S. 195 (196).

[549] Vgl. *W. Kämpfer*, EuGRZ 1981, 721 (722); *O. Nowoczyn*, Bildungspolitische Kompetenzen der Europäischen Gemeinschaft nach Maastricht, 1996, S. 104.

ses Prozesses, nämlich das Erlernte, zu verstehen.[550] Diese Lesart ergibt sich ebenfalls aus der englischen Textfassung, wo der verwendete Begriff „*education*" mit „Erziehung, (Aus-)Bildung, (erworbene) Bildung, Bildungsstand"[551] übersetzt wird, wie auch aus dem französischen Terminus „*éducation*", der als „Erziehung, Bildung, Schulung, Fortbildung, Weiterbildung"[552] verstanden wird.[553]

Ob aber der Schutzbereich von „*Bildung*" nur die gesamte schulische Elementarausbildung oder auch den Sekundarunterricht oder gar den Hochschulbereich umfassen soll, lässt sich allein anhand der am Wortlaut orientierten Auslegung nicht eindeutig entnehmen. Für eine nähere Eingrenzung des Schutzumfangs müssen daher die übrigen Auslegungsmethoden herangezogen werden.

2. Die systematische Auslegung

Aus systematischen Gesichtspunkten könnte für die Reichweite von Art. 14 Abs. 1, 1. Alt. EU-GRCh zunächst ein Vergleich mit den im Rahmen des Elternrechts des Art. 14 Abs. 3, 2. Alt. EU-GRCh verwendeten Begrifflichkeiten „*Erziehung und Unterricht*" aufschlussreich sein. Darüber hinaus ist zu beachten, dass das Recht auf „*Bildung*" durch das Recht auf Zugang zur „*beruflichen Aus- und Weiterbildung*" gemäß Art. 14 Abs. 1, 2. Alt. EU-GRCh ausgedehnt werden soll[554], wobei man in diesem Zusammenhang zwangsläufig damit konfrontiert werden wird, dass diese Begriffe in einem anderen Bereich des Gemeinschaftsrechts, nämlich in den Art. 149 und 150 EG, Verwendung finden. Schließlich ist im Rahmen der systematischen Auslegung zur Bestimmung des Schutzbereichs die Vorschrift des Art. 2 S. 1 des 1. ZP zur EMRK bedeutsam, da das allgemeine Recht auf Bildung des Art. 14 Abs. 1, 1. Alt. EU-GRCh mit der Vorschrift

---

[550] Vgl. *B. Kempen*, in: Tettinger/Stern (Hrsg.), Kölner Gemeinschaftskommentar zur Europäischen Grundrechte-Charta, Art. 14 Rdn. 7; *N. Bernsdorff*, in: Meyer (Hrsg.), EU-GRCh, Art. 14 Rdn. 12.

[551] *Langenscheidts Handwörterbuch*, Englisch-Deutsch, Stichwort „*education*", S. 212. „*Education*" bezeichnet „*the process by which persons, usually children or young people, develop their intellectual, emotional, spiritual and physical powers and so became more fully participating members of the community to which they belong; it is thus applied to describe both individual and social development*", zitiert bei *A. Köpcke-Duttler*, in: Jach/Jenkner (Hrsg.), 50 Jahre GG und Schulverfassung, 2000, S. 91 (95).

[552] *Pons*, Großwörterbuch, Französisch-Deutsch, Stichwort „*éducation*", S. 256.

[553] Kritisch dazu *R. Koselleck*, in: Koselleck (Hrsg.), Bildungsbürgertum im 19. Jahrhundert, Teil II, 1990, S. 11 (14 ff.).

[554] S. dazu unten, B.

des Art. 2 S. 1 des 1. ZP i.S.d. Art. 52 Abs. 3 S. 1 EU-GRCh „deckungsgleich" ist.[555]

a) Art. 14 Abs. 3, 2. Alt. EU-GRCh

In dem in Art. 14 Abs. 3, 2. Alt. EU-GRCh gewährleisteten Elternrecht werden die Begriffe „*Erziehung und Unterricht*" normiert. Der systematische Zusammenhang mit den Begriffen „*Erziehung und Unterricht*" sowie die sinngemäße Übersetzung der englischen („*education and teaching*"[556]) und französischen („*l'éducation et l'enseignement*"[557]) Textfassung legt nahe, den Begriff von „*Bildung*" zumindest als der Vorgang oder das Ergebnis von *schulischem* Unterricht und Erziehung zu interpretieren.[558] Inwieweit Bildung sich möglicherweise nur auf die Elementarschule beziehen soll, bleibt dabei aber ebenso offen wie die Frage, ob auch weiterführende Schulen sowie der Hochschulbereich hiervon erfasst werden sollen. Zu prüfen ist daher im Folgenden, ob eine Abgrenzung zur „*beruflichen Aus- und Weiterbildung*" im Sinne des Art. 14 Abs. 1, 2. Alt. EU-GRCh den Schutzumfang näher eingrenzen kann.

b) Abgrenzung zu Art. 14 Abs. 1, 2. Alt. EU-GRCh

In den Schutzbereich des garantierten Rechts auf „*Bildung*" soll gemäß Art. 14 Abs. 1, 2. Alt. EU-GRCh ausdrücklich auch das Recht auf Zugang zur „*beruflichen Ausbildung und Weiterbildung*" einbezogen werden. Aus der Abgren-

---

555 *N. Bernsdorff*, in: Meyer (Hrsg.), EU-GRCh, Art. 14 Rdn. 16. S. auch die Erläuterungen des Präsidiums des Europäischen Konvents v. 16.12.2004 zu Art. 14 Abs. 1, 1. Alt. EU-GRCh, ABl. 2004 Nr. C 310 S. 434, wo es wörtlich heißt: „*1. Dieser Artikel lehnt sich [...] auch an Artikel 2 des Zusatzprotokolls zur EMRK an, der folgenden Wortlaut hat: ‚Niemandem darf das Recht auf Bildung verwehrt werden. [...].*'", sowie die Erläuterungen zu Art. 52 Abs. 3 EU-GRCh, a.a.O., S. 457 f.: „*Artikel, die dieselbe Bedeutung haben wie die entsprechenden Artikel der EMRK, deren Tragweite aber umfassender ist: [...] Artikel 14 Absatz 1 entspricht Artikel 2 des Zusatzprotokolls zur EMRK [...].*".

556 *Langenscheidts Handwörterbuch*, Englisch-Deutsch, Stichwort „*teaching*" = „Unterrichten, Lehren, Lehre", S. 655; zur Bedeutung von „*education*" vgl. oben Fn. 551.

557 *Pons*, Großwörterbuch, Französisch-Deutsch, Stichwort „*enseignement*", S. 278 = Unterricht, Schulwesen, Unterrichtswesen; vgl. auch *G. Köbler*, Rechtsfranzösisch, Stichwort „*enseignement*" = Unterricht, S. 239; zur Bedeutung von „*éducation*" vgl. oben Fn. 552.

558 *N. Bernsdorff*, in: Meyer (Hrsg.), EU-GRCh, Art. 14 Rdn. 12. Vgl. hierzu auch *E. Bannwart-Maurer*, Das Recht auf Bildung und das Elternrecht, Art. 2 des 1. ZP zur EMRK, 1975, S. 65 ff., 70. Zweifelnd *B. Kempen*, in: Tettinger/Stern (Hrsg.), Kölner Gemeinschaftskommentar zur Europäischen Grundrechte-Charta, Art. 14 Rdn. 8.

zung beider Schutzbereiche gegeneinander könnte sich zugleich eine Grenze für die Auslegung von „*Bildung*" im Sinne von Art. 14 Abs. 1, 1. Alt. EU-GRCh ergeben. Dies wäre dann der Fall, wenn sich „*Bildung*" im Sinne der ersten Alternative nicht auf solche Tätigkeiten bezieht, die auf den Erwerb einer berufsbezogenen Qualifikation gerichtet sind.[559] Fraglich ist damit, wo die Grenze zwischen allgemeiner und beruflicher Ausbildung zu ziehen ist.

In diesem Zusammenhang wird man – wie einleitend erwähnt - nicht umgehen können, dass innerhalb des Gemeinschaftsrechts beachtliche Berührungspunkte mit den Begriffen „*Bildung*" in Art. 149 EG und „*berufliche Bildung*" in Art. 150 EG bestehen, zumal Inhalt und Abgrenzung hierbei heftig umstritten sind.[560] Als Anknüpfungspunkt für die Auslegung der Begrifflichkeiten des Art. 14 Abs. 1 EU-GRCh könnten daher die in diesem Rahmen vorgetragenen Argumente nützlich sein, welche insbesondere für die bereits erwähnte Zuordnung der höheren und der universitären Bildung von Bedeutung sein könnten.

aa) „Bildung" und „berufliche Bildung" in Art. 149 und 150 EG

Nach Art. 149 und 150 EG verfügt die Gemeinschaft auf dem Gebiet des Bildungswesens über eigene Kompetenzen, die das Tätigwerden der Gemeinschaftsorgane regelt.[561] Da das in Art. 149 und 150 EG verwendete Begriffsverständnis, wie noch zu zeigen sein wird, und der hierüber entbrannte Meinungsstreit allerdings nicht ohne Blick auf die Entstehungsgeschichte zu verstehen sind[562], soll diese und die damit einhergehende „dynamische Bildungsrechtsprechung"[563] des EuGH im Folgenden durchleuchtet werden. Erst im Anschluss

---

559 *A. Große Wentrup*, Europäische Grundrechtecharta, 2003, S. 123.

560 Vgl. nur *H.-J. Blanke*, in: Grabitz/Hilf (Hrsg.), EUV/EGV, Bd. II, Art. 149, 150 EGV (2004) Rdn. 4 ff.; *A. Fürst*, Die bildungspolitischen Kompetenzen der Europäischen Gemeinschaft, 1999, S. 254.

561 Vgl. *M. Simm*, in: Schwarze (Hrsg.), EU, Art. 150 EGV Rdn. 3; *H.-J. Blanke*, in: Grabitz/Hilf (Hrsg.), EUV/EGV, Bd. II, Art. 149, 150 EGV (2004) Rdn. 4; *J. Caspar*, RdJB 2001, 165 (175).

562 Vgl. *Cl. D. Classen*, in: Groeben/Schwarze (Hrsg.), EUV/EGV, Art. 149 EG Rdn. 2; *R. Dohms*, RdJB 1992, 451 (451).

563 So *Th. Oppermann*, Europarecht, Rdn. 1908; *M. Niedobitek*, in: Streinz (Hrsg.), EUV/EGV, Art. 149 EGV Rdn. 8. Zur Rechtsprechung umfassend *H.-J. Blanke*, in: Grabitz/Hilf (Hrsg.), EUV/EGV, Bd. II, vor Art. 149, 150 EGV (2004) Rdn. 34 ff.; *A. Fürst*, Die bildungspolitischen Kompetenzen der Europäischen Gemeinschaft, 1999, S. 14 ff.; *H. Schneider*, in: Bleckmann (Hrsg.), Europarecht, Rdn. 2668 ff.; *K. Weber*, Die Bildung im Europäischen Gemeinschaftsrecht und die Kulturhoheit der deutschen Bundesländer, 1993, S. 40

daran ist es möglich, die Begriffe „*Bildung*" im Sinne des Art. 149 EG und „*berufliche Bildung*" im Sinne des Art. 150 EG definieren zu können.

(1) Entstehungsgeschichte

Ursprünglich spielte die Bildungspolitik im Gemeinschaftsrecht praktisch kaum eine Rolle.[564] Primäre Ziele waren die wirtschaftliche Entwicklung und die damit verknüpften Aufgaben der Zusammenarbeit.[565] Der am 27. März 1957 geschlossene Vertrag zur Gründung einer Europäischen Wirtschaftsgemeinschaft (EWGV)[566] enthielt demgemäß auch keine Regelung, welche der Gemeinschaft eine Zuständigkeit für den gesamten Bildungsbereich zugewiesen hätte.[567] Lediglich ein „*rudimentärer*"[568] Ansatzpunkt für eine eigene Bildungspolitik der Gemeinschaft befand sich in der Vorschrift des damaligen Art. 128 EWGV[569], einer Randnorm zur Regelung des Europäischen Sozialfonds[570], der

---

ff.; *H. Krüger*, in: Flämig u.a. (Hrsg.), Hdb WissR I, S. 189 (198 ff.); *H. Conrad*, WissR 22 (1989), 97 ff.; *J. E. Feuchthofen/H.-J. Brackmann*, RdJB 1992, 468 (470 f.); *R. Dohms*, RdJB 1992, 451 (452); *M. Schweitzer/W. Herzog*, ZfRV 1991, 14 (21 ff.); *K. Wägenbaur*, EuR 1990, 135 (138 ff.); vgl. auch *B. Wittkowski*, RdJB 1994, 371 (318); *I. Berggreen*, RdJB 1992, 436 (439). Kritisch dazu *G. Konow*, RdJB 1989, 118 (124 f.).

564 *H. Krüger*, in: Flämig u.a. (Hrsg.), Hdb WissR I, S. 189 (199); *Cl. D. Classen*, in: Groeben/Schwarze (Hrsg.), EUV/EGV, Art. 149 EG Rdn. 3; *M. Niedobitek*, in: Streinz (Hrsg.), EUV/EGV, Art. 149 EGV Rdn. 2.

565 Vgl. *Th. Oppermann*, Europarecht, Rdn. 1907; *H. Schiedermair*, in: Flämig u.a. (Hrsg.), Hdb WissR I, S. 37 (78); *Fr. Fechner*, RdJB 1996, 35 (36).

566 S. dazu oben Fn. 16.

567 *H. Schneider*, in: Bleckmann (Hrsg.), Europarecht, Rdn. 2630, 2634; *H. Avenarius*, Einführung in das Schulrecht, S. 11; *U. Fink*, EuGRZ 2001, 193 (194); *U. v. Creytz*, Verfassungsfragen des Bildungsrechts, 2003, S. 127.

568 So *I. Hochbaum*, BayVBl. 1987, 481 (483); *A. Dittmann/Cl. Fehrenbacher*, RdJB 1992, 478 (485).

569 In Art. 128 Abs. 1 EWGV hieß es: „*Auf Vorschlag der Kommission und nach Anhörung des Wirtschafts- und Sozialausschusses stellt der Rat in bezug auf die Berufsausbildung allgemeine Grundsätze zur Durchführung einer gemeinsamen Politik auf, die zu einer harmonischen Entwicklung sowohl der einzelnen Volkswirtschaften als auch des Gemeinsamen Marktes beitragen kann.*". Vgl. auch *H. Schneider*, in: Bleckmann (Hrsg.), Europarecht, Rdn. 2635.

570 Vgl. *M. Niedobitek*, EuR 1995, 349 (350); *U. v. Creytz*, Verfassungsfragen des Bildungsrechts, 2003, S. 127.

allerdings zunächst kaum praktische Bedeutung zukam.[571] Nach dieser Norm wurde der Rat dazu ermächtigt, allgemeine Grundsätze zur Durchführung einer gemeinsamen Politik „*in Bezug auf die Berufsausbildung*" aufzustellen.[572]

Von einschneidender Bedeutung war demnach die Interpretation des zentralen Begriffs der „*Berufsausbildung*" im Sinne des Art. 128 EWGV durch den EuGH, der im Laufe seiner Bildungsrechtsprechung immer weiter ausgedehnt wurde.[573] Von der Interpretation dieses Merkmals hing es nämlich im Wesentlichen ab, ob der Anwendungsbereich des Gemeinschaftsrechts auf die allgemeine Bildung erstreckt werden sollte oder nicht. Als einer der Meilensteile wird in diesem Zusammenhang die noch zu erörternde bahnbrechende „*Gravier*"-Entscheidung des EuGH vom 13. Februar 1985[574] bewertet, die als „*Gravier-Doktrin*"[575] maßgeblichen Einfluss auf nachfolgende Entscheidungen und die Zuständigkeitsverteilung auf dem Gebiet der Bildungspolitik zwischen Mitgliedstaaten und Gemeinschaft erlangte.[576]

(a) Der Begriff der „Berufsausbildung" in der Rechtsprechung des EuGH auf der Basis von Art. 128 EWGV

Im Folgenden sollen auch die in vorangegangenen Urteilen vorgegebene und fortentwickelte Tendenz dargestellt werden, denn nur so kann der vom EuGH entwickelte weite Begriff von „*Berufsausbildung*" nachvollzogen werden.

---

571 Vgl. *Cl. D. Classen*, in: Groeben/Schwarze (Hrsg.), EUV/EGV, Art. 149 EG Rdn. 2, 4; s. auch *ders.*, in: Groeben/Thiesing/Ehlermann (Hrsg.), 5. Aufl., EUV/EGV, Vorb. zu Art. 126 und 127 EGV Rdn. 3.

572 Vgl. dazu *St. Cludius*, Kompetenzen in der Europäischen Gemeinschaft für den Bereich der Bildungspolitik, 1995, S. 9 ff.; *St. Bode*, Europarechtliche Gleichbehandlungsansprüche Studierender und ihre Auswirkungen in den Mitgliedstaaten, 2005, S. 38 ff.

573 *I. Berggreen*, RdJB 1992, 436 (439); s. auch *St. Cludius*, Kompetenzen in der Europäischen Gemeinschaft für den Bereich der Bildungspolitik, 1995, S. 10: „*Der Begriff der Berufsausbildung war und ist ein Schlüsselbegriff für die Kompetenzverteilung zwischen der Union und den Mitgliedstaaten im Bildungsbereich.*".

574 EuGH, Urteil v. 13.2.1985, Rs. 293/83, („Gravier"), Slg. 1985, 593.

575 Vgl. unten Fn. 594.

576 Vgl. *B. Wittkowski*, RdJB 1994, 317 (318, 319); *A. Dittmann/Cl. Fehrenbacher*, RdJB 1992, 478 (486); *D. Staudenmayer*, WissR 27 (1994), 249 (251 f.); *D. O. Reich*, EuGRZ 2001, 1 (4); *J. Flynn*, in: De Witte (Hrsg.), European Community Law of Education, 1989, S. 95 ff.

(aa) Rechtssache Casagrande, 1974

Schon 1974 fällte der EuGH mit dem *Casagrande*-Urteil[577] die erste richtungsweisende Entscheidung im Bildungswesen.[578]

Der EuGH hatte zu klären, ob der Kläger – italienischer Staatsangehöriger und Sohn eines in der Bundesrepublik Deutschland angestellten Arbeiters – einen Anspruch darauf hatte, die Ausbildungsförderung für Schüler nach dem bayerischen Ausbildungsförderungsgesetz (BayAföG) zu erhalten. Unter Verweis auf Art. 3 BayAföG, wonach die Ausbildungsförderung nur Deutschen sowie heimatlosen und asylberechtigten Ausländern gewährt werde, wurde dem Kläger die Ausbildungsförderung versagt. Der EuGH stellte fest:

> *„Die Bildungspolitik gehört zwar als solche nicht zu den Materien, die der Vertrag der Zuständigkeit der Gemeinschaftsorgane unterworfen hat. Daraus folgt aber nicht, dass die Ausübung der der Gemeinschaft übertragenen Befugnisse irgendwie eingeschränkt wäre, wenn sie sich auf Maßnahmen auswirken kann, die zur Durchführung etwa der Bildungspolitik ergriffen worden sind.*“[579]

Der EuGH stützte sich hierbei auf die Art. 49 EWGV[580] konkretisierende Verordnung 1612/68[581], nach deren Art. 12 Abs. 1 die Teilnahme der Kinder[582] von Wanderarbeitnehmern am Unterricht unter gleichen Bedingungen wie Kin-

---

577 EuGH, Urteil v. 3.7.1974, Rs. 9/74, („Casagrande“), Slg. 1974, 773.

578 Vgl. *A. Fürst*, Die bildungspolitischen Kompetenzen der Europäischen Gemeinschaft, 1999, S. 15; *G. Gori*, Towards an EU Right to Education, 2001, S. 26; *D. O. Reich*, EuGRZ 2001, 1 (4); *I. Hochbaum*, BayVBl. 1987, 481 (485); *B. Wittkowski*, RdJB 1994, 371 (318); *G. Seidel/A. Beck*, Jura 1997, 393 (394).

579 EuGH, Urteil v. 3.7.1974, Rs. 9/74, („Casagrande“), Slg. 1974, 773 (779) Rdn. 6, bestätigt in EuGH, Urteil v. 29.1.1975, Rs. 68/74 („Alaimo“), Slg. 1975, I-109 (114) Rdn. 5/7; weiterentwickelt in EuGH, Urteil v. 30.9.1975, Rs. 32/75, („Cristini“), Slg. 1975, I-1085 (1095) Rdn. 10 ff.

580 Später Art. 40 EG (= Art. III-134 EuVerf). Art. 49 EWGV normierte: *„Der Rat trifft [...] durch Richtlinien oder Verordnungen alle erforderlichen Maßnahmen, um die Freizügigkeit der Arbeitnehmer im Sinne des Art. 39 herzustellen [...].*“.

581 Verordnung (EWG) Nr. 1612/68 des Rates v. 15.10.1968 über die Freizügigkeit der Arbeitnehmer innerhalb der Gemeinschaft, ABl. 1968 Nr. L 257 S. 2 ff.

582 Zum Begriff „Kind“ i.S.v. Art. 12 der Verordnung siehe EuGH, Urteil v. 4.5.1995, Rs. C-7/94, („Gaal“), Slg. 1995, I-1031.

dern des Aufenthaltsstaats vorgesehen wurde.[583] Der EuGH unterstrich, dass der Anwendungsbereich des Art. 12 der Verordnung nicht nur auf die Zulassungsbedingungen, sondern auch auf allgemeine Maßnahmen abziele, welche die Teilnahme am Unterricht erleichtern sollen.[584]

Damit hat der EuGH erstmals entschieden, dass die Gemeinschaftsorgane in der Ausübung ihrer Kompetenzen nicht dadurch beschränkt seien, dass sich einzelne Rechtsakte auf die Bildungspolitik der Mitgliedstaaten auswirken.[585] Schon in dieser Entscheidung machte der EuGH deutlich, dass etwaige Auswirkungen von Maßnahmen aus anderen Regelungsbereichen auf das nationale Bildungswesen der Gemeinschaft nicht entgegengehalten werden konnten.[586]

(bb) Rechtssache Forcheri, 1983

In der Rechtssache *Forcheri*[587] klagte die italienische Ehefrau eines EG-Beamten gegen eine in Belgien erhobene Studiengebühr für ausländische Studenten an einer nichtuniversitären Hochschule (sog. „*Institut Supérieur de Sciences humaines appliquées*“ in Brüssel). Befreit waren von diesen Gebühren nach einem Runderlass von 1978 nur bestimmte Personengruppen, darunter Studenten, deren Ehegatten ihren Wohnsitz in Belgien hatten, dort eine bezahlte Tätigkeit ausübten und ihre Steuern an den belgischen Staat entrichteten. Nach Ansicht des *Institut Supérieur de Sciences humaines appliquées* gehörte die Ehe-

583 Vgl. dazu *H. Schneider*, in: Bleckmann (Hrsg.), Europarecht, Rdn. 2642; *K. Hailbronner*, EuZW 1991, 171 ff.; *G. Seidel/A. Beck*, Jura 1997, 393 (394); *H. Avernarius,* NVwZ 1988, 385 (386).

584 EuGH, Urteil v. 3.7.1974, Rs. 9/74, („Casagrande“), Slg. 1974, 773 (774 f.), 3. Ls. Ausführlich dazu *A. Fürst*, Die bildungspolitischen Kompetenzen der Europäischen Gemeinschaft, 1999, S. 16 ff.

585 Für viele *Th. Oppermann*, Von der EG-Freizügigkeit zur gemeinsamen europäischen Ausbildungspolitik? Die „Gravier“-Doktrin des Gerichtshofes der Europäischen Gemeinschaften, 1988, S. 20; *ders.*, Europäisches Gemeinschaftsrecht und deutsche Bildungsordnung – „Gravier“ und die Folgen, 1987, S. 16. Vgl. auch *B. Kempen*, in: Hartmer/Detmer (Hrsg.), Hdb Hochschulrecht, Kap. I, Rdn. 60; *B. Wittkowski*, RdJB 1994, 317 (317 f.); *C. O. Lenz*, EA 1989, 125 (127); *H. Conrad*, WissR 22 (1989), 97 (100). In der Literatur gab es zu dieser ersten bildungspolitischen Entscheidung Kritik, vgl. etwa *Br. de Witte*, in: De Witte (Hrsg.), European Community Law of Education, 1989, S. 71 (72); *H. Avenarius*, NVwZ 1988, 385 (389 f.).

586 *H. Krüger*, in: Flämig u.a. (Hrsg.), Hdb WissR I, S. 189 (200).

587 EuGH, Urteil v. 13.7.1983, Rs. 152/82, („Forcheri”), Slg. 1983, 2323.

frau des Gemeinschaftsbeamten nicht zu dieser Personengruppe, da dieser keine Steuern an den belgischen Staat abführte.[588]

Der EuGH stützte sich in seiner Entscheidung zum ersten Mal auf das Diskriminierungsverbot des Art. 7 EWGV (jetzt Art. 12 EG) – eine Vorschrift, die dann später im bereits erwähnten *Gravier*-Urteil von entscheidender Bedeutung sein sollte.[589] Die Frage, ob die Ungleichbehandlung der italienischen Ehefrau gegen das Diskriminierungsverbot des Art. 7 EWGV verstieß, hing also davon ab, ob der Zugang zu den Bildungseinrichtungen, insbesondere zu solchen der „*Berufsausbildung*", zum Anwendungsbereich des Vertrags gehörte.

Dies bejahte der EuGH unter Berufung auf Art. 128 EWGV und den Begründungserwägungen des Beschlusses 63/266[590]. In dieser Entscheidung wurde der Begriff der in Art. 128 EWGV genannten „*Berufsausbildung*" wohl erstmals auf eine Ausbildung bezogen, die nach Feststellung des EuGH hauptsächlich der Berufsausbildung dient.[591] Neu an der *Forcheri*-Entscheidung war, dass der

---

588 Vgl. dazu *D. Staudenmayer*, WissR 27 (1994), 249 (250 f.).

589 EuGH, Urteil v. 13.7.1983, Rs. 152/82, („Forcheri"), Slg. 1983, 2323 (2336), Rdn. 18 und 2. Ls.: „*Führt ein Mitgliedstaat Bildungsveranstaltungen durch, die insbesondere der Berufsausbildung dienen, so stellt es eine nach Artikel 7 EWG-Vertrag verbotene Diskriminierung aus Gründen der Staatsangehörigkeit dar, wenn er bei einem in diesem Staat rechtmäßig wohnhaften Staatsangehörigen eines anderen Mitgliedstaats die Teilnahme an solchen Bildungsveranstaltungen von der Entrichtung einer Studiengebühr abhängig macht, die von seinen eigenen Staatsangehörigen nicht verlangt wird.*". Vgl. dazu *Th. Oppermann*, Europäisches Gemeinschaftsrecht und deutsche Bildungsordnung – „Gravier" und die Folgen, 1987, S. 17; *B. Wittowski*, RdJB 1994, 317 (319).

590 Beschluss 63/266 EWG des Rates v. 2.4.1963, ABl. 1963 S. 1338/68; geändert in ABl. 1968 Nr. L 91 S. 26 und ABl. 1972 Nr. L 73 S. 146; geändert durch den Beschluss des Rates v. 26.4.2004, ABl. 2004 Nr. L 68 S. 25 f. Eine gute Übersicht zu diesem Dokument befindet sich bei *Kl. Fahle,* Die Politik der Europäischen Gemeinschaft in den Bereichen Erziehung, Bildung und Wissenschaft, 1989. Der auf Art. 128 EWGV gestützte Beschluss 63/266 EWG des Rates „*über die Aufstellung allgemeiner Grundsätze für die Durchführung einer gemeinsamen Politik der Berufsausbildung*" nahm eine besondere Stellung ein und kann als erste inhaltliche Konkretisierung europäischer Bildungspolitik angesehen werden. In zehn allgemeinen Grundsätzen wurde der enge Zusammenhang zwischen der Berufsausbildung einerseits und dem Gemeinsamen Markt und der Freizügigkeit andererseits unterstrichen. Dabei wurde in den Erwägungen das Recht auf die freie Berufswahl, die Wahl des Ausbildungs- und Arbeitsplatzes besonders hervorgehoben. Diese allgemeinen Grundsätze gelten als inhaltliche Leitlinien für die nationalen Politiken in der Berufsausbildung. Vgl. hierzu *M. Schweitzer/W. Hummer*, Europarecht, S. 392; *M. Schweitzer/W. Herzog*, ZfRV 1991, 14 (18); *G. Konow*, RdJB 1989, 118 (118 f.).

591 Vgl. *H. Conrad*, WissR 22 (1989), 97 (101 f.).

EuGH in diesem Urteil positiv von der Anwendbarkeit des Vertrags und nicht lediglich negativ von einer Nichtbeschränkung der Gemeinschaftsbefugnisse durch die mitgliedstaatliche Bildungspolitik sprach. Er wendete Art. 7 Abs. 1 EWGV unmittelbar auf den vorgegebenen Sachverhalt an, um zu begründen, dass die Regelung der Modalitäten des Zugangs zu Bildungseinrichtungen in den Anwendungsbereich des EWGV fielen, und zeigte damit, dass dem allgemeinen Diskriminierungsverbot auch im Bereich der Berufsausbildung – und damit in einem im Wesentlichen den Mitgliedstaaten zugewiesenen Kompetenzbereich – Geltung zukomme.[592]

(cc) Rechtssache Gravier, 1985

Den Ausgangspunkt der Auslegung des Merkmals der „*Berufsausbildung*" markierte die in der Rechtssache *Gravier*[593] ergangene Entscheidung vom 13. Februar 1985. Im Anschluss an dieses viel beachtete *Gravier*-Urteil wurde – wie bereits erwähnt – in der Literatur häufig von der „*Gravier*-Doktrin"[594], der „*Gravier*-Philosophie"[595], der „*Gravier*-Formel"[596] und den „*Gravier*-Berechtigten"[597] sowie den „*Gravier*-Studenten"[598] gesprochen.[599]

---

592 Dazu *Th. Oppermann*, Von der EG-Freizügigkeit zur gemeinsamen europäischen Ausbildungspolitik? Die „Gravier"-Doktrin des Gerichtshofes der Europäischen Gemeinschaften, 1988, S. 21; *H. Conrad*, WissR 22 (1989), 97 (102); *Fr. Fechner*, RdJB 2002, 339 (342); *D. H. Scheuing*, EuR 2003, 744 (780 ff.). Kritisch aber *B. Wittkowski*, RdJB 1994, 317 (320).

593 EuGH, Urteil v. 13.2.1985, Rs. 293/83, („Gravier"), Slg. 1985, 593.

594 So *Th. Oppermann*, Von der EG-Freizügigkeit zur gemeinsamen europäischen Ausbildungspolitik? Die „Gravier"-Doktrin des Gerichtshofes der Europäischen Gemeinschaften, 1988, S. 7, 22, 25; *ders.*, Europäisches Gemeinschaftsrecht und deutsche Bildungsordnung – „Gravier" und die Folgen, 1987, S. 1 ff.; *H. Schiedermair*, in: Flämig u.a. (Hrsg.), Hdb WissR I, S. 37 (79); *H. Krüger*, in: Flämig u.a. (Hrsg.), Hdb WissR I, S. 189 (201); *C. O. Lenz*, EA 1989, S. 125 (130).

595 *Th. Oppermann*, Von der EG-Freizügigkeit zur gemeinsamen europäischen Ausbildungspolitik? Die „Gravier"-Doktrin des Gerichtshofes der Europäischen Gemeinschaften, 1988, S. 23; *H.-J. Blanke*, in: Grabitz/Hilf (Hrsg.), EUV/EGV, Bd. II, vor Art. 149, 150 EGV (2004) Rdn. 41; *A. Weber*, NVwZ 1990, 1 (2).

596 *R. Dohms*, RdJB 1992, 451 (452, 453, 454).

597 So *H. Schneider*, in: Bleckmann (Hrsg.), Europarecht, Rdn. 2674; *I. Hochbaum*, BayVBl. 1987, 481 (486). Vgl. auch *Kl. Sieveking*, ZAR 1987, 99 (107).

598 *J. Curall*, RdJB 1991, 139 (141), der daneben die „‚*reinen' Studenten*" unterscheidet.

Die Antragstellerin *Françoise Gravier*, eine französische Staatsangehörige, die an der *Académie Royale des Beaux-Arts* in Lüttich, einer nichtuniversitären Hochschule, im Rahmen eines vierjährigen Kunststudiums die Fachrichtung *Comic strips* studieren wollte, musste dort eine erhebliche Studiengebühr für ausländische Studenten (die sog. „*minerval*“) entrichten. Da die Französin die Zahlung der „*minerval*“ ablehnte, wurde die Einschreibung verweigert, mit der weiteren Folge, dass ihre Aufenthaltsgenehmigung für Belgien nicht verlängert wurde.

Zur Rechtfertigung der Studiengebühr trug der belgische Staat vor, dass ein Missverhältnis zwischen der großen Anzahl in Belgien studierender Ausländer, die im Allgemeinen in Belgien auch keine Steuern zahlten, und den im Ausland studierenden Belgiern bestünde.

In der Sache ging es also um die vom EuGH – im Ergebnis verneinte – Frage, ob ausländische Studenten anders als die belgischen Studenten in Belgien eine spezielle Studiengebühr zu entrichten haben. Der EuGH sah hierin einen Verstoß gegen das Europäische Gemeinschaftsrecht, insbesondere gegen die Art. 7 EWGV (jetzt Art. 12 EG) und Art. 59 EWGV (jetzt Art. 49 EG).[600]

Zur Anwendbarkeit des Vertrages auf den vorliegenden Sachverhalt verwies der EuGH – wie in den vorangegangenen Urteilen (s. oben aa und bb) – zwar darauf, dass die Bildungspolitik als solche nicht zu den Materien gehöre, die der Zuständigkeit der Gemeinschaftsorgane unterworfen seien. Der entscheidende Unterschied bestand aber darin, dass *Casagrande* der Sohn eines Wanderarbeitnehmers war, dessen Ausbildungsförderung auch der Integration des Vaters diente, und deshalb auf Art. 49 EWGV gestützt werden konnte. Im Fall *Gravier*

---

599 Umfassende Darstellung bei *Th. Oppermann*, Von der EG-Freizügigkeit zur gemeinsamen europäischen Ausbildungspolitik? Die „Gravier“-Doktrin des Gerichtshofes der Europäischen Gemeinschaften, 1988, S. 8 ff. (21), der dieses Urteil als „*qualitativen Sprung*“ im Sinne eines „*Wechsels von herkömmlicher Auslegung zu bewusster Setzung von Richterrecht*“ bewertet; ebenso *G. Seidel/A. Beck*, Jura 1997, 393 (395); vgl. auch *A. Weber*, NVwZ 1990, 1 (2), der die *Gravier*-Entscheidung als „*Wendemarke für das Berufsausbildungsrecht*“ bezeichnet. In diesem Sinne auch *H. Krüger*, in: Flämig u.a. (Hrsg.), Hdb WissR I, S. 189 (200); *B. Kempen*, in: Hartmer/Detmer (Hrsg.), Hdb Hochschulrecht, Kap. I, Rdn. 60; *G. Gori*, Towards an EU Right to Education, 2001, S. 33 f.; *A. Fürst*, Die bildungspolitischen Kompetenzen der Europäischen Gemeinschaft, 1999, S. 22 ff. (29); *R. Wägenbaur*, EuR 1990, 135 (138 f.); *H. Conrad*, WissR 22 (1989), 97 (103); *J. Flynn*, in: De Witte (Hrsg.), European Community Law of Education, 1989, S. 95 (96 ff.).

600 EuGH, Urteil v. 13.2.1985, Rs. 293/83, („Gravier“), Slg. 1985, 593 (613 f.) Rdn. 28 ff. und 3. Ls.

konnte die betroffene Studentin nur *„über den Umweg“*[601] von Art. 128 EWGV selbst in den Genuss der Freizügigkeitsregelungen kommen.[602] In diesem Urteil ergab sich also erstmals die Möglichkeit für den EuGH, den Begriff der *„Berufsausbildung“* im Sinne des Art. 128 EWGV umfassend auszulegen,[603] wobei er sich dabei – wie in dem bereits dargelegten Urteil *Forcheri* – auf den Beschluss 63/266[604] sowie auf die Allgemeinen Leitlinien[605] von 1971 stützte.[606] Der EuGH hatte hierbei die Frage zu behandeln, ob das Studium *Comic strips* als *„Berufsausbildung“* im Sinne des Art. 128 EWGV angesehen werden konnte. Denn nur in diesem Fall war es möglich, über Art. 128 EWGV den Anwen-

---

[601] Vgl. *U. Fink*, EuGRZ 2001, 193 (195); *P. Hilpold*, Bildung in Europa, 1995, S. 117; *H. Hablitzel*, Subsidiaritätsprinzip und Bildungskompetenzen im Vertrag über die Europäische Union, 1994, S. 20: *„gewissermaßen auf Schleichwegen erfolgte Umdeutung des Art. 128 EWGV in eine kompetenzielle Norm“*.

[602] Vgl. *K. Hailbronner*, JuS 1991, 9 (10 f.); *H. Conrad*, WissR 22 (1989), 97 (104 ff.). Kritisch *Th. Oppermann*, Von der EG-Freizügigkeit zur gemeinsamen europäischen Ausbildungspolitik? Die „Gravier“-Doktrin des Gerichtshofes der Europäischen Gemeinschaften, 1988, S. 10, der dazu anmerkt, dass *„so mittels entschlossenen Richterrechts aus dem Auszubildenden eine Art ‚Vor-Arbeinehmer‘ geworden“* sei.

[603] *B. Kempen*, in: Hartmer/Detmer (Hrsg.), Hdb Hochschulrecht, Kap. I, Rdn. 60.

[604] Vgl. EuGH, Urteil v. 13.2.1985, Rs. 293/83, („Gravier“), Slg. 1985, 593 (613 f.) Rdn. 28: *„Nach dem Wortlaut des Beschlusses 63/266/EWG [...]gelten die allgemeinen Grundsätze für die Durchführung einer gemeinsamen Politik der Berufsausbildung ‚für die Ausbildung Jugendlicher und Erwachsener, die für eine Berufstätigkeit bis zu mittleren Stellungen in Betracht kommen oder eine solche Tätigkeit bereits ausüben‘. Eine solche gemeinsame Politik soll es jedem ermöglichen, ‚die zur Ausübung einer bestimmten Berufstätigkeit notwendigen fachlichen Kenntnisse und Fertigkeiten sowie die höchstmögliche Ausbildung zu erwerben [...]‘.“*

[605] Allgemeine Richtlinien zur Ausarbeitung eines gemeinschaftlichen Tätigkeitsprogramms auf dem Gebiet der Berufsausbildung v. 26.7.1971, ABl. 1971 Nr. C 81 S. 5 ff. Beschränkte sich der Beschluss 63/266 noch im Wesentlichen auf schon im Beruf stehende Personen, wurde mit den Allgemeinen Leitlinien das Tätigkeitsfeld praktisch auf das gesamte Gebiet der Berufsausübung ausgedehnt.

[606] EuGH, Urteil v. 13.2.1985, Rs. 293/83, („Gravier“), Slg. 1985, 593 (614) Rdn. 29: *„Die Allgemeinen Leitlinien des Rates [...] nennen als Ziel der Berufsausbildung, ‚angesichts des ständig wachsenden Bedarfs der Wirtschaft der Gesamtbevölkerung geeignete Möglichkeiten allgemeiner und beruflicher Art zur Ausbildung und Fortbildung sowie zur ständigen Weiterbildung zu bieten, damit jeder einzelne seine Persönlichkeit entfalten kann und Zugang zu einer beruflichen Laufbahn erhält‘“*. Kritisch dazu *G. Konow*, RdJB 1989, 118 (120 f.), der hierbei von einem *„befremdlichen Prinzip des Judizierens“* spricht.

dungsbereich von Art. 7 Abs. 1 EWGV (jetzt Art. 12 Abs. 1 EG) zu eröffnen.[607] Zur Berufsausbildung gehörte danach:

> *„Jede Form der Ausbildung, die auf eine Qualifikation für einen bestimmten Beruf oder eine bestimmte Beschäftigung vorbereitet oder die die besondere Befähigung zur Ausübung eines solchen Berufs oder einer solchen Beschäftigung verleiht, (...), und zwar unabhängig vom Alter und vom Ausbildungsniveau der Schüler oder Studenten und selbst dann, wenn der Lehrplan auch allgemeinbildenden Unterricht enthält. Der Begriff der Berufsausbildung umfasst daher den an einer Kunsthochschule erteilten Unterricht in der Fachrichtung Comic strips.*"[608]

Der EuGH legte den Begriff der „*Berufsausbildung*" in Art. 128 EWGV also in dem Sinne weit aus, dass auch das Hochschulstudium darunter fiel, soweit es zu einem berufsbefähigenden, -vorbereitenden oder -qualifizierenden Abschluss führt.[609] Eine Hochschule, die solche Studien anbietet, galt danach als „*Berufsschule*" im Sinne der Verordnung.[610] So kam der Gerichtshof zu dem Ergebnis, dass der Zugang zu Bildungseinrichtungen, insbesondere, wenn es sich um die Berufsausbildung handelt, nicht außerhalb des Gemeinschaftsrechts liege.[611] Der im *Forcheri*-Urteil dem Gemeinschaftsrecht eröffnete Bereich des Zugangs zu Einrichtungen der Berufsausbildung wurde damit weiter präzisiert und in der Begründung abgerundet.[612] Außerdem erstreckte er das Diskriminierungsverbot des Art. 7 EWGV erstmals auch auf Schüler und Studenten.[613] Die genannte De-

---

607 Vgl. *A. Fürst*, Die bildungspolitischen Kompetenzen der Europäischen Gemeinschaft, 1999, S. 22 ff. (29).

608 EuGH, Urteil v. 13.2.1985, Rs. 293/83, („Gravier"), Slg. 1985, 593 (613 f.) Rdn. 28 ff. und 3. Ls., S. 594.

609 *H. Schneider*, in: Bleckmann (Hrsg.), Europarecht, Rdn. 2673, die darauf hinweist, dass die Definition des Begriffs „*Berufsausbildung*" sehr umfassend zu verstehen sei, „*umfassender wohl als die Bedeutung des jeweiligen Terminus in den Umgangssprachen der Mitgliedstaaten.*".

610 Vgl. *H. Conrad*, WissR 22 (1989), 97 (104 f.).

611 EuGH, Urteil v. 13.2.1985, Rs. 293/83, („Gravier"), Slg. 1985, 593 (612) Rdn. 19 und 1. Ls., S. 593 f. Vgl. dazu *M. Niedobitek*, EuR 1995, 349 (365); *O. Nowoczyn*, Bildungspolitische Kompetenzen der Europäischen Gemeinschaft nach Maastricht, 1996, S. 101 ff.; *St. Cludius*, Kompetenzen in der Europäischen Gemeinschaft für den Bereich der Bildungspolitik, 1995, S. 67 ff.; *A. Fürst*, Die bildungspolitischen Kompetenzen der Europäischen Gemeinschaft, 1999, S. 97 ff.; *H.-J. Blanke*, Europa auf dem Weg zu einer Bildungs- und Kulturgemeinschaft, 1994, S. 65.

612 *I. Hochbaum*, WissR 19 (1986), 206 (212).

613 *H. Krüger*, in: Flämig u.a. (Hrsg.), Hdb WissR I, S. 189 (201).

finition war *der* Kernsatz dieser EuGH-Entscheidung und wurde in späteren Urteilen des Gerichtshofs[614] immer wieder verwendet.[615]

(dd) Rechtssache Blaizot, 1988

Auch in dem Urteil *Blaizot*[616] aus dem Jahre 1988 war die Definition des Begriffs „*Berufsausbildung*“ im Sinne von Art. 128 EWGV von zentraler Bedeutung, in dem der EuGH den Begriff noch weiter ausdehnte und in Fortführung des „*Gravier*-Urteils“ auch das Universitätsstudium explizit als Berufsausbildung qualifizierte.[617]

Der französische Student *Blaizot* sowie 16 weitere Studenten des Studienfachs Tiermedizin klagten gegen ihre Universitäten auf Rückerstattung von bereits gezahlten Einschreibe- und Studiengebühren, die sie aufgrund das Gesetz

---

[614] Vgl. etwa EuGH, Urteil v. 2.2.1988, Rs. 24/86, („Blaizot“), Slg. 1988, 379, 1. Ls., S. 380 (402 f.); EuGH, Urteil v. 27.9.1988, Rs. 263/86, („Humbel“), Slg. 1988, 5365, 1. Ls., S. 5366 (5386 f.). S. auch EuGH, Urteil v. 3.7.1986, Rs. 66/85, („Lawrie-Blum“), Slg. 1986, I-2121, in dem der EuGH die im *Gravier*-Urteil zu Tage getretene Enschlossenheit, die Prinzipien der EG-Freizügigkeit möglichst weit in die Ausbildungsphase vorzuverlegen, weiterführt; dazu *Th. Oppermann*, Von der EG-Freizügigkeit zur gemeinsamen europäischen Ausbildungspolitik? Die „Gravier“-Doktrin des Gerichtshofes der Europäischen Gemeinschaften, 1988, S. 12 ff.; *H. Conrad*, WissR 22 (1989), 97 (107 f.); *H.-J. Blanke*, in: Grabitz/Hilf (Hrsg.), EUV/EGV, Bd. II, vor Art. 149, 150 EGV (2004) Rdn. 42.

[615] Nach *Kl. Sieveking*, ZAR 1987, 99 (106) postuliere das *Gravier*-Urteil sogar mittelbar ein „*Freiheitsrecht im Sinne eines Menschenrechts auf Bildung*“; vgl. *A. Fürst*, Die bildungspolitischen Kompetenzen der Europäischen Gemeinschaft, 1999, S. 24; *H. Conrad*, WissR 22 (1989), 97 (106); *R. Wägenbaur*, EuR 1990, 135 (139); *S. Magiera*, DÖV 1987, 221 (228); *K. Hailbronner*, ZAR 1988, 3 (8 f.); *C. O. Lenz*, EA 1989, 125 (129); vgl. auch *S. Oertzen*, Bildung und Berufsausbildung in den Europäischen Gemeinschaften, 1992, S. 37 f., die wie *M. Niedobitek*, Kultur und Europäisches Gemeinschaftsrecht, 1992, S. 116, von einer „funktionalen“ Betrachtungsweise des EuGH sprechen. Kritische Würdigung des Urteils ausführlich bei *Th. Oppermann*, Von der EG-Freizügigkeit zur gemeinsamen europäischen Ausbildungspolitik? Die „Gravier“-Doktrin des Gerichtshofes der Europäischen Gemeinschaften, 1988, S. 21; *I. Hochbaum*, BayVBl. 1987, 481 (485 f.); vgl. *B. Wittkowski*, RdJB 1994, 371 (322 f.); *R. Dohms*, RdJB 1992, 451 (454), der von einer „*Überdehnung des Begriffs ‚Berufsausbildung‘*“ spricht.

[616] EuGH, Urteil v. 2.2.1988, Rs. 24/86, („Blaizot"), Slg. 1988, 379.

[617] EuGH, Urteil v. 2.2.1988, Rs. 24/86, („Blaizot"), Slg. 1988, 379 (403), Rdn. 15. Zur Anwendung des Diskriminierungsverbots aus Art. 12 EG beim Zugang zum Hochschulstudium, vgl. jüngst EuGH, Urteil v. 7.7.2005, Rs. C-147/03, („Kommission ./. Ö“), Slg. 2005, I-5969; ferner EuGH, Urteil v. 1.7.2004, Rs. C-65/03, („Kommission ./. B“), Slg. 2004, I-6427 ff.

über das Unterrichtswesen[618] geltend machten, wonach ausländische Studenten bereits gezahlte Einschreibegebühren zurückerstattet bekommen, sofern die Betroffenen schon vor Erlass des Urteils in der Rechtssache „*Gravier*" Klage auf Rückerstattung der Gebühren erhoben hatten.

Der EuGH führte aus:

> „*Zu der weiteren Frage, ob ein Universitätsstudium auf eine Qualifikation für einen bestimmten Beruf oder eine bestimmte Beschäftigung vorbereitet oder die besondere Befähigung zur Ausübung eines solchen Berufs oder einer solchen Beschäftigung verleiht, ist festzustellen, dass dies nicht nur dann der Fall ist, wenn der Studienabschluss die unmittelbare Qualifikation zur Ausübung eines bestimmten Berufs oder einer bestimmten Beschäftigung, die eine solche Qualifikation voraussetzt, verleiht, sondern auch insoweit, als dieses Studium besondere Fähigkeiten vermittelt, d.h. wenn der Student für die Ausübung eines Berufs oder einer Beschäftigung der erworbenen Kenntnisse bedarf, [...].*"[619]

Nach Auffassung des EuGH erfüllen Hochschulstudiengänge im Allgemeinen diese Voraussetzung.[620] Der EuGH hatte konkret zu klären, ob das belgische Veterinärstudium als Berufsausbildung im Sinne des Art. 128 EWGV zu verstehen war. Dies setzte voraus, dass der betreffende Sachverhalt in den Anwendungsbereich des Vertrags und damit in den Regelungsbereich des Art. 7 EWGV fiel.[621]

Der EuGH erläuterte seine Definition folgendermaßen:

> „*Zur ersten Frage ist festzustellen, dass weder die Bestimmungen des EWG-Vertrags, insbesondere nicht Art. 128, noch die mit diesen Bestimmungen verfolgten Ziele, insbesondere im Bereich der Freizügigkeit, Anhaltspunkte für eine Begrenzung des Begriffs der Berufsausbildung in der Weise liefern, dass jedes Universitätsstudium davon ausgeschlossen wäre. In allen Mitgliedstaaten wird davon ausgegangen, dass*

---

618 Art. 63 der „*Loi concernant l'einseignement*" (Gesetz über das Unterrichtswesen) v. 21.6.1985 (Moniteur belge v. 6.7.1985) lautet: „*Jedoch werden die zusätzlichen Einschreibegebühren, die von den Schülern oder Studenten erhoben worden sind, die als Angehörige eines Mitgliedstaats der Europäischen Wirtschaftsgemeinschaft eine Berufsausbildung absolviert haben, auf der Grundlage von Gerichtsentscheidungen erstattet, die auf eine vor dem 13. Februar 1985 bei einem Gericht erhobene Erstattungsklage hin ergangen sind.*".

619 EuGH, Urteil v. 2.2.1988, Rs. 24/86, („Blaizot"), Slg. 1988, 379 (404), Rdn. 19.

620 EuGH, Urteil v. 2.2.1988, Rs. 24/86, („Blaizot"), Slg. 1988, 379 (404), Rdn. 20.

621 Ausführlich *A. Fürst*, Die bildungspolitischen Kompetenzen der Europäischen Gemeinschaft, 1999, S. 36 ff.

bestimmte Universitätsstudien die Studenten durch die Vermittlung bestimmter Kenntnisse und Fähigkeiten auf Hochschulniveau gerade auf bestimmte spätere berufliche Tätigkeiten vorbereiten sollen. […]. Auch ist zu berücksichtigen, dass insoweit erhebliche Unterschiede zwischen den Mitgliedstaaten bestehen und Studien in einigen Mitgliedstaaten zur Universitätsbildung gehören, in anderen dagegen nicht. Daher würde die Einschränkung des Begriffs der Berufsausbildung auf die nichtuniversitäre Ausbildung zu Ungleichheiten bei der Anwendung des EWG-Vertrags zwischen den Mitgliedstaaten führen.“[622]

Insbesondere hob der EuGH hervor, dass ein Ausbildungsgang nicht unnatürlich in verschiedene Abschnitte (Allgemeinbildung – Berufsausbildung) aufgeteilt werden dürfe.[623] Der Ausbildungsgang sei immer als Einheit zu sehen. Insgesamt nahm der Gerichtshof hier eine funktionale Begriffsbestimmung vor.[624] Eine Ausnahme machte der EuGH nur

„*für bestimmte besondere Studiengänge, die sich aufgrund ihrer Eigenart an Personen richten, die eher ihre Allgemeinkenntnisse vertiefen wollen, als dass sie einen Zugang zum Berufsleben anstrebten.*“[625]

Damit stellte der EuGH klar, dass praktisch alle denkbaren Formen der Universitätsausbildung unter den Begriff der Berufsausbildung im Sinne des Art. 128 EWGV zu subsumieren waren. Auch in der Literatur wurde dies im Wesentlichen anerkannt.[626]

Auf diese Weise erfasste das Gemeinschaftsrecht zumindest teilweise einen wichtigen Bereich der Bildungssysteme der Mitgliedstaaten.

---

[622] EuGH, Urteil v. 2.2.1988, Rs. 24/86, („Blaizot“), Slg. 1988, 379 (403), Rdn. 17 f.

[623] EuGH, Urteil v. 2.2.1988, Rs. 24/86, („Blaizot"), Slg. 1988, 379 (404), Rdn. 21.

[624] Vgl. *S. Oertzen*, Bildung und Berufsausbildung in den Europäischen Gemeinschaften, 1992, S. 42.

[625] EuGH, Urteil v. 2.2.1988, Rs. 24/86, („Blaizot"), Slg. 1988, 379 (404), Rdn. 20.

[626] Vgl. etwa *J. Curall*, RdJB 1991, 139 (144); *E. Klein/M. Beckmann*, DÖV 1990, 179 (186); *Cl. D. Classen*, EuR 1990, 10 (15) ; *H. Avenarius*, NVwZ 1988, 385 (387); *S. Magiera*, DÖV 1987, 221 (227 f.); *Kl. Sieveking*, ZAR, 1987, 99 (101); *K. Hailbronner*, ZAR 1988, 3 (8 f.); *C. O. Lenz*, EA 1989, 125 (128 ff.). Zurückhaltender *Th. Oppermann*, Von der EG-Freizügigkeit zur gemeinsamen europäischen Ausbildungspolitik? Die „Gravier“-Doktrin des Gerichtshofes der Europäischen Gemeinschaften, 1988, S. 10, 22 f.

(ee) Rechtssachen Lair und Brown, 1988

Auch in den Folgeurteilen *Lair*[627] und *Brown*[628] übertrug der EuGH die *Gravier*-Grundsätze zum Berufsausbildungsbegriff.[629] Dabei sah der Gerichtshof in der zuerst genannten Rechtssache das Studium der Romanistik und der deutschen Sprache und in dem Fall *Brown* das Fach Elektrotechnik als berufsbildend an.[630] Darüber hinaus erstreckte er die *Gravier*-Grundsätze auch auf den Bereich der Ausbildungsförderung. So erkannte der EuGH ausländischen Studenten einen Anspruch auf Gleichbehandlung bei der Studienförderung zu.[631]

(ff) Rechtssache Humbel, 1988

In der Rechtssache *Humbel*[632] ging es darum, dass einem in Luxemburg wohnenden französischen Staatsangehörigen für seinen Besuch einer belgischen staatlichen Sekundarschule eine zusätzliche Einschreibegebühr abverlangt wurde, die Schüler belgischer und luxemburgischer Nationalität nicht zahlen mussten. Hier ging der EuGH sogar so weit, ein Schuljahr des staatlich anerkannten Sekundarunterrichts, in dem nur grundlegende Allgemeinbildung vermittelt wurde und daher keine berufsbezogenen Fächer gelehrt wurden, in den Begriff der „*Berufsausbildung*“ im Sinne des Art. 128 EWGV einzubeziehen. Der EuGH argumentierte hierbei, dass das Schuljahr im Rahmen eines einheitlichen

---

627 EuGH, Urteil v. 21.6.1988, Rs. 39/86, („Lair“), Slg. 1988, 3161 (3162), 1. Ls.

628 EuGH, Urteil v. 21.6.1988, Rs. 197/86 („Brown“), Slg. 1988, 3205.

629 Vgl. *A. Weber*, NVwZ 1990, 1 (2).

630 *H. Schneider*, in: Bleckmann (Hrsg.), Europarecht, Rdn. 2676.

631 EuGH, Urteil v. 21.6.1988, Rs. 39/86, („Lair“), Slg. 1988, 3161 (3162), 1. Ls.: Dieser Anspruch wurde zunächst insoweit begrenzt, als die Förderung der Finanzierung von Einschreibe- und Studiengebühren dienen musste; vgl. zu diesem Themenkreis auch EuGH, Urteil v. 21.6.1988, Rs. 197/86 („Brown“), Slg. 1988, 3205; EuGH, Urteil v. 27.9.1988, Rs. 235/87 („Matteucci“), Slg. 1988, 5589; EuGH, Urteil v. 26.2.1992, Rs. C-357/89, („Raulin“), Slg. 1992, I-1027 (1063), Rdn. 25, ausführlich dazu *D. Staudenmayer*, WissR 27 (1994), 249 (252 ff.); *B. Wittkowski*, RdJB 1994, 317 (320). Mittlerweile erstreckt der EuGH den Anspruch auch auf die Gewährleistung einer Sozialleistung in Form des Existenzminimums, vgl. EuGH, Urteil v. 20.9.2001, Rs. C-184/99, („Grzelczyk“), Slg. 2001, I-6193; dazu ausführlich *K. Hailbronner*, ZaöRV 64 (2004), 603 (609 ff.); *P. Letzner*, JuS 2003, 118 ff.; *Chr. Ruhs*, ÖJZ 2002, 281 ff.; *R. Höfler*, NVwZ 2002, 1206 ff.; *J. M. Soria*, JZ 2002, 643 (646 f.); *W. Cremer*, WissR 36 (2003), 128 ff.; *M. Niedobitek*, RdJB 2006, 105 (106 ff.). Jüngst EuGH, Urteil v. 15.3.2005, Rs. C-209/03, („Dany Bidar“), Slg. 2005, I-2119 ff.; dazu *M. Niedobitek*, a.a.O., S. 105 ff.

632 EuGH, Urteil v. 27.9.1988, Rs. 263/86, („Humbel“), Slg. 1988, 5365.

Ausbildungsganges untrennbar mit einer nachfolgenden Spezialisierungsstufe verbunden sei, die unstreitig Berufsausbildung im Sinne der *Gravier*-Formel darstellte.[633]

(gg) Rechtssache Echternach und Moritz, 1989

In der Rechtssache *Echternach und Moritz*[634] stellte der Gerichtshof im Hinblick auf Art. 12 der Verordnung 1612/68 klar, dass sich das Gleichbehandlungsgebot *„auf jede Form von Unterricht sowohl berufs- als auch allgemeinbildender Art erstreckt“*, woraus folgt, dass die Kinder von Wanderarbeitnehmern im Hinblick auf alle denkbaren Bildungsfragen gleich zu behandeln sind.[635]

(hh) Rechtssachen Erasmus, Petra und Comett II, 1989

Eine eindrucksvolle Bestätigung fand die *Humbel*-Rechtsprechung den Rechtssachen *Erasmus*[636] und *Petra*[637]. Auch hier legte der Gerichtshof sein sehr weites Verständnis von Berufsausbildung zugrunde, und zwar unabhängig von der sonstigen gemeinschaftsrechtlichen Position der Auszubildenden.[638] Zugleich hielt er die Gemeinschaft auf der Basis von Art. 128 EWGV für befugt, eine gemeinsame Bildungspolitik durch den Erlass verbindlicher Aktionsprogramme zu fördern.[639] In der Rechtssache *Comett II*[640] fügte der EuGH klar-

---

[633] EuGH, Urteil v. 27.9.1988, Rs. 263/86, („Humbel“), Slg. 1988, 5365 (5386) Rdn. 11. Vgl. dazu *R. Dohms*, RdJB 1992, 451 (453); *G. Seidel/A. Beck*, Jura 1997, 393 (395); *J. Caspar*, RdJB 2001, 165 (176).

[634] EuGH, Urteil v. 15.3.1989, verb. Rsn. 389 und 390/87, („Echternach und Moritz“), Slg. 1989, I-723 (763), Rdn. 28 f.

[635] *Th. Oppermann*, Europäisches Gemeinschaftsrecht und deutsche Bildungsordnung – „Gravier“ und die Folgen, 1987, S. 45.

[636] EuGH, Urteil v. 30.5.1989, Rs. 242/87, („ERASMUS“), Slg. 1989, I-1425.

[637] EuGH, Urteil v. 30.5.1989, Rs. 56/88 („Petra-Programm“), Slg. 1989, I-1615 ff.

[638] *H.-J. Blanke*, in: Grabitz/Hilf (Hrsg.), EUV/EGV, Bd. II, vor Art. 149, 150 EGV (2004) Rdn. 44; *M. Schweitzer/W. Herzog*, ZfRV 1991, 14 (24). Kritisch zu diesen Urteilen *Th. Oppermann*, Europarecht, Rdn. 1909; *Cl. D. Classen*, EuR 1990, 10 (17).

[639] Die bedeutensten Mobilitätsprogramme, die auf Art. 128 EWGV gestützt wurden, sind: COMETT I (ABl. 1986 Nr. C 222 v. 8.8.1986) und II (ABl. 1989 Nr. L 13 v. 17.1.1989 S. 28) zur Förderung der Zusammenarbeit zwischen Hochschule und Wirtschaft auf dem Gebiet der Technologie; ERASMUS I (ABl. 1987 Nr. L 166 v. 25.6.1987 S. 20) und II (ABl. 1989 Nr. L 395 v. 14.12.1989 S. 23) zur Förderung der Mobilität von Hochschulstudenten und der Zusammenarbeit der Hochschulen; PETRA I und II (ABl. 1987 Nr. L 346 v.

stellend hinzu, dass der Begriff Berufsausbildung im Sinne von Art. 128 EWGV neben der Erstausbildung auch die Weiter- und Fortbildung umfasse.[641]

(b) Zwischenergebnis

Aus dem zuvor dargestellten Abriss ist festzuhalten, dass der Gerichtshof in seiner Bildungsrechtsprechung ein sehr weites Verständnis des zentralen Terminus der *„Berufsausbildung“* im Sinne des Art. 128 EWGV zugrunde gelegt hat,[642] nach dem auch der Besuch von weiterführenden Schulen und zahlreiche Hochschulstudiengängen insbesondere auch mit allgemein bildenden Inhalten hierunter fielen. Mit dieser zweckgerichtet extensiven Auslegung des Berufsausbildungsbegriffes sollte der Anwendungsbereich des Gemeinschaftsrechts, insbesondere das Diskriminierungsverbot, für den Zugang zu Bildungseinrichtungen überhaupt eröffnet werden.

1.12.1987 S. 31) zur Förderung der Berufsbildung Jugendlicher; HELIOS (ABl. 1988 Nr. L v. 23.4.1988 S. 104) zur Förderung der beruflichen Bildung und Rehabilitation der Behinderten; LINGUA (ABl. 1989 Nr. L 239 v. 16.8.1989 S. 24) zur Förderung des Fremdsprachenunterrichtes und FORCE (ABl. 1990 Nr. L 156 v. 21.6.1990 S. 1) zur Förderung der beruflichen Weiterbildung. Später sind diese teilweise im TEMPUS- (1990) und SOKRATES-Programm (ABl. 2000 Nr. L 28 v. 3.2.2000 S. 1) für die allgemeine Bildung, im LEONARDO-da-Vinci-Programm (ABl. 1999 Nr. L 146 v. 11.6.1999 S. 35) für die Berufsbildung und in Jugend für Europa (1995/ 2000) zur Förderung außerschulischer Aktivitäten zusammengefasst worden. SOKRATES wird mittlerweile auf Art. 149 und 150 EG und LEONARDO-da-Vinci allein auf Art. 150 EG gestützt. Vgl. dazu eingehend *I. Berggreen-Merkel*, RdJB 2004, 452 (458 ff.); *G. Uerbersohn,* RdJB 1998, 267 ff.; *H.-J. Blanke*, in: Grabitz/Hilf (Hrsg.), EUV/EGV, Bd. II, vor Art. 149, 150 EGV (2004) Rdn. 59 ff.; *St. Cludius*, Kompetenzen der Europäischen Gemeinschaft für den Bereich der Bildungspolitik, 1995, S. 27 ff; *Th. Oppermann*, Europarecht, Rdn. 1930 ff.; s. auch *A. Große Wentrup*, Europäische Grundrechtecharta, 2003, S. 136 f.; *B. Kempen*, in: Hartmer/Detmer (Hrsg.), Hdb Hochschulrecht, Kap. I, Rdn. 60; *P. Hilpold*, Bildung in Europa, 1995, S. 56 ff., 124 ff.; *B. Wittkowski*, RdJB 1994, 371 (318); *G. Seidel/A. Beck*, Jura 1997, 393 (397); *Cl. D. Classen*, EuR 1990, 10 (11 ff.). Kritisch *H.-J. Blanke*, Europa auf dem Weg zu einer Bildungs- und Kulturgemeinschaft, 1994, S. 52 ff. m.w.N.

640 EuGH, Urteil v. 11.6.1991, verb. Rsn. C-51/89, C-90/89 und C-94/89, („Comett II-Programm“), Slg. 1991, I-2757 (2795) Rdn. 9 ff./11 unter Verweis auf EuGH, Urteil v. 30.5.1989, Rs. 242/87, („ERASMUS“), Slg. 1989, I-1425 (1453) Rdn. 11.

641 Vgl. *Cl. D. Classen*, in: Groeben/Schwarze (Hrsg.), EUV/EGV, Art. 150 EG Rdn. 2; *R. Dohms*, RdJB 1992, 451 (453). S. auch *J. Curall*, RdJB 1991, 139 (144 ff.).

642 St. Rspr. seit EuGH, Urteil v. 13.2.1985, Rs. 293/83, („Gravier“), Slg. 1985, 593; vgl. auch EuGH, Urteil v. 2.2.1988, Rs. 24/86, („Blaizot"), Slg. 1988, 379; EuGH, Urteil v. 30.5.1989, Rs. 242/87, („ERASMUS“), Slg. 1989, I-1425.

(2) Der Begriff der „Berufsausbildung" seit der Vertragsrevision von Maastricht 1992

Mit der Ersetzung des ursprünglichen Art. 128 EWGV durch die Art. 126 und 127 EGV (jetzt Art. 149 und 150 EG) durch den Vertrag von Maastricht vom 7. Februar 1992 wurde in den Tätigkeitskatalog der EG ein *„Beitrag zu einer qualitativ hochstehenden allgemeinen und beruflichen Bildung"* (Art. 3 Abs. 1 lit. p EGV, jetzt Art. 3 Abs. 1 lit. q EG)[643] aufgenommen und das Bildungswesen damit erstmals primärrechtlich verankert.[644] Auch die Präambel des Amsterdamer Vertrags markiert die Bedeutung des Bildungswesens, wenn es im neunten Erwägungsgrund heißt, dass die Mitgliedstaaten

> *„entschlossen [sind], durch umfassenden Zugang zur Bildung und durch ständige Weiterbildung auf einen möglichst hohen Wissensstand ihrer Völker hinzuwirken"*.[645]

Dadurch wurde insbesondere der Bereich des allgemeinen Bildungswesens konstitutionalisiert und befindet sich nunmehr *„nicht (mehr) außerhalb des Gemeinschaftsrechts"*.[646]

Durch die Einfügung von Art. 126 und 127 EGV a.F. wurden indes zugleich die Bereiche *„Bildung"* und *„berufliche Bildung"* sprachlich voneinander getrennt. Freilich drängte sich nunmehr die Frage auf, ob die Einordnung der weiterführenden Schulen und Hochschulstudien in die *„Berufsausbildung"* durch

---

643 Enthält keine Entsprechung im EuVerf.

644 Zu deren Bedeutung umfassende Darstellung bei *St. Cludius*, Kompetenzen der Europäischen Gemeinschaft für den Bereich der Bildungspolitik, 1995, S. 67 ff.; *O. Nowoczyn*, Bildungspolitische Kompetenzen der Europäischen Gemeinschaft nach Maastricht, 1996, S. 1 ff.; *A. Fürst*, Die bildungspolitischen Kompetenzen der Europäischen Gemeinschaft, 1999, S. 97 ff.; vgl. auch *M. Simm*, in: Schwarze (Hrsg.), EU, Art. 150 EGV Rdn. 1; *Th. Oppermann*, Europarecht, Rdn. 1911; *H.-J. Blanke*, Europa auf dem Weg zu einer Bildungs- und Kulturgemeinschaft, 1994, S. 65 ff.

645 Durch den Vertrag von Nizza (s. oben Fn. 18) ist keine in diesem Zusammenhang wesentliche Veränderung erfolgt. Vgl. zur Präambel des Amsterdamer Vertrags etwa *H.-J. Blanke*, in: Grabitz/Hilf (Hrsg.), EUV/EGV, Bd. II, vor Art. 149, 150 EGV (2004) Rdn. 22; *M. Simm,* in: Schwarze (Hrsg.), EU, Art. 150 EGV Rdn. 1; *I. Berggreen-Merkel*, RdJB 2001, 133 (134); s. auch *St. Bode*, Europarechtliche Gleichbehandlungsansprüche Studierender und ihre Auswirkungen in den Mitgliedstaaten, 2005, S. 78, 81.

646 Vgl. oben Fn. 611.

die Vertragsrevision abgeändert werden sollte oder nicht.[647] So wird in der Literatur das Verhältnis der Normen der Art. 149 und 150 EG zueinander und ihre Regelungsdichte ganz unterschiedlich beurteilt.[648] Einerseits wird der Bildungsbegriff im Sinne einer den gesamten Bildungssektor umfassenden Weise verstanden, so dass Art. 149 EG die generelle Kompetenzgrundlage der Gemeinschaft auf dem gesamten Gebiet der Bildungspolitik wäre; Art. 150 EG stünde dazu im Verhältnis einer Sondervorschrift (*lex specialis*) für den engeren Bereich der beruflichen Bildung.[649] Andererseits wird vertreten, beide Vorschriften im Sinne eines Nebeneinanders klar voneinander zu trennen, dem Bereich der Bildung also all jene Bereiche zuzuordnen, die nicht schon von der beruflichen Bildung umfasst sind und umgekehrt.[650] In der Konsequenz daraus werden die Begriffe *„Bildung"* und *„berufliche Bildung"*, je nachdem wie das Verhältnis beider Normen zueinander verstanden wird, unterschiedlich definiert.

Die überwiegende Meinung versteht den Begriff der Berufsausbildung auch im Sinne von Art. 150 EG sehr weit.[651] Als solche soll in Anlehnung an die

---

647 Ausführlich dazu *O. Nowoczyn*, Bildungspolitische Kompetenzen der Europäischen Gemeinschaft nach Maastricht, 1996, S. 103 ff.; *St. Bode*, Europarechtliche Gleichbehandlungsansprüche Studierender und ihre Auswirkungen in den Mitgliedstaaten, 2005, S. 82 ff.

648 Vgl. nur *M. Niedobitek*, EuR 1995, 349 (365).

649 Art. 149 und 150 EG in einem *lex specialis-lex generalis*-Verhältnis sehen etwa *K. Lenaerts*, CMLR 1994, 7 (26, 29 f., 41); *P. Hilpold*, Bildung in Europa, 1995, S. 115 (116, 122); *M. Schweitzer/W. Hummer*, Europarecht, Rdn. 1635; *M. Simm,* in: Schwarze (Hrsg.), EU, Art. 150 EGV Rdn. 11; *H.-J. Blanke,* in: Grabitz/Hilf (Hrsg.), EUV/EGV, Bd. II, Art. 149, 150 EGV (2004) Rdn. 5; *H. G. Fischer*, in: Lenz/Borchardt (Hrsg.), EUV/EGV, Art. 149 EGV Rdn. 13; *H. Krüger*, in: Flämig u.a. (Hrsg.), Hdb WissR I, S. 189 (202 f.); *B. Behmenburg*, Kompetenzverteilung bei der Berufsausbildung, 2003, S. 177; erwogen auch von *J. E. Feuchthofen/H.-J. Brackmann*, RdJB 1992, 468 (471 f.).

650 Eine solche klare Trennung zwischen Art. 149 und 150 EG sehen vor *H. Hablitzel*, DÖV 2002, 407 (408); *ders.*, Subsidiaritätsprinzip und Bildungskompetenzen im Vertrag über die Europäische Union, 1994, S. 21; *U. Fink*, EuGRZ 2001, 193 (195); *Fr. Fechner*, RdJB 1996, 35 (36); *I. Beckedorf/Th. Henze*, NVwZ 1993, 125 (127 f.); *A. Dittmann/Cl. Fehrenbacher*, RdJB 1992, 478 (485); *G. Konow*, RdJB 1992, 428 (430); *ders.*, RdJB 1989, 118 (125); *St. Kaufmann*, Das Europäische Hochschulinstitut, 2003, S. 38 f. Wohl auch *B. Wittkowski*, RdJB 1994, 317 (321 f.); *R. Dohms*, RdJB 1992, 451 (453); *H. Schneider,* in: Bleckmann (Hrsg.), Europarecht, Rdn. 2686; *I. Berggreen-Merkel*, RdJB 1998, 18 (19).

651 Für eine extensive Auslegung des Begriffs der beruflichen Bildung: *M. Niedobitek*, in: Streinz (Hrsg.), EUV/EGV, Art. 149 EGV Rdn. 23: *„Denn nichts spricht dafür, dass der Europäische Gerichtshof den Begriff der beruflichen Bildung in Art. 150 EGV enger interpretieren sollte als den Begriff der Berufsausbildung in Art. 128 EWGV."*; *Th. Oppermann*, Europarecht, Rdn. 1905, 1916; *ders.*, in: DFG (Hrsg.), Bildung und Wissenschaft im Prozess der

Gravier-Rechtsprechung des EuGH jede Form der Ausbildung gelten, die auf eine Qualifikation für einen bestimmten Beruf oder eine bestimmte Beschäftigung vorbereitet oder die die besondere Befähigung zur Ausübung eines solchen Berufes oder einer solchen Beschäftigung verleiht, und zwar unabhängig vom Alter und vom Ausbildungsniveau der Schüler oder Studenten. Danach fallen unter den Begriff der beruflichen Bildung nicht nur die Erst- sowie die Weiter- und Fortbildungsmaßnahmen, sondern auch die Schul- und Hochschulbildung, soweit der Schul- bzw. Studienabschluss die Qualifikation zur Ausübung eines bestimmten Berufes oder einer Beschäftigung umfasst. Für die allgemeine Bildung nach Art. 149 EG bliebe danach nurmehr die reine schulische Ausbildung.

Dagegen wird nach der Gegenauffassung zur beruflichen Bildung des Art. 150 EG nur die *„konkret berufsbezogene Aus- und Weiterbildung im engeren Sinne“*[652] gerechnet, d.h. die berufliche Erstausbildung, die berufliche Weiterbildung und die berufliche Umschulung, nicht aber das Schul- und Hochschulwesen.[653] Dem entspricht die Definition von *„Berufsbildung“* im Sinne des deut-

---

europäischen Einigung, 1997, S. 104 (105); *B. Kempen*, in: Tettinger/Stern (Hrsg.), Kölner Gemeinschaftskommentar zur Europäischen Grundrechte-Charta, Art. 14 Rdn. 7; *R. Geiger*, EUV/EGV, Art. 150 EGV Rdn. 3; *J. Caspar*, RdJB 2001, 165 (176); *G. Seidel/A. Beck*, Jura 1997, 393 (397); *D. Staudenmayer*, BayVBl. 1995, 321 (326); *ders.*, WissR 27 (1994), 249 (255); *J. E. Feuchthofen/H.-J. Brackmann*, RdJB 1992, 468 (470 ff., 474); *Fr. Emmert*, Europarecht, S. 32; *A. Große Wentrup*, Europäische Grundrechtecharta, 2003, S. 124 f.; *Cl. D. Classen*, in: Groeben/Schwarze (Hrsg.), EUV/EGV, Art. 150 EGV Rdn. 3; *ders.*, in: Groeben/Thiesing/Ehlermann (Hrsg.), 5. Aufl., EUV/EGV, Art. 127 EGV Rdn. 2 ff., Vorb. zu Art. 126 und 127 Rdn. 3, plädierte für eine Auslegung der Art. 126 f. EG-Vertrag *„im Lichte der bisherigen Praxis“*; nunmehr wohl auch *H.-J. Blanke,* in: Grabitz/Hilf (Hrsg.), EUV/EGV, Bd. II, Art. 149, 150 EGV (2004) Rdn. 5 f., der zumindest die Einbeziehung des Hochschulwesens in den Regelungsbereich des Art. 150 EG für möglich ansieht.

652 So *I. Beckedorf/Th. Henze*, NVwZ 1993, 125 (127).

653 In diesem Sinne *S. Krebber,* in: Callies/Ruffert (Hrsg.), EUV/EGV, Art. 149 EGV Rdn. 9; *M. Simm*, in: Schwarze (Hrsg.), EU, Art. 150 EGV Rdn. 11; *H. G. Fischer*, in: Lenz/Borchardt (Hrsg.), EUV/EGV, Art. 149 EGV Rdn. 13; *H. Krüger*, in: Flämig u.a. (Hrsg.), Hdb WissR I, S. 189 (202); *K. Odendahl*, in: Heselhaus/Nowak (Hrsg.), Handbuch der Europäischen Grundrechte, § 39 Rdn. 6; *H. Hablitzel*, DÖV 2002, 407 (409); *ders.*, Subsidiaritätsprinzip und Bildungskompetenzen im Vertrag über die Europäische Union, 1994, S. 21; *B. Kempen*, in: Hartmer/Detmer (Hrsg.), Hdb Hochschulrecht, Kap. I, Rdn. 61; *St. Bode*, Europarechtliche Gleichbehandlungsansprüche Studierender und ihre Auswirkungen in den Mitgliedstaaten, 2005, S. 84 f.; *St. Cludius*, Kompetenzen in der Europäischen Gemeinschaft für den Bereich der Bildungspolitik, 1995, S. 79; *H.-J. Blanke*, Europa auf dem Weg zu einer Bildungs- und Kulturgemeinschaft, 1994, S. 68; *P. Hilpold*, Bildung in Europa, 1995, S. 115 f. (122); *M. Schweitzer/W. Hummer*, Europarecht, Rdn. 1635; *H. Avenarius/H. Heckel*, Schulrechtskunde, S. 34; *U. Fink*, EuGRZ 2001, 193 (195); *I. Beckedorf/Th. Henze*, NVwZ 1993,

schen Berufsbildungsgesetzes (BBiG)[654] sowie des Berufsbildungsförderungsgesetzes (BerBiFG)[655] gemäß dessen § 1 Abs. 1.[656]

(3) Bewertung

Der Begrifflichkeit der *Gravier*-Entscheidung[657] würde es indes entsprechen, die Sekundarschul- und Hochschulbildung auch unter die berufliche Bildung und damit unter Art. 150 EG zu subsumieren.[658] Dagegen könnte jedoch angeführt werden, dass der EWGV mit Art. 128 nur eine Bestimmung für *Berufsaus-*

---

125 (127); *G. Konow*, RdJB 1992, 428 (430); *ders.*, RdJB 1989, 118 (125); *R. Dohms*, RdJB 1992, 451 (453, 457); *Fr. Fechner*, RdJB 1996, 35 (36); *K. Lenaerts*, CMLR 1994, 7 (26 f.); *G. Herzig*, Kompetenzen der EU im Hochschulbereich, 1995, S. 21; *St. Kaufmann*, Das Europäische Hochschulinstitut, 2003, S. 38 f.; *R. v. Borries/Chr. Zacker*, Europarecht von A-Z, Stichwort „Bildungspolitik", S. 119 (120 f.); *B. Behmenburg*, Kompetenzverteilung bei der Berufsausbildung, 2003, S. 174 f. Wohl auch *A. Dittmann/Cl. Fehrenbacher*, RdJB 1992, 478 (485, 487); *I. Berggreen*, RdJB 1992, 436 (442).

654 Berufsbildungsgesetz v. 14.8.1969, BGBl. I S. 1112, zul. geändert durch Gesetz v. 25.3.1998, BGBl. I S. 596 (606).

655 Berufsbildungsförderungsgesetzes v. 23.12.1981, BGBl. I S. 1692, zul. geändert durch Gesetz v. 24.12.2003, BGBl. I S. 2954.

656 In § 1 Abs. 1 BBiG heißt es: *„Berufsbildung im Sinne dieses Gesetzes sind [...], die Berufsausbildung, die berufliche Fortbildung und die berufliche Umschulung."* Ebenso § 1 Abs. 1 BerBiFG: „ ... *Berufsbildung (Berufsausbildung, berufliche Fortbildung, berufliche Umschulung)...*". Die Ausbildung im so genannten dualen System erfolgt in der Regel im Betrieb (zum Teil in überbetrieblichen Berufsbildungsstätten) und in der Schule, wie z.B. Berufsschulen, Berufsaufbauschulen, Fachschulen. Vgl. dazu *Th. Oppermann*, in: Isensee/Kirchhof (Hrsg.), Hdb StaatsR VI, § 135 Rdn. 6, 23; *F. Foders*, Bildungspolitik für den Standort D, 2001, S. 24; *E.-W. Luthe*, Bildungsrecht, 2003, S. 183; *B. Behmenburg*, Kompetenzverteilung bei der Berufsausbildung, 2003, S. 174 f.; *G. Konow*, RdJB 1989, 118 (125): *„Berufsausbildung ist vor allem die Ausbildung im dualen System"*; s. auch die Nachweise bei *J. Staupe*, Schulrecht von A-Z, Stichwort „Berufsausbildung", S. 36; *H. Tilch*, Münchener Rechts-Lexikon, Bd. 1, Stichwort „ Berufsbildung" S. 551; *Der Brockhaus*, Zweiter Band, Stichwort „berufliche Bildung", S. 82, wo nur auf die Ausbildungsberufe nach dem BBiG verwiesen wird.

657 S. oben, (1) (a) (cc).

658 Vgl. *B. Kempen*, in: Hartmer/Detmer (Hrsg.), Hdb Hochschulrecht, Kap. I, Rdn. 61. In diesem Sinne *Th. Oppermann*, Europarecht, Rdn. 1905, 1916; *R. Geiger*, EUV/EGV, Art. 150 EGV Rdn. 3; *J. Caspar*, RdJB 2001, 165 (176); *G. Seidel/A. Beck*, Jura 1997, 393 (397); *D. Staudenmayer*, BayVBl. 1995, 321 (326); *J. E. Feuchthofen/H.-J. Brackmann*, RdJB 1992, 468 (474); *Fr. Emmert*, Europarecht, S. 32; *A. Große Wentrup*, Europäische Grundrechtecharta, 2003, S. 124 f.; *Cl. D. Classen*, in: Groeben/Thiesing/Ehlermann (Hrsg.), 5. Aufl., EUV/EGV, Art. 127 EGV Rdn. 2 ff., Vorb. zu Art. 126 und 127 EGV Rdn. 3.

bildung enthielt, nicht dagegen für die allgemeine Bildung, so dass durch die extensive Auslegung dieses Berufsausbildungsbegriffs der Anwendungsbereich des Gemeinschaftsrechts auf die allgemeine Bildung überhaupt erst erstreckt werden sollte. Daraus könnte gefolgert werden, dass mit der Einführung des Art. 126 EGV a.F. diese Notwendigkeit nicht mehr bestanden habe.[659] Die zuletzt genannte Auffassung könnte insoweit den Unterschied im neugefassten Wortlaut des Art. 127 EGV a.F. („*berufliche Bildung*" anstelle von „*Berufsausbildung*" im Sinne des Art. 128 EWGV) für sich anführen und folgern, dass gerade eine Zäsur zu der Rechtslage vor Maastricht gesetzt und damit eine neue Begrifflichkeit etabliert werden sollte.[660] Schließlich ließe sich für ein solches Verständnis anführen, dass das Hochschulwesen in systematischer Betrachtung nur in Art. 149 Abs. 2, 2. Spiegelstrich EG („*Mobilität von Lernenden und Lehrenden*", „*akademische Anerkennung der Diplome und Studienzeiten*") angesprochen wird.[661]

Einer solchen Interpretation der Art. 149 und 150 EG kann jedoch nicht zugestimmt werden. Zunächst ist dem Wortlautargument, dass „*Berufsausbildung*" im Sinne des Art. 128 EWGV und „*berufliche Bildung*" im Sinne des Art. 150 EG eine unterschiedliche Tragweite hätten, entgegenzuhalten, dass sich die Befürworter vor allem auf der Grundlage der deutschen Fassung des EG-Vertrages stützen. Vergleicht man hingegen den Wortlaut der englischen und französischen Sprachfassung („*vocational training policy*" / „*politique de formation professionelle*", wobei in Art. 128 EWGV noch ein „*common*" bzw. „*commune*" hinzugefügt ist)[662] wird man feststellen, dass dieser Unterschied vor allem die

---

659 In diesem Sinne *I. Beckedorf/Th. Henze*, NVwZ 1993, 125 (127); *S. Krebber,* in: Callies/Ruffert (Hrsg.), EUV/EGV, Art. 149 EGV Rdn. 8; *A. Fürst*, Die bildungspolitischen Kompetenzen der Europäischen Gemeinschaft, 1999, S. 267; *M. Simm,* in: Schwarze (Hrsg.), EU, Art. 150 EGV Rdn. 11; *R. v. Borries/Chr. Zacker*, Europarecht von A-Z, Stichwort „Bildungspolitik", S. 119 (120 f.).

660 *S. Krebber,* in: Callies/Ruffert (Hrsg.), EUV/EGV, Art. 149 EGV Rdn. 8; *B. Behmenburg*, Kompetenzverteilung bei der Berufsausbildung, 2003, S. 176; *B. Kempen*, in: Hartmer/Detmer (Hrsg.), Hdb Hochschulrecht, Kap. I, Rdn. 61.

661 Dies verdeutlicht, dass mit Lernenden und Lehrenden jedenfalls auch Professoren und Studierende gemeint sind. Dazu auch *O. Nowoczyn*, Bildungspolitische Kompetenzen der Europäischen Gemeinschaft nach Maastricht, 1996, S. 105 f.; *St. Cludius*, Kompetenzen der Europäischen Gemeinschaft für den Bereich der Bildungspolitik, 1995, S. 79; *St. Kaufmann*, Das Europäische Hochschulinstitut, 2003, S. 39 (mit Fn. 42); *St. Bode*, Europarechtliche Gleichbehandlungsansprüche Studierender und ihre Auswirkungen in den Mitgliedstaaten, 2005, S. 83 ff.

662 Vgl. dazu *M. Niedobitek*, EuR 1995, 349 (367).

deutsche Textfassung betrifft, so dass dieses Argument nicht überzeugen kann.[663] Darüber hinaus spricht gegen die zuletzt genannte Ansicht, dass sie das aus deutscher Sicht gängige[664] – vor allem auf WILHELM VON HUMBOLDT zurückgehende[665] – Trennungssystem von allgemeiner und beruflicher Bildung in den EG-Vertrag hinein zu interpretieren versucht.[666] Dies verbietet sich jedoch schon aufgrund einer europarechtlich einheitlichen Auslegung, da sich die Gemeinschaft als Rechtsordnung *sui generis* nicht an den nationalen Rechtsvorstellungen zu orientieren, sondern gerade eine eigene Begriffsbildung vorzunehmen

---

[663] *M. Niedobitek*, in: Streinz (Hrsg.), EUV/EGV, Art. 149 EGV Rdn. 34; Art. 150 EGV Rdn. 7.

[664] Vgl. dazu etwa *G. Dürig*, in: Maunz/Dürig (Hrsg.), GG, Art. 3 Abs. 1 (1973) Rdn. 94; *V. Epping*, in: Hailbronner/Geis (Hrsg.), HRG (1999), § 2 Rdn. 3; *H. Avenarius/H. Heckel*, Schulrechtskunde, S. 38; *St. Bode*, Europarechtliche Gleichbehandlungsansprüche Studierender und ihre Auswirkungen in den Mitgliedstaaten, 2005, S. 82; *J. Zabeck*, in: Staatslexikon Bd. 1, Stichwort „Berufliche Bildung“, S. 670 f.; *Cl. Menze*, in: Staatslexikon Bd. 1, Stichwort „Bildung“, S. 789. Vgl. auch *Th. Oppermann*, Von der EG-Freizügigkeit zur gemeinsamen europäischen Ausbildungspolitik? Die „Gravier“-Doktrin des Gerichtshofes der Europäischen Gemeinschaften, 1988, S. 8, 12; *ders.*, Europarecht, Rdn. 1905; *H.-J. Blanke*, in: Grabitz/Hilf (Hrsg.), EUV/EGV, Bd. II, vor Art. 149, 150 EGV (2004) Rdn. 40, Art. 149, 150 EGV (2004) Rdn. 7; *A. Fürst*, Die bildungspolitischen Kompetenzen der Europäischen Gemeinschaft, 1999, S. 263; *A. Zmas*, Europäische Bildungspolitik, 2002, S. 38 ff.; *H. Hablitzel*, DÖV 2002, 407 (408 f.); *U. Fink*, EuGRZ 2001, 193 (193); *I. Beckedorf/Th. Henze*, NVwZ 1993, 125 (126); *R. Dohms*, RdJB 1992, 451 (452); *I. Hochbaum*, BayVBl. 1987, 481 (485); *G. Seidel/A. Beck*, Jura 1997, 393 (396). Vgl. auch Art. 6 Abs. 1 S. 1 BayEUG, § 3 Abs. 2 S. 1 SaarlSchOG.

[665] Hierzu ausführlich *Cl. Menze*, Wilhelm von Humboldts Lehre und Bild vom Menschen, 1965, S. 28 ff.

[666] So aber *H. Krüger*, in: Flämig u.a. (Hrsg.), Hdb WissR I, S. 189 (202); *Th. Oppermann*, Europäisches Gemeinschaftsrecht und deutsche Bildungsordnung – „Gravier“ und die Folgen, 1987, S. 58 f.; in diesem Sinne wohl auch *H. Hablitzel*, Subsidiaritätsprinzip und Bildungskompetenzen im Vertrag über die Europäische Union, 1994, S. 19; *ders.*, DÖV 2002, 407 (408 f.), der eine Übertragung der deutschen Terminologie zwar grundsätzlich für möglich erachtet, aber auch darauf hinweist, dass die teilweise auch im deutschen Recht unscharfe Abgrenzung sowie entsprechende Probleme befürchten lassen, dass sich trotz der nunmehr erfolgten terminologischen Verbesserungen ein eigener gemeinschaftsrechtlicher Bildungs- und Berufsbildungsbegriff herausbilden lässt. *K. Weber*, Die Bildung im Europäischen Gemeinschaftsrecht und die Kulturhoheit der deutschen Bundesländer, 1993, kritisiert, dass es durch den weiten Berufsausbildungsbegriff des EuGH immer schwieriger wird, *„überhaupt noch zwischen allgemeiner und beruflicher Bildung und Berufsausbildung zu unterscheiden.“*. Kritisch auch *I. Hochbaum*, BayVBl. 1987, 481 (485 f.); *ders.*, WissR 19 (1986), 206 (209); *M. Schweitzer/W. Herzog*, ZfRV 1991, 14 (16); *A. Zmas*, Europäische Bildungspolitik, 2002, S. 38.

hat.[667] So hat der EuGH bei der Auslegung des Art. 128 EWGV eine einheitliche gemeinschaftsrechtliche Begriffsbildung der „*Berufsausbildung*" vorgenommen, die im Einzelfall durchaus von einer bestimmten nationalen Rechtsordnung abweichen kann.[668] Das Verständnis des EuGH zur Berufsausbildung ist seit der *Gravier*-Rechtsprechung wie dargelegt sehr weit gefasst.[669] Unter Berücksichtigung des so genannten „*acquis communautaire*", zum dem gemäß Art. 2 Abs. 1 5. Spiegelstrichs des Unionsvertrags („*volle Wahrung des gemeinschaftlichen Besitzstands und seine Weiterentwicklung*") die Gesamtheit des primären und sekundären Gemeinschaftsrechts einschließlich der durch den EuGH gegebenen Interpretation gehört,[670] wird man angesichts dieser dynamischen Rechtsprechung die Regelung des Art. 150 EG so zu verstehen haben, dass diese die Fortschreibung des früheren Art. 128 EWGV darstellt, während Art. 149 EG eine eigenständige Erweiterung der Gemeinschaftskompetenzen auf den Bereich des allgemeinen Bildungswesens bildet.[671] Zudem sollte der Versuch, eine randscharfe Abgrenzung beider Vorschriften zueinander vorzunehmen, sei es im Sinne einer klaren Trennung oder im Sinne eines *lex specialis-lex generalis*-Verhältnisses, abzulehnen sein. Für die Annahme eines derartigen Verhältnisses bietet schon der Wortlaut der Bestimmungen keine Anhaltspunkte. Denn eine spezielle Norm muss alle Merkmale der allgemeinen Norm und noch mindestens ein weiteres Merkmal enthalten[672], was bei den Art. 149 und 150 EG aber gerade nicht der Fall ist.[673] Dafür spricht bereits, dass in der Vorschrift des Art. 149 EG

---

[667] In diesem Sinne *B. Kempen*, in: Tettinger/Stern (Hrsg.), Kölner Gemeinschaftskommentar zur Europäischen Grundrechte-Charta, Art. 14 Rdn. 7; *Th. Oppermann*, Europarecht, Rdn. 1905; *ders.*, Von der EG-Freizügigkeit zur gemeinsamen europäischen Ausbildungspolitik? Die „Gravier"-Doktrin des Gerichtshofes der Europäischen Gemeinschaften, 1988, S. 11; *O. Nowoczyn*, Bildungspolitische Kompetenzen der Europäischen Gemeinschaft nach Maastricht, 1996, S. 83; *St. Bode*, Europarechtliche Gleichbehandlungsansprüche Studierender und ihre Auswirkungen in den Mitgliedstaaten, 2005, S. 82; *G. Seidel/A. Beck*, Jura 1997, 393 (396 f.); *R. Dohms*, RdJB 1992, 451 (452).

[668] Vgl. *M. Niedobitek*, in: Streinz (Hrsg.), EUV/EGV, Art. 149 EGV Rdn. 8, 21; *ders.*, EuR 1995, 349 (366); *Th. Oppermann*, Europarecht, Rdn. 1905; *A. Fürst*, Die bildungspolitischen Kompetenzen der Europäischen Gemeinschaft, 1999, S. 261.

[669] S. oben, (1) (a) (cc). Vgl. auch *I. Hochbaum*, BayVBl. 1987, 481 (485), der die EuGH-Rechtsprechung kritisiert, da sie nicht „*gängigen deutschen Vorstellungen*" entspreche.

[670] *H. Schneider*, in: Bleckmann (Hrsg.), Europarecht, Rdn. 2689; vgl. auch *R. Dohms*, RdJB 1992, 451 (452).

[671] Kritisch dazu *H. Hablitzel*, Subsidiaritätsprinzip und Bildungskompetenzen im Vertrag über die Europäische Union, 1994, S. 22.

[672] *K. Larenz/Cl.-W. Canaris*, Methodenlehre der Rechtwissenschaft, S. 267.

[673] Vgl. *M. Niedobitek*, EuR 1995, 349 (359, 359).

nur von *„Bildung“* die Rede ist und nicht von *„allgemeiner Bildung“*.[674] Offenbar gehen auch die Gemeinschaftsorgane davon aus, dass eine trennscharfe Abgrenzung beider Vorschriften nicht möglich ist. Dies wird daran deutlich, dass sie die Hochschulbildung des bereits erwähnten SOKRATES-Aktionsprogramms der Gemeinschaft zunächst Art. 126 EG a.F. zuordneten[675], dieses aber mittlerweile auf Art. 149 und 150 EG gestützt wird.[676]

Die Bestimmung des Art. 149 EG ist damit sinnvollerweise dahingehend zu verstehen, dass sie das Bildungswesen insgesamt erfasst, ohne nach allgemeiner und beruflicher Bildung zu unterscheiden, während Art. 150 EG bestimmte besondere Kompetenzen für das berufliche Bildungswesen vorsieht, ohne das be-

---

674 So auch *J. E. Feuchthofen/H.-J. Brackmann*, RdJB 1992, 468 (471 f.): Es bestehen *„Zweifel an einer abgrenzenden Auslegung beider Bestimmungen, die auf eine ‚Aufgabenteilung' im Sinne eines Nebeneinanders von allgemeiner und beruflicher Bildung hinauslaufen“*; *M. Niedobitek*, in: Streinz (Hrsg.), EUV/EGV, Art. 149 EGV Rdn. 21 ff.: Abgrenzung *„erscheint [...] nicht sehr aussichtsreich“*; *ders.*, EuG 1995, 349 (366); *S. Krebber*, in: Callies/Ruffert (Hrsg.), EUV/EGV, Art. 149 EGV Rdn. 8: *„Die Diskussion über die Abgrenzung von Art. 149 und 150 EGV wirkt insgesamt etwas überzogen.“*; *H.-J. Blanke*, in: Grabitz/Hilf (Hrsg.), EUV/EGV, Bd. II, Art. 149, 150 EGV (2004) Rdn. 7: Abgrenzung *„ist artifiziell, unzeitgemäß und hinderlich“*; *ders.*, Europa auf dem Weg zu einer Bildungs- und Kulturgemeinschaft, 1994, S. 67; in diesem Sinne auch *Cl. D. Classen*, in: Groeben/Schwarze (Hrsg.), EUV/EGV, Art. 150 EG Rdn. 3; *G. Seidel/A. Beck*, Jura 1997, 393 (396); *B. Behmenburg*, Kompetenzverteilung bei der Berufsausbildung, 2003, S. 176; *J. Caspar*, RdJB 2001, 165 (175); *M. Niedobitek*, EuR 1995, 349 (359, 366). Differenzierend, aber im Ergebnis ebenso *A. Fürst*, Die bildungspolitischen Kompetenzen der Europäischen Gemeinschaft, 1999, S. 262, 267; *O. Nowoczyn*, Bildungspolitische Kompetenzen der Europäischen Gemeinschaft nach Maastricht, 1996, S. 107 ff., 115.

675 S. oben Fn. 639. Im 7. Erwägungsgrund zum Beschluss über das SOKRATES-Programm, ABl. 1999 Nr. L 87 S. 10 ff., wurde ausdrücklich darauf hingewiesen, dass die „Hochschulbildung“ zur allgemeinen Bildung im Sinne von Art. 126 EGV (jetzt Art. 149 EG) gehöre.

676 Vgl. ABl. 2000 Nr. L 28 v. 3.2.2000 S. 1. Daneben werden die Hochschulen in dem Aktionsprogramm LEONARDO-da-Vinci auch zu den Berufsbildungseinrichtungen gezählt, vgl. den Beschluss des Rates v. 26.4.1999 über die Durchführung der zweiten Phase des gemeinschaftlichen Programms in der Berufsbildung „Leonardo da Vinci“, ABl. 1999 Nr. L S. 33, Art. 2 Abs. 1 lit. c), Art. 4 lit. a), s. auch *D. O. Reich*, EuGRZ 2001, 1 (4). Kritisch zu dieser Argumentation *St. Bode*, Europarechtliche Gleichbehandlungsansprüche Studierender und ihre Auswirkungen in den Mitgliedstaaten, 2005, S. 84 f. Umfassend zu den Bildungsprogrammen *H. Müller-Solger/A. Czysz/W. Petzold/U. Pfaff*, Bildung und Europa. Die EU-Fördermaßnahmen, 1997, S. 9 ff.; 37 ff. ; vgl. auch die Nachweise oben, in Fn. 639.

rufliche Bildungswesen auf diesen Artikel zu begrenzen.[677] Das Verhältnis von Art. 149 und 150 EG zeichnet sich mithin nicht durch ein Nebeneinander, sondern vielmehr dadurch aus, dass Art. 149 EG das Bildungswesen unter allgemein-kulturellen Gesichtspunkten umfasst, während Art. 150 EG, der sich auf die *„berufliche Bildung"* beschränkt, eine stärkere berufsorientierte Wissensvermittlung aufweist, ohne dabei jedoch thematisch auf die „konkret berufsbezogenen Aus- und Weiterbildung im engeren Sinne" beschränkt zu sein.[678] Unterstrichen wird dies durch die in Art. 150 Abs. 2 EG genannten Ziele der Gemeinschaft, wenn dort im 1. Spiegelstrich von der *„Erleichterung der Anpassung an die industriellen Wandlungsprozesse, insbesondere durch berufliche Bildung und Umschulung"*, oder im 2. Spiegelstrich von der *„beruflichen Eingliederung und Wiedereingliederung in den Arbeitsmarkt"* die Rede ist.

(4) Zwischenergebnis

Als Zwischenergebnis bleibt festzuhalten, dass *„berufliche Bildung"* im Sinne des Art. 150 EG all das umfasst, was bisher Berufsausbildung im Sinne des Art. 128 EWGV nach der *Gravier*-Rechtsprechung des EuGH war, also neben dem spezifischen Erst- und Weiterbildungsbereich auch der Sekundarbereich und der Hochschulsektor, soweit der Schul- bzw. Studienabschluss die Qualifikation zur Ausübung eines bestimmten Berufes oder einer Beschäftigung umfasst. Der Begriff der *„Bildung"* im Sinne von Art. 149 EG ist dagegen als allgemein-kulturelles Phänomen umfassend zu verstehen und kann neben der schulischen auch die private, institutionalisierte und punktuelle Erziehungs- und Wissensvermittlung umfassen.[679] Erfasst werden dabei Schulen aller Art, d.h. der Vorschul- und Grundschulbereich sowie der allgemein bildende Sekundarbereich[680],

---

[677] Im Ergebnis ebenso *M. Niedobitek*, in: Streinz (Hrsg.), EUV/EGV, Art. 149 EGV Rdn. 22; Art. 150 EGV Rdn. 4; *ders.*, EuR 1995, 349 (367); *H.-J. Blanke*, in: Grabitz/Hilf (Hrsg.), EUV/EGV, Bd. II, Art. 149, 150 EGV (2004) Rdn. 4 f.; *B. Kempen*, in: Tettinger/Stern (Hrsg.), Kölner Gemeinschaftskommentar zur Europäischen Grundrechte-Charta, Art. 14 Rdn. 7; *G. Seidel/A. Beck*, Jura 1997, 393 (397); *J. E. Feuchthofen/H.-J. Brackmann*, RdJB 1992, 468 (471 f.); vgl. auch *A. Fürst*, Die bildungspolitischen Kompetenzen der Europäischen Gemeinschaft, 1999, S. 98 ff.; *O. Nowoczyn*, Bildungspolitische Kompetenzen der Europäischen Gemeinschaft nach Maastricht, 1996, S. 107 ff., 115.

[678] Vgl. *M. Niedobitek*, in: Streinz (Hrsg.), EUV/EGV, Art. 149 EGV Rdn. 23; Art. 150 EGV Rdn. 4.; *J. E. Feuchthofen/H.-J. Brackmann*, RdJB 1992, 468 (472).

[679] Vgl. *M. Simm*, in: Schwarze (Hrsg.), EU, Art. 150 EGV Rdn. 10; *Cl. D. Classen*, in: Groeben/Schwarze (Hrsg.), EUV/EGV, Art. 150 EG Rdn. 4; *Th. Oppermann*, Europarecht, Rdn. 1905; *N. Bernsdorff*, in: Meyer (Hrsg.), EU-GRCh, Art. 14 Rdn. 12.

[680] *K. Lenaerts*, CMLR 1994, 7 (25).

aber auch Kindergärten[681] und diejenigen Hochschulgänge, „*die sich aufgrund ihrer Eigenart an Personen richten, die eher ihre Allgemeinkenntnisse vertiefen wollen als dass sie einen Zugang zum Berufsleben anstrebten.*"[682]. In Betracht kommen hier beispielsweise die „Senioren-Programme" mancher Universitäten, die sich hauptsächlich an Personen im Ruhestand richten.[683]

Lässt sich dieser dargelegte Befund uneingeschränkt auf Art. 14 Abs. 1 EU-GRCh übertragen?

bb) Übertragung des Begriffsverständnisses der Art. 149 und 150 EG auf Art. 14 Abs. 1 EU-GRCh?

Zwar spricht an sich nichts dagegen, dass das in Art. 149 und 150 EG verwendete Begriffsverständnis auch in Art. 14 Abs. 1 EU-GRCh zu pflegen ist. Allerdings gilt zu beachten, dass die in dem Meinungsstreit dargestellten Argumentationen weniger die Auslegung des Be-griffs der „*Berufsausbildung*" betreffen[684] als vielmehr die Frage, wie nach Streichung des Art. 128 EWGV und angesichts des Fehlens einer Definition des Begriffs „*Bildung*" im EG-Vertrag die bisherige *Gravier*-Rechtsprechung des EuGH zum Begriff der „*Berufsausbildung*" sachgerecht einzuordnen und wie damit das Verhältnis des Art. 149 zum Art. 150 EG zu beurteilen ist.[685]

Dennoch dürften sich für die Auslegung des Art. 14 Abs. 1 EU-GRCh Rückschlüsse aus den in der Auseinandersetzung um die Art. 149 und 150 EG vorgetragenen Argumenten ziehen lassen. So gilt in Anlehnung an die *Gravier*-Rechtsprechung hervorzuheben, und insoweit ist der überwiegenden Meinung beizustimmen, dass die meisten Hochschulstudiengänge heutzutage die Qualifikation für einen bestimmten Beruf oder eine bestimmte Berufsgattung zum Ziel haben.[686] Auch spricht die Einordnung der Hochschulstudien in die berufliche

---

681 *Th. Oppermann*, Europarecht, Rdn. 1905; *K. Lenaerts*, CMLR 1994, 7 (25).

682 Vgl. EuGH, Urteil v. 2.2.1988, Rs. 24/86, („Blaizot"), Slg. 1988, 379 (404), Rdn. 20.

683 S. dazu *K. Lenaerts*, CMLR 1994, 7 (25); *R. Dohms*, RdJB 1992, 451 (453).

684 Vgl. *Th. Oppermann*, Von der EG-Freizügigkeit zur gemeinsamen europäischen Ausbildungspolitik? Die „Gravier"-Doktrin des Gerichtshofes der Europäischen Gemeinschaften, 1988, S. 11 f.; *St. Cludius*, Kompetenzen der Europäischen Gemeinschaft für den Bereich der Bildungspolitik, 1995, S. 13.

685 *H.-J. Blanke*, in: Grabitz/Hilf (Hrsg.), EUV/EGV, Bd. II, Art. 149, 150 EGV (2004) Rdn. 5.

686 In diesem Sinne *Th. Oppermann*, Von der EG-Freizügigkeit zur gemeinsamen europäischen Ausbildungspolitik? Die „Gravier"-Doktrin des Gerichtshofes der Europäischen

Bildung im Übrigen der gesellschaftlichen Realität in den Mitgliedstaaten.[687] Auch nicht unmittelbar auf ein konkretes Berufsbild zugeschnittene Studiengänge wie Sprachen und Geisteswissenschaften werden regelmäßig von deren Absolventen als Vorbereitung auf eine Berufstätigkeit angesehen und aus diesem Grund absolviert.[688] Das Studium ist deshalb in der Regel und vorrangig auf einen berufsqualifizierenden Abschluss ausgerichtet und dient damit nach hier vertretener Ansicht der Berufsvorbereitung.[689]

Gemeinschaften, 1988, S. 11; *O. Nowoczyn*, Bildungspolitische Kompetenzen der Europäischen Gemeinschaft nach Maastricht, 1996, S. 83; *A. Große Wentrup*, Europäische Grundrechtecharta, 2003, S. 124; *S. Krebber*, in: Callies/Ruffert (Hrsg.), EUV/EGV, Art. 149 EGV Rdn. 8; *I. Beckedorf/Th. Henze*, NVwZ 1993, 125 (127).

[687] Das deutsche Hochschulrahmengesetz betrachtet Hochschulen als Stätte der beruflichen Bildung: In § 2 Abs. 1 S. 2 HRG heißt es: Die Hochschulen „*bereiten auf berufliche Tätigkeiten vor, ...*“; § 10 Abs. 1 S. 1 HRG bestimmt in aller Deutlichkeit: „*Die Studiengänge führen in der Regel zu einem berufsqualifizierenden Abschluss*“. Vgl. auch *A. Reich*, HRG, § 2 Rdn. 1 f.; *Th. Oppermann*, Von der EG-Freizügigkeit zur gemeinsamen europäischen Ausbildungspolitik? Die „Gravier“-Doktrin des Gerichtshofes der Europäischen Gemeinschaften, 1988, S. 11; *H. Avenarius*, NVwZ 1988, 385 (387). Auch das Bundesverfassungsgericht hat im so genannten „Hochschulurteil“ (Urteil des 1. Senats v. 29.5.1973 zum niedersächsischen Vorschaltgesetz, BVerfGE 35, 79 ff.) hervorgehoben, dass die Universität heute bevorzugt auf die Heranbildung einer möglichst großen Zahl von Fachleuten für eine zunehmend „verwissenschaftlichte“ berufliche Praxis eingestellt ist. In dem so genannten „Numerus-clausus-Urteil“ (Urteil des 1. Senats v. 18.7.1972, BVerfGE 33, 303 ff.) hat das BVerfG festgestellt, dass zur rechtlichen Ordnung der beruflichen Betätigung auch die Vorschriften über das Medizinstudium, welches genauso vorherige Ausbildung für einen Beruf sei wie jede andere Ausbildung auch, gehören.

[688] *O. Nowoczyn*, Bildungspolitische Kompetenzen der Europäischen Gemeinschaft nach Maastricht, 1996, S. 83; *W. Thieme*, Deutsches Hochschulrecht, Rdn. 304. Einschränkend *S. Oertzen*, Bildung und Berufsausbildung in den Europäischen Gemeinschaften, 1992, S. 44, wonach die reinen geisteswissenschaftlichen Magisterstudiengänge wie Sprachen, Philosophie und Geschichte zur Allgemeinbildung zählen sollen.

[689] So auch *St. Cludius*, Kompetenzen in der Europäischen Gemeinschaft für den Bereich der Bildungspolitik, 1995, S. 22; *H. Schiedermair*, in: Flämig u.a. (Hrsg.), Hdb WissR I, S. 37 f.; *V. Epping*, in: Hailbronner/Geis (Hrsg.), HRG, § 2 Rdn. 2; *W. Thieme*, Deutsches Hochschulrecht, Rdn. 304; *H. Avenarius*, NVwZ 1988, 385 (387); *Th. Oppermann*, in: DFG (Hrsg.), Bildung und Wissenschaft im Prozess der europäischen Einigung, 1997, S. 104 (105); *A. Fürst*, Die bildungspolitischen Kompetenzen der Europäischen Gemeinschaft, 1999, S. 263; *A. Große Wentrup*, Europäische Grundrechtecharta, 2003, S. 124; *H. J. Faller*, EuGRZ 1981, 611 (615); *Chr. Bode*, in: Dallinger/Bode/Dellian (Hrsg.), HRG, § 10 Rdn. 1; *A. Reich*, HRG, § 2 Rdn. 2; § 10 Rdn. 2; *Th. Oppermann*, Von der EG-Freizügigkeit zur gemeinsamen europäischen Ausbildungspolitik? Die „Gravier“-Doktrin des Gerichtshofes der Europäischen Gemeinschaften, 1988, S. 11; vgl. auch *A. W. Breinersdorfer/W. Zimmerling*, JZ 1986, 431

Schwieriger erscheint indes die Zuordnung der weiterführenden Schulen. Hier gilt zunächst darauf hinzuweisen, dass die jeweiligen mitgliedstaatlichen Strukturen der Schulsysteme im Sekundarbereich erhebliche Unterschiede aufzeigen können.[690] So werden in den Schulsystemen einiger Mitgliedstaaten bereits im Sekundarbereich Ausbildungsmodule angeboten, die zu einem berufsqualifizierenden Abschluss führen. Dies gilt beispielsweise für die Oberstufe des italienischen Sekundarbereichs, wo verschiedene Bildungsgänge mit unterschiedlichen Spezialisierungen zugleich einen Berufsbezug vermitteln können.[691] Zwar bereitet dagegen die dreijährige Oberstufe der deutschen Gymnasien lediglich allgemein bildend auf das Abitur vor. Allerdings ist anzumerken, dass die Vorbereitung auf das Abitur zugleich auch Vorbereitung auf den Hochschulzugang ist und damit mittelbar den Umfang der Berufswahl erheblich beeinflusst. So geht auch das BVerfG davon aus, dass die weiterführenden allgemein bildenden Schulen von Art. 12 Abs. 1 S. 1 GG, auf den noch näher einzugehen sein wird,[692] umfasst werden, wenn ein Eingriff berufsausbildungsbezogen ist.[693]

Im Interesse einer gemeinschaftsweit einheitlichen Abgrenzung im Rahmen des Art. 14 Abs. 1 EU-GRCh erscheint es daher sinnvoll, in voller Kontinuität der *Gravier*-Rechtsprechung die weiterführenden Schulen und Hochschulstu-

---

(433). A.A. offenbar: *K. Odendahl*, in: Heselhaus/Nowak (Hrsg.), Handbuch der Europäischen Grundrechte, § 39 Rdn. 37; *H. Krüger*, in: Flämig u.a. (Hrsg.), Hdb WissR I, S. 202; *D. Leuze,* in: Leuze (Hrsg.), UG NW, Bd. 1, § 3 Rdn. 4; *H. Hablitzel*, DÖV 2002, 407 (408); *I. Hochbaum*, RdJB 1992, 505 (506); *G. Konow*, RdJB 1989, 118 (125); wohl auch *Th. Oppermann*, Kulturverwaltungsrecht, 1969, S. 106; *I. Beckedorf/Th. Henze*, NVwZ 1993, 125 (126); *E.-W. Luthe*, Bildungsrecht, 2003, S. 5.

690 Vgl. nur die Übersicht der Bildungssysteme der EU-Mitgliedstaaten im Vergleich bei *H. Müller-Solger/A. Czysz/W. Petzold/U. Pfaff,* Bildung und Europa. Die EU-Fördermaßnahmen, 1997, S. 121 ff.

691 Das fünfjährige „*Liceo*“ vermittelt einen allgemein bildenden Sekundarunterricht mit altsprachlichem und naturwissenschaftlichem Zweig. Das „*Istituto Tecnico*“ bietet einen allgemein bildenden und beruflichen Unterricht, während die dreijährigen Bildungsgänge (die „*Scuola Magistrale*“ und das „*Istituto Professionale*“ oder das „*Istituto d'Arte*“) in der Regel zu einem berufsqualifizierenden Abschluss führen, vgl. dazu *H. Müller-Solger/A. Czysz/W. Petzold/U. Pfaff,* Bildung und Europa. Die EU-Fördermaßnahmen, 1997, S. 146.

692 S. unten, II. 2 d) cc) und B. II. 2 c) aa) (1).

693 Vgl. BVerfG, Beschluss v. 20.10.1981, („Schulentlassung“), BVerfGE 58, 257 (273 f.).

diengänge Art. 14 Abs. 1, 2. Alt. EU-GRCh und lediglich die schulische Bildung in der Elementarschule Art. 14 Abs. 1, 1. Alt. EU-GRCh zuzuordnen.[694]

cc) Zwischenergebnis

Die systematische Auslegung mit dem Begriff „*Bildung*" in Art. 149 EG legt nahe, dass der Schutzbereich von „*Bildung*" im Sinne des Art. 14 Abs. 1, 1. Alt. EU-GRCh in erster Linie den schulischen Primarbereich erfassen soll, daneben ist aber auch nicht auszuschließen, dass der Begriff „*Bildung*" – als „allgemeinkulturelles" Phänomen – darüber hinaus alle staatlichen wie privaten Einrichtungen, die sich mit der Bildung von Menschen gleich welchen Alters befassen, umfassen kann. Dagegen hat die Auslegung ergeben, dass der Sekundarbereich, wie auch die Berufsschule im Sinne des deutschen Bildungssystems und die Hochschulstudiengänge der Berufsausbildung zuzurechnen sind.

c) Art. 2 S. 1 des 1. ZP zur EMRK

Wie eingangs erwähnt muss sich die Auslegung des Schutzbereichs des Art. 14 Abs. 1, 1. Alt. EU-GRCh auch an der Bestimmung des Art. 2 S. 1 des 1. ZP zur EMRK[695] orientieren. Dort heißt es:

> *„Niemandem darf das Recht auf Bildung verwehrt werden."*

Geklärt werden muss, wie der Bildungsbegriff des Art. 2 S. 1 des 1. ZP verstanden wird. Der maßgebliche Wortlaut[696] des Art. 2 S. 1 des 1. ZP spricht in der französischen bzw. englischen Fassung – ähnlich wie in den entsprechenden

---

694 Allerdings sollte diese Zuordnung nur als grobe Richtschnur gelten, pauschale Zuweisungen sind dagegen verfehlt, so dass im Einzelfall das konkrete Ziel der Ausbildungsmaßnahme maßgebend sein soll, vgl. auch *Cl. D. Classen*, in: Groeben/Schwarze (Hrsg.), EUV/EGV, Art. 150 EG Rdn. 3. A.A. *A. Große Wentrup*, Europäische Grundrechtecharta, 2003, S. 124 f., die die weiterführenden Schulen Art. 14 Abs. 1, 1. Alt. EU-GRCh zuordnet.

695 Zur Entstehungsgeschichte des Art. 2 des 1. ZP zur EMRK s. *Chr. Langenfeld*, in: Grote/Marauhn (Hrsg.), EMRK/GG, Kap. 23 Rdn. 1; *E. Bannwart-Maurer*, Das Recht auf Bildung und das Elternrecht, Art. 2 des 1. ZP zur EMRK, 1975, S. 1-41; *L. Wildhaber*, in: Golsong u.a. (Hrsg.), IK-EMRK, Art. 2 EMRK/1. ZP (1995) Rdn. 1 ff.

696 Gemäß der Schlussklausel der EMRK (Protokoll Nr. 7 zur EMRK v. 22.11.1984, BGBl. 1995 II S. 579) sind die französische und englische Sprache die beiden verbindlichen (österr.: authentischen) Sprachen. Vgl. *Chr. Grabenwarter*, EMRK, § 5 Rdn. 2; vgl. auch *L. Wildhaber*, in: Golsong u.a. (Hrsg.), IK-EMRK, Art. 2 EMRK/1. ZP (1995) Rdn. 19; *H. Guradze*, EMRK, Art. 2 ZP I, S. 261.

Fassungen im Rahmen von Art. 14 Abs. 1 EU-GRCh analysiert[697] – von „*l'instruction*“ bzw. „*education*“. „*Instruction*“ ist dabei mit „Unterricht“ zu übersetzen.[698] Dies spricht dafür, dass sich das „*Recht auf Bildung*“ auf die Ausbildung bezieht[699], jedoch ergibt sich aus Satz 2 der Norm („*Erziehung und Unterricht*“), dass insbesondere die *Schulbildung* umfasst wird.[700]

Fraglich ist hierbei, welche Bereiche unter diese schulische Ausbildung zu subsumieren sind. Der Wortlaut legt eine einengende Sichtweise dahingehend, dass ausschließlich der schulische *Elementarbereich* hiervon erfasst werden soll, nicht zwingend nahe, doch wird die Vorschrift des Art. 2 S. 1 des 1. ZP bislang in erster Linie als Bildung in einer Elementarschule begriffen.[701] Ob Art. 2 des 1. ZP darüber hinaus auch die höhere Bildung an weiterführenden Schulen[702]

---

[697] S. oben, unter 1.

[698] Vgl. *G. Köbler*, Rechtsfranzösisch, Stichwort „*instruction (religieuse)*“ = (Religions-)Unterricht, S. 263. Kritisch dazu *H. Guradze*, EMRK, Art. 2 ZP I, S. 261. Vgl. dazu auch *A. Köpcke-Duttler*, in: Jach/Jenkner (Hrsg.), 50 Jahre GG und Schulverfassung, 2000, S. 91 (94).

[699] So *J. Abr. Frowein/W. Peukert*, EMRK, Art. 2 des 1. ZP Rdn. 1; *A. Weber*, Menschenrechte, 2004, S. 708.

[700] Vgl. etwa *U. v. Creytz*, Verfassungsfragen des Bildungsrechts, 2003, S. 125. Nach *Cl. Eiselstein*, Festschrift Th. Oppermann, 1981, S. 178 (186) wird von Art. 2 S. 1 des 1. ZP neben allen Formen der Bildung auch die Erwachsenenbildung umfasst.

[701] Unstreitig, vgl. nur dazu *E. Bannwart-Maurer*, Das Recht auf Bildung und das Elternrecht, Art. 2 des 1. ZP zur EMRK, 1975, S. 65 ff., 70; *Chr. Grabenwarter*, EMRK, § 22 Rdn. 74; *J. Abr. Frowein/W. Peukert*, EMRK, Art. 2 des 1. ZP Rdn. 2; *D. J. Harris/M. O'Boyle/C. Warbrick*, European Convention on Human Rights, chap. 19, S. 541; *A. Große Wentrup*, Europäische Grundrechtecharta, 2003, S. 125; *J. Caspar*, RdJB 2001, 165 (167); vgl. auch *B. Kempen*, in: Tettinger/Stern (Hrsg.), Kölner Gemeinschaftskommentar zur Europäischen Grundrechte-Charta, Art. 14 Rdn. 5; *N. Bernsdorff*, in: Meyer (Hrsg.), EU-GRCh, Art. 14 Rdn. 12; *St. Bode*, Europarechtliche Gleichbehandlungsansprüche Studierender und ihre Auswirkungen in den Mitgliedstaaten, 2005, S. 296 (mit Fn. 1598).

[702] Vgl. EGMR, Urteil v. 23.7.1968, Nr. 1474/62 u.a., („Belgischer Sprachenfall“), Serie A 6, 1968, S. 30-32 = EuGRZ 1975, 298 f. (300); EKMR, Entscheidung v. 9.12.1980, Nr. 8844/80, („X ./. GB“), DR 23, 228 (229); EGMR, Urteil v. 10.5.2001, Nr. 25781/94, („Zypern ./. TR“), RJD 2001-IV Nr. 277 f. Auch die überwiegende Meinung bejaht den Zugang zur Bildung auch an einer weiterführenden Schule, vgl. *J. Meyer-Ladewig*, EMRK, Art. 2 ZP Rdn. 4; *Chr. Langenfeld*, in: Grote/Marauhn (Hrsg.), EMRK/GG, Kap. 23 Rdn. 17; *Chr. Grabenwarter*, EMRK, § 22 Rdn. 74; *L. Wildhaber*, in: Golsong u.a. (Hrsg.), IK-EMRK, Art. 2 EMRK/1. ZP (1995) Rdn. 22 f.; *M. E. Villiger*, Hdb EMRK, § 31 Rdn. 676 (mit Fn. 23); *D. J. Harris/M. O'Boyle/C. Warbrick*, European Convention on Human Rights, chap. 19, S. 541; *Cl. Ovey/R. White/Fr. G. Jacobs*, The European Convention on Human Rights, S. 322; *P. van Dijk/G. J. H. van Hoof* (Hrsg.), European Convention on Human Rights, S. 644; *P. Lemmens*,

oder gar die berufsbezogene Ausbildung[703] schützt, ist umstritten. Der Schwerpunkt soll jedoch beim Zugang zu den Elementarschulen[704] liegen.[705] „*Bildung*"

MJ 1 (2001), 49 (60); *J. Abr. Frowein/W. Peukert*, EMRK, Art. 2 des 1. ZP Rdn. 2. A.A. *G. Seidel*, Hdb Grund- und Menschenrechte, S. 200: nur Elementarausbildung.

703 Ein Recht auf Zugang zu Universitäten wurde bislang grundsätzlich nicht aus Art. 2 des 1. ZP abgeleitet, s. dazu *Chr. Grabenwarter*, EMRK, § 22 Rdn. 75. Vgl. aber mittlerweile EGMR, Urteil v. 7.2.2006, Nr. 60856/00, („Mürsel Eren ./. TR"), RJD 2006 Nr. 48 und EGMR, Urteil v. 10.11.2005, Nr. 44774/98, („Leyla Şahin ./. TR"), RJD 2005 Nr. 134, 141, 153; wo der Gerichtshof das Kopftuchverbot an einer öffentlichen Universität nicht nur unter dem Gesichtspunkt von Art. 9 EMRK, sondern auch von Art. 2 S. 1 des 1. ZP prüfte. Damit scheint der Gerichtshof offenbar auch die universitäre Ausbildung unter den Schutzbereich von Art. 2 S. 1 des 1. ZP zu subsumieren; tendenziell bereits EKMR, Entscheidung v. 6.7.1977, Nr. 6094/73, („X ./. S"), DR 9, 5 (8). In diesem Sinne *J. Meyer-Ladewig*, EMRK, Art. 2 ZP Rdn. 4; *L. Wildhaber*, in: Golsong u.a. (Hrsg.), IK-EMRK, Art. 2 EMRK/1. ZP (1995) Rdn. 3, 63 ff.; *St. Breitenmoser/B. Riemer/Cl. Seitz*, Praxis des Europarechts – Grundrechtsschutz, 2006, S. 103; *K. Spielbüchler*, EuGRZ 1985, 437 (439); *H. Schorn*, EMRK, Art. 2 ZP, S. 431. Offen gelassen *H. Guradze*, EMRK, Art. 2 ZP I, S. 262.

704 Vgl. die Rechtsprechung der EKMR, Entscheidung v. 13.3.1975, („X ./. GB"), Nr. 5962/72, DR 2, 50 (51); EKMR, Entscheidung v. 29.9.1975, Nr. 7010/75 („X ./. B"), DR 3, 162 (164); EKMR, Entscheidung v. 16.7.1982, Nr. 9824/82, („Stassen ./. F"), EuGRZ 1983, 429; EKMR, Entscheidung v. 19.5.1977, Nr. 7671/76, („Ausländische Studenten ./. GB"), DR 9, 185 (187); EKMR, Entscheidung v. 6.7.1977, Nr. 6094/73, („X ./. S"), DR 9, 5 (8); EKMR, Entscheidung v. 9.12.1980, Nr. 8844/80, („X ./. GB"), DR 23, 228 (229); EKMR, Entscheidung v. 6.1.1993, Nr. 14524/89, („Yanasik"), DR 74, 14 (27); EKMR, Entscheidung v. 17.1.1996, Nr. 24515/94, („Sulak"), DR 84-A, 98 (99). Kritisch dazu *J. Abr. Frowein/W. Peukert*, EMRK, Art. 2 des 1. ZP Rdn. 2; *P. van Dijk/G. J. H. van Hoof* (Hrsg.), European Convention on Human Rights, S. 644.

705 Vgl. EGMR, Urteil v. 23.7.1968, Nr. 1474/62 u.a., („Belgischer Sprachenfall"), Serie A 6, 1968, S. 30-32 = EuGRZ 1975, 298 f. (300); EGMR, Urteil v. 7.12.1976, Nr. 5095/71 u.a., („Kjeldsen u.a. ./. DK"), Serie A 23, 1976 Rdn. 53 = EuGRZ, 1976, 478 (484 f.) unter Verweis auf den „Belgischen Sprachenfall". Diese Ansicht vertritt auch der überwiegende Teil in der Literatur, vgl. nur *L. Wildhaber*, in: Golsong u.a. (Hrsg.), IK-EMRK, Art. 2 EMRK/1. ZP (1995) Rdn. 3, 29 ff.; *ders.*, EuGRZ 1976, 493 (494); *Chr. Grabenwarter*, EMRK, § 22 Rdn. 74; *A. Peters*, EMRK, § 27 S. 170; *H. Guradze*, EMRK, Art. 2 ZP I, S. 261; *M. E. Villiger*, Hdb EMRK, § 31 Rdn. 676; *P. van Dijk/G. J. H. van Hoof* (Hrsg.), European Convention on Human Rights, S. 644; *D. J. Harris/M. O'Boyle/C. Warbrick*, European Convention on Human Rights, chap. 19, S. 541; *Cl. Ovey/R. White/Fr. G. Jacobs*, The European Convention on Human Rights, S. 322; *N. Blum*, Gedanken-, Gewissens- und Religionsfreiheit nach Art. 9 EMRK, 1990, S. 138; *Th. Oppermann*, Europarecht, Rdn. 111; *E.-W. Luthe*, Bildungsrecht, 2003, S. 64; *A. Weber*, Menschenrechte, 2004, S. 708; *St. Bode*, Europarechtliche Gleichbehandlungsansprüche Studierender und ihre Auswirkungen in den Mitgliedstaaten, 2005, S. 294 f.; *M. Thiel*, Der Erziehungsauftrag des Staates in der Schule, 2000, S. 52; *Cl. Eiselstein*, Festschrift Th. Oppermann, 1981, S. 178 (184 ff.); *U. v. Creytz*, Verfas-

im Sinne des Art. 2 S. 1 des 1. ZP ist danach also in erster Linie als der Vorgang oder das Ergebnis von schulischem Elementarunterricht und schulischer Erziehung zu verstehen.

d) Bewertung und Zwischenergebnis

Der systematische Zusammenhang mit dem Begriff „*Bildung*" in Art. 149 EG legt einen umfassenden Bildungsbegriff unter seinem allgemein-kulturellen Aspekt nahe, der neben der Primarschule, auch die private, institutionalisierte und punktuelle Erziehungs- und Wissensvermittlung umfassen kann. Der Zusammenhang mit dem Bildungsbegriff des Art. 2 S. 1 des 1. ZP zur EMRK hat dagegen ergeben, dass der Schwerpunkt der grundrechtlichen Gewährleistung auf der schulischen Bildung in der Elementarschule liegen soll. Fraglich ist nun, welcher Bildungsbegriff für die Auslegung des Art. 14 Abs. 1, 1. Alt. EU-GRCh maßgebend sein soll. Dass das Präsidium in seinen – unverbindlichen – Erläuterungen in erster Linie auf Art. 2 S. 1 des 1. ZP zur EMRK verwiesen hat und nicht auf den (erweiterten) Bildungsbegriff des Art. 149 EG[706], dürfte nicht für sich allein ausschlaggebend sein.[707] Dagegen spricht auch der eingangs erwähnte systematische Zusammenhang mit den Begriffen „*Erziehung und Unterricht*" in Art. 14 Abs. 3, 1. Alt. EU-GRCh.

Da – wie im Rahmen von Art. 149 EG dargelegt – erhebliche Unterschiede in den einzelnen Schulsystemen der Mitgliedstaaten bestehen können, ob der Sekundarunterricht im Einzelfall als berufsbildend einzustufen ist oder nicht, erscheint es überzeugend, im Interesse einer gemeinschaftsweit einheitlichen Abgrenzung im Rahmen des Art. 14 EU-GRCh, dem Bildungsbegriff des Art. 14 Abs. 1, 1. Alt. EU-GRCh lediglich die Bildung in einer Elementarschule zuzuordnen. Dafür spricht auch, und das dürfte schließlich maßgebend sein, dass in den Beratungen des Grundrechtekonvents immer wieder auf den engen Bil-

---

sungsfragen des Bildungsrechts, 2003, S. 126; *Chr. Ruhs*, ÖJZ 2002, 281 (290); *P. Lemmens*, MJ 1 (2001), 49 (60); *K. Spielbüchler*, EuGRZ 1985, 437 (440); *H. J. Faller*, EuGRZ 1981, 611 (620 f.); *W. Kämpfer*, EuGRZ 1981, 721 (731); *C. A. Nørgaard*, EuGRZ 1981, 633 (633); *D. Evrigenis*, EuGRZ 1981, 637 (639); *P. Fessler*, EuGRZ 1978, 485 (488 f.); *H. Mayer*, RdS 1985, 1 (5 f.). A.A. *Chr. Langenfeld*, in: Grote/Marauhn (Hrsg.), EMRK/GG, Kap. 23 Rdn. 17: „*Nach Sinn und Zweck umfaßt der Schutzbereich des Art. 2 Satz 1 ZP 1 alle Stufen und Ausprägungen der Ausbildung, d.h. auch die höhere Schulausbildung und das Hochschulstudium. Es bestehen keine Einwände, den Bereich der Erwachsenenbildung miteinzubeziehen.*".

706 S. Erläuterungen des Präsidiums des Europäischen Konvents v. 16.12.2004 zu Art. 14 EU-GRCh, ABl. 2004 Nr. C 310 S. 434.

707 So aber *N. Bernsdorff*, in: Meyer (Hrsg.), EU-GRCh, Art. 14 Rdn. 12.

dungsbegriff des Art. 2 S. 1 des 1. ZP zurückgegriffen wurde. Dies legt die Schlussfolgerung nahe, „*Bildung*“ i.S.d. Art. 14 Abs. 1, 1. Alt. EU-GRCh in Anwendung der Regelung des Art. 52 Abs. 3 S. 1 EU-GRCh nur als schulische Bildung in der Elementarschule zu verstehen.

3. Ergebnis

Die grammatikalische und systematische Auslegung hat ergeben, dass „*Bildung*“ im Sinne des Art. 14 Abs. 1, 1. Alt. EU-GRCh in Anlehnung an Art. 2 S. 1 des 1. ZP zur EMRK jede Form von Ausbildung bezeichnet, die nicht auf den Erwerb einer berufsbezogenen Qualifikation gerichtet ist. Davon erfasst ist in erster Linie die schulische Bildung in der Elementarschule. Übertragen auf die deutschen Bildungseinrichtungen[708] fallen danach in den Schutzbereich des Art. 14 Abs. 1, 1. Alt. EU-GRCh die Schulen des Primarbereichs, also die Grundschulen, während sowohl die Einrichtungen des allgemein bildenden Sekundarbereichs I (also die Haupt-, Real-, Gesamtschulen und die Gymnasien), als auch die des Sekundarbereichs II (d.h. die dreijährige Oberstufe des Gymnasiums), sowie die sich an den Haupt- und Realschulen anschließende berufliche Ausbildung im dualen System (Berufsschule und Betrieb) oder die berufsqualifizierenden Bildungsgänge und schließlich der Tertiäre Bereich (d.h. Universitäten, Hochschulen, Technische Universitäten/Hochschulen und Universitäten-Gesamthochschulen) im Wesentlichen von der beruflichen Bildung umfasst werden sollen.

II. Der Gewährleistungsumfang

Im Hinblick auf Art. 14 Abs. 1, 1. Alt. EU-GRCh, der ausdrücklich von einem „*Recht*“ spricht, stellt sich nun die Frage, ob aus dieser Norm – trotz der positiven Formulierung – lediglich abwehrrechtliche Funktionen folgen oder aber grundrechtliche Teilhabe- bzw. sogar echte Leistungsrechte abgeleitet werden könnten. Es gilt also im Folgenden, den genauen Gewährleistungsgehalt des Grundrechts durch grammatikalische und systematische Auslegung zu ermitteln.

---

[708] Vgl. dazu *H. Müller-Solger/A. Czysz/W. Petzold/U. Pfaff,* Bildung und Europa. Die EU-Fördermaßnahmen, 1997, S. 128; *J. Staupe*, Schulrecht von A-Z, Stichwort „Allgemeinbildung“, S. 11.

1. Die grammatikalische Auslegung

Im Gegensatz zu Art. 2 S. 1 des 1. ZP zur EMRK (s. dazu unten, 2 c aa), wonach das Recht auf Bildung „*niemandem verwehrt*“ werden darf, findet sich in Art. 14 Abs. 1 EU-GRCh eine positive und uneingeschränkte Formulierung („*Jeder hat das Recht auf Bildung*“). Die charakteristische Formulierung „*Recht auf...*“ deutet nach dem herkömmlichen Sprachgebrauch in erster Linie darauf hin, dass das Recht auf Bildung zumindest einen (einklagbaren) subjektiven Anspruch auf Teilhabe an einer bestehenden Bildungseinrichtung oder gar auf Errichtung und ggf. Subventionierung eines entsprechenden Bildungssystems gewähren soll, d.h. ein Anspruch auf ein positives Tätigwerden im Sinne einer Leistungsfunktion („*status positivus*“).[709] Dass schon der bloße Wortlaut „*Recht auf*“ ein solches Verständnis suggeriert, ergibt sich zusätzlich daraus, dass gerade nicht lediglich von einem „*Recht, sich zu bilden*“ die Rede ist.[710]

Interpretiert man Art. 14 Abs. 1 EU-GRCh demzufolge allein anhand seines Wortlauts, wäre das Grundrecht auf Bildung konsequenterweise dahin gehend auszulegen, dass es neben seiner teilhaberechtlichen Funktion auch ein echtes, d.h. originäres Leistungsrecht darstellt und dementsprechend positive Leistungsansprüche, etwa auf Schaffung neuer oder zusätzlicher Schulen oder Schulplätze, zu vermitteln vermag.[711] Für eine nähere Eingrenzung des Gewährleistungsumfangs müssen daher die übrigen Auslegungsmethoden herangezogen werden.

2. Die systematische Auslegung

Im Wege der systematischen Auslegung wird – wie bereits erwähnt – die Bedeutung einer Norm unter Berücksichtigung ihrer Struktur und ihres Zusammenhangs mit anderen Vorschriften ermittelt.[712]

Zunächst könnte überlegt werden, ob möglicherweise aus der Titelüberschrift eindeutige Rückschlüsse auf den Gewährleistungsgehalt des Art. 14 EU-GRCh gezogen werden könnten. Sollten sich hieraus keine Rückschlüsse ergeben,

---

709 *H. D. Jarass*, EU-Grundrechte, § 19 Rdn. 3; *Th. Schmitz*, JZ 2001, 833 (840 f.); *Th. v. Danwitz/S. Röder*, in: Stern/Tettinger (Hrsg.), Die Europäische Grundrechte-Charta im wertenden Verfassungsvergleich, 2005, S. 31 (34 f.); *J. Meyer/M. Engels,* in: Deutscher Bundestag (Hrsg.), Charta der Grundrechte der Europäischen Union, 2001, S. 21.

710 S. näheres dazu nachstehend unter 2. im Rahmen der systematischen Auslegung.

711 S. dazu auch *A. Große Wentrup*, Europäische Grundrechtecharta, 2003, S. 129.

712 S. oben, 2. Teil, B. II. 1 b).

könnte für den Gewährleistungsumfang des allgemeinen Rechts auf Bildung des Art. 14 Abs. 1, 1. Alt. EU-GRCh ein Vergleich mit weiteren Chartaartikeln, die ein „*Recht haben*" und in diesem Zusammenhang die Abgrenzung zum Recht auf „*Zugang zur beruflichen Aus- und Weiterbildung*" gemäß Art. 14 Abs. 1, 2. Alt. EU-GRCh aufschlussreich sein. Darüber hinaus ist im Rahmen der systematischen Interpretation insbesondere der Gewährleistungsgehalt des Art. 2 S. 1 des 1. ZP zur EMRK (Art. 52 Abs. 3, 53 EU-GRCh) zu berücksichtigen. Nach hier vertretener Auffassung sollen daneben auch die gemeinsamen Verfassungsüberlieferungen der EU-Mitgliedstaaten (Art. 52 Abs. 4, 53 EU-GRCh) zum Maßstab genommen werden, da sich das allgemeine Recht auf Bildung des Art. 14 Abs. 1, 1. Alt. EU-GRCh laut den – gebührend zu berücksichtigenden – Erläuterungen des Präsidiums an diese beiden Vorgaben „*anlehnt*".[713] Schließlich soll der Kontext der sonstigen internationalen Verpflichtungen auf ein Recht auf Bildung durchleuchtet werden, vgl. Art. 53 EU-GRCh.

a) Rückschlüsse aus Einteilung in bestimmte Grundrechte-Gruppen?

Die Einteilung der Charta in verschiedene Titel könnte für den Gewährleistungsumfang des Art. 14 Abs. 1 EU-GRCh unter Umständen erste Anhaltspunkte geben.

aa) Gliederung der Grundrechte in bestimmte Kategorien

Die Charta gliedert sich nach einer Präambel in sieben Titel, in denen die Grundrechtsgarantien bestimmten Kategorien zugewiesen sind. Die materiellen Rechte der Charta befinden sich in den Art. 1-50 EU-GRCh. Titel I handelt von der „*Würde des Menschen*", Titel II („*Freiheiten*") garantiert die Freiheitsgrundrechte – in Anlehnung an die klassische französische Terminologie der „*libertés publiques*" benannt[714] –, Titel III („*Gleichheit*") die Gleichheitsrechte, Titel IV („*Solidarität*") so genannte Solidaritätsrechte wie etwa soziale Sicherheit, Gesundheits-, Umwelt- und Verbraucherschutz, Titel V „*Bürgerrechte*", Titel VI „*Justizielle Rechte*", und in Titel VII sind abschließend „*Allgemeine Bestim-*

---

713 S. zu den Erläuterungen und der Anwendbarkeit des Art. 52 Abs. 4 EU-GRCh neben Art. 52 Abs. 3 EU-GRCh, oben, 2. Teil, B. II. 2 c) dd).

714 Dazu *Th. Schmitz*, JZ 2001, 833 (834). Vgl. auch *C. Eisner*, Die Schrankenregelung der Grundrechtecharta der Europäischen Union, 2005, S. 79.

mungen" zum Anwendungsbereich der Charta und ihrem Verhältnis zu anderen Dokumenten enthalten.[715]

Zwar wird die rechtliche Katalogisierung der einzelnen Grundrechte und die spezielle Unterteilung in Grundrechtsgruppen teilweise kritisch mit dem Hinweis betrachtet, dass sich eine derartige Einteilung der Grundrechte in völkerrechtlichen Menschenrechtskatalogen nicht[716] und in nationalen Verfassungen eher selten[717] findet.[718]

---

[715] Ausführlich zur Einteilung der Grundrechte in einzelne Gruppen *H. D. Jarass*, EU-Grundrechte, § 5 Rdn. 1 ff., 24; *Chr. Callies*, in: Ehlers (Hrsg.), Europäische Grundrechte, § 20 Rdn. 5; *C. Eisner*, Die Schrankenregelung der Grundrechtecharta der Europäischen Union, 2005, S. 81 f.; s. auch *Th. Schmitz*, EuR 2004, 691 (700 f.); *ders.*, JZ 2001, 833 (834); *M. Holoubek*, in: Duschanek/Griller (Hrsg.), Grundrechte für Europa, 2002, S. 25 (26); *Chr. Grabenwarter*, DVBl. 2001, 1 (3 ff.); *E. Pache*, EuR 2001, 475 (479 ff.); *Chr. Callies*, EuZW 2001, 261 (262 ff.); *J. Caspar*, RdJB 2001, 165 (166).

[716] Die völkerrechtlichen Menschenrechtskataloge unterscheiden allenfalls die klassischen bürgerlichen und politischen von den neuartigen wirtschaftlichen, sozialen und kulturellen Rechten, vgl. etwa die nicht unterteilte AEMR von 1948, Teile III IPbürgR und IPwirtR von 1966, Abschnitt I EMRK von 1950, Teil I AMRK von 1969, Teil I Banjul-Charta von 1981 und Teil II ArabMRCh von 1994; s. *Th. Schmitz*, JZ 2001, 833 (834); *ders.*, EuR 2004, 691 (697).

[717] Eine Einteilung der Grundrechte findet sich dagegen in der Italienischen Verfassung von 1947 (Teil 1 „*Rechte und Pflichten der Staatsbürger*", Art. 13 ff.); in der Portugiesischen Verfassung von 1976 (Teil I „*Grundrechte und Grundpflichten*", Art. 12 ff.) und in der Spanischen Verfassung von 1978 (Titel I „*Grundrechte und Grundpflichten*", Art. 10 ff.) sowie in der Polnischen Verfassung von 1997 (Kapitel II „*Freiheiten, Rechte und Pflichten des Menschen und des Staatsbürgers*", Art. 30 ff.), in der Slowakischen Verfassung von 1992 (Zweites Hauptstück. „*Grundrechte und Freiheiten*", Art. 12 ff.) und in der Tschechischen Charta der Grundrechte- und freiheiten von 1992 (Art. 1 ff.); vgl. zu den Verfassungstexten jeweils die Nachweise bei *A. Kimmel/Chr. Kimmel,* Verfassungen der EU-Mitgliedstaaten, 2005, S. 290 ff. (Italien); S. 596 ff. (Portugal); S. 790 ff. (Spanien); S. 549 ff. (Polen); S. 717 ff. (Slowakische Republik); S. 850 ff. (Tschechische Republik). Zur Einteilung der Grundrechte in der italienischen, portugiesischen und spanischen Verfassung s. *J. Polakiewicz*, ZaöRV 54 (1994), 340 (345 ff.); *A. Weber*, NJW 2000, 537 (541 mit Fn. 50); zur spanischen Verfassug *M. Ibler*, JZ 1999, 287 (288 f.); s. *Th. v. Danwitz/S. Röder*, in: Stern/Tettinger (Hrsg.), Die Europäische Grundrechte-Charta im wertenden Verfassungsvergleich, 2005, S. 31 (45 ff.); zur polnischen Verfassung *B. Banaszak/M. Jabłoński*, in: Stern/Tettinger (Hrsg.), Die Europäische Grundrechte-Charta im wertenden Verfassungsvergleich, 2005, S. 165 (181 ff.).

[718] Kritisch insgesamt zu der Einteilung der Grundrechte, vgl. etwa *Th. Schmitz*, EuR 2004, 691 (700 f.); *ders.*, JZ 2001, 833 (834); so etwa auch *Chr. Grabenwarter*, DVBl. 2001, 1 (12); *M. Pechstein*, in: Streinz (Hrsg.), EUV/EGV, Art. 6 EUV Rdn. 24; *C. Eisner*, Die Schrankenregelung der Grundrechtecharta der Europäischen Union, 2005, S. 81 f.; *M. H.*

Jedoch dürften der Einteilung der Grundrechte grundsätzlich folgende systematische Erwägungen zugrunde gelegen haben: Die Grundrechte der Titel I („*Würde des Menschen*") und II („*Freiheiten*") dürften in erster Linie abwehrrechtliche Funktionen im Sinne des *status negativus* erfüllen; in den Titeln III („*Gleichheit*"), IV („*Solidarität*") und VI („*Justizielle Rechte*") dürften die Gleichbehandlungs- bzw. Leistungsfunktionen im Sinne des *status positivus* dominieren, und schließlich dürften die in Titel V („*Bürgerrechte*") normierten Grundrechte dem *status activus* entsprechen.[719]

bb) Art. 14 EU-GRCh innerhalb der Freiheitsrechte

Das Recht auf Bildung gemäß Art. 14 EU-GRCh ist innerhalb der Charta der Grundrechte in Titel II mit der Überschrift „*Freiheiten*" platziert. Die Vorschrift des Art. 14 EU-GRCh befindet sich im Grunde bei den klassischen Freiheitsrechten wie der Freiheit der Person (Art. 6 EU-GRCh = Art. II-66 EuVerf), der Religions- (Art. 10 EU-GRCh = Art. II-70 EuVerf), Meinungs- (Art. 11 EU-GRCh = Art. II-71 EuVerf) sowie der Versammlungs- und Vereinigungsfreiheit (Art. 12 EU-GRCh = Art. II-72 EuVerf). Lassen sich aus dieser Stellung innerhalb der Chartarechte gleichsam Rückschlüsse auf den grundrechtlichen Gewährleistungsgehalt des Art. 14 EU-GRCh ziehen?

Der textliche Befund des Rechts auf Bildung und auf Zugang zur beruflichen Aus- und Weiterbildung (Art. 14 Abs. 1 EU-GRCh) sowie des Rechts auf unentgeltliche Teilnahme am Pflichtschulunterricht (Art. 14 Abs. 2 EU-GRCh) ist von seiner Konzeption her eher ein soziales Grundrecht, das zu seiner Ausübung gewisser staatlicher Leistungen bedarf, so dass sich dieses Recht konsequenterweise bei den Leistungsgrundrechten befinden müsste.[720] Mithin wird die sys-

---

Knecht, Die Charta der Grundrechte der Europäischen Union, 2005, S. 171; *M. Holoubek*, in: Duschanek/Griller (Hrsg.), Grundrechte für Europa, 2002, S. 25 (26). Befürwortend *H. D. Jarass*, EU-Grundrechte, § 5 Rdn. 1; wohl auch *E. Riedel*, in: Meyer (Hrsg.), EU-GRCh, Vor Kapitel IV Rdn. 28 f. mit dem Hinweis, dass in der speziellen Gliederung der Grundrechte der spezifische europäische Weg der Grundrechtsgewährleistungen und damit eigenständige systematische Akzente der Charta zum Ausdruck kommen; ähnlich *M. Hilf*, EuR 2002 (Beiheft 3), 13 (21 f.).

719 Vgl. dazu *H. D. Jarass*, EU-Grundrechte, § 5 Rdn. 24; ähnlich *K. Odendahl*, in: Heselhaus/Nowak (Hrsg.), Handbuch der Europäischen Grundrechte, § 39 Rdn. 29; *M. Holoubek*, in: Duschanek/Griller (Hrsg.), Grundrechte für Europa, 2002, S. 25 (26). S. *B. Pieroth/B. Schlink*, Grundrechte, Rdn. 57 ff. mit einzelnen Beispielen zur Funktion der deutschen Grundrechte.

720 *M. H. Knecht*, Die Charta der Grundrechte der Europäischen Union, 2005, S. 170 f.

tematische Stellung des *„Rechts auf Bildung“* bei den Freiheitsrechten im Schrifttum teilweise als systematisch fehlplaziert empfunden.[721]

---

[721] In der öffentlichen Debatte wurde das Recht auf Bildung eher zu den sozialen als liberalen Grundrechten gezählt, so dass es systematisch nicht in den Kontext des zweiten Titels gehöre: In die Kategorie sozialer Rechte einordnend *E. Riedel*, in: Meyer (Hrsg.), EU-GRCh, Vor Kapitel IV Rdn. 28. Kritisch auch *M. Pechstein*, in: Streinz (Hrsg.), EUV/EGV, Art. 6 EUV Rdn. 22: *„systematisch wiederum fehlplaziert“*; *Chr. Callies*, in: Ehlers (Hrsg.), Europäische Grundrechte, § 20 Rdn. 13; *ders.*, EuZW 2001, 261 (264): *„systematisch in Titel II fehlplaziert“*; *Th. Schmitz*, JZ 2001, 833 (834; 840): *„eigentümlicherweise bei den Freiheiten geregelte Recht auf Bildung“*; *Chr. Ruhs*, ÖJZ 2002, 281 (290): *„systematischer Fehler“*; *Chr. Grabenwarter*, DVBl. 2001, 1 (5): *„systematisch wenig geglückt“* in Bezug auf die Teilnahme an einem unentgeltlichen Pflichtschulunterricht; *J. Caspar*, RdJB 2001, 165 (166): Die *„Nähe zu den Bestimmungen über Gleichheit sowie über die Solidarität in Zusammenhang mit dem von Art. 14 Ch geregelten Zugang zu Bildungseinrichtungen [erscheint] eher plausibel.“*; *R. Geesmann*, Soziale Grundrechte im deutschen und französischen Verfassungsrecht und in der Charta der Grundrechte der Europäischen Union, 2005, S. 47: *„in systematischer Hinsicht zweifelhaft“*. Im Ergebnis ebenso *H. D. Jarass*, EU-Grundrechte, § 5 Rdn. 24; *M. Holoubek*, in: Duschanek/Griller (Hrsg.), Grundrechte für Europa, 2002, S. 25 (27); *B.-Chr. Funk*, in: Duschanek/Griller (Hrsg.), Grundrechte für Europa, 2002, S. 39 (39, 51); *J. Iliopoulos-Strangas*, in: Scheuing (Hrsg.), Europäische Verfassungsordnung, 2003, S. 133 (162); *R. Scholz*, in: Maunz/Dürig (Hrsg.), GG, Art. 12 (2006) Rdn. 17; *Th. Schmitz*, EuR 2004, 691 (701); *S. Magiera*, DÖV 2000, 1017 (1023); *ders.*, in: Scheuing (Hrsg.), Europäische Verfassungsordnung, 2003, S. 117 (123); *E. Pache*, EuR 2001, 475 (480); s. auch *K. Odendahl*, in: Heselhaus/Nowak (Hrsg.), Handbuch der Europäischen Grundrechte, § 39 Rdn. 29; *St. Breitenmoser/B. Riemer/Cl. Seitz*, Praxis des Europarechts – Grundrechtsschutz, 2006, S. 315; *St. Bode*, Europarechtliche Gleichbehandlungsansprüche Studierender und ihre Auswirkungen in den Mitgliedstaaten, 2005, S. 287; *S. Alber/U. Widmaier*, EuGRZ 2000, 497 (500); *Chr. Langenfeld*, Festschrift G. Ress, 2005, S. 599 (602); *R. Scholz*, Festschrift H. Maurer, 2001, S. 998 (1002); *C. Eisner*, Die Schrankenregelung der Grundrechtecharta der Europäischen Union, 2005, S. 81 f.; wohl auch *H. G. Fischer*, Europarecht, § 5 Rdn. 26, der Art. 14 EU-GRCh bei der Aufzählung der „klassischen Freiheitsrechten“ außen vor lässt. Dagegen *R. Streinz*, in: Streinz (Hrsg.), EUV/EGV, Art. 14 GR-Charta Rdn. 5; *N. Bernsdorff*, in: Meyer (Hrsg.), EU-GRCh, Art. 14 Rdn. 15, die darauf hinweisen, dass Art. 14 EU-GRCh eine Zusammenfassung von Rechten enthalte, die wie die Freiheit zur Gründung von Lehranstalten und das Elternrecht jedenfalls den klassischen Freiheitsrechten zuzuordnen seien; in diesem Sinne auch *Chr. Langenfeld*, in: Grote/Marauhn (Hrsg.), EMRK/GG, Kap. 23 Rdn. 29; *M. Nettesheim*, Integration, 2002, 35 (39); *B. Losch/W. Chr. Radau*, NVwZ 2003, 1440 (1444), die von einem *„Freiheitsrecht auf Bildungserwerb“* sprechen. Offen lassend *B. Kempen*, in: Tettinger/Stern (Hrsg.), Kölner Gemeinschaftskommentar zur Europäischen Grundrechte-Charta, Art. 14 Rdn. 13.

cc) Bewertung

Indes erscheint zu Recht fraglich, ob allein die verschiedenen Titelüberschriften einer bestimmten Grundrechtsfunktion verpflichtet sind. Dies wird wohl zu verneinen sein, denn die Einteilung der Grundrechtecharta in sieben Titel sollte in erster Linie der besseren Übersichtlichkeit bzw. der systematischen Zusammenfassung und Präzisierung der Grundrechte der Charta[722] dienen und weniger der Interpretation der einzelnen Artikel im Lichte der jeweiligen Titelüberschrift.[723] Dies wird auch durch einen Vergleich mit weiteren Chartaartikeln bestätigt, die zwar in bestimmten Titeln platziert sind, aber nicht typischerweise der Titelüberschrift entsprechen. So befindet sich beispielsweise das Asylrecht (Art. 18 EU-GRCh = Art. II-78 EuVerf) innerhalb von Titel II, jedoch ist dieses Grundrecht freilich nicht den klassischen Freiheitsrechten zuzurechnen.[724] Das im gleichen Titel enthaltene Recht von Drittstaatsangehörigen auf gleiche Arbeitsbedingungen in Art. 15 Abs. 3 EU-GRCh wird jedoch durch den Gleichbehandlungsgehalt geprägt.[725] Gleiches gilt für einige in dem Titel III „*Gleichheit*" aufgeführten Artikel: Die Vielfalt der Kulturen, Religionen und Sprachen nach Art. 22 EU-GRCh (Art. II-82 EuVerf) – dessen Grundrechtsqualität vorausgesetzt –, die Rechte älterer und die Integration von Menschen mit Behinderung gemäß Art. 25 bzw. 26 EU-GRCh (Art. II-85 bzw. II-86 EuVerf) sowie die Rechte des Kindes gemäß Art. 24 EU-GRCh (Art. II-84 EuVerf) besitzen sowohl Abwehr- wie Leistungsrechte, so dass deren Konnex zum Gleichheitsgrundsatz, wie GRABENWARTER vorsichtig, aber zu Recht formuliert, „*nicht ohne weiteres erkennbar*" sind.[726] Des Weiteren weist das in Titel IV „*Solidarität*"

---

722 *Th. Schmitz*, EuR 2004, 691 (700 f.), der hierbei in Bezug auf die Chartarechte, die über die gemeinsamen Verfassungsüberlieferungen hinausgehen, von einem „*Spiegel der noch fehlenden Verfassungsüberlieferungen der Mitgliedstaaten*" spricht.

723 Vgl. *St. Barriga*, Entstehung der Charta der Grundrechte, 2003, S. 66; vgl. auch *M. Holoubek*, in: Duschanek/Griller (Hrsg.), Grundrechte für Europa, 2002, S. 25 (26), mit dem zusätzlichen Hinweis darauf, dass der Aufbau der Charta keiner bestimmten wissenschaftlichen Einteilung folge und die Charta vielmehr ihre eigene Systematik habe, welche bei der Einteilung der Grundrechte unterschiedliche Gesichtspunkte zugrunde legt.

724 *Chr. Grabenwarter*, DVBl. 2001, 1 (5).

725 Vgl. *H. D. Jarass*, EU-Grundrechte, § 5 Rdn. 24.

726 S. dazu kritisch *Chr. Grabenwarter*, DVBl. 2001, 1 (6), der auch die Grundrechtsqualität dieser Chartaartikel vorsichtig in Frage stellt. Auch *Th. Schmitz*, EuR 2004, 691 (701): „*unverständlicherweise bei der Gleichheit geregelt.*"; ebenso *P. J. Tettinger*, NJW 2001, 1010 (1013); *S. Hölscheidt*, in: Meyer (Hrsg.), EU-GRCh, Art. 24 Rdn. 23: „*Besser wäre [Art. 24] Absatz 3 im Solidaritätskapitel im Zusammenhang mit Art. 33 (Art. II-93 EurVerf) Familien- und Berufsleben) normiert worden, weil er kein Gleichheitsrecht beinhaltet.*".

zu findende Verbot der Kinderarbeit gemäß Art. 32 EU-GRCh (Art. II-92 EuVerf) nicht nur Schutz-, sondern auch Abwehrgehalte auf, umgekehrt wird das ebenfalls in diesem Titel enthaltene Grundrecht auf gleiche Sozialleistungen in Art. 34 EU-GRCh (Art. II-94 EuVerf) durch die Gleichbehandlungsfunktion geprägt.[727] Weitere „*Ungereimtheiten*“[728] finden sich im Titel V, wo manche Bürgerrechte auch Nichtunionsbürgern zugestanden werden (vgl. etwa Art. 41 EU-GRCh = Art. II-101 EuVerf: „*Jede Person*“). Daher wurde vereinzelt von Konventsmitgliedern gefordert, auf die Einfügung von Titelüberschriften zu verzichten, da diese Auswirkungen auf die Interpretation haben könnten.[729]

dd) Zwischenergebnis

Der Gewährleistungsumfang des Art. 14 EU-GRCh lässt sich mithin nicht aus der Zuordnung des Rechts auf Bildung innerhalb der Freiheitsgrundrechte entnehmen, so dass die vorstehende systematische Auslegung keine Erkenntnisse liefert.

b) Artikel, in denen die Grundrechtsberechtigten ein „Recht haben“

In einer Reihe weiterer Artikel werden Chartarechte formuliert, nach denen die Berechtigten ein „*Recht haben*“ oder einen „*Anspruch besitzen*“ („*has the right*“ / „*a le droit*“). Dabei handelt es sich um die Gewährleistung unterschiedlichster Arten von Rechten: Danach „*hat jeder ein Recht*“ – um einige wenige Beispiele zu nennen – auf Leben (Art. 2 Abs. 1 EU-GRCh), auf Meinungsäußerungsfreiheit (Art. 11 Abs. 1 S. 1 EU-GRCh), auf den Schutz personenbezogener Daten (Art. 8 Abs. 1 EU-GRCh = Art. II-68 Abs. 1 EuVerf), auf eine gute Verwaltung (Art. 41 Abs. 1 EU-GRCh)[730] auf Kollektivverhandlungen und Kollektivmaßnahmen (Art. 28 EU-GRCh = Art. II-88 EuVerf), auf Gesundheitsschutz (Art. 35 EU-GRCh), auf aktives und passives Wahlrecht bei den Wahlen zum Europäischen Parlament (Art. 39 Abs. 1 EU-GRCh = Art. II-99 EuVerf) oder darauf, den Bürgerbeauftragten mit bestimmten Angelegenheiten zu befas-

727 Zu diesen und noch weiteren Beispielen vgl. *H. D. Jarass*, EU-Grundrechte, § 5 Rdn. 24; *Th. Schmitz*, EuR 2004, 691 (701).

728 So *Th. Schmitz*, EuR 2004, 691 (701).

729 Vgl. *St. Barriga*, Entstehung der Charta der Grundrechte, 2003, S. 66. S. auch *Th. Schmitz*, EuR 2004, 691 (701): „*Ohne ein wissenschaftlich gründlich abgesichertes Konzept sind Ungereimtheiten vorprogrammiert.*“.

730 Ausführlich dazu *D.-U. Galetta*, in: Stern/Tettinger (Hrsg.), Die Europäische Grundrechte-Charta im wertenden Verfassungsvergleich, 2005, S. 207 ff.

sen (Art. 43 EU-GRCh = Art. II-103 EuVerf).[731] Gemein ist diesen verschiedenartigen Rechten jedoch eins: Sie gewährleisten alle ein subjektives Recht, deren Gewährleistungsumfang freilich unterschiedlich weit reichen und Abwehrrechte, derivative Teilhabe- oder gar Leistungsrechte sowie Verfahrens- und Bürgerrechte enthalten kann.[732]

Dabei fällt auf, dass die Charta in den Artikeln, in denen die Berechtigten *„Rechte haben"*, wiederum unterschiedliche Formulierungen verwendet. So formuliert die Charta bei diesen Rechten teilweise, dass jede Person ein *„Recht auf..."*, ein *„Recht auf Zugang zu..."* sowie ein *„Recht zu..."* hat. Dieser Einteilung folgend soll im Nachstehenden analysiert werden, ob diese Formulierungen zu unterschiedlichen Konsequenzen im Rahmen der Bestimmung des Gewährleistungsumfangs führen sollen.

aa) *„Jede(r) Mensch/Person hat das Recht auf..."*

Neben dem *„Recht auf Bildung"* gemäß Art. 14 Abs. 1, 1. Alt. EU-GRCh sehen beispielhaft folgende Chartarechte ebenfalls ein *„Recht auf..."* vor: Art. 2 Abs. 1 EU-GRCh (*„Recht auf Leben"*), Art. 3 Abs. 1 EU-GRCh (*„Recht auf körperliche und geistige Unversehrtheit"*), Art. 6 EU-GRCh (*„Recht auf Freiheit und Sicherheit"*), Art. 7 EU-GRCh (*„Recht auf Achtung ihres Privat- und Familienlebens"*), Art. 8 Abs. 1 EU-GRCh (*„Recht auf Schutz der sie betreffenden personenbezogenen Daten"*), Art. 10 Abs. 1 S. 1 EU-GRCh (*„Recht auf Gedanken-, Gewissens- und Religionsfreiheit"*), Art. 11 Abs. 1 S. 1 EU-GRCh (*„Recht auf freie Meinungsäußerung"*).[733] Die genannten Grundrechte enthalten alle ne-

---

[731] Vgl. dazu *Th. v. Danwitz/S. Röder*, in: Stern/Tettinger (Hrsg.), Die Europäische Grundrechte-Charta im wertenden Verfassungsvergleich, 2005, S. 31 (34 f.) mit weiteren Beispielen.

[732] Vgl. *Th. Schmitz*, JZ 2001, 833 (840 f.); *Th. v. Danwitz/S. Röder*, in: Stern/Tettinger (Hrsg.), Die Europäische Grundrechte-Charta im wertenden Verfassungsvergleich, 2005, S. 31 (35).

[733] Hervorhebungen durch Verfasserin. Siehe daneben noch die Art. 24 Abs. 1 EU-GRCh (*„Kinder haben Anspruch auf den Schutz und die Fürsorge, die für ihr Wohlergehen notwendig sind."*); Art. 30 EU-GRCh (*„Jede Arbeitnehmerin und jeder Arbeitnehmer hat [...] Anspruch vor ungerechtfertigter Entlassung."*); Art. 31 Abs. 1 und 2 EU-GRCh (*„[1] Jede Arbeitnehmerin und jeder Arbeitnehmer hat das Recht auf gesunde, sichere und würdige Arbeitsbedingungen. [2] Jede Arbeitnehmerin und jeder Arbeitnehmer hat das Recht auf eine Begrenzung der Höchstarbeitszeit [...]."*); Art. 41 Abs. 1 EU-GRCh (*„Jede Person hat ein Recht darauf, dass ihre Angelegenheiten [...] unparteiisch, gerecht und innerhalb einer angemessenen Frist behandelt werden."*).

ben ihrer (zum Teil primären) Funktion als Abwehrrecht, das gegen Eingriffe bzw. Einschränkungen Schutz bietet, auch Rechte auf Leistung, insbesondere auf Schutz.[734]

bb) „Jede(r) Mensch/Person hat das Recht auf Zugang zu…"

Daneben gewähren einige Rechte einschränkend ein „*Recht auf Zugang*" zu bestimmten öffentlichen Einrichtungen oder Leistungen.[735] Auch bei diesen Rechten kommt die Leistungsfunktion zum Tragen, wenn die Grundrechtsausübung auf die Benutzung bestehender öffentlicher Einrichtungen angewiesen ist.[736] So sieht Art. 14 Abs. 1 EU-GRCh in seiner zweiten Alternative das Recht auf „*Zugang zur beruflichen Ausbildung und Weiterbildung*" vor. Gleiches gilt gemäß Art. 29 EU-GRCh (Art. II-89 EuVerf, „*Recht auf Zugang zu einem unentgeltlichen Arbeitsvermittlungsdienst*"), Art. 34 Abs. 1 EU-GRCh („*Recht auf Zugang zu den Leistungen der sozialen Sicherheit*"), Art. 35 S. 1 EU-GRCh („*Recht auf Zugang zur Gesundheitsvorsorge*") sowie Art. 36 EU-GRCh (Art. II-96 EuVerf, „*Zugang zu Dienstleistungen von allgemeinem wirtschaftlichen Interesse*").[737] Die genannten Grundrechte gewähren damit – wie der Wortlaut „*Zugang zu*" bereits explizit ausdrückt – einen Anspruch auf sachgerechte Teilhabe an diesen Einrichtungen, insbesondere auf Zulassung.[738] Allerdings ist die Teilhabe bei diesen Rechten auf die Nutzung („*Partizipation*") der bestehenden Einrichtungen beschränkt; ein Recht auf Schaffung weiterer oder neuer Einrich-

---

[734] Vgl. zu den einzelnen Rechten nur *H. D. Jarass*, EU-Grundrechte, § 9 Rdn. 2, 15 (zu Art. 2 Abs. 1 EU-GRCh); § 9 Rdn. 17, 30 (zu Art. 3 Abs. 1 EU-GRCh); § 11 Rdn. 2, 24 (zu Art. 6 EU-GRCh); § 12 Rdn. 3, 16, 39 (zu Art. 7 EU-GRCh); § 13 Rdn. 3, 15 (zu Art. 8 Abs. 1 EU-GRCh); § 15 Rdn. 3, 19 (zu Art. 10 Abs. 1 S. 1 EU-GRCh); § 16 Rdn. 3, 23 (zu Art. 11 Abs. 1 S. 1 EU-GRCh).

[735] Vgl. *N. Bernsdorff*, VSSR 2001, 1 (19); dazu auch *Chr. Langenfeld*, Festschrift G. Ress, 2005, S. 599 (602); *Th. Schmitz*, JZ 2001, 833 (840), nach dem – im Gegensatz zu dem Recht auf Bildung in Art. 14 EU-GRCh – „*im Maximum*" der „*Zugang zu*" bestimmten Einrichtungen garantiert wird.

[736] *St. Bode*, Europarechtliche Gleichbehandlungsansprüche Studierender und ihre Auswirkungen in den Mitgliedstaaten, 2005, S. 296; *H. D. Jarass*, EU-Grundrechte, § 5 Rdn. 14; *D. Ehlers*, in: Ehlers (Hrsg.), Europäische Grundrechte, § 14 Rdn. 25.

[737] Hervorhebungen durch Verfasserin.

[738] *K. Odendahl*, in: Heselhaus/Nowak (Hrsg.), Handbuch der Europäischen Grundrechte, § 39 Rdn. 38; *Chr. Langenfeld*, Festschrift G. Ress, 2005, S. 599 (602); *H. D. Jarass*, EU-Grundrechte, § 5 Rdn. 14; *N. Bernsdorff*, VSSR 2001, 1 (19).

tungen enthalten diese Rechte nicht.[739] Das Recht „*auf Zugang*" ist im Ergebnis zu einem „*Recht auf diskriminierungsfreien Zugang*" relativiert.[740] Demgemäß ist festzuhalten, dass es sich bei diesen Rechten um derivative Teilhaberechte handelt.

cc) „Jede(r) Mensch/Person hat das Recht zu..."

Schließlich gewähren einige Artikel ein „*Recht zu...*". So bestimmt etwa Art. 15 Abs. 1 EU-GRCh: „*Jede Person hat das Recht, zu arbeiten und einen frei gewählten [...] Beruf auszuüben.*" und gemäß Art. 17 Abs. 1 S. 1 EU-GRCh (Art. II-77 EuVerf) hat „*Jede Person [...] das Recht, ihr rechtmäßig erworbenes Eigentum zu besitzen, zu nutzen, darüber zu verfügen und es zu vererben.*".[741] Bei der Berufsfreiheit des Art. 15 Abs. 1 EU-GRCh fällt im Unterschied zum „*Recht auf Bildung*" auf, dass neben der Freiheit der Berufswahl und der Berufsausübung das „*Recht zu arbeiten*" gewährleistet wird. Darin liegt aber, wie der systematische Zusammenhang zweifelsfrei ergibt, kein Recht *auf* Arbeit.[742]

[739] Vgl. *Th. Kingreen*, in: Callies/Ruffert (Hrsg.), EUV/EGV, Art. 6 EUV Rdn. 50; *K. Odendahl*, in: Heselhaus/Nowak (Hrsg.), Handbuch der Europäischen Grundrechte, § 39 Rdn. 38; *H. D. Jarass*, EU-Grundrechte, § 5 Rdn. 15. Weiter gehend *D. Ehlers*, in: Ehlers (Hrsg.), Europäische Grundrechte, § 14 Rdn. 25, der aus diesen Zugangsrechten schließt, dass die Berechtigten auch das Vorhandensein dieser Einrichtungen verlangen können; ähnlich auch *St. Breitenmoser/B. Riemer/Cl. Seitz*, Praxis des Europarechts – Grundrechtsschutz, 2006, S. 315: „*Der zweite Halbsatz hingegen gibt einen Anspruch auf Berufsausbildung [...].*".

[740] *N. Bernsdorff*, VSSR 2001, 1 (19).

[741] Hervorhebungen durch Verfasserin. Daneben gewährleisten die Art. 28 EU-GRCh „*Die Arbeitnehmerinnen [...] und Arbeitgeberinnen [...] haben [...] das Recht, Tarifverträge [...] auszuhandeln und zu schließen [...].*"; Art. 44 EU-GRCh „*Die Unionsbürgerinnen [...] haben das Recht, eine Petition an das Europäische Parlament zu richten.*"; Art. 45 Abs. 1 EU-GRCh „*Die Unionsbürgerinnen [...] haben das Recht, sich im Hoheitsgebiet der Mitgliedstaaten frei zu bewegen und aufzuhalten.*"; Art. 47 Abs. 1 EU-GRCh „*Jede Person [...] hat das Recht, [...] bei einem Gericht einen wirksamen Rechtsbehelf einzulegen.*".

[742] Ausführlich dazu *Br.-O. Bryde*, RdA 2003 (Sonderbeilage Heft 5), 5 (7 ff.): Recht zu arbeiten „*als Kompromiss hinsichtlich des im Konvent heiß umkämpften Rechts auf Arbeit*"; ferner *N. Bernsdorff*, in: Meyer (Hrsg.), EU-GRCh, Art. 15 Rdn. 15: „*Eine subjektive Anspruchsposition im Sinne eines Rechts auf Verschaffung eines [...] Arbeitsplatzes wird durch Absatz 1 nicht begründet.*"; ebenso *H.-J. Blanke*, in: Stern/Tettinger (Hrsg.), Die Europäische Grundrechte-Charta im wertenden Verfassungsvergleich, 2005, S. 233 (235); *P. Altmaier*, ZG 2001, 195 (200): „*Der Konvent hat das Problem auf elegante Weise gelöst, in dem er z.B. das aus vielen mitgliedstaatlichen Verfassungen bekannte ‚Recht auf Arbeit' zu einem ‚Recht zu arbeiten' umformuliert und damit von einem Teilhaberecht zu einem Abwehrrecht gemacht hat.*"; *M. H. Knecht*, Die Charta der Grundrechte der Europäischen Union, 2005, S. 170, der

Eine subjektive Anspruchsposition im Sinne eines Rechts auf Verschaffung eines Arbeitsplatzes – was freilich kein freiheitlicher Staat gewährleisten kann – wird durch Art. 15 Abs. 1 EU-GRCh damit gerade nicht begründet. Aus dem Umkehrschluss dieses Wortlautarguments könnte aber die Folgerung gezogen werden, dass es zumindest nicht gänzlich ausgeschlossen ist, dass das „Recht *auf* Bildung" gemäß Art. 14 Abs. 1, 1. Alt. EU-GRCh im Einzelfall auch eine solche subjektive Anspruchsposition auf Verschaffung entsprechender Bildungseinrichtungen, wie die Schaffung neuer Schulen oder zusätzlicher Schulplätze, begründen und mithin originäre Leistungsansprüche vermitteln soll.

dd) Bewertung

Die bereits im Rahmen der Wortlautanalyse gewonnene Erkenntnis hat ergeben, dass es sich bei dem „*Recht auf*" Bildung im Einzelfall sogar um ein echtes Leistungsrecht handeln könnte. Unterstützt werden kann dieses sehr weitgehende Verständnis des Bildungsgrundrechts zunächst mit dem bereits angestellten Vergleich[743] zum zweiten Satzteil des Art. 14 Abs. 1 EU-GRCh, wonach einschränkend nicht das „*Recht auf*", sondern lediglich der „*Zugang zur beruflichen Ausbildung und Weiterbildung*" gewährleistet wird.[744] Der systematische Zu-

---

davon spricht, dass das Recht auf Arbeit „*nur als ‚Recht zu arbeiten' ausgestaltet ist.*"; ferner *J. Caspar*, RdJB 2001, 165 (171): „*[...] von Art. 15 Ch trotz des eingeschränkten Wortlauts auf ein Recht zu arbeiten [...]*"; *Th. Kingreen*, in: Callies/Ruffert (Hrsg.), EUV/EGV, Art. 6 EUV Rdn. 30; *R. Streinz*, in: Streinz (Hrsg.), EUV/EGV, Art. 15 GR-Charta Rdn. 9; *M. Hilf*, Sonderbeilage zu NJW, EuZW, NVwZ und JuS (2000), 1 (6); *H. D. Jarass*, EU-Grundrechte, § 20 Rdn. 19, der zudem darauf hinweist, dass in diesem Zusammenhang das Recht auf Zugang zur unentgeltlichen Arbeitsvermittlung in Art. 29 EU-GRCh hilfreich sein kann; vgl. auch *Chr. Callies*, in: Ehlers (Hrsg.), Europäische Grundrechte, § 20 Rdn. 8; *P. Altmaier*, ZG 2001, 195 (200); *S. Alber/U. Widmaier*, EuGRZ 2000, 497 (500); *J. Gündisch*, in: Beckmann/Dieringer/Hufeld (Hrsg.), Eine Verfassung für Europa, 2005, S. 429 (432); *Chr. Grabenwarter*, DVBl. 2001, 1 (5). Ähnlich *H. Krieger*, in: Grote/Marauhn (Hrsg.), EMRK/GG, Kap. 6 Rdn. 95 und *A. v. Bogdandy*, JZ 2001, 157 (160 mit Fn. 30), nach denen auch kein „*Recht auf Wohnung*", sondern lediglich ein Recht auf Wohnungsbeihilfe (Art. 34 Abs. 3 EU-GRCh) formuliert wird.

743 S. oben, bb).

744 Ebenso *K. Odendahl*, in: Heselhaus/Nowak (Hrsg.), Handbuch der Europäischen Grundrechte, § 39 Rdn. 38: „*Wie schon die Formulierung verdeutlicht (Recht auf bzw. Zugang zu), ist das Recht auf allgemeine, insbesondere auf Schulbildung, stärker ausgestaltet als das Recht auf Zugang zu beruflichen Bildungseinrichtungen.*". In diesem Sinne *Chr. Ruhs*, ÖJZ 2002, 281 (290); *J. Meyer/M. Engels*, in: Deutscher Bundestag (Hrsg.), Charta der Grundrechte der Europäischen Union, 2001, S. 21; *N. Bernsdorff*, in: Meyer (Hrsg.), EU-GRCh, Art. 14 Rdn. 15; *H. D. Jarass*, EU-Grundrechte, § 19 Rdn. 8; *Th. Schmitz*, JZ 2001,

sammenhang zum zweiten Satzteil des Art. 14 Abs. 1 EU-GRCh spricht also dafür, dass das allgemeine Recht auf Bildung nicht nur den Zugang im Sinne eines reinen Teilhaberechts, sondern im Einzelfall originäre Leistungsansprüche gegen Staat oder Gemeinschaftsgewalt gewähren soll. Dafür spricht des Weiteren der grammatikalisch-systematische Zusammenhang mit Art. 15 Abs. 1 EU-GRCh, wonach lediglich ein *„Recht zu arbeiten"* gewährleistet wird, worin jedoch – wie zuvor dargelegt – gerade kein *„Recht auf Arbeit"* liegen soll, da Letzteres nämlich einem Recht auf Verschaffung eines Arbeitsplatzes entsprechen würde.[745] Schließlich gebietet für ein solches Verständnis auch die bereits erwähnte erhebliche Bedeutung der schulischen Bildung – zumindest im elementaren Bereich –, die für die menschliche Persönlichkeitsentfaltung von Kindern und deren individuelle Entfaltung zur Selbstbestimmung in Freiheit essentiell ist.[746]

ee) Zwischenergebnis

Als Zwischenergebnis der systematischen Auslegung ist festzuhalten, dass der Gewährleistungsumfang des Art. 14 Abs. 1, 1. Alt. EU-GRCh unterschiedlich ausgestaltet werden kann. Im Vordergrund steht zwar dabei neben dem Recht, hoheitliche Beeinträchtigungen der Bildungsfreiheit abzuwehren, das Recht auf freien, nicht-diskriminierenden Zugang zu bereits vorhandenen Bildungseinrichtungen, d.h. ein Abwehr- und Teilhaberecht. Jedoch sprechen die angeführten systematischen Erwägungen auch dafür, dass das Recht auf Bildung im Einzelfall als echtes Leistungsrecht wirken kann.[747]

---

833 (840); *St. Bode*, Europarechtliche Gleichbehandlungsansprüche Studierender und ihre Auswirkungen in den Mitgliedstaaten, 2005, S. 296 f.

[745] S. oben, cc). So *N. Bernsdorff*, in: Meyer (Hrsg.), EU-GRCh, Art. 15 Rdn. 15; *H. D. Jarass*, EU-Grundrechte, § 20 Rdn. 19; *Chr. Grabenwarter*, DVBl. 2001, 1 (5). Im Ergebnis ebenso *R. Streinz*, in: Streinz (Hrsg.), EUV/EGV, Art. 15 GR-Charta Rdn. 9.

[746] Vgl. *A. Große Wentrup*, Europäische Grundrechtecharta, 2003, S. 132 f.; *L. Wildhaber*, in: Golsong u.a. (Hrsg.), IK-EMRK, Art. 2 EMRK/1. ZP (1995) Rdn. 3.

[747] Im Ergebnis ebenso *A. Große Wentrup*, Europäische Grundrechtecharta, 2003, S. 129 ff., 132; ähnlich *E.-W. Luthe*, Bildungsrecht, 2003, S. 61: *„Denkbar erscheint ein solcher Leistungsanspruch aber wohl nur bei massiver Unterversorgung im Bildungsbereich."*; *H. D. Jarass*, EU-Grundrechte, § 19 Rdn. 13; *N. Bernsdorff*, in: Meyer (Hrsg.), EU-GRCh, Art. 14 Rdn. 13, nach dem sich die Mitgliedstaaten etwa durch Abschaffung der Grundschulen der Pflicht zur Vorhaltung schulischer Bildungseinrichtungen nicht gänzlich entziehen dürfen; *ders.*, VSSR 2001, 1 (19). Ähnlich *K. Odendahl*, in: Heselhaus/Nowak (Hrsg.), Handbuch der Europäischen Grundrechte, § 39 Rdn. 38; *R. Pitschas*, VSSR 2000, 207 (218); *D. Ehlers*, in:

c) Art. 2 S. 1 des 1. ZP zur EMRK

Auch bei der Ermittlung des grundrechtlichen Gewährleistungsumfangs des Art. 14 Abs. 1, 1. Alt. EU-GRCh muss berücksichtigt werden, dass diese Bestimmung vor allem auf Art. 2 S. 1 des 1. ZP zur EMRK gestützt ist und sich somit ihre Legitimation in erster Linie aus dieser Vorschrift ergibt[748] (vgl. auch Art. 52 Abs. 3 EU-GRCh). Dabei ist auch die zu Art. 2 des 1. ZP ergangene Judikatur der Rechtsprechungsorgane der EMRK, namentlich des EGMR und der EKMR, als Rechtserkenntnisquelle heranzuziehen.[749]

aa) Wortlaut

Besonders auffällig ist die negative Formulierung des Art. 2 S. 1 des 1. ZP („*Niemandem darf [...] verwehrt werden.*" / „*Nul ne peut se voir refuser [...].*" / „*No person shall be denied [...].*"). In Vorentwürfen der Beratenden Versammlung des Europarates war noch eine positive Formulierung („*Jedermann hat ein Recht auf Bildung.*") vorgesehen, die jedoch zur Abschwächung des Inhalts vom Menschenrechtsausschuss in die jetzige negative Fassung abgeändert wurde.[750] Auch der Umstand, dass das Recht auf Bildung im 1. ZP garantiert ist, macht deutlich, dass die Konventionsstaaten – ähnlich wie bei der Konsensfindung zu

---

Ehlers (Hrsg.), Europäische Grundrechte, § 14 Rdn. 25. Von der Argumentation ebenso in Bezug auf Art. 8 Abs. 1 S. 1 NRWVerf, *J. Ennuschat*, in: Löwer/Tettinger (Hrsg.), NRW, Art. 8 Rdn. 13. Dagegen wohl *J. Caspar*, RdJB 2001, 165 (168); *R. Streinz*, in: Streinz (Hrsg.), EUV/EGV, Art. 14 GR-Charta Rdn. 6: „*Trotz der positiven Formulierung besteht kein unbeschränktes Individualrecht auf Bildung mit entsprechendem Erfüllungsanspruch. Auch die Annahmen eines Rückschrittverbots kommt an der (auch für finanzielle Möglichkeiten bestimmten) Gestaltungsfreiheit der Mitgliedstaaten nicht vorbei.*". A.A. *St. Breitenmoser/B. Riemer/Cl. Seitz*, Praxis des Europarechts – Grundrechtsschutz, 2006, S. 315: „*Recht auf Teilhabe*".

748 S. Erläuterungen des Präsidiums des Europäischen Konvents v. 16.12.2004 zu Art. 14 EU-GRCh, ABl. 2004 Nr. C 310 S. 434. Vgl. auch *N. Bernsdorff*, in: Meyer (Hrsg.), EU-GRCh, Art. 14 Rdn. 1; *M. Simm*, in: Schwarze (Hrsg.), EU, Art. 150 EGV Rdn. 10; *H. D. Jarass*, EU-Grundrechte, § 19 Rdn. 2; *A. Große Wentrup*, Europäische Grundrechtecharta, 2003, S. 129.

749 *H. D. Jarass*, EU-Grundrechte, § 19 Rdn. 22. Vgl. auch Präambel der Grundrechtecharta, Erwägung Nr. 5: „*Diese Charta bekräftigt [...] die Rechte, die sich [...] aus der Rechtsprechung [...] des Europäischen Gerichtshofs für Menschenrechte ergeben.*".

750 Vgl. dazu *H. Guradze*, EMRK, Art. 2 ZP I, S. 261; *Fr. Klein/Fr. Fabricius*, Recht auf Bildung, 1969, S. 7, 13; *J. P. Müller*, Soziale Grundrechte in der Verfassung?, 1981, S. 214.

Art. 14 EU-GRCh[751] – ihre Beratungen bis zur Unterzeichnung der EMRK selbst nicht abschließen konnten.[752] Aufgrund dieser negativen Formulierung scheint das Grundrecht auf Bildung daher dem ersten Anschein nach lediglich ein negatives Abwehrrecht des Einzelnen gegenüber mitgliedstaatlicher Hoheitsgewalt zu enthalten. Dies würde bedeuten, dass der Grundrechtsberechtigte nur das Recht hätte, gesetzlich nicht begründete staatliche Eingriffe in seine Freiheit, sich zu bilden, abzuwehren.[753] Gegen eine solche Auslegung spricht aber zunächst der Wortlaut des Art. 2 S. 1 des 1. ZP, der ausdrücklich ein *„Recht auf"* Bildung (*„droit à"* / *„right to"*) und nicht nur die Freiheit zur Bildung gewährleistet.[754] Darüber hinaus ist der Einzelne, um von seinem *„Recht"* überhaupt Gebrauch machen zu können, darauf angewiesen, dass überhaupt Bildungseinrichtungen existieren und der Staat solche zur Verfügung stellt.[755]

---

[751] Vgl. zur Entstehungsgeschichte oben, 3. Teil.

[752] Die Bestimmung des Art. 2 1. ZP zur EMRK war Gegenstand langer Debatten in allen Gremien, die an der Ausarbeitung der Konvention beteiligt waren, s. z.B. *Travaux Préparatoires* Bd. VII, S. 142 ff., 200 ff., 208 f.; Bd. VIII, S. 168 ff.; vgl. *H. Schorn*, EMRK, Art. 2 ZP, S. 431. Nach der Unterzeichnung des Zusatzprotokolls war dessen Art. 2, wie kein anderer zuvor, Gegenstand von staatlichen Vorbehalten und Erklärungen. Eine Liste der Vorbehalte einschließlich ihrer Geltungsdauer findet sich unter http://conventions.coe.int /Treaty/GER/v3MenuDecl.asp (Stand der Abfrage 15.6.2006), s. auch die Erklärung der Bundesrepublik Deutschland, BGBl. 1957 II S. 226, wonach sich aus der Bestimmung des Art. 2 des 1. ZP keinerlei staatliche Verpflichtung zur Finanzierung von religiösen/weltanschaulichen Schulen ergibt. Vgl. dazu *E. Bannwart-Maurer*, Das Recht auf Bildung und das Elternrecht, Art. 2 des 1. ZP zur EMRK, 1975, S. 36 ff.; *Chr. Langenfeld*, in: Grote/Marauhn (Hrsg.), EMRK/GG, Kap. 23 Rdn. 1; *J. Meyer-Ladewig*, EMRK, Art. 2 ZP Rdn. 3; *Cl. Eiselstein*, Festschrift Th. Oppermann, 1981, S. 178 (179 f.).

[753] Diese Ansicht vertrat die Belgische Regierung im sog. „Belgischen Sprachenfall", EGMR, Urteil v. 23.7.1968, Nr. 1474/62 u.a., („Belgischer Sprachenfall"), Serie A 6, 1968, S. 10 = EuGRZ 1975, 298 f.

[754] EGMR, Urteil v. 23.7.1968, Nr. 1474/62 u.a., („Belgischer Sprachenfall"), Serie A 6, 1968 = EuGRZ 1975, 298 (299); so auch *L. Wildhaber*, in: Golsong u.a. (Hrsg.), IK-EMRK, Art. 2 EMRK/1. ZP (1995) Rdn. 122; *K. Odendahl*, in: Heselhaus/Nowak (Hrsg.), Handbuch der Europäischen Grundrechte, § 39 Rdn. 18; *E. Bannwart-Maurer*, Das Recht auf Bildung und das Elternrecht, Art. 2 des 1. ZP zur EMRK, 1975, S. 74 ff.; *P. Szczekalla*, Die sogenannten grundrechtlichen Schutzpflichten im deutschen und europäischen Recht, 2002, S. 856; *Th. Schilling*, Internationaler Menschenrechtsschutz, 2004, Rdn. 209; *K. Spielbüchler*, EuGRZ 1985, 437 (440).

[755] Vgl. *J. Meyer-Ladewig*, EMRK, Art. 2 ZP Rdn. 5; *Chr. Langenfeld*, in: Grote/Marauhn (Hrsg.), EMRK/GG, Kap. 23 Rdn. 9, 13; *Th. Oppermann*, Europarecht, Rdn. 111; so auch *St. Bode*, Europarechtliche Gleichbehandlungsansprüche Studierender und ihre Auswirkungen in den Mitgliedstaaten, 2005, S. 294.

bb) Rechtsprechung des EGMR

Der EGMR geht deshalb in ständiger Rechtsprechung davon aus, dass sich dieses Grundrecht nicht in seiner abwehrrechtlichen Funktion erschöpft, sondern dass es ein echtes Recht des Einzelnen auf eine staatliche Leistung enthält.[756] Insoweit ist auch diese zu dem Bildungsgrundrecht ergangene Rechtsprechung hinsichtlich der sich aus Art. 2 S. 1 des 1. ZP ergebenden grundrechtlichen Verpflichtungen für die Konventionsstaaten für die Auslegung des Art. 14 Abs. 1 EU-GRCh aufschlussreich und soll daher im Folgenden dargestellt werden.

(1) Der „Belgische Sprachenfall", 1968

Der bedeutendste und komplexeste Fall des EGMR zu Art. 2 S. 1 des 1. ZP zur EMRK ist der so genannte „*Belgische Sprachenfall*"[757] vom 23. Juli 1968.[758] Hier hatten sich 324 belgische französischsprachige Eltern (in sechs verbundenen Beschwerden) im Namen ihrer insgesamt über 800 Kinder beschwert, weil die Gemeinden aufgrund der belgischen Gesetzgebung von 1963 keinen französischen Unterricht in staatlichen Schulen der flämischen Gebiete anboten und weil Privatschulen, die zweisprachig, also auch französisch, unterrichteten, nicht subventioniert wurden.

Der EGMR stellte in seinem Urteil fest, dass sich das Recht auf Bildung – trotz seiner negativen Formulierung – nicht in seiner abwehrenden Funktion erschöpfe[759], sondern dass es ein echtes „Recht" des Einzelnen auf eine staatliche

---

[756] EGMR, Urteil v. 23.7.1968, Nr. 1474/62 u.a., („Belgischer Sprachenfall"), Serie A 6, 1968, S. 30-32 = EuGRZ 1975, 298 f.; EGMR, Urteil v. 7.12.1976, Nr. 5095/71 u.a., („Kjeldsen u.a. ./. DK"), Serie A 23, 1976 Rdn. 53 = EuGRZ, 1976, 478 (484 f.) unter Verweis auf den „Belgischen Sprachenfall".

[757] EGMR, Urteil v. 23.7.1968, Nr. 1474/62 u.a., („Belgischer Sprachenfall"), Serie A 6, 1968 Rdn. 10 = EuGRZ 1975, 298 ff.

[758] Vgl. hierzu auch ausführlich *Cl. Eiselstein*, Festschrift Th. Oppermann, 1981, S. 178 (180 ff.); *G. Gori*, Towards an EU Right to Education, 2001, S. 367 ff.; *L. Wildhaber*, in: Golsong u.a. (Hrsg.), IK-EMRK, Art. 2 EMRK/1. ZP (1995) Rdn. 117: Das Urteil sei „*ausschlaggebend*" für das Ausmaß sprachlicher Rechte im Erziehungswesen (s. dazu insbesondere die weiteren Nachweise in Fn. 143); *ders.*, EuGRZ 1976, 493 (493), der den „Belgischen Sprachenstreit" als sog. „*leading case*" zur Auslegung des Rechts auf Bildung des Art. 2 S. 1 des 1. ZP zur EMRK bezeichnet; vgl. auch *D. Evrigenis*, EuGRZ 1981, 637 ff.

[759] So aber – wie bereits erwähnt, vgl. oben Fn. 753 – die belgische Regierung im „*Belgischen Sprachenstreit*".

Leistung enthält.[760] Zwar bedeute die negative Fassung, dass die Mitgliedstaaten nicht verpflichtet seien, ein bestimmtes Bildungswesen auf eigene Kosten einzurichten oder zu subventionieren. Ein originäres Leistungsrecht in der Form eines Anspruchs auf die Schaffung bestimmter Bildungseinrichtungen gewähre Art. 2 des 1. ZP damit grundsätzlich nicht.[761] Gleichwohl garantiere das Grundrecht aber das Recht, sich der zu einem bestimmten Zeitpunkt bestehenden staatlichen Bildungseinrichtungen zu bedienen. Nach Auffassung des EGMR enthält Art. 2 des 1. ZP insofern ein Recht auf gleichen Zugang zu vorhandenen staatlichen Einrichtungen ohne diskriminierende Einschränkungen.[762] Diese Ansicht vertritt auch der überwiegende Teil in der Literatur.[763]

---

[760] EGMR, Urteil v. 23.7.1968, Nr. 1474/62 u.a., („Belgischer Sprachenfall"), Serie A 6, 1968 = EuGRZ 1975, 298 (299).

[761] EGMR, Urteil v. 23.7.1968, Nr. 1474/62 u.a., („Belgischer Sprachenfall"), Serie A 6, 1968 = EuGRZ 1975, 298 (299).

[762] EGMR, Urteil v. 23.7.1968, Nr. 1474/62 u.a., („Belgischer Sprachenfall"), Serie A 6, 1968 = EuGRZ 1975, 298 (300); vgl. dazu auch EGMR, Urteil v. 10.11.2005, Nr. 44774/98, („Leyla Şahin ./. TR"), RJD 2005 Nr. 134, 141, 153; sowie jüngst EGMR, Urteil v. 7.2.2006, Nr. 57325/00, (D.H. u.a. ./. TSCH"), RJD 2006 (n.n.v., keine diskriminierende Beschulung von Roma-Kindern [Sonderschulbesuch]).

[763] *Chr. Langenfeld*, in: Grote/Marauhn (Hrsg.), EMRK/GG, Kap. 23 Rdn. 9, 13, 29; *L. Wildhaber*, in: Golsong u.a. (Hrsg.), IK-EMRK, Art. 2 EMRK/1. ZP (1995) Rdn. 3, 29 ff.; *ders.*, EuGRZ 1976, 493 (494); *Chr. Grabenwarter*, EMRK, § 22 Rdn. 74; *A. Peters*, EMRK, § 27 S. 170; *H. Guradze*, EMRK, Art. 2 ZP I, S. 261; *M. E. Villiger*, Hdb EMRK, § 31 Rdn. 676; *P. van Dijk/G. J. H. van Hoof* (Hrsg.), European Convention on Human Rights, S. 644; *D. J. Harris/M. O'Boyle/C. Warbrick*, European Convention on Human Rights, chap. 19, S. 541; *Cl. Ovey/R. White/Fr. G. Jacobs*, The European Convention on Human Rights, S. 322; *S. Jenkner* (Hrsg.), Das Recht auf Bildung und die Freiheit der Erziehung in Europäischen Verfassungen, 1994, S. 13; *N. Blum*, Gedanken-, Gewissens- und Religionsfreiheit nach Art. 9 EMRK, 1990, S. 138; *Th. Oppermann*, Europarecht, Rdn. 111; *E.-W. Luthe*, Bildungsrecht, 2003, S. 64; *A. Weber*, Menschenrechte, 2004, S. 708; *H. Avenarius*, Einführung in das Schulrecht, S. 10; *D. Ehlers*, in: Ehlers (Hrsg.), Europäische Grundrechte, § 2 Rdn. 15; *M. Thiel*, Der Erziehungsauftrag des Staates in der Schule, 2000, S. 52; *Cl. Eiselstein*, Festschrift Th. Oppermann, 1981, S. 178 (184 ff.); *St. Breitenmoser/B. Riemer/Cl. Seitz*, Praxis des Europarechts – Grundrechtsschutz, 2006, S. 102; *U. v. Creytz*, Verfassungsfragen des Bildungsrechts, 2003, S. 126; *Chr. Ruhs*, ÖJZ 2002, 281 (290); *P. Lemmens*, MJ 1 (2001), 49 (60); *W. Kämpfer*, EuGRZ 1981, 721 (731); *C. A. Nørgaard*, EuGRZ 1981, 633 (633); *D. Evrigenis*, EuGRZ 1981, 637 (639); *P. Fessler*, EuGRZ 1978, 485 (488 f.); *H. Mayer*, RdS 1985, 1 (5 f.); *K. Spielbüchler*, EuGRZ 1985, 437 (439); *Th. Schilling*, Internationaler Menschenrechtsschutz, 2004, Rdn. 209. Zur nicht immer eindeutigen Abgrenzung zwischen Teilhaberecht und Abwehrrecht im Bildungsbereich, s. *H. D. Jarass*, DÖV 1995, 674 (676).

Im Kern vermittelt Art. 2 S. 1 des 1. ZP folglich neben dem Recht auf Abwehr staatlicher Beeinträchtigungen der Bildungsfreiheit, also der Wirkung als *Abwehrrecht*, insbesondere das Recht auf diskriminierungsfreien Zugang zu den vorhandenen Bildungseinrichtungen, also ein *Teilhaberecht*.

Darüber hinaus lässt sich aus der Judikatur des EGMR – im Einzelfall – jedoch ein noch weitergehendes Verständnis von Art. 2 des 1. ZP entnehmen: In seinem Urteil befand der EGMR etwa, das Recht auf Bildung sei

> *„bar jeden Sinnes, wenn es für seine Träger nicht das Recht begründete, je nach Lage des Falles eine Ausbildung in der Landessprache oder in einer der Landessprachen zu erhalten.“*[764]

Ferner müsse dem Gerichtshof zufolge,

> *„damit das ‚Recht auf Bildung' sinnvolle Wirkung zeigt, [...] insbesondere noch hinzukommen, dass der einzelne [...] die Möglichkeit hat, aus der genossenen Erziehung Nutzen zu ziehen, das heißt, dass er das Recht hat, entsprechend den Vorschriften, die in jedem Staat [...] in Kraft sind, die offizielle Anerkennung der abgeschlossenen Studien zu erhalten.“*[765]

Damit stellt der EGMR klar, dass – wie EISELSTEIN es richtigerweise formuliert – Art. 2 des 1. ZP *„nicht einen von der Realität losgelösten, rein selbstzweckhaften Bildungsbegriff meint“*.[766]

Wenn der Gerichtshof in seinen Ausführungen zwar feststellt, dass keine Verpflichtung bestehe, ein Bildungssystem von bestimmter Art oder auf bestimmter Stufe einzurichten, also primär die teilhaberechtliche Wirkung des Rechts auf Bildung im Vordergrund stehe, so lässt sich doch argumentieren, dass eine Verpflichtung, *überhaupt* ein öffentliches Bildungssystem zu unterhalten, trotzdem bestehe.[767] Da die Mitgliedstaaten des Europarates – wie auch der

---

[764] EGMR, Urteil v. 23.7.1968, Nr. 1474/62 u.a., („Belgischer Sprachenfall“), Serie A 6, 1968 = EuGRZ 1975, 298 (300).

[765] EGMR, Urteil v. 23.7.1968, Nr. 1474/62 u.a., („Belgischer Sprachenfall“), Serie A 6, 1968 = EuGRZ 1975, 298 (300).

[766] *Cl. Eiselstein*, Festschrift Th. Oppermann, 1981, S. 178 (193).

[767] Vgl. insoweit *Cl. Eiselstein*, Festschrift Th. Oppermann, 1981, S. 178 (182); *E. Bannwart-Maurer*, Das Recht auf Bildung und das Elternrecht, Art. 2 des 1. ZP zur EMRK, 1975, S. 75 ff., 78. *Th. Schilling*, Internationaler Menschenrechtsschutz, 2004, Rdn. 210, sieht

EGMR ausdrücklich in seiner Entscheidung betonte[768] – alle über ein allgemeines öffentliches Unterrichtswesen verfügen, haben sie sich mit der Anerkennung des Rechts auf Bildung stillschweigend verpflichtet, für das Vorhandensein öffentlicher Schulen und generell für die Existenz eines gewissen Minimums an Ausbildungsmöglichkeiten Sorge zu tragen.[769] Bei der Erfüllung dieser Verpflichtung, also bei der Etablierung des staatlichen Bildungssystems, genießen die Staaten, was die Organisation des Schulwesens, Unterrichtsplanung sowie Durchführung betrifft, zwar einen erheblichen Gestaltungsspielraum;[770] wenn im Einzelfall aber an dieses Erziehungsminimum gerührt würde – etwa durch Abschaffung der Grundschulen –, könnte der Träger des Grundrechts aus Art. 2 des 1. ZP einen Anspruch auf eine konkrete staatliche Leistung i.S. eines Leistungsrechts geltend machen.[771] Anderenfalls wäre ein Recht auf Bildung völlig gegenstandslos.[772]

---

es sogar als vertretbar an, aus Art. 2 des 1. ZP eine *Pflicht* des Staates zur Einführung einer (Mindest-)Schulpflicht zu entnehmen, wie sie Art. 13 Abs. 2 a IPwirtR für den Grundschulunterricht vorsieht.

[768] EGMR, Urteil v. 23.7.1968, Nr. 1474/62 u.a., („Belgischer Sprachenfall"), Serie A 6, 1968 = EuGRZ 1975, 298 (300).

[769] Vgl. *J. Abr. Frowein/W. Peukert*, EMRK, Art. 2 des 1. ZP Rdn. 1; *L. Wildhaber*, in: Golsong u.a. (Hrsg.), IK-EMRK, Art. 2 EMRK/1. ZP (1995) Rdn. 31; *J. Meyer-Ladewig*, EMRK, Art. 2 ZP Rdn. 5; *H. Schorn*, EMRK, Art. 2 ZP, S. 431; ähnlich *Chr. Langenfeld*, in: Grote/Marauhn (Hrsg.), EMRK/GG, Kap. 23 Rdn. 9. *Chr. Grabenwarter*, EMRK, § 22 Rdn. 68, 71 ff., spricht in diesem Zusammenhang von einer „*institutionellen Garantie*" des Art. 2 des 1. ZP.

[770] Vgl. etwa EGMR, Urteil v. 10.11.2005, Nr. 44774/98, („Leyla Şahin ./. TR"), RJD 2005 Nr. 154-156; EGMR, Urteil v. 23.7.1968, Nr. 1474/62 u.a., („Belgischer Sprachenfall"), Serie A 6, 1968 = EuGRZ 1975, 298 ff.; EKMR, Entscheidung v. 2.10.1989, Nr. 14135/88, („P.D. u. L.D."), DR 62, 292 (297); EKMR, Entscheidung v. 5.2.1990, Nr. 13887/88, („Graeme ./. GB"), DR 64, 158 (165 f.). S. dazu *E. Bannwart-Maurer*, Das Recht auf Bildung und das Elternrecht, Art. 2 des 1. ZP zur EMRK, 1975, S. 80 ff.; *Chr. Langenfeld*, in: Grote/Marauhn (Hrsg.), EMRK/GG, Kap. 23 Rdn. 9, 11; *L. Wildhaber*, in: Golsong u.a. (Hrsg.), IK-EMRK, Art. 2 EMRK/1. ZP (1995) Rdn. 3, 33 ff.; *Chr. Grabenwarter*, EMRK, § 22 Rdn. 71, 76; vgl. auch *A. Weber*, Menschenrechte, 2004, S. 710; *J. Meyer-Ladewig*, EMRK, Art. 2 ZP Rdn. 5.

[771] So auch *A. Große Wentrup*, Europäische Grundrechtecharta, 2003, S. 130 f.; *L. Wildhaber*, in: Golsong u.a. (Hrsg.), IK-EMRK, Art. 2 EMRK/1. ZP (1995) Rdn. 31; *N. Bernsdorff*, in: Meyer (Hrsg.), EU-GRCh, Art. 14 Rdn. 13 (mit Fn. 259); *ders.*, VSSR 2001, 1 (19); *J. Meyer/M. Engels*, in: Deutscher Bundestag (Hrsg.), Charta der Grundrechte der Europäischen Union, 2001, S. 21; *dies.*, ZRP 2000, 368 (370); *H. D. Jarass*, EU-Grundrechte, § 19 Rdn. 13; vorsichtig spricht *Cl. Eiselstein*, Festschrift Th. Oppermann, 1981, S. 178 (182, 194) von „*positiven Staatenpflichten*"; s. ebenso *Chr. Langenfeld*, in: Grote/Marauhn (Hrsg.),

(2) Zypern gegen Türkei, 2001

In dem Fall *Zypern gegen Türkei* vom 10. Mai 2001[773] rügte Zypern unter anderem eine Verletzung von Art. 2 S. 1 des 1. ZP wegen der Abschaffung aller griechischsprachigen weiterführenden Schulen im türkisch besetzten Nordteil der Insel.

Der EGMR befand, dass die den griechisch-zypriotischen Kindern noch verfügbaren Alternativen, nämlich Schulbesuch im Süden der Insel oder Besuch einer türkisch- oder englischsprachigen weiterführenden Schule, den Wünschen der Eltern nach Fortführung der Ausbildung in griechischer Sprache nicht gerecht werde. So entschied der Gerichtshof, dass wenn der Staat (Türkei) in der Elementarstufe eine Schulbildung in einer bestimmten, von den Eltern gewünschten Sprache (griechisch) anbietet, müsse er dies auch im Sekundarbereich tun, damit den Schülern, die diesen Unterricht besucht haben, der Zugang zur Sekundarstufe nicht dadurch verwehrt wird.[774] Die Vorenthaltung griechischsprachigen Unterrichts an den weiterführenden Schulen im türkisch besetzten Teil Zyperns beeinträchtige sonst das Recht auf Bildung des Art. 2 S. 1 des 1. ZP. Auch dieser Fall illustriert, dass aus Art. 2 S. 1 des 1. ZP – im Einzelfall – bestimmte Leistungspflichten des Staates gefordert werden können.

cc) Bewertung und Zwischenergebnis

In Anwendung der EMRK-Regel des Art. 52 Abs. 3 S. 1 EU-GRCh dürfte Art. 14 Abs. 1, 1. Alt. EU-GRCh in subjektiv-rechtlicher Hinsicht neben seiner

---

EMRK/GG, Kap. 23 Rdn. 11: „*Dieses Erziehungsminimum erfasst jedenfalls die grundsätzliche Gewährleistung einer Primar- und Sekundarausbildung für jedermann.*"; in diesem Sinne wohl auch *J. Abr. Frowein/W. Peukert*, EMRK, Art. 2 des 1. ZP Rdn. 1; *E. Bannwart-Maurer*, Das Recht auf Bildung und das Elternrecht, Art. 2 des 1. ZP zur EMRK,1975, S. 75 ff. (78 f.); *W. Kämpfer*, EuGRZ 1981, 721 (732); *P. van Dijk/G. J. H. van Hoof* (Hrsg.), European Convention on Human Rights, S. 647 („*since otherwise that right would be illusory*"); unklar *A. Weber*, Menschenrechte, 2004, S. 709: „*staatsgerichtetes Teilhabe- oder Leistungsrecht*".

772 *Cl. Eiselstein*, Festschrift Th. Oppermann, 1981, S. 178 (182 f.), der allerdings zu Recht darauf hinweist, dass die Abschaffung des öffentlichen Bildungssystems als Ganzes in keinem der Mitgliedstaaten zur Debatte steht.

773 EGMR, Urteil v. 10.5.2001, Nr. 25781/94, („Zypern ./. TR"), RJD 2001-IV Nr. 277 f.

774 *J. Meyer-Ladewig*, EMRK, Art. 2 ZP Rdn. 4; *D. Ehlers*, in: Ehlers (Hrsg.), Europäische Grundrechte, § 2 Rdn. 15 (mit Fn. 60); *Chr. Grabenwarter*, EMRK, § 22 Rdn. 72; *A. Peters*, EMRK, § 27 S. 171.

abwehrrechtlichen Funktion primär ein Recht auf diskriminierungsfreien Zugang zu den vorhandenen staatlichen Bildungseinrichtungen, also ein Teilhaberecht, enthalten, wobei der Schwerpunkt beim Zugang zu den Elementarschulen liegen soll.[775] Hierin liegt der „harte Kern“ des Grundrechts auf Bildung.[776] Daneben enthält Art. 14 Abs. 1 EU-GRCh in objektiv-rechtlicher Hinsicht – ebenso in Anlehnung an Art. 2 S. 1 des 1. ZP zur EMRK – eine institutionelle Garantie.[777] Das Recht auf Bildung setzt damit das Bestehen eines staatlichen Schulwesens voraus, welches nach Ausmaß und Ausgestaltung der Bildungsmöglichkeiten alleinverantwortlich durch die Mitgliedstaaten selbst bestimmt wird.[778]

Darüber hinaus dürfte sich im Einzelfall – allerdings in praktisch wohl nur sehr seltenen vorkommenden Ausnahmefällen – auch ein Anspruch auf „Verschaffung“ von Leistungen, also eine originär leistungsrechtliche Funktion des Grundrechts, ergeben, wenn es um die Sicherung eines menschenwürdigen (Art. 1 EU-GRCh) Existenzminimums geht (sog. „Elementarschutz“), etwa dann, wenn das staatliche Bildungsangebot völlig unzureichend ist.[779]

---

[775] S. die entsprechenden Nachweise oben in Fn. 701.

[776] Vgl. *N. Bernsdorff*, VSSR 2001, 1 (19); *I. Pernice*, DVBl. 2000, 847 (853); *S. Magiera*, DÖV 2000, 1017 (1023). Nicht umfasst ist dabei der Besuch einer bestimmten Schule. Ebensowenig kann sich der Einzelne auf Art. 14 Abs. 1 EU-GRCh berufen, wenn ein genereller Zugangsanspruch dahingehend beschränkt ist, dass der Besuch bestimmter Bildungseinrichtungen aus bildungspolitischen oder bildungsqualitativen Gründen an spezifische Zugangsvoraussetzungen, etwa nach persönlicher Eignung, Alter, vorhandener Kapazitäten, geknüpft ist, solange diese Beschränkungen diskriminierungsfrei sind; vgl. etwa *N. Bernsdorff*, in: Meyer (Hrsg.), EU-GRCh, Art. 14 Rdn. 13; *J. Caspar*, RdJB 2001, 165 (168). Vgl. auch *K. Spielbüchler*, EuGRZ 1985, 437 (440); *H. Guradze*, EMRK, Art. 2 ZP I, S. 261 f.

[777] Vgl. zu Art. 2 S. 1 des 1. ZP zur EMRK *Chr. Grabenwarter*, EMRK, § 22 Rdn. 71.

[778] Hierzu gehört insbesondere die Organisation des Schulwesens, die Festlegung des Unterrichtsplans und dessen Durchführung. Der Bestand einzelner Grundschulen wird durch die institutionelle Garantie freilich nicht garantiert, vgl. zu Art. 2 S. 1 des 1. ZP: EGMR, Urteil v. 23.7.1968, Nr. 1474/62 u.a., („Belgischer Sprachenfall“), Serie A 6, 1968 = EuGRZ 1975, 298; s. auch EGMR, Urteil v. 7.12.1976, Nr. 5095/71 u.a., („Kjeldsen u.a. ./. DK“), Serie A 23, 1976 Rdn. 53 = EuGRZ, 1976, 478 (484 f.). *N. Bernsdorff*, in: Meyer (Hrsg.), EU-GRCh, Art. 14 Rdn. 13; *L. Wildhaber*, in: Golsong u.a. (Hrsg.), IK-EMRK, Art. 2 EMRK/1. ZP (1995) Rdn. 31; *Chr. Grabenwarter*, EMRK, § 22 Rdn. 71.

[779] Vgl. die Nachweise oben in Fn. 747.

d) Die Verfassungsüberlieferungen der Mitgliedstaaten (Art. 52 Abs. 4 EU-GRCh)

Im Folgenden soll untersucht werden, welches Bild die einzelnen Verfassungen der 25 EU-Mitgliedstaaten im Hinblick auf den Gewährleistungsgehalt eines Grundrechts auf Bildung bieten. Sollte sich aus der rechtsvergleichenden Analyse eine überzeugende Verfassungsüberlieferung der Mitgliedstaaten in Bezug auf ein solches Recht ergeben, die über Art. 52 Abs. 3 EU-GRCh hinaus weitere Erkenntnisse liefert, so sind diese nach hier vertretener Auffassung in Anwendung der Traditions-Regel des Art. 52 Abs. 4 EU-GRCh zur Erreichung eines hohen Schutzniveaus zugrunde zu legen.

Der Übersichtlichkeit halber sollen zuerst die Verfassungen derjenigen Länder dargestellt werden, die ein Recht auf Bildung ausdrücklich anerkennen, anschließend folgt eine Darstellung der Länder, deren Verfassungen ein Recht auf Bildung nicht beinhalten.[780]

aa) Ausdrückliche verfassungstextliche Anerkennung eines „Rechts auf Bildung“

Folgende Verfassungen der Mitgliedstaaten der EU verfügen über ein ausdrückliches „*Recht auf Bildung*“:

(1) Finnland

Die Verfassung der Republik Finnland[781] vom 11. Juni 1999 sieht Folgendes vor:

> „*§ 16 Kulturelle Rechte.*
> *(1) Alle haben das Recht auf [...] grundlegende Ausbildung. [...].*“

Die finnische Verfassung (1919) garantiert seit der Reform ihres zweiten Kapitels von 1995, welche auf die Stärkung sozialer und kultureller Rechte sowie auf die Förderung tatsächlicher Chancengleichheit abzielte, somit auch das

[780] Die einzelnen Verfassungstexte der EU-Mitgliedstaaten sind – bis auf Malta und Zypern in englisch – jeweils in deutscher Übersetzung wiedergegeben bei *A. Kimmel/Chr. Kimmel,* Verfassungen der EU-Mitgliedstaaten, 2005. Vgl. auch die tabellarische Zusammenstellung bei *K. Odendahl*, in: Heselhaus/Nowak (Hrsg.), Handbuch der Europäischen Grundrechte, § 39 Rdn. 25 f.

[781] 1999:731.

Recht eines jeden auf Grundausbildung.[782] Bei diesem Recht handelt es sich um ein subjektives öffentliches Recht,[783] welches aufgrund der seit der Verfassungsrevision von 2000 eingeführten Möglichkeit einer gerichtlichen Überprüfung der Verfassungsmäßigkeit der Gesetze nach §§ 106, 107 finn. Verf. Schutz genießt.[784]

(2) Spanien

Die Verfassung des Königreichs Spanien[785] vom 29. Dezember 1978 bestimmt Folgendes:

> „*Art. 27:*
> *(1) Alle haben das Recht auf Erziehung. Die Freiheit des Unterrichts wird anerkannt.*"

Art. 27 Abs. 1 span. Verf. regelt einerseits das Recht auf Erziehung („*educación*"), andererseits die Freiheit des Unterrichts („*libertad de enseñanza*"). Die gemeinsame Regelung des Rechts auf Erziehung in S. 1 und der Unterrichtsfreiheit in S. 2 des Art. 27 Abs. 1 span. Verf. wurde im spanischen Schrifttum stark kritisiert, da vertreten wurde, dass das Recht auf Erziehung ein Leistungsrecht garantiere und die Unterrichtsfreiheit eine individuelle Grundfreiheit bilde.[786] Das spanische Verfassungsgericht befand jedoch, dass das „*Recht auf Bildung*", welches *auch* in Art. 27 Abs. 1 span. Verf. gewährleistet wird, neben zahlreichen anderen Gewährleistungen eine Verbindung von Freiheits- und sozialen

---

782 Umfassend zu Bildungsgrundrechten in Finnland *vor* der Reform des zweiten Kapitels der Verfassung: *M. Hiden*, EuGRZ 1981, 640 ff. Zu § 16 finn. Verf. vgl. ferner *T. Modeen*, Festschrift G. Ress, 2005, S. 1481 ff.; vgl. auch *J. Iliopoulos-Strangas*, in: Scheuing (Hrsg.), Europäische Verfassungsordnung, 2003, S. 133 (149).

783 *T. Modeen*, Festschrift G. Ress, 2005, S. 1481 (1484).

784 Vgl. *J. Iliopoulos-Strangas*, in: Scheuing (Hrsg.), Europäische Verfassungsordnung, 2003, S. 133 (149).

785 Zur Verfassungsentwicklung in Spanien s. *E. Bos*, Verfassungsgebung und Systemwechsel, 2004, S. 103 ff.; *M. Ibler*, JZ 1999, 287 (287 f.). Umfassend zu den Grundrechten der spanischen Verfassung *J. M. Prats-Canut*, in: Grabitz (Hrsg.), Grundrechte in Europa, 1986, Kap. 10: Spanien, S. 651 (656 ff.); *D. C. Umbach*, EuGRZ 1979, 229 ff.; vgl. ferner zu den spanischen Bildungsrechten ausführlich *C. Vidal*, in: Tettinger/Stern (Hrsg.), Kölner Gemeinschaftskommentar zur Europäischen Grundrechte-Charta, Art. 14 Anm. Rdn. 1 ff.; *J. N. Muñiz*, EuGRZ 1981, 704 (705 ff.).

786 *C. Vidal*, in: Stern/Tettinger (Hrsg.), Die Europäische Grundrechte-Charta im wertenden Verfassungsvergleich, 2005, S. 189 (190).

Leistungsrechten, Institutsgarantien sowie Gesetzgebungsaufträgen enthalte.[787] Die enge Verbindung dieser Teilgarantien, die sich aus der Einheit des Gegenstands ergeben, gestatte die Bezeichnung eines einheitlichen „*Rechts auf Erziehung*“:

> „*Das Recht aller auf Erziehung beinhaltet ohne Zweifel, zusammen mit seinem vorrangigen Gehalt, eine leistungsrechtliche Dimension, kraft derer die öffentlichen Gewalten die Effektivität eines solchen Rechtes sichern; [...].*“[788]

Das in Art. 27 Abs. 1 span. Verf. normierte „*Recht auf Erziehung*“ befindet sich in Kapitel 2 („*Rechte und Freiheiten*“), Abschnitt 1 über „*Grundrechte und öffentliche Freiheiten*“. Bei den Grundrechten innerhalb dieses Abschnitts handelt es sich nach spanischem Schrifttum um so genannte Grundrechte der 1. Klasse („*derechos fundamentales básicos*“ - Basisgrundrechte)[789], die der spanische Verfassungsgeber nach den schlechten Erfahrungen im Franco-Regime als unabdingbar für die politische Willensbildung des Volkes ansah und die daher besonders geschützt werden. So sind diese Rechte nach Art. 53 Abs. 1 S. 1 span. Verf.[790] für die öffentliche Gewalt bindend und ihnen kommt daher unmittelbare Wirksamkeit als subjektive öffentliche Individualrechte zu.[791] Mithin statuiert Art. 27 Abs. 1 span. Verf. ein soziales Leistungsrecht.[792] Darüber hinaus gilt für das Recht auf Erziehung zusätzlich die Garantie des Art. 53 Abs. 2 span.

---

[787] STC 86/1985, v. 10.7.1985, Erwägungsgrund 3. Vgl. dazu *A. Weber*, Menschenrechte, 2004, S. 710.

[788] STC 86/1985, v. 10.7.1985, Erwägungsgrund 3.

[789] Ausführlich dazu *M. Ibler*, JZ 1999, 287 (288 f.).

[790] Dort heißt es: „*Art. 53. (1) Die in Kapitel 2 dieses Titels anerkannten Rechte und Freiheiten binden die öffentliche Gewalt. [...].*“.

[791] *M. Ibler*, JZ 1999, 287 (290); *M. Rodriguez-Piñero*, in: Iliopoulos-Strangas, La protection des droits sociaux fondamentaux dans les Etats membres de l'Union européenne, 2000, S. 273 ; *J. Ennuschat*, RdJB 2003, 436 (442); *J. N. Muñiz*, EuGRZ 1981, 704 (708); *J. M. Prats-Canut*, in: Grabitz (Hrsg.), Grundrechte in Europa, 1986, Kap. 10: Spanien, S. 651 (670 f.); *Chr. Starck*, in: ders. (Hrsg.), Grundgesetz und deutsche Verfassungsrechtsprechung im Spiegel ausländischer Verfassungsentwicklung, 1990, S. 13 (27); *Th. v. Danwitz/S. Röder*, in: Stern/Tettinger (Hrsg.), Die Europäische Grundrechte-Charta im wertenden Verfassungsvergleich, 2005, S. 31 (46); vgl. auch *Th. Schmitz*, JZ 2001, 833 (841).

[792] *J. Polakiewicz*, ZaöRV 54 (1994), 340 (353) m.w.N.

Verf.[793], wonach es unmittelbar im Wege der Verfassungsbeschwerde („*recurso de amparo*") geltend gemacht werden kann.[794]

Nach Art. 81 Abs. 1 span. Verf.[795] obliegt die Ausgestaltung der Grundrechte in erster Linie dem Gesetzgeber,[796] welcher in Bezug auf das in Art. 27 Abs. 1 span. Verf. garantierte Recht auf Erziehung eine Reihe grundlegender Gesetze erlassen hat.[797]

(3) Tschechien

Durch Art. 3 und 112 Abs. 1 der Verfassung der Tschechischen Republik vom 16. Dezember 1992 wurde die tschechoslowakische „Charta der Grundrechte und -freiheiten" vom 9. Januar 1991 Bestandteil der verfassungsgemäßen

---

793 Art. 53 (2) lautet: „*Jeder Bürger kann durch ein Verfahren vor den ordentlichen Gerichten, das auf den Grundsätzen der Priorität und der Schnelligkeit beruht, sowie gegebenenfalls durch eine Verfassungsbeschwerde vor dem Verfassungsgericht den Schutz der in Artikel 14 und in Abschnitt 1 des Kapitels 2 anerkannten Freiheiten und Rechte erreichen. [...]*.".

794 *M. Rodriguez-Piñero*, in: Iliopoulos-Strangas, La protection des droits sociaux fondamentaux dans les Etats membres de l'Union européenne, 2000, S. 263; *J. Polakiewicz*, ZaöRV 54 (1994), 340 (343, 353).

795 Art. 81 Abs. 1 lautet: „*(1) Verfassungsausführende Gesetze sind jene Gesetze, die sich auf die Entwicklung der Grundrechte und der öffentlichen Freiheiten beziehen, [...]*.". Vgl. auch Art. 27 Abs. 8 span. Verf.: „*(8) Die öffentliche Gewalt beaufsichtigt und vereinheitlicht das Bildungssystem, um die Durchführung der Gesetze zu gewährleisten.*".

796 *J. N. Muñiz*, EuGRZ 1981, 704 (708); *J. M. Prats-Canut*, in: Grabitz (Hrsg.), Grundrechte in Europa, 1986, Kap. 10: Spanien, S. 651 (683); *M. Rodriguez-Piñero*, in: Iliopoulos-Strangas, La protection des droits sociaux fondamentaux dans les Etats membres de l'Union européenne, 2000, S. 263.

797 Etwa das Rahmengesetz über die Statuten von Bildungszentren (LOECE – „*Ley Orgánica del Estatuto de Centros Escolares*") v. 19.6.1980, das Hochschulreformgesetz (LRU – „*Ley Orgánica de Reforma Universitaria*") von 1983, das Gesetz über das Recht auf Bildung (LODE – „*Ley Orgánica del Derecho a la Educación*") von 1985, das Gesetz zur allgemeinen Neuordnung des Bildungswesens (LOGSE – „*Ley Orgánica de Ordenación General del Sistema Educativo*") von 1990 und das Rahmengesetz über die Bildungsqualität (LOCE – „*Ley Orgánica de Calidad de la Enseñanza*") von 2003. Ausführlich zu diesen Gesetzen *C. Vidal*, in: Stern/Tettinger (Hrsg.), Die Europäische Grundrechte-Charta im wertenden Verfassungsvergleich, 2005, S. 189 (191 ff.).

Ordnung der Tschechischen Republik.[798] In Art. 33 Abs. 1 S. 1 dieser Charta der Grundrechte heißt es:

> „*Art. 33:*
> *(1) Jedermann hat das Recht auf Bildung. [...].*"

Art. 33 Abs. 1 S. 1 Charta der Grundrechte gewährleistet ein umfassendes Grundrecht auf Bildung.[799] Die sozialen Grundrechte haben nach der tschechischen Grundrechtskonzeption und nach Vorbild der Lehre G. JELLINEKS nicht nur die Wirkung als Abwehrrechte (sog. *status negativus*) gegenüber der staatlichen Gewalt, sondern sie gewährleisten darüber hinaus – in den Grenzen des Möglichen und in der jeweiligen Stellung des Einzelnen – Ansprüche auf staatliche Hilfe (sog. *status positivus*).[800] Der Staat kann sich demgemäß nur schwer von der Verantwortung für die Bildung lossagen. Art. 33 Abs. 1 der Charta gewährleistet nämlich als institutionelle Garantie die Sicherung des Anspruchs auf Bildung im Verhältnis Bürger und Staat.[801] Zudem existiert in Tschechien eine vom deutschen Verfassungsgericht vorgezeichnete echte Verfassungsbeschwerde.[802] Durch die Aufnahme dieser Garantie in die Charta ist diese der Verfügungsbefugnis des einfachen Gesetzgebers entzogen, so dass er sie nicht abschaffen kann und es stets Normen geben muss, die die Garantien einfachgesetzlich ausgestalten.[803]

---

798 *Sbírka zákonu* CR Pos. 2/1993. Ausführlich zu den Grundrechten in Tschechien: *R. Arnold/V. Kovarik*, Die Konzeption des Grundrechtsschutzes in der tschechischen Republik, 2003, S. 4 ff.; *K. Vodička*, in: Ismayr (Hrsg.), Die politischen Systeme Osteuropas, 2002, S. 239 ff.

799 Vgl. *A. Weber*, Menschenrechte, 2004, S. 707.

800 Hierzu *R. Arnold/V. Kovarik*, Die Konzeption des Grundrechtsschutzes in der tschechischen Republik, 2003, S. 16 ff. (17 f.).

801 *R. Arnold/V. Kovarik*, Die Konzeption des Grundrechtsschutzes in der tschechischen Republik, 2003, S. 18.

802 Hierzu ausführlich *Kl. Stern*, Festschrift G. Brunner, 2001, S. 150 (156 f.); *G. Brunner*, ZaöRV 53 (1993), 819 (856, 858); *ders.*, Festschrift Kl. Stern, 1997, S. 1041 (1048 f.).

803 *R. Arnold/V. Kovarik*, Die Konzeption des Grundrechtsschutzes in der tschechischen Republik, 2003, S. 21.

(4) Portugal

Die Verfassung der portugiesischen Republik vom 2. April 1976 bestimmt:

„*Art. 73 Bildung, Kultur und Wissenschaft.*
(1) Jeder hat das Recht auf Bildung [...].

Art. 74 Unterricht.
(1) Jeder hat das Recht auf Schulbildung, wobei die Chancengleichheit beim Zugang zu ihr und hinsichtlich ihres erfolgreichen Abschlusses gewährleistet wird.
(2) Bei der Durchführung der Unterrichtspolitik obliegt es dem Staat:
(b) ein staatliches System der Vorschulerziehung zu errichten und auszubauen;
[...].“

Die portugiesische Verfassung enthält den detailliertesten Katalog sozialer, wirtschaftlicher und kultureller Rechte aller westeuropäischen Verfassungen.[804] Art. 73 Abs. 1 und 74 Abs. 1 port. Verf. formulieren zwar nach ihrem eindeutigen Verfassungswortlaut („*Jeder hat das Recht auf...*“) ein subjektives Recht auf Bildung.[805] Diese Artikel befinden sich jedoch in dem mit „*Wirtschaftliche, soziale und kulturelle Rechte und Pflichten*“ überschriebenen Kaptitel III der portugiesischen Verfassung.[806] Während die portugiesische Verfassung die Grundrechte und -freiheiten des Kapitels II „*Rechte, Freiheiten und Garantien*“ „garantiert“ (vgl. Präambel, Art. 9 lit. b] port. Verf.), wird hinsichtlich der in Kapitel III befindlichen wirtschaftlichen, sozialen und kulturellen Rechte nur eine Pflicht des Staates statuiert, ihre Verwirklichung „*durch die Umwandlung und Modernisierung der Wirtschafts- und Sozialstrukturen*“ „zu fördern“ (vgl.

---

[804] *A. Kimmel/Chr. Kimmel,* Verfassungen der EU-Mitgliedstaaten, 2005, S. XIII, XVIII, *J. Polakiewicz*, ZaöRV 54 (1994), 340 (347). Vgl. auch die Bestimmung des Art. 70 Abs. 1 a) port.Verf.: „*Jugend. (1) Jugendliche genießen besonderen Schutz bei der Wahrnehmung ihrer wirtschaftlichen, sozialen und kulturellen Rechte, insbesondere: a) in der Bildung [...].*“.

[805] *J. Polakiewicz*, ZaöRV 54 (1994), 340 (350); *J. Iliopoulos-Strangas, in*: Scheuing (Hrsg.), Europäische Verfassungsordnung, 2003, S. 133 (150). Vgl. auch *S. Magiera*, DÖV 2000, 1017 (1023); *Th. v. Danwitz/S. Röder*, in: Stern/Tettinger (Hrsg.), Die Europäische Grundrechte-Charta im wertenden Verfassungsvergleich, 2005, S. 31 (47).

[806] Innerhalb dieses Kapitels III („*Wirtschaftliche, soziale und kulturelle Rechte und Pflichten*“) findet sich eine weitere Untergliederung der einzelnen Gewährleistungen: Art. 70 port. Verf. befindet sich in Abschnitt II („*Soziale Recht und Pflichten*“); Art. 73 und 74 port. Verf. in Abschnitt III („*Kulturelle Rechte und Pflichten*“). Zur Einteilung der Grundrechte der portugiesischen Verfassung, s. oben Fn. 717 m.w.N.

Art. 9 lit. d] port. Verf.). Überdies kommen nach Art. 18 Abs. 1 port. Verf.[807] nur den Verfassungsbestimmungen über „*Rechte, Freiheiten und Garantien*" des Kapitels II (Art. 24-57 port. Verf.) unmittelbare Bindung zu, nicht aber den in Art. 58-79 port. Verf. festgelegten wirtschaftlichen, sozialen und kulturellen Rechten.[808]

Dies legt die Schlussfolgerung nahe, dass es sich bei den wirtschaftlichen, sozialen und kulturellen Rechten in erster Linie um programmatische Bestimmungen handelt und mithin nicht um unmittelbar durchsetzbare (subjektive) Leistungsrechte.[809] Damit werden Inhalt und Reichweite dieser sozialen Rechte erst durch das konkretisierende und ausgestaltende Tätigwerden des Gesetzgebers bestimmt, das diesen Rechten erst ihre volle Wirksamkeit und Durchsetzbarkeit verleiht.[810]

Sobald aber der Gesetzgeber den in den sozialen Grundrechtsbestimmungen formulierten Aufträgen zur Schaffung bestimmter Einrichtungen nachgekommen ist, soll diesen nach der portugiesischen Lehre und der Rechtsprechung der Verfassungsgerichte[811] ein verfassungsrechtlicher Bestandsschutz im Sinne eines „Verbots sozialen Rückschritts" („*proibição do retrocesso social*") zukommen.[812] Es ist damit nicht auszuschließen, dass das in Art. 73 Abs. 1 S. 1 und 74 Abs. 1 port. Verf. garantierte Recht auf Schulbildung und auf Chancengleichheit zu ihr in Verbindung mit dem allgemeinen Gleichheitssatz zumindest einen An-

---

807 Dort heißt es: „*Art. 18 Rechtskraft. (1) Die Verfassungsbestimmungen über die Rechte, Freiheiten und Garantien finden unmittelbare Anwendung und binden die öffentlich-rechtlichen und privatrechtlichen Einrichtungen.*".

808 Vgl. auch *J. C. Vieira De Andrade,* in: Iliopoulos-Strangas, La protection des droits sociaux fondamentaux dans les Etats membres de l'Union européenne, 2000, S. 678; *Chr. Starck,* in: ders. (Hrsg.), Grundgesetz und deutsche Verfassungsrechtsprechung im Spiegel ausländischer Verfassungsentwicklung, 1990, S. 13 (27).

809 *J. Polakiewicz,* ZaöRV 54 (1994), 340 (348); *Th. v. Danwitz/S. Röder,* in: Stern/Tettinger (Hrsg.), Die Europäische Grundrechte-Charta im wertenden Verfassungsvergleich, 2005, S. 31 (47).

810 Vgl. *J. Polakiewicz,* ZaöRV 54 (1994), 340 (348); *Chr. Starck,* in: ders. (Hrsg.), Grundgesetz und deutsche Verfassungsrechtsprechung im Spiegel ausländischer Verfassungsentwicklung, 1990, S. 13 (28) m.w.N.

811 Vgl. Urteil Nr. 39/84 v. 11.4.1984, ATC 3, 95 = DR I 104 v. 5.5.1984; vgl. dazu *J. Polakiewicz,* ZaöRV 54 (1994), 340 (369 f.).

812 *J. Polakiewicz,* ZaöRV 54 (1994), 340 (368 ff.) m.w.N.

spruch auf gleiche Teilhabe an bereits geschaffenen und vorhandenen Einrichtungen gewährleisten soll.[813]

(5) Estland, Lettland, Slowakei

§ 37 Abs. S. 1 der Verfassung der Republik Estland[814] vom 28. Juni 1992 bestimmt:

> „*§ 37:*
> *(1) Jeder hat ein Recht auf Bildung. [...].*"

§ 112 S. 1 der Verfassung der Republik Lettland vom 6. Juli 1993, die die Verfassung vom 15. Februar 1922 wieder in Kraft setzte und seit dem 8. Oktober 1998 durch einen eigenen Grundrechtsteil ergänzt wurde[815], lautet:

> „*§ 112:*
> *Jeder hat das Recht auf Bildung. [...].*"

Die Verfassung der Slowakischen Republik[816] vom 1. September 1992 bestimmt:

> „*Art. 42:*
> *(1) Jeder hat Anspruch auf Bildung. [...].*"

Die genannten Bestimmungen des § 37 Abs. 1 estn. Verf., § 112 lett. Verf. und Art. 42 Abs. 1 slowak. Verf. gewährleisten nach ihrem eindeutigen Wortlaut für Jedermann ein ausdrückliches und umfassendes Grundrecht auf Bildung.[817] Da das „*Recht auf Bildung*" aber bislang – soweit ersichtlich – noch nicht Ge-

---

813 *A. Thomashausen*, in: Grabitz (Hrsg.), Grundrechte in Europa, 1986, Kap. 9: Portugal, S. 591 (615 i.V.m. 612); vgl. auch *N. Bernsdorff*, in: Meyer (Hrsg.), EU-GRCh, Art. 14 Rdn. 2.

814 Ausführlich zur Verfassungsentwicklung in Estland *M. Lagerspetz/K. Maier*, in: Ismayr (Hrsg.), Die politischen Systeme Osteuropas, 2002, S. 69 ff.

815 Vgl. *A. Kimmel/Chr. Kimmel*, Verfassungen der EU-Mitgliedstaaten, 2005, S. XXXIII. Zu den Verfassungsentwicklungen Lettlands s. *Th. Schmidt*, in: Ismayr (Hrsg.), Die politischen Systeme Osteuropas, 2002, S. 111 ff.

816 Zu der slowakischen Verfassungsentwicklung s. *R. Kipke*, in: Ismayr (Hrsg.), Die politischen Systeme Osteuropas, 2002, S. 273 ff.

817 Vgl. *A. Weber*, Menschenrechte, 2004, S. 707.

genstand eines Rechtsstreits vor den jeweiligen Verfassungsgerichten war[818], soll für die Interpretation dieser Grundrechte zunächst ein Blick auf die Entstehungsgeschichte der Verfassungen geworfen werden. Nach dem Zusammenbruch der kommunistischen Regimes ab 1989 entstanden die genannten postsozialistischen Verfassungen, bei deren Ausarbeitung eine nachhaltige Vorbild- und Impulswirkung von den westlichen Verfassungsmodellen, insbesondere von dem internationalen Grundrechtsstandard der EMRK[819] und dem Internationalen Pakt über bürgerliche und politische Rechte und Pflichten (IPbürgR / CCPR)[820], ausging.[821] Vor diesem Hintergrund könnte angenommen werden, dass das in den genannten Verfassungen normierte *„Recht auf Bildung"* zumindest in Bezug auf die Elementarausbildung die Funktion eines subjektiven Abwehrrechts verbürgt, da ein derartiges Recht in den westlichen Verfassungen als auch in der EMRK gewährleistet wird.

---

[818] Vgl. die Rechtsprechungsanalyse des Zeitraums 1993 bis 2002 bei *A. Arnold/M. Hussner/K. Land*, Rechtsstaat und Grundrechtsschutz in der Verfassungsrechtsprechung Estlands, 2003, S. 3 ff. und die veröffentlichten Entscheidung des Verfassungsgerichts Lettlands seit 1997 bei *A. Arnold/M. Hussner*, Rechtsstaat und Grundrechtsschutz in der Verfassungsrechtsprechung Lettlands, 2003, S. II ff.

[819] Die Unterzeichnung der EMRK wurde als Eintrittskarte für die Aufnahme in den Europarat verlangt, dem mittlerweile alle (bis auf Weißrussland) osteuropäischen Staaten angehören. In Kraft getreten ist die EMRK für Tschechien und Slowakei (am 18.3.1992 für die Tschechoslowakei, ab dem 1.1.1993 dann für die beiden Nachfolgestaaten), Ungarn (5.11.1992), Polen (19.1.1993), Slowenien (28.6.1994), Estland (6.10.1996), Lettland (27.6.1997) und Litauen (20.6.1995), vgl. auch *E. Bos*, Verfassungsgebung und Systemwechsel, 2004, S. 198, wonach die Grundrechte der polnischen Verfassung *„unverkennbar an die Europäische Menschenrechtskonvention angelehnt"* seien.

[820] International Covenant on Civil and Political Rights, UN GA Res. 2200 (XXI). BGBl. 1973 II S. 1534 (Sartorius II Nr. 20). Der IPbürgR ist für die meisten osteuropäischen Staaten schon mit seinem allgemeinen völkerrechtlichen Inkrafttreten am 23.3.1976 verbindlich geworden; vgl. *G. Brunner*, Festschrift Kl. Stern, 1997, S. 1041 (1041 f.). Für die Bundesrepublik ist der Pakt gemäß Bek. v. 14.6.1976, BGBl. 1976 II S. 1068, in Kraft getreten. Vgl. dazu allgemein *M. Nowak*, UNO-Pakt über bürgerliche und politische Rechte; *Kl. Stern*, in: Stern (Hrsg.), Staatsrecht III/1, S. 261 ff.; *J. A. Frowein*, in: Isensee/Kirchhof (Hrsg.), Hdb StaatsR VII, § 180 Rdn. 33 ff.

[821] Vgl. *W. Kahl*, Das Grundrechtsverständnis der postsozialistischen Verfassungen Osteuropas, 1994, S. 69 f.; *A. Suproń-Heidel*, in: Classen/Heiss/Suproń-Heidel (Hrsg.), Polens Rechtsstaat am Vorabend des EU-Beitritts, 2004, S. 45 (46 f.); *W. Ismayr*, in: ders. (Hrsg.), Die politischen Systeme Osteuropas, 2002, S. 9 ff. (13); *Kl. Stern*, Festschrift G. Brunner, 2001, S. 150 (150 ff.); *A. Kimmel/Chr. Kimmel*, Verfassungen der EU-Mitgliedstaaten, 2005, S. XXXIII.

Andererseits wird in der einschlägigen polnischen, lettischen und estnischen Literatur darauf hingewiesen, dass die sozialen Grundrechte, namentlich das verfassungsrechtlich garantierte Recht auf Bildung, in der Praxis jedoch nur programmatische Bedeutung haben und lediglich den Charakter von Staatszielbestimmungen aufweisen und daher auch nicht einklagbar seien.[822] Darüber hinaus bestimmt beispielsweise die slowakische Verfassung in Art. 51 Abs. 1, dass das Recht auf Bildung nach Art. 42 Abs. 1 slowak. Verf. „*nur in den Grenzen der Gesetze, welche diese Bestimmungen durchführen, in Anspruch genommen werden*“ könne.[823] Dies könnte auf einen Gesetzesauftrag deuten, so wie er auch in der ungarischen Verfassung (dazu im Folgenden) formuliert ist. Schließlich ist anzuführen, dass die meisten osteuropäischen Verfassungen zum Schutz der Grundrechte zwar die Möglichkeit einer Individualverfassungsbeschwerde vorsehen, allerdings ist die tatsächliche Bedeutung dieser Grundrechtsbeschwerden recht gering.[824]

Zusammenfassend kann festgehalten werden, dass diese Verfassungen das Recht auf Bildung eher als Staatszielbestimmung qualifizieren.

(6) Ungarn

Die durch die Totalrevision der sozialistischen Verfassung in den Jahren 1989 und 1990 geschaffene und wesentlich umgestaltete Verfassung der Republik

---

822 Vgl. nur *Th. Schmidt*, in: Ismayr (Hrsg.), Die politischen Systeme Osteuropas, 2002, S. 111 (113), bezogen auf das Recht auf Bildung in Art. 112 lett. Verf. vgl. auch *M. Lagerspetz/K. Maier*, in: Ismayr (Hrsg.), Die politischen Systeme Osteuropas, 2002, S. 69 (71), die sogar behaupten, die estnische Verfassung enthalte keine sozialen Grundrechte; vgl. des Weiteren *Kl. Ziemer/Cl.-Y. Matthes*, in: Ismayr (Hrsg.), Die politischen Systeme Osteuropas, 2002, S. 190, wonach die sozialen Grundrechte symbolischen Charakter als Staatsziele haben und auch nicht individuell eingeklagt werden können.

823 Art. 51 Abs. 1 slowak. Verf. lautet: „*Die in den Art. 35, 36, 37 Abs. 4, Art. 38 bis 42, Art. 44 bis 46 dieser Verfassung angeführten Rechte können nur in den Grenzen der Gesetze, welche diese Bestimmungen durchführen, in Anspruch genommen werden.*“. Vgl. auch *R. Kipke*, in: Ismayr (Hrsg.), Die politischen Systeme Osteuropas, 2002, S. 273 (275).

824 Vgl. zu der Bedeutung der Verfassungsbeschwerde in Polen *Kl. Stern*, Festschrift G. Brunner, 2001, S. 150 (156 ff.); *A. Kimmel/Chr. Kimmel,* Verfassungen der EU-Mitgliedstaaten, 2005, S. XXXIV.

Ungarn[825] vom 20. August 1949 in ihrer Fassung von 1997 bestimmt in Art. 16 und 70/F:

> *„Art. 70/F:*
> *(1) Die Republik Ungarn sichert den Staatsbürgern das Recht auf Bildung zu.*"

Das *„Recht auf Bildung*" – ein aus dem propagandistischen Erbe des gescheiterten Sozialismus herrührendes soziales Grundrecht[826] – ist in Ungarn nach Art. 70/F Abs. 1 ungar. Verf. lediglich als sog. Verfassungsauftrag verfasst (vgl. auch Art. 16 ungar. Verf.[827]), d.h. die Gewährleistung der Bildung wird nur als objektive Verpflichtung für den Staat begründet.[828] Die ungarische Verfassung räumt den Bürgern damit keine individuellen subjektiven Rechte ein, sondern die nähere Ausgestaltung des Rechts auf Bildung bleibt der einfachen Gesetzgebung überlassen.[829] Auch das Verfassungsgericht hat das Recht auf Bildung neben anderen sozialen Grundrechten wie das Recht auf Arbeit, auf Gesundheit und auf soziale Sicherheit als reine Programmsätze qualifiziert.[830] Bemerkenswert ist weiterhin, dass die ungarische Verfassung zwar eine „Verfassungsbeschwerde" (*„alkotmányjogi panasz*") kennt, diese in der Praxis allerdings – wie in Polen – weitgehend leer läuft, da der den Beschwerdeführer beschwerende Einzelakt wirksam bleibt.[831]

---

825 Umfassend zur Verfassungsentwicklung Ungarns s. *A. Körösényi*, in: Ismayr (Hrsg.), Die politischen Systeme Osteuropas, 2002, S. 309 ff.; *E. Bos*, Verfassungsgebung und Systemwechsel, 2004, S. 211 ff., 259 ff.

826 So *G. Brunner*, Der Staat 32 (1993), 287 (310). S. auch *E. Bos*, Verfassungsgebung und Systemwechsel, 2004, S. 263: *„Relikt aus der sozialistischen Zeit*". Vgl. auch *A. Körösényi*, in: Ismayr (Hrsg.), Die politischen Systeme Osteuropas, 2002, S. 313.

827 Art. 16 ungar. Verf. lautet: *„Die Republik Ungarn trägt besondere Sorge für [...] die Bildung und Erziehung der Jugend [...].*".

828 Vgl. *L. Sólyom/G. Brunner*, The Hungarian Constitutional Court, 2000, S. 254; *A. Weber*, Menschenrechte, 2004, S. 707; *G. Brunner*, Der Staat 32 (1993), 287 (310).

829 *E. Bos*, Verfassungsgebung und Systemwechsel, 2004, S. 263.

830 Entscheidung Nr. 24 / 1991. (V. 18) AB (Magyar Közlöny 1991, S. 965 [966]) zum Recht auf soziale Sicherheit (Art. 70/E ungar. Verf.). Vgl. *E. Bos*, Verfassungsgebung und Systemwechsel, 2004, S. 263; *G. Brunner*, in: ders. (Hrsg.), Ungarn auf dem Weg der Demokratie, 1993, S. 42 (57); s. auch *A. Körösényi*, in: Ismayr (Hrsg.), Die politischen Systeme Osteuropas, 2002, S. 313, der bei diesen Rechten von bestimmten *„sozialstaatlichen ‚Rechten'*" spricht.

831 Ausführlich zur ungarischen Verfassungsgerichtsbarkeit *G. Brunner*, Der Staat 32 (1993), 287 ff. Zu der unechten Grundrechtsbeschwerde s. *G. Brunner*, Festschrift Kl. Stern,

(7) Zypern

Art. 20 der Verfassungsübereinkunft der Republik Zypern vom 16. August 1960 lautet:

> „*Art. 20 [Education]*
> *(1) Every person has the right to receive [...] instruction or education [...].*"

Die zypriotische Verfassung bestimmt in Art. 20 Abs. 1 ein allgemeines Recht auf Bildung. Ob sich der Oberste Gerichtshof der Republik mit Art. 20 der Verfassung bislang befasst hat, ist soweit nicht ersichtlich. Da allerdings der zypriotische Grundrechtskatalog zum großen Teil fast wörtlich mit der EMRK übereinstimmt, gilt die Rechtsprechung der EMRK nach zypriotischem Schrifttum auch für die innerstaatliche Auslegung der zyprischen Grundrechte.[832] Demgemäß kann davon ausgegangen werden, dass das in Art. 20 Abs. 1 zypriot. Verf. normierte Recht auf Bildung zumindest ein subjektives Abwehrrecht gewährleistet.

bb) Verfassungen mit einem Recht auf Zugang zu bestimmten Bildungseinrichtungen

Folgende Verfassungen normieren zwar kein explizites „*Recht auf Bildung*", sehen jedoch ein Recht auf Zugang zu bestimmten Bildungseinrichtungen – meist den Elementarschulen – vor:

(1) Belgien

Art. 24 der koordinierten Verfassung Belgiens vom 17. Februar 1994 lautet:

> „*Art. 24.*
> *§ 3 - Jeder hat ein Recht auf Unterricht unter Berücksichtigung der Grundfreiheiten und Grundrechte. [...].*
> *Alle schulpflichtigen Schüler haben zu Lasten der Gemeinschaft ein Recht auf eine moralische oder religiöse Erziehung.*"

1997, S. 1041 (1052 ff.); *ders.*, ZaöRV 53 (1993), 819 (858); *Kl. Stern*, Festschrift G. Brunner, 2001, S. 150 (156 f.); *G. Halamai*, Festschrift Kl. Stern, 1997, S. 953 (954 ff.).

[832] *P. A. Zervakis*, in: Ismayr (Hrsg.), Die politischen Systeme Osteuropas, 2002, S. 851.

Bereits in der belgischen Verfassung von 1831 wurde das Recht auf Bildung garantiert.[833] Ausdrücklich gewährleistet auch die aktuelle belgische Verfassung von 1994 in Art. 24 § 3 S. 1 ein Individualrecht auf Unterricht und Erziehung. Dieses Recht wird in Belgien als klassisches Abwehrrecht gegen die Staatsgewalt verstanden, die Unterrichtsfreiheit dagegen als wirtschaftliches und soziales Recht.[834]

(2) Dänemark

In der *Danmarks Riges Grundlov* (Verfassung des Königreichs Dänemark)[835] vom 5. Juni 1953 heißt es in § 76 S. 1:

> „*§ 76*
> *Alle Kinder im schulpflichtigen Alter haben Anspruch auf [...] Unterricht in der Volksschule. [...].*"

Dänemark gewährt mit der Bestimmung in § 76 dän. Verf. allen unterrichtspflichtigen Kindern ein Recht auf Grundschulbildung.[836] Allerdings hat diese Bestimmung nach dänischer Verfassungslehre lediglich geringe praktische und insoweit nur programmatische Bedeutung, die von der modernen Sozialgesetzgebung überholt worden ist.[837] Zudem können sich die Bürger vor den Gerichten

---

833 Zur Verfassungsentwicklung der belgischen Verfassung von 1831 und ihrem Einfluss auf spätere Verfassungen s. *E. Bos*, Verfassungsgebung und Systemwechsel, 2004, S. 106 ff. Ausführlich zu dem Recht auf Bildung in der Verfassung von 1831, s. *J. Velu*, EuGRZ 1981, 595 (599); vgl. auch *J. Iliopoulos-Strangas*, in: Scheuing (Hrsg.), Europäische Verfassungsordnung, 2003, S. 133 (137, 149, 162).

834 Vgl. *W. Kämpfer*, EuGRZ 1981, 721 (734); *J. Velu*, EuGRZ 1981, 595 (609).

835 Ausführlich zur Verfassung Dänemarks, *L. A. Rehof, in:* Dahl/Melchior/Rehof/Tamm (Hrsg.), Danish Law in a European Perspective, 1996, S. 53 (56).

836 *N. Bernsdorff*, in: Meyer (Hrsg.), EU-GRCh, Art. 14 Rdn. 2. Umfassend zu den Bildungsgrundrechten in Dänemark *Fr. Thygesen*, EuGRZ 1981, 629 ff.; *P. Germer*, in: Grabitz (Hrsg.), Grundrechte in Europa, 1986, Kap. 2: Dänemark, S. 85 (97). Vgl. auch *L. A. Rehof, in:* Dahl/Melchior/Rehof/Tamm (Hrsg.), Danish Law in a European Perspective, 1996, S. 80 f.; *I. Dübeck*, Einführung in das dänische Recht, 1996, S. 60 f.

837 *R. Nielsen*, in: Iliopoulos-Strangas, La protection des droits sociaux fondamentaux dans les Etats membres de l'Union européenne, 2000, S. 232; *J. Iliopoulos-Strangas*, in: Scheuing (Hrsg.), Europäische Verfassungsordnung, S. 133 (148); *P. Germer*, in: Grabitz (Hrsg.), Grundrechte in Europa, 1986, Kap. 2: Dänemark, S. 85 (98) m.w.N.

nicht auf dieses Recht berufen.[838] Ein umfassendes Recht auf Bildung ist verfassungsmäßig in Dänemark nicht anerkannt.[839]

(3) Frankreich

Die aktuelle französische Verfassung[840] vom 4. Oktober 1958, die keinen vollständigen und geordneten Katalog von Grundrechten enthält,[841] proklamiert in ihrer Präambel „*feierlich*" ihre „*Verbundenheit mit den Menschenrechten und mit den Grundsätzen der nationalen Souveränität, wie sie in der Erklärung von 1789 niedergelegt wurden, die durch die Präambel der Verfassung von 1946 bestätigt und ergänzt wurden*", und bildet damit den sog. „*bloc de constitutionnalité*", der auch diese letztere Präambel umfasst.[842] In der Präambel der Verfassung der IV. französischen Republik vom 27. Oktober 1946[843] heißt es im 13. Absatz:

---

838 *Fr. Thygesen*, EuGRZ 1981, 629 (632); *W. Kämpfer*, EuGRZ 1981, 721 (732); *R. Nielsen*, in: Iliopoulos-Strangas, La protection des droits sociaux fondamentaux dans les Etats membres de l'Union européenne, 2000, S. 232.

839 Vgl. *W. Kämpfer*, EuGRZ 1981, 721 (732).

840 Zur Verfassungsentwicklung in Frankreich s. *E. Bos*, Verfassungsgebung und Systemwechsel, 2004, S. 90 ff.; *J.-Fr. Flauss*, in: Schwarze (Hrsg.), Die Entstehung einer europäischen Verfassungsordnung, 2000, S. 25 ff.

841 Ausführlich dazu *R. Geesmann*, Soziale Grundrechte im deutschen und französischen Verfassungsrecht und in der Charta der Grundrechte der Europäischen Union, 2005, S. 62 ff.; *J.-Fr. Flauss*, in: Schwarze (Hrsg.), Die Entstehung einer europäischen Verfassungsordnung, 2000, S. 25 (41).

842 Der *Conseil Constitutionnel*, Urteil No. 81-132 DC, RJC, S. 104, hat den Verfassungsrang dieser Bestimmung bestätigt. Der Verfassungscharakter der Präambel wird auch vom Großteil der Lehre bejaht: Vgl. *H. P. Ipsen*, Europäisches Gemeinschaftsrecht, 1972, S. 73; *M. Büdenbender*, Das Verhältnis des Europäischen Gerichtshofs zum Bundesverfassungsgericht, 2005, S. 18, 97; s. auch: *M. Fromont,* in: Starck (Hrsg.), Grundgesetz und deutsche Verfassungsrechtsprechung im Spiegel ausländischer Verfassungsentwicklung, 1990, S. 101 (105 f.); *M.-L. Pavia/D. Rousseau*, in: Iliopoulos-Strangas, La protection des droits sociaux fondamentaux dans les Etats membres de l'Union européenne, 2000, S. 354 f.; *J. Iliopoulos-Strangas*, in: Scheuing (Hrsg.), Europäische Verfassungsordnung, 2003, S. 133 (147); näheres zum Grundrechtsschutz in Frankreich s. *E. Savoie*, in: Grabitz (Hrsg.), Grundrechte in Europa, 1986, Kap. 4: Frankreich, S. 203 (211 ff.).

843 Zur Entstehungsgeschichte der Präambel von 1946 ausführlich *R. Geesmann*, Soziale Grundrechte im deutschen und französischen Verfassungsrecht und in der Charta der Grundrechte der Europäischen Union, 2005, S. 66 ff.

„Präambel 1946:
[...]. Die Nation gewährleistet dem Kind [...] gleichen Zutritt zum Unterricht [...] und zur Bildung. [...].“

Die im 13. Absatz der Präambel von 1946 garantierte „Unterrichtsfreiheit“ hat als fundamentales Prinzip, das durch verschiedene Gesetze der Republik anerkannt und vom Verfassungsrat bestätigt wurde[844], Verfassungsrang.[845] Konkretisiert wird dieses Individualrecht durch die *„Loi d'orientation sur l'éducation“* vom 10. Juli 1989.[846] Die sozialen Rechte werden in Frankreich allerdings weder als Teilhabe- noch als Leistungsrechte qualifiziert.[847] Daher begründet der Grundsatz auf Zugang zum Unterricht und zur Bildung kein individuelles Recht, sondern hat rechtlich den Charakter eines Programmsatzes oder Leistungsversprechens.[848] Sobald aber ein Programmsatz durch Schaffung staatlicher Leistungssysteme realisiert wird, verbietet die Anerkennung sozialer Grundsätze in der Präambel von 1946 jegliche Beeinträchtigung dieser Leistungssysteme durch den Gesetzgeber.[849]

(4) Griechenland

Die Verfassung der griechischen Republik vom 9. Juni 1975 bestimmt in Art. 16 Abs. 4 S. 1:

---

844 CC 23.11.1977 (Dec. 77-87, DC, Rec. 42).

845 Vgl. auch *M.-L. Pavia/D. Rousseau*, in: Iliopoulos-Strangas, La protection des droits sociaux fondamentaux dans les Etats membres de l'Union européenne, 2000, S. 366 ; *E. Savoie*, in: Grabitz (Hrsg.), Grundrechte in Europa, 1986, Kap. 4: Frankreich, S. 203 (223 f.).

846 Im ersten und dritten Absatz dieses Gesetzes heißt es: *„L'éducation est la première priorité nationale. Le droit à l'éducation est garanti à chacun afin de lui permettre de développer sa personnalité, d'élever son niveau de formation initiale et continue, de s'insérer dans la vie sociale et professionnelle, d'exercer sa citoyenneté.“*. Vgl. auch *M.-L. Pavia/D. Rousseau*, in: Iliopoulos-Strangas, La protection des droits sociaux fondamentaux dans les Etats membres de l'Union européenne, 2000, S. 366.

847 *E. Savoie*, in: Grabitz (Hrsg.), Grundrechte in Europa, 1986, Kap. 4: Frankreich, S. 203 (226).

848 *E. Savoie*, in: Grabitz (Hrsg.), Grundrechte in Europa, 1986, Kap. 4: Frankreich, S. 203 (226).

849 *E. Savoie*, in: Grabitz (Hrsg.), Grundrechte in Europa, 1986, Kap. 4: Frankreich, S. 203 (226).

„Art. 16:
(4) Alle Griechen haben das Recht auf [...] Bildung [...] in den staatlichen Unterrichtsanstalten. [...].“

Das in Art. 16 Abs. 4 S. 1 griech. Verf. ausdrücklich formulierte Recht auf Bildung[850] begründet als soziales Recht grundsätzlich – wie etwa das Recht auf staatliche Fürsorge für die Bildung der im Ausland arbeitenden Griechen gemäß Art. 108 Abs. 1 S. 2 griech. Verf.[851] – keine unmittelbaren, gerichtlich verfolgbaren Ansprüche der Bürger.[852] Sie sind daher in der Regel als Verfassungsauftrag formuliert[853] (vgl. Art. 16 Abs. 2 griech. Verf.[854], der zugleich eine institutionelle Garantie beinhaltet).[855] Ihre Ausübung setzt also voraus, dass der Gesetzgeber eine Regelung getroffen hat. Wenn dagegen ein Anspruch unmittelbar in der Verfassung verankert ist, gewährt dieses ein subjektives öffentliches Recht.[856] Das in Art. 16 Abs. 4 S. 1 griech. Verf. formulierte Recht auf Bildung begründet einen derartigen positiven Anspruch des Bürgers auf bestimmte Leistungen seitens des Staates.[857] Demgemäß könnte sich der Bürger auf Art. 16 Abs. 4 griech. Verf. berufen, um beispielsweise die Verweigerung von Schulgebühren etc. zu begründen.[858]

---

850 Vgl. *H.-J. Blanke*, in: Grabitz/Hilf (Hrsg.), EUV/EGV, Bd. II, vor Art. 149, 150 EGV (2004) Rdn. 4, der von einem *„Bürgerrecht“* auf Bildung im Sinne des Art. 16 Abs. 4 S. 1 griech. Verf. spricht.

851 Art. 108 griech. Verf. lautet: *„(1) [...] Er [Der Staat] sorgt auch für die Bildung [...] der im Ausland arbeitenden Griechen.“*.

852 *P.-M. E. Efstratiou*, in: Starck (Hrsg.), Grundgesetz und deutsche Verfassungsrechtsprechung im Spiegel ausländischer Verfassungsentwicklung, 1990, S. 119 (140).

853 *A. Weber*, Menschenrechte, 2004, S. 707; *P.-M. E. Efstratiou*, in: Starck (Hrsg.), Grundgesetz und deutsche Verfassungsrechtsprechung im Spiegel ausländischer Verfassungsentwicklung, 1990, S. 119 (419).

854 Art. 16 Abs. 2 griech. Verf. lautet: *„(2) Die Bildung ist eine Grundaufgabe des Staates und hat die sittliche, geistige [...] Erziehung der Griechen [...] zum Ziel.“*.

855 *J. Iliopoulos-Strangas/G. Leventis,* in: Iliopoulos-Strangas, La protection des droits sociaux fondamentaux dans les Etats membres de l'Union européenne, 2000, S. 423, 426.

856 Vgl. *J. Iliopoulos-Strangas*, JöR 32 (1983), 395 (419).

857 *P.-M. E. Efstratiou*, in: Starck (Hrsg.), Grundgesetz und deutsche Verfassungsrechtsprechung im Spiegel ausländischer Verfassungsentwicklung, 1990, S. 119 (133, 139).

858 *J. Iliopoulos-Strangas*, JöR 32 (1983), 395 (419); *dies./G. Leventis,* in: Iliopoulos-Strangas, La protection des droits sociaux fondamentaux dans les Etats membres de l'Union européenne, 2000, S. 441.

(5) Irland

Die Verfassung der Republik Irland vom 1. Juli 1937 bestimmt:

> *„Art. 42. Erziehung*
> *(4) Der Staat trägt für eine [...] Volksschulbildung Sorge [...].“*

Der *Irish Supreme Court* sieht in der Formulierung des Art. 42 Abs. 4 ir. Verf.: *„the state shall provide for free primary education“* nicht nur eine staatliche Aufgabe der Bereitstellung kostenlosen Elementarunterrichts, sondern auch ein korrespondierendes Individualrecht auf Zugang,[859] das sich nach Ansicht *Webers* kaum anders als ein Leistungsrecht deuten lässt, auch wenn diese Terminologie der irischen Doktrin nicht vertraut ist.[860]

(6) Italien

Die Verfassung der italienischen Republik vom 27. Dezember 1947 sieht gemäß Art. 34 Abs. 1 vor:

> *„Art. 34:*
> *(1) Die Schule steht jedermann offen.“*

Mit diesem Satz anerkennt das italienische Verfassungsrecht ein allgemeines Recht auf Bildung als Sozialrecht.[861] Die Bestimmung des Art. 34 ital. Verf. befindet sich in dem mit *„Ethisch-soziale Beziehungen“* überschriebenen Titel 2 des 1. Teils (*„Rechte und Pflichten der Staatsbürger“*) der italienischen Verfassung.[862] Das italienische Verfassungsgericht hat schon in seiner ersten Entscheidung aus dem Jahre 1956 ausdrücklich betont, dass zwischen den sozialen Grundrechten innerhalb dieses Titels 2 einerseits und den bürgerlichen Freiheits-

---

859 Crowley v. Ireland (1980), IR 102 (121). Näheres zu diesem Fall *J. Murray/D. R. Phelan*, in: Iliopoulos-Strangas, La protection des droits sociaux fondamentaux dans les Etats membres de l'Union européenne, 2000, S. 510.

860 Vgl. *A. Weber*, Menschenrechte, 2004, S. 711.

861 *R. Riz/E. Happacher Brezinka*, Grundzüge des italienischen Verfassungsrechts, 2003, S. 185; *G. De Vergottini*, in: Iliopoulos-Strangas, La protection des droits sociaux fondamentaux dans les Etats membres de l'Union européenne, 2000, S. 575 ; *W. Kämpfer*, EuGRZ 1981, 721 (732).

862 Zur Untergliederung der Grundrechte in bestimmte Gruppen innerhalb der italienischen Verfassung, s. oben Fn. 717 m.w.N.

rechten des Titels 1 andererseits keine wesensmäßigen Unterschiede bestehen,[863] so dass Art. 34 ital. Verf. ein subjektives öffentliches Recht gewährleistet. Diese Bestimmung verpflichtet den Staat, dafür die nötigen Strukturen zur Verfügung zu stellen.[864] Auf diese Weise wird im Bereich der Bildung, wie in den meisten Staaten, zumindest ein Mindeststandard – Recht auf Elementarunterricht („*istruzione inferiore*") – garantiert,[865] welches vor den Gerichten auch unmittelbar durchsetzbar ist.[866]

(7) Litauen

Die Verfassung der Republik Litauen vom 25. Oktober 1992 be-stimmt:

> „*Art. 41:*
> *(2) Education at State and municipal schools of general education [...] shall be free of charge.*"

Ob diese Gewährleistung bislang bereits Gegenstand eines Rechtsstreits vor dem Verfassungsgericht Litauens war, ist nicht ersichtlich.[867] Die rechtliche Bedeutung dieser Gewährleistung beschränkt sich allerdings auf Staatszielbestimmungen, allgemeine Programmsätze und Verfassungsaufträge.[868]

---

863 *Corte Costituzionale*, sent. Nr. 1/1956 v. 14.6.1956; seither st. Rspr., vgl. nur *C. Cost.*, sent. Nr. 66/1963 v. 10.5.1963; Nr. 120/1963 v. 9.7.1963; Nr. 74/1964 v. 7.7.1964; Nr. 10/1970 v. 28.1.1970; Nr. 102/1976 v. 28.4.1976; Nr. 23/1982 v. 4.2.1982; Nr. 16/1987 v. 22.1.1987; Nr. 559/1987 v. 18.12.1987; vgl. dazu auch *J. Polakiewicz,* ZaöRV 54 (1994), 340 (346, 354).

864 *R. Riz/E. Happacher Brezinka*, Grundzüge des italienischen Verfassungsrechts, 2003, S. 185.

865 *L. Monaco*, in: Grabitz (Hrsg.), Grundrechte in Europa, 1986, Kap. 6: Italien, S. 363 (387); *R. Riz/E. Happacher Brezinka*, Grundzüge des italienischen Verfassungsrechts, 2003, S. 185.

866 Vgl. Urteil Nr. 7/1967, *Giurisprudenza costituzionale*, 1967, S. 56 ff. Vgl. *G. De Vergottini*, in: Iliopoulos-Strangas, La protection des droits sociaux fondamentaux dans les Etats membres de l'Union européenne, 2000, S. 575.

867 Vgl. die Rechtsprechungsanalyse bei *R. Arnold/H. Warren/E. Yeomann*, Rechtsstaat und Grundrechtsschutz in der Verfassungsrechtsprechung Litauens, 2003, S. 3 ff.

868 Vgl. *J. Tauber*, in: Ismayr (Hrsg.), Die politischen Systeme Osteuropas, 2002, S. 135 (153); *M. Vainiuté*, Die Verfassungsentwicklung der Republik Litauen, 2001, S. 117.

(8) Luxemburg

Die Verfassung des Großherzogtums Luxemburg vom 17. Oktober 1868 i.d.F. von 1948 sieht in Art. 23 Abs. 1 S. 1 vor:

> „*Art. 23:*
> *(1) Der Staat trägt Sorge für die Organisation des Grundschulunterrichts [...]; der Zugang zu ihm muss für jeden, der im Großherzogtum wohnt, gewährleistet sein [...].*"

Die allgemeine Unterrichtsfreiheit, wie sie in der belgischen Verfassung gewährleistet wird, ist in der luxemburgischen Verfassung nicht verbürgt. Die luxemburgische Verfassung beauftragt nach holländischem Muster den Staat nur mit der Organisation, Reglementierung und Beaufsichtigung des Unterrichts.[869] Grundsätzlich werden die Grundrechte nach der luxemburgischen Grundrechtslehre als bestimmte, positivrechtliche und unmittelbar durchsetzbare Rechte anerkannt.[870] Als Ausnahme hiervon ist allerdings u.a. die durch die Verfassungsrevision 1948 eingefügte Grundrechtsbestimmung des Art. 23 lux. Verf. anzusehen, welcher eine allgemeine Erklärung ohne einen bestimmten juristischen Stellenwert beigemessen wird.[871] Es ist weitgehend anerkannt, dass dieses Recht kein Grundrecht des Einzelnen darstellt, sondern es sich vielmehr um ein Gesetzgebungsprogramm handelt, deren Ausgestaltung Aufgabe des Staates ist.[872]

(9) Malta

Die Verfassung der Republik Malta vom 21. September 1964 sieht Folgendes vor:

> „*Chapter II. Declaration of Principles*
> *Section 10. Compulsory and free primary education.*
> *Primary education shall be compulsory [...].*"

---

[869] *A. Goedert*, EuGRZ 1981, 658; *D. Pieters*, in: Grabitz (Hrsg.), Grundrechte in Europa, 1986, Kap. 7: Luxemburg, S. 437 (469).

[870] Ausführlich zu den luxemburgischen Grundrechten *D. Pieters*, in: Grabitz (Hrsg.), Grundrechte in Europa, 1986, Kap. 7: Luxemburg, S. 437 (442).

[871] *D. Pieters*, in: Grabitz (Hrsg.), Grundrechte in Europa, 1986, Kap. 7: Luxemburg, S. 437 (442), der so weit geht, dass „*die Grundrechtszusätze von 1948 mehr oder weniger als kleine historische Unfälle ohne Folgen für das allgemeine Grundrechtsverständnis*" anzusehen seien.

[872] *D. Pieters*, in: Grabitz (Hrsg.), Grundrechte in Europa, 1986, Kap. 7: Luxemburg, S. 437 (442).

Zwar verankert Art. 10 malt. Verf. die kostenlose Grundschulbildung als grundlegendes Prinzip. Wie sich jedoch aus Art. 21 malt. Verf.[873] ergibt, ist dieses Prinzip nicht justitiabel, sondern hat vielmehr den Charakter einer Staatszielbestimmung.

(10) Niederlande

Die Verfassung des Königreiches der Niederlande vom 24. August 1815 in der Fassung der Neubekanntmachung vom 17. Februar 1983 bestimmt in Art. 23:

> *„Art. 23:*
> *(1) Das Unterrichtswesen ist Gegenstand ständiger Sorge der Regierung.*
> *(2) Die Erteilung von Unterricht ist frei [...].*
> *(3) Der öffentliche Unterricht wird unter Wahrung der Freiheit des religiösen und weltanschaulichen Bekenntnisses durch Gesetz geregelt.*"

Ein eigentliches allfälliges Recht auf Bildung ist in der niederländischen Verfassung nicht verankert, wenn auch Art. 23 niederl. Verf. wichtige Ansätze dazu gibt.[874] Der 1917 eingeführte Art. 23 Abs. 1 niederl. Verf. (= Art. 208 a. F.) sieht die sog. „Unterrichtsbefriedung" vor, die einen Schlussstrich unter den langen „Schulkampf" des 19. Jh. gezogen hat.[875] Auch Art. 23 Abs. 3 niederl. Verf. kann bis zu einem gewissen Grade als ein Recht auf Bildung angesehen werden, indem er den Staat verpflichtet, Voraussetzungen für soziale und kulturelle Entfaltungen zu schaffen.[876] Die in der niederländischen Verfassung garantierten sozialen Grundrechte, darunter das „Recht auf Bildung", können jedoch der niederländischen Lehre zufolge nicht unmittelbar durch die Gerichte angewandt werden.[877] Sie sind an die Verwaltung bzw. den Gesetzgeber gerichtet und zu

---

[873] Dort heißt es: „*Section 21. Application of the principles contained in this Chapter. The provisions of this Chapter shall not be enforceable in any court, but the principles therein contained are nevertheless fundamental to the governance of the country and it shall be the aim of the State to apply these principles in making laws.*".

[874] Ausführlich zu den Grundrechten im Bildungsbereich in den Niederlanden *H. J. M. Jeukens/D. Simons/H. G. de Jong*, EuGRZ 1981, 667 (668).

[875] *H. J. M. Jeukens/D. Simons/H. G. de Jong*, EuGRZ 1981, 667 (667); *D. Simons*, EuGRZ 1978, 450 (455).

[876] *H. J. M. Jeukens/D. Simons/H. G. de Jong*, EuGRZ 1981, 667 (668).

[877] Vgl. *W. Kämpfer*, EuGRZ 1981, 721 (734); *J. Iliopoulos-Strangas*, in: Scheuing (Hrsg.), Europäische Verfassungsordnung, 2003, S. 133 (148); *H. J. M. Jeukens/D. Simons/H. G. de Jong*, EuGRZ 1981, 667 (668).

ungenau formuliert, da sie durch Gesetz vorgesehen oder geregelt werden müssen.[878] Die niederländische Verfassung räumt den Bürgern somit keine individuellen subjektiven Rechte ein, sondern hat sich für den Staatsauftrag entschieden. Bemerkenswert ist weiterhin, dass die Verfassung kein Instrument zu ihrem eigenen Schutz bzw. zur Durchsetzung von Rechten kennt, sondern dass es in Art. 120 niederl. Verf. den Gerichten sogar ausdrücklich untersagt wird, die Verfassungsmäßigkeit von Gesetzen zu untersuchen.[879]

(11) Österreich

Die eigentliche Verfassung Österreichs[880], das österreichische Bundesverfassungs-Gesetz (B-VG) vom 10. November 1920 in der Fassung vom 7. Dezember 1929, enthält kein ausdrückliches Grundrecht auf allgemeine Bildung. Art. 14 Abs. 6 S. 3 B-VG besagt lediglich:

> *„Art. 14:*
> *(6) [...]. Öffentliche Schulen sind allgemein [...] im Rahmen der gesetzlichen Voraussetzungen zugänglich. [...].“*

Diese Vorschrift richtet sich – schon aus systematischen Gesichtspunkten – in erster Linie an den Gesetzgeber und beschränkt sich damit auf einen objektivrechtlichen Gehalt.[881]

Das aus der Monarchie übernommene Staatsgrundgesetz vom 21. Dezember 1867 (StGG) über die allgemeinen Rechte der Staatsbürger[882] sieht in Art. 17 Abs. 3 lediglich vor:

---

[878] *J. Iliopoulos-Strangas*, in: Scheuing (Hrsg.), Europäische Verfassungsordnung, 2003, S. 133 (148).

[879] *E. Alkema,* in: Iliopoulos-Strangas, La protection des droits sociaux fondamentaux dans les Etats membres de l'Union européenne, 2000, S. 643.

[880] In diesem Zusammenhang muss darauf hingewiesen werden, dass das österreichische Verfassungsrecht nicht in einem einzigen Verfassungsgesetz kodifiziert ist; ausführlich dazu *H. Schäfer*, in: Schwarze (Hrsg.), Die Entstehung einer europäischen Verfassungsordnung, 2000, S. 339 (339 ff.); *F. Ermacora*, in: ders. (Hrsg.), Österreichische Verfassungslehre, 1998, S. 41 ff.

[881] *Th. Öhlinger/M. Stelzer*, in: Iliopoulos-Strangas, La protection des droits sociaux fondamentaux dans les Etats membres de l'Union européenne, 2000, S. 138.

[882] RGBl. Nr. 142; vgl. *F. Ermacora* (Hrsg.), Grundriss der Menschenrechte in Österreich, 1988, Rdn. 771.

„Art. 17
(3) Der häusliche Unterricht unterliegt keiner solchen Beschränkung.“

Diese Bestimmung gewährleistet die sog. Unterrichtsfreiheit ohne weitere persönliche oder sachliche Voraussetzungen.[883]

Von den übrigen österreichischen Verfassungsgesetzen sind für den hier behandelten Bereich noch die in Verfassungsrang stehenden Staatsverträge von Saint-Germain[884] von 1919 und von Wien[885] von 1955 zu nennen. Art. 7 des Staatsvertrages von Wien bestimmt beispielsweise für die Rechte der slowenischen und kroatischen Minderheiten:

„Art. 7:
1. Österreichische Staatsangehörige der slowenischen und kroatischen Minderheiten in Kärnten, Burgenland und Steiermark [...] 2. [...] haben Anspruch auf Elementarunterricht in slowenischer und kroatischer Sprache und auf eine verhältnismäßige Anzahl eigener Mittelschulen; [...].“

Schließlich ist das in Art. 2 S. 1 des 1. ZP EMRK gewährleistete Recht auf Bildung anzuführen, das in Österreich Verfassungsrang genießt.[886]

Insgesamt lässt sich von einem Recht auf Bildung sprechen, dass im Zusammenhang mit Art. 2 S. 1 des 1. ZP auszulegen ist.[887] Die Gewährleistung des Art. 2 S. 1 des 1. ZP beinhaltet nach der in Österreich herrschenden Auffassung keine positiven Leistungsverpflichtungen des Staates, sondern lediglich ein Abwehrrecht des Einzelnen sowie ein Diskriminierungsverbot.[888] Einzig der in den

---

883 *A. Weber*, Menschenrechte, 2004, S. 710.

884 Staatsvertrag von St. Germain v. 10.9.1919, StGBl. 303/1920.

885 Staatsvertrag von Wien v. 15.5.1955, BGBl. 152/1955

886 *F. Ermacora* (Hrsg.), Grundriss der Menschenrechte in Österreich, 1988, Rdn. 771, 780; *H. Schäfer*, in: Schwarze (Hrsg.), Die Entstehung einer europäischen Verfassungsordnung, 2000, S. 339 (369 f.).

887 *A. Weber*, Menschenrechte, 2004, S. 710.

888 *W. Kämpfer*, EuGRZ 1981, 721 (732); *K. Spielbüchler*, EuGRZ 1981, 675 (680 f.); *A. Große Wentrup*, Europäische Grundrechtecharta, 2003, S. 162; vgl. auch *F. Ermacora* (Hrsg.), Grundriss der Menschenrechte in Österreich, 1988, Rdn. 819, der darauf hinweist, dass sich das Recht auf Bildung dann, wenn der Staat – wie in Österreich – Bildungseinrichtungen geschaffen hat, von einem programmatischen Satz zu einem normativen Satz wandelt.

Verträgen von Saint-Germain und Wien verankerte Schutz der Minderheiten ist in Form von originären Leistungsrechten garantiert.[889]

(12) Schweden

Die Verfassung des Königreichs Schweden[890] vom 1. Januar 1975 sieht Folgendes vor:

> *„Kapitel 1. Grundlagen der Staatsform*
> *§ 2:*
> *[...] Dem Gemeinwesen obliegt es insbesondere, das Recht auf [...] Ausbildung zu sichern [...].*
>
> *Kapitel 2. Grundrechte und Freiheiten*
> *§ 21:*
> *Alle Kinder, die der allgemeinen Schulpflicht unterliegen, haben das Recht auf [...] grundlegende Ausbildung in einer allgemeinen Schule. [...].“*

Gemäß § 2 S. 3 schwed. Verf. obliegt es dem Gemeinwesen, u.a. das Recht auf Ausbildung zu sichern.[891] Dieses soziale Recht befindet sich allerdings im Kapitel 1 bei den „*Grundlagen der Staatsform*“, so dass das „Recht“ auf Ausbildung lediglich als Staatszielbestimmung einzustufen ist, an dem sich jegliche öffentliche Tätigkeit zu orientieren hat.[892] Dagegen handelt es sich bei den Rechten, die in Kapitel 2 der schwedischen Verfassung unter der Überschrift „*Grundrechte und Freiheiten*“ beinhaltet sind, um subjektiv-rechtliche Bestim-

---

[889] Vgl. hierzu *Th. Öhlinger/M. Stelzer*, in: Iliopoulos-Strangas, La protection des droits sociaux fondamentaux dans les Etats membres de l'Union européenne, 2000, S. 138 f.; *J. Iliopoulos-Strangas*, in: Scheuing (Hrsg.), Europäische Verfassungsordnung, 2003, S. 133 (146). A.A. wohl *K. Spielbüchler*, EuGRZ 1985, 437 (441), nach dem der in Art. 7 StV Wien gewährleistete Anspruch aufgrund der Gleichbehandlung keineswegs bloß den Angehörigen von Minderheiten eingeräumt sein soll.

[890] Zur Verfassungsentwicklung der sozialen Rechte in Schweden, s. *St. Strömholm*, An introduction to Swedish law, 1988, S. 58 ff.; *L. Westerhäll*, in: Iliopoulos-Strangas, La protection des droits sociaux fondamentaux dans les Etats membres de l'Union européenne, 2000, S. 755 f.

[891] Vgl. *J. Iliopoulos-Strangas*, in: Scheuing (Hrsg.), Europäische Verfassungsordnung, 2003, S. 133 (148).

[892] *L. Westerhäll*, in: Iliopoulos-Strangas, La protection des droits sociaux fondamentaux dans les Etats membres de l'Union européenne, 2000, S. 756, 762, 767; *J. Iliopoulos-Strangas*, in: Scheuing (Hrsg.), Europäische Verfassungsordnung, 2003, S. 133 (148).

mungen, die zum Großteil den Rechten der EMRK nachgebildet[893] sind und die auch gerichtlich durchsetzbar sind.[894]

Mithin wird mit § 21 S. 1 schwed. Verf. auch ein allgemeines Recht auf Bildung gewährleistet.[895]

(13) Polen, Slowenien

In der Verfassung der Republik Polen[896] vom 2. April 1997 heißt es:

> *„Art. 70:*
> *(1) Jedermann hat das Recht auf Schulunterricht. [...].*
> *(4) Die öffentliche Gewalt gewährleistet den Staatsbürgern den allgemeinen und gleichen Zugang zur Bildung. Zu diesem Zweck werden Systeme der individuellen finanziellen und organisatorischen Hilfe für Schüler [...] gebildet und gefördert. [...].“*

Die Verfassung der Republik Slowenien[897] vom 23. Dezember 1991 sieht vor:

> *„Art. 57 – Bildung und Schule*
> *(3) Der Staat ermöglicht den Staatsbürgern, eine entsprechende Ausbildung zu erwerben.“*

Die Verpflichtung des Staates für eine angemessene Bildung aller Bürger wird in Art. 57 Abs. 3 slow. Verf. gewährleistet. Diesem sozialen Recht kommt allerdings, zumal angesichts mehr oder weniger ausgeprägter wirtschaftlicher

---

893 Vgl. *H. Danelius*, HRLJ 1998, 301 (304).

894 *St. Strömholm*, An introduction to Swedish law, 1988, S. 62 f.; *L. Westerhäll*, in: Iliopoulos-Strangas, La protection des droits sociaux fondamentaux dans les Etats membres de l'Union européenne, 2000, S. 762.

895 *J. Iliopoulos-Strangas*, in: Scheuing (Hrsg.), Europäische Verfassungsordnung, 2003, S. 133 (148).

896 Die Verfassung der Republik Polen v. 2.4.1997, Dz. U. Nr. 78, poz. 483. Umfassend zur Verfassungsentwicklung Polens vgl. *E. Bos*, Verfassungsgebung und Systemwechsel, 2004, S. 131 ff. Zu dem Grundrechtsschutz in der polnischen Verfassung vgl. *G. Brunner*, in: Classen/Heiss/Suproń-Heidel (Hrsg.), Polens Rechtsstaat am Vorabend des EU-Beitritts, 2004, S. 21 ff.; *B. Banaszak/M. Jabłoński*, in: Stern/Tettinger (Hrsg.), Die Europäische Grundrechte-Charta im wertenden Verfassungsvergleich, 2005, S. 165 (181 ff.).

897 Näher dazu *I. Lukšič*, in: Ismayr (Hrsg.), Die politischen Systeme Osteuropas, 2002, S. 603 ff.

Probleme – zumindest faktisch – wohl vornehmlich der Charakter von Staatszielbestimmungen zu, so dass die nähere Ausgestaltung dieser Rechte meist der einfachen Gesetzgebung überlassen bleibt.[898] Das gleiche gilt für die Bestimmung des Art. 70 Abs. 1 poln. Verf.[899]

cc) Bildungszugang in der deutschen Verfassung

Das am 23. Mai 1949 in Kraft getretene Grundgesetz[900] enthält keine explizite Garantie eines „*Rechts auf Bildung*"[901] und auch keinen besonderen Abschnitt „*Bildung und Schule*", wie ihn die Weimarer Reichsverfassung (WRV) von 1919 aufwies[902] oder aber ein „*gleiches Recht auf Bildung*", wie es schon Art. 35 Abs. 1 der Verfassung in der DDR von 1949 garantierte (in der DDR-Verfassung von 1968 Art. 25 Abs. 1 S. 1).[903]

Für die schulische Erziehung ist Art. 7 Abs. 1 GG die zentrale Norm.[904] Hier heißt es:

> „*Art. 7 [Schulwesen]*
> *(1) Das gesamte Schulwesen steht unter der Aufsicht des Staates.*"

---

[898] Vgl. allgemein *W. Ismayr*, in: ders. (Hrsg.), Die politischen Systeme Osteuropas, 2002, S. 14.

[899] Vgl. zu der Bedeutung der Verfassungsbeschwerde in Polen *Kl. Stern*, Festschrift G. Brunner, 2001, S. 150 (156 ff.).

[900] BGBl. I S. 1 bzw. III Nr. 100-1, zuletzt geändert am 26.7.2002, BGBl. I S. 2863.

[901] Zu den entstehungsgeschichtlichen Gründen der Zurückhaltung des Grundgesetzes im Bereich des Bildungswesens s. *Chr. Langenfeld*, Integration und kulturelle Identität zugewanderter Minderheiten, 2001, S. 212 ff.; *S. Jenkner*, in: Jach/Jenkner (Hrsg.), 50 Jahre GG und Schulverfassung, 2000, S. 1 (2 ff.).

[902] Nach Art. 143 Abs. 1 S. 1 Weimarer Reichsverfassung sollte für die Bildung der Jugend durch öffentliche Anstalten im Zusammenwirken von Reich, Ländern und Gemeinden gesorgt werden. Hierzu vgl. *M. Abelein*, DÖV 1967, 375 (375). Zu den Art. 143 ff. WRV s. auch *Chr. Langenfeld*, in: Grote/Marauhn (Hrsg.), EMRK/GG, Kap. 23 Rdn. 2.

[903] Vgl. ausführlich zur Entstehungsgeschichte in Deutschland *S. Jenkner*, in: Jach/Jenkner (Hrsg.), 50 Jahre GG und Schulverfassung, 2000, S. 1 (9 ff.); *L. R. Reuter*, in: Jach/Jenkner (Hrsg.), 50 Jahre GG und Schulverfassung, 2000, S. 17 ff. Vgl. auch *Chr. Langenfeld*, in: Grote/Marauhn (Hrsg.), EMRK/GG, Kap. 23 Rdn. 1; *E. Stein/G. Frank*, Staatsrecht, § 56 I (S. 441).

[904] *K. Odendahl*, in: Heselhaus/Nowak (Hrsg.), Handbuch der Europäischen Grundrechte, § 39 Rdn. 57; *Chr. Langenfeld*, Integration und kulturelle Identität zugewanderter Minderheiten, 2001, S. 213.

Nach allgemeiner Auffassung liegt in dieser Bestimmung die bundesverfassungsrechtliche Grundlage für den Erziehungsauftrag der Schule.[905] Aus diesem Erziehungsauftrag und den entsprechenden Bestimmungen der Landesverfassungen[906] folgt die Verpflichtung des Staates, ein leistungsfähiges öffentliches Schulsystem vorzuhalten, d.h. für das Vorhandensein der notwendigen Bildungseinrichtungen zu sorgen,[907] wobei dem Staat bei der Planung und Organisation des Schulwesens ein erheblicher Gestaltungsspielraum zukommt.[908] Ziel ist dabei ein Schulsystem, das allen Kindern die erforderlichen Bildungsmöglichkeiten eröffnet und zur Persönlichkeitsentwicklung beiträgt.[909]

Lassen sich jedoch aus diesen objektiven Gehalten des staatlichen Bildungs- und Erziehungsauftrags gleichsam auch subjektive Ansprüche auf Teilhabe, d.h. auf Zugang zu den bereits vorhandenen Bildungseinrichtungen, oder gar auf Schaffung neuer bzw. zusätzlicher Einrichtungen herleiten?[910] Das Grundgesetz

---

[905] Vgl. dazu umfassend *Th. Günther*, Zur Zulässigkeit der Errichtung privater Volksschulen als Bekenntnisschulen religiös-ethnischer Minderheiten nach Art. 7 Abs. 5 GG, 2006, S. 100 ff.; *M. Thiel*, Der Erziehungsauftrag des Staates in der Schule, 2000, S. 22 ff.; vgl. auch *Chr. Langenfeld*, Integration und kulturelle Identität zugewanderter Minderheiten, 2001, S. 213 ff.

[906] Die Verfassungen der meisten Bundesländer, denen der Bildungsbereich im Rahmen der grundgesetzlich vorgegebenen Kompetenzordnung grundsätzlich zugewiesen ist, haben den Erziehungsauftrag des Art. 7 Abs. 1 GG wiederholt bzw. näher ausgeformt, vgl. etwa Art. 11 BaWüVerf; Art. 128 ff. BayVerf; Art. 30 BbgVerf; Art. 26 ff. BremVerf; Art. 55 ff. HessVerf; Art. 15 M-VVerf; Art. 7 NRWVerf; Art. 27 ff. RhPfVerf; Art. 26 ff. SaarlVerf; Art. 102 f. SächsVerf; Art. 26 VerfLSA; Art. 21 ff. ThürVerf.

[907] Das BVerfG spricht in Hinblick auf Art. 7 Abs. 1 GG von einer grundlegenden Wertentscheidung, einem objektiv-rechtlichen Prinzip: BVerfG, Beschluss v. 24.6.1969, („Schulzweckverband"), BVerfGE 26, 228 (239); BVerfG, Urteil v. 6.12.1972, („Förderstufe"), BVerfGE 34, 165 (182).

[908] *Th. Günther*, Zur Zulässigkeit der Errichtung privater Volksschulen als Bekenntnisschulen religiös-ethnischer Minderheiten nach Art. 7 Abs. 5 GG, 2006, S. 63 f.; *Chr. Langenfeld*, Integration und kulturelle Identität zugewanderter Minderheiten, 2001, S. 219, 224; *G. Seidel*, Hdb Grund- und Menschenrechte, S. 198.

[909] Dabei muss die Schule Raum für unterschiedliche Wertvorstellungen lassen und jede Indoktrinierung unterbinden, vgl. nur BVerfG, Beschluss v. 24.6.1969, („Schulzweckverband"), BVerfGE 26, 228 (239); BVerfG, Beschluss v. 21.12.1977, („Sexualkunde"), BVerfGE 47, 46 (71 ff.); BVerfG, Beschluss v. 26.2.1980, („Neuordnung Oberstufe"), BVerfGE 53, 185 (196).

[910] Zur Diskussion um die derivativen bzw. originären Leistungsrechte vgl. nur *M. Sachs*, in: Stern (Hrsg.), Staatsrecht III/1, S. 687 ff.; *D. Murswiek*, in: Isensee/Kirchhof (Hrsg.), Hdb StaatsR V, § 112.

erwähnt – wie einleitend festgestellt – ein derartiges Grundrecht auf Bildung nicht.[911] Dagegen sehen die meisten Landesverfassungen – Ausnahmen bilden Hamburg, Hessen, Saarland und Schleswig-Holstein –, ein ausdrückliches „*Recht auf Bildung*“ vor.[912] Diese Bestimmungen stellen jedoch nach fast allgemeiner Meinung trotz ihrer Formulierung als subjektive Rechte lediglich Staatszielbestimmungen dar.[913]

---

911 Ausführlich zur Frage nach einem Recht auf (Aus-)Bildung *I. Richter*, in: AK-GG, Art. 7 (2001) Rdn. 38 ff.; *ders.*, Bildungsverfassungsrecht, 1973, S. 187; *G. Robbers*, in: v. Mangoldt/Klein/Starck (Hrsg.), GG I, Art. 7 Rdn. 31 f.; *R. Gröschner*, in: Dreier (Hrsg.), GG I, Art. 7 Rdn. 66; *R. Scholz*, in: Maunz/Dürig (Hrsg.), GG, Art. 12 (2006) Rdn. 69 ff.; *P. Glotz/Kl. Faber*, in: Benda/Maihofer/Vogel (Hrsg.), Hdb VerfR, § 28 Rdn. 7 ff.; *P. Badura*, Staatsrecht, C Rdn. 75; *E. Stein/G. Frank*, Staatsrecht, § 56 I (S. 441 ff.); *Th. Günther*, Zur Zulässigkeit der Errichtung privater Volksschulen als Bekenntnisschulen religiös-ethnischer Minderheiten nach Art. 7 Abs. 5 GG, 2006, S. 266 ff.; *M. Thiel*, Der Erziehungsauftrag des Staates in der Schule, 2000, S. 50 ff.; *L. R. Reuter*, in: Jach/Jenkner (Hrsg.), 50 Jahre GG und Schulverfassung, 2000, S. 17 ff.; *H. D. Jarass*, DÖV 1995, 674 ff.; *B. Pieroth*, DVBl. 1994, S. 949 (957); *Kl.-D. Heymann/E. Stein*, AöR 97 (1972), 185 ff.; *W. Kämpfer*, EuGRZ 1981, 721 (732); *H. J. Faller*, EuGRZ 1981, 611 (613); vgl. auch *Chr. Langenfeld*, in: Grote/Marauhn (Hrsg.), EMRK/GG, Kap. 23 Rdn. 14.

912 Art. 11 Abs. 1 BaWüVerf; Art. 128 Abs. 1 BayVerf; Art. 20 Abs. 1 S. 1 BerlVerf; Art. 29 Abs. 1 BbgVerf; Art. 27 Abs. 1 BremVerf; Art. 8 S. 1 M-VVerf; Art. 4 Abs. 1 NdsVerf; Art. 8 Abs. 1 S. 1 NRWVerf; Art. 31 S. 1 RhPfVerf; Art. 29 Abs. 1 und 2, 102 Abs. 1 S. 1 SächsVerf; Art. 25 Abs. 1 VerfLSA; Art. 20 S. 1 ThürVerf.

913 Zu den Bildungsrechten der Landesverfassungen als Programmsätze bzw. Staatszielbestimmungen ausführlich *K.-P. Sommermann*, Staatsziele und Staatszielbestimmungen, 1997, S. 224 ff. Vgl. auch *M. Sachs*, in: Sachs (Hrsg.), GG, Vor Art. 1 Rdn. 47; *I. Richter*, in: AK-GG, Art. 7 (2001) Rdn. 38; *ders.*, Bildungsverfassungsrecht, 1973, S. 187; *P. Badura*, Staatsrecht, C Rdn. 93; *H. Dreier*, Jura 1994, 505 (508); *Th. v. Danwitz/S. Röder*, in: Stern/Tettinger (Hrsg.), Die Europäische Grundrechte-Charta im wertenden Verfassungsvergleich, 2005, S. 31 (46 f.); *Kl.-D. Borchardt*, in: Grabitz (Hrsg.), Grundrechte in Europa, 1986, Kap. 3: Bundesrepublik Deutschland, S. 115 (137); *Chr. Langenfeld*, Integration und kulturelle Identität zugewanderter Minderheiten, 2001, S. 234 f.; *E.-W. Luthe*, Bildungsrecht, 2003, S. 11 f.; *M. Thiel*, Der Erziehungsauftrag des Staates in der Schule, 2000, S. 51 f.; *L. R. Reuter*, in: Jach/Jenkner, 50 Jahre GG und Schulverfassung, 2000, S. 17 (26 ff.); *J. Dietlein*, Die Grundrechte in den Verfassungen der neuen Bundesländer, 1993, S. 150 ff.; *Fr.-R. Jach*, RdJB 1992, 268 (269 f.); *E. Stein/G. Frank*, Staatsrecht, § 56 I (S. 442 f.); *J. Staupe*, Schulrecht von A-Z, Stichwort „Recht auf Bildung“, S. 192. Vgl. auch OVG Lüneburg, Beschluss v. 6.11.1996, („Anspruch auf Hausunterricht“), NVwZ-RR 1997, 291 (292). A.A. wohl OVG NW, Urteil v. 14.9.1979, („Erstattung von Berufsschulkosten“), OVGE 34, 211 (213); VG Freiburg, Urteil v. 4.12.1973, SPE II A II, 101 (Anspruch auf Hausunterricht für ein behindertes Kind aus Art. 11 BaWüVerf); vgl. auch *B. Pieroth*, DVBl. 1994, S. 949 (957); *M. Abelein*, DÖV 1967, S. 375 (378); *H. U. Gallwas*, BayVBl. 1976, 385 (385 ff.), der aus Art. 128 Bay-

Jedoch dient – wie eingangs erwähnt – der Bildungs- und Erziehungsauftrag des Staates des Art. 7 Abs. 1 GG ganz wesentlich dem durch Art. 2 Abs. 1 i.V.m. Art. 1 Abs. 1 GG geschützten Recht des Kindes auf freie und menschenwürdige Entfaltung seiner Persönlichkeit; zudem fordert das Sozialstaatsprinzip (Art. 20 Abs. 1 GG) und der allgemeine Gleichheitssatz (Art. 3 Abs. 1 GG) die Herstellung von Chancengleichheit im staatlichen Bildungs- und Erziehungswesen.[914] Demgemäß wird nach der Judikatur aus der Gesamtschau dieser Vorschriften ein Recht auf chancengleichen Zugang zur schulischen Grundausbausbildung, d.h. grundsätzlich zu den Grund- und Hauptschulen, hergeleitet.[915] Die berufsbezogenen Einrichtungen, worunter nach herrschender Lehre auch die weiterführenden Schulen gefasst werden, unterfallen dagegen dem Schutzbereich des Art. 12 Abs. 1 GG.[916] In diesem Zusammenhang wird vor allem von

---

Verf ein echtes subjektives Recht auf Ausbildung ableitet; ähnlich *J.-D. Kühne*, in: Geller-Kleinrahm (Hrsg.), NRW, Art. 8 (1994) Anm. 2 a) bb) (S. 9); *J. Ennuschat*, in: Löwer/Tettinger (Hrsg.), NRW, Art. 8 Rdn. 7 f. (13), der Art. 8 Abs. 1 NRWVerf als Individualrecht und Staatszielbestimmung begreift und sogar so weit geht, aus dieser Bestimmung ein Leistungs- und Verschaffungsanspruch herleitet, „*wenn das zur Erhaltung des Bildunsgrundrecht notwendige Minimum fehlt.*“.

914 Ausführlich *Chr. Langenfeld*, Integration und kulturelle Identität zugewanderter Minderheiten, 2001, S. 215 ff., 223; *dies.*, in: Grote/Marauhn (Hrsg.), EMRK/GG, Kap. 23 Rdn. 14 f.

915 Vgl. etwa BVerwG, Urteil v. 15.11.1974, („5-Tage-Woche“), BVerwGE 47, 201 (206); BVerfG, Beschluss v. 8.10.1997, („Integrative Beschulung“), BVerfGE 96, 288 (304); vorsichtiger BVerwG, Urteil v. 5.6.1997, („Sozialhilfe für Schulbesuch“), BVerwGE 105, 44 (47). So auch die herrschende Meinung in der Literatur: *P. Glotz/Kl. Faber*, in: Benda/Maihofer/Vogel (Hrsg.), Hdb VerfR, § 28 Rdn. 13 f.: „*Minimumgrundrecht*“; vgl. auch *G. Robbers*, in: v. Mangoldt/Klein/Starck (Hrsg.), GG I, Art. 7 Rdn. 31, 33; *B. Pieroth*, DVBl. 1994, 949 (957), wonach Art. 2 Abs. 1 GG „*Elemente eines Rechts auf Bildung*“ enthalte. In diesem Sinne BVerfG, Beschluss v. 22.6.1977, („Oberstufe I“), BVerfGE 45, 400 (417); BVerwG, Urteil v. 14.7.1978, („Schüler-Versetzung“), BVerwGE 56, 155 (158), vgl. auch *Chr. Langenfeld*, Integration und kulturelle Identität zugewanderter Minderheiten, 2001, S. 223 f.; *H. D. Jarass*, in: Jarass/Pieroth, GG, Art. 12 Rdn. 70; *ders.*, DÖV 1995, 674 (677); *B. Pieroth/A. Siegert*, RdJB 1994, 438 (443 f.); *E. Stein/G. Frank*, Staatsrecht, § 56 I 2 a (S. 442); *J. Martinez-Soria*, RdJB 2005, 82 (85); *M. Stock*, RdJB 2005, 94 (99); *B. Pieroth/B. Schlink*, Grundrechte, Rdn. 821; *B. Pieroth*, DVBl. 1994, 949 (957); *R. Dahrendorf*, Bildung ist Bürgerrecht, 1965; offen lassend BVerfG, Beschluss v. 6.8.1996, („Schulwechsel“), NVwZ 1997, 781 (782). A.A. *M. Thiel*, Der Erziehungsauftrag des Staates in der Schule, 2000, S. 55 f.

916 Vgl. nur *G. Robbers*, in: v. Mangoldt/Klein/Starck (Hrsg.), GG I, Art. 7 Rdn. 31; *Th. Günther*, Zur Zulässigkeit der Errichtung privater Volksschulen als Bekenntnisschulen religiös-ethnischer Minderheiten nach Art. 7 Abs. 5 GG, 2006, S. 267; *B. Pieroth*, DVBl. 1994, 949 (957). Ausführlich dazu s. unten, B. II. 2 c) aa) (1).

einem „*Recht auf chancengleiche Bildung*“ gesprochen.[917] Dieses aus Kapazitätsgründen nicht einschränkbare Recht auf Zugang zur Pflichtschule ist die Kehrseite der allgemeinen Schulpflicht.[918] Allerdings gewährleistet dieses Recht auf chancengleiche Bildung gemäß Art. 2 Abs. 1 i.V.m. 1 Abs. 1 GG sowie dem Gleichheitssatz und dem Sozialstaatsprinzip nach nahezu einhelliger Meinung kein Leistungsrecht auf Schaffung bestimmter bzw. zusätzlicher (Aus-) Bildungsmöglichkeiten.[919] Vielmehr handelt es sich dabei um ein Teilhaberecht auf gleichen Zugang zu vorhandenen Bildungseinsrichtungen.[920]

---

917 So auch *I. Richter*, in: AK-GG, Art. 7 (2001) Rdn. 42; *H. Avenarius/H. Heckel*, Schulrechtskunde, S. 28 f., S. 472; *Th. Oppermann*, Öffentliches Schulwesen, 51. DJT, 1976, S. C 86 ff.; *ders.*, in: Isensee/Kirchhof (Hrsg.), Hdb StaatsR VI, § 135 Rdn. 38; *Th. Günther*, Zur Zulässigkeit der Errichtung privater Volksschulen als Bekenntnisschulen religiös-ethnischer Minderheiten nach Art. 7 Abs. 5 GG, 2006, S. 267; *B. Pieroth/A. Siegert*, RdJB 1994, 438 (444); *L. R. Reuter*, RdJB 1999, 26 (29 f.). S. auch BVerfG, Beschluss v. 24.2.1971, („Mephisto“), BVerfGE 30, 173 (188 ff.); BVerfG, Urteil v. 18.7.1972, („numerus clausus“), BVerfGE 33, 303 (331 f.).

918 *Th. Oppermann*, in: Isensee/Kirchhof (Hrsg.), Hdb StaatsR VI, § 135 Rdn. 38; *R. Breuer*, in: Isensee/Kirchhof (Hrsg.), Hdb StaatsR VI, § 147 Rdn. 77 ff.; *H. D. Jarass*, DÖV 1995, 674 (677); ähnlich *Chr. Langenfeld*, in: Grote/Marauhn (Hrsg.), EMRK/GG, Kap. 23 Rdn. 14 (mit Fn. 45).

919 *U. Di Fabio*, in: Maunz/Dürig (Hrsg.), GG, Art. 2 I (2001) Rdn. 58, der zudem darauf hinweist, dass die nach der Wiedervereinigung Deutschlands eingesetzte Gemeinsame Verfassungskommission die Aufnahme eines Rechts auf Bildung in die Verfassung abgelehnt hat (BT-Drs. 12/6000, S. 80 ff.); ferner *R. Gröschner*, in: Dreier (Hrsg.), GG I, Art. 7 Rdn. 66; *Kl. Stern*, in: Stern (Hrsg.), Staatsrecht IV/1, S. 244; *D. Murswiek*, in: Sachs (Hrsg.), GG, Art. 2 Rdn. 111; *P. J. Tettinger*, in: Sachs (Hrsg.), GG, Art. 12 Rdn. 139; *Chr. Starck*, in: v. Mangoldt/Klein/Starck (Hrsg.), GG I, Art. 2 Rdn. 149; *P. Glotz/Kl. Faber*, in: Benda/Maihofer/Vogel (Hrsg.), Hdb VerfR, § 28 Rdn. 7 ff.; *R. Breuer*, in: Isensee/Kirchhof (Hrsg.), Hdb StaatsR VI, § 147 Rdn. 77 ff.; *Th. Oppermann*, in: Isensee/Kirchhof (Hrsg.), Hdb StaatsR VI, § 135 Rdn. 38; *ders.*, Öffentliches Schulwesen, 51. DJT, 1976, S. C 86 ff.; *H. D. Jarass*, in: Jarass/Pieroth, GG, Art. 12 Rdn. 70, 76; *ders.*, DÖV 1995, 674 (675 ff.); *Chr. Langenfeld*, in: Grote/Marauhn (Hrsg.), EMRK/GG, Kap. 23 Rdn. 11, 14; *M. Gubelt*, in: v. Münch/Kunig (Hrsg.), GG I, Art. 12 Rdn. 32; *Deutscher Hochschulverband* (Hrsg.), in: Schriften zu Bildung und Wissenschaft, 1996, S. 53; *I. Richter*, Bildungsverfassungsrecht, 1973, S. 187; *Th. Günther*, Zur Zulässigkeit der Errichtung privater Volksschulen als Bekenntnisschulen religiös-ethnischer Minderheiten nach Art. 7 Abs. 5 GG, 2006, S. 268; *B. Pieroth/A. Siegert*, RdJB 1994, 438 (443); *H. J. Faller*, EuGRZ 1981, 611 (617); *B. Pieroth*, DVBl. 1994, 949 (957); *B. Stüer*, RdJB 1986, 282 (283); *P. Theuersbacher*, NVwZ 1997, 744 (745). A.A. aber *R. Scholz*, in: Maunz/Dürig (Hrsg.), GG, Art. 12 (2006) Rdn. 72: „*[...] sowie ggf. auch ein Recht auf Schaffung oder Erweiterung einschlägiger schulischer Ausbildungseinrichtungen.*“; ebenso *Kl.-D. Heymann/E. Stein*, AöR 97 (1972), 185 (192 ff.). Das Bundesverfassungsgericht hat diese Frage bislang offen gelassen, vgl. BVerfG, Beschluss v.

dd) Einfachgesetzliche Anerkennung eines Zugangs zu Bildungseinrichtungen: Vereinigtes Königreich

Im Vereinigten Königreich fehlt es an einer formellen Verfassung und damit auch an Grundrechtsgarantien.[921] Der Umstand, dass Großbritannien keine Verfassungsurkunde besitzt, wird häufig mit der Behauptung gleichgesetzt, Großbritannien habe keine geschriebene Verfassung.[922] Ein verfassungsrechtlich garantiertes Recht auf Bildung existiert im Vereinigten Königreich jedenfalls nicht; vielmehr gilt das von der Rechtsprechung präzisierte und kontinuierlich fortentwickelte Gewohnheitsrecht (sog. *common law*).[923] Die Grundrechte des Individuums müssen daher den einfachen Gesetzen und dem *common law* entnommen werden, was dadurch besonders erschwert wird, dass das Parlament grundsätzlich keine positiven Rechte formuliert (wie etwa *„Jeder hat das Recht, ...“*), sondern dass detaillierte Regelungen der jeweiligen Bereiche getroffen werden,

---

24.2.1971, („Mephisto“), BVerfGE 30, 173 (188 ff.); BVerfG, Urteil v. 18.7.1972, („numerus clausus“), BVerfGE 33, 303 (332 f.); BVerfG, Urteil v. 8.2.1977, („Auswahlregelung für zulassungsbeschränkte Studiengänge“), BVerfGE 43, 291 (325 f.); BVerfG, Beschluss v. 8.10.1997, („Integrative Beschulung“), BVerfGE 96, 288 (303); weitergehend BVerwG, Urteil v. 14.7.1978, („Schüler-Versetzung“), BVerwGE 56, 155 (158); BVerwG, Urteil v. 5.6.1997, („Sozialhilfe für Schulbesuch“), BVerwGE 105, 44 (47).

[920] BbgVerfG, Beschluss v. 25.2.1999, („Aufnahme in Gymnasium“), NVwZ 2001, 912; *A. Schmitt-Kammler*, in: Sachs (Hrsg.), GG, Art. 7 Rdn. 11; *M. Bothe*, VVDStRL 54 (1995), 7 (20); *M.-E. Geis*, RdJB 1996, 111 (112 f.); *H. Avenarius*, Einführung in das Schulrecht, S. 9.

[921] *A. Kimmel/Chr. Kimmel*, Verfassungen der EU-Mitgliedstaaten, 2005, S. 891 f. Siehe zu dem englischen Verfassungs- und Grundrechtsverständnis: *D. Edward/W. Robinson/A. McColgan*, in: Iliopoulos-Strangas, La protection des droits sociaux fondamentaux dans les Etats membres de l'Union européenne, 2000, S. 699 ff.; *G. Gori*, Towards an EU Right to Education, 2001, S. 313 f.; *P. Kingston/C. Imrie*, in: Grabitz (Hrsg.), Grundrechte in Europa, 1986, Kap. 11: Vereinigtes Königreich, S. 715 (719 ff.); *R. Grote*, ZaöRV 58 (1998), 309 ff.; *M. Baum*, EuGRZ 2000, 281 (283 ff.).

[922] So etwa *G. Smith/S. Hix*, in: Battis/Tsatsos/Stefanou (Hrsg.), Europäische Integration und nationales Verfassungsrecht, 1995, S. 183 (184). Kritisch dazu *P. Birkinshaw*, in: Schwarze (Hrsg.), Die Entstehung einer europäischen Verfassungsordnung, 2000, S. 205 (205 f.), wonach auch Großbritannien eine Verfassung besitzt, die zum großen Teil auch in schriftlicher Form vorliegt. Ebenso *M. Büdenbender*, Das Verhältnis des Europäischen Gerichtshofs zum Bundesverfassungsgericht, 2005, S. 21, der darauf hinweist, dass zum Verfassungsrecht Großbritanniens jedenfalls u.a. die kodifizierten Texte der „Magna Charta“ von 1215, die 1628 vom Parlament verabschiedete „Petition of Rights“, die „Bill of Rights“ von 1689 und im Jahre 1700 erlassene „Act of Settlement“ zählen.

[923] *M. Baum*, EuGRZ 2000, 281 (284); *M. Büdenbender*, Das Verhältnis des Europäischen Gerichtshofs zum Bundesverfassungsgericht, 2005, S. 22.

aus denen der Schutz von Grundrechten abgeleitet werden kann.[924] Zu nennen wären auf einfachgesetzlicher Ebene beispielsweise der „*Education Act*“ von 1986, den „*Education Reform Act*“ von 1988 oder das Bildungsreformgesetz von 1992 sowie der „*Education (Schools) Act*“ von 1997, die u.a. Regelungen zu Schulen und Lehrinhalte festlegen.[925] Ein umfassendes Recht auf Bildung wird in diesen Gesetzen allerdings nicht garantiert.

ee) Zusammenfassender Vergleich und Bewertung

Zusammengefasst ergibt sich folgendes Bild: Neun von 25 Verfassungen der EU-Mitgliedstaaten (Estland, Finnland, Lettland, Portugal, Spanien, Slowakei, Tschechien, Ungarn und Zypern) anerkennen ein verfassungstextlich ausdrückliches „*Recht auf Bildung*“. Weitere 14 Verfassungen der EU-Mitgliedstaaten anerkennen ein Recht auf Zugang zu bestimmten Bildungseinrichtungen, meist den Elementarschulen (Belgien, Dänemark, Frankreich, Griechenland, Irland, Italien, Litauen, Luxemburg, Malta, Niederlande, Österreich, Polen, Schweden und Slowenien). In Deutschland ist Bildung bekanntlich Ländersache – die meisten Landesverfassungen sehen auch ein „*Recht auf Bildung*“ auch vor –, so dass sich ein derartiges Recht auf Bildung zwar nicht im Grundgesetz befindet, ein solches wird aber aus Art. 2 Abs. 1 i.V.m. Art. 1 Abs. 1 GG i.V.m. mit dem allgemeinen Gleichheitssatz und dem Sozialstaatsprinzip hergeleitet. Im Vereinigten Königreich wird der Zugang zu Schulen und Hochschulen mangels formeller Verfassung einfachgesetzlich geregelt.

Allerdings reicht der grundrechtliche Verpflichtungsgehalt der verfassungsrechtlich verbürgten Zugangsrechte dabei unterschiedlich weit: Immerhin sehen zwölf Verfassungsüberlieferungen (Belgien, Deutschland, Finnland, Griechenland, Irland, Italien, Österreich, Portugal, Schweden, Spanien, Tschechien und Zypern) in diesem Recht ein justiziables Teilhaberecht auf Zugang zu vorhandenen Bildungseinrichtungen, von denen wiederum fünf Verfassungen (Griechenland, Irland, Spanien und Tschechien; Österreich nur hinsichtlich des Schutzes der Minderheiten in den Verträgen von Saint-Germain und Wien) einen Anspruch auf staatliche Leistungen als Leistungsrecht gewähren. Dagegen wird in den restlichen 13 Staaten (Dänemark, Estland, Frankreich, Lettland, Litauen,

---

[924] *D. Edward/W. Robinson/A. McColgan*, in: Iliopoulos-Strangas, La protection des droits sociaux fondamentaux dans les Etats membres de l'Union européenne, 2000, S. 711 f.; vgl. auch *J. Iliopoulos-Strangas*, in: Scheuing (Hrsg.), Europäische Verfassungsordnung, 2003, S. 133 (151).

[925] Vgl. dazu *G. Robbers*, VVDStRL 59 (1999), 231 (251 f.).

Luxemburg, Malta, Niederlande, Polen, Slowakei, Slowenien, Ungarn, Vereinigtes Königreich) ein Recht auf Bildung lediglich als Staatszielbestimmung mit mehr oder weniger weit reichender programmatischer Bedeutung normiert. Bezeichnend ist hierbei, dass davon acht Verfassungen der am 1. Mai 2004 beigetretenen Länder ausmachen.

In Anwendung der Traditions-Regel des Art. 52 Abs. 4 EU-GRCh dürfte eine wertende Rechtsvergleichung der Verfassungsüberlieferungen der Mitgliedstaaten zu dem Befund gelangen, dass es eine gemeinsame europäische Rechtsauffassung bezüglich eines „*Rechts auf Bildung*“ gibt. Zwar wird dieses „Recht“ bei rund der Hälfte der Mitgliedstaaten lediglich als Staatszielbestimmung garantiert, so dass diesem Recht grundsätzlich erst durch das konkretisierende Tätigwerden des Gesetzgebers volle Wirksamkeit und Durchsetzbarkeit verliehen wird. Allerdings ist davon auszugehen, dass diese Vorschriften grundsätzlich gebieten, dass, sobald der Gesetzgeber den in den sozialen Grundrechtsbestimmungen formulierten Aufträgen nachgekommen ist, zumindest in Verbindung mit dem allgemeinen Gleichheitssatz ein Anspruch auf gleiche Teilhabe an den bereits geschaffenen und vorhandenen Einrichtungen, die der Verwirklichung solcher Rechte dienen, gewährleistet wird. Im Gesamtbefund wird man daher davon ausgehen dürfen, dass nach den gemeinsamen Verfassungsüberlieferungen der 25 EU-Mitgliedstaaten das Recht auf Bildung als individuelles Teilhaberecht verankert ist. Dagegen muss eine wertende Rechtsvergleichung zu dem Ergebnis gelangen, dass es keine gemeinsame Rechtsauffassung bezüglich einer Leistungsverpflichtung des Staates auf Verschaffung oder Beibehaltung bestimmter Schultypen, Schulen oder Schulkapazitäten gibt. Ein solches Verständnis ließe sich für das allgemeine Recht auf Bildung i.S.d. 1. Alt. in extremen Ausnahmefällen allenfalls dann annehmen, wenn der Gesetzgeber untätig bleibt oder die Grenzen des bildungspolitisch-pädagogischen Gestaltungsspielraums überschritten sind, so dass das zur Erhaltung des Bildungsgrundrechts notwendige Minimum fehlt. In Übereinstimmung mit der Auslegungsregel des Art. 52 Abs. 4 EU-GRCh ist bei der Auslegung des Art. 14 Abs. 1, 1. Alt. EU-GRCh dieser Befund zugrunde zu legen.

e) Die sonstigen internationalen Verpflichtungen (Art. 53 EU-GRCh)

Über Europa hinaus ist das Recht auf Bildung Gegenstand verschiedener völkerrechtlicher Erklärungen, Pakte und Konventionen,[926] die sich nicht zuletzt in der Durchsetzungskraft deutlich unterscheiden.[927] In Anwendung der Schutzniveau-Regel des Art. 53 EU-GRCh sollen im Folgenden die wichtigsten internationalen Übereinkünfte und Abkommen, welche ein Bildungsgrundrecht thematisieren,[928] dargestellt und zum Maßstab für die Interpretation des Art. 14 EU-GRCh genommen werden, um sodann überprüfen zu können, ob die Vorschrift des Art. 14 EU-GRCh nicht hinter dem Schutzniveau der internationalen Verpflichtungen zurückbleibt.

aa) Art. 26 AEMR

Bereits die Allgemeine Erklärung der Menschenrechte (AEMR)[929], die formell eine Empfehlung der Generalversammlung der Vereinten Nationen zur

[926] Vgl. hierzu *H. Krüger*, in: Flämig u.a. (Hrsg.), Hdb WissR I, S. 189 ff.; s. auch *J. Ennuschat,* RdJB 2005, 193 (196); *L. R. Reuter*, in: Jach/Jenkner (Hrsg.), 50 Jahre GG und Schulverfassung, 2000, S. 17 (29 f.).

[927] Dazu *K. J. Partsch*, EuGRZ 1989, 1 ff.; *W. Brugger*, AöR 114 (1989), 537 (544 ff.).

[928] Die Darstellung ließe sich beipielsweise noch ergänzen durch die Zusammenarbeit im Bildungs- und Kulturbereich zwischen den Unterzeichnerstaaten der Schlussakte der Konferenz für Sicherheit und Zusammenarbeit in Europa („Helsinki-Europa"), deren „Korb 3" entsprechende Aktivitäten vorsieht, vgl. dazu etwa *Kl. Stern*, in: Stern (Hrsg.), Staatsrecht III/1, S. 266; *H.-J. Blanke*, Europa auf dem Weg zu einer Bildungs- und Kulturgemeinschaft, 1994, S. 5 mit Fußn. 24; *A. J. Wiesand*, Kunst ohne Grenzen?, 1987, S. 90 f. Zu erwähnen ist darüber hinaus die auf Europa bezogene regionale Bildungs- und Kulturarbeit der UNESCO, der Sonderorganisation der Vereinten Nationen für Bildung, Wissenschaft, Kultur und Kommunikation, die aus geographischer Sicht die umfassendste Zusammenarbeit im Bildungsbereich in Europa durchführt. Im Bildungsprogramm der UNESCO liegen die Schwerpunkte bei der Alphabetisierung und Grundbildung, der beruflichen Bildung und der Förderung neuer Konzepte des lebensbegleitenden Lernens, näheres unter http://www.unesco.de/ carbeitsgebiete/bildungsprogramm.htm (Stand der Abfrage 15.6.2006); vgl. *H.-J. Blanke*, a.a.O., S. 5; vgl. auch die Übersicht über die Dimensionen der kulturellen Zusammenarbeit in Europa bei *A. J. Wiesand*, a.a.O., S. 90 f. Daneben wären schließlich die Aktivitäten des „Europas der Regionen" zu erwähnen, d.h. der (sub-)regionalen Zusammenschlüsse von Ländern mit historischen, kulturellen und sprachlichen Gemeinsamkeiten („Nordischer Rat"; „Conseil de la Communauté Francaise"), die ebenfalls von kultur- und bildungspolitischer Relevanz sind, vgl. dazu *H.-J. Blanke*, a.a.O., S. 5 f.

[929] Universal Declaration of Human Rights, UN GA Res. 217 (III) v. 10.12.1948, in: United National, General Assembly, Official Records, Third Session (Part I) Resolutions (DOC A/810), S. 71. Deutsche Version abgedruckt in Sartorius II Nr. 19.

Ausführung der Charta der Vereinten Nationen darstellt[930] und am 10. Dezember 1948 von der UN-Generalversammlung verkündet worden ist,[931] proklamiert ein Bildungsrundrecht. Darin heißt es in Art. 26 AEMR:

> *„Art. 26 – Kulturelle Betreuung, Elternrecht*
> *(1) Jeder Mensch hat das Recht auf Bildung. [...].*
> *(2) Die Ausbildung soll die volle Entfaltung der menschlichen Persönlichkeit und die Stärkung der Achtung der Menschenrechte und Grundfreiheiten zum Ziele haben. Sie soll Verständnis, Duldsamkeit und Freundschaft zwischen allen Nationen und allen rassischen oder religiösen Gruppen fördern und die Tätigkeit der Vereinten Nationen zur Aufrechterhaltung des Friedens begünstigen.“*

Art. 26 Abs. 1 S. 1 AEMR formuliert ausdrücklich ein positives Recht auf Bildung, welches umfassend angelegt ist und sich nicht etwa auf die Schulbildung beschränkt (vgl. Art. 26 Abs. 2 AEMR).[932] Die Allgemeine Erklärung der Menschenrechte hat allerdings keine rechtliche Bindungswirkung, da sie in Form einer Resolution und nicht in Form eines völkerrechtlichen Vertrages erging.[933] Insbesondere stellt die Erklärung in der Rechtsordnung der Bundesrepublik Deutschland keine „allgemeine Regel des Völkerrechts“ gemäß Art. 25 S. 1 GG dar.[934] Bei dem Vertragswerk der Allgemeinen Erklärung der Menschenrechte handelt es sich damit lediglich um Programmartikel, zu deren Durchfüh-

---

930 Vgl. *P. J. Tettinger/J. Geerlings*, EuR 2005, 419 (421).

931 Ausführlich dazu *E. Bannwart-Maurer*, Das Recht auf Bildung und das Elternrecht, Art. 2 des 1. ZP zur EMRK, 1975, S. 43 ff. Zur Entstehungsgeschichte von Art. 26 AEMR, vgl. *Ph. De la Chapelle*, La déclaration universelle des droits de l'homme et le catholicisme, 1967, S. 183.

932 Vgl. *A. Köpcke-Duttler*, in: Jach/Jenkner (Hrsg.), 50 Jahre GG und Schulverfassung, 2000, S. 91 (96 f.); *J. Ennuschat*, RdJB 2005, 193 (196); dazu auch *H. Schorn*, EMRK, Art. 2 ZP, S. 431.

933 Vgl. *K. Ipsen*, Völkerrecht, § 48 Rdn. 36; *Kl. Stern*, in: Stern/Tettinger (Hrsg.), Die Europäische Grundrechte-Charta im wertenden Verfassungsvergleich, 2005, S. 13 (13 f.); *E.-W. Luthe*, Bildungsrecht, 2003, S. 63; *X. Neubeck*, Die Europäische Sozialcharta und deren Protokolle, 2002, S. 107; *S. Jenkner* (Hrsg.), Das Recht auf Bildung und die Freiheit der Erziehung in Europäischen Verfassungen, 1994, S. 13.

934 Vgl. BVerwG, Beschluss v. 26.3.1975, („beamtenrechtliche Verfassungstreue“), BVerwGE 47, 365 (377 f.); *Kl. Stern*, in: Stern (Hrsg.), Staatsrecht III/1, S. 256; *H. Steinberger*, in: Isensee/Kirchhof (Hrsg.), Hdb StaatsR VII, § 173 Rdn. 21; *M. Borowski*, Die Glaubens- und Gewissensfreiheit des Grundgesetzes, 2006, S. 136.

rung die Mitgliedstaaten völkerrechtlich nicht verpflichtet sind,[935] so dass auch der großzügige Wortlaut des Art. 26 Abs. 1 AEMR – in Anbetracht der mannigfachigen Differenzen in der Ausgestaltung des Bildungsbereichs in der gesamten Welt – nachvollzogen werden kann.[936] Die programmatische Natur der UN-Menschenrechtserklärung kommt insbesondere auch im zweiten Absatz des Art. 26 AEMR zum Ausdruck, nach welchem eine neue, friedliche Ordnung für das Zusammenleben der Nationen angestrebt wird, und deren Grundlage eine an diesen Zielen orientierte Erziehung sein soll.[937] Da jedoch in etlichen Erklärungen und Entscheidung auf die Allgemeine Erklärung der Menschenrechte Bezug genommen wird[938], kann sie als allgemeiner Standard angesehen werden, an dem Fortschritte im Bereich des Menschenrechtsschutzes gemessen werden können.[939] Dies gilt auch für das Recht auf Bildung des Art. 26 AEMR. Der Text dieser Bestimmung findet sich nahezu wörtlich in den entsprechenden Bestimmungen der nachfolgenden Pakte.[940]

bb) Art. 13 IPwirtR

Auch der in der Folge geschaffene Internationale Pakt über wirtschaftliche, soziale und kulturelle Rechte vom 19. Dezember 1966 (sog. Sozialpakt, IP-

---

935 Die Erklärung könnte allerdings mittelbar zu völkerrechtlichen Rechtspflichten führen, wenn ihre Aussagen zu Völkergewohnheitsrecht erstarken, vgl. *M. Borowski*, Die Glaubens- und Gewissensfreiheit des Grundgesetzes, 2006, S. 136.

936 Zur umstrittenen Rechtswirkung vgl. *M. Nowak*, UNO-Pakt über bürgerliche und politische Rechte, Einf. Rdn. 2; *P. Sieghart*, Die geltenden Menschenrechte, 1988, S. 73 ff.; s. auch *E. Bannwart-Maurer*, Das Recht auf Bildung und das Elternrecht, Art. 2 des 1. ZP zur EMRK, 1975, S. 43.

937 *E. Bannwart-Maurer*, Das Recht auf Bildung und das Elternrecht, Art. 2 des 1. ZP zur EMRK, 1975, S. 45.

938 Z.B. in der Präambel der EMRK, im „Final Act of International Conference on Human Rights“ (von Teheran) v. 13.5.1968, in der Konvention über wirtschafliche, soziale und kulturelle Rechte sowie in Formulierungen nationaler Verfassungen, vgl. statt vieler *Kl. Stern*, in: Stern (Hrsg.), Staatsrecht III/1, S. 257 f.

939 Vgl. *X. Neubeck*, Die Europäische Sozialcharta und deren Protokolle, 2002, S. 107.

940 *E.-W. Luthe*, Bildungsrecht, 2003, S. 63, wonach die AEMR zumindest als Auslegungshilfe für einzelne Abkommen dient.

wirtR)[941] greift in Art. 13 IPwirtR die Formulierung des Art. 26 AEMR auf und anerkennt das Recht eines jeden auf Bildung.[942]

Darin ist bestimmt:

> *„Art. 13*
> *(1) Die Vertragsstaaten erkennen das Recht eines jeden auf Bildung an. Sie stimmen überein, dass die Bildung auf die volle Entfaltung der menschlichen Persönlichkeit und des Bewusstseins ihrer Würde gerichtet sein und die Achtung vor den Menschenrechten und Grundfreiheiten stärken muss. Sie stimmen ferner überein, dass die Bildung es jedermann ermöglichen muss, eine nützliche Rolle in einer freien Gesellschaft zu spielen, dass sie Verständnis, Toleranz und Freundschaft unter allen Völkern und allen rassischen, ethnischen und religiösen Gruppen fördern sowie die Tätigkeit der Vereinten Nationen zur Erhaltung des Friedens unterstützen muss.*
> *(2) Die Vertragsstaaten erkennen an, dass im Hinblick auf die volle Verwirklichung dieses Rechts*
> *[...]*
> *d) eine grundlegende Bildung für Personen, die eine Grundschule nicht besucht oder nicht beendet haben, so weit wie möglich zu fördern oder zu vertiefen ist;*
> *e) die Entwicklung eines Schulsystems auf allen Stufen aktiv voranzutreiben, ein angemessenes Stipendiensystem einzurichten und die wirtschaftliche Lage der Lehrerschaft fortlaufend zu verbessern ist.*“

Der IPwirtR bezweckt die völkerrechtliche Sicherung der menschlichen Grundrechte und bringt im Wesentlichen die Grundsätze der Allgemeinen Erklärung der Menschenrechte in eine rechtsverbindliche Form.[943] Art. 13 Abs. 1 IPwirtR erweitert mithin die Gewährleistungen des Art. 26 UN-Menschenrechtsdeklaration und regelt in umfassender Weise die Pflicht der Vertragsstaaten, ein „Jedermann-Recht“ auf Bildung anzuerkennen.[944] Wie bei der AEMR ist das im Sozialpakt normierte Recht auf Bildung nicht als einklagbares

---

941 BGBl. 1973 II S. 1570 (Sartorius II Nr. 21). Der IPwirtR ist gemäß Bek. v. 9.3.1976, BGBl. II S. 428, für die Bundesrepublik in Kraft getreten. Zum IPwirtR s. auch BVerwG, Urteil v. 25.7.2001, („Studiengebühr für Langzeitstudierende“), BVerwGE 115, 32 (49 f.). Ausführlich zum IPwirtR *Kl. Stern*, in: Stern (Hrsg.), Staatsrecht III/1, S. 261 ff.; *X. Neubeck*, Die Europäische Sozialcharta und deren Protokolle, 2002, S. 108 ff. m.w.N.; s. auch *J. A. Frowein*, in: Isensee/Kirchhof (Hrsg.), Hdb StaatsR VII, § 180 Rdn. 36 f.

942 *D. Murswiek*, in: Isensee/Kirchhof (Hrsg.), Hdb StaatsR V, § 112 Rdn. 42 spricht bei dem Recht auf Bildung von einem „*Basisrecht*“.

943 Vgl. *X. Neubeck*, Die Europäische Sozialcharta und deren Protokolle, 2002, S. 109.

944 *G. Seidel*, Hdb Grund- und Menschenrechte, S. 202; *R. Streinz*, in: Streinz (Hrsg.), EUV/EGV, Art. 14 GR-Charta Rdn. 3.

Recht, sondern als Verpflichtung der Staaten niedergelegt.[945] Dabei beschränken sich die Durchsetzungsmechanismen des Paktes gemäß Art. 14 IPwirtR auf die Verpflichtung der Vertragsstaaten, binnen zwei Jahren nach der Ratifizierung einen ausführlichen Aktionsplan auszuarbeiten, der die schrittweise Verwirklichung des Grundsatzes der unentgeltlichen allgemeinen Schulpflicht innerhalb einer angemessenen Zeit vorsieht.[946] Die Regelungen in Art. 13 des Paktes bringen aber jedenfalls den Konsens der Vertragsstaaten über ein Recht auf Bildung zum Ausdruck; darüber hinaus ergibt sich insbesondere für die Rechtsprechung die Möglichkeit, die genannten Bildungsrechte als Auslegungshilfe bei der Umsetzung innerstaatlichen Rechts heranzuziehen.[947]

cc) UN-Übereinkommen

(1) Art. 28 KRK

Die von allen Mitgliedstaaten ratifizierte[948] UN-Konvention über die Rechte des Kindes (Kindesrechtskonvention, KRK), die am 20. November 1989 von der Generalversammlung der Vereinten Nationen verabschiedet wurde,[949] bestimmt in Art. 28 Abs. 1:

> *„Art. 28 – Recht auf Bildung*
> *(1) Die Vertragsstaaten erkennen das Recht des Kindes auf Bildung an; um die Verwirklichung dieses Rechts auf der Grundlage der Chancengleichheit fortschreitend zu erreichen, werden sie insbesondere*
> *a) den Besuch der Grundschule für alle zur Pflicht und unentgeltlich machen;*
> *b) die Entwicklung verschiedener Formen der weiterführenden Schulen allgemeinbildender [...] Art fördern, sie allen Kindern verfügbar und zugänglich machen und geeignete Maßnahmen wie die Einführung der Unentgeltlichkeit und die Bereitstellung finanzieller Unterstützung bei Bedürftigkeit treffen;*

---

945 *E.-W. Luthe*, Bildungsrecht, 2003, S. 63; *G. Seidel*, Hdb Grund- und Menschenrechte, S. 202; *Th. Schmitz*, JZ 2001, 833 (840); *X. Neubeck*, Die Europäische Sozialcharta und deren Protokolle, 2002, S. 110; *S. Jenkner* (Hrsg.), Das Recht auf Bildung und die Freiheit der Erziehung in Europäischen Verfassungen, 1994, S. 13.

946 Vgl. *J. Martinez-Soria*, RdJB 2005, 82 (92).

947 Vgl. *E.-W. Luthe*, Bildungsrecht, 2003, S. 63.

948 Siehe für Deutschland das Gesetz v. 17.2.1992, BGBl. 1992 II S. 122 (deutsche Übersetzung in Sartorius II Nr. 29); das Übereinkommen über die Rechte des Kindes ist am 2.9.1990 in Kraft getreten.

949 Ausführlich zur Kindesrechtskonvention s. *I. Baer*, NJW 1993, 2209 ff.; *H. A. Stöcker*, FamRZ 1992, 245 ff.; *Chr. Ullmann*, FamRZ 1992, 892 ff.; *J. Martinez-Soria*, RdJB 2005, 82 (88 f.).

e) Maßnahmen treffen, die den regelmäßigen Schulbesuch fördern und den Anteil derjenigen, welche die Schule vorzeitig verlassen, verringern."

Art. 28 Abs. 1 KRK, der im Wesentlichen mit Art. 13 IPwirtR übereinstimmt, regelt in seiner näheren Ausgestaltung ein Recht auf Zugang zu vorhandenen Bildungseinrichtungen.[950] Besonders eindeutig ist dies in Bezug auf die Grundschulausbildung, aber auch die weiterführenden Schulen allgemein bildender Art sind allen Kindern gleichmäßig zugänglich zu machen. Nach überwiegender Auffassung[951] stellt die Kinderrechtskonvention allerdings lediglich eine Art Programm ohne strenge völkerrechtliche Verbindlichkeit[952] dar, das die Vertragsstaaten dazu auffordert, entsprechende Maßnahmen zu ergreifen.[953] Darüber hinaus hat die Bundesrepublik einen Interpretationsvorbehalt formuliert, wonach „*das Übereinkommen keine unmittelbare Anwendung findet*".[954] Aus der nur mittelbaren Anwendbarkeit der Konvention folgt, dass das Kind in Deutschland

---

950 Vgl. *D. Dörr/E. Rudolf*, RdJB 1996, 22 (22); dazu auch *A. Köpcke-Duttler*, in: Jach/Jenkner (Hrsg.), 50 Jahre GG und Schulverfassung, 2000, S. 91 (100 f.).

951 So insbesondere *I. Baer*, NJW 1993, 2209 (2210); *H. A. Stöcker*, FamRZ 1992, 245 (245). Dagegen beispielsweise *Chr. Ullmann*, FamRZ 1992, 892 (892), der das Diskriminierungsverbot (Art. 2 KRK), das Recht auf Leben (Art. 6 KRK) und andere Rechte als Individualrechte des Kindes ansieht, die vor Behörden und Gerichten des Vertragsstaates geltend gemacht werden könnten.

952 UNO-Resolutionen sind allenfalls politisch bindend, weil sie die an echte völkerrechtliche Verträge zu stellenden Anforderungen der Wiener Vertragsrechtskonvention v. 23.5.1961 (BGBl. 1985 II S. 926) nicht erfüllen. A.A. wohl *K. Odendahl*, in: Heselhaus/Nowak (Hrsg.), Handbuch der Europäischen Grundrechte, § 39 Rdn. 22: „*Der Vertrag ist [...] für alle Mitgliedstaaten verbindlich.*".

953 Vgl. etwa Art. 4 KRK, wonach die Vertragsstaaten „*alle geeigneten Gesetzgebungs-, Verwaltungs- und sonstigen Maßnahmen zur Verwirklichung der in diesem Übereinkommen anerkannten Rechte*" zu treffen haben, vgl. dazu auch *I. Baer*, NJW 1993, 2209 (2210).

954 Nr. 1 Erklärung, Bek. v. 10.7.1992, BGBl. II S. 990 ff. Das Übereinkommen über die Rechte des Kindes ist daher für die Bundesrepublik Deutschland ohne mittelbare innerstaatliche Anwendbarkeit am 5.4.1992 in Kraft getreten. Es handelt sich dabei um einen Vorbehalt gemäß Art. 2 lit. d) WVK, dessen völkerrechtliche Zulässigkeit zwar umstritten ist. Mit Art. 19 WVK ist aber von der grundsätzlichen Zulässigkeit von Vorbehalten auszugehen. Ausführlich zum Interpretationsvorbehalt der Bundesrepublik und dessen Zulässigkeit vgl. *J. Wolf*, ZRP 1991, 374 ff.; *Chr. Langenfeld*, Integration und kulturelle Identität zugewanderter Minderheiten, 2001, S. 236 f.; *J. Martinez-Soria*, RdJB 2005, 82 (88 f.); *I. Baer*, NJW 1993, 2209 (2210). Dagegen wohl *Chr. Ullmann*, FamRZ 1992, 892 (899 ff.). Zur Umsetzung der Kinderrechtskonvention in das innerstaatliche Recht vgl. *D. Dörr/E. Rudolf*, RdJB 1996, 22 (22 ff., 24).

keine subjektiven Rechte aus der Konvention geltend machen kann.[955] Allerdings ist über den Grundsatz der völkerrechtsfreundlichen Auslegung jede Rechtsnorm – einschließlich der Grundrechte – so auszulegen, dass kein völkerrechtswidriges Ergebnis daraus folgt.[956]

(2) Art. 10 Übereinkommen zur Beseitigung jeder Form von Diskriminierung der Frau

In Art. 10 des UN-Übereinkommens zur Beseitigung jeder Form von Diskriminierung der Frau vom 18. Dezember 1979[957] heißt es:

> „*Art. 10 – Bildungsbereich*
> *Die Vertragsstaaten treffen alle geeigneten Maßnahmen zur Beseitigung der Diskriminierung der Frau, um ihr im Bildungsbereich die gleichen Rechte wie dem Mann zu gewährleisten [...].*"

Zwar statuiert Art. 10 des UN-Übereinkommens zur Beseitigung jeder Form von Diskriminierung der Frau gleiche Rechte im Bildungsbereich wie dem Mann, allerdings entfaltet dieses Übereinkommen ebenso wie die Kinderrechtskonvention keine völkerrechtliche Verbindlichkeit und ist höchstens politisch bindend.[958]

dd) Bewertung

Die genannten internationalen Verträge deuten an, das Recht auf Bildung als ein international geschütztes individuelles Recht anzuerkennen und die Staaten zu verpflichten, einen gewissen Mindeststandard im Bildungsbereich zu etablieren. Mithin gehört dieses Recht zu dem nach Art. 53 EU-GRCh beachtlichen Schutzniveau. Mangels der genannten Bindungswirkungen bleiben die völkerrechtlichen Verpflichtungen allerdings hinter der Gewährleistung des Art. 14 Abs. 1, 1. Alt. EU-GRCh zurück, so dass ein Vertragskonflikt nicht droht.

---

955 Vgl. *D. Dörr/E. Rudolf*, RdJB 1996, 22 (24).

956 *Chr. Langenfeld*, Integration und kulturelle Identität zugewanderter Minderheiten, 2001, S. 237.; *J. Martinez-Soria*, RdJB 2005, 82 (89). Vgl. auch BVerfG, Beschluss v. 14.10.2004, („Berücksichtigung der EMRK"), BVerfGE 111, 307 (316 f., 323 f.).

957 BGBl. 1985 II S. 648 (deutsche Übersetzung in Sartorius II Nr. 23). Für die Bundesrepublik Deutschland in Kraft getreten am 9.8.1985 (Bek. v. 13.11.1985, BGBl. II S. 1234).

958 Vgl. *H. A. Stöcker*, FamRZ 1992, 245 (245).

3. Ergebnis

Die zuvor dargestellte Auslegung lässt sich wie folgt zusammenfassen: Der systematische Zusammenhang mit anderen Chartaartikeln, nach denen die Grundrechtberechtigten „*ein Recht auf ... haben*“, hat nahe gelegt, dass es sich bei Art. 14 Abs. 1, 1. Alt. EU-GRCh in erster Linie um ein Teilhaberecht handelt. Bestätigt wird diese Auslegung sowohl durch die Anwendung der EMRK-Regel als auch durch den gemeinsamen Verfassungsbefund der Mitgliedstaaten. Darüber hinaus haben die systematischen Erwägungen auch dafür gesprochen, dass dem Recht auf Bildung im Einzelfall eine leistungsrechtliche Wirkung zukommen kann.

III. Beeinträchtigung und Rechtfertigung des Rechts auf Bildung

Das Recht auf Bildung des Art. 14 Abs. 1, 1. Alt. EU-GRCh bietet weiterhin Schutz gegen Grundrechtseingriffe und -einschränkungen.[959]

1. Eingriff

Das Recht auf Bildung ist beeinträchtigt, wenn dem Grundrechtsträger die Teilhabe, und damit insbesondere der Zugang zu den in den Schutzbereich fallenden Bildungseinrichtungen, nicht eröffnet wird, etwa durch einschneidende Disziplinarmaßnahmen wie der Zurückstellung von der Reifeprüfung wegen Täuschungsversuchs oder auch die Entscheidung über die Nichtversetzung.[960] Es drängt sich dabei jedoch geradewegs die Frage auf, ob derartige Eingriffe bzw. Grundrechtsbeeinträchtigungen des Art. 14 Abs. 1, 1. Alt. EU-GRCh überhaupt

---

[959] *H. D. Jarass*, EU-Grundrechte, § 19 Rdn. 3, 14; *N. Bernsdorff*, in: Meyer (Hrsg.), EU-GRCh, Art. 14 Rdn. 13; *ders.*, VSSR 2001, 1 (19); *A. Große Wentrup*, Europäische Grundrechtecharta, 2003, S. 131.

[960] Keine Eingriffe stellen dagegen etwa Regeln für das Betreten und Verlassen des Schulgebäudes, hinsichtlich des rechtzeitigen Erscheinens zu Beginnn des Unterrichts, der Sitzordnung in den Klassen o.ä. dar, vgl. zu diesen Beispielen *Chr. Langenfeld*, in: Grote/Marauhn (Hrsg.), EMRK/GG, Kap. 23 Rdn. 35; vgl. auch *H. D. Jarass*, EU-Grundrechte, § 19 Rdn. 10. Ebenfalls keinen Eingriff stellen Disziplinarmaßnahmen dar, die einen Schüler oder Studenten zeitweise oder ganz von der Einrichtung ausschließen, um die Einhaltung interner Regeln zu gewährleisten, vgl. etwa EGMR, Urteil v. 10.11.2005, Nr. 44774/98, („Leyla Şahin ./. TR“), RJD 2005 Nr. 154-156; dazu auch *J. Meyer-Ladewig*, EMRK, Art. 2 ZP Rdn. 5.

von den Grundrechtsadressaten i.S.d. Art. 51 Abs. 1 S. 1 EU-GRCh ausgehen können. Da die Kompetenzverteilung zwischen Union und Mitgliedstaaten vom Prinzip der begrenzten Einzelermächtigung (vgl. Art. 5 Abs. 1 EG = Art. I-11 Abs. 2 EuVerf) bestimmt wird, bedarf die Zuständigkeit der Union einer besonderen Legitimation in Form einer Rechtsgrundlage in den Verträgen.[961] Dies gilt im besonderen Maße für den Bereich der Bildung, den die Mitgliedstaaten traditionell für sich beanspruchen.[962] Wie bereits erwähnt verfügt die Union auf dem Gebiet der allgemeinen Bildung gemäß Art. 149 EG zwar über eine eigene Rechtsgrundlage, wonach sie zur Erreichung ihrer Ziele auf dem Bildungssektor (vgl. Art. 3 Abs. 1 lit. q EG) die Zusammenarbeit zwischen den Mitgliedstaaten fördern und deren Tätigkeit erforderlichenfalls unterstützen und ergänzen kann. Als mögliche Handlungsformen nennt Art. 149 Abs. 4 EG den Erlass von Fördermaßnahmen[963] und Empfehlungen. Der typische Fall einer solchen *„Fördermaßnahme"* im Sinne des Art. 149 Abs. 4 EG ist das bereits angesprochene ERASMUS-Programm oder das Aktionsprogramm YES[964] zur Förderung der Bildung von Jugendlichen, das gemeinsame Aktionen von Gemeinschaft und Mitgliedstaaten vorsieht und die zuständigen staatlichen Stellen im Hinblick

---

961 Vgl. nur *J. Chr. Wichard*, in: Callies/Ruffert (Hrsg.), EUV/EGV, Art. 5 EUV Rdn. 3 m.w.N.

962 S. oben Fn. 346.

963 Umstritten ist dabei, ob darunter auch rechtsverbindliche Maßnahmen i.S.d. Art. 249 EG fallen. Zwar sind nach einer Auffassung auch gemäß Art. 149 EG Maßnahmen i.S.d. in Art. 249 EG vorgesehenen Rechtsformen möglich. Allerdings folgt eine inhaltliche Beschränkung daraus, dass Art. 149 Abs. 4 EG nur reine *„Fördermaßnahmen"* vorsieht, die die Tätigkeit der Mitgliedstaaten ergänzen und unterstützen, in diesem Sinne *Cl. D. Classen*, in: Groeben/Schwarze (Hrsg.), EUV/EGV, Art. 149 EG Rdn. 27; *S. Krebber,* in: Callies/Ruffert (Hrsg.), EUV/EGV, Art. 149 EGV Rdn. 14; *M. Niedobitek*, in: Streinz (Hrsg.), EUV/EGV, Art. 149 EGV Rdn. 39; *A. Fürst*, Die bildungspolitischen Kompetenzen der Europäischen Gemeinschaft, 1999, S. 299; *D. Staudenmayer*, BayVBl. 1995, 321 (327 f.); *K. Lenaerts*, CMLR 1994, 7 (31 mit Fn. 75); *R. Dohms*, RdJB 1992, 451 (464 f.); *Th. Oppermann*, Europarecht, Rdn. 1915. A.A. *H.-J. Blanke*, in: Grabitz/Hilf (Hrsg.), EUV/EGV, Bd. II, Art. 149, 150 EGV (2004) Rdn. 43; *ders.*, Europa auf dem Weg zu einer Bildungs- und Kulturgemeinschaft, 1994, S. 68 f., 72 f.; *H. G. Fischer*, in: Lenz/Borchardt (Hrsg.), EUV/EGV, Art. 149 EGV Rdn. 19; *P. Hilpold*, Bildung in Europa, 1995, S. 122; *H. Avenarius/H. Heckel*, Schulrechtskunde, S. 43 f.; *J. Caspar*, RdJB 2001, 165 (175 f.); *A. Dittmann/Cl. Fehrenbacher*, RdJB 1992, 478 (484), nach denen Art. 149 EG nur zu unverbindlichen, nicht in Art. 249 EG enthaltenen Rechtsakten eigener Art ermächtige.

964 Beschluss 1031/2000, ABl. 2000 Nr. L 117 v. 18.5.2000 S. 1.

darauf verpflichtet.[965] Wie jedoch der Wortlaut des Art. 149 EG deutlich macht, bleibt die Kernverantwortung für die Bildungspolitik nach Maßgabe dieser Bestimmung im Grundsatz bei den Mitgliedstaaten, denen die Lehrinhalte und die Gestaltung des Bildungssystems obliegen.[966] Verpflichtungen der Mitgliedstaaten, die indes qualitativ über eine derartige allgemeine Pflicht zur Zusammenarbeit (wie etwa im Rahmen des ERASMUS-Programms) hinausgehen, sind aufgrund von Art. 149 EG nicht möglich; dies gilt erst recht für Maßnahmen mit rechtlicher Bindungswirkung für einzelne Personen oder Bildungseinrichtungen.[967] Die Union kann demgemäß auf der Grundlage von Art. 149 EG weder eigene Bildungseinrichtungen aufbauen noch deren Schaffung durch die Mitgliedstaaten veranlassen.[968]

Angesichts dieser stark eingeschränkten Kompetenzen sind Grundrechtsgefährdungen durch Organe und Einrichtungen der Union im Bereich der allgemeinen Bildung eher die Ausnahme.[969] Die Bedeutung des Rechts auf Bildung in Art. 14 Abs. 1, 1. Alt. EU-GRCh erschöpft sich daher grundsätzlich in seiner Wirkung gegenüber den Mitgliedstaaten. Für diese bestehen damit jedoch Respektierungs- und Schutzpflichten, die darauf abzielen, Störungen des Rechts auf Bildung durch Dritte – auch durch die Eltern[970] – zu verhindern.[971] Auch ein Abweisen von einer höheren Schule durch ein Mitgliedstaat aus unsachlichen

---

[965] Jedoch schon die Möglichkeit der Begründung derartiger Mitwirkungspflichten war umstritten, vgl. nur EuGH, Urteil v. 30.5.1989, Rs. 242/87, („ERASMUS"), Slg. 1989, I-1425. Dazu s. oben, I. 2 b) aa) (1) (a) (hh).

[966] Vgl. *K. Odendahl*, in: Heselhaus/Nowak (Hrsg.), Handbuch der Europäischen Grundrechte, § 39 Rdn. 46; *J. Caspar*, RdJB 2001, 165 (175).

[967] *A. Große Wentrup*, Europäische Grundrechtecharta, 2003, S. 146; *A. Dittmann/Cl. Fehrenbacher*, RdJB 1992, 478 (484); *Cl. D. Classen*, in: Groeben/Schwarze (Hrsg.), EUV/EGV, Art. 149 EG Rdn. 25.

[968] *H.-J. Blanke*, in: Grabitz/Hilf (Hrsg.), EUV/EGV, Bd. II, Art. 149, 150 EGV (2004) Rdn. 14 f.; *R. Dohms*, RdJB 1992, 451 (461); im Ergebnis ebenso *J. Caspar*, RdJB 2001, 165 (176 ff.).

[969] *N. Bernsdorff*, in: Meyer (Hrsg.), EU-GRCh, Art. 14 Rdn. 17; *K. Odendahl*, in: Heselhaus/Nowak (Hrsg.), Handbuch der Europäischen Grundrechte, § 39 Rdn. 45. Vgl. aber *A. Große Wentrup*, Europäische Grundrechtecharta, 2003, S. 144 f., die anhand des Beispiels des Aktionsprogramms YES darlegt, dass das Grundrecht des Art. 14 Abs. 1, 1. Alt. EU-GRCh trotz der beschränkten Kompetenzen auch auf Unionsebene Bedeutung erlangen kann.

[970] Zur Begrenzung des elterlichen Erziehungsrechts durch das Recht des Kindes auf Bildung, s. unten, E. III. 2 b).

[971] *N. Bernsdorff*, in: Meyer (Hrsg.), EU-GRCh, Art. 14 Rdn. 17.

Gründen ist damit als Verstoß gegen das Recht auf Bildung anzusehen.[972] Gleiches gilt für die fehlende offizielle Anerkennung der abgeschlossenen Studien.[973]

2. Rechtfertigung des Eingriffs

Obwohl die Vorschrift des Art. 14 Abs. 1, 1. Alt. EU-GRCh nach ihrem Wortlaut vorbehaltlos gewährt ist, unterliegt sie Schranken und Begrenzungen. Da diese Bestimmung der Vorschrift des Art. 2 S. 1 des 1. ZP entspricht[974] ist, gelten für die Einschränkung des Art. 14 Abs. 1, 1. Alt. EU-GRCh gemäß der EMRK-Regel des Art. 52 Abs. 3 S. 1 EU-GRCh die zu Art. 2 S. 1 des 1. ZP vorgesehenen Einschränkungsmöglichkeiten.[975] Fraglich ist, wie diese Schranken im Einzelnen ausgestaltet sind. Auch der Wortlaut des Art. 2 S. 1 des 1. ZP ist – im Gegensatz etwa zu den Bestimmungen der Art. 8 bis 11 EMRK mit ihren jeweiligen Absätzen 2 – vorbehaltlos formuliert. Wie jedoch der EGMR im bereits erwähnten *Belgischen Sprachenfall* ausführte, verlangt das Recht auf Bildung des Art. 2 S. 1 des 1. ZP *„schon seiner Natur nach eine Regelung durch den Staat, eine Regelung, die nach Zeit und Ort wechseln kann, abhängig von den Bedürfnissen und den Mitteln der Gemeinschaft und der Einzelpersonen.“*.[976] Für die Grundrechtsausübung bedarf es demgemäß eines vom Staat zu schaffenden umfassenden personellen und sächlichen Leistungsangebotes wie

---

[972] *J. Abr. Frowein/W. Peukert*, EMRK, Art. 2 des 1. ZP Rdn. 2; *Chr. Grabenwarter*, EMRK, § 22 Rdn. 74. Vgl. auch EKMR, Entscheidung v. 9.12.1980, Nr. 8844/80, („X ./. GB“), DR 23, 228 (229).

[973] EGMR, Urteil v. 23.7.1968, Nr. 1474/62 u.a., („Belgischer Sprachenfall“), Serie A 6, 1968, Rdn. 4 = EuGRZ 1975, 298 (300).

[974] S. die Nachweise oben Fn. 555.

[975] Vgl. *M. Bühler*, Einschränkung von Grundrechten nach der Europäischen Grundrechtecharta, 2005, S. 341; *H.-W. Rengeling/P. Szczekalla*, Grundrechte in der Europäischen Union, § 19 Rdn. 769; *N. Bernsdorff*, in: Meyer (Hrsg.), EU-GRCh, Art. 14 Rdn. 16; *M. Borowsky*, in: Meyer (Hrsg.), EU-GRCh, Art. 52 Rdn. 33; *K. Odendahl*, in: Heselhaus/Nowak (Hrsg.), Handbuch der Europäischen Grundrechte, § 39 Rdn. 47. Missverstanden wohl von *H. D. Jarass*, EU-Grundrechte, § 19 Rdn. 15 f., der im Zusammenhang mit Art. 14 Abs. 1 EU-GRCh lediglich die Einschränkungsmöglichkeit des Art. 52 Abs. 1 EU-GRCh in Betracht zieht.

[976] EGMR, Urteil v. 23.7.1968, Nr. 1474/62 u.a., („Belgischer Sprachenfall“), Serie A 6, 1968 Rdn. 5 = EuGRZ 1975, 298 (300). Vgl. auch *Th. Oppermann*, in: Isensee/Kirchhof (Hrsg.), Hdb StaatsR VI, § 135 Rdn. 32, der entsprechend im Hinblick von Art. 7 Abs. 1 GG von einer *„staatsbezogenen Sicht des Bildungswesens“* spricht.

auch entsprechender gesetzlicher Regelungen. In dem Sprachenfall unterstrich der EGMR weiter: *„Es versteht sich von selbst, daß eine solche Regelung niemals den Wesensgehalt dieses Rechts antasten und auch nicht gegen andere in der Konvention verankerte Rechte verstoßen darf.*“[977] Darüber hinaus haben aber weder Kommission noch Gerichtshof weitergehende Erklärungen für solche Beschränkungen vorgetragen. Im Schrifttum wird vereinzelt erwogen, dass Art. 2 des 1. ZP immanenten Schranken unterliege, ohne dass jedoch näher aufgezeigt wird, wie diese Schranken im Einzelnen ausgestaltet sind.[978] Um jedoch die Einschränkungsmöglichkeiten des Art. 2 des 1. ZP näher konkretisieren zu können, erscheint es im Rahmen von Art. 2 des 1. ZP sinnvoll, in analoger Anwendung der Absätze 2 der Art. 8 bis 11 EMRK Einschränkungen unter den Voraussetzungen zuzulassen, wenn sie vom Gesetz vorgeschrieben sind, im öffentlichen Interesse liegen sowie in einer demokratischen Gesellschaft erforderlich sind.[979] Konkret auf Art. 2 des 1. ZP bezogen bedeutet dies, dass zumindest die Grundzüge der staatlichen Regelungen und die spezifisch grundrechtsrelevanten Eingriffe im formellen Gesetz stehen müssten. Da das Erziehungswesen wie bereits erwähnt regelungsbedürftig ist und den Vertragsstaaten bei der Etablierung des staatlichen Bildungssystems ein erheblicher Ermessensspielraum zusteht,[980] werden alle in einem demokratischen Verfahren festgelegten, nicht-willkürlichen und nicht-diskriminierenden öffentlichen Interessen in Betracht kommen können, die in einer demokratischen Gesellschaft erforderlich und angemessen sind. Dies schließt etwa die Möglichkeit der Staaten ein, dass der Ge-

---

[977] EGMR, Urteil v. 23.7.1968, Nr. 1474/62 u.a., („Belgischer Sprachenfall“), Serie A 6, 1968 Rdn. 5 = EuGRZ 1975, 298 (300); vgl. auch EGMR, Urteil v. 25.2.1982, Nr. 7511 u. 7743/76, („Campbell u. Cosans ./. GB”), Serie A 48 Rdn. 41 = EuGRZ 1982, 153 (157), zu letztem Fall, s. unten, E. I. 2 b) bb) (1).

[978] So etwa *P. van Dijk/G. J. H. van Hoof* (Hrsg.), European Convention on Human Rights, S. 654: „*Article 2 does not contain a restriction clause*” in Bezug auf das Recht auf Bildung von Ausländern und Strafgefangenen. Kritisch dazu *L. Wildhaber*, in: Golsong u.a. (Hrsg.), IK-EMRK, Art. 2 EMRK/1. ZP (1995) Rdn. 110. *A. Peters*, EMRK, § 27 S. 172 gibt der Ausgestaltung der immanenten Schranken zwar eine näherer Begründung, allerdings nur in Bezug auf das Elternrecht des Satz 2, dazu s. unten, E. III. 2 a).

[979] So auch *L. Wildhaber*, in: Golsong u.a. (Hrsg.), IK-EMRK, Art. 2 EMRK/1. ZP (1995) Rdn. 111. Weitergehend und besonders deutlich nunmehr EGMR, Urteil v. 10.11.2005, Nr. 44774/98, („Leyla Şahin ./. TR“), RJD 2005 Nr. 154-156; *Chr. Langenfeld*, in: Grote/Marauhn (Hrsg.), EMRK/GG, Kap. 23 Rdn. 37 (mit Fn. 100): „*Die das Bildungsrecht beschränkenden sachlichen Gründe sind nicht wie bei den Rechten aus Art. 8 bis 11 EMRK auf die dort enumerativ aufgezählten ‚legitimen Ziele' beschränkt.*“; in diesem Sinne *J. Meyer-Ladewig*, EMRK, Art. 2 ZP Rdn. 5.

[980] Vgl. dazu oben Fn. 770.

setzgeber in pauschalierender Weise Altersgrenzen der Schüler festlegen, bestimmte Leistungsanforderungen oder geforderte Eigenschaften bzw. Kenntnisse (wie beispielsweise sprachlicher, mathematischer, musischer oder naturwissenschaftlicher Art) bestimmen sowie Kapazitätsgrenzen oder disziplinarische Regeln anordnen kann.[981] Auch die Statuierung eines Schulzwangs, für den Fall, dass ein Schüler seiner Schulpflicht nicht nachkommt, wäre danach zulässig.[982]

3. Ergebnis

Für die Einschränkung des Art. 14 Abs. 1, 1. Alt. EU-GRCh gelten gemäß Art. 52 Abs. 3 EU-GRCh die für Art. 2 S. 1 des 1. ZP zugelassenen Einschränkungsmöglichkeiten. Allerdings sind Beeinträchtigungen des Rechts auf Bildung durch die Organe und Stellen der Union wegen der stark eingeschränkten Kompetenzen im Bereich der allgemeinen Bildung (Art. 149 EG) kaum wahrscheinlich, so dass sich diese Grundrecht in seiner Wirkung gegenüber den Mitgliedstaaten erschöpft.

IV. Zusammenfassendes Ergebnis

Die grammatikalische und systematische Auslegung des „*Rechts auf Bildung*" hat ergeben, dass der Schutzbereich des Art. 14 Abs. 1, 1. Alt. EU-GRCh jede Form von Ausbildung umfasst, die nicht auf den Erwerb einer berufsbezogenen Qualifikation gerichtet ist. Davon erfasst ist in erster Linie die schulische Bildung in der Elementarschule. Dieses Recht räumt dem Einzelnen in erster Linie einen Anspruch auf diskriminierungsfreien Zugang zu bestehenden öffentlichen Bildungseinrichtungen, insbesondere den Schulen, ein. Im Ausnahmefall, wenn ein Mitgliedstaat das Minimum an elementaren Ausbildungsmöglichkeiten unterschreitet, kann dieses Recht sogar eine leistungsrechtliche Komponente begründen. Das Recht auf Bildung unterliegt gemäß Art. 52 Abs. 3 EMRK Schranken, die von den Mitgliedstaaten im Rahmen ihrer Organisationsgewalt in Bezug auf den Schulbesuch geregelt werden können. Diese Einschränkungs-

---

[981] Vgl. näher zu diesen Beispielen *L. Wildhaber*, in: Golsong u.a. (Hrsg.), IK-EMRK, Art. 2 EMRK/1. ZP (1995) Rdn. 114; vgl. auch *Chr. Langenfeld*, in: Grote/Marauhn (Hrsg.), EMRK/GG, Kap. 23 Rdn. 38 ff.; *J. Meyer-Ladewig*, EMRK, Art. 2 ZP Rdn. 5. Für den Hochschulbereich nunmehr EGMR, Urteil v. 10.11.2005, Nr. 44774/98, („Leyla Şahin ./. TR"), RJD 2005 Nr. 154-156; EGMR, Urteil v. 7.2.2006, Nr. 60856/00, („Mürsel Eren ./. TR"), RJD 2006 Nr. 48.

[982] Vgl. dazu unten, E. I. 2 b) bb) (2).

möglichkeiten müssen nach hier vertretener Meinung in Analogie zu den Absätzen 2 der Art. 8 bis 11 EMRK vom Gesetz vorgeschrieben sein, im öffentlichen Interesse liegen und in einer demokratischen Gesellschaft erforderlich sein.

B. Das Recht auf Zugang zur beruflichen Aus- und Weiterbildung nach Art. 14 Abs. 1, 2. Alt. EU-GRCh

I. Der sachliche Schutzbereich von *„beruflicher Aus- und Weiterbildung"*

Art. 14 Abs. 1 EU-GRCh normiert in seiner zweiten Alternative:

> *„Jede Person hat das Recht auf [...] Zugang zur beruflichen Ausbildung und Weiterbildung."*

Der sachliche Schutzbereich des Rechts auf Bildung erfasst damit – wie im Rahmen des allgemeinen Rechts auf Bildung i.S.d. Art. 14 Abs. 1, 1. Alt. EU-GRCh bereits erwähnt – auch die *„berufliche Aus- und Weiterbildung"* und geht auf diese Weise auf Schutzbereichsebene über Art. 2 S. 1 des 1. ZP zur EMRK hinaus.

1. Die grammatikalische Auslegung

Nach dem allgemeinen Sprachgebrauch wird *„berufliche Ausbildung"* als jede auf den Erwerb einer berufsbezogenen Qualifikation oder Befähigung gerichtete Form der Ausbildung verstanden.[983] *„Berufliche Weiterbildung"* wird dagegen als die auf einer Berufsausbildung oder auf beruflicher Erfahrung aufbauende Erweiterung beruflicher Kenntnisse und Fertigkeiten angesehen und umfasst mithin insbesondere die berufliche Umschulung.[984] Auch die Übersetzung der

---

983 Vgl. *Der Brockhaus*, Zweiter Band, Stichwort „berufliche Bildung", S. 82: *„Die Vermittlung von Fertigkeiten, Kenntnissen und fachspezifische Verhaltensweisen, die für die Berufsausübung erforderlich sind.*"; ähnlich *J. Staupe*, Schulrecht von A-Z, Stichwort „Berufsausbildung", S. 36.

984 Vgl. etwa *E.-W. Luthe*, Bildungsrecht, 2003, S. 376; *H. J. Faller*, EuGRZ 1981, 611 (622). Vgl. auch für Deutschland § 1 Abs. 3 BBiG, dazu *Der Brockhaus*, Zweiter Band,

englischen („*vocational and continuing training*"[985]) und französischen („*formation professionnelle et continue*"[986]) Textfassungen legen ein derartiges Verständnis von beruflicher Ausbildung bzw. beruflicher Weiterbildung nahe.

2. Die systematische Auslegung

Im Wege der systematischen Auslegung soll Art. 14 Abs. 1, 2. Alt. EU-GRCh im Zusammenhang mit anderen Normen sowie in rechtsvergleichender Hinsicht betrachtet werden. Anhaltspunkte für die Auslegung des Art. 14 Abs. 1, 2. Alt. EU-GRCh werden sich zunächst aus der Bestimmung des Art. 150 EG ergeben. Daneben können auch die Sozialchartas, namentlich (Teil II) Art. 10 ESC[987] sowie Nr. 15 der Gemeinschaftscharta der sozialen Grundrechte der Arbeitnehmer[988], aufschlussreich sein, an die sich laut den Erläuterungen des Konventspräsidiums die Auslegung des Rechts auf Zugang zur beruflichen Aus- und Weiterbildung zu orientieren hat (Art. 52 Abs. 7 EU-GRCh)[989] und die auch in Anwendung der Schutzniveau-Regel des Art. 53 EU-GRCh den Inhalt dieses Grundrechts maßgeblich zu bestimmen haben. Schließlich wird sich der Schutzbereich des Art. 14 Abs. 1, 2. Alt. EU-GRCh – unter der Voraussetzung, dass der Zugang zur beruflichen Aus- und Weiterbildung auch den gemeinsamen Verfassungsüberlieferungen der Mitgliedstaaten entspricht –, nach diesen Über-

---

Stichwort „berufliche Fortbildung", S. 82. Die berufliche Umschulung hat grundsätzlich das Ziel, zu einer anderen beruflichen Tätigkeit zu befähigen, insbesondere um die berufliche Beweglichkeit zu sichern oder zu verbessern, § 1 Abs. 4 BBiG; s. *H. Tilch*, Münchener Rechts-Lexikon, Bd. 3, Stichwort „Umschulung", S. 671; Bd. 1, Stichwort „Berufsbildung", S. 551 (552).

985 *Langenscheidts Handwörterbuch*, Englisch-Deutsch, Stichwort „*vocational*" = beruflich, Berufs(-ausbildung), S. 715, „*continuation*" = Fortsetzung, Weiterführung, S. 148, „*training*" = Schulung, Ausbildung, S. 676.

986 *Pons*, Großwörterbuch, Französisch-Deutsch, Stichwort „*formation professionnelle et continue*", S. 334 = Berufsausbildung, Weiterbildung, Fortbildung.

987 Vgl. oben Fn. 108.

988 Vgl. oben Fn. 151.

989 Erläuterungen des Präsidiums des Europäischen Konvents v. 16.12.2004 zu Art. 14 Abs. 1, 2. Alt. EU-GRCh, ABl. 2004 Nr. C 310 S. 435: „*Es wurde für zweckmäßig erachtet, diesen Artikel auf den Zugang zur beruflichen Aus- und Weiterbildung auszudehnen (siehe Nummer 15 der Gemeinschaftscharta der sozialen Grundrechte der Arbeitnehmer sowie Artikel 10 der Europäischen Sozialcharta) […].*". Vgl. auch *Kl. H. Fischer*, Der Europäische Verfassungsvertrag, 2005, S. 233; *N. Bernsdorff*, in: Meyer (Hrsg.), EU-GRCh, Art. 14 Rdn. 15; *M. Hilf*, Sonderbeilage zu NJW, EuZW, NVwZ und JuS (2000), 1 (9).

lieferungen zu bestimmen haben, da das Recht auf Zugang zur beruflichen Aus- und Weiterbildung weder eine Entsprechung in der EMRK noch im Gemeinschaftsrecht enthält, so dass dieses Recht der Vorschrift des Art. 52 Abs. 1 EU-GRCh zuzuordnen ist, was bedeutet, dass die Traditions-Regel des Art. 52 Abs. 4 EU-GRCh zur Bestimmung des Schutzbereichs des überlieferten Chartarechts Anwendung findet.[990]

a) Art. 150 EG

Bereits die im Rahmen des Rechts auf Bildung des Art. 14 Abs. 1, 1. Alt. EU-GRCh durchgeführte systematische Interpretation bestätigt das Ergebnis der Wortlautauslegung und legt eine Interpretation in Übereinstimmung mit Art. 150 EG in dem Sinne nahe, wonach „*berufliche Ausbildung*" in Art. 14 Abs. 1, 2. Alt. EU-GRCh auf alle Ausbildungsgänge zugeschnitten ist, die den Erwerb von berufsbezogenen Fähigkeiten zum Ziel haben.[991] Hierunter fallen nach hier vertretener Auffassung neben der beruflichen Erstausbildung und Lehrlingsausbildung grundsätzlich auch die weiterführenden Schulen sowie die Hochschul- und Fachhochschulausbildung und die berufliche Erwachsenenbildung.[992] Für die Auslegung des Begriffs „*berufliche Weiterbildung*" sind insbesondere die Spiegelstriche 1 und 2 des Art. 150 Abs. 2 EG erläuternd, die die „*berufliche [...] Umschulung*" und „*berufliche [...] Weiterbildung*" erwähnen. Daraus lassen sich Anhaltspunkte entnehmen, berufliche Weiterbildung als berufliche Umschulung, d.h. eine weitere Ausbildung, die auf die erste Ausbildung aufbaut oder zu einer völlig neuen Qualifikation befähigt, zu verstehen. Unterstützt wird dieser Befund auch durch erwähnte Rechtsprechung des EuGH zur Rechtssache *COMETT II*[993], wonach der Begriff Berufsausbildung im Sinne von Art. 128 EWGV neben der Erstausbildung auch die Weiter- und Fortbildung umfasst.[994]

---

990 *M. Borowsky*, in: Meyer (Hrsg.), EU-GRCh, Art. 52 Rdn. 44c f. Dagegen erwähnen *N. Bernsdorff*, in: Meyer (Hrsg.), EU-GRCh, Art. 14 Rdn. 16 und *M. Bühler*, Einschränkung von Grundrechten nach der Europäischen Grundrechtecharta, 2005, S. 341 beim Zugang zur beruflichen Aus- und Weiterbildung die zusätzliche Anwendung des Art. 52 Abs. 4 EU-GRCh neben Art. 52 Abs. 1 EU-GRCh nicht.

991 S. oben, A. I. 2 b).

992 *N. Bernsdorff*, in: Meyer (Hrsg.), EU-GRCh, Art. 14 Rdn. 15.

993 EuGH, Urteil v. 11.6.1991, verb. Rsn. C-51/89, C-90/89 und C-94/89, („Comett II-Programm"), Slg. 1991, I-2757 (2795) Rdn. 9 ff., 11.

994 Vgl. *Cl. D. Classen*, in: Groeben/Schwarze (Hrsg.), EUV/EGV, Art. 150 EG Rdn. 2; *R. Dohms*, RdJB 1992, 451 (453); *J. Curall*, RdJB 1991, 139 (144 ff.).

b) Die Sozialchartas

aa) Art. 10 ESC

Die von den Staaten des Europarates verabschiedete Europäische Sozialcharta – das Gegenstück zur EMRK[995] – enthält in Ergänzung zur EMRK einen Katalog sozialer Grundrechte.[996] In dem mit „*Das Recht auf berufliche Ausbildung*" überschriebenen Art. 10 Nr. 1 und 3 des Teils II der ESC heißt es u.a.:

> *„Um die wirksame Ausübung des Rechts auf berufliche Ausbildung zu gewährleisten, verpflichten sich die Vertragsparteien:*
> *1. die fachliche und berufliche Ausbildung aller Personen [...] zu gewährleisten oder zu fördern [...], sowie Möglichkeiten für den Zugang zu [...] Universitäten nach alleiniger Maßgabe der persönlichen Eignung zu schaffen;*
> *3. soweit notwendig, folgendes sicherzustellen und zu fördern:*
> *a) geeignete und leicht zugängliche Ausbildungsmöglichkeiten für erwachsene Arbeitnehmer,*
> *b) besondere Möglichkeiten für die Umschulung erwachsener Arbeitnehmer, die durch den technischen Fortschritt oder neue Entwicklungen auf dem Arbeitsmarkt erforderlich wird [...].*"

Die ESC verfolgt das Ziel, die wirksame Ausübung des Rechts auf berufliche Ausbildung zu gewährleisten. Zu diesem Zweck werden die Vertragsstaaten u. a. verpflichtet, Ausbildungssysteme zur Verfügung zu stellen und zu fördern und durch finanzielle Unterstützung Ausbildungsmöglichkeiten zu verbessern.[997]

bb) Nr. 15 der Gemeinschaftscharta der Sozialen Grundrechte der Arbeitnehmer

Auch die Gemeinschaftscharta der Sozialen Grundrechte der Arbeitnehmer weist im Zusammenhang mit dem Recht auf Zugang zur Berufsausbildung eine Reihe sozialer Zielvorgaben auf.[998]

---

995 Vgl. *B.-Chr. Funk,* in: Duschanek/Griller (Hrsg.), Grundrechte für Europa, 2002, S. 39 (42); *E.-W. Luthe*, Bildungsrecht, 2003, S. 64; *J. Caspar*, RdJB 2001, 165 (167).

996 Umfassend zur Europäischen Sozialcharta und deren Einfluss auf das Recht der Europäischen Union, *X. Neubeck*, Die Europäische Sozialcharta und deren Protokolle, 2002, S. 29 ff.; *B.-Chr. Funk*, in: Duschanek/Griller (Hrsg.), Grundrechte für Europa, 2002, S. 39 ff.

997 Vgl. *K. Spielbüchler*, EuGRZ 1985, 437 (438); *K. Odendahl*, in: Heselhaus/Nowak (Hrsg.), Handbuch der Europäischen Grundrechte, § 39 Rdn. 23.

998 S. gesamter Text in Sartorius II Nr. 190; vgl. *J. Ennuschat*, RdJB 2005, 193 (195).

Der mit „*Soziale Grundrechte der Arbeitnehmer*" überschriebene Titel I. der Gemeinschaftscharta bestimmt in Nr. 15:

> „*Berufsausbildung.*
> *Jeder Arbeitnehmer in der Europäischen Gemeinschaft muß Zugang zur Berufsausbildung haben und ihn während seines gesamten Erwerbslebens behalten. Die Bedingungen für den Zugang zur Berufsausbildung dürfen nicht aufgrund der Staatsangehörigkeit diskriminieren.*
> *Die zuständigen öffentlichen Gebietskörperschaften [...] müßten in ihrem jeweiligen Zuständigkeitsbereich die Voraussetzungen für eine Fort- und Weiterbildung schaffen, die es jedem ermöglichen, sich insbesondere durch einen Bildungsurlaub umzuschulen, sich weiterzubilden und vor allem im Zuge der technischen Entwicklungen neue Kenntnisse zu erwerben.*"

Darüber hinaus werden die Mitgliedstaaten aufgefordert, Fort- und Weiterbildungsmöglichkeiten vorzusehen und zu fördern.

Die genannten Sozialchartas heben aus Gründen realer Absicherung des „*Rechts auf Arbeit*" die Notwendigkeit berufsorientierter Wissensvermittlung hervor und enthalten damit zumindest das Postulat, bestimmte Einrichtungen zwecks Ausbildungs- und Weiterbildungsmöglichkeiten zu etablieren.[999]

c) Die Verfassungsüberlieferungen der Mitgliedstaaten (Art. 52 Abs. 4 EU-GRCh)

Falls die Bestimmung des Art. 14 Abs. 1, 2. Alt. EU-GRCh den gemeinsamen Verfassungsüberlieferungen entsprechen sollte, wäre der Schutzbereich des überlieferten Chartarechts wie einleitend erwähnt über Art. 52 Abs. 4 EU-GRCh nach diesen Verfassungsüberlieferungen zu bestimmen. Nachstehend gilt es also zu untersuchen, ob der Zugang zur beruflichen Aus- und Weiterbildung auch auf den gemeinsamen Verfassungsüberlieferungen beruht.

Immerhin anerkennen und regeln 18 von 25 EU-Mitgliedstaaten (Deutschland[1000], Estland[1001], Finnland[1002], Frankreich[1003], Griechenland[1004], Italien[1005],

---

[999] *N. Bernsdorff*, in: Meyer (Hrsg.), EU-GRCh, Art. 14 Rdn. 15; vgl. auch *K. Odendahl*, in: Heselhaus/Nowak (Hrsg.), Handbuch der Europäischen Grundrechte, § 39 Rdn. 23 (mit Fn. 47); *R. Scholz*, in: Maunz/Dürig (Hrsg.), GG, Art. 12 (2006) Rdn. 13.

[1000] Art. 12 Abs. 1 GG: „*[Freiheit der Berufswahl]. Alle Deutschen haben das Recht, [...] Ausbildungsstätte frei zu wählen. [...].*".

[1001] § 29 Abs. 3 estn. Verf.: „*Der Staat regelt die Berufsausbildung. [...].*".

Lettland[1006], Litauen[1007], Luxemburg[1008], Malta[1009], Polen[1010], Portugal[1011], Schweden[1012], Slowakei[1013], Spanien[1014], Tschechien[1015], Ungarn[1016] und Zy-

---

1002 § 16 Abs. 2 finn. Verf.: „*Kulturelle Rechte. Das Gemeinwesen gewährleistet gemäß den näheren gesetzlichen Bestimmungen gleiche Möglichkeiten für jeden, sich ungeachtet seiner Mittellosigkeit weiterzubilden und auch eine über die grundlegende Ausbildung hinausgehende Ausbildung gemäß seinen Fähigkeiten und seinen besonderen Bedürfnissen zu erhalten.*".

1003 13. Absatz Präambel der frz. Verf. von 1946: „*[...] Die Nation gewährleistet [...] dem Erwachsenen gleichen Zutritt [...] zur Berufsausbildung [...].*".

1004 Art. 16 Abs. 2 griech. Verf.: „*Die Bildung ist eine Grundaufgabe des Staates und hat die [...] berufliche [...] Erziehung der Griechen [...] zum Ziel.*"; Art. 108 Abs. 1 griech. Verf.: „*[...] Er [Der Staat] sorgt auch für die [...] berufliche Förderung der im Ausland arbeitenden Griechen.*".

1005 Art. 34 Abs. 2 S. 2 ital. Verf.: „*Die begabten und verdienstvollen Schüler haben das Recht, die höchsten Studiengrade zu erreichen, auch wenn sie mittellos sind. Die Republik verhilft diesem Recht zur Wirkung durch Stipendien, Familienbeihilfen und sonstige Unterstützungen, die aufgrund von Ausscheidungswettbewerben zugesprochen werden.*"; Art. 35 Abs. 2 ital. Verf.: „*Sie [Die Republik] sorgt für die Ausbildung und das berufliche Fortkommen der Arbeitenden.*"; Art. 38 Abs. 3 ital. Verf.: „*Arbeitsunfähige und nur beschränkt arbeitsfähige Personen haben ein Recht auf [...] Berufsausbildung.*".

1006 § 112 lett. Verf.: „*[...] Der Staat trägt dafür Sorge, dass jeder eine [...] weiterführende Schulbildung erhalten kann. [...].*".

1007 Art. 41 lit. Verf.: „ *(2) Education at State and municipal [...] vocational schools and schools of further education shall be free of charge. (3) Everyone shall have access to higher education on the basis of his abilities. Citizens who study well shall be guaranteed education at State schools oh higher education free of charge.*".

1008 Art. 23 lux. Verf.: „*(2) Der Staat richtet [...] die erforderlichen Lehrgänge des höheren Unterrichts ein. (3) [...] es [das Gesetz] regelt weiterhin alles, was den Unterricht betrifft und sieht ein System finanzieller Unterstützung für [...] Studenten gemäß den von ihm bestimmten Kriterien vor. (4) Es steht für jedermann frei, sein Studium im Großherzogtum oder im Ausland zu betreiben und die Universitäten seiner Wahl zu besuchen, unbeschadet der Bestimmungen des Gesetzes über die Zulassungsbedingungen zu den Ämtern und zur Ausübung bestimmter Berufe.*".

1009 Section 11. malt. Verf.: „*Educational interests. (1) Capable and deserving students, even if without financial resources, are entitled to attain the highest grades of education. (2) The State shall give effect to this principle by means of scholarships, of contributions to the families of students and other provisions on the basis of competitive examinations.*"; Section 12 Abs. 2 malt. Verf.: „*Protection of work. It [The State] shall provide for the professional or vocational training and advancement of workers.*".

1010 Art. 65 Abs. 5 poln. Verf.: „*Die öffentliche Gewalt verfolgt eine Politik, die auf volle und produktive Beschäftigung zielt, indem sie [...] Berufsberatung und -schulung [...] organisiert und fördert.*"; Art. 70 Abs. 4 poln. Verf.: „*Die öffentliche Gewalt gewährleistet den*

pern[1017]) einen Zugang zur beruflichen Aus- und Weiterbildung. Lediglich in den Verfassungstexten von Belgien, Dänemark, Irland, Niederlande, Österreich und Slowenien lassen sich keine Aussagen zu einem Recht auf Zugang zur beruflichen Aus- und Weiterbildung finden. Dass diese Staaten das Recht auf Zugang zur beruflichen Aus- und Weiterbeildung nicht benennen, spricht aber nicht gegen eine diesbezügliche gemeinsame europäische Rechtsauffassung, da die meisten dieser Staaten den Zugang zur Berufsausbildung auf einfachgesetz-

---

Staatsbürgern den allgemeinen und gleichen Zugang zur Bildung. Zu diesem Zweck werden Systeme der individuellen finanziellen und organisatorischen Hilfe für […] Studenten gebildet und gefördert. […].".

1011 Art. 58 Abs. 2 c) port. Verf.: „*Recht auf Arbeit. Der Staat ist zur Gewährleistung des Rechts auf Arbeit verpflichtet, Fördermaßnahmen auf folgenden Gebieten zu ergreifen: c) […] fachliche und berufliche Ausbildung und berufliche Weiterentwicklung der Arbeiter.*"; Art. 70 Abs. 1 a) port.Verf.: „*Jugend. Jugendliche genießen besonderen Schutz bei der Wahrnehmung ihrer wirtschaftlichen, sozialen und kulturellen Rechte, insbesondere: a) […] bei der beruflichen Ausbildung […].*"; Art. 74 Abs. 2 port. Verf.: „*Unterricht. Bei der Durchführung der Unterrichtspolitik obliegt es dem Staat: (c) die ständige Weiterbildung zu gewährleisten […] (d) allen Bürgern, gemäß ihren Fähigkeiten, den Zugang zu höherer Bildung in Unterricht […] zu gewährleisten; (e) nach und nach die Unentgeltlichkeit aller Bildungsstufen einzuführen […].*"; Art. 76 Abs. 1 port. Verf.: „*Universität und Zugang zum Hochschulunterricht. Der Zugang zur Universität und zu den höheren Bildungseinrichtungen gewährleistet Chancengleichheit und die Demokratisierung des Bildungswesens unter Berücksichtigung des Bedarfs an qualifizierter Ausbildung sowie der Anhebung des Bildungsniveaus […].*".

1012 Kapitel 2, § 21 S. 2 schwed. Verf.: „*Das Gemeinwesen hat dafür Sorge zu tragen, dass es höhere Ausbildung gibt.*".

1013 Art. 42 slowak. Verf.: „*(2) Die Bürger haben Anspruch auf […] Bildung […] nach den Fähigkeiten des Bürgers und den Möglichkeiten der Gesellschaft auch an Hochschulen. (4) Durch Gesetz wird bestimmt, unter welchen Voraussetzungen die Bürger während ihres Studiums Anspruch auf Hilfe des Staates haben.*".

1014 Art. 40 Abs. 2 span. Verf.: „*Die öffentliche Gewalt fördert gleichfalls eine Politik, die Berufsausbildung und Umschulung sicherstellt. […].*".

1015 Art. 26 Abs. 1 tschech. Grundrechte-Deklaration: „*Jedermann hat das Recht, sich für diesen [Beruf] auszubilden […].*"; Art. 33 Abs. 2 1 tschech. Grundrechte-Deklaration: „*Die Bürger haben das Recht auf kostenlose Bildung […], und je nach Fähigkeit des Bürgers und den Möglichkeiten der Gesellschaft, auch an den Hochschulen.*".

1016 Art. 70/F Abs. 2 ungar. Verf.: „*Die Republik Ungarn realisiert dieses Recht [auf Bildung] durch […] eine Mittel- und Hochschulausbildung, die für jeden seinen Fähigkeiten entsprechend erreichbar ist, sowie durch die materielle Unterstützung derjenigen, die am Unterricht teilnehmen.*".

1017 Art. 20 Abs. 4 zypriot. Verf.: „*Education, other than primary education, shall be made available by the Greek and Turkish Communal Chambers, in deserving and appropriate cases, on such terms and conditions as may be determined by a relevant communal law.*".

licher Ebene anerkennen. Ein wertender Vergleich der Verfassungsüberlieferungen wird daher zu dem Ergebnis gelangen, dass im Gesamtbefund eine gemeinsame europäische Rechtsauffassung bezüglich eines Rechts auf Zugang zur beruflichen Aus- und Weiterbildung gegeben ist, so dass dieses Recht nur für wenige Mitgliedstaaten ein Novum darstellt. In Anwendung der Auslegungsregel des Art. 52 Abs. 4 EU-GRCh wird man diesen Befund zur Bestimmung des Schutzbereichs des Art. 14 Abs. 1, 2. Alt. EU-GRCh zugrunde zu legen haben.

d) Zwischenergebnis

Die Anlehnung an den beiden Sozialchartas sowie der gemeinsamen Verfassungsüberlieferungen der Mitgliedstaaten bringt gegenüber der systematischen Auslegung zwar keine neuen Erkenntnisse, bestätigt aber zumindest, dass Art. 14 Abs. 1, 2. Alt. EU-GRCh auch die auf den Erwerb einer berufsbezogenen Qualifikation oder Befähigung gerichtete Ausbildung erfassen soll.[1018] Dass unter *„berufliche Weiterbildung"* die berufliche Umschulung gemeint ist, legen die Sozialchartas durch die Erwähnung in Art. 10 Nr. 3 lit. b ESC und Art. 15 Abs. 2 Gemeinschaftscharta der Sozialen Grundrechte nahe.

3. Ergebnis

Der Terminus *„berufliche Ausbildung"* im Sinne des Art. 14 Abs. 1, 2. Alt. EU-GRCh ist in Übereinstimmung mit Art. 150 EG sowie Art. 10 ESC und Nr. 15 Gemeinschaftscharta der Sozialen Grundrechte der Arbeitnehmer als jede Form der Ausbildung zu verstehen, die auf eine Qualifikation oder Befähigung für einen bestimmten Beruf oder eine bestimmte Beschäftigung vorbereitet oder eine besondere Befähigung zur Ausübung eines solchen Berufs oder einer solchen Beschäftigung verleiht, *„berufliche Weiterbildung"* meint vor allem die berufliche Umschulung.

[1018] So auch *A. Große Wentrup*, Europäische Grundrechtecharta, 2003, S. 127. Einschränkend, im Ergebnis aber ähnlich *K. Odendahl*, in: Heselhaus/Nowak (Hrsg.), Handbuch der Europäischen Grundrechte, § 39 Rdn. 28.

II. Der Gewährleistungsumfang des Grundrechts

Im Folgenden gilt es, den Gewährleistungsumfang des Art. 14 Abs. 1, 2. Alt. EU-GRCh, d.h. die rechtlichen Wirkungen dieser Vorschrift zugunsten des Schutzbereichs, zu ermitteln.

1. Die grammatikalische Auslegung des Rechts auf „*Zugang zur beruflichen Aus- und Weiterbildung*"

Im Gegensatz zu dem „*Recht auf Bildung*" – wie im Rahmen von Art. 14 Abs. 1, 1. Alt. EU-GRCh bereits erwähnt[1019] – spricht Art. 14 Abs. 1, 2. Alt. EU-GRCh einschränkend ausdrücklich nur von einem „*Zugang zur beruflichen Ausbildung und Weiterbildung*" und nicht von einem Recht auf berufliche Aus- und Weiterbildung. Die grammatikalische Auslegung deutet im Gegensatz zu dem „*Recht*" auf Bildung der 1. Alt. des Art. 14 Abs. 1 EU-GRCh darauf hin, dass es sich bei dem Recht auf Zugang zur beruflichen Aus- und Weiterbildung um ein reines Teilhaberecht handeln soll, d.h. zu einem diskriminierungsfreien Zugangsanspruch zu bereits bestehenden Ausbildungsstätten.[1020] Daneben ist davon auszugehen, dass dieses Recht auch eine abwehrrechtliche Komponente enthält, d.h. dass hoheitliche Eingriffe in die berufliche Ausbildungsfreiheit abgewehrt werden können. Für eine derartige Interpretation spricht auch, dass die berufliche Bildung nicht so fundamental für die Persönlichkeitsentwicklung und der Entfaltung zur Selbstbestimmung des Menschen ist wie die schulische Elementarausbildung.[1021]

[1019] S. oben, A. II. 2 b) bb).

[1020] So *N. Bernsdorff*, VSSR 2001, 1 (19), wonach die Rechte „*auf Zugang*" wie bei der beruflichen Aus- und Weiterbildung derivative Rechte darstellen und lediglich die Partizipation im Rahmen des Vorhandenen geschützt wird; *J. Ennuschat*, RdJB 2005, 193 (197); wohl auch *B. Losch/W. Chr. Radau*, NVwZ 2003, 1440 (1444); *M. Nettesheim*, Integration, 2002, 35 (39), nach dem es im Rahmen von Art. 14 Abs. 1, 2. Alt. EU-GRCh um „*Leistungs- und Gewährleistungspflichten*" der öffentlichen Gewalt geht. A.A. *J. Meyer/M. Engels*, in: Deutscher Bundestag (Hrsg.), Charta der Grundrechte der Europäischen Union, 2001, S. 21, die in dem Wort „Zugang" in Art. 14 Abs. 1 EU-GRCh lediglich ein klassisches Abwehrrecht sehen.

[1021] Vgl. *A. Große Wentrup*, Europäische Grundrechtecharta, 2003, S. 132 f.

2. Die systematische Auslegung

Im Wege der systematischen Auslegung sollen zur Bestimmung des Gewährleistungsumfangs des Rechts auf Zugang zur beruflichen Aus- und Weiterbildung die Chartaartikel, die ebenfalls ein *„Recht auf Zugang"* normieren, sowie die Bestimmungen der Sozialchartas und die Verfassungsüberlieferungen der Mitgliedstaaten als Auslegungsmaßstab herangezogen werden.

a) Artikel, in denen die Grundrechtsberechtigten ein „Recht auf Zugang" haben

Die bereits im Rahmen des Art. 14 Abs. 1, 1. Alt. EU-GRCh erfolgte Analyse der Grundrechte, die ein ausdrückliches *„Recht auf Zugang zu..."* gewährleisten (Art. 14 Abs. 1, 2. Alt., 29, 34, 35, 36 EU-GRCh), hat ergeben, dass diese Rechte in erster Linie einen Anspruch auf diskriminierungsfreien Zugang zu bereits vorhandenen Einrichtungen vermitteln, also eine teilhaberechtliche Funktion besitzen.[1022] Originäre Leistungsansprüche gegen den Staat oder die Gemeinschaftsgewalt gewähren diese Rechte dagegen nicht. Die systematische Auslegung mit diesen Vorschriften bestätigt damit den gewonnenen Befund der Wortlautanalyse.

b) Die Sozialchartas

Fraglich ist, welche Erkenntnis sich aus den Sozialchartas ableiten lässt.

aa) Art. 10 ESC

Hervorzuheben ist zunächst, dass die Mitgliedstaaten die Bedeutung der Sozialcharta durch mehrfache Bezugnahme in den Europäischen Verträgen immerhin bestätigen, indem sie durch Erwähnung in der Präambel zur Einheitlichen Europäischen Akte von 1986 und zusammen mit der Gemeinschaftscharta durch Bezugnahme im vierten Erwägungsgrund der Präambel des EU-Vertrages sowie in Art. 136 EG (Art. III-209 EuVerf) seit der Änderung durch den Vertag von Amsterdam Eingang in das EU-Vertragsrecht gefunden.[1023] So verpflichten sich die Mitgliedstaaten, die Sozialcharta zusammen mit der Gemeinschaft bei der Verfolgung sozialer Ziele zu berücksichtigen.

[1022] S. dazu oben, A. II. 2. b).

[1023] *S. Magiera*, DÖV 2000, 1017 (1023).

Zwar sieht die Bestimmung des Art. 10 ESC den Zugang zur Berufsausbildung ausdrücklich vor, allerdings erhält diese Vorschrift – wie die Sozialcharta insgesamt – keine subjektiv-öffentlichen Rechte des Einzelnen, sondern nur generalklauselartige Zielbestimmungen für die Vertragsstaaten.[1024] Infolgedessen kommt dieser Vorschrift im Unterschied zur EMRK keine unmittelbare innerstaatliche Geltung zu.[1025]

bb) Nr. 15 der Gemeinschaftscharta der Sozialen Grundrechte der Arbeitnehmer

Auch die Gemeinschaftscharta gilt grundsätzlich als ein wichtiges Instrument für einen gemeinsamen Sozialraum, deren Notwendigkeit von allen Mitgliedstaaten der EU (bis auf Großbritannien) befürwortet wird.[1026] Jedoch ist diese Charta als „Feierliche Erklärung“ der damaligen Mitgliedstaaten ebenfalls nicht rechtsverbindlich.[1027]

cc) Zwischenergebnis

Da beiden Sozialchartas keine unmittelbare Wirkung zukommt und damit keine subjektiv-öffentlichen Rechte des Einzelnen gewährleistet werden, sind sie als Auslegungsmaßstab für den Gewährleistungsumfang des Art. 14 Abs. 1, 2. Alt. EU-GRCh nicht weiterführend. Jedenfalls folgt aus diesen Bestimmun-

---

[1024] *E.-W. Luthe*, Bildungsrecht, 2003, S. 64. Auch ist als Durchsetzungsmechanismus der Einhaltung der einzelnen Bestimmungen keine Individual- oder Staatenbeschwerde vorgesehen, sondern lediglich das regelmäßige Abfassen von Berichten durch die Vertragsstaaten (vgl. Art. 21 ff. der Sozialcharta), kritisch dazu *H. Krieger*, in: Grote/Marauhn (Hrsg.), EMRK/GG, Kap. 6 Rdn. 87; *G. Odendahl*, JA 1996, 898 (902); vgl. auch *Th. Oppermann*, Europarecht, Rdn. 66; *B.-Chr. Funk*, in: Duschanek/Griller (Hrsg.), Grundrechte für Europa, 2002, S. 39 (42).

[1025] *N. Bernsdorff*, in: Meyer (Hrsg.), EU-GRCh, Art. 14 Rdn. 15; BVerwG, Urteil v. 18.12.1992, („Landeserziehungsgeld“), BVerwGE 91, 327 (330); siehe ferner BVerwG, Urteil v. 25.7.2001, („Studiengebühr für Langzeitstudierende“), BVerwGE 115, 32 (49 f.). Vgl. auch *R. Scholz*, in: Maunz/Dürig (Hrsg.), GG, Art. 12 (2006) Rdn. 13, 105; *J. Ennuschat*, RdJB 2005, 193 (194); *K. Odendahl*, in: Heselhaus/Nowak (Hrsg.), Handbuch der Europäischen Grundrechte, § 39 Rdn. 23.

[1026] Vgl. *H. J. Schrötter*, Das neue Europa, Stichwort „Die europäische Sozialcharta“, S. 220.

[1027] Vgl. *R. Scholz*, in: Maunz/Dürig (Hrsg.), GG, Art. 12 (2006) Rdn. 13, 105; *K. Odendahl*, in: Heselhaus/Nowak (Hrsg.), Handbuch der Europäischen Grundrechte, § 39 Rdn. 23; *B.-Chr. Funk*, in: Duschanek/Griller (Hrsg.), Grundrechte für Europa, 2002, S. 39 (42); *Th. Oppermann*, Europarecht, Rdn. 1633; *H. J. Schrötter*, Das neue Europa, Stichwort „Die europäische Sozialcharta“, S. 220; *S. Magiera*, DÖV 2000, 1017 (1023).

gen zumindest keine anderweitige Sichtweise, als dass Art. 14 Abs. 1, 2. Alt. EU-GRCh lediglich eine abwehr- und teilhaberechtliche Komponente enthält.

c) Die Verfassungsüberlieferungen der Mitgliedstaaten (Art. 52 Abs. 4 EU-GRCh)

Im Folgenden soll überprüft werden, welchen Befund die gemeinsamen Verfassungsüberlieferungen hinsichtlich des Gewährleistungsumfangs des Rechts auf Zugang zur beruflichen Aus- und Weiterbildung bieten. Sollten sich hieraus justiziable subjektive Rechte des Einzelnen ergeben, so wären diese Wirkungen in Anwendung der Regel des Art. 52 Abs. 4 EU-GRCh zur Erreichung eines hohen Schutzniveaus der Interpretation des Art. 14 Abs. 1, 2. Alt. EU-GRCh zugrunde zu legen.

aa) Anerkennung eines Rechts auf Zugang zur beruflichen Aus- und Weiterbildung als subjektives öffentliches Recht

(1) Deutschland

Nach Ansicht des BVerwG enthält das Recht auf freie Wahl der Ausbildungsstätte gemäß Art. 12 Abs. 1 S. 1, 3. Alt. GG „*Elemente eines Rechts auf Bildung*".[1028] Soweit es also um den Zugang zu Bildungseinrichtungen geht, ist der Schutzbereich des Art. 12 Abs. 1 S. 1, 3. Alt. GG von demjenigen des Art. 2 Abs. 1 GG abzugrenzen.[1029] Nach heutiger Auffassung umfasst Art. 12 Abs. 1 GG neben der berufsbezogenen Ausbildung, also die berufsbildenden Schulen und Hochschulen, auch die weiterführenden allgemein bildenden Schulen, wie etwa das Gymnasium.[1030] Der Zugang zu staatlichen Bildungseinrichtungen im

---

[1028] BVerwG, Urteil v. 14.7.1978, („Schüler-Versetzung"), BVerwGE 56, 155 (158) unter Hinweis auf eine restriktivere Formulierung des BVerfG im Förderstufenurteil, BVerfG, Beschluss v. 22.6.1977, („Oberstufe I"), BVerfGE 45, 400 (417).

[1029] Vgl. *Chr. Langenfeld*, Integration und kulturelle Identität zugewanderter Minderheiten, 2001, S. 225 f.; dazu auch oben, A. II. 2 d) cc).

[1030] *M. Gubelt,* in: v. Münch/Kunig (Hrsg.), GG I, Art. 12 Rdn. 26 a; *R. Scholz*, in: Maunz/Dürig (Hrsg.), GG, Art. 12 (2006) Rdn. 72, 126, 187; *Chr. Langenfeld*, in: Grote/Marauhn (Hrsg.), EMRK/GG, Kap. 23 Rdn. 18; *Kl.-D. Borchardt*, in: Grabitz (Hrsg.), Grundrechte in Europa, 1986, Kap. 3: Bundesrepublik Deutschland, S. 115 (138); *L. R. Reuter*, in: Jach/Jenkner, 50 Jahre GG und Schulverfassung, 2000, S. 17 (19); *Deutscher Hochschulverband* (Hrsg.), in: Schriften zu Bildung und Wissenschaft, 1996, S. 49; *B. Pieroth*, DVBl. 1994, 949 (957); *Kl.-D. Heymann/E. Stein*, AöR 97 (1972), 185 (192 ff.); *M. Abelein*, DÖV 1967, 375 (378); das BVerwG hat diese Frage bislang offen gelassen BVerwG, Urteil v.

Sinne des Art. 12 Abs. 1 S. 1, 3. Alt. GG hat – soweit erkennbar – am deutlichsten in den sog. „*numerus clausus-Fällen*"[1031] des BVerfG eine Rolle gespielt.[1032] In dieser grundlegenden Entscheidung vom 18. Juli 1972 zum *numerus clausus* im Fach Medizin hat das BVerfG der Wahl der Ausbildungsstätte gemäß Art. 12 Abs. 1 S. 1, 3. Alt. GG i.V.m. dem allgemeinen Gleichheitssatz des Art. 3 Abs. 1 GG und dem Sozialstaatsgebot ein Recht auf Teilhabe an öffentlichen Bildungseinrichtungen der berufsbezogenen Ausbildung (im konkreten Fall ein Recht auf Zulassung zum Hochschulstudium) entnommen. Hierbei führte das BVerfG in seiner Begründung aus:

> *„Selbst wenn grundsätzlich daran festzuhalten ist, daß es im modernen Sozialstaat der nicht einklagbaren Entscheidung des Gesetzgebers überlassen bleibt, ob und wieweit er im Rahmen der darreichenden Verwaltung Teilhaberechte gewähren will, so können sich doch, wenn der Staat gewisse Ausbildungseinrichtungen geschaffen hat, aus dem Gleichheitssatz in Verbindung mit Art. 12 Abs. 1 GG und dem Sozialstaatsprinzip Ansprüche auf Zutritt zu diesen Einrichtungen ergeben. Das gilt besonders, wo der Staat – wie im Bereich des Hochschulwesens – ein faktisches, nicht beliebig aufgebbares Monopol für sich in Anspruch genommen hat und wo – wie im Bericht der Ausbildung zu akademischen Berufen – die Beteiligten an staatlichen Leistungen zugleich notwendige Voraussetzung für die Verwirklichung von Grundrechten ist. […]. Hier folgt vielmehr daraus, daß der Staat Leistungen anbietet, ein Recht eines jedes hochschulreifen Staatsbürgers, an der damit gebotenen Lebenschance prinzipiell gleichberechtigt beteiligt zu werden. Art. 12 Abs. 1 GG in Verbindung mit Art. 3 Abs. 1 GG und dem Sozialstaatsgebot gewährleistet also ein*

14.7.1978, („Schüler-Versetzung"), BVerwGE 56, 155 (157 f.). Nach Ansicht von *P. Glotz/Kl. Faber*, in: Benda/Maihofer/Vogel (Hrsg.), Hdb VerfR, § 28 Rdn. 12, umfasst Art. 12 Abs. 1 GG sogar die Grundschulen. S. ferner *R. Breuer*, in: Isensee/Kirchhof (Hrsg.), Hdb StaatsR VI, § 147 Rdn. 75; *P. J. Tettinger*, in: Sachs (Hrsg.), GG, Art. 12 Rdn. 67, die nur die Sekundarstufe II der Gymnasien, also allein die Jahrgangstufen 11 bis 13 in den Schutzbereich von Art. 12 Abs. 1 GG einbeziehen. Differenzierend BVerfG, Beschluss v. 20.10.1981, („Schulentlassung"), BVerfGE 58, 257 (273 f.) dahingehend, ob ein Eingriff berufsausbildungsbezogen ist oder nicht. Dagegen *H. D. Jarass*, in: Jarass/Pieroth, GG, Art. 12 Rdn. 71; *ders.*, DÖV 1995, 674 (678), der eine Anwendung von Art. 12 Abs. 1 GG auf allgemein bildende Schulen ablehnt.

[1031] BVerfG, Urteil v. 18.7.1972, („numerus clausus"), BVerfGE 33, 303 (330 f.). S. auch die Besprechungen dazu von *P. Häberle*, DÖV 1972, 729 ff. und *O. Kimminich*, JZ 1972, 696 ff.

[1032] Ausführlich dazu *R. Scholz*, in: Maunz/Dürig (Hrsg.), GG, Art. 12 (2006) Rdn. 70 f.; *J. P. Müller*, Soziale Grundrechte in der Verfassung?, 1981, S. 204 ff. m.w.N.; vgl. auch *L. Wildhaber*, in: Golsong u.a. (Hrsg.), IK-EMRK, Art. 2 EMRK/1. ZP (1995) Rdn. 63 ff.

> *Recht des die subjektiven Zulassungsvoraussetzungen erfüllenden Staatsbürgers auf Zulassung zum Hochschulstudium seiner Wahl.*"[1033]

In dieser Entscheidung hat das BVerfG festgestellt, dass soweit der Staat jedenfalls faktisch über ein Ausbildungsmonopol im Bereich der Hochschulausbildung verfügt und er dieses Monopol zum (willkürlichen) Ausschluss von dieser Ausbildung nutzt, würde er das Recht auf freie Wahl der Ausbildungsstätte unmöglich machen und damit in das Freiheitsrecht des Art. 12 Abs. 1 GG eingreifen. Um dem vorzubeugen, wird ein Grundrecht auf Zugang hochschulreifer Bewerber zu den vorhandenen Einrichtungen der akademischen Berufsausbildung bejaht.[1034] Damit bleibt festzuhalten, dass sich aus Art. 12 Abs. 1 i.V.m. Art. 3 Abs. 1 GG und dem Sozialstaatsgebot ein derivatives Leistungsrecht, d.h. ein diskriminierungsfreier Zugang am bestehenden Studienplatzangebot, ergibt.[1035] Dieser teilhaberechtliche Zugang ist auch nur unter „*strengen formell- und materiellrechtlichen Voraussetzungen*" einschränkbar und unterliegt als „*objektive Zulassungsvoraussetzung*" einer strikten Verhältnismäßigkeitsprüfung.[1036] Die Beschränkbarkeit dieses Zulassungsanspruchs als Teilhaberecht folgt daraus, dass Teilhaberechte unter dem Vorbehalt des Möglichen stehen und notwendig regelungsbedürftig sind.[1037]

Weiter fragte das BVerfG,

> „*ob sich aus diesem Verfassungsauftrag unter besonderen Voraussetzungen ein einklagbarer Individualanspruch des Staatsbürgers auf Schaffung von Studienplätzen herleiten ließe.*".[1038]

[1033] BVerfG, Urteil v. 18.7.1972, („numerus clausus"), BVerfGE 33, 303 (331 f.).

[1034] Kritisch dazu *O. Kimminich*, JZ 1972, 696 (699), der das Urteil als ein „*rührendes Dokument der Hilflosigkeit*" bezeichnet, das die ganze Ausweglosigkeit der heutigen Situation widerspiegele; ebenfalls kritisch *D. Murswiek*, in: Isensee/Kirchhof (Hrsg.), Hdb StaatsR V, § 112 Rdn. 67.

[1035] *J. P. Müller*, Soziale Grundrechte in der Verfassung?, 1981, S. 205 ff.

[1036] BVerfG, Urteil v. 18.7.1972, („numerus clausus"), BVerfGE 33, 303 (336, 338). Vgl. auch BVerfG, Beschluss v. 22.10.1991, („Zugang zum Hochschulstudium"), BVerfGE 85, 36 (54). Grundlegend zur Beschränkbarkeit des Art. 12 GG BVerfG, Urteil v. 11.6.1958, („Apotheken-Urteil"), BVerfGE 7, 377 ff., st. Rspr.

[1037] *Chr. Langenfeld*, in: Grote/Marauhn (Hrsg.), EMRK/GG, Kap. 23 Rdn. 39; *dies.*, Integration und kulturelle Identität zugewanderter Minderheiten, 2001, S. 227.

[1038] BVerfG, Urteil v. 18.7.1972, („numerus clausus"), BVerfGE 33, 303 (333).

Die Frage also, ob der Staat zu einer Erweiterung der Ausbildungskapazitäten im Sinne eines individualrechtlichen Verschaffungsanspruchs verpflichtet sei oder ob der Teilhabeanspruch auf bestehende Bildungseinrichtungen beschränkt sei, hat das BVerfG offen gelassen. Das soziale Grundrecht auf Erweiterung des bestehenden Studienplatzangebotes steht freilich unter dem Finanzierungsvorbehalt des wirtschaftlich Möglichen.[1039] In erster Linie habe dies der Gesetzgeber in seiner Verantwortung zu beurteilen. Die herrschende Meinung lehnt dagegen ein Leistungsrecht auf Schaffung zusätzlicher Ausbildungsplätze grundsätzlich ab.[1040]

Die vom BVerfG entwickelten Grundsätze zum Zugangsrecht zur Ausbildungsstätte „*Hochschule*“ nach Art. 12 Abs. 1 S. 1 i.V.m. Art. 3 Abs. 1 GG und dem Sozialstaatsgebot haben auch für andere Ausbildungsstätten Bedeutung, soweit der Staat dort ein faktisches Ausbildungsmonopol besitzt. Das gilt z.B. für die weiterführenden Schulen der Sekundarstufen I und II und für die berufsbildenden Einrichtungen.[1041]

(2) Italien

Die italienische Verfassung gewährleistet – wie bereits erwähnt – ausdrücklich auch ein Recht auf Zugang zu höherer Bildung (vgl. 34 Abs. 2 S. 2: „*höchste Studiengrade*“; Art. 38 Abs. 3: „*Recht auf Berufsausbildung*“).[1042] Darüber hinaus haben die Befähigten nach Art. 34 Abs. 2 S. 2 ital. Verf. das Recht, die höchsten Ausbildungsgrade erreichen zu können, auch wenn sie sich finanziell keine Ausbildung leisten können.[1043] Nach Auffassung des italienischen Verfassungsgerichts geht die Bestimmung, dass die Befähigten Anspruch auf finanzielle Unterstützung haben, über einen bloßen Programmsatz hinaus, welcher Rech-

---

[1039] Vgl. *A. Weber*, Menschenrechte, 2004, S. 713.

[1040] Vgl. die Nachweise zu Art. 2 Abs. 1 GG oben, A. II. 2 d) cc).

[1041] Vgl. *Th. Oppermann*, in: Isensee/Kirchhof (Hrsg.), Hdb StaatsR VI, § 135 Rdn. 38; *R. Scholz*, in: Maunz/Dürig (Hrsg.), GG, Art. 12 (2006) Rdn. 72; *H. D. Jarass*, DÖV 1995, 674 (677); *Pieroth*, DVBl. 1994, 949 (957).

[1042] Vgl. *H.-J. Blanke,* in: Grabitz/Hilf (Hrsg.), EUV/EGV, Bd. II, vor Art. 149, 150 EGV (2004) Rdn. 4; *K.-P. Sommermann*, Staatsziele und Staatszielbestimmungen, 1997, S. 234 f.

[1043] *G. De Vergottini*, in: Iliopoulos-Strangas, La protection des droits sociaux fondamentaux dans les Etats membres de l'Union européenne, 2000, S. 575; *W. Kämpfer*, EuGRZ 1981, 721 (732); *R. Riz/E. Happacher Brezinka*, Grundzüge des italienischen Verfassungsrechts, 2003, S. 185; vgl. auch *L. Monaco*, in: Grabitz (Hrsg.), Grundrechte in Europa, 1986, Kap. 6: Italien, S. 363 (387).

te nur im Rahmen der gesetzlichen Konkretisierung gewähren würde.[1044] Wie bereits erläutert[1045], enthalten diesen Bestimmungen subjektiv-öffentliche Rechte, so dass davon auszugehen ist, dass zumindest der diskriminierungsfreie Zugang zu den bestehenden Bildungseinrichtungen gewährleistet ist.

(3) Tschechien

Dem in den Art. 26 Abs. 1 S. 1 und 33 Abs. 2 der tschech. Grundrechte-Deklaration ausdrücklich erwähntem Recht, sich beruflich zu bilden, bzw. auf Zugang zu höherer Bildung (Hochschulen) kommen zumindest teilhaberechtliche und in den Grenzen des Möglichen auch leistungsrechtliche Funktionen zu. Darüber hinaus sind diese Rechte auch gerichtlich durchsetzbar.[1046]

bb) Anerkennung eines Rechts auf Zugang zur beruflichen Aus- und Weiterbildung als Staatszielbestimmung

Dagegen ist in den folgenden Verfassungen ein Recht auf Zugang zur beruflichen Aus- und Weiterbildung als grundlegendes Prinzip – im Sinne von Staatszielbestimmungen – verankert, jedoch nicht justiziabel.

Wie im Rahmen der Schutzbereichsüberprüfung des Art. 14 Abs. 1, 2. Alt. EU-GRCh dargelegt[1047] ist der Grundsatz auf Zugang zur Berufsausbildung sowohl in der französischen Präambel wie auch in Art. 23 Abs. 2 bis 4 der luxemburgischen Verfassung verankert, jedoch stellen dieses Bestimmung – wie im Zusammenhang mit Art. 14 Abs. 1, 1. Alt. EU-GRCh festgestellt – kein individuelles Recht dar, sondern haben rechtlich den Charakter von Programmsätzen bzw. Gesetzgebungsaufträgen.[1048]

In Griechenland ist die Vorschrift des Art. 16 Abs. 2 griech. Verf., der zugleich eine institutionelle Garantie beinhaltet, wie auch das Recht auf staatliche Fürsorge für die berufliche Förderung der im Ausland arbeitenden Griechen

---

[1044] *W. Kämpfer*, EuGRZ 1981, 721 (732), wonach nach einem Urteil des Verfassungsgerichtshofes die Mittel für Befähigte durch die finanzielle Leistungsfähigkeit des Staates beschränkt wird (nur im Rahmen des „Möglichen“).

[1045] Vgl. oben, A. II. 2 d) bb) (6).

[1046] S. oben, A. II. 2 d) aa) (3).

[1047] Vgl. zu den jeweiligen Verfassungstexten, oben unter I. 2 c).

[1048] *E. Savoie*, in: Grabitz (Hrsg.), Grundrechte in Europa, 1986, Kap. 4: Frankreich, S. 203 (226); *D. Pieters*, in: Grabitz (Hrsg.), Grundrechte in Europa, 1986, Kap. 7: Luxemburg, S. 437 (469); *H. Krieger*, in: Grote/Marauhn (Hrsg.), EMRK/GG, Kap. 6 Rdn. 94 m.w.N.

gemäß Art. 108 Abs. 1 S. 2 griech. Verf. als Verfassungsauftrag formuliert, so dass die sozialen Rechte der griechischen Verfassung grundsätzlich keine unmittelbaren, gerichtlich verfolgbaren Ansprüche der Bürger begründen.[1049]

Ähnliches gilt für die Bestimmung des Art. 40 Abs. 2 S. 1 span. Verf., die sich unter dem mit „*Leitprinzipien der Sozial- und Wirtschaftspolitik*" überschriebenem Kapitel 3 befindet.[1050] Zwar wurde festgestellt, dass das allgemeine Recht auf Bildung in Spanien gemäß Art. 27 Abs. 1 span. Verf.[1051] ein subjektives öffentliches Recht enthalte. Was dagegen den Zugang zur Berufsausbildung und Umschulung betrifft, formuliert die Vorschriften des Art. 40 Abs. 2 span. Verf. nicht ein „*Recht auf...*", sondern es ist die Rede davon, dass die öffentliche Gewalt die berufliche Aus- und Weiterbildung zu „*fördern*" hat. Mithin ist die Förderung der Berufsausbildung als grundlegendes Prinzip verankert, was nahe legt, dass es sich bei dieser Gewährleistung lediglich um ein Staatszielbestimmungen handeln soll und nicht um ein subjektives Recht.[1052] Dabei handelt es sich um an den jeweiligen Gesetzgeber gerichtete Gesetzgebungsaufträge, die erst dann gerichtlich durchsetzbar werden, wenn der Gesetzgeber die erforderlichen Voraussetzungen individualrechtlicher Ansprüche im einfachen Recht umgesetzt hat.[1053]

Zwar enthält die portugiesische Verfassung in den zitierten Bestimmungen (vgl. 58 Abs. 2 lit. c]: „*berufliche Ausbildung und berufliche Weiterentwicklung*"; Art. 70 Abs. 1 lit. a]: „*berufliche Ausbildung*"; Art. 74 Abs. 2 lit. c]: „*ständige Weiterbildung*", lit. d]: „*Zugang zu höherer Bildung*", lit. e]: „*Unent-*

1049 *P.-M. E. Efstratiou*, in: Starck (Hrsg.), Grundgesetz und deutsche Verfassungsrechtsprechung im Spiegel ausländischer Verfassungsentwicklung, 1990, S. 119 (140); vgl. auch *A. Weber*, Menschenrechte, 2004, S. 707; *P.-M. E. Efstratiou*, in: Starck (Hrsg.), Grundgesetz und deutsche Verfassungsrechtsprechung im Spiegel ausländischer Verfassungsentwicklung, 1990, S. 119 (419); dazu auch *J. Iliopoulos-Strangas/G. Leventis*, in: Iliopoulos-Strangas, La protection des droits sociaux fondamentaux dans les Etats membres de l'Union européenne, 2000, S. 423, 426. Zu den Ausnahmen s. oben bei Art. 16 Abs. 4 griech. Verf., A. II. 2 d) bb) (4).

1050 Vgl. *K.-P. Sommermann*, Staatsziele und Staatszielbestimmungen, 1997, S. 235; *H.-J. Blanke*, in: Grabitz/Hilf (Hrsg.), EUV/EGV, Bd. II, vor Art. 149, 150 EGV (2004) Rdn. 4.

1051 S. oben, A. II. 2 d) aa) (2).

1052 So auch *Th. v. Danwitz/S. Röder*, in: Stern/Tettinger (Hrsg.), Die Europäische Grundrechte-Charta im wertenden Verfassungsvergleich, 2005, S. 31 (46 f.); *M. H. Knecht*, Die Charta der Grundrechte der Europäischen Union, 2005, S. 170 (mit Fn. 840).

1053 Vgl. *J. Polakiewicz*, ZaöRV 54 (1994), 340 (352); *S. Magiera*, DÖV 2000, 1017 (1023).

geltlichkeit aller Bildungsstufen“; Art. 76 Abs. 1: „*Zugang zur Universität und zu den höheren Bildungseinrichtungen*“) Textaussagen zu einem Zugang zur Hochschul- wie zur beruflichen Aus- und Weiterbildung.[1054] Diese Artikel befinden sich jedoch in dem mit „*Wirtschaftliche, soziale und kulturelle Rechte und Pflichten*“ überschriebenen Kaptitel III der portugiesischen Verfassung.[1055] Auch bei diesen wirtschaftlichen, sozialen und kulturellen Rechten handelt es sich in erster Linie um programmatische Bestimmungen und mithin nicht um unmittelbar durchsetzbare Leistungsrechte, die erst durch konkretisierende Gesetzgebung bestimmt und durchsetzbar werden.[1056]

Finnland verbürgt in § 16 Abs. 2 finn. Verf. eine ausdrückliche Einbeziehung der Chancengleichheit hinsichtlich der „Weiterbildung“, d.h. die Möglichkeit eine über die grundlegende Ausbildung hinausgehende Ausbildung zu erhalten, auch wenn man mittellos ist.[1057] Ähnliches sieht die schwedische Verfassung vor, wonach das Gemeinwesen für die „*höhere Ausbildung*“ Sorge zu tragen hat.[1058] Diese „Rechte“ sind jedoch wie bei der griechischen, spanischen und portugiesischen Verfassung lediglich als Gesetzgebungsaufträge bzw. Staatszielbestimmungen formuliert, so dass die genannten Vorschriften keine subjektiv öffentlichen Rechte vermitteln.

Auch bei den Verfassungsformulierungen von Estland, Lettland, Litauen, Malta, Polen, Slowakei, Slowenien, Ungarn und Zypern[1059] beschränkt sich die

---

1054 Vgl. *K.-P. Sommermann*, Staatsziele und Staatszielbestimmungen, 1997, S. 234 f.; *H.-J. Blanke*, in: Grabitz/Hilf (Hrsg.), EUV/EGV, Bd. II, vor Art. 149, 150 EGV (2004) Rdn. 4.

1055 Vgl. zur Einteilung der Grundrechte der portugiesischen Verfassung, s. oben Fn. 717, 806.

1056 Vgl. *J. Polakiewicz*, ZaöRV 54 (1994), 340 (348) m.w.N.

1057 Vgl. *N. Bernsdorff*, in: Meyer (Hrsg.), EU-GRCh, Art. 14 Rdn. 2; *J. Iliopoulos-Strangas*, in: Scheuing (Hrsg.), Europäische Verfassungsordnung, 2003, S. 133 (149); *J. Ennuschat*, RdJB 2005, 193 (195).

1058 Vgl. *R. Streinz*, in: Streinz (Hrsg.), EUV/EGV, Art. 14 GR-Charta Rdn. 1 (mit Fn. 2: Auftrag des Gemeinwesens zur Einrichtung „*höherer Ausbildung*“).

1059 § 29 Abs. 3 estn. Verf.; § 112 S. 2 lett. Verf.; Art. 41 Abs. 2 und 3 lit. Verf.; Section 11 Abs. 1 und 2, Section 12 Abs. 2 malt. Verf.; Art. 65 Abs. 5, Art. 70 Abs. 4 poln. Verf.; Art. 42 Abs. 2 und 4 slowak. Verf.; Art. 52 Abs. 2 slow. Verf.; Art. 70/F Abs. 2 ungar. Verf.; Art. 20 Abs. 4 zypriot. Verf.

rechtliche Bedeutung dieser Gewährleistungen auf Staatszielbestimmungen, allgemeine Programmsätze und Verfassungsaufträge.[1060]

cc) Zusammenfassender Vergleich und Bewertung

Zusammengefasst messen lediglich drei Verfassungen (Deutschland, Italien und Tschechien) dem Recht auf Zugang zur beruflichen Aus- und Weiterbildung ein subjektives Recht im Sinne eines Teilhaberechts zu. Bei den restlichen 15 Verfassungen (Estland, Finnland, Frankreich, Griechenland, Lettland, Litauen, Luxemburg, Malta, Polen, Portugal, Schweden, Spanien, Slowakei, Ungarn und Zypern) handelt es sich dabei um nicht justiziable Staatszielbestimmungen. Eine wertende Rechtsvergleichung muss hier zu dem Ergebnis gelangen, dass es keine gemeinsame Rechtsauffassung bezüglich einer individualschützenden Dimension eines Rechts auf Zugang zur beruflichen Aus- und Weiterbildung gibt, so dass die Auslegungsregel des Art. 52 Abs. 4 EU-GRCh nicht zum Zuge kommt. Da die Charta auf umfassenden Rechtsschutz und Subjektivierung angelegt ist, unterschreitet Art. 14 Abs. 1, 2. Alt. EU-GRCh den in der gemeinsamen Verfassungstradition erreichten Grundrechtsstandard jedenfalls nicht, sondern geht als subjektives Teilhaberecht darüber hinaus. Freilich wird dieses Recht für die Staaten so lange folgenlos bleiben, wie der Union echte Bildungszuständigkeiten im Bereich der beruflichen Bildung fehlen (vgl. Art. 150 EG).

d) Die sonstigen internationalen Verpflichtungen (Art. 53 EU-GRCh)

Auch die völkerrechtlichen Bestimmungen der Art. 26 Abs. 1 AEMR[1061], Art. 13 Abs. 2 b) IPwirtR[1062] und Art. 28 Abs. 1 UN-Übereinkommens über die Rechte des Kindes[1063] statuieren ein Recht auf Zugang zur beruflichen Aus- und

---

[1060] Vgl. *J. Tauber*, in: Ismayr (Hrsg.), Die politischen Systeme Osteuropas, 2002, S. 135 (153); *M. Vainiuté*, Die Verfassungsentwicklung der Republik Litauen, 2001, S. 117. S. dazu jeweils oben, A. II. 2 d).

[1061] Art. 26 Abs. 1 AEMR: „*Kulturelle Betreuung, Elternrecht. [...] Fachlicher und beruflicher Unterricht soll allgemein zugänglich sein; die höheren Studien sollen allen nach Maßgabe ihrer Fähigkeiten und Leistungen in gleicher Weise offen stehen.*“.

[1062] Art. 13 Abs. 2 IPwirtR: „*Die Vertragsstaaten erkennen an, dass im Hinblick auf die volle Verwirklichung dieses Rechts [...] b) die verschiedenen Formen des höheren Schulwesens einschließlich des höheren Fach- und Berufsschulwesens auf jede geeignete Weise, insbesondere durch allmähliche Einführung der Unentgeltlichkeit, allgemein verfügbar und jedermann zugänglich gemacht werden müssen.*“.

[1063] Art. 28 Abs. 1 KRK: „*Recht auf Bildung. [...] um die Verwirklichung dieses Rechts [auf Bildung] auf der Grundlage der Chancengleichheit fortschreitend zu erreichen, werden*

Weiterbildung. Diesen kommt jedoch – wie bereits erwähnt – keine innerstaatliche unmittelbare Wirkung zu.[1064]

3. Ergebnis

Die systematische Auslegung des Art. 14 Abs. 1, 2. Alt. EU-GRCh hat ergeben, dass der Vergleich mit anderen Chartagrundrechten, die ebenfalls ausdrücklich ein „*Recht auf Zugang...*" normieren, eine Auslegung im Sinne eines Teilhaberechts nahe legt, die dem Einzelnen einen Anspruch auf diskriminierungsfreien Zugang zu bestehenden öffentlichen (Berufs-)Bildungseinrichtungen gewährt; originäre Leistungsansprüche begründet Art. 14 Abs. 1, 2. Alt. EU-GRCh dagegen nicht. Der systematische Zusammenhang mit den Sozialchartas und den sonstigen internationalen Verträgen ist, was den Verpflichtungsgehalt des Art. 14 Abs. 1, 2. Alt. EU-GRCh betrifft, wegen der fehlenden Bindungswirkung nicht ergiebig. Dagegen sehen zwar 18 von 25 Mitgliedstaaten ein Recht auf Zugang zu höherer Bildung vor, wobei dieses Recht nur in drei Verfassungen als Teilhaberecht garantiert wird.

III. Beeinträchtigung und Rechtfertigung des Rechts auf Zugang zu beruflichen Aus- und Weiterbildung

Auch Art. 14 Abs. 1, 2. Alt. EU-GRCh bietet Schutz gegen Grundrechtseingriffe und -einschränkungen.

1. Eingriff

Ein Eingriff in das Recht auf berufliche Aus- und Weiterbildung ist etwa zu bejahen, wenn der Zugang zu entsprechenden Bildungseinrichtungen, beispielsweise die Teilnahme an dem von den Stellen der EU verwalteten und durchgeführten SOKRATES-Programm[1065], in diskriminierender Weise durch den

sie insbesondere b) die Entwicklung verschiedener Formen der weiterführenden Schulen [...] berufsbildender Art fördern [...]; d) Bildungs- und Berufsberatung allen Kindern verfügbar und zugänglich machen [...].".

1064 S. oben, A. II. 2 e).

1065 *D. Staudenmayer*, BayVBl. 1995, 321 (324); *Th. Oppermann*, Europarecht, Rdn. 1933; *Cl. D. Classen*, in: Groeben/Schwarze (Hrsg.), EUV/EGV, Art. 150 EG Rdn. 21; *H. G. Fischer*, in: Lenz/Borchardt (Hrsg.), EUV/EGV, Art. 150 EGV Rdn. 9.

Grundrechtsadressaten gestört wird.[1066] Aufgrund des stärkeren Bezugs der Berufsausbildung zu wirtschaftlichen Themenkreisen besitzt das Grundrecht des Art. 14 Abs. 1, 2. Alt. EU-GRCh – im Vergleich zur allgemeinen Bildung des Art. 14 Abs. 1, 1. Alt. EU-GRCh – auch für die Organe und Einrichtungen der Union eine bedeutendere Relevanz. So führt die Union gemäß Art. 150 EG eine eigene Politik der beruflichen Bildung. Dabei steht ihr ein rechtsverbindliches Instrumentarium (vgl. Art. 150 Abs. 4: „*Maßnahmen*") zur Verfügung, einschließlich der Rechtsakte des Art. 249 EG, die inhaltlich nicht auf das bloße Schaffen finanzieller Anreize oder Angebote von Lösungsmodellen beschränkt sein müssen.[1067] Mithin ist es nicht ausgeschlossen, dass auch durch Organe und Stellen der Union Grundrechtsgefährdungen ausgehen können, so dass sich aus der Vorschrift des Art. 14 Abs. 1, 2. Alt. EU-GRCh auch Respektierungs- und Schutzpflichten ergeben, die die Pflicht einschließen, Störungen des Rechts auf Zugang zur beruflichen Aus- und Weiterbildung zu verhindern.[1068]

2. Rechtfertigung des Eingriffs

Für die Voraussetzungen und Grenzen eines Grundrechtseingriffs des Rechts auf Zugang zur beruflichen Aus- und Weiterbildung des Art. 14 Abs. 1, 2. Alt. EU-GRCh gilt die allgemeine horizontale Schrankenregelung des Art. 52 Abs. 1 EU-GRCh.[1069] Danach muss jede Einschränkung des Art. 14 Abs. 1, 2. Alt. EU-GRCh gesetzlich vorgesehen sein und der Wesensgehalt dieses Rechts geachtet werden. Als Einschränkungsgründe kommen gemäß Art. 52 Abs. 1 EU-GRCh nur die „*von der Union anerkannten, dem Gemeinwohl dienenden Zielsetzungen*" sowie der „*Schutz der Rechte und Freiheiten anderer*" in Betracht.[1070] Zudem muss die Einschränkung verhältnismäßig sein, also geeignet, erforderlich und angemessen.[1071] Darüber hinaus sind gemäß Art. 52 Abs. 4 EU-GRCh die

---

[1066] *H. D. Jarass*, EU-Grundrechte, § 19 Rdn. 14.

[1067] Vgl. *S. Krebber*, in: Callies/Ruffert (Hrsg.), EUV/EGV, Art. 150 EGV Rdn. 8; *Cl. D. Classen*, in: Groeben/Schwarze (Hrsg.), EUV/EGV, Art. 150 EG Rdn. 12; *H.-J. Blanke*, in: Grabitz/Hilf (Hrsg.), EUV/EGV, Bd. II, Art. 149, 150 EGV (2004) Rdn. 10, 47; *Th. Oppermann*, Europarecht, Rdn. 1918; *D. Staudenmayer*, BayVBl. 1995, 321 (329).

[1068] Vgl. *N. Bernsdorff*, in: Meyer (Hrsg.), EU-GRCh, Art. 14 Rdn. 17; *J. Caspar*, RdJB 2001, 165 (175).

[1069] S. oben I. 2 c).

[1070] Vgl. dazu *H. D. Jarass*, EU-Grundrechte, § 6 Rdn. 41 f.

[1071] Vgl. zu den allgemeinen Voraussetzungen *H. D. Jarass*, EU-Grundrechte, § 6 Rdn. 45 ff.; *M. Borowsky*, in: Meyer (Hrsg.), EU-GRCh, Art. 52 Rdn. 20 ff.

Schrankenerfordernisse der gemeinsamen Verfassungsüberlieferungen zu berücksichtigen, wenn sich hieraus weitere Eingriffshindernisse ergeben, die über die Schrankenregelung des Art. 52 Abs. 1 EU-GRCh hinausgehen.[1072] Ähnlich wie im deutschen Recht (vgl. Art. 12 Abs. 1 S. 2 GG) besteht, auch wenn ein einheitliches Schrankenregime angesichts der Fülle unterschiedlicher Regelungen nicht durchweg erkennbar ist, in sämtlichen Staaten zumindest Einigkeit darüber, dass Einschränkungen des Rechts auf Zugang zur beruflichen Aus- und Weiterbildung durch Gesetze möglich sein müssen.[1073] Soweit ersichtlich dürften sich daraus aber keine zusätzlichen Eingriffshindernisse, die über die Schrankenerfordernisse des Art. 52 Abs. 1 EU-GRCh hinausgehen, herleiten lassen.

3. Ergebnis

Aufgrund der Aktivitäten der Union im Bereich der beruflichen Aus- und Weiterbildung sind Grundrechtsbeeinträchtigungen des Art. 14 Abs. 1, 2. Alt. EU-GRCh denkbar. Die Voraussetzungen und Grenzen einer Beeinträchtigung des Rechts auf Zugang zur beruflichen Aus- und Weiterbildung bestimmen sich dabei nach der allgemeinen Schrankenregel des Art. 52 Abs. 1 ggf. i.V.m. Abs. 4 EU-GRCh.

IV. Zusammenfassendes Ergebnis

Die grammatikalische und systematische Auslegung des Rechts auf Zugang zur beruflichen Aus- und Weiterbildung legt eine Interpretation des Art. 14 Abs. 1, 2. Alt. EU-GRCH in dem Sinne nahe, dass der Schutzbereich neben der beruflichen Erstausbildung und Umschulung auch die weiterführenden Schulen sowie den Zugang zur Hochschulausbildung umfasst. Dabei handelt es sich in erster Linie um reine Teilhaberechte. Eingeschränkt werden kann das Grundrecht unter den Voraussetzungen des Art. 52 Abs. 1 EU-GRCh, wobei etwaige zusätzliche Schrankenerfordernisse aus den gemeinsamen Verfassungsüberlieferungen gemäß Art. 52 Abs. 4 EU-GRCh zugrunde zu legen wären. Die sich hieraus ergebenden Konsequenzen könnten auch zur Folge haben, dass aus dem EG-Bereich stammende Ausländer einen Anspruch auf Zulassung zum Hoch-

---

[1072] *M. Borowsky*, in: Meyer (Hrsg.), EU-GRCh, Art. 52 Rdn. 44c.

[1073] Vgl. etwa § 29 Abs. 3 estn. Verf.; § 16 Abs. 2 finn. Verf.; Art. 16 Abs. 5 S. 2 griech. Verf.; Art. 23 Abs. 4 letzter HS. Lux. Verf.; Art. 70 Abs. 4 S. 2 poln. Verf.

schulstudium auch in solchen Fällen geltend machen können, in denen ein *numerus clausus* besteht, so dass der Zugang zu den deutschen Universitäten eines Tages neu überdacht werden müsste.[1074]

C. Das Recht auf unentgeltliche Teilnahme am Pflichtschulunterricht nach Art. 14 Abs. 2 EU-GRCh

I. Der sachliche Schutzbereich des „unentgeltlichen Pflichtschulunterrichts"

In der Vorschrift des Art. 14 Abs. 2 EU-GRCh heißt es:

> „*Dieses Recht umfasst die Möglichkeit, unentgeltlich am Pflichtschulunterricht teilzunehmen.*"[1075]

Der Schutzbereich des Art. 14 Abs. 2 EU-GRCh wird mit den Begriffen „*Pflichtschulunterricht*" und „*unentgeltlich*" umschrieben. Was mit diesen Begrifflichkeiten gemeint ist, soll im Folgenden durch Auslegung ermittelt werden.

[1074] Umfassend dazu *St. Bode*, Europarechtliche Gleichbehandlungsansprüche Studierender und ihre Auswirkungen in den Mitgliedstaaten, 2005, S. 289 ff.; vgl. auch *R. Breuer*, in: Isensee/Kirchhof (Hrsg.), Hdb StaatsR VI, § 147 Rdn. 21; *H. Conrad*, WissR 22 (1989), 97 (105); *Chr. Langenfeld*, in: Grote/Marauhn (Hrsg.), EMRK/GG, Kap. 23 Rdn. 31, 39: „*Es bleibt abzuwarten, inwieweit das BVerfG an dieser Rechtsprechung im Lichte der aktuellen Entwicklungen beim Hochschulzugang insbesondere in Hinblick auf die Stärkung des Selbstauswahlrechts der Hochschulen festhalten wird.*"; *dies.*, Integration und kulturelle Identität zugewanderter Minderheiten, 2001, S. 230 f.; *Th. Oppermann*, Europäisches Gemeinschaftsrecht und deutsche Bildungsordnung – „Gravier" und die Folgen, 1987, S. 30 ff., 64, 84. A.A. *R. Scholz*, in: Maunz/Dürig (Hrsg.), GG, Art. 12 (2006) Rdn. 105: „*Art. 12 [GG] ist dessen ungeachtet auch auf Unionsbürger nicht anwendbar.*".

[1075] Vgl. dazu die Erläuterungen des Präsidiums des Europäischen Konvents v. 16.12.2004 zu Art. 14 EU-GRCh, ABl. 2004 Nr. C 310 S. 435: „*Es wurde für zweckmäßig erachtet, [...] [die] Unentgeltlichkeit des Pflichtschulunterrichts einzufügen.*".

1. Die grammatikalische Auslegung

a) Der Begriff „Pflichtschulunterricht“

Der gewöhnliche Sprachgebrauch legt nahe, dass es sich bei dem „*Pflichtschulunterricht*“ um den obligatorischen Schulunterricht handeln soll. Im Gegensatz dazu stehen die sog. Wahlschulen, unter denen die weiterführenden anderen Schularten verstanden werden.[1076] Die Unterscheidung von Pflicht- und Wahlschulen hängt dabei von dem jeweiligen System der Regelung der Schulpflicht ab.[1077] Es ist daher anzunehmen, dass als „*Pflichtschule*“ im Sinne des Art. 14 Abs. 2 EU-GRCh die Schule anzusehen ist, die die Schüler bestimmter Altersgruppen nach Maßgabe der Schulgesetze eines Landes grundsätzlich durchlaufen müssen.[1078] In Deutschland sind dies die Grund-, Haupt- und Berufsschulen.[1079]

[1076] Vgl. *J. Staupe*, Schulrecht von A-Z, Stichwort „Pflichtschulen“, S. 174. In Deutschland gehören zu den Wahlschulen alle sog. weiterbildenden Schulen, etwa die Realschulen, Gymnasien und beruflichen Schulen außer der Berufsschule.

[1077] S. zur jeweiligen Schulpflicht der 15 „alten“ EU-Mitgliedstaaten umfassend die Nachweise bei *H. Müller-Solger/A. Czysz/W. Petzold/U. Pfaff*, Bildung und Europa. Die EU-Fördermaßnahmen, 1997, S. 125 ff. Die Schulpflicht beträgt in Deutschland in der Regel 12 Jahre, *J. Staupe*, Schulrecht von A-Z, Stichwort „Schulpflicht“, S. 234 ff. (235); *H. Müller-Solger/A. Czysz/W. Petzold/U. Pfaff*, a.a.O., S. 128. Zur verfassungsrechtlichen Zulässigkeit der Schulbesuchspflicht in Deutschland erstmals ausführlicher BVerfG, Beschluss v. 29.4.2003, („Schulbesuchspflicht“), DVBl. 2003, 999 f., wo es um die Ablehnung der Befreiung von der Schulbesuchspflicht aus religiösen Gründen ging. Vgl. zur allgemeinen Schulpflicht auch BVerwG, Beschluss v. 9.4.1975, („Verweigerung des Grundschulbesuchs“), DVBl. 1975, 428 f.; BVerwG, Beschluss v. 15.11.1991, („allgemeine Schulpflicht“), BayVBl. 1992, 184 f.; BayObLG, Beschluss v. 15.9.1983, („Missbrauch des Sorgerechts“), BayVBl. 1984, 90 f.; BayVfGH, Urteil v. 6.5.1987, („Befreiung vom Sportunterricht“), BayVBl. 1987, 592 ff.

[1078] *B. Kempen*, in: Tettinger/Stern (Hrsg.), Kölner Gemeinschaftskommentar zur Europäischen Grundrechte-Charta, Art. 14 Rdn. 10; *J. Caspar*, RdJB 2001, 165 (169); *E.-W. Luthe*, Bildungsrecht, 2003, S. 61; *Chr. Langenfeld*, in: Grote/Marauhn (Hrsg.), EMRK/GG, Kap. 23 Rdn. 29.

[1079] S. dazu *Chr. Langenfeld*, Integration und kulturelle Identität zugewanderter Minderheiten, 2001, S. 224; *H. Avenarius/H. Heckel*, Schulrechtskunde, S. 39; *J. Staupe*, Schulrecht von A-Z, Stichwort „Pflichtschulen“, S. 174.

b) Unentgeltlichkeit

Der Wortlaut des „*unentgeltlichen*" Unterrichts umschreibt die Möglichkeit, grundsätzlich ohne Entrichtung eines Entgelts, also unabhängig von den wirtschaftlichen Lebensverhältnissen des Einzelnen, an der Pflichtschule teilnehmen zu können. Es ist also davon auszugehen, dass „*Unentgeltlichkeit*" im Sinne dieser Vorschrift bedeuten soll, dass der Besuch öffentlicher Pflichtschulen grundsätzlich gebühren- und schulgeldfrei sein muss, d.h. das Recht, ohne Entrichtung von Schulgeld oder ähnlichen Gegenleistungen eine schulische (Elementar-)Ausbildung zu erhalten.[1080] Wie weit dagegen die Unentgeltlichkeit im Einzelnen reichen soll, ob also der Begriff auch dahingehend auszulegen ist, dass sämtliche finanzielle Nachteile des Schulbesuchs vom Staat auszugleichen sind, lässt sich allein durch die Wortlautauslegung nicht ermitteln.

2. Die systematische Auslegung

Wie Art. 14 Abs. 1, 2. Alt. EU-GRCh ist auch die Vorschrift des Art. 14 Abs. 2 EU-GRCh mangels Entsprechung in der EMRK und im Gemeinschaftsrecht bei Art. 52 Abs. 1 EU-GRCh einzustufen, so dass zur Bestimmung des Schutzbereichs die Traditions-Regel des Art. 52 Abs. 4 EU-GRCh zum Zuge kommt, wenn eine entsprechende gemeinsame Verfassungsüberlieferung der Mitgliedstaaten hinsichtlich der Unentgeltlichkeit des Pflichtschulunterrichts ermittelt werden kann.[1081] Weiterhin soll überprüft werden, ob durch Art. 14 Abs. 2 EU-GRCh das Schutzniveau gemäß der Regel des Art. 53 EU-GRCh eingehalten wurde.

a) Die Verfassungsüberlieferungen der Mitgliedstaaten (Art. 52 Abs. 4 EU-GRCh)

Im Folgenden soll im Wege der rechtsvergleichenden Auslegung ermittelt werden, ob es einen gemeinsamen europäischen Verfassungsbestand in Bezug auf einen unentgeltlichen Pflichtschulunterricht gibt, der dann in Anwendung des Art. 52 Abs. 4 EU-GRCh zur Erreichung eines hohen Schutzniveaus dem

---

[1080] *A. Große Wentrup*, Europäische Grundrechtecharta, 2003, S. 127, 131; *B. Kempen*, in: Tettinger/Stern (Hrsg.), Kölner Gemeinschaftskommentar zur Europäischen Grundrechte-Charta, Art. 14 Rdn. 16.

[1081] Vgl. etwa *M. Borowsky*, in: Meyer (Hrsg.), EU-GRCh, Art. 52 Rdn. 44b; in diesem Sinne wohl auch *N. Bernsdorff*, in: Meyer (Hrsg.), EU-GRCh, Art. 14 Rdn. 16, wobei er Art. 52 Abs. 4 EU-GRCh nicht erwähnt.

Schutzbereich des Art. 14 Abs. 2 EU-GRCh zugrunde zu legen wäre. Dabei wird zunächst analysiert, welcher Befund aus den Verfassungsüberlieferungen hinsichtlich der „*Pflichtschule*" herzuleiten ist, also ob der Unterricht an Elementarschulen oder auch an weiterführenden Schulen und höheren Bildungseinrichtungen gemeint ist. Des Weiteren erfolgt eine Untersuchung dahingehend, welches Bild die Mitgliedstaaten im Hinblick auf die „*Unentgeltlichkeit*" bieten.

aa) „Pflichtschulunterricht"

Folgende elf Verfassungen beschränken die Unentgeltlichkeit des Rechts auf den Zugang zu Schulen im sog. Primarbereich: So gewähren die Verfassungstexte von Dänemark[1082], Finnland[1083], Irland[1084], Italien[1085], Malta[1086], Portugal[1087], Schweden[1088], Slowenien[1089], Spanien[1090], Ungarn[1091] und Zypern[1092] die

[1082] § 76 dän. Verf.: „*Alle Kinder im schulpflichtigen Alter haben Anspruch auf unentgeltlichen Unterricht in der Volksschule.*". Nach dem Gesetz über die „*Folkeskole*" (Primarschule) v. 26.6.1975 ist die Errichtung solcher unentgeltlicher Schulen der Elementarausbildung Aufgabe der Gemeinden, vgl. *Fr. Thygesen*, EuGRZ 1981, 629 (632 f.).

[1083] § 16 Abs. 1 finn. Verf.: „*Alle haben das Recht auf kostenlose grundlegende Ausbildung. Bestimmungen über die Schulpflicht werden durch Gesetz getroffen.*", vgl. dazu die Regierungsvorlage zu dem Gesetz 1998:628.

[1084] Art. 42 Abs. 4 ir. Verf.: „*Erziehung. Der Staat trägt für eine kostenlose Volksschulbildung Sorge [...].*".

[1085] Art. 34 Abs. 2 S. 1 ital. Verf.: „*Die mindestens achtjährige Teilnahme am Grundschulunterricht ist obligatorisch und unentgeltlich. [...].*".

[1086] Section 10 malt. Verf.: „*Primary education shall be compulsory and in State schools shall be free of charge.*".

[1087] Art. 74 Abs. 2 port. Verf.: „*Bei der Durchführung der Unterrichtspolitik obliegt es dem Staat: a) eine allgemeine, obligatorische und kostenlose Grundschulausbildung zu gewährleisten [...] e) nach und nach die Unentgeltlichkeit aller Bildungsstufen einzuführen [...].*". Bislang umfasst die Unentgeltlichkeit trotz der Formulierung in Art. 74 Abs. 2 e) port. Verf. lediglich die obligatorische Grundschulbildung, s. *J. Iliopoulos-Strangas*, in: Scheuing (Hrsg.), Europäische Verfassungsordnung, 2003, S. 133 (150); *J. C. Vieira De Andrade*, in: Iliopoulos-Strangas, La protection des droits sociaux fondamentaux dans les Etats membres de l'Union européenne, 2000, S. 677.

[1088] Kapitel 2, § 21 schwed. Verf.: „*Alle Kinder, die der allgemeinen Schulpflicht unterliegen, haben das Recht auf kostenlose grundlegende Ausbildung in einer allgemeinen Schule.*". Vgl. dazu *L. Westerhäll*, in: Iliopoulos-Strangas, La protection des droits sociaux fondamentaux dans les Etats membres de l'Union européenne, 2000, S. 767.

[1089] Art. 57 slow. Verf.: „*Bildung und Schule. (1) Die Ausbildung ist frei. (2) Die Grundschulbildung ist Pflicht und wird aus öffentlichen Mitteln finanziert.*".

Unentgeltlichkeit in der Regel zu allgemein bildenden Volks- und Grundschulen. Drei Verfassungen gewährleisten, etwas weitergehend, die kostenlose Teilnahme am *„Unterricht“* (Belgien[1093]), an den *„allgemein bildenden Schulen“* (Estland[1094]) bzw. an *„öffentlichen Schulen“* (Polen[1095]).

Darüber hinaus garantieren die Verfassungen von Deutschland (nach Maßgabe der Landesverfassungen[1096]), Frankreich[1097], Griechenland[1098], Lettland[1099],

---

[1090] Art. 27 Abs. 4 span. Verf.: *„Der Grundschulunterricht ist obligatorisch und kostenlos.“*, vgl. dazu STC 86/1985, Entscheidung v. 10.7.1985, Erwägungsgrund 3.

[1091] Art. 70/F Abs. 2 ungar. Verf.: *„Die Republik Ungarn realisiert dieses Recht durch die Verbreitung und allgemeine Zugänglichmachung der Bildung, durch eine kostenlose und obligatorische Grundschule [...].“*.

[1092] Art. 20 zypriot. Verf.: *„(2) Free primary education shall be made available by the Greek and the Turkish Communal Chambers in the respective communal primary schools. (3) Primary Education shall be compulsory for all citizens of such school age as may be determined by a relevant communal law.”*.

[1093] Art. 24 § 3 S. 2 belg. Verf.: *„[...]. Der Zugang zum Unterricht ist unentgeltlich bis zum Ende der Schulpflicht.“*. Konkretisiert wird Art. 24 § 3 S. 2 belg. Verf. durch das Gesetz vom 29. Mai 1959 (sog. Gesetz zum Schulabkommen bzw. „Schulpakt“), nach dessen Art. 12 der Vorschul- und Grundschulunterricht sowie der weiterführende Unterricht in den staatlichen und den vom Staat bezuschussten Einrichtungen kostenlos ist, vgl. dazu *D. Pieters*, in: Grabitz (Hrsg.), Grundrechte in Europa, 1986, Kap. 1: Belgien, S. 1 (24 f.); *J. Velu*, EuGRZ 1981, 595 (597, 605 f.); *K. Lenaerts/P. Van Ypersele/J. Van Ypersele*, in: Iliopoulos-Strangas, La protection des droits sociaux fondamentaux dans les Etats membres de l'Union européenne, 2000, S. 198 m.w.N.

[1094] § 37 Abs. 1 S. 2 estn. Verf.: *„[...]. Der Unterricht ist für schulpflichtige Kinder im gesetzlich bestimmten Umfang verpflichtend und in staatlichen sowie örtlichen allgemeinbildenden Schulen kostenlos.“*.

[1095] Art. 70 poln. Verf.: *„(1) [...]. Bis zum achtzehnten Lebensjahr besteht eine Schulpflicht. [...]. (2) Der Unterricht in öffentlichen Schulen ist unentgeltlich. [...].“*.

[1096] Siehe etwa Art. 14 Abs. 2 BaWüVerf; Art. 129 Abs. 2 BayVerf; Art. 30 Abs. 5 S. 2 BbgVerf; Art. 31 Abs. 2 BremVerf; Art. 59 Abs. 1 S. 1 HessVerf; Art. 9 Abs. 1 NRWVerf; Art. 102 Abs. 4 S. 1 SächsVerf; Art. 25 Ab. 2, 26 Abs. 4 VerfLSA; Art. 24 Abs. 3 S. 1 ThürVerf. Vgl. dazu auch *K. Odendahl*, in: Heselhaus/Nowak (Hrsg.), Handbuch der Europäischen Grundrechte, § 39 Rdn. 55 (mit Fn. 84).

[1097] 13. Absatz der Präambel frz. Verf. von 1946: *„[...].Die Organisation des öffentlichen, unentgeltlichen und laizistischen Unterrichts auf allen Stufen ist eine Pflicht des Staates.“*. Zur Unentgeltlichkeit *„in allen Stufen“*, s. *E. Savoie*, in: Grabitz (Hrsg.), Grundrechte in Europa, 1986, Kap. 4: Frankreich, S. 203 (225). *M.-L. Pavia/D. Rousseau*, in: Iliopoulos-Strangas, La protection des droits sociaux fondamentaux dans les Etats membres de l'Union européenne, 2000, S. 365 f.

Litauen[1100], Luxemburg[1101], Slowakei[1102] und Tschechien[1103] sogar eine kostenlose Bildung in „*allen Stufen*“ (Frankreich und Griechenland) oder an Mittelschulen (Luxemburg, Slowakei und Tschechien) bzw. an weiterführenden Schulen (Deutschland, Lettland und Litauen). In den Niederlanden[1104] wird der Pflichtschulunterricht zwar nicht in der Verfassung, aber in einfachgesetzlichen Regelungen gewährleistet.[1105] Weiterhin ist zu berücksichtigen, dass im Vereinigten Königreich keine geschriebene Verfassung existiert. Lediglich in Österreich ist nicht ersichtlich, ob der Pflichtschulunterricht normiert ist.

1098 Art. 16 Abs. 4 griech. Verf.: „*Alle Griechen haben das Recht auf kostenlose Bildung in allen ihren Stufen in den staatlichen Unterrichtsanstalten. [...].*“. Zur kostenlosen Bildung „*in allen ihren Stufen*“, s. *J. Iliopoulos-Strangas/G. Leventis*, in: Iliopoulos-Strangas, La protection des droits sociaux fondamentaux dans les Etats membres de l'Union européenne, 2000, S. 426; vgl. auch *N. Bernsdorff*, in: Meyer (Hrsg.), EU-GRCh, Art. 14 Rdn. 2.

1099 § 112 S. 2 und 3 lett. Verf.: „*[...] Der Staat trägt dafür Sorge, dass jeder eine unentgeltliche Grundschulbildung und weiterführende Schulbildung erhalten kann. Grundschulbildung ist Pflicht.*“.

1100 Art. 41 lit. Verf.: „*(1) Education shall be compulsory for persons under the age of 16. (2) Education at State and municipal schools of general education, vocational schools and schools of further education shall be free of charge.*“. Vgl. dazu *M. Vainiuté*, Die Verfassungsentwicklung der Republik Litauen, 2001, S. 117.

1101 Art. 23 lux. Verf.: „*(1) Der Staat trägt Sorge für die Organisation des Grundschulunterrichts, der obligatorisch und unentgeltlich ist. [...] (2) Der Staat richtet unentgeltliche Anstalten des mittleren Unterrichts und die erforderlichen Lehrgänge des höheren Unterrichts ein. (3) [...] es [das Gesetz] regelt weiterhin alles, was den Unterricht betrifft und sieht ein System finanzieller Unterstützung für [...] Studenten gemäß den von ihm bestimmten Kriterien vor.*“. Vgl. dazu Gesetz v. 10.8.1912 und die späteren Änderungsgesetze v. 2.4.1921, 7.7.1958, 5.8.1963 und 20.1.1971, *D. Pieters*, in: Grabitz (Hrsg.), Grundrechte in Europa, 1986, Kap. 7: Luxemburg, S. 437 (469); *A. Goedert*, EuGRZ 1981, 658.

1102 Art. 42 slowak. Verf.: „*(1) [...] Der Schulbesuch ist verpflichtend. [...] (2) Die Bürger haben das Recht auf unentgeltliche Bildung an Grund- und Mittelschulen [...].*“.

1103 Art. 33 tschech. Grundrechte-Deklaration: „*(1) [...] Die Schulpflicht gilt für einen gesetzlich festgelegten Zeitraum. (2) Die Bürger haben das Recht auf kostenlose Bildung in Grund- und Mittelschulen [...].*“. Vgl. dazu *A. Weber*, Menschenrechte, 2004, S. 708.

1104 Art. 23 Abs. 5 niederl. Verf. normiert lediglich: „*Die Anforderungen, die an die Qualität des ganz oder teilweise aus öffentlichen Mitteln zu finanzierenden Unterrichts zu stellen sind, werden durch Gesetz geregelt [...].*“. Vgl. auch *G. Braibant*, La Charte des droits fondamentaux, 2001, Art. 14 (S. 133), der erwähnt, dass der Vertreter des niederländischen Premierministers, M. KORTHALS ALTES, darauf hinwies, die Niederlande könne die Gewährleistung des Art. 14 EU-GRCh nicht ohne weiteres unterzeichnen, da es in den Niederlande durchaus gebührenpflichtigen Pflichtschulunterricht gebe.

1105 Vgl. *H. J. M. Jeukens/D. Simons/H. G. de Jong*, EuGRZ 1981, 667 (670).

bb) Unentgeltlichkeit des Pflichtschulunterrichts

(1) Kompensation sämtlicher finanzieller Folgelasten durch Art. 14 Abs. 2 EU-GRCh?

Fraglich ist des Weiteren, ob die gewährleistete Unentgeltlichkeit des Pflichtschulunterrichts des Art. 14 Abs. 2 EU-GRCh auch dahingehend auszulegen ist, dass sämtliche finanzielle Nachteile des Schulbesuchs, die auch Aufwendungen für Lernmittel, Fahrkosten etc. beinhalten könnte, vom Staat auszugleichen sind. Die Erläuterungen des Präsidiums deuten wohl auf eine derartige Kompensation aller finanziellen Folgelasten des Schulbesuchs, wenn es dort heißt:

> *„Ebenso wenig verbietet er, dass bestimmte besondere Unterrichtsformen entgeltlich sein können, sofern der Staat Maßnahmen zur Gewährung eines finanziellen Ausgleichs trifft.*"[1106]

Jedoch bieten die Verfassungsüberlieferungen der Mitgliedstaaten der Union im Hinblick auf den Umfang der Unentgeltlichkeit ein uneinheitliches Bild. So wird beispielsweise laut § 16 Abs. 1 S. 1 finn. Verf. das Recht auf Unentgeltlichkeit des Unterrichts in Volksschulen der Gemeinden gewährleistet.[1107] Kostenlos bedeutet dabei Freiheit von Gebühren, freies Lehrmaterial, freies Essen in der Schulkantine und freier Schultransport.[1108] Nur mit der Zustimmung des Vormundes darf ein Kind in einer (z.B. gebührenpflichtigen) Spezialschule seine Schulpflicht absolvieren.[1109] Auch in Deutschland normieren viele Landesverfassungen die Unentgeltlichkeit Lehr- und Lernmitteln oder gewähren einen

---

[1106] Erläuterungen des Präsidiums des Europäischen Konvents v. 16.12.2004 zu Art. 14 EU-GRCh, ABl. 2004 Nr. C 310 S. 435. In diesem Sinne *K. Odendahl*, in: Heselhaus/Nowak (Hrsg.), Handbuch der Europäischen Grundrechte, § 39 Rdn. 41; wohl auch *H.-W. Rengeling/P. Szczekalla*, Grundrechte in der Europäischen Union, § 19 Rdn. 763; *N. Bernsdorff*, in: Meyer (Hrsg.), EU-GRCh, Art. 14 Rdn. 14; *H. D. Jarass*, EU-Grundrechte, § 19 Rdn. 12; *St. Breitenmoser/B. Riemer/Cl. Seitz*, Praxis des Europarechts – Grundrechtsschutz, 2006, S. 315.

[1107] *T. Modeen*, ZaöRV 47 (1987), 581 (584); *K. Tuori/N. Bruun*, in: Iliopoulos-Strangas, La protection des droits sociaux fondamentaux dans les Etats membres de l'Union européenne, 2000, S. 323. Zu dem unentgeltlichen Volksschulunterricht in § 80 Abs. 2 finn. Verf. a.F. siehe *M. Hideń*, EuGRZ 1981, 640 (641) und *W. Kämpfer*, EuGRZ 1981, 721 (732)

[1108] Auch das Wohnen in einem Schulinternat ist ebenso gebührenfrei wie der Transport zur Schule und zurück, wenn das Elternhaus weit entfernt liegt, vgl. hierzu *T. Modeen*, Festschrift G. Ress, 2005, S. 1481 (1488).

[1109] *T. Modeen*, Festschrift G. Ress, 2005, S. 1481 (1484).

Anspruch auf Ausgleich finanzieller Belastung von Privatschulen.[1110] Dagegen umfasst nach Auffassung des tschechischen Verfassungsgerichts das Recht auf kostenlose Grund- und Mittelschulausbildung des Art. 33 Abs. 3 der tschech. Grundrechte-Deklaration nicht das Recht totaler Lernmittelfreiheit (bei Schulbüchern und Lehrmaterial), sondern der Gesetzgeber kann das Ausmaß der Befreiung bestimmen und den Zuschuss der Eltern festlegen.[1111] Dies bekräftigte das tschechische Verfassungsgericht in einem weiteren Urteil, wo es befand:

> „*Das Recht auf eine unentgeltliche Grund- und Mittelschulausbildung, das den Bürgern nach Art. 33 II der Charta der Grundrechte und Grundfreiheiten zusteht, hat einen bedingungslosen (nicht einschränkbaren) Charakter. Auch wenn man dieses Recht nach Art. 41 I der Charta der Grundrechte und Grundfreiheiten nur in den Grenzen des Ausführungsgesetzes beanspruchen kann, steht außer Zweifel, dass bei Anwendung des Grundsatzes der sparsamen Grundrechtsbeschränkung eine gesetzliche Ausnahme in Bezug auf die unentgeltliche Grund- und Mittelschulausbildung mit diesem Grundsatz vereinbar wäre. [...].*“[1112]

Diese recht unterschiedlichen mitgliedstaatlichen Regelungen sprechen gegen eine Auslegung des Art. 14 Abs. 2 EU-GRCh im Sinne einer totalen kompensatorische Bedeutung, da die Unentgeltlichkeit in Bezug auf Lernmitteln und Fahrt- oder Essenskosten, wenn überhaupt, dann charakteristischerweise eigenständig in den Verfassungen oder einzelnen Gesetzen der Mitgliedstaaten angeordnet ist.

(2) Unentgeltlichkeit aller Pflichtschulveranstaltungen?

Umgekehrt kann aus der Vorschrift des Art. 14 Abs. 2 EU-GRCh auch der Umkehrschluss gezogen werden, dass – wie das Präsidium zu Recht darauf hin-

---

1110 Vgl. nur Art. 14 Abs. 2 S. 1, 3 BaWüVerf; Art. 30 Abs. 5 S. 3 BbgVerf; Art. 31 Abs. 3 BremVerf; Art. 59 Abs. 1 S. 2 HessVerf; Art. 9 Abs. 2 S. 1 NRWVerf; Art. 102 Abs. 4 S. 1, 2 SächsVerf; Art. 24 Abs. 3 S. 2 ThürVerf. S. auch den Überblick über die Rechtsgrundlagen der Schulgeldfreiheit im Bundesgebiet bei *H. Avenarius/H. Heckel*, Schulrechtskunde, S. 584 (mit Fn. 65).

1111 Entscheidung des VerfG. v. 13.6.1995, Az. Lu. ÚS 25/94.

1112 Entscheidung des VerfG. v. 15.2.1994, Band 1, Nr. 7 Az. Pl. ÚS 35/93. Zitiert nach *R. Arnold/V. Kovarik*, Die Konzeption des Grundrechtsschutzes in der tschechischen Republik, 2003, S. 70 f.

weist[1113] – nicht sämtliche Pflichtschulveranstaltungen an öffentlichen oder privaten Schulen kostenfrei sein müssen; so kann der Besuch weiterführender Schulen, berufsbildender Einrichtungen und Hochschulen durchaus gegen Entgelt angeboten werden.[1114] Das Recht auf unentgeltlichen Pflichtschulunterricht ist daher so zu verstehen, dass den Kindern überhaupt die Möglichkeit gegeben sein muss, unentgeltlich Pflichtschulunterricht zu erhalten.[1115]

b) Die sonstigen internationalen Verpflichtungen (Art. 53 EU-GRCh)

Auch die völkerrechtlichen Bestimmungen des Art. 26 Abs. 1 S. 2 AEMR[1116], Art. 13 Abs. 2 a) IPwirtR[1117] und Art. 28 Abs. 1 a) und b) KRK[1118] regeln in umfassender Weise die Pflicht der Vertragsstaaten, einen obligatorischen und un-

---

1113 Vgl. Erläuterungen des Präsidiums des Europäischen Konvents v. 16.12.2004 zu Art. 14 EU-GRCh, ABl. 2004 Nr. C 310 S. 435: „*Er [Der Grundsatz] besagt nicht, dass alle – und insbesondere auch die privaten – schulischen Einrichtungen, die den betreffenden Unterricht oder berufliche Ausbildung und Weiterbildung anbieten, dies unentgeltlich tun müssen.*“.

1114 In diesem Sinne *B. Kempen*, in: Tettinger/Stern (Hrsg.), Kölner Gemeinschaftskommentar zur Europäischen Grundrechte-Charta, Art. 14 Rdn. 16; *H.-W. Rengeling/P. Szczekalla*, Grundrechte in der Europäischen Union, § 19 Rdn. 763; *H. D. Jarass*, EU-Grundrechte, § 19 Rdn. 12; *E.-W. Luthe*, Bildungsrecht, 2003, S. 61; *J. Caspar*, RdJB 2001, 165 (169).

1115 Vgl. Erläuterungen des Präsidiums des Europäischen Konvents v. 16.12.2004 zu Art. 14 EU-GRCh, ABl. 2004 Nr. C 310 S. 435: „*In seiner hier vorliegenden Fassung besagt dieser Grundsatz lediglich, dass in Bezug auf den Pflichtschulunterricht jedes Kind die Möglichkeit haben muss, eine schulische Einrichtung zu besuchen, die unentgeltlichen Unterricht erteilt.*“.

1116 Art. 26 Abs. 1 AEMR: „*[...]Der Unterricht muss wenigstens in den Elementar- und Grundschulen unentgeltlich sein. Der Elementarunterricht ist obligatorisch. [...].*“ Vgl. dazu *A. Köpcke-Duttler*, in: Jach/Jenkner (Hrsg.), 50 Jahre GG und Schulverfassung, 2000, S. 91 (97).

1117 Art. 13 Abs. 2 IPwirtR: „*Die Vertragsstaaten erkennen an, dass im Hinblick auf die volle Verwirklichung dieses Rechts a) der Grundschulunterricht für jedermann Pflicht und allen unentgeltlich zugänglich sein muss [...].*“.

1118 Art. 28 Abs. 1 KRK: „*[...] a) den Besuch der Grundschule für alle zur Pflicht und unentgeltlich machen; b) die Entwicklung verschiedener Formen der weiterführenden Schulen allgemeinbildender [...] Art fördern, sie allen Kindern verfügbar und zugänglich machen und geeignete Maßnahmen wie die Einführung der Unentgeltlichkeit und die Bereitstellung finanzieller Unterstützung bei Bedürftigkeit treffen [...].*“.

entgeltlichen Schulunterricht, zumindest auf elementarer Stufe, bereitzustellen.[1119]

c) Bewertung und Ergebnis

Da sämtliche Mitgliedstaaten der Union eine für jedes Kind kostenlose obligatorische schulische Ausbildung regeln und anerkennen, wird eine wertende Rechtsvergleichung der Verfassungsüberlieferungen problemlos zu dem Resultat kommen, dass es in Bezug auf die Unentgeltlichkeit des Pflichtschulunterrichts eine gemeinsame europäische Rechtsauffassung dahingehend gibt, dass die Teilnahme am Pflichtschulunterricht zumindest im Elementarbereich gegeben sein muss und dass die Unentgeltlichkeit das Recht umfassen muss, überhaupt die Möglichkeit zu haben, an diesem Unterricht unentgeltlich teilzunehmen. Die Vorschrift des Art. 14 Abs. 2 EU-GRCh bringt der Sache nach damit weniger Neues, als dass sie vielmehr den Verfassungsbestand sichert.[1120] In Übereinstimmung mit der Auslegungsregel des Art. 52 Abs. 4 EU-GRCh ist bei der Auslegung des Schutzbereichs des Art. 14 Abs. 2 EU-GRCh dieser Befund zugrunde zu legen. Auch bestehen keine Anhaltspunkte dafür, dass das auf völkerrechtlicher Ebene bestehende Schutzniveau in Bezug auf die Unentgeltlichkeit des Pflichtschulunterrichts unterschritten wird, so dass die Bestimmung des Art. 14 Abs. 2 EU-GRCh den Anforderungen des Art. 53 EU-GRCh gerecht wird.

II. Der Gewährleistungsumfang des Grundrechts

Im Folgenden gilt zu prüfen, welchen Gewährleistungsumfang Art. 14 Abs. 2 EU-GRCh beinhaltet. Untersucht werden soll, ob diese Bestimmung individuelle subjektive Rechte begründet, d.h. ob die unentgeltliche Teilnahme am Pflichtschulunterricht abwehr-, teilhabe- und gar leistungsrechtliche Ansprüche gewährt, oder aber ob dieses „*Recht*" lediglich als „*Grundsatz*" im Sinne des Art.

[1119] *G. Seidel*, Hdb Grund- und Menschenrechte, S. 202; *R. Streinz*, in: Streinz (Hrsg.), EUV/EGV, Art. 14 GR-Charta Rdn. 3.

[1120] Vgl. *Chr. Langenfeld*, in: Grote/Marauhn (Hrsg.), EMRK/GG, Kap. 23 Rdn. 11, 29; *J. Caspar*, RdJB 2001, 165 (169); *K. Odendahl*, in: Heselhaus/Nowak (Hrsg.), Handbuch der Europäischen Grundrechte, § 39 Rdn. 28. Kritisch *J. Iliopoulos-Strangas*, in: Scheuing (Hrsg.), Europäische Verfassungsordnung, 2003, S. 133 (160) mit dem Verweis, dass das in Art. 14 EU-GRCh garantierte Recht auf Bildung – mit Blick auf die Verfassungen Frankreichs und Griechenlands – auf einem niedrigeren Niveau garantiert wird.

52 Abs. 5 EU-GRCh (Art. II-112 Abs. 5 EuVerf) zu verstehen ist.[1121] Die Einordnung als Recht oder Grundsatz ist wegen der höchst unterschiedlichen Rechtswirkungen bedeutsam, da die gerichtliche Geltendmachung der Grundsätze, die in erster Linie bloße (verbindliche) Verfassungsaufträge enthalten, mangels ihres subjektiv-rechtlichen Charakters nur sehr begrenzt ist.[1122] Anhaltspunkte für die Qualifikation des Art. 14 Abs. 2 EU-GRCh als „*Grundsatz*" bieten zunächst die Erläuterungen. Zwar erwähnen diese zu Art. 52 Abs. 5 EU-GRCh exemplarisch nur die Rechte älterer Menschen (Art. 25 EU-GRCh bzw. Art. II-85 EuVerf), die Integration von Menschen mit Behinderung (Art. 26 EU-GRCh bzw. Art. II-86 EuVerf) und den Umweltschutz (Art. 37 EU-GRCh bzw. Art. II-97 EuVerf).[1123] Dagegen sprechen die Erläuterungen zu Art. 14 EU-GRCh aber explizit von einem „*Grundsatz der Unentgeltlichkeit des Pflichtschulunterrichts*".[1124] Wie Art. 14 Abs. 2 EU-GRCh zu verstehen ist, soll durch Auslegung ermittelt werden.

1. Die grammatikalische Auslegung

Bereits die Verwendung des Begriffs „*Dieses Recht*" in Art. 14 Abs. 2 EU-GRCh könnte gegen die Zuordnung eines Grundsatzes sprechen. Dem kann jedoch entgegengehalten werden, dass das Präsidium wie zuvor angesprochen die Vorschriften des Art. 25 und 26 EU-GRCh als Grundsatz eingestuft hat, obwohl in diesen Vorschriften von „*Recht*" bzw. „*Anspruch*" (jeweils „*right*" / „*droit*") die Rede ist.

Weiteren Aufschluss über die Einordnung des Art. 14 Abs. 2 EU-GRCh als Recht oder Grundsatz könnte aber der Formulierung „*Dieses Recht umfasst*"

1121 Diese Frage wird von zwar *N. Bernsdorff*, in: Meyer (Hrsg.), EU-GRCh, Art. 14 Rdn. 16 a.E. aufgeworfen, aber offen gelassen; vgl. auch *M. Borowsky*, in: Meyer (Hrsg.), EU-GRCh, Art. 52 Rdn. 45d.

1122 Näheres dazu *H. D. Jarass*, EU-Grundrechte, § 7 Rdn. 22, 31 ff.

1123 S. Erläuterungen des Präsidiums des Europäischen Konvents v. 16.12.2004 zu Art. 52 Abs. 5 EU-GRCh, ABl. 2004 Nr. C 310 S. 459: „*Zu den in der Charta anerkannten Grundsätzen gehören beispielsweise die Artikel 25, 26 und 37. In einigen Fällen kann ein Charta-Artikel sowohl Elemente eines Rechts als auch eines Grundsatzes enthalten, beispielsweise Artikel 23, 33 und 34.*".

1124 Hervorhebung durch Verfasserin. S. Erläuterungen des Präsidiums des Europäischen Konvents v. 16.12.2004 zu Art. 14 EU-GRCh, ABl. 2004 Nr. C 310 S. 435: „*[...] Grundsatz der Unentgeltlichkeit des Pflichtschulunterrichts [...]. In seiner hier vorliegenden Fassung besagt dieser Grundsatz lediglich, [...].*".

(„*This right includes*" / „*Ce droit comporte*") liefern. Diese Wendung könnte so zu verstehen sein, dass das zuvor beschriebene allgemeine Recht auf Bildung im Sinne des Art. 14 Abs. 1, 1. Alt. EU-GRCh durch die unentgeltliche Teilnahme am Pflichtschulunterricht ergänzt und konkretisiert werden soll.[1125] Die Wortlautanalyse könnte mithin darauf schließen lassen, dass es sich bei Art. 14 Abs. 2 EU-GRCh nicht um ein eigenständiges Grundrecht handeln soll, sondern vielmehr um ein einheitliches Grundrecht mit Art. 14 Abs. 1, 1. Alt. EU-GRCh; die hätte die logische Konsequenz zur Folge, dass der unentgeltliche Pflichtschulunterricht als „*Recht*" und nicht als „*Grundsatz*" zu interpretieren wäre, so dass der Vorschrift des Art. 14 Abs. 2 EU-GRCh dieselben subjektiv-rechtlichen Wirkungen wie Art. 14 Abs. 1, 1. Alt. EU-GRCh zukämen.[1126]

2. Die systematische Auslegung

Weiteren Aufschluss zu dieser Überlegung könnte aus dem systematischen Zusammenhang mit anderen Chartarechten hergeleitet werden, wenn dort ebenfalls Rechte von einem anderen Recht „*umfasst*" werden. So „*umfasst*" etwa das Recht auf Gedanken-, Gewissens- und Religionsfreiheit gemäß Art. 10 Abs. 1 S. 2 EU-GRCh u. a. die Freiheit, seine Religion oder Weltanschauung zu wechseln. Auch die Versammlungs- und Vereinigungsfreiheit „*umfasst*" gemäß Art. 12 Abs. 1 EU-GRCh im letzten Halbsatz das Recht jeder Person, Gewerkschaften zu gründen und ihnen beizutreten. Schließlich „*umfasst*" das Recht auf eine gute Verwaltung näher in Art. 41 Abs. 2 EU-GRCh dargelegte Rechte des Einzelnen.[1127] Unstreitig ist bei diesen aufgezählten Rechten, dass es sich jeweils um die Klarstellung des Schutzbereichs des jeweiligen Rechts, auf das verwiesen wird, handelt, nicht jedoch um eigenständige Rechte.[1128] Ähnliches gilt hinsicht-

---

[1125] So auch *H. D. Jarass*, EU-Grundrechte, § 19 Rdn. 1, 3; *A. Große Wentrup*, Europäische Grundrechtecharta, 2003, S. 131; vgl. auch *Th. v. Danwitz/S. Röder*, in: Stern/Tettinger (Hrsg.), Die Europäische Grundrechte-Charta im wertenden Verfassungsvergleich, 2005, S. 31 (35); *N. Bernsdorff*, in: Meyer (Hrsg.), EU-GRCh, Art. 14 Rdn. 14.

[1126] S. dazu oben, A. II.

[1127] Darüberhinaus „*schließt*" das Recht auf freie Meinungsäußerung gemäß Art. 11 Abs. 1 S. 2 EU-GRCh die Meinungsfreiheit „*ein*". Vgl. dazu und zu weiteren Beispielen *Th. v. Danwitz/S. Röder*, in: Stern/Tettinger (Hrsg.), Die Europäische Grundrechte-Charta im wertenden Verfassungsvergleich, 2005, S. 31 (35).

[1128] Vgl. *Th. v. Danwitz/S. Röder*, in: Stern/Tettinger (Hrsg.), Die Europäische Grundrechte-Charta im wertenden Verfassungsvergleich, 2005, S. 31 (35). Zu Art. 41 Abs. 2 EU-GRCh vgl. *D.-U. Galetta*, in: Stern/Tettinger (Hrsg.), Die Europäische Grundrechte-Charta im wertenden Verfassungsvergleich, 2005, S. 207 (214 ff.).

lich der Bezugnahme auf das geistige Eigentum in Art. 17 Abs. 2 EU-GRCh (Art. II- 77 Abs. 2 EuVerf). Auch hier handelt es sich um die Klarstellung des Schutzbereichs des Eigentums, so dass Art. 17 Abs. 2 EU-GRCh kein eigenes Recht verkörpert, sondern Bestandteil des Eigentumsrechts nach Art. 17 Abs. 1 EU-GRCh ist.[1129] Diese Bestimmungen enthalten demgemäß den gleichen Gewährleistungsumfang wie das „Hauptrecht". Die systematische Auslegung mit den genannten Chartabestimmungen legt mithin nahe, dass auch Art. 14 Abs. 2 EU-GRCh als Konkretisierung des Art. 14 Abs. 1, 1. Alt. EU-GRCh zu verstehen und folglich als „*Recht*" einzustufen ist. Dafür spricht auch, dass die Erläuterungen zu Art. 52 Abs. 5 EU-GRCh die Vorschrift des Art. 14 Abs. 2 EU-GRCh gerade nicht erwähnt, auch wenn die dort genannten Chartaartikel nur beispielhaft aufgezählt werden.

Damit ist davon auszugehen, dass es sich bei Art. 14 Abs. 2 EU-GRCh um ein die Bestimmung des Art. 14 Abs. 1, 1. Alt. EU-GRCh konkretisierendes subjektives Recht handelt, dem folglich dieselben Wirkungen wie Art. 14 Abs. 1, 1. Alt. EU-GRCh zukommen und so abwehr-, teilhabe- und im Einzelfall sogar leistungsrechtliche Funktionen erfüllen kann.

3. Ergebnis

Die Wortlautanalyse und die systematische Auslegung haben ergeben, dass zum Mindeststandard im Bildungsbereich insbesondere das Recht gehört, ohne die Zahlung von Schulgeld oder ähnlichen Gegenleistungen, also unabhängig von den wirtschaftlichen Lebensverhältnissen des Einzelnen, am Unterricht in Grundschulen teilnehmen zu dürfen und so einen menschenwürdigen Mindeststandard im Bereich der schulischen Elementarausbildung zu erhalten. Besteht diese Möglichkeit im Einzelfall nicht, dürfte sich nach hier vertretener Auffassung in Anlehnung an Art. 14 Abs. 1, 1. Alt. EU-GRCh i.V.m. Art. 2 S. 1 des 1. ZP ein Anspruch auf Bereitstellung einer entsprechenden kostenlosen Bildungseinrichtung oder auf die Gewährleistung einer Grundausbildung in anderer Weise ergeben. Art. 14 Abs. 1, 1. Alt. i.V.m. Art. 14 Abs. 2 EU-GRCh enthält damit den verbindlichen bildungspolitischen Gestaltungsauftrag an den Staat, schulische Bildungseinrichtungen vorzuhalten und das Vorhandensein eines gewissen Mindeststandards im Bereich der schulischen Elementarausbildung zu gewähr-

---

[1129] *Th. v. Danwitz/S. Röder*, in: Stern/Tettinger (Hrsg.), Die Europäische Grundrechte-Charta im wertenden Verfassungsvergleich, 2005, S. 31 (35) m.w.N.

leisten.[1130] Es ist also anzunehmen, dass im Einzelfall mit dieser bildungspolitischen Verpflichtung ein Anspruch des Grundrechtsberechtigten auf eine konkrete Leistung korrespondieren kann.[1131]

III. Beeinträchtigung und Rechtfertigung des Rechts auf unentgeltliche Teilnahme am Pflichtschulunterricht

1. Eingriff

Ein Eingriff in das Recht auf unentgeltliche Teilnahme am Pflichtschulunterricht ist anzunehmen, wenn im Einzelfall die zuvor genannten Mindestanforderungen des Art. 14 Abs. 2 EU-GRCh nicht erfüllt werden, in dem nicht für jedes Kind eine kostenlose Einrichtung des Pflichtschulunterrichts zur Verfügung steht.

Allerdings ist dabei überaus fraglich, ob die Union zu einer derartigen Gewährleistung in der Lage wäre und so Grundrechtseingriffe durch ihre Organe oder Einrichtungen überhaupt erfolgen können. Wie im Rahmen von Art. 14 Abs. 1, 1. Alt. EU-GRCh erörtert[1132] kann die Union nicht aufgrund von Art.

[1130] Vgl. *N. Bernsdorff*, in: Meyer (Hrsg.), EU-GRCh, Art. 14 Rdn. 13.

[1131] Art. 14 Abs. 2 EU-GRCh im Einzelfall als originäres Leistungsrecht ansehend, falls das staatliche Bildungsangebot unter Berücksichtigung des privaten Bildungsangebots völlig unzureichend ist, *H. D. Jarass*, EU-Grundrechte, § 5 Rdn. 24, § 19 Rdn. 13; *A. Große Wentrup*, Europäische Grundrechtecharta, 2003, S. 131; in diesen Ausnahmefällen eines Rückschrittsverbots wohl auch *N. Bernsdorff*, in: Meyer (Hrsg.), EU-GRCh, Art. 14 Rdn. 13; *ders.*, VSSR 2001, 1 (19 mit Fn. 87: *„Sicherung eines menschenwürdigen [...] Existensminimums"*, *„Elementarschutz"*); *E.-W. Luthe*, Bildungsrecht, 2003, S. 61: *„bei massiver Unterversorgung im Bildungsbereich"*; *Chr. Grabenwarter*, EMRK, § 22 Rdn. 79; unklar *Th. Schmitz*, JZ 2001, 833 (840), der von einem *„Leistungsrecht"* spricht, wobei nicht ersichtlich ist, ob er damit ein originäres oder derivatives Leistungsrecht meint. Die meisten Autoren sehen dagegen in Art. 14 Abs. 2 EU-GRCh ein klassisches Teilhaberecht: *M. Holoubek*, in: Duschanek/Griller (Hrsg.), Grundrechte für Europa, 2002, S. 25 (27); *St. Breitenmoser/B. Riemer/Cl. Seitz*, Praxis des Europarechts – Grundrechtsschutz, 2006, S. 315; *B. Losch/W. Chr. Radau*, NVwZ 2003, 1440 (1444); *J. Caspar*, RdJB 2001, 165 (169); *Chr. Grabenwarter*, DVBl. 2001, 1 (5); *Chr. Callies*, EuZW 2001, 261 (264). Dagegen *A. Weber*, NJW 2000, 537 (541), der in Bezug auf Art. 14 EU-GRCh nur von *„Gemeinschaftszielbestimmungen als Interpretationshilfen und Handlungsaufträge für den Gemeinschaftsgesetzgeber im Rahmen der ihm zugewiesenen Kompetenzordnung"* spricht.

[1132] S. dazu oben, A. III. 1.

149 EG eingreifen.[1133] Diese begrenzte Tragweite des Prinzips der Unentgeltlichkeit des Pflichtschulunterrichts wird insbesondere durch die Erläuterungen des Präsidiums[1134] hervorgehoben, wenn dort sogleich auf die beschränkten Kompetenzen der Union im Bildungsbereich hingewiesen wird und das Prinzip der Unentgeltlichkeit lediglich besagen soll, dass die Union es „*achten*“ muss, nicht aber selbst normative oder finanzielle Anstrengungen unternimmt.[1135] Mithin stehen diesem Recht keine entsprechenden Befugnisse der Unionsorgane gegenüber, so dass sich dieses Recht – wie das Recht auf Bildung gemäß Art. 14 Abs. 1, 1. Alt. EU-GRCh – in seiner Wirkungsweise gegenüber den Mitgliedstaaten erschöpft.[1136]

[1133] Ebensowenig kann die Gemeinschaft im Bereich der allgemeinen Bildung aufgrund anderweitiger Kompetenzen, wie etwa Art. 40 und 308 EG, verbindliche Maßnahmen mit Auswirkungen für Bildungsinhalte bzw. die Organisation des Bildungswesens erlassen; vgl. dazu ausführlich die Untersuchung der einzelnen Kompetenznormen bei *A. Große Wentrup*, Europäische Grundrechtecharta, 2003, S. 144 ff.; *J. Caspar*, RdJB 2001, 165 (175 ff.). Kritisch mit dem Hinweis auf die fehlende Kompetenzen, *J. Gündisch*, in: Beckmann/Dieringer/Hufeld (Hrsg.), Eine Verfassung für Europa, 2005, S. 429 (432); *S. Alber/U. Widmaier*, EuGRZ 2000, 497 (500): „*eher deklaratorische Bedeutung bzw. ‚Nachahmungscharakter' im Sinne einer Anregung zur Übernahme*“; *B. Losch/W. Chr. Radau*, NVwZ 2003, 1440 (1444); *N. Bernsdorff*, VSSR 2001, 1 (20 f.); *ders.*, in: Meyer (Hrsg.), EU-GRCh, Art. 14 Rdn. 14: „*von einer materiell-rechtlichen Zuständigkeit der Union im Primärrecht nicht ‚flankiert'*“; ebenso *R. Streinz*, in: Streinz (Hrsg.), EUV/EGV, Art. 14 GR-Charta Rdn. 7; vgl. auch *M. H. Knecht*, Die Charta der Grundrechte der Europäischen Union, 2005, S. 171: „*Konfliktpotential*“; *Th. Schmitz*, EuR 2004, 691 (701); *U. v. Creytz*, Verfassungsfragen des Bildungsrechts, 2003, S. 136 f.: Art. 14 Abs. 2 EU-GRCh müsse „*wirkungslos bleiben, da die Gemeinschaft für die Schulversorgung keinerlei Kompetenzen besitzt.*“. Dagegen wohl *S. Magiera*, in: Scheuing (Hrsg.), Europäische Verfassungsordnung, 2003, S. 117 (127) mit Verweis auf Art. 51 Abs. 2 EU-GRCh.

[1134] S. Erläuterungen des Präsidiums des Europäischen Konvents v. 16.12.2004 zu Art. 14 EU-GRCh, ABl. 2004 Nr. C 310 S. 435: „*Soweit die Charta für die Union gilt, bedeutet das, dass die Union im Rahmen ihrer bildungspolitischen Maßnahmen die Unentgeltlichkeit des Pflichtunterrichts achten muss, doch es erwachsen ihr daraus selbstverständlich keine neuen Zuständigkeiten.*“.

[1135] Vgl. etwa *H.-W. Rengeling/P. Szczekalla*, Grundrechte in der Europäischen Union, § 19 Rdn. 764: eine Art „*Angst-Erläuterung*“; *N. Bernsdorff*, in: Meyer (Hrsg.), EU-GRCh, Art. 14 Rdn. 17: „*Der Hinweis des Präsidiums [...] erscheint vor diesem Hintergrund wenig nachvollziehbar.*“.

[1136] *N. Bernsdorff*, in: Meyer (Hrsg.), EU-GRCh, Art. 14 Rdn. 17.

2. Rechtfertigung des Eingriffs

Die Zulässigkeit eines Grundrechtseingriffs in das in Art. 14 Abs. 2 EU-GRCh geregelte Recht, unentgeltlich am Pflichtschulunterricht teilzunehmen, bestimmen sich – wie für Art. 14 Abs. 1, 2. Alt. EU-GRCh – nach der allgemeinen Schrankenregelung des Art. 52 Abs. 1 i.V.m. Art. 52 Abs. 4 EU-GRCh. Auch hier ist eine gesetzliche Grundlage notwendig, und die Einschränkung muss gemäß Art. 52 Abs. 1 EU-GRCh geeignet, erforderlich und angemessen sein, d.h. sie darf keinen im Hinblick auf den verfolgten Zweck unverhältnismäßigen, nicht tragbaren Eingriff darstellen.[1137] Darüber hinaus ist nicht ersichtlich, dass sich aus den gemeinsamen Verfassungsüberlieferungen eine über diese Schrankenerfordernisse hinausgehende Einschränkungsgründe oder gar eine Einschränkungslosigkeit des Rechts auf unentgeltliche Teilnahme am Pflichtschulunterricht ergibt, so dass sich die Einschränkbarkeit des Art. 14 Abs. 2 EU-GRCh in erster Linie an Art. 52 Abs. 1 EU-GRCh zu messen hat.

IV. Zusammenfassendes Ergebnis

Die grammatikalische und systematische Interpretation hat ergeben, dass der Schutzbereich der Unentgeltlichkeit des Pflichtschulunterrichts in erster Linie den obligatorischen (Elementar-)Unterricht umschreibt, den jedes Kind nach Maßgabe des Rechts der Mitgliedstaaten durchlaufen muss, wobei Unentgeltlichkeit nur dahingehend zu verstehen ist, dass nicht sämtliche Pflichtschulveranstaltungen kostenfrei sein müssen, sondern Kindern überhaupt die Möglichkeit eingeräumt werden muss, kostenlos Pflichtschulunterricht zu erhalten.

Zwar dürfte das Recht auf unentgeltliche Teilnahme am Pflichtschulunterricht gemäß Art. 14 Abs. 1, 1. Alt. i.V.m. Art. 14 Abs. 2 EU-GRCh aufgrund des Wortlauts der Vorschrift („*dieses Recht umfasst*“) und hinsichtlich der aus Art. 2 S. 1 des 1. ZP zur EMRK hergeleiteten Ergebnissen im Einzelfall auch als ein echtes Leistungsrecht wirken, jedoch stehen diesem Recht keine entsprechenden Befugnisse der Unionsorgane gegenüber, so dass dieses Recht infolge der gegenwärtigen Kompetenzverteilung zwischen Union und Mitgliedstaaten offenbar weitgehend leer läuft. Die Einschränkbarkeit dieses Rechts bemisst sich nach Art. 52 Abs. 1 EU-GRCh.

[1137] Vgl. *H. D. Jarass*, EU-Grundrechte, § 19 Rdn. 16.

D. Die Freiheit zur Gründung von Lehranstalten unter Achtung der demokratischen Grundsätze nach Art. 14 Abs. 3, 1. Alt. EU-GRCh

I. Der sachliche Schutzbereich der „*Gründung von Lehranstalten*“

Art. 14 Abs. 3 EU-GRCh garantiert in seiner ersten Alternative:

> „*Die Freiheit zur Gründung von Lehranstalten unter Achtung der demokratischen Grundsätze [...] werden nach den einzelstaatlichen Gesetzen geachtet, welche ihre Ausübung regeln.*“

1. Die grammatikalische Auslegung

Der Schutzbereich des Art. 14 Abs. 3 EU-GRCh schützt die „*Gründung von Lehranstalten*“. Im Folgenden gilt zu klären, was der Begriff „*Lehranstalten*“ im Sinne des Art. 14 Abs. 3 EU-GRCh beinhaltet; dieser lässt sich unmittelbar aus der Charta nicht entnehmen.

Der Wortlaut „*Lehranstalten*“ ist indes deutungsoffen: Nach dem gewöhnlichen Sprachgebrauch kann die Formulierung jegliche Bildungseinrichtungen gleich welcher Bildungsstufe – also (private) Schulen und Universitäten, Fachschulen sowie Fachhochschulen oder Erwachsenenbildungsstätten – umfassen.[1138] Daneben schließt allein der Wortlaut indes auch nicht aus, dass sich die Vorschrift des Art. 14 Abs. 3, 1. Alt. EU-GRCh – so insbesondere die ausdrücklichen Erläuterungen des Präsidiums des Konvents[1139] – neben der Gründung von privaten auch auf öffentliche Lehranstalten beziehen soll. Auch ein Vergleich mit der englischen bzw. französischen Textfassung, in denen von Bildungs-/Erziehungseinrichtungen („*educational establishments*“[1140]) bzw. Unter-

---

[1138] Vgl. *J. Caspar*, RdJB 2001, 165 (170); *E.-W. Luthe*, Bildungsrecht, 2003, S. 61.

[1139] Vgl. Erläuterungen des Präsidiums des Europäischen Konvents v. 16.12.2004 zu Art. 14 EU-GRCh, ABl. 2004 Nr. C 310 S. 435: „*2. Die Freiheit zur Gründung von öffentlichen oder privaten Lehranstalten wird [...].*“.

[1140] *Langenscheidts Handwörterbuch*, Englisch-Deutsch, Stichwort „*educational*“ = erzieherisch, Erziehungs-..., Unterrichts-..., S. 212, „*establishment*“ = Einrichtung, Anstalt, Institut, S. 226.

richtsanstalten/Schulen („*établissements d'enseignements*"[1141]) die Rede ist, legt ein einengendes Begriffsverständnis dahingehend, dass hauptsächlich die Gründung von (privaten) Schulen von dieser Bestimmung erfasst werden sollen, nicht zwingend nahe.[1142] Was die geschützte Tätigkeit angeht, ist zudem fraglich, ob sie neben der „*Gründung*" von Lehranstalten, auch deren Betrieb schützen soll.[1143] Allein die grammatikalische Analyse ist nicht aufschlussreich dafür, wie der Begriff der „*Gründung von Lehranstalten*" auszulegen ist.

2. Die systematische Auslegung

Da die Freiheit zur Gründung von Lehranstalten weder einer Bestimmung der EMRK noch den Gemeinschaftsverträgen entspricht, ist Art. 14 Abs. 3, 1. Alt. EU-GRCh – wie der Zugang zur beruflichen Aus- und Weiterbildung und das Recht auf unentgeltliche Teilnahme am Pflichtschulunterricht – der Regelung des Art. 52 Abs. 1 EU-GRCh zuzuordnen.[1144] Wenn also eine gemeinsame Verfassungsüberlieferung der Mitgliedstaaten hinsichtlich der Freiheit zur Gründung von Lehranstalten bejaht werden kann, soll diese in Anwendung der Traditions-Regel des Art. 52 Abs. 4 EU-GRCh zur Bestimmung des Schutzbereichs zugrunde gelegt werden.

Daneben könnten sich Anhaltspunkte für die Auslegung des Begriffs „*Lehranstalten*" auch aus der systematischen Betrachtung des Art. 14 Abs. 3, 1. Alt. EU-GRCh mit anderen Bestimmungen der Charta bzw. der EMRK entnehmen. Weiterhin soll überprüft werden, ob durch Art. 14 Abs. 3, 1. Alt. EU-GRCh das Schutzniveau gemäß der Regel des Art. 53 EU-GRCh eingehalten wurde

---

1141 *Pons*, Großwörterbuch, Französisch-Deutsch, Stichwort „*établissement d'enseignement*", S. 294 = Lehranstalt, Ausbildungsstätte, Schule; vgl. ferner *G. Köbler*, Rechtsfranzösisch, Stichwort „*établissement d'enseignement*" = Schule, S. 241.

1142 Ausführlich dazu *J. Ennuschat*, RdJB 2003, 436 (444); s. auch *N. Bernsdorff*, in: Meyer (Hrsg.), EU-GRCh, Art. 14 Rdn. 18; *K. Odendahl*, in: Heselhaus/Nowak (Hrsg.), Handbuch der Europäischen Grundrechte, § 39 Rdn. 43; *H. D. Jarass*, EU-Grundrechte, § 19 Rdn. 21.

1143 *H. D. Jarass*, EU-Grundrechte, § 19 Rdn. 22; *J. Ennuschat*, RdJB 2003, 436 (444); *N. Bernsdorff*, in: Meyer (Hrsg.), EU-GRCh, Art. 14 Rdn. 18.

1144 *N. Bernsdorff*, in: Meyer (Hrsg.), EU-GRCh, Art. 14 Rdn. 21; vgl. auch *M. Borowsky*, in: Meyer (Hrsg.), EU-GRCh, Art. 52 Rdn. 44c. A.A. *K. Odendahl*, in: Heselhaus/Nowak (Hrsg.), Handbuch der Europäischen Grundrechte, § 39 Rdn. 47, der das Recht zur Gründung von Privatschulen der EMRK-Vorschrift des Art. 52 Abs. 3 S. 1 EU-GRCh zuordnet.

a) Art. 14 Abs. 3, 2. Alt. EU-GRCh

Der systematische Zusammenhang mit dem in Art. 14 Abs. 3, 2. Alt. EU-GRCh gewährleisteten Erziehungsrecht der Eltern legt für die Bestimmung des Begriffs „*Lehranstalten*" nahe, dass hauptsächlich Schulen, und zwar *private* Schulen, hiervon erfasst werden, was sich aus folgenden Erwägung ergibt: Die Gründung von Privatschulen stellt ein wesentliches Element zur Sicherung der Elternrechte dar, da dadurch Alternativen zum staatlichen Schulwesen für die Eltern zur Verfügung gestellt werden, falls ihre Überzeugungen in einem Konflikt mit den staatlichen Schulen und ihren Bildungsinhalten stehen.[1145] Das elterliche Erziehungsrecht soll damit im Zusammenwirken mit der Freiheit zur Gründung von Lehranstalten der ersten Alternative des Art. 14 Abs. 3 EU-GRCh garantieren, dass es dem Staat verwehrt ist, im Erziehungsprozess der Eltern zu intervenieren.[1146] Aus diesem Zusammenhang ergibt sich also, dass mit dem Begriff „*Lehranstalten*" in erster Linie private Schulen gemeint sind.

b) Art. 2 S. 2 des 1. ZP zur EMRK

In systematischer Interpretation könnte noch das in Art. 2 S. 2 des 1. ZP zur EMRK garantierte Recht der Eltern relevant sein. Zwar verweisen die Erläuterungen des Präsidiums ausdrücklich nur auf eine Entsprechung des Rechts auf Bildung (Art. 14 Abs. 1, 1. Alt. EU-GRCh) und des Elternrechts (Art. 14 Abs. 3, 2. Alt. EU-GRCh) mit Art. 2 S. 1 bzw. S. 2 des 1. ZP zur EMRK.[1147] Dies sollte aber nicht überbewertet werden, da die Erläuterungen keinen rechtsverbindlichen Charakter haben und somit nur als Interpretationshilfe dienen sollen. Zudem zählt Art. 2 S. 2 des 1. ZP zum gemäß Art. 53 EU-GRCh beachtlichen Schutzniveau.

[1145] *R. Streinz*, in: Streinz (Hrsg.), EUV/EGV, Art. 14 GR-Charta Rdn. 8; *N. Bernsdorff*, in: Meyer (Hrsg.), EU-GRCh, Art. 14 Rdn. 18 sowie *K. Odendahl*, in: Heselhaus/Nowak (Hrsg.), Handbuch der Europäischen Grundrechte, § 39 Rdn. 42: „*Gegengewicht zu den Gestaltungsrechten des Staates im Schulbereich*"; vgl. auch *S. Jenkner* (Hrsg.), Das Recht auf Bildung und die Freiheit der Erziehung in Europäischen Verfassungen, 1994, S. 13. In diesem Sinne ebenso *Chr. Grabenwarter*, EMRK, § 22 Rdn. 79; *J. Abr. Frowein/W. Peukert*, EMRK, Art. 2 des 1. ZP Rdn. 9; *L. Wildhaber*, in: Golsong u.a. (Hrsg.), IK-EMRK, Art. 2 EMRK/1. ZP (1995) Rdn. 51 in Bezug auf die Privatschulgründungsfreiheit im Rahmen des Elternrechts des Art. 2 S. 2 des 1. ZP zur EMRK.

[1146] Vgl. *N. Bernsdorff*, in: Meyer (Hrsg.), EU-GRCh, Art. 14 Rdn. 20; *H. D. Jarass*, EU-Grundrechte, § 19 Rdn. 32.

[1147] Vgl. Nachweise oben, in Fn. 555.

Aus dem Wortlaut des Art. 2 S. 2 des 1. ZP lässt sich nicht entnehmen, ob auch die Privatschulfreiheit hiervon erfasst ist.[1148] Für die Beantwortung der Frage, ob der Staat ein Schulsystem etabliert, in dem die Gründung von Privatschulen neben öffentlichen Schulen möglich sein muss, lassen sich jedoch Anhaltspunkte aus der Genese und des Sinnzusammenhangs der Vorschrift gewinnen.[1149] Die Entstehungsgeschichte der EMRK zeigt, dass die Frage der Zulässigkeit von Privatschulgründungen mehrfach erörtert wurde, sich letztlich in der Endfassung der Garantie aber nicht hat durchsetzen können.[1150] Entscheidend ist jedoch, dass sich die Unterzeichnerstaaten durch die Ratifizierung der Vorschrift des Art. 2 S. 2 des 1. ZP verpflichtet haben, den verschiedenen religiösen und weltanschaulichen Überzeugungen der Eltern genügend Raum zu geben und mithin ein Schulsystem einzurichten haben, dessen Organisation und inhaltliche Ordnung die Respektierung dieser Überzeugungen ermöglicht.[1151] Klärungsbedürftig ist, ob dieser Raum innerhalb des staatlichen Schulsystems durch bestimmte Vorkehrungen[1152] geschaffen werden kann, die den Anforderungen des Art. 2 S. 2 des 1. ZP genügen können.[1153] Diese Überlegung zielt erkennbar auf die Frage hin, ob die Staaten ein staatliches Schulmonopol einrichten und die Verfolgung von Bildungsinteressen außerhalb staatlicher Schulen untersagen

[1148] *J. Abr. Frowein/W. Peukert*, EMRK, Art. 2 des 1. ZP Rdn. 1; *Chr. Grabenwarter*, EMRK, § 22 Rdn. 79; *Chr. Langenfeld*, in: Grote/Marauhn (Hrsg.), EMRK/GG, Kap. 24 Rdn. 26; vgl. auch *S. Jenkner* (Hrsg.), Das Recht auf Bildung und die Freiheit der Erziehung in Europäischen Verfassungen, 1994, S. 13; *N. Bernsdorff*, in: Meyer (Hrsg.), EU-GRCh, Art. 14 Rdn. 18 (mit Fn. 273); *H. D. Jarass*, EU-Grundrechte, § 19 Rdn. 17.

[1149] Vgl. dazu *J. Abr. Frowein/W. Peukert*, EMRK, Art. 2 des 1. ZP Rdn. 9; *Chr. Grabenwarter*, EMRK, § 22 Rdn. 79. *Chr. Langenfeld*, in: Grote/Marauhn (Hrsg.), EMRK/GG, Kap. 23 Rdn. 1 m.w.N.

[1150] Vgl. *Travaux Préparatoires* Bd. V, S. 250; Bd. VII, S. 246, 252; Bd. VIII, S. 44, 50, 138 f.

[1151] *J. Ennuschat*, RdJB 2003, 436 (441); ebenso *Chr. Grabenwarter*, EMRK, § 22 Rdn. 79.

[1152] Vgl. für Deutschland etwa die Bestimmungen für den Religionsunterricht in Art. 7 Abs. 3 GG bzw. in Art. 12 Abs. 3, 4 und 6 NRWVerf, dazu *J. Ennuschat*, in: Löwer/Tettinger (Hrsg.), NRW, Art. 12 Rdn. 18 ff.

[1153] Dies wäre etwa dann der Fall, wenn die staatlichen Schulen so frei, pluralistisch und tolerant organisiert sind, dass die religiösen und weltanschaulichen Überzeugungen aller Eltern gewahrt würden. Theoretisch ließe sich dies tatsächlich vorstellen, speziell in größeren Gemeinwesen und speziell im Bereich der Elementarschulen, vgl. etwa BVerfGE, Beschluss v. 16.12.1992, („Freie Schule Kreuzberg"), BVerfGE 88, 40, wonach private Grundschulen zugelassen werden. Vgl. dazu *L. Wildhaber*, in: Golsong u.a. (Hrsg.), IK-EMRK, Art. 2 EMRK/1. ZP (1995) Rdn. 51 m.w.N.

können. Da weder Satz 1 noch Satz 2 des 1. ZP zwischen öffentlichem und privatem Bildungswesen unterscheidet, scheint ein Verbot eher unzulässig zu sein.[1154] Dafür spricht insbesondere die zuvor erwähnte Sicherung der Elternrechte gegenüber dem staatlichen Schulwesen. Diesem Verständnis hat sich auch die EKMR angeschlossen und mehrmals festgestellt, dass Art. 2 des 1. ZP es *„dem Staat verbietet, Eltern daran zu hindern, ihren Kindern eine Bildung ausserhalb der staatlichen Schulen zukommen zu lassen"*.[1155] Auch im Schrifttum sieht die überwiegende Meinung ein staatliches Schulmonopol, also das Verbot der Gründung von Privatschulen, als Verstoß gegen Art. 2 S. 2 des 1. ZP an.[1156] Mithin ist davon auszugehen, dass das in Art. 2 S. 2 des 1. ZP zur EMRK gewährleistete Recht der Eltern das Recht umfasst, private Schulen zu gründen.

1154 Vgl. dazu etwa *L. Wildhaber*, in: Golsong u.a. (Hrsg.), IK-EMRK, Art. 2 EMRK/1. ZP (1995) Rdn. 50; *N. Bernsdorff*, in: Meyer (Hrsg.), EU-GRCh, Art. 14 Rdn. 19.

1155 Vgl. etwa EKMR, Ber. v. 21.3.1975, Nr. 5095/71 u.a., („Kjeldsen u.a. ./. DK"), B/21 § 153; EKMR, Entscheidung v. 2.5.1978, Nr. 7782/77, („X ./. GB"), DR 14, 179 (180, 183 f.); EKMR, Entscheidung v. 1.12.1985, Nr. 10476/83, („W. u. K.L. ./, S"), DR 45, 143 (149); EKMR, Entscheidung v. 6.3.1987, Nr. 11533/88, („Ingrid Jordebo Foundation of Christian Schools ./. S"), DR 51, 125 (128 f.) = EuGRZ 1988, 282 unter Hinweis auf EGMR, Urteil v. 7.12.1976, Nr. 5095/71 u.a., („Kjeldsen u.a. ./. DK"), Serie A 23, 1976 Rdn. 53 = EuGRZ, 1976, 478 ff.; EKMR, Entscheidung v. 6.9.1995, Nr. 23419/94, („Verein Gemeinsam Lernen ./. AU"), DR 82-A, 41 (45). Allerdings sah in den zugrunde liegenden Fällen das Schulsystem den Betrieb von Privatschulen vor. Auch ließ der EGMR diese Frage im Urteil zu den dänischen Sexual-Erziehungsfällen, EGMR, Urteil v. 7.12.1976, Nr. 5095/71 u.a., („Kjeldsen u.a. ./. DK"), Serie A 23, 1976 Rdn. 53, offen.

1156 *Chr. Langenfeld*, in: Grote/Marauhn (Hrsg.), EMRK/GG, Kap. 24 Rdn. 5, 26; *L. Wildhaber*, in: Golsong u.a. (Hrsg.), IK-EMRK, Art. 2 EMRK/1. ZP (1995) Rdn. 50; *J. Abr. Frowein/W. Peukert*, EMRK, Art. 2 des 1. ZP Rdn. 9; *Chr. Grabenwarter*, EMRK, § 22 Rdn. 79; *H. Schorn*, EMRK, Art. 2 ZP, S. 435; *M. E. Villiger*, Hdb EMRK, § 31 Rdn. 678; *A. Peters*, EMRK, § 27 S. 172; *P. van Dijk/G. J. H. van Hoof* (Hrsg.), European Convention on Human Rights, S. 647 f.; *St. Breitenmoser/B. Riemer/Cl. Seitz*, Praxis des Europarechts – Grundrechtsschutz, 2006, S. 102; *H.-W. Rengeling/P. Szczekalla*, Grundrechte in der Europäischen Union, § 19 Rdn. 770; *P. Szczekalla*, Die sogenannten grundrechtlichen Schutzpflichten im deutschen und europäischen Recht, 2002, S. 856; *S. Jenkner* (Hrsg.), Das Recht auf Bildung und die Freiheit der Erziehung in Europäischen Verfassungen, 1994, S. 13; *K. Odendahl*, in: Heselhaus/Nowak (Hrsg.), Handbuch der Europäischen Grundrechte, § 39 Rdn. 19; *A. Weber*, Menschenrechte, 2004, S. 718; *G. Seidel*, Hdb Grund- und Menschenrechte, S. 201; *J. Molthagen*, Das Verhältnis der EU-Grundrechte zur EMRK, 2003, S. 112; *P. Lemmens*, MJ 1 (2001), 49 (60 f.); *W. Kämpfer*, EuGRZ 1981, 721 (725); *N. Blum*, Gedanken-, Gewissens- und Religionsfreiheit nach Art. 9 EMRK, 1990, S. 145. Dagegen wohl *J. Ennuschat*, RdJB 2003, 436 (441 f.), der bemängelt, dass sich die Rechtsprechung der Konventionsorgane nicht auf die Gründungsfreiheit von Privatschulen bezog und somit die EMRK kaum sichere Hinweise auf das Recht zur Gründungsfreiheit von Privatschulen liefern könne.

Allerdings darf sich der Staat nicht seiner Verpflichtung zur Bereitstellung eines Schulwesens durch den Verweis auf die Möglichkeit, Privatschulen zu gründen, entledigen.[1157]

Inwieweit der Staat dagegen private Schulen anerkennt, liegt in seinem Ermessensspielraum; wenn er die Errichtung von Privatschulen ermöglicht, hat er das Recht, die Einhaltung bestimmter Leistungsstandards in Erziehung und Unterricht innerhalb der Privatschule festzusetzen[1158], die in der Regel aber gleich hoch sein dürften wie für staatliche Schulen.[1159] Ferner darf der Staat den Privatschulträgern eine totalitäre oder konventionsvereitelnde Orientierung verbieten und ihnen ein Minimum an Offenheit, Toleranz, Pluralismus und Nicht-Diskriminierung vorschreiben (vgl. Art. 17 EMRK).[1160] Die Festlegung bestimmter Anforderungen für die Gründung von Privatschulen und die Einführung eines Genehmigungserfordernisses[1161] stehen damit mit der Konvention im Einklang.

c) Art. 16 EU-GRCh

Laut den Erläuterungen des Präsidiums soll die Freiheit zur Gründung von Lehranstalten ein spezieller Anwendungsfall der unternehmerischen Freiheit des Art. 16 EU-GRCh (Art. II-76 EuVerf) darstellen.[1162] Das Präsidium hat das

---

[1157] Vgl. EGMR, Urteil v. 7.12.1976, Nr. 5095/71 u.a., („Kjeldsen u.a. ./. DK"), Serie A 23, 1976 Rdn. 53 = EuGRZ 1976, 478 ff. So auch *J. Abr. Frowein/W. Peukert*, EMRK, Art. 2 des 1. ZP Rdn. 7; *Chr. Grabenwarter*, EMRK, § 22 Rdn. 72, 79; *J. Meyer-Ladewig*, EMRK, Art. 2 ZP Rdn. 9.

[1158] Vgl. etwa EGMR, Entscheidung v. 25.3.1993, Nr. 13134/87, („Costello-Roberts ./. GB"), Serie A 247-C, Rdn. 25 ff., wo der EGMR die Verantwortlichkeit des Staates für Privatschulen ausdrücklich festgestellt hat; s. auch EKMR, Entscheidung v. 6.3.1987, Nr. 11533/88, („Ingrid Jordebo Foundation of Christian Schools ./. S"), DR 51, 125 (128 f.) = EuGRZ 1988, 282.

[1159] *P. van Dijk/G. J. H. van Hoof* (Hrsg.), European Convention on Human Rights, S. 647 f.; *L. Wildhaber*, in: Golsong u.a. (Hrsg.), IK-EMRK, Art. 2 EMRK/1. ZP (1995) Rdn. 52. So auch Art. 5 des UNESCO-Übereinkommens gegen Diskriminierung im Unterrichtswesen, dazu s. unten, e) und II. 2 d).

[1160] *L. Wildhaber*, in: Golsong u.a. (Hrsg.), IK-EMRK, Art. 2 EMRK/1. ZP (1995) Rdn. 52.

[1161] So auch die Rechtslage in Deutschland (vgl. Art. 7 Abs. 4 GG) oder Österreich (Art. 17 Abs. 1 StGG). Näheres dazu, s. unten, D. II. 2 c).

[1162] Vgl. Erläuterungen des Präsidiums des Europäischen Konvents v. 16.12.2004 zu Art. 14 EU-GRCh, ABl. 2004 Nr. C 310 S. 435: *„2. Die Freiheit zur Gründung von öffentlichen*

Recht auf Gründung von Lehranstalten damit im Wesentlichen als marktorientiertes Unternehmergrundrecht betrachtet.[1163] Diese Bezugnahme stellt zumindest klar, dass, obwohl sich das Recht zur Gründung von Lehranstalten laut den Erläuterungen ausdrücklich auch auf öffentliche Einrichtungen bezieht[1164], ihre praktische Bedeutung wohl eher in der Gewährleistung privater (schulischer) Bildungseinrichtungen liegen soll[1165] und legt damit nahe, dass es den Mitgliedstaaten verwehrt werden soll, ein staatliches Schulmonopol einzurichten.[1166] Dies lässt sich wie folgt begründen: Durch den Verweis auf Art. 16 EU-GRCh, wonach die unternehmerische Freiheit *„nach dem Gemeinschaftsrecht"* anerkannt wird, ergeben sich für die Freiheit zur Gründung von Lehranstalten gemeinschaftsrechtliche Überschneidungen im Zusammenhang mit der Dienstleistungsfreiheit (Art. 49 EG) sowie der Niederlassungsfreiheit (Art. 43 EG).[1167] Diese berechtigen dazu, grenzüberschreitend Bildungs- bzw. Weiterbildungsmöglichkeiten anzubieten.[1168] Voraussetzung für die Anwendbarkeit der beiden

---

oder privaten Lehranstalten wird als einer der Aspekte der unternehmerischen Freiheit garantiert […].".

1163 Vgl. *N. Bernsdorff*, in: Meyer (Hrsg.), EU-GRCh, Art. 14 Rdn. 19 (mit Fn. 274); vgl. auch *H. D. Jarass*, EU-Grundrechte, § 19 Rdn. 17, 20.

1164 Vgl. Erläuterungen des Präsidiums des Europäischen Konvents v. 16.12.2004 zu Art. 14 EU-GRCh, ABl. 2004 Nr. C 310 S. 435: „*[…] von öffentlichen oder privaten Lehranstalten […].*".

1165 Vgl. *J. Caspar*, RdJB 2001, 165 (170), der im Zusammenhang der Errichtung von Bildungseinrichtungen in öffentlich-rechtlicher Trägerschaft zu Recht darauf hinweist, dass sich die Befugnis zur staatlichen Organisation von Bildungseinrichtungen zumindest im deutschen Schulwesen bereits aus dem verfassungsrechtlichen Auftrag nach Art. 7 Abs. 1 GG ergibt. Dagegen interpretiert *H. D. Jarass*, EU-Grundrechte, § 19 Rdn. 21 die ausdrückliche Einbeziehung der öffentlichen Lehranstalten in den Erläuterungen des Präsidiums eher als Zugangsproblematik, nämlich ob die Schulen allgemein oder nur einem bestimmten Personenkreis zugänglich sind. Kritisch zu der Einbeziehung der öffentlichen Einrichtungen in Art. 14 Abs.3 EU-GRCh, *B. Kempen*, in: Tettinger/Stern (Hrsg.), Kölner Gemeinschaftskommentar zur Europäischen Grundrechte-Charta, Art. 14 Rdn. 11: „*nicht nachvollziehbar*".

1166 *N. Bernsdorff*, in: Meyer (Hrsg.), EU-GRCh, Art. 14 Rdn. 19; *B. Kempen*, in: Tettinger/Stern (Hrsg.), Kölner Gemeinschaftskommentar zur Europäischen Grundrechte-Charta, Art. 14 Rdn. 17; *H. D. Jarass*, EU-Grundrechte, § 19 Rdn. 24.

1167 Vgl. EuGH, Urteil v. 15.3.1988, Rs. 147/86, („Kommission ./. GR"), Slg. 1988, 1637; EuGH, Urteil v. 31.1.1984, verb. Rsn. 286/82 u. 26/83, („Luisi und Carbone"), Slg. 1984, 377 (401, 403) Rdn. 10, 16; ausführlich dazu *J. Ennuschat*, RdJB 2003, 436 (437 ff.); s. dazu auch *J. Caspar*, RdJB 2001, 165 (170); *R. Streinz*, in: Streinz (Hrsg.), EUV/EGV, Art. 14 GR-Charta Rdn. 8; *E.-W. Luthe*, Bildungsrecht, 2003, S. 61; *H. D. Jarass*, EU-Grundrechte, § 19 Rdn. 20.

1168 *E.-W. Luthe*, Bildungsrecht, 2003, S. 61; *J. Caspar*, RdJB 2001, 165 (170).

Grundfreiheiten ist allerdings der Entgelt- und Erwerbscharakter der Tätigkeiten. Damit ist aber der Unterricht in öffentlichen Bildungseinrichtungen ausgenommen, da dieser mangels Entgeltcharakter keine Dienstleistung im Sinne des Art. 50 EG darstellt, so dass die grenzüberschreitenden Bildungs- und Weiterbildungsmöglichkeiten nur für den Unterricht an privaten Bildungseinrichtungen gelten kann.[1169] Daraus kann geschlossen werden, dass die Freiheit zur Gründung von Lehranstalten in erster Linie die Errichtung privater Einrichtungen umfassen soll und nicht solcher öffentlicher Einrichtungen. Darüber hinaus legt die Einstufung des Rechts auf Gründung von Privatschulen als Ausprägung der unternehmerischen Freiheit in Art. 16 EU-GRCh nahe, auch die Gründung von außerschulischen Bildungseinrichtungen in den Schutzbereich einzubeziehen.[1170]

Die systematische Auslegung mit Art. 16 EU-GRCh ergibt damit, dass Art. 14 Abs. 3, 1. Alt. EU-GRCh in erster Linie Schulen mit privater Trägerschaft (Privatschulen) meint, darüber hinaus können aber auch außerschulische private Bildungseinrichtungen in den Schutzbereich fallen.

d) Die Verfassungsüberlieferungen der Mitgliedstaaten (Art. 52 Abs. 4 EU-GRCh)

Die folgende rechtsvergleichende Auslegung soll die Frage nach einer etwaigen gemeinsamen Verfassungsüberlieferung der Mitgliedstaaten in Bezug auf die Freiheit zur Gründung von Lehranstalten durchleuchten, die dann in Anwendung der Regelung des Art. 52 Abs. 4 EU-GRCh der Bestimmung des Schutzbereichs des Art. 14 Abs. 3, 1. Alt. EU-GRCh zugrunde zu legen wäre, um so den Begriff der „*Lehranstalten*“ ggf. näher konturieren zu können.

aa) Ausdrückliche Verfassungsaussagen zur Gründung von privaten Schulen

Zahlreiche Verfassungen erwähnen die Gründung von Unterrichtsanstalten explizit. Dabei handelt es sich bei den nachstehenden 15 Verfassungstexten vorwiegend um die Errichtung privater Schulen, so etwa in den von Deutschland („*Errichtung von privaten Schulen*“)[1171], Estland („*Privatschulen*“)[1172], Finnland

---

1169 EuGH, Urteil v. 7.12.1993, Rs. C-109/92, („Max Wirth“), Slg. 1993, I-6447 ff. Ausführlich *J. Ennuschat*, RdJB 2003, 436 (438 f.); s. auch *E.-W. Luthe*, Bildungsrecht, 2003, S. 61; *J. Caspar*, RdJB 2001, 165 (170).

1170 A.A. wohl *N. Bernsdorff*, in: Meyer (Hrsg.), EU-GRCh, Art. 14 Rdn. 19 (mit Fn. 275).

1171 Art. 7 Abs. 4 GG: „*Das Recht zur Errichtung von privaten Schulen wird gewährleistet. [...]*.“. Zahlreiche Landesverfassungen haben darüber hinaus das Freiheitsrecht aufge-

(„*Aufbau [...] privater Bildungseinrichtungen*“)[1173], Griechenland („*Errichtung und [...] Betrieb von nicht-staatlichen Unterrichtsanstalten*“)[1174], Irland („*Privatschulen*“)[1175], Italien („*nichtstaatliche [...] Schulen und Erziehungsanstalten zu gründen*“)[1176], Litauen („*non-state establishments of teaching and education may be established*“)[1177], die Niederlande („*Unterricht an Privatschulen*“)[1178], Österreich („*Unterrichts- und Erziehungsanstalten zu gründen*“, „*Privatschulen*“)[1179], Polen („*Grund-, Ober- und Hochschulen zu gründen sowie Erzie-*

---

nommen oder verweisen auf das Grundgesetz, vgl. etwa Art. 134 BayVerf; Art. 30 Abs. 4 BbgVerf; Art. 29 BremVerf; Art. 61 HessVerf; Art. 4 Abs. 3 NdsVerf; Art. 15 M-VVerf; Art. 8 Abs. 4 NRWVerf; Art. 30 RhPfVerf; Art. 28 SaarlVerf; Art. 102 Abs. 3 SächsVerf; Art. 28 Abs. 1 S. 1 VerfLSA; Art. 26 Abs. 1 ThürVerf.

1172 § 37 Abs. 2 estn. Verf.: „*[...] Aufgrund Gesetz können auch andere Lehreinrichtungen, darunter Privatschulen, errichtet und unterhalten werden.*“.

1173 § 123 Abs. 2 finn. Verf.: „*[...] andere Bildungseinrichtungen. Bestimmungen über die Grundlagen anderer staatlich oder kommunal betriebener Bildungseinrichtungen sowie das Recht zum Aufbau entsprechender privater Bildungseinrichtungen werden durch Gesetz getroffen.*“.

1174 Art. 16 Abs. 8 griech. Verf.: „*Ein Gesetz regelt die Voraussetzungen und Bedingungen für die Gewährung der Genehmigung zur Errichtung und zum Betrieb von nichtstaatlichen Unterrichtsanstalten [...]. Die Errichtung von Hochschulen durch Private ist verboten.*“.

1175 Art. 42 Abs. 2 ir. Verf.: „*Erziehung. Es steht den Eltern frei, für diese Erziehung [...] in Privatschulen [...] Schulen zu sorgen.*“.

1176 Art. 33 ital. Verf.: „*(3) [...] Privatpersonen haben das Recht, Schulen und Erziehungsanstalten zu gründen, sofern damit für den Staat keine Belastungen entstehen.(4) Das Gesetz regelt die Rechte und Pflichten der nichtstaatlichen Schulen, die staatliche Anerkennung anstreben; es muss ihnen volle Freiheit sowie ihren Schülern einen Schulunterricht sichern, der dem der staatlichen Schulen gleichwertig ist.*“.

1177 Art. 40 Abs. 2 lit. Verf.: „*Non-state establishments of teaching and education may be established in accordance with the procedure established by law.*”.

1178 Art. 23 niederl. Verf.: „*(5) [...] soweit es sich um Unterricht an Privatschulen handelt, ist die Freiheit der religiösen und weltanschaulichen Ausrichtung zu gewährleisten. (6) Diese Anforderungen werden für den allgemeinbildenden Grundschulunterricht so geregelt, dass die Qualität des ganz aus öffentlichen Mitteln finanzierten privaten Unterrichts und des öffentlichen Unterrichts gleichermaßen gewährleistet wird. Bei dieser Regelung ist insbesondere die Freiheit des privaten Unterrichts bei der Wahl der Lehrmittel und der Anstellung der Lehrkräfte zu gewährleisten.*“.

1179 Art. 17 Abs. 2 StGG: „*Unterrichts- und Erziehungsanstalten zu gründen und an solchen Unterricht zu erteilen, ist jeder Staatsbürger berechtigt, der seine Befähigung hierzu in gesetzlicher Weise nachgewiesen hat.*“. Art. 14 Abs. 7 B-VG: „*Schulen, die nicht öffentlich sind, sind Privatschulen; diesen ist nach Maßgabe der gesetzlichen Bestimmungen das Öffentlichkeitsrecht zu verleihen.*“.

hungsanstalten zu gründen", „*nichtöffentliche Schulen*")[1180], Portugal („*Errichtung von Privatschulen*")[1181], Slowakei („*andere als staatliche Schulen zu errichten*")[1182], Spanien („*natürlichen und juristischen Personen [...] Schulen zu gründen*")[1183], Tschechien („*nicht-staatliche Schulen zu gründen und in diesen zu unterrichten*")[1184] und Zypern („*right to give instruction or education*")[1185].

bb) Fehlende Verfassungsaussagen zur Gründung von privaten Schulen

Die Verfassungen von Belgien[1186] und Dänemark[1187] anerkennen zwar die Privatschulfreiheit mittelbar durch ein Wahlrecht der Eltern, allerdings findet sich der Begriff der Gründung von Lehranstalten in deren Verfassungstexte nicht wieder. Auch in den Verfassungstexten von Frankreich[1188] und Luxemburg

---

[1180] Art. 70 Abs. 3 poln. Verf.: „*[...] Staatsbürger und Institute haben das Recht, Grund-, Ober- und Hochschulen sowie Erziehungsanstalten zu gründen. Gründungs- und Tätigkeitsbedingungen der nichtöffentlichen Schulen [...] werden vom Gesetz geregelt.*".

[1181] Art. 43 Abs. 4 port. Verf.: „*Lern- und Lehrfreiheit. Das Recht auf Errichtung von Privatschulen [...] wird gewährleistet.*". Art. 75 Abs. 2 port. Verf.: „*[...] privates [...] Bildungswesen. Der Staat anerkennt und überwacht das private [...] Bildungswesen nach Maßgabe der Gesetze.*".

[1182] Art. 42 Abs. 3 slowak. Verf.: „*Andere als staatliche Schulen zu errichten und an ihnen Unterricht zu erteilen ist nur unter den vom Gesetz festgesetzten Bedingungen möglich; an solchen Schulen kann die Bildung gegen Entgelt gewährt werden.*".

[1183] Art. 27 Abs. 6 span. Verf.: „*Natürlichen und juristischen Personen wird die Freiheit zuerkannt, im Rahmen der Achtung der Prinzipien der Verfassung Schulen zu gründen.*".

[1184] Art. 33 Abs. 3 tschech. Grundrechte-Deklaration: „*Nichtstaatliche Schulen zu gründen und in diesen zu unterrichten unterliegt einer gesetzlichen Regelung; an solchen Schulen kann Schulgeld erhoben werden.*".

[1185] Art. 20 Abs. 1 zypriot. Verf.: „*[...] every person or institution has the right to give [...] instruction or education subject to such formalities, conditions or restrictions as are in accordance with the relevant communal law and are necessary only in the interests of the security of the Republic or the constitutional order [...].*".

[1186] Art. 24 § 1 belg. Verf.: „*[...]. Die Gemeinschaft gewährleistet die Wahlfreiheit der Eltern. [...].*".

[1187] § 76 S. 2 dän. Verf.: „*[...] Eltern oder Vormünder, die selbst dafür sorgen, dass die Kinder einen Unterricht erhalten, der den im allgemeinen an den Volksschulunterricht gestellten Anforderungen entspricht, sind nicht verpflichtet, die Kinder in der Volksschule unterrichten zu lassen.*".

[1188] 13. Absatz der frz. Präambel von 1946: „*Die Nation gewährleistet dem Kind [...] gleichen Zutritt zum Unterricht [...]. Die Organisation des öffentlichen, unentgeltlichen und laizistischen Unterrichts auf allen Stufen ist eine Pflicht des Staates.*". Vgl. dazu *A. Weber*, Menschenrechte, 2004, S. 717.

lassen sich keine Aussagen der Privatschulfreiheit finden; diese wird jedoch zumindest in der Weise anerkannt, dass ihre Gründung oder Anerkennung durch Gesetz zu regeln ist.[1189] Soweit ersichtlich gibt es lediglich in Lettland, Malta, Schweden, Slowenien, Ungarn und im Vereinigten Königreich (mangels formeller Verfassung, s.o.) keinerlei Aussagen zu Privatschulen.

cc) Zusammenfassender Vergleich und Bewertung

Zusammenfassend ist festzustellen, dass 15 von 25 Verfassungstexten der EU-Mitgliedstaaten ausdrücklich die Gründung von Lehranstalten im Sinne der Errichtung und Führung von Privatschulen in irgendeiner Form vorsehen. Ein wertender Vergleich der Verfassungsüberlieferungen der Mitgliedstaaten spiegelt somit wider, dass eine gemeinsame Verfassungstradition in Bezug auf die Errichtung von privaten Schulen, nicht dagegen von außerschulischen Einrichtungen, gegeben ist.[1190] In Anwendung der Traditions-Regel des Art. 52 Abs. 4 EU-GRCh wird man dem Grundrecht des Art. 14 Abs. 3, 1. Alt. EU-GRCh diesen Befund zugrunde zu legen haben.

e) Die sonstigen internationalen Verpflichtungen (Art. 53 EU-GRCh)

Auch die Bestimmungen des Art. 13 Abs. 3 und 4 IPwirtR[1191] („*andere als öffentliche Schulen*", „*Bildungseinrichtungen*") und des Art. 5 des UNESCO-Übereinkommens gegen Diskriminierung im Unterrichtswesen[1192] vom 15. De-

---

1189 Vgl. *A. Goedert*, EuGRZ 1981, 658 (658); *W. Kämpfer*, EuGRZ 1981, 721 (726). Zu Frankreich vgl. *G. Robbers*, VVDStRL 59 (1999), 231 (252 f.).

1190 Vgl. auch *N. Bernsdorff*, in: Meyer (Hrsg.), EU-GRCh, Art. 14 Rdn. 19 (mit Fn. 275). Einschränkend, im Ergebnis aber ähnlich *K. Odendahl*, in: Heselhaus/Nowak (Hrsg.), Handbuch der Europäischen Grundrechte, § 39 Rdn. 27 f.

1191 Art. 13 IPwirtR: „*(3) Die Vertragsstaaten verpflichten sich, die Freiheit der Eltern [...] zu achten, für ihre Kinder andere als öffentliche Schulen zu wählen, die den vom Staat gegebenenfalls festgesetzten oder gebilligten bildungspolitischen Mindestnormen entsprechen [...]. (4) Keine Bestimmung dieses Artikels darf dahin ausgelegt werden, dass sie die Freiheit natürlicher oder juristischer Personen beeinträchtigt, Bildungseinrichtungen zu schaffen und zu leiten, sofern die in Absatz 1 niedergelegten Grundsätze beachtet werden und die in solchen Einrichtungen vermittelte Bildung den vom Staat gegebenenfalls festgesetzten Mindestnormen entspricht.*". Vgl. dazu *M. Nowak*, UNO-Pakt über bürgerliche und politische Rechte, Art. 18 CCPR Rdn. 47; *R. Streinz*, in: Streinz (Hrsg.), EUV/EGV, Art. 14 GR-Charta Rdn. 3.

1192 Art. 5 Abs. 1 b) UNESCO-Übereinkommens gegen Diskriminierung im Unterrichtswesen: „*(1) Die Vertragsstaaten kommen überein, b) dass es wesentlich ist, die Freiheit*

zember 1960[1193] („*andere als die behördlich unterhaltenen Unterrichtsanstalten*") legen nahe, dass mit der „*Gründung von Lehranstalten*" in erster Linie private Schulen gemeint sein sollen.

3. Bewertung und Ergebnis

Die grammatikalische und systematische Auslegung der „*Gründung von Lehranstalten*" hat ergeben, dass der Schutzbereich des Art. 14 Abs. 3, 1. Alt. EU-GRCh in erster Linie die Begründung und Führung von Schulen in privater Trägerschaft, also Privatschulen, umfasst. Obwohl die Verfassungsüberlieferungen einen Schwerpunkt auf die schulischen Aspekte nahe legen, spricht nichts dagegen, daneben – insbesondere vor dem Hintergrund, dass Art. 14 Abs. 3, 1. Alt. EU-GRCh als spezieller Anwendungsfall der unternehmerischen Freiheit des Art. 16 EU-GRCh gilt – auch außerschulische Bildungseinrichtungen, wie beispielsweise privater Nachhilfeunterricht oder juristische Repetitorien, in den Schutzbereich des Art. 14 Abs. 3, 1. Alt. EU-GRCh einzubeziehen. Klargestellt wird jedenfalls, dass eine Monopolisierung des staatlichen Schulwesens ausgeschlossen ist.

II. Der Gewährleistungsumfang des Grundrechts

Nach Art. 14 Abs. 3, 1. Alt. EU-GRCh wird die Freiheit zur Gründung von Lehranstalten „*geachtet*". Bei der Ermittlung des grundrechtlichen Gewährleistungsgehalts drängt sich zunächst die Frage auf, welcher Inhalt der Formulierung, die Gründungsfreiheit werde „*geachtet*", zukommt.

Auf den ersten Blick scheint die Aussage, dass ein Recht „*geachtet*" wird, zu einem vergleichsweise schwächeren Schutz zu führen als ein Recht, das dagegen „*garantiert*", „*gewährleistet*" oder „*geschützt*" wird.[1194] Die Formulierung in

[...] zu achten, für ihre Kinder andere als die behördlich unterhaltenen Unterrichtsanstalten zu wählen, sofern jene den Mindestnormen entsprechen, welche die zuständigen Behörden festgelegt oder genehmigt haben [...].".

[1193] BGBl. 1968 II S. 387.

[1194] Vgl. *W. Hoffmann-Riem*, EuGRZ 2002, 473 (481); ebenso *Th. Schmitz*, JZ 2001, 833 (841): „*zurückhaltende Formulierungen*", wenn die Union „*lediglich Rechte aus anderen Quellen ‚anerkennt und achtet'*"; *I. Burr*, in: Stern/Tettinger (Hrsg.), Die Europäische Grundrechte-Charta im wertenden Verfassungsvergleich, 2005, S. 61 (66): „*Fast möchte man sagen ‚nur' zu achten*"; *J. Schwarze*, EuZW 2001, 517 (519): „*abgestufte Intensität des Schutzes*";

Art. 14 Abs. 3, 1. Alt. EU-GRCh könnte mithin so zu verstehen sein, dass es sich dabei nicht um ein subjektives Abwehrrecht des Einzelnen handelt, sondern eher eine objektivrechtliche Garantie im Sinne einer bloßen Absichtserklärung.[1195] Es soll also untersucht werden, ob die Verwendung der zurückhaltenden Formulierung *„achten"* eine Auslegung im Sinne eines abgeschwächten Gewährleistungsgehalts erfordert.[1196] Zur Klärung dieser Frage sollen im Folgenden Wortlaut, Genese, Teleologie und Systematik, sowie als Bestandteil der Systematik, auch eine rechtsvergleichende Auslegung der Vorschrift herangezogen und analysiert werden.

Sollte die Auslegung dabei ergeben, dass der Schutzumfang nicht abgeschwächt und es sich mithin um ein subjektives Abwehrrecht handelt, so soll fernerhin die besonders praxisbedeutsame Frage durchleuchtet werden, ob der Staat gemäß Art. 14 Abs. 3, 1. Alt. EU-GRCh ggf. zur finanziellen Förderung von Privatschulen verpflichtet werden soll. Ein Förderanspruch wäre in diesem Fall dann zu bejahen, wenn ein solcher Befund aus den entsprechenden gemeinsamen Verfassungsüberlieferungen festgestellt werden kann, der gemäß Art. 52

Chr. Grabenwarter, DVBl. 2001, 1 (5 f.), der die Formulierung des „Achtens" in Art. 11 Abs. 2 EU-GRCh *„scheinbar abschwächend"* bezeichnet bzw. im Rahmen von Art. 25 und 26 EU-GRCh von *„bloß ‚anerkannt' und ‚geachtet'"* spricht. Ähnlich *A. Zimmermann*, Charta der Grundrechte der Europäischen Union, 2002, S. 30 zu Art. 22 EU-GRCh: *„bloß geachtet wird?"*. Vgl. auch *N. Bernsdorff/M. Borowsky*, Handreichungen und Sitzungsprotokolle, 2002, S. 162: *„zurückhaltende Formulierung"* (*Rotkirch*); *H.-W. Rengeling*, in: Schwarze (Hrsg.), Der Verfassungsentwurf des Europäischen Konvents, 2004, S. 331 (349).

1195 *J. Schwarze*, EuZW 2001, 517 (519); *H. D. Jarass*, EU-Grundrechte, § 19 Rdn. 18; vgl. zur Parallelproblematik in Art. 13 EU-GRCh *B. Kempen*, in: Tettinger/Stern (Hrsg.), Kölner Gemeinschaftskommentar zur Europäischen Grundrechte-Charta, Art. 13 Rdn. 16; *A. Große Wentrup*, Europäische Grundrechtecharta, 2003, S. 88 ff. in Bezug auf die unternehmerische Freiheit des Art. 16 EU-GRCh.

1196 Zu dieser Problematik ausführlich *Th. v. Danwitz/S. Röder*, in: Stern/Tettinger (Hrsg.), Die Europäische Grundrechte-Charta im wertenden Verfassungsvergleich, 2005, S. 31 (36 ff.); s. auch *S. Hölscheidt*, in: Meyer (Hrsg.), EU-GRCh, Vor Kapitel III Rdn. 13; *M. Bühler*, Einschränkung von Grundrechten nach der Europäischen Grundrechtecharta, 2005, S. 380 f.; *J. Meyer/M. Engels*, in: Deutscher Bundestag (Hrsg.), Charta der Grundrechte der Europäischen Union, 2001, S. 20; *Chr. Callies*, EuZW 2001, 261 (265); *W. Hoffmann-Riem*, EuGRZ 2002, 473 (481); *S. Leutheusser-Schnarrenberger*, ZRP 2002, 329 (332); *St. Barriga*, Entstehung der Charta der Grundrechte, 2003, S. 96; *M. Borowsky*, DRiZ 2001, 275 (284); *Chr. Grabenwarter*, DVBl. 2001, 1 (5). Zu der Parallelproblematik der Formulierung des „Anerkennens" in Art. 16 EU-GRCh, s. *B. Beutler*, in: Groeben/Schwarze (Hrsg.), EUV/EGV, Art. 6 EU Rdn. 143; *A. Große Wentrup*, Europäische Grundrechtecharta, 2003, S. 88 f.

Abs. 4 EU-GRCh zugrunde zu legen wären. Zudem soll auch Art. 2 S. 2 des 1. ZP zur EMRK im Hinblick auf einen etwaigen Förderanspruch untersucht werden; sollte sich ein solcher Anspruch aus Art. 2 S. 2 des 1. ZP ergeben, wäre dieser Befund als nicht zu unterschreitendes Schutzniveau gemäß Art. 53 EU-GRCh zum Maßstab zu nehmen.

1. Die grammatikalische Auslegung

Nach dem gewöhnlichen Sprachgebrauch kann „*achten*" („*shall be respected*" / „*est respectée*") etwa mit den Verben „anerkennen", „respektieren" oder „berücksichtigen" gleichgesetzt werden. Zwar beschreiben all diese Synonyme ihrem Wortlaut nach, dass ein Rechtsgut zumindest nicht beeinträchtigt werden darf.[1197] Ob jedoch mit der aus dem Achtungsgebot resultierenden Rechtspflicht, Beeinträchtigungen des Rechts zu unterlassen, zwangsläufig auch ein subjektives Abwehrrecht korrespondiert, lässt sich dagegen nicht unbedingt feststellen.[1198] Allein die Wortlautinterpretation des Wortes „*achten*" lässt damit noch keine eindeutigen Rückschlüsse auf den Gewährleistungsumfang des Art. 14 Abs. 3 EU-GRCh zu.

2. Die historische Auslegung

Zu klären ist, ob sich Anhaltspunkte für den Willen der Verfasser der Grundrechtecharta aus der Entstehungsgeschichte des Art. 14 Abs. 3, 1. Alt. EU-GRCh entnehmen lassen. Die Debatten im Konvent hinsichtlich der Verwendung der einzelnen Formulierungen zeigen durchaus, dass den verschiedenen Formulierungen bewusst ein unterschiedlicher Schutzumfang zugeschrieben wurde.[1199] So hat sich das Präsidium dafür ausgesprochen, dem Begriff „*achten*" zum Teil weniger Inhalt beizumessen als den Begriffen „*gewährleisten*" bzw.

[1197] Dazu *S. Hölscheidt*, in: Meyer (Hrsg.), EU-GRCh, Vor Kapitel III Rdn. 13; *ders.*, in: Meyer (Hrsg.), EU-GRCh, Art. 25 Rdn. 9; *ders.*, in: Meyer (Hrsg.), EU-GRCh, Art. 22 Rdn. 17: „*Hat die Union etwas zu ‚achten', so darf sie es nicht von sich aus beeinträchtigen. Sie hat eine Rechtspflicht, Beeinträchtigungen zu unterlassen.*".

[1198] Vgl. *A. Zimmermann*, Charta der Grundrechte der Europäischen Union, 2002, S. 30 zu dem Achtungsgebot in Art. 22 EU-GRCh; ähnlich auch *A. Große Wentrup*, Europäische Grundrechtecharta, 2003, S. 88 zu der Paralleldiskussion zum Wort „*anerkennen*".

[1199] S. nur *N. Bernsdorff/M. Borowsky*, Handreichungen und Sitzungsprotokolle, 2002, S. 306 bzgl. des Verbes „gewährleistet" beim Asylrecht (Art. 18 EU-GRCh) und S. 342 hinsichtlich des Verbes „sicherstellen" beim Umweltschutz (Art. 37 EU-GRCh).

„schützen“.[1200] In Bezug auf Art. 14 Abs. 3 EU-GRCh wurde die Formulierung – wie bereits erwähnt – nach einigen Zwischenentwürfen[1201] in letzter Sekunde sogar bewusst in Abkehr von dem Vorschlag *„gewährleistet“* gewählt, da ansonsten der institutionelle Charakter des Rechts zu sehr betont würde.[1202] Bedeutet also die bewusste Ersetzung des Begriffs *„gewährleistet“* durch den Begriff *„achten“* eine Reduzierung des Schutzumfangs? Dies lässt sich aus der Entstehungsgeschichte nicht näher entnehmen.

3. Die systematische Auslegung

Möglicherweise ist die Auslegung in systematischer Hinsicht nützlicher bzw. aufschlussreicher als die vorstehende Wortlaut- und historische Auslegung. Hierbei wird die Bezeichnung *„achten“* im Gefüge mit anderen verwendeten Formulierungen der Chartarechte in Augenschein genommen.

a) „werden [...] geachtet“

aa) Unterschiedliche Formulierungen innerhalb der Charta

Zunächst fällt geradewegs auf, dass die Charta eine Vielzahl von unterschiedlichen Begrifflichkeiten gebraucht, wenn es etwa heißt, dass einige Rechte *„beachtet“* (Art. 3 Abs. 2 EU-GRCh), *„geschützt“* (Art. 17 Abs. 2, 32 Abs. 2 EU-GRCh), andere *„gewährleistet“* (Art. 9, 18, 27, Art. 33 Abs. 1[1203], 48 Abs. 2[1204] EU-GRCh)[1205], *„berücksichtigt“* (Art. 24 Abs. 1 S. 3 EU-GRCh), *„anerkannt“* (Art. 10 Abs. 2, Art. 16 EU-GRCh) oder *„sichergestellt“* (Art. 23 Abs. 1 EU-GRCh = Art. II-83 EuVerf, 35 S. 2, 37, 38 EU-GRCh) werden sollen.[1206]

1200 *St. Barriga*, Entstehung der Charta der Grundrechte, 2003, S. 90, 96; *S. Leutheusser-Schnarrenberger*, ZRP 2002, 329 (332 mit Fn. 16).

1201 Vgl. CHARTE 4422/00 CONVENT 45, CHARTE 4470/00 CONVENT 47.

1202 HIRSCH BALLIN (NL); s. oben, 3. Teil, A. III. CHARTE 4470/1/00 REV 1 ADD 1 CONVENT 47; vgl. *St. Barriga*, Entstehung der Charta der Grundrechte, 2003, S. 96; *N. Bernsdorff*, in: Meyer (Hrsg.), EU-GRCh, Art. 14 Rdn. 9.

1203 Art. II-93 EuVerf.

1204 Art. II-108 EuVerf.

1205 Zu diesen Rechten ausführlich *Th. v. Danwitz/S. Röder*, in: Stern/Tettinger (Hrsg.), Die Europäische Grundrechte-Charta im wertenden Verfassungsvergleich, 2005, S. 31 (38 ff.).

1206 Kritisch zu diesen unterschiedlichen Formulierungen *Chr. Grabenwarter*, DVBl. 2001, 1 (12); *S. Leutheusser-Schnarrenberger*, ZRP 2002, 329 (332); ebenso *M. Borowsky*,

Daneben werden – bei der hier interessierenden Formulierung „*achten*" – sowohl die Freiheit der Medien und ihre Pluralität (Art. 11 Abs. 2 EU-GRCh) und die akademische Freiheit (Art. 13 S. 2 EU-GRCh) „*geachtet*", als auch die Rechte älterer (Art. 25 EU-GRCh) und behinderter Menschen (Art. 26 EU-GRCh) „*anerkannt und geachtet*", desgleichen „*achtet*" die Union die Vielfalt der Kulturen, Religionen und Sprachen (Art. 22 EU-GRCh) bzw. „*anerkennt und achtet*" das Recht auf Zugang zur sozialen Sicherheit sowie zu Dienstleistungen (Art. 34 Abs. 1 und 3 bzw. Art. 36 EU-GRCh) und schließlich ist die Würde des Menschen „*zu achten und zu schützen*" (Art. 1 S. 2 EU-GRCh).[1207]

Sind durch die unterschiedlichen Formulierungen auch unterschiedliche Schutzgehalte intendiert worden?

bb) Bewertung und Zwischenergebnis

Ob und inwieweit jedoch allein die Verwendung des Verbs „*achten*" auf einen schwächeren Schutz – gar im Sinne einer Entsubjektivierung des Rechts – verweist, wird im Ergebnis zu verneinen sein. Dagegen spricht zunächst, dass beispielsweise die gleich lautenden Begrifflichkeiten des „Achtens" in uneinheitlicher Weise Verwendung finden: So gewähren sowohl die Freiheit der Medien und ihre Pluralität gemäß Art. 11 Abs. 2 EU-GRCh als auch die akademische Freiheit gemäß Art. 13 S. 2 EU-GRCh nach überwiegender Meinung primär subjektive Abwehrrechte[1208], während die Bestimmung der Achtung der Vielfalt der Kulturen, Religionen und Sprachen gemäß Art. 22 EU-GRCh unstreitig keine weitergehenden subjektiven Ansprüche für Angehörige von natio-

---

DRiZ 2001, 275 (284), der im Rahmen der Vielzahl der verwendeten Formulierungen von einer „*neuen Unübersichtlichkeit*" spricht. So auch *Chr. Callies*, EuZW 2001, 261 (265) und *T. Stein*, Festschrift H. Steinberger, 2002, S. 1425 (1427), die bemängeln, dass der Unionsbürger, dem die Grundrechte mittels der Charta „sichtbar" gemacht werden sollten, bei den unterschiedlichen Formulierungen der Chartarechte nicht wirklich zwischen einklagbaren und nicht einklagbaren Rechten wird unterscheiden können. A.A. *J. Meyer/M. Engels*, ZRP 2000, 368 (371), nach denen diese Rechte als inidividuelle Abwehrrechte gegen die Union formuliert sind („*Die Union respektiert das Recht eines jeden…*"), so dass sich hieraus keine neuen Kompetenzen ergeben, sondern vielmehr der einzelne Bürger einen Bestandsschutz für national erreichte Sozialstandards erhalte.

[1207] Vgl. zu der Formulierung des „Achtens" *S. Hölscheidt*, in: Meyer (Hrsg.), EU-GRCh, Vor Kapitel III Rdn. 13.

[1208] *H. D. Jarass*, EU-Grundrechte, § 16 Rdn. 3; § 18 Rdn. 2.

nalen Minderheiten vermitteln kann.[1209] Gegen einen schwächeren Schutz spricht weiterhin, dass der Grundrechtekonvent bewusst darauf verzichtet hat, grundrechtsdogmatische Streitfragen zu entscheiden und in der einen oder anderen Weise abschließend zu regeln; der Konvent hat aus diesem Grunde das Konzept von Grundrechten eines *„offenen Normensystems“* verfolgt, demzufolge Grundrechtsverbürgungen auf Grund ihrer abstrakten und offenen Formulierung notwendig der Konkretisierung durch die zu ihrer Anwendung berufenen Organe bedürfen.[1210] Hiernach ist zu schlussfolgern, dass allein die Verwendung des Begriffs *„achten“* nicht unbedingt suggeriert, dass die Freiheit zur Gründung von Lehranstalten nicht als ein subjektives Recht zu achten ist.

Nicht zuletzt ist in Bezug auf Art. 14 EU-GRCh zu bedenken, dass die Union auf dem Feld der Bildung – wie bereits erörtert[1211] – nur höchst beschränkte Kompetenzen besitzt (Art. 149 und 150 EG) und dass die vorrangigen Kompetenzen der Mitgliedstaaten zu respektieren sind. So kann auch argumentiert werden, dass die Formulierung *„achten“* in Art. 14 Abs. 3 EU-GRCh den Schutz der Gründungsfreiheit gerade nicht einschränkt, sondern in erster Linie dem Umstand Rechnung trägt, dass die Union gemäß dem Grundsatz der Subsidiarität keine bzw. lediglich beschränkte Kompetenzen hat, die Privatschulgründungsfreiheit zu *„gewährleisten“*.[1212] Schließlich befindet sich Art. 14 EU-GRCh – wie im Rahmen der systematischen Auslegung des allgemeinen Rechts auf Bildung bereits angesprochen – im Titel II „Freiheiten“, wo in erster Linie die klassischen Abwehrrechte wie Meinungsfreiheit (Art. 11 EU-GRCh) oder Versammlungsfreiheit (Art. 12 EU-GRCh) dominieren.[1213] Abschließend lässt sich

---

1209 Vgl. *A. Weber* (Hrsg.), Charta der Grundrechte der Europäschen Union, 2002, S. 9; *H. D. Jarass*, EU-Grundrechte, § 26 Rdn. 44; *S. Hölscheidt*, in: Meyer (Hrsg.), EU-GRCh, Art. 22 Rdn. 16; *Th. Kingreen*, in: Callies/Ruffert (Hrsg.), EUV/EGV, Art. 6 EUV Rdn. 173; *Chr. Grabenwarter*, DVBl. 2001, 1 (6).

1210 So *M. Holoubek*, in: Duschanek/Griller (Hrsg.), Grundrechte für Europa, 2002, S. 25 (31 mit Fn. 12); *B. Kempen*, in: Tettinger/Stern (Hrsg.), Kölner Gemeinschaftskommentar zur Europäischen Grundrechte-Charta, Art. 13 Rdn. 16.

1211 S. dazu oben, A. III. 1.

1212 Vgl. *M. Bühler*, Einschränkung von Grundrechten nach der Europäischen Grundrechtecharta, 2005, S. 380 f.; *Chr. Callies*, EuZW 2001, 261 (265). Zur Paralleldiskussion bei Art. 11 Abs. 2 EU-GRCh: *J. Meyer/M. Engels*, in: Deutscher Bundestag (Hrsg.), Charta der Grundrechte der Europäischen Union, 2001, S. 20; ebenso *R. Streinz*, in: Streinz (Hrsg.), EUV/EGV, Art. 11 GR-Charta Rdn. 15; *W. Hoffmann-Riem*, EuGRZ 2002, 473 (481); ähnlich *P. Altmaier*, ZG 2001, 195 (200).

1213 *H. D. Jarass*, EU-Grundrechte, § 5 Rdn. 24. S. auch *N. Bernsdorff*, in: Meyer (Hrsg.), EU-GRCh, Art. 14 Rdn. 11.

anführen, dass die in einer Charta zusammengefassten Gemeinschaftsgrundrechte – wie im Rahmen der Entstehungsgeschichte der Charta bereits erwähnt – „*sichtbarer*" gemacht werden (vgl. 4. Erwägungsgrund der Präambel) sollten,[1214] um deren Schutz zu verstärken. Als Quelle, aus denen diese Rechte gewonnen werden sollten, bzw. als entscheidende Leitlinie wurden im Kölner Beschluss die EMRK, die gemeinsamen Verfassungsüberlieferungen der Mitgliedstaaten, die Europäische Sozialcharta und die Gemeinschaftscharta der sozialen Grundrechte der Arbeitnehmer, soweit sie Rechte und nicht nur Handlungsziele enthalten, genannt.[1215] Auch orientierten sich die Verfasser der Grundrechtecharta vor allem an der Grundrechtsrechtsprechung des EuGH. Die Formulierung von bloßen Absichtserklärungen war insofern gerade nicht beabsichtigt. Entscheidend dürfte letztendlich der enge Zusammenhang der Freiheit zur Gründung von Lehranstalten als spezieller Anwendungsfall der unternehmerischen Freiheit des Art. 16 EU-GRCh sein.[1216] Art. 16 EU-GRCh, der wiederum in engem Zusammenhang mit der Berufsfreiheit des Art. 15 EU-GRCh und des Eigentumsrechts des Art. 17 EU-GRCh steht, gewährleistet ein subjektives Abwehrrecht.[1217]

Der systematische Zusammenhang, in dem Art. 14 EU-GRCh sich befindet, spricht dafür, dass allein die Verwendung des Begriffs „*achten*" nicht zu einer Verringerung der Schutzintensität erfolgen sollte und dass diese Vorschrift mithin ein subjektives Recht gewährt.[1218]

1214 Schlussfolgerungen des Vorsitzes Europäischer Rat in Köln 3./4.6.1999, EuGRZ 1999, 364; s. auch *N. Bernsdorff/M. Borowsky*, Handreichungen und Sitzungsprotokolle, 2002, S. 59; *M. Hilf*, Sonderbeilage zu NJW, EuZW, NVwZ und JuS zur Charta der Grundrechte der EU (2000), 1 (5); vgl. auch *A. Weber* (Hrsg.), Charta der Grundrechte der Europäischen Union, 2002, S. 1.

1215 S. oben, B. III.

1216 S. oben, I. 2 c). Vgl. auch *N. Bernsdorff*, in: Meyer (Hrsg.), EU-GRCh, Art. 16 Rdn. 9; *Th. v. Danwitz/S. Röder*, in: Stern/Tettinger (Hrsg.), Die Europäische Grundrechte-Charta im wertenden Verfassungsvergleich, 2005, S. 31 (37).

1217 Im Ergebnis ebenso *A. Große Wentrup*, Europäische Grundrechtecharta, 2003, S. 88 ff.

1218 In diesem Sinne *Th. v. Danwitz/S. Röder*, in: Stern/Tettinger (Hrsg.), Die Europäische Grundrechte-Charta im wertenden Verfassungsvergleich, 2005, S. 31 (37); *B. Kempen*, in: Tettinger/Stern (Hrsg.), Kölner Gemeinschaftskommentar zur Europäischen Grundrechte-Charta, Art. 13 Rdn. 16.

b) Art. 2 S. 2 des 1. ZP zur EMRK

Wie bereits festgestellt gehen die Rechtsprechungsorgane der EMRK davon aus, dass die Privatschulfreiheit von dem Elternrecht des Art. 2 S. 2 des 1. ZP umfasst werden soll, was auch von der überwiegenden Meinung in der Literatur bejaht wird.[1219] Hierin ist ein subjektives Abwehrrecht der Eltern zu sehen.[1220]

Fraglich ist dagegen, ob aus Art. 2 S. 2 des 1. ZP zur EMRK auch ein Anspruch auf finanzielle Förderung, insbesondere auf Subventionierung, einer Privatschule abgeleitet werden kann. Nach Ansicht der Kommission haben die Unterzeichnerstaaten bislang keine positive Pflicht dahingehend, Privatschulen finanziell mitzutragen oder zu fördern bzw. eine bestimmte Form von Erziehung finanziell zu unterstützen.[1221] Dies wird jedoch vor dem Hintergrund eines vom

1219 Vgl. nur die Nachweise oben, I. 2 c).

1220 *Chr. Grabenwarter*, EMRK, § 22 Rdn. 79; *P. Szczekalla*, Die sogenannten grundrechtlichen Schutzpflichten im deutschen und europäischen Recht, 2002, S. 856.

1221 Vgl. etwa EKMR, Entscheidung v. 7.5.1984, Nr. 10202/82, („Mattson ./. S"), sowie Nr. 10201/82, („Entfält ./. S"), (unv.; in beiden Fällen Subventionsverweigerung gegenüber einer privaten Waldorf-Schule); EKMR, Entscheidung v. 16.7.1982, Nr. 9824/82, („Stassen ./. F"), EuGRZ 1983, 429 (unv., keine Pflicht, Unterricht für weitergehende Bildung anzubieten); EKMR, Entscheidung v. 7.12.1982, Nr. 9461/81, („X u. Y ./. GB"), DR 31, 211 = EuGRZ 1983, 429 (Subventionsverweigerung gegenüber einer Rudolf Steiner-Schule in Edinburgh); EKMR, Entscheidung v. 16.10.1980, Nr. 8951/80, („S"), EuGRZ 1982, 316 (Subventionsverweigerung von Mahlzeiten in Privatschulen); EKMR, Entscheidung v. 2.5.1978, Nr. 7782/77, („X ./. GB"), DR 14, 179 (180, 183 f.; niedrigere Stipendien an private katholische Schulen in Nordirland); EKMR, Entscheidung v. 29.9.1975, Nr. 7010/75 („X ./. B"), DR 3, 162 (165; keine Pflicht, Unterricht für weitergehende Bildung anzubieten); EKMR, Entscheidung v. 9.3.1977, Nr. 6853/74, („mothers ./. S"), DR 9, 27 (40; keine Verpflichtung, freiwillige staatliche Kindergärten zu subventionieren); EKMR, Entscheidung v. 17.12.1968, Nr. 3798/68, („Church of X ./. GB"), CD 29, 70 (78; keine Pflicht, Privatschulen oder Institutionen anzuerkennen); EKMR, Entscheidung v. 1.12.1985, Nr. 10476/83, („W. u. K.L. ./, S"), DR 45, 143 (148); EKMR, Entscheidung v. 6.3.1987, Nr. 11533/88, („Ingrid Jordebo Foundation of Christian Schools ./. S"), DR 51, 125 (128 f.) = EuGRZ 1988, 282; EKMR, Entscheidung v. 6.9.1995, Nr. 23419/94, („Verein Gemeinsam Lernen ./. AU"), DR 82-A, 41 (45). In diesem Sinne auch die Literatur: *J. Abr. Frowein/W. Peukert*, EMRK, Art. 2 des 1. ZP Rdn. 1, 9; *Chr. Langenfeld*, in: Grote/Marauhn (Hrsg.), EMRK/GG, Kap. 24 Rdn. 26; *Chr. Grabenwarter*, EMRK, § 22 Rdn. 80; *J. Meyer-Ladewig*, EMRK, Art. 2 ZP Rdn. 9; *A. Peters*, EMRK, § 27 S. 171; *N. Bernsdorff*, in: Meyer (Hrsg.), EU-GRCh, Art. 14 Rdn. 19; *P. van Dijk/G. J. H. van Hoof* (Hrsg.), European Convention on Human Rights, S. 648; *St. Breitenmoser/B. Riemer/Cl. Seitz*, Praxis des Europarechts – Grundrechtsschutz, 2006, S. 102; *E. Bannwart-Maurer*, Das Recht auf Bildung und das Elternrecht, Art. 2 des 1. ZP zur EMRK, 1975, S. 125; *S. Jenkner* (Hrsg.), Das Recht auf Bildung und die Freiheit der Erziehung in Europäischen Verfassungen, 1994, S. 13; *N. Blum*, Gedanken-, Gewissens- und Religionsfrei-

EGMR beiläufig erwähnten Wahlrechts zur Vermeidung unerwünschter Unterrichtsinhalte an öffentlichen Schulen indes zweifelhaft.[1222] Wenn der Staat jedoch Privatschulen fördert, ist er allerdings an das Diskriminierungsverbot des Art. 14 EMRK gebunden.[1223]

c) Die Verfassungsüberlieferungen der Mitgliedstaaten (Art. 52 Abs. 4 EU-GRCh)

Die folgende rechtsvergleichende Auslegung wird die Frage nach einer gemeinsamen Verfassungsüberlieferung der Mitgliedstaaten in Bezug auf den Gewährleistungsumfang der Privatschulfreiheit durchleuchten, d.h. es soll analysiert werden, ob es einen gemeinsamen Verfassungsbefund hinsichtlich eines subjektiven Abwehrrechts gibt. In diesem Zusammenhang wird auch überprüft werden, ob es eine gemeinsame europäische Rechtsauffassung in Bezug auf eine staatliche Förderpflicht von Privatschulen gibt, die gemäß Art. 52 Abs. 4 EU-GRCh der Vorschrift des Art. 14 Abs. 3, 1. Alt. zugrunde zu legen wäre.

---

heit nach Art. 9 EMRK, 1990, S. 145 f.; *K. Odendahl*, in: Heselhaus/Nowak (Hrsg.), Handbuch der Europäischen Grundrechte, § 39 Rdn. 43; *H.-W. Rengeling/P. Szczekalla*, Grundrechte in der Europäischen Union, § 19 Rdn. 770; *P. Szczekalla*, Die sogenannten grundrechtlichen Schutzpflichten im deutschen und europäischen Recht, 2002, S. 856 f.; *J. Ennuschat*, RdJB 2003, 436 (442); *H. D. Jarass*, EU-Grundrechte, § 19 Rdn. 27; *G. Seidel*, Hdb Grund- und Menschenrechte, S. 201; *W. Kämpfer*, EuGRZ 1981, 721 (726). Skeptisch *L. Wildhaber*, in: Golsong u.a. (Hrsg.), IK-EMRK, Art. 2 EMRK/1. ZP (1995) Rdn. 49.

1222 EGMR, Urteil v. 25.5.2000, Nr. 51188/99, („Jimenez Alonso u.a. ./. E"), IV. Sektion, Slg. 2000-VI, 465 (486): Sitzenbleiben wegen Weigerung der Teilnahme am Sexualkundeunterricht, betreffend Art. 27 Abs. 3 span. Verf. Die Beschwerde wurde jedoch für offensichtlich unbegründet erklärt. Vgl. *H.-W. Rengeling/P. Szczekalla*, Grundrechte in der Europäischen Union, § 19 Rdn. 770. Dagegen hat sich die Bundesrepublik Deutschland bei der Ratifizierung des Ersten Zusatzprotokolls ausdrücklich die Auffassung zu Eigen gemacht, dass Art. 2 des 1. ZP keine Verpflichtung des Staates zur finanziellen Unterstützung von Privatschulen begründet, „*da diese Frage nach der übereinstimmenden Erklärung des Rechtsausschusses der Beratenden Versammlung und des Generalsekretärs des Europarates außerhalb des Rahmens der Konvention über Menschenrechte und Grundfreiheiten sowie des Zusatzprotokolls*" liege, vgl. dazu oben Fn. 752.

1223 Dagegen liegt keine Diskriminierung vor, wenn etwa nur konfessionelle, nicht aber nicht konfessionelle Privatschulen eine Förderung erhalten, da nach Meinung der Kommission die konfessionelle Schule wegen ihrer Verbreitung eine Leistung erbringe, die sonst der Staat tragen müsste, vgl. EKMR, Entscheidung v. 6.9.1995, Nr. 23419/94, („Verein Gemeinsam Lernen ./. AU"), DR 82-A, 41 (45).

aa) Ausdrückliche Verankerung eines Individualrechts zur Privatschulfreiheit

Die meisten Verfassungen gewährleisten die Privatschulfreiheit als subjektives Abwehrrecht des Privatschulträgers. So ist in den Verfassungen von Deutschland[1224], Italien[1225], Litauen[1226], die Niederlande[1227], Österreich[1228], Polen[1229], Portugal[1230], Spanien[1231] und Zypern[1232] ausdrücklich ein derartiges Indi-

---

[1224] Art. 7 Abs. 4 GG. Das BVerfG entnimmt Art. 7 Abs. 4 S. 1 GG die Freiheit der Errichtung von Privatschulen als Ersatz für öffentliche Schulen im Sinne einer individuellen Gründungsfreiheit, die zugleich eine institutitonelle Garantie der Privatschule enthält. Es sieht dies fernerhin als einen Ausfluss einer freiheitlich-demokratischen Grundordnung und ein Absage an ein staatliches Schulmonopol, vgl. dazu BVerfG, Beschluss v. 14.11.1969, („Ingenieurschule"), BVerfGE 27, 195 (200 f.). Vgl. auch BVerfG, Urteil v. 8.4.1987, („Ersatzschulsubventionierung"), BVerfGE 75, 40 (56); BVerfG, Beschluss v. 9.3.1994, („Schulraumkosten"), BVerfGE 90, 128 (142); BVerwG, Urteil v. 11.3.1966, („Gymnastikschule"), BVerwGE 23, 347 (348); BayVfGH, Entscheidung v. 3.3.1983, („Schulgeldersatz"), BayVfGHE 36 (1983), 25 (4. Ls., 34); vgl. auch *U. Hemmrich*, in: v. Münch/Kunig (Hrsg.), GG I, Art. 7 Rdn. 35; *I. Richter*, in: AK-GG, Art. 7 (2001) Rdn. 58; *G. Robbers*, in: v. Mangoldt/Klein/Starck (Hrsg.), GG I, Art. 7 Rdn. 168; *A. Schmitt-Kammler*, in: Sachs (Hrsg.), GG, Art. 7 Rdn. 61; *D. C. Umbach*, in: Umbach/Clemens (Hrsg.), GG I, Art. 7 Rdn. 163; *Th. Oppermann*, in: Isensee/Kirchhof (Hrsg.), Hdb StaatsR VI, § 135 Rdn. 17; *B. Pieroth/B. Schlink*, Grundrechte, Rdn. 677; *Th. Günther*, Zur Zulässigkeit der Errichtung privater Volksschulen als Bekenntnisschulen religiös-ethnischer Minderheiten nach Art. 7 Abs. 5 GG, 2006, S. 85 ff.; *J. P. Vogel*, in: Jach/Jenkner (Hrsg.), 50 Jahre GG und Schulverfassung, 2000, S. 39 (42 f., 55); *E. Stein/G. Frank*, Staatsrecht, § 56 I 4 d (S. 446); *H. Avenarius/H. Heckel*, Schulrechtskunde, S. 203 f.; *M. Thiel*, Der Erziehungsauftrag des Staates in der Schule, 2000, S. 179; *Fr.-R. Jach*, DÖV 2002, 969 (973).

[1225] Art. 33 Abs. 3 und 4 ital. Verf., vgl. dazu *L. Monaco*, in: Grabitz (Hrsg.), Grundrechte in Europa, 1986, Kap. 6: Italien, S. 363 (417); *L. Elia/E. Volterra/A. La Pergola*, EuGRZ 1981, 647 (651, 652 ff.).

[1226] Art. 40 Abs. 2 lit. Verf., vgl. *J. Ennuschat*, RdJB 2001, 436 (443).

[1227] Aus der Unterrichtsfreiheit des Art. 23 Abs. 2 niederl. Verf. wird nach allgemeiner Meinung ein Recht auf Errichtung von Privatschulen hergeleitet, vgl. dazu *W. Kämpfer*, EuGRZ 1981, 721 (726); *H. J. M. Jeukens/D. Simons/H. G. de Jong*, EuGRZ 1981, 667 (667, 669), weisen darauf hin, dass 70 % der Schüler solche Schulen besuchen.

[1228] Art. 17 Abs. 2 StGG; Art. 14 Abs. 7 B-VG. Einzelheiten regelt das sog. Privatschulgesetz vom 25.7.1962, BGBl. 1962 S. 244, über das Privatschulwesen i.d.F. BGBl. 1972 S. 290, dazu *M. Matzka*, RdS 1980, S. 4 (5). Vgl. ausführlich zu den Rahmenbedingungen für Privatschulen in Österreich *K. Spielbüchler*, EuGRZ 1981, 675 (678); *ders.*, EuGRZ 1985, 437 (443); *G. Lebitsch*, RdS 1983, 33 ff.; *F. Ermacora* (Hrsg.), Grundriss der Menschenrechte in Österreich, 1988, Rdn. 826.

[1229] Art. 70 Abs. 3 S. 2, 3 poln. Verf., vgl. *J. Ennuschat*, RdJB 2003, 436 (443).

vidualrecht zur Gründung einer Privatschule verankert. Daneben betonen die Verfassungen von Belgien[1233], Dänemark[1234] und Irland[1235] das Wahlrecht der Eltern zur Bestimmung der Schulerziehung ihrer Kinder und damit zur Auswahl einer Privatschule. Hierbei wird die Privatschulfreiheit mittelbar durch ein Wahlrecht der Eltern anerkannt. Schließlich wird die Privatschulfreiheit in den Verfassungen von Estland[1236], Finnland[1237], Griechenland[1238], der Slowakei[1239] und Tschechien[1240] zumindest in der Weise erfasst, dass ihre Gründung oder An-

---

1230 Art. 43 Abs. 4, Art. 75 Abs. 2 port. Verf. Vgl. *A. Weber*, Menschenrechte, 2004, S. 708; *J. Ennuschat*, RdJB 2003, 436 (446); *A. Thomashausen*, in: Grabitz (Hrsg.), Grundrechte in Europa, 1986, Kap. 9: Portugal, S. 591 (615).

1231 Art. 27 Abs. 6 span. Verf. Erste Rückschlüsse auf das Recht der Privatschulgründung finden sich in der aufgrund dieser Vorschrift in das einfache Recht umgesetzten LOECE, vgl. dazu oben Fn. 797. Auch der spanische Verfassungsgerichtshof deutete in einem Urteil v. 13.2.1981 (STC 5/1981, Erwägungsgrund 10; ebenso STC 77/1985, Rdn. 8-10) die Bestimmung des Art. 27 Abs. 6 span. Verf. als Ausdruck der verfassungsrechtlich garantierten Freiheit der Bildung („*libertad de enseñanza*", vgl. Art. 27 Abs. 1 S. 2 span. Verf.), dazu *J. N. Muñiz*, EuGRZ 1981, 704 (705, 709). Vgl. auch *M. Rodriguez-Piñero*, in: Iliopoulos-Strangas, La protection des droits sociaux fondamentaux dans les Etats membres de l'Union européenne, 2000, S. 273; *J. Ennuschat*, RdJB 2003, 436 (442); *A. Weber*, Menschenrechte, 2004, S. 717.

1232 Art. 20 Abs. 1 zypriot. Verf., vgl. *J. Ennuschat*, RdJB 2001, 436 (443).

1233 Art. 24 § 1 belg. Verf. Umfassend zu den Grundrechten im Bildungsbereich *J. Velu*, EuGRZ 1981, 595 ff. (601, 603). Vgl. zur Privatschulfreiheit auch *W. Kämpfer*, EuGRZ 1981, 721 (725); *D. Pieters*, in: Grabitz (Hrsg.), Grundrechte in Europa, 1986, Kap. 1: Belgien, S. 1 (25); *J. Velu*, EuGRZ 1981, 595 (601 f.).

1234 § 76 S. 2 dän. Verf. Vgl. *I. Dübeck*, Einführung in das dänische Recht, 1996, S. 61.

1235 Art. 42 Abs. 2, 3 ir. Verf. Vgl. *Br. Walsh*, EuGRZ 1981, 643 (644).

1236 § 37 Abs. 2 estn. Verf., vgl. *J. Ennuschat*, RdJB 2003, 436 (443).

1237 § 123 Abs. 2 finn. Verf., ausführlich zum Recht auf privaten Schulunterricht in Finnland *T. Modeen*, ZaöRV 47 (1987), 581 ff.; vgl. auch *ders.*, Festschrift G. Ress, 2005, S. 1481 (1483).

1238 Art. 16 Abs. 8 griech. Verf. Zwar sieht diese Bestimmung die Gründungsfreiheit nicht explizit vor, diese setzt aber immerhin die Existenz von Privatschulen voraus. Hieraus wird geschlossen, dass der Verfassungsauftrag des Art. 16 Abs. 8 griech. Verf. die Privatschulfreiheit mit umfasst, vgl. *J. Ennuschat*, RdJB 2003, 436 (442); *J. Iliopoulos-Strangas*, JöR 32 (1983), 395 (425). Vgl. auch *J. Ennuschat*, RdJB 2003, 436 (442).

1239 Art. 42 Abs. 3 slowak. Verf.; zu dem etwas schwächer formulierten Schutz der Privatschulfreiheit, vgl. *J. Ennuschat*, RdJB 2003, 436 (443 f.).

1240 Art. 33 Abs. 3 tschech. Grundrechte-Deklaration, vgl. dazu *R. Arnold/V. Kovarik*, Die Konzeption des Grundrechtsschutzes in der tschechischen Republik, 2003, S. 18; vgl. auch *J. Ennuschat*, RdJB 2003, 436 (443 f.).

erkennung durch Gesetz zu regeln ist. Zwar kennen die Verfassungen von Frankreich[1241] und Luxemburg keine verfassungsrechtliche Gewährleistung der Privatschulfreiheit,[1242] allerdings sind aufgrund der einschlägigen Gesetze Privatschulen zugelassen, auch private Universitäten, wenn sie gewissen Anforderungen entsprechen.[1243]

Dagegen fehlt in den Verfassungen von Lettland, Malta, Schweden, Slowenien, Ungarn und im Vereinigten Königreich (mangels formeller Verfassung, s.o.) eine Aussage zu Privatschulen bzw. eine zumindest indirekte Anerkennung durch Gesetz gänzlich.

bb) Staatliche Finanzförderung von Privatschulen?

Wie einleitend erwähnt, stellt sich im Zusammenhang mit der Privatschulgründungsfreiheit die durchaus praxisbedeutsame Frage, ob der Staat nach Art. 14 Abs. 1, 1. Alt. EU-GRCh zur Finanzförderung von Privatschulen verpflichtet werden kann. Eine entsprechende Forderung wurde bereits von Privatschulträgern an den Verfassungskonvent herangetragen[1244] – allerdings bislang ohne Erfolg.[1245] Wenn sich jedoch herausstellen sollte, dass es in den Verfassungsüberlieferungen der Mitgliedstaaten eine gemeinsame europäische Rechtsauffassung

---

1241 In Frankreich fehlt zwar in den Verfassungen von 1946 bzw. 1958 jede Erwähnung der Gründung oder des Besuchs von Privatschulen. Jedoch hat der *Conseil Constitutionnel* (vgl. DC 77-87 v. 23.11.1977, RJC I, 52) entschieden, dass die Freiheit des Unterrichts („*la liberté de l'enseignement*") ein grundlegendes Verfassungsprinzip i.S.d. Präambel zur französischen Verfassung von 1946 sei, das sich nicht auf öffentliche Schulen beschränke. Damit hat der französische Verfassungsrat die Koexistenz von öffentlichen und privaten Schulen festgestellt und wiederholt in anderen Urteilen (vgl. DC 84-184 v. 30.12.1984, Rec. 94, RJC I, 212; DC 84-185 v. 18.1.1985, Rec. 36, RJC I, 219) bestätigt. Hierin ist vielleicht nicht die individuelle Privatschulfreiheit zu sehen, aber doch eine verfassungsrechtliche Anerkennung der Privatschulen. Vgl. dazu auch *G. Robbers*, VVDStRL 59 (1999), 231 (252 f. mit Fn. 97); *A. Weber,* Menschenrechte, 2004, S. 717; *M.-L. Pavia/D. Rousseau*, in : Iliopoulos-Strangas, La protection des droits sociaux fondamentaux dans les Etats membres de l'Union européenne, 2000, S. 366; *J. Ennuschat*, RdJB 2003, 436 (442); *A. Weber,* Menschenrechte, 2004, S. 717.

1242 *A. Goedert*, EuGRZ 1981, 658.

1243 *W. Kämpfer*, EuGRZ 1981, 721 (726).

1244 S. etwa die Erklärung des *European Council for Steiner Waldorf Education „Bürgersinn, Europa und die Waldorfpädagogik"* v. 24.6.2002, welche an die Miglieder des Verfassungskonvents gerichtet wurde.

1245 Vgl. *N. Bernsdorff*, in: Meyer (Hrsg.), EU-GRCh, Art. 14 Rdn. 19; ebenso *H. D. Jarass*, EU-Grundrechte, § 19 Rdn. 27.

hinsichtlich eines derartigen Förderanspruchs gibt, wäre dieser in Übereinstimmung mit der Auslegungsregel des Art. 52 Abs. 4 EU-GRCh der Bestimmung des Art. 14 Abs. 3, 1. Alt. EU-GRCh zugrunde zu legen. Geklärt werden muss also, ob es eine entsprechende Verfassungstradition gibt.

Hervorzuheben ist dabei insbesondere die niederländische Verfassung, die mit der Bestimmung des Art. 23 Abs. 7 niederl. Verf.[1246] sehr privatschulfreundlich ist: Der Staat ist danach verpflichtet, private Grundschulen nach demselben Maßstab aus öffentlichen Mitteln zu finanzieren wie staatliche Schulen.[1247]

Daneben sehen ebenfalls die Verfassungstexte von Irland[1248], Spanien[1249] und Polen[1250] ausdrücklich eine staatliche Förderung von Privatschulen vor.[1251]

1246 In Art. 23 Abs. 6 und 7 niederl. Verf. heißt es: „*(6) Diese Anforderungen werden für den allgemeinbildenden Grundschulunterricht so geregelt, dass die Qualität des ganz aus öffentlichen Mitteln finanzierten privaten Unterrichts und des öffentlichen Unterrichts gleichermaßen gewährleistet wird. [...]. (7) Der private allgemeinbildende Grundschulunterricht, der die durch Gesetz festzulegenden Bedingungen erfüllt, wird nach demselben Maßstab aus öffentlichen Mitteln finanziert wie der öffentliche Unterricht. Es wird durch Gesetz bestimmt, unter welchen Bedingungen für den privaten allgemeinbildenden Sekundarunterricht und für den vorwissenschaftlichen Unterricht Beiträge aus öffentlichen Mitteln geleistet werden.*".

1247 Vgl. *S. Jenkner* (Hrsg.), Das Recht auf Bildung und die Freiheit der Erziehung in Europäischen Verfassungen, 1994, S. 15; *ders.*, in: Jach/Jenkner (Hrsg.), 50 Jahre GG und Schulverfassung, 2000, S. 1 (8); *J. Ennuschat*, RdJB 2003, 436 (446); *W. Kämpfer*, EuGRZ 1981, 721 (726); *H. J. M. Jeukens/D. Simons/H. G. de Jong*, EuGRZ 1981, 667 (669). Die Bestimmung des Art. 23 Abs. 7 niederl. Verf., die die staatliche Finanzierung der Grundschulausbildung auch in Privatschulen sicherstellte, wurde erst 1917 in die niederländische Verfassung aufgenommen, nachdem Befürworter des Privatschulwesens am Beispiel von Konfessionsschulen argumentierten, dass eine wirkliche Lehrfreiheit auch eine staatliche Finanzierung von Privatschulen voraussetze. Die Verfassung von 1848 gewährleistete dagegen lediglich das staatliche Erziehungswesen neben der Freiheit der Lehre, die unter staatlicher Aufsicht garantiert wurde, vgl. hierzu *M. de Blois/A. W. Heringa*, in: Grabitz (Hrsg.), Grundrechte in Europa, 1986, Kap. 8: Niederlande, S. 511 (517).

1248 Art. 42 Abs. 4 ir. Verf.: „*Erziehung. Der Staat [...] bemüht sich, Privat- und Gemeinschaftsinitiative auf dem Gebiete der Erziehung weiterzuführen und in vernünftiger Weise zu unterstützen [...].*".

1249 Art. 27 Abs. 9 span. Verf.: „*Die öffentliche Gewalt unterstützt die Schulen, welche die vom Gesetz festgelegten Bedingungen erfüllen.*", vgl. dazu *J. Ennuschat*, RdJB 2003, 436 (446); *W. Kämpfer*, EuGRZ 1981, 721 (727).

1250 Art. 70 Abs. 3 S. 3 poln. Verf.: „*[...] Gründungs- und Tätigkeitsbedingungen der nichtöffentlichen Schulen sowie Teilnahme der öffentlichen Gewalt an deren Finanzierung*

Im Grundgesetz fehlt es zwar an einer ausdrücklichen Verfassungsaussage zur Privatschulfinanzierung.[1252] Das BVerfG hat die Privatschulfinanzierung jedoch als eine objektive Schutz- und Förderpflicht aus Art. 7 Abs. 4 GG gedeutet, welche es aus einer Zusammenschau wesentlicher Grundrechte der Selbstbestimmung des Menschen, der staatlichen Neutralitätspflicht und der institutionellen Verbürgung entnommen hat.[1253] Ferner hat das BVerfG auch aus dem sozialstaatlichen Gehalt des Art. 7 Abs. 4 GG eine Förderpflicht bejaht, womit das BVerfG an die im *numerus-clausus*-Urteil entwickelte leistungsrechtliche Dimension (Art. 12 Abs. 1 i.V.m. Art. 3 GG und dem Sozialstaatsprinzip) für den Erhalt der Privatschulen anzuknüpfen scheint.[1254] Dagegen hat das BVerwG einen unmittelbaren Subventionierungsanspruch aus der Norm abgeleitet.[1255]

---

und Regeln zur pädagogischen Aufsicht über die Schulen und Erziehungsanstalten werden vom Gesetz geregelt.".

[1251] Vgl. dazu auch *S. Jenkner* (Hrsg.), Das Recht auf Bildung und die Freiheit der Erziehung in Europäischen Verfassungen, 1994, S. 15.

[1252] Dagegen sind viele Landesverfassungen deutlicher, indem sie explizit einen Förderanspruch normieren: So etwa Art. 14 Abs. 2 S. 3 und 4, 15 Abs. 2 BaWüVerf; Art. 30 Abs. 6 S. 2 BbgVerf; Art. 4 Abs. 3 S. 2 NdsVerf; Art. 8 Abs. 4 S. 3, 9 Abs. 2 S. 3 NRWVerf; Art. 30 Abs. 3 RhPfVerf; Art. 28 Abs. 3 SaarlVerf; Art. 102 Abs. 4 S. 2 SächsVerf; Art. 28 Abs. 2 S. 1 VerfLSA; Art. 26 Abs. 2 S. 2 ThürVerf.

[1253] BVerfG, Urteil v. 8.4.1987, („Ersatzschulsubventionierung"), BVerfGE 75, 40 (62 f., 65): Dem Gesetzgeber obliegt die Pflicht, dass „*Art. 7 Abs. 4 Satz 1 GG nicht zu einem wertlosen Individualgrundrecht auf Gründung existenzunfähiger Ersatzschulen und zu einer nutzlosen institutionellen Garantie*" verkümmere. Vgl. auch BVerfG, Beschluss v. 9.3.1994, („Wartefrist für Waldorfschulen"), BVerfGE 90, 107 (115); BVerfG, Beschluss v. 9.3.1994, („Schulraumkosten"), BVerfGE 90, 128 (142).

[1254] S. dazu oben, B. II. 2 c) aa) (1); vgl. auch BVerfG, Urteil v. 8.4.1987, („Ersatzschulsubventionierung"), BVerfGE 75, 40 (65, 66).

[1255] BVerwG, Urteil v. 11.3.1966, („Gymnastikschule"), BVerwGE 23, 347 (348); BVerwG, Urteil v. 22.9.1967, („Ersatzschulsubventionierung I"), BVerwGE 27, 360 (365); st. Rspr. bis BVerwG, Urteil v. 30.11.1984, („Privatschulsubventionierung"), BVerwGE 70, 290 ff. Ebenfalls bejahend: *G. Robbers*, in: v. Mangoldt/Klein/Starck (Hrsg.), GG I, Art. 7 Rdn. 210; *G. Seidel*, Hdb Grund- und Menschenrechte, S. 199; *Chr. Langenfeld*, Integration und kulturelle Identität zugewanderter Minderheiten, 2001, S. 220; *A. Weber*, Menschenrechte, 2004, S. 718; *Fr.-R. Jach*, DÖV 2002, S. 969 (973 ff.); *H. J. Faller*, EuGRZ 1981, 611 (618). A.A. *I. Richter*, in: AK-GG, Art. 7 (2001) Rdn. 61; *J. Ennuschat*, in: Löwer/Tettinger (Hrsg.), NRW, Art. 8 Rdn. 84. Siehe ferner etwa *J. P. Vogel*, in: Jach/Jenkner (Hrsg.), 50 Jahre GG und Schulverfassung, 2000, S. 39 (51 ff.); *ders.*, RdJB 1998, 206 ff.; *A. Schmitt-Kammler*, in: Sachs (Hrsg.), GG, Art. 7 Rdn. 61; *D. C. Umbach*, in: Umbach/Clemens (Hrsg.), GG I, Art. 7 Rdn. 207.

Trotz des auf eine Unterstützungspflicht hindeutenden Wortlauts des Art. 27 Abs. 9 span. Verf. unterstreicht das spanische Verfassungsgericht, dass diese Vorschrift nicht ein Grundrecht auf öffentliche Leistung als solches gewähre, sondern sieht darin eine Förderung nur nach Maßgabe des Gesetzes, das mit den übrigen die Erziehung betreffenden Grundrechte und dem Gleichheitssatz übereinstimmen müsse.[1256] Das spanische Verfassungsgericht geht daher in ähnlicher Weise wie das BVerfG nicht von einem subjektiv-leistungsrechtlichen Anspruch aus, sondern erblickt in Art. 27 Abs. 9 span. Verf. eine objektive, sich in Übereinstimmung mit anderen Grundrechten ergebende Förderungspflicht.[1257]

Offenbar hat auch der französische *Conseil Constitutionnel* eine Förderungspflicht für Privatschulen anerkannt, wenn er in zwei Entscheidungen aus den Jahren 1984 und 1985 das Bestehen staatlicher Unterstützung als Voraussetzung der Existenz von Privatschulen als Teil eines pluralistischen Bildungssystems akzeptiert.[1258] Freilich gilt dies im Rahmen der zur Verfügung stehenden Haushaltsmittel der Territorialkörperschaften, darf aber nicht zu willkürlichen Zuweisungen (oder Entziehungen) führen, die die „wesentlichen Bedingungen" des Unterrichtssystems tangieren.[1259]

[1256] Vgl. *A. Weber*, Menschenrechte, 2004, S. 720.

[1257] STC 86/1985, v. 10.7.1985, Erwägungsgrund 3: „*Die Tatsache, dass Art. 27 Abs. 9 nicht als solcher ein Grundrecht auf öffentliche Leistung beinhaltet und dass folglich dieses nur in einem Gesetz unter Bestimmung der einzelnen Bedingungen und Grenzen enthalten sein kann, bedeutet aber nicht, dass der Gesetzgeber völlig frei ist, um irgendwie diesen notwendigen normativen Rahmen zu ermöglichen. Das von Art. 27 Abs. 9 Verf. geforderte Gesetz könnte insbesondere nicht den Bildungsrechten und Freiheiten, die in diesem Artikel gewährt sind, zuwiderlaufen und muss daher die Regelung der Hilfen im Hinblick auf das Prinzip der Gleichheit näher ausgestalten. Als positive Verpflichtung muss der Gesetzgeber auch die den öffentlichen Haushalt betreffenden Verfassungsbestimmungen beachten, da eine Leistung der öffentlichen Hand sich im Rahmen der Ziele der Gleichheit und Wirksamkeit entfalten und die Nutzung der in unserer Verfassung gewährleisteten Rechte sicher muss (besonders Art. 1 Abs. 1, 9 Abs. 2 und 31 Abs. 2 der Verfassung)*.". Zitiert bei *A. Weber*, Menschenrechte, 2004, S. 720.

[1258] *Conseil Constitutionnel*, DC 84-184 v. 30.12.1984, Rec. 94, RJC I, 212; DC 84-185 v. 18.1.1985, Rec. 36, RJC I, 219.

[1259] DC 84-185 v. 18.1.1985, Rec. 36, RJC I, 219, Rdn. 14, 15: „*14. Considérant, enfin, qu'aucune règle ou principe de valeur constitutionnelle et, notamment, le principe de la liberté de l'enseignement, ne s'oppose à ce que l'aide financière de l'État aux établissements d'enseignements privés soit subordonnée à la condition que les maîtres soient nommés en accord entre l'État et la direction de l'établissement; que, de même, rien ne s'oppose à ce que la nouvelle loi soit applicable aux nominations de maîtres qui interviendront postérieurement*

Die belgische Verfassung kennt zwar keine verfassungsmäßige Pflicht zur Subventionierung von Privatschulen. Dennoch erfolgt ihre Subventionierung größtenteils auf der Grundlage des Schulpaktes von 1959.[1260] In einer Entscheidung von 1995 folgerte die belgische *Cour d'Arbitrage* aus der Freiheit des Unterrichtswesens und der Neutralitätspflicht des Staates, dass Art. 24 § 1 belg. Verf. ein Recht auf Subventionierung durch die flämische Gemeinschaft garantiere, soweit dies im Gemeinwohlinteresse, insbesondere eines qualifizierten Unterrichts und der grundlegenden Normen der Volkserziehung, liege und die Mittel nach den diversen Aufgaben der Gemeinschaft aufteilbar seien.[1261] Die Subventionierung wird damit aus der verfassungsmäßigen Gewährleistung der Unterrichtsfreiheit abgeleitet.[1262]

In Dänemark sichert ein besonderes Gesetz von 1969 in der Fassung vom 5.1.1976 den freien Kinderschulen und den privaten Mittelschulen, Volkshochschulen, Landwirtschaftsschulen etc. ein Recht auf staatliche Zuschüsse in Höhe von 85 % der gesamten Unkosten der Schule.[1263]

In Finnland erhalten die Träger von genehmigten privaten Schulen (vgl. § 123 Abs. 2 finn. Verf.) Zuschüsse vom Staat.[1264] Damit gewährt Finnland Subventionen an private Bildungseinrichtungen, für die der Staat keine gleichwertige

---

à son entrée en vigueur alors même que ces nominations concerneront des établissements ou classes faisant l'objet d'un contrat d'association conclu antérieurement; que, contrairement à ce que soutiennent les députés auteurs d'une saisine, les dispositions critiquées, ne remettent aucunement en cause les nominations prononcées sous l'empire de la législation antérieure; 15. Considérant qu'il résulte de ce qui précède que l'article 27-I ne méconnaît aucune règle ou principe de valeur constitutionnelle [...].". Zitiert bei *A. Weber*, Menschenrechte, 2004, S. 719 f.

1260 *W. Kämpfer*, EuGRZ 1981, 721 (726); *D. Pieters*, in: Grabitz (Hrsg.), Grundrechte in Europa, 1986, Kap. 1: Belgien, S. 1 (25).

1261 *Cour d'Arbitrage* v. 14.12.1995, Nr. 85/95, („Moniteur belge") v. 4.1.1996: „*La liberté d'enseignement visée à l'article 24, § 1er, de la Constitution implique que les pouvoirs organisateurs qui ne relèvent pas directement de la communauté puissent, sous certaines conditions, prétendre à des subventions à charge de celle-ci.*".

1262 *W. Kämpfer*, EuGRZ 1981, 721 (726); *J. Velu*, EuGRZ 1981, 595 (605, 609).

1263 *I. Dübeck*, Einführung in das dänische Recht, 1996, S. 61; *Fr. Thygesen*, EuGRZ 1981, 629 (631); *W. Kämpfer*, EuGRZ 1981, 721 (726); *L. A. Rehof, in:* Dahl/Melchior/Rehof/Tamm (Hrsg.), Danish Law in a European Perspective, 1996, S. 53 (81).

1264 *T. Modeen*, Festschrift G. Ress, 2005, S. 1481 (1484).

Ausbildung bereitstellt, so dass auch die Ausbildung in privaten Schulen kostenlos ist.[1265]

Demgegenüber knüpft die italienische Verfassung in Art. 33 Abs. 3 die Privatschulfreiheit explizit an die Bedingung, dass durch die Gründung einer Privatschule dem Staat keine Belastungen entstehen.[1266] Auch der österreichische Verfassungsgerichtshof hat in seiner Entscheidung zum Universitäts-Organisationsgesetz 1977 ausgeführt, dass verfassungskräftige finanzielle Ansprüche auf staatliche Leistungen zur Errichtung und Betriebe von Privatschulen nicht bestehen.[1267] Mithin gibt es auch in Österreich keine verfassungsrechtlich verbürgten Leistungsansprüche der Privatschulen auf finanzielle Förderung.[1268] Aus Art. 14 Abs. 7 B-VG lässt sich indes ein verfassungsgesetzlich gewährleistetes Recht auf Gleichstellung mit öffentlichen Schulen ableiten, welches immerhin einen Anspruch auf Anerkennung der dort erworbenen Zeugnisse gibt.[1269]

In den Verfassungstexten von Estland, Griechenland, Litauen, Portugal, Slowakei, Tschechien und Zypern fehlt jegliche Aussage zur finanziellen Förderung von Privatschulen.[1270]

1265 *W. Kämpfer*, EuGRZ 1981, 721 (726); *T. Modeen*, Festschrift G. Ress, 2005, S. 1481 (1484).

1266 Diese Regelung ist innerhalb der verfassungsgebenden Versammlung auf den heftigen Widerstand der Katholiken gestoßen, da die meisten privaten Schulen in Italien von katholischer Geistlichkeit geführt werden, vgl. *W. Kämpfer*, EuGRZ 1981, 721 (726). Immerhin wird dieses Verfassungsverbot staatlicher Privatschulfinanzierung u.a. dadurch aufgelockert, dass Privatschüler sowie ihre Eltern finanziell unterstützt werden können, vgl. *J. Ennuschat*, RdJB 2001, 436 (446).

1267 Slg. 8136/1977.

1268 *K. Spielbüchler*, EuGRZ 1981, 675 (678, 681); *W. Kämpfer*, EuGRZ 1981, 721 (727); *J. Ennuschat*, RdJB 2003, 436 (446).

1269 *K. Spielbüchler*, EuGRZ 1981, 675 (678); *ders.*, EuGRZ 1985, 437 (443), der zugleich auf verfassungsrechtlich abgesicherte kirchenvertragliche Verpflichtungen der Privatschulförderung hinweist.

1270 Vgl. § 37 Abs. 2 S. 2 estn. Verf.; Art. 16 Abs. 8 griech. Verf.; Art. 40 Abs. 2 lit. Verf.; Art. 43 Abs. 4 port. Verf.; Art. 42 Abs. 3 slowak. Verf.; Art. 33 Abs. 3 tschech. Grundrechte-Deklaration; Art. 20 Abs. 1 zypriot. Verf.

cc) Zusammenfassender Vergleich und Bewertung

Mit 18 Verfassungen erkennt der überwiegende Teil der EU-Mitgliedstaaten die Freiheit zur Gründung von Privatschulen als subjektives Abwehrrecht an. Davon gewährleisten neun Verfassungen die Privatschulgründungsfreiheit explizit (Deutschland, Italien, Litauen, Niederlande, Österreich, Polen, Portugal, Spanien und Zypern), und drei Verfassungen anerkennen die Privatschulfreiheit mittelbar durch das Wahlrecht der Eltern (Belgien, Dänemark und Irland). Dass in sechs Verfassungen (Estland, Finnland, Frankreich, Griechenland, Slowakei und Tschechien) die Gründungsfreiheit nicht explizit oder mittelbar gewährleistet wird, spricht nicht gegen eine diesbezügliche gemeinsame europäische Rechtsauffassung, da diese Staaten die Privatschulen zumindest objektiv in der Weise anerkennen, dass ihre Gründung durch Gesetz zu regeln ist. Die Privatschulgründungsfreiheit bzw. die objektive Anerkennung von Privatschulen fehlt demgegenüber in sechs Verfassungen vollständig (Luxemburg, Schweden, Lettland, Malta, Slowenien und Ungarn). Das Vereinigte Königreich ist hierbei wieder außer Betracht zu lassen.

Im Gesamtbefund wird ein wertender Vergleich der Verfassungsüberlieferungen der Mitgliedstaaten folglich zu dem Ergebnis gelangen, dass die Privatschulfreiheit als individuelles subjektives Abwehrrecht in den Verfassungen gegen staatliche Einflussnahme fest verankert ist, so dass zusammenfassend von einer gemeinsamen europäischen Verfassungstradition der Privatschulfreiheit gesprochen werden kann. In Übereinstimmung mit der Auslegungsregel des Art. 52 Abs. 4 EU-GRCh ist bei der Auslegung des Art. 14 Abs. 3, 1. Alt. EU-GRCh dieser Befund zugrunde zu legen.

Zweifelhaft ist dagegen, ob es eine hinreichende Basis für eine gemeinsame Verfassungstradition in Bezug auf die finanzielle Privatschulförderung gibt, die – in Anwendung der Regel des Art. 52 Abs. 4 EU-GRCh – gebietet, einen solchen Befund zugrunde zu legen.

Immerhin sehen die Verfassungen von neun Staaten (Belgien, Dänemark, Deutschland, Finnland, Frankreich, Irland, Niederlande, Polen und Spanien) eine staatliche Förderung bzw. eine objektive Förderpflicht von Privatschulen vor. Genügt dieser Befund für eine gemeinsame Verfassungsüberlieferung? Gegen einen Finanzförderanspruch spricht jedoch in erster Linie die Mitgliedstaats-Regel des Art. 52 Abs. 6 EU-GRCh, wonach „*den einzelstaatlichen Rechtsvorschriften und Gepflogenheiten [...], wie es in der Charta bestimmt ist, in vollem Umfang Rechnung zu tragen [ist]*“. Diese Auslegungsvorschrift unterstreicht, dass es bei jenen Grundrechten, für deren Gewährleistung nicht die Gemeinschaften, sondern die Mitgliedstaaten zuständig sind, die grundrechtliche Gewährleistung in vollem Umfang in der Hand der Mitgliedstaaten bleibt.[1271] Die Privatschulfreiheit des Art. 14 Abs. 3, 1. Alt. EU-GRCh wird „*nach den einzelstaatlichen Gesetzen geachtet, welche ihre Ausübung regeln*“[1272], so dass in die dieser Konsequenz allein die Mitgliedstaaten über den Umfang der staatlichen Privatschulfinanzierung entscheiden.[1273] Gerade diese Klarstellung war von einigen Konventsmitgliedern in den Diskussionen im Konvent gefordert worden.[1274]

d) Die sonstigen internationalen Verpflichtungen (Art. 53 EU-GRCh)

Auch die bereits erwähnten Bestimmungen des Art. 13 Abs. 3 und 4 IPwirtR und Art. 5 des UNESCO-Übereinkommens gegen Diskriminierung im Unterrichtswesen legen besonderen Nachdruck auf die Privatschulfreiheit der Eltern.[1275] Zwar sieht der Wortlaut des Art. 18 Abs. 4 IPbürgR[1276] ausdrücklich nur den Schutz des Elternrechts vor, allerdings wird im Schrifttum vertreten, dass diese Vorschrift auch die Privatschulfreiheit umfasst.[1277] Begründet wird dies mit der Regelung des Elternrechts als Bestandteil der Religions- und Weltanschauungsfreiheit, die impliziere, dass neben dem christlichen Religionsunterricht ein alternativer Unterricht neutraler und objektiver Art angeboten werden

---

1271 Vgl. *M. Bühler*, Einschränkung von Grundrechten nach der Europäischen Grundrechtecharta, 2005, S. 396 f.

1272 Zu diesem Verweis ausführlich unten, III. 2 a).

1273 Vgl. *J. Ennuschat*, RdJB 2003, 736 (446); *St. Breitenmoser/B. Riemer/Cl. Seitz*, Praxis des Europarechts – Grundrechtsschutz, 2006, S. 315.

1274 So BRAIBANT (F), Änderungsantrag Nr. 318 in CHARTE 4332/00 CONVENT 35, vgl. auch *St. Barriga*, Entstehung der Charta der Grundrechte, 2003, S. 95. Begrüßt wurde dies auch von PACIOTTI (EP; IT), KORTHALS ALTES (NL), FRIEDRICH (EP; D); OLSEN (DK), PAPADIMITRIOU (GR) und BACELAR DE VASCONCELLOS (P), vgl. *N. Bernsdorff/M. Borowsky*, Handreichungen und Sitzungsprotokolle, 2002, S. 290.

1275 Vgl. *M. Nowak*, UNO-Pakt über bürgerliche und politische Rechte, Art. 18 CCPR Rdn. 47; *R. Streinz*, in: Streinz (Hrsg.), EUV/EGV, Art. 14 GR-Charta Rdn. 3.

1276 Art. 18 Abs. 4 IPbürgR: „*Gedanken-, Gewissens-, Religions- und Weltanschauungsfreiheit. Die Vertragsstaaten verpflichten sich, die Freiheit der Eltern [...] zu achten, die religiöse und sittliche Erziehung ihrer Kinder in Übereinstimmung mit ihren eigenen Überzeugungen sicherzustellen.*“; vgl. zum Pakt oben Fn. 820. Zu Art. 18 Abs. 4 IPbürgR auch unten, E. II. 2 c).

1277 Vgl. *R. Streinz*, in: Streinz (Hrsg.), EUV/EGV, Art. 14 GR-Charta Rdn. 3; *M. Nowak*, UNO-Pakt über bürgerliche und politische Rechte, Art. 18 CCPR Rdn. 49.

müsse.[1278] Freilich statuiere diese Vorschrift keinerlei Subventionierungspflicht für die Vertragsstaaten.[1279] Die genannten Vorschriften deuten damit die Tendenz an, die Privatschulfreiheit als ein international schützenswertes Rechtsgut zu behandeln, so dass diese zum völkerrechtlichen Mindeststandard menschenrechtlicher Gewährleistung zählt. Mit der Gewährleistung des Art. 14 Abs. 3, 1. Alt. EU-GRCh wird das Schutzniveau gemäß Art. 53 EU-GRCh damit eingehalten.

4. Ergebnis

Die systematische Auslegung führt zu folgendem Zwischenergebnis: Allein die Verwendung des Wortes *„achten"* führt nicht zu einer Verringerung des Schutzumfangs, vielmehr gewährleistet Art. 14 Abs. 3, 1. Alt. EU-GRCh ein subjektives Abwehrrecht des Privatschulgründers gegen staatliche Einflussnahme. Bestätigt wird dies durch einen gemeinsamen Verfassungsbefund der Mitgliedstaaten sowie durch die Anerkennung dieser Freiheit auf internationaler Ebene. Dagegen hat die systematische Analyse ergeben, dass Art. 14 Abs. 3, 1. Alt. EU-GRCh in Übereinstimmung mit Art. 2 S. 2 des 1. ZP und den gemeinsamen Verfassungsüberlieferungen der Mitgliedstaaten keinen Anspruch auf staatliche finanzielle Förderung von Privatschulen gewährt.

III. Beeinträchtigung und Rechtfertigung der Freiheit zur Gründung von Lehranstalten

1. Eingriff

Ein Grundrechtseingriff liegt bei Art. 14 Abs. 3, 1. Alt. EU-GRCh vor, wenn die Gründung oder der Betrieb der geschützten Lehranstalten verboten oder Beschränkungen unterworfen oder sonst in qualifizierter Weise behindert wird.[1280]

1278 Vgl. dazu auch die Entscheidung des Menschenrechtsausschusses v. 9.4.1981 gegen Finnland, abgedruckt in EuGRZ, 1981, 389, UN-Doc. HRI/GEN/1/Rev. 1, S. 36 § 6, näher dazu, unten, E. II. 2 c).

1279 Vgl. *R. Streinz*, in: Streinz (Hrsg.), EUV/EGV, Art. 14 GR-Charta Rdn. 3; *M. Nowak*, UNO-Pakt über bürgerliche und politische Rechte, Art. 18 CCPR Rdn. 49.

1280 *H. D. Jarass*, EU-Grundrechte, § 19 Rdn. 24.

Insbesondere stellt ein staatliches Schulmonopol einen Eingriff dar.[1281] Keinen Eingriff stellt dagegen die Unterlassung von Leistung, namentlich die Nicht-Gewährung staatlicher Unterstützung, insbesondere auf Subventionierung von Privatschulen, dar, da die Auslegung zu Art. 14 Abs. 3, 1. Alt. EU-GRCh ergeben hat, dass diese Vorschrift keinen Anspruch auf finanzielle Förderung von Privatschulen gewährt.

2. Rechtfertigung des Eingriffs

Die Einschränkbarkeit der Freiheit zur Gründung von Lehranstalten bestimmt sich grundsätzlich nach der allgemeinen horizontalen Schrankenregelung des Art. 52 Abs. 1 EU-GRCh.[1282] Allerdings gibt es zu den Einschränkungen des Art. 14 Abs. 3, 1. Alt. EU-GRCh eine Besonderheit. Die Freiheit zur Gründung von Lehranstalten steht unter dem ausdrücklichen Vorbehalt der *„Achtung der demokratischen Grundsätze“* sowie unter dem Vorbehalt zugunsten der *„einzelstaatlichen Gesetze[n], welche ihre Ausübung regeln“*.[1283] Fraglich ist, wie diese beiden Vorbehalte zu qualifizieren sind. Unklar ist dabei, ob es sich bei den genannten Vorbehalten um eine tatbestandliche Grenze des Schutzbereichs oder aber um eine spezifische Einschränkungsbestimmung handelt.[1284]

a) „nach den einzelstaatlichen Gesetzen“

Der Verweis auf die einzelstaatlichen Gesetze in Art. 14 Abs. 3 EU-GRCh, der durch die bereits angesprochene Mitgliedstaats-Regel des Art. 52 Abs. 6 EU-GRCh, wonach *„den einzelstaatlichen Rechtsvorschriften und Gepflogenheiten [...], wie es in der Charta bestimmt ist, in vollem Umfang Rechnung zu*

[1281] *N. Bernsdorff*, in: Meyer (Hrsg.), EU-GRCh, Art. 14 Rdn. 19; *H. D. Jarass*, EU-Grundrechte, § 19 Rdn. 24; vgl. auch *B. Kempen*, in: Tettinger/Stern (Hrsg.), Kölner Gemeinschaftskommentar zur Europäischen Grundrechte-Charta, Art. 14 Rdn. 17.

[1282] S. oben I. 2.

[1283] Kritisch dazu zwar *R. Winkler*, Die Grundrechte der Europäischen Union, 2006, S. 420: *„Der Gehalt der Gewährleistung ist besonders unklar, wenn man die Vorbehalte [...] einbezieht“*, aber ohne nähere Begründung. Vgl. auch *J. Caspar*, RdJB 2001, 165 (170); *N. Bernsdorff*, in: Meyer (Hrsg.), EU-GRCh, Art. 14 Rdn. 19; *G. Robbers*, Festschrift H. Maurer, 2001, S. 425 (430).

[1284] Zu dieser Problematik s. *M. Bühler*, Einschränkung von Grundrechten nach der Europäischen Grundrechtecharta, 2005, S. 372 ff., 377 f.

tragen [ist].", unterstrichen wird,[1285] könnte hinsichtlich der sachlichen Reichweite der Freiheit zur Gründung von Lehranstalten im Vergleich zu anderen Chartarechten auf einen weniger weit reichenden Schutz deuten.[1286] Wie dieser

---

[1285] S. dazu oben, 2. Teil, B. II. 2. c) ee). Kritisch in Bezug auf den Verweis auf das Recht und die Praxis der Mitgliedstaaten *C. Eisner*, Die Schrankenregelung der Grundrechtecharta der Europäischen Union, 2005, S. 131 ff.; *Th. Schmitz*, JZ 2001, 833 (841); *S. Magiera*, DÖV 2000, 1017 (1026); *ders.*, in: Scheuing (Hrsg.), Europäische Verfassungsordnung, 2003, S. 117 (125); ebenso *P. Altmaier*, ZG 2001, 195 (199): „*Art. 9 gibt sich mit einem bloßen Verweis auf die einzelstaatlichen Gesetze zufrieden.*"; *M. Nettesheim*, Integration, 2002, 35 (38), der in diesem Zusammenhang sogar von einem „*schwerwiegenden Mangel*" spricht; ferner *P. J. Tettinger*, NJW 2001, 1010 (1012); *ders./J. Geerlings*, EuR 2005, 419 (425): „*In einer wahren Formelkompromiss-Gala werden hier bedauerlicherweise Ehe und Familie nahezu völlig gesetzgeberischer Beliebigkeit in den Mitgliedstaaten überantwortet.*"; wohl auch *A. Zimmermann*, Charta der Grundrechte der Europäischen Union, 2002, S. 39. Befürwortend offenbar *G. Robbers*, Festschrift H. Maurer, 2001, S. 425 (430 f.), der die Bedeutung der Regelung insbesondere in der Zurücknahme der unitarisierenden Funktion des europäischen Grundrechtsschutzes sieht.

[1286] Die Befürchtung war von 13 Delegierten des Konvents (J. MEYER; A. BOURMEDIENE-THIERY; A. DUFF; C. EINEM; B. FAYOT; M. HOLOUBEK; U. ILVARI; S.-Y. KAUFMANN; J. LEINEN; H.-P. MARTIN; E. PACIOTTI; I. VAN DEN BURG; J. VOGGENHUBER) in einem Schreiben v. 31.8.1999 – auf Initiative von J. MEYER – in einem Appel an das Präsidium gerichtet worden: „*Aus systematischen Gründen sollte aber davon abgesehen werden, in einzelnen Artikeln einen Verweis auf ‚einzelstaatliche Rechtsvorschriften' und ‚nach Maßgabe des Gemeinschaftsrechts' aufzunehmen. Insofern sprechen sich die Unterzeichner dafür aus, diese Verweise aus den Artikeln 9, 18, 25, 26, 32, 33 und 34 [gemeint ist die damalige Fassung der Charta] zu streichen. Es sei darauf hingewiesen, dass durch die horizontale Bestimmung in Art. 49 Abs. 1 und 2 [in der Endfassung Art. 51] ein solcher Verweis überflüssig ist. Aus systematischen Gründen hat sich der Konvent darauf geeinigt, horizontale Fragen separat zu formulieren, nicht zuletzt, um die Lesbarkeit der Charta und damit die Identifikationsmöglichkeit der Bürger mit der EU zu fördern. Durch die in Convent 45 [gemeint ist die damalige Fassung der Charta] vorgelegte Systematik wird dagegen beim Bürger der Eindruck erweckt, dass hier spezifische Artikel gegenüber anderen abgeschwächt werden sollen. Dies entspricht weder der Intention des Konvents noch dem Kölner Auftrag. Darüber hinaus kann der Eindruck entstehen, dass Grundrechte, die nach allgemeinem Verständnis höchstrangiges Recht darstellen, unter den Vorbehalt einzelstaatlicher Regelungen oder zukünftiger Vertragsrevisionen gestellt werden. Dieser Eindruck wäre fatal und widerspräche dem Geist des Art. 6 Abs. 1 EUV, in dem deutlich zum Ausdruck gebracht wird, dass die Union der Achtung der Menschenrechte und Grundfreiheiten höchste Priorität beimisst.*", zitiert bei *J. Meyer/M. Engels*, in: Deutscher Bundestag (Hrsg.), Charta der Grundrechte der Europäischen Union, 2001, S. 19. Ähnlich *H.-W. Rengeling*, in: Schwarze (Hrsg.), Der Verfassungsentwurf des Europäischen Konvents, 2004, S. 331 (349); *J. Schwarze*, EuZW 2001, 517 (519); *E. Pache*, EuR 2001, 475 (481); *Chr. Grabenwarter*, DVBl. 2001, 1 (9).

Verweis in die nationalen Rechtsordnungen die Mitgliedstaaten zu qualifizieren ist, muss durch Auslegung geklärt werden.

aa) Die grammatikalische Auslegung

Die Formulierung des Art. 14 Abs. 3 EU-GRCh ist deutungsoffen und lässt unterschiedliche Interpretationen dieser Vorschrift zu. Der Wortlaut dieser Regelung deutet eher darauf hin, dass die Freiheit zur Gründung von Lehranstalten durch den Verweis auf die nationalen Gesetze von vornherein nur in diesen Grenzen gewährleistet ist, dass also die Mitgliedstaaten zur Ausgestaltung von Schutzbereich und Schranken berechtigt wären und so innerhalb ihrer einzelstaatlichen Rechtsbestimmungen entscheiden könnten, ob und inwiefern sie subjektive Rechte gewährleisten.[1287] Andererseits schließt der Wortlaut aber auch nicht aus, dass es sich bei dieser Regelung um eine Einschränkungsermächtigung im Sinne einer spezifischen Schrankenregelung handelt. Klärungsbedürftig wäre dann weiterhin das Verhältnis von dieser speziellen Schranke zur allgemeinen horizontalen Schrankenregelung des Art. 52 Abs. 1 EU-GRCh, nach der jede Einschränkung gesetzlich vorgesehen sein muss sowie die Wahrung des Wesensgehalts des Grundrechts und das Verhältnismäßigkeitsprinzip geachtet werden müssen. Wie die Formulierung zu verstehen ist, lässt sich allein anhand des Wortlauts nicht bestimmen.

bb) Die systematische Auslegung

Um den Inhalt der Formulierung *„nach den einzelstaatlichen Gesetzen"* bestimmen zu können, soll diese im Rahmen der systematischen Auslegung mit ähnlichen Formulierungen anderer Chartaartikel verglichen werden.

(1) Einzelne Chartagrundrechte

Eine Reihe anderer Chartaartikel enthält ebenso wie in Art. 14 Abs. 3 EU-GRCh den Verweis in die nationalen Rechtsordnungen: So wird beispielsweise im Titel II über „Freiheiten" das Recht, eine Ehe einzugehen und eine Familie zu gründen gemäß Art. 9 EU-GRCh (Art. II-69 EuVerf) *„nach den einzelstaatlichen Gesetzen gewährleistet, welche die Ausübung dieser Recht regeln."*.[1288]

[1287] Vgl. dazu *M. Borowsky*, in: Meyer (Hrsg.), EU-GRCh, Art. 52 Rdn. 46c; *H. D. Jarass*, EU-Grundrechte, § 6 Rdn. 29.

[1288] Umfassend zum Schutz von Ehe und Familie *F. Vari*, in: Stern/Tettinger (Hrsg.), Europäische Verfassung im Werden, 2006, S. 59 (76 ff.); *P. J. Tettinger/J. Geerlings,* EuR

Auch das Recht auf Wehrdienstverweigerung aus Gewissensgründen wird gemäß Art. 10 Abs. 2 EU-GRCh „*nach den einzelstaatlichen Gesetzen anerkannt, welche die Ausübung dieses Rechts regeln.*“. Gleiches gilt für die unternehmerische Freiheit des Art. 16 EU-GRCh, das Recht auf Unterrichtung und Anhörung der Arbeitnehmer nach Art. 27 EU-GRCh (Art. II-87 EuVerf), das Recht auf Kollektivverhandlungen nach Art. 28 EU-GRCh[1289], den Schutz vor ungerechtfertigter Entlassung nach Art. 30 EU-GRCh, die soziale Sicherheit nach Art. 34 EU-GRCh, den Gesundheitsschutz nach Art. 35 S. 1 EU-GRCh sowie den Zugang zu Dienstleistungen gemäß Art. 36 EU-GRCh.[1290] Auch bei diesen aufgeführten Chartarechten stellt sich die Frage, ob die Verweise in das nationale Recht die Mitgliedstaaten zur Ausgestaltung des Schutzbereichs des jeweiligen Grundrechts berechtigen sollen oder aber ob es sich dabei um eine Einschränkungsermächtigung handeln soll.

(2) „Doppelte Schranken“ neben Art. 52 Abs. 1 EU-GRCh?

In der Literatur wird die Auffassung vertreten, dass durch den Verweis auf die einzelstaatlichen Rechtsvorschriften eine weitere Einschränkung zu Art. 52 Abs. 1 EU-GRCh eröffnet ist, so dass es in der Konsequenz zu „*doppelten Schranken*“ käme.[1291] Das nationale Recht regele insoweit die Einschränkungsmöglich-

---

2005, 419 (424 ff.); *P. J. Tettinger*, NJW 2001, 1010 (1012 f.); *H. A. Wolff*, EuR 2005, 721 ff.; s. auch *Cl. Ladenburger*, in: Stern/Tettinger (Hrsg.), Europäische Verfassung im Werden, 2006, S. 83 (100 f.); *Th. v. Danwitz/S. Röder*, in: Stern/Tettinger (Hrsg.), Die Europäische Grundrechte-Charta im wertenden Verfassungsvergleich, 2005, S. 31 (38); vgl. in diesem Zusammenhang die Diskussionen im Konvent zu Art. 9 EU-GRCh bei *N. Bernsdorff/M. Borowsky*, Handreichungen und Sitzungsprotokolle, 2002, S. 156 f.; 185 ff.; *St. Barriga*, Entstehung der Charta der Grundrechte, 2003, S. 86.

1289 Ausführlich dazu *Cl. Ladenburger*, in: Stern/Tettinger (Hrsg.), Europäische Verfassung im Werden, 2006, S. 83 (100).

1290 Betroffen sind dabei immerhin sechs der zwölf Bestimmungen im Titel IV über „Solidarität“. Vgl. dazu ausführlich *M. Bühler*, Einschränkung von Grundrechten nach der Europäischen Grundrechtecharta, 2005, S. 372 ff.; s. auch *J. Meyer/M. Engels*, in: Deutscher Bundestag (Hrsg.), Charta der Grundrechte der Europäischen Union, 2001, S. 19; *H. D. Jarass*, EU-Grundrechte, § 6 Rdn. 28; *P. Altmaier*, ZG 2001, 195 (200 f.); *H.-W. Rengeling*, in: Schwarze (Hrsg.), Der Verfassungsentwurf des Europäischen Konvents, 2004, S. 331 (349); *Cl. Ladenburger*, in: Stern/Tettinger (Hrsg.), Europäische Verfassung im Werden, 2006, S. 83 (95 ff.).

1291 So *M. Borowsky*, in: Meyer (Hrsg.), EU-GRCh, Art. 52 Rdn. 16, 46c; *N. Bernsdorff*, in: Meyer (Hrsg.), EU-GRCh, Art. 14 Rdn. 21, Art. 16 Rdn. 15; *K. Odendahl*, in: Heselhaus/Nowak (Hrsg.), Handbuch der Europäischen Grundrechte, § 39 Rdn. 47; vgl. ferner *H.-W. Rengeling/P. Szczekalla*, Grundrechte in der Europäischen Union, § 7 Rdn. 483, § 19 Rdn.

keiten des Grundrechts, während sich die Schranken-Schranken, also insbesondere der Grundsatz der Verhältnismäßigkeit und die Wesensgehaltsgarantie, wiederum aus der Charta (Art. 52 Abs. 1 EU-GRCh) ergäben.[1292] Dieser Ansicht folgend wird etwa zur Freiheit der Gründung von Lehranstalten nach Art. 14 Abs. 3, 1. Alt. EU-GRCh vertreten, Begrenzungen nach nationalem Recht müssten die Vorgaben des Art. 52 Abs. 1 EU-GRCh beachten; gleiches gelte für Art. 16 EU-GRCh.[1293] GRABENWARTER kritisiert dabei, dass dadurch die „einheitlichen" horizontalen Schrankenklauseln des Art. 52 Abs. 1 EU-GRCh erheblich „*durchlöchert*" würden.[1294] Darüber hinaus wird kritisch vorgebracht, dass mit dem Verweis auf das Recht der Mitgliedstaaten das Hauptziel der Charta, nämlich die Gewährleistung eines einheitlichen europäischen Grundrechtsschutzes, verfehlt würde.[1295] Nach einer anderen Ansicht stellt der Vorbehalt einzelstaatlicher Gesetze gerade keine zusätzliche Schranke neben Art. 52 Abs. 1 EU-GRCh dar, sondern dient lediglich der Bestimmung des Schutzbereichs anhand der mitgliedstaatlichen Gesetze.[1296]

769; *Chr. Callies*, in: Ehlers (Hrsg.), Europäische Grundrechte, § 20 Rdn. 18; *H.-W. Rengeling*, in: Schwarze (Hrsg.), Der Verfassungsentwurf des Europäischen Konvents, 2004, S. 331 (349); *ders.*, DVBl. 2004, 453 (459); *Chr. Grabenwarter*, DVBl. 2001, 1 (3, 5); in diesem Sinne ebenfalls *H. D. Jarass*, EU-Grundrechte, § 6 Rdn. 29 („*Regelungsvorbehalt*"); *J. Schwarze*, EuZW 2001, 517 (519); *A. Zimmermann*, Charta der Grundrechte der Europäischen Union, 2002, S. 36 f.; *Chr. Callies*, EuZW 2001, 261 (264). Differenzierend, aber im Ergebnis ebenso *M. Bühler*, Einschränkung von Grundrechten nach der Europäischen Grundrechtecharta, 2005, S. 373 f. Vgl. auch *J. Gündisch*, in: Beckmann/Dieringer/Hufeld (Hrsg.), Eine Verfassung für Europa, 2005, S. 429 (434).

1292 *M. Borowsky*, in: Meyer (Hrsg.), EU-GRCh, Art. 52 Rdn. 16, 46c.

1293 *N. Bernsdorff*, in: Meyer (Hrsg.), EU-GRCh, Art. 16 Rdn. 15, Art. 14 Rdn. 21.

1294 *Chr. Grabenwarter*, DVBl. 2001, 1 (3); ähnlich, aber im Ergebnis verneinend *H.-W. Rengeling*, in: Schwarze (Hrsg.), Der Verfassungsentwurf des Europäischen Konvents, 2004, S. 331 (357), der Art. 52 Abs. 6 EU-GRCh als „*Ausdruck einer ‚Angstklausel'*" bezeichnet.

1295 *St. Barriga*, Entstehung der Charta der Grundrechte, 2003, S. 86; *S. Magiera*, in: Scheuing (Hrsg.), Europäische Verfassungsordnung, 2003, S. 117 (125, 126): „*Gefahr einer Renationalisierung des europäischen Grundrechtsschutzes*"; *ders.*, DÖV 2000, 1017 (1026). A.A. *G. Robbers*, Festschrift H. Maurer, 2001, S. 425 (430), der zwar auch darauf hinweist, dass diese Regelung die unitarisierende Funktion des Grundrechtsschutzes zurücknehme, jedoch könne sich der Gewährleistung der Privatschulfreiheit „*kein Gemeinschaftsrecht und damit letztlich auch kein mitgliedstaatliches Recht mehr entziehen.*".

1296 In diesem Sinne *C. Eisner*, Die Schrankenregelung der Grundrechtecharta der Europäischen Union, 2005, S. 134 f.; *A. Große Wentrup*, Europäische Grundrechtecharta, 2003, S. 90 ff., 99 f., 171 in Bezug auf Art. 16 EU-GRCh; *Th. v. Danwitz/S. Röder*, in: Stern/Tettinger (Hrsg.), Die Europäische Grundrechte-Charta im wertenden Verfassungsvergleich, 2005, S.

(3) Bewertung

Trotz der vorgebrachten Kritikpunkte erscheint es vorzugswürdig, die Verweise in das nationale Recht als spezifische Schranken und nicht als Schutzbereichsbestimmung einzustufen. Dafür sprechen zunächst folgende Erwägungen: Würden die Gesetzesvorbehalte dieser Grundrechte als Schutzbereichsbestimmung anhand der mitgliedstaatlichen Gesetze interpretiert, würde bereits die Reichweite eines Grundrechts von Mitgliedstaat zu Mitgliedstaat variieren.[1297] Dies widerspräche jedoch schon dem Sinn und Zweck der Grundrechtecharta, wonach durch die Katalogisierung der Gemeinschaftsgrundrechte der Grundrechtsschutz auf Gemeinschaftsebene vereinheitlicht werden sollte.[1298] Darüber hinaus ist anzuführen, dass der Verweis in die nationalen Rechtsordnungen insbesondere solche Grundrechte der Charta betrifft, die auch innerhalb der Mitgliedstaaten höchst umstrittener Natur sind und somit die jeweiligen einzelstaatlichen Vorschriften stark divergieren können.[1299] So konnte man sich beispielsweise im Fall des Art. 9 EU-GRCh nicht auf eine von allen Seiten akzeptierte Ehe-Definition einigen und verwies deshalb auf die *„einzelstaatlichen Gesetze"*.[1300] Die mit dem Verweis auf nationales Recht versehenen Chartarechten der

31 (38 f.); wohl auch *Th. Schmitz*, JZ 2001, 833 (841): *„normative Hülle"*; *G. Robbers*, Festschrift H. Maurer, 2001, S. 425 (430). Unklar *M. Borowsky*, in: Meyer (Hrsg.), EU-GRCh, Art. 52 Rdn. 46c.

1297 Dagegen bereits EuGH, Urteil v. 6.11.1979, verb. Rsn. 16-20/79, („Preisstopp für Agrarerzeugnisse"), Slg. 1979, 3327 (3340) Rdn. 9. Vgl. auch *Cl. Ladenburger*, in: Stern/Tettinger (Hrsg.), Europäische Verfassung im Werden, 2006, S. 83 (97, 99); *St. Barriga*, Entstehung der Charta der Grundrechte, 2003, S. 86, wonach diese Frage im Konvent nicht erörtert wurde.

1298 Vgl. *Cl. Ladenburger*, in: Stern/Tettinger (Hrsg.), Europäische Verfassung im Werden, 2006, S. 83 (99); *S. Magiera*, DÖV 2000, 1017 (1026).

1299 Vgl. *C. Eisner*, Die Schrankenregelung der Grundrechtecharta der Europäischen Union, 2005, S. 134 f., die dabei von *„sensiblen Bereichen"* spricht; ähnlich *F. Vari*, in: Stern/Tettinger (Hrsg.), Europäische Verfassung im Werden, 2006, S. 59 (79): *„[...] aufgrund des unleugbaren Vorliegens von ‚wesentlichen Unterschieden in den Gesetzgebungen der Mitgliedstaaten, hinter denen sich kulturelle Verschiedenheiten verbergen, die zur Zeit unüberbrückbar sind'."*; in diesem Sinne *P. Szczekalla*, in: Heselhaus/Nowak (Hrsg.), Handbuch der Europäischen Grundrechte, § 7 Rdn. 92 (mit Fn. 199); *J. Meyer/M. Engels*, in: Deutscher Bundestag (Hrsg.), Charta der Grundrechte der Europäischen Union, 2001, S. 19; *Cl. Ladenburger*, in: Stern/Tettinger (Hrsg.), Europäische Verfassung im Werden, 2006, S. 83 (99).

1300 Im Falle einer Erstreckung des Schutzbereichs des Art. 9 EU-GRCh seitens eines Mitgliedstaates auf Ehen gleichgeschlechtlicher Partner, ist diese auch einer rechtlichen Ausgestaltung und damit Begrenzungen unterworfen, d.h. Begrenzungen nach nationalem Recht müssen die Maßgaben des Art. 52 Abs. 1 EU-GRCh beachten (*„doppelte Schranken"*). Die

Art. 9, 10 Abs. 2, 14 Abs. 3, 16, 27, 28, 30 und 34 Abs. 1, 35 S. 1 und 36 EU-GRCh machen zugleich ein zentrales Grundproblem der Charta deutlich: Sie formuliert nämlich zum Teil Grundrechte, die Bereiche betreffen, in denen die Gemeinschaft keinerlei oder nur eingeschränkte Kompetenzen hat.[1301] Mit anderen Worten wird der „*Grundsatz der Parallelität von Kompetenzen und Grundrechtsschutz*"[1302] nicht eingehalten.[1303] So können die EU und EG etwa das Recht gemäß Art. 9 EU-GRCh, eine Ehe einzugehen und eine Familie zu gründen, mangels entsprechender Kompetenzen nicht einlösen.[1304] Ähnliches gilt

---

Ausübung des Rechts gleichgeschlechtlicher Partner, eine Ehe einzugehen, ist also nur insoweit zur Disposition des nationalen Gesetzgebers gestellt, als sie erleichtert, nicht aber unter Missachtung des Verhältnismäßigkeitsgrundsatzes und der anderen Rechtfertigungsanforderungen des Art. 52 Abs. 1 EU-GRCh erschwert werden kann, vgl. *N. Bernsdorff*, in: Meyer (Hrsg.), EU-GRCh, Art. 9 Rdn. 17. Kritisch in Bezug auf die Möglichkeit der „Homosexuellen-Ehe" gemäß Art. 9 EU-GRCh, *F. Vari*, in: Stern/Tettinger (Hrsg.), Europäische Verfassung im Werden, 2006, S. 59 (69 ff., 76 ff.); *P. J. Tettinger/J. Geerlings*, EuR 2005, 419 (425 f.); *P. J. Tettinger*, NJW 2001, 1010 (1012 f.): „*Man kann sich des Eindrucks nicht erwehren, dass hier ein allzu sehr zeitgeistorientiertes, europäische Werttraditionen durch Spezifierungsverzicht geringschätzendes Konzept des Windkanals verfolgt wurde.*".

1301 *J. Meyer/M. Engels*, in: Deutscher Bundestag (Hrsg.), Charta der Grundrechte der Europäischen Union, 2001, S. 19; *P. Altmaier*, ZG 2001, 195 (200); *A. Zimmermann*, Charta der Grundrechte der Europäischen Union, 2002, S. 36; *St. Breitenmoser/B. Riemer/Cl. Seitz*, Praxis des Europarechts – Grundrechtsschutz, 2006, S. 345.

1302 Dazu *I. Pernice*, DVBl. 2000, 847 (852, 853).

1303 Ausführlich dazu *S. Schulenberg*, in: Kämmerer/Wyrzykowski (Hrsg.), Verfassungsgebung für Europa, 2005, S. 287 (304 f.); *J. Fr. Lindner*, DÖV 2000, 543 (545); *Chr. Callies*, in: Ehlers (Hrsg.), Europäische Grundrechte, § 20 Rdn. 19; *ders.*, EuZW 2001, 261 (264); *S. Leutheusser-Schnarrenberger*, ZRP 2002, 329 (331); *U. v. Creytz*, Verfassungsfragen des Bildungsrechts, 2003, S. 136 f.; *A. Zimmermann*, Charta der Grundrechte der Europäischen Union, 2002, S. 25 f.; ähnlich *J. Caspar*, RdJB 2001, 165 (174 f.); *J. Meyer/M. Engels*, in: Deutscher Bundestag (Hrsg.), Charta der Grundrechte der Europäischen Union, 2001, S. 33. Dagegen *P. Altmaier*, ZG 2001, 195 (202 f.), nach dem „*der Grundsatz der Parallelität von Kompetenzen und Grundrechtsschutz in den allermeisten Fällen sehr wohl beachtet worden ist*"; auch *B. Losch/W. Chr. Radau*, NVwZ 2003, 1440 (1444), nach denen unter Verweis auf die Bestimmung des Art. 51 Abs. 2 EU-GRCh Kompetenzen und Grundrechtsschutz nicht unbedingt in einem funktionellen Verhältnis stehen müssen, vgl. auch *M. Borowsky*, in: Meyer (Hrsg.), EU-GRCh, Art. 51 Rdn. 41; *K. Odendahl*, in: Heselhaus/Nowak (Hrsg.), Handbuch der Europäischen Grundrechte, § 39 Rdn. 2.

1304 Vgl. *S. Schulenberg*, in: Kämmerer/Wyrzykowski (Hrsg.), Verfassungsgebung für Europa, 2005, S. 287 (304); *Th. v. Danwitz/S. Röder*, in: Stern/Tettinger (Hrsg.), Die Europäische Grundrechte-Charta im wertenden Verfassungsvergleich, 2005, S. 31 (40); *Chr. Callies*, EuZW 2001, 261 (264); *N. Bernsdorff*, in: Meyer (Hrsg.), EU-GRCh, Art. 9 Rdn. 12; *I. Pernice*, DVBl. 2000, 847 (852).

hinsichtlich der zuvor genannten Rechte, so dass diese Grundrechte aus Rücksichtnahme auf die mitgliedstaatlichen Kompetenzen insoweit konsequenterweise auf die einzelstaatlichen Gesetze verweisen.[1305] Der Grund, warum bei diesen Grundrechten zusätzlich zur allgemeinen Regelung des Art. 52 Abs. 1 EU-GRCh der Verweis zugunsten einzelstaatlicher Gesetze eingefügt wurde, ist also auch darin zu erblicken, den Regelungsspielraum, der den Mitgliedstaaten damit eingeräumt ist, besonders zu betonen.[1306] Zudem wurde dadurch deutlich gemacht, dass die Union in diesen Bereichen keine bzw. eingeschränkte Zuständigkeit besitzt und dass sie damit die benannten Rechte, wie sie sich in den Mitgliedstaaten konkretisieren, respektieren muss – ganz im Gegensatz zu den geäußerten Befürchtungen, dass die Charta eine „kompetenzansaugende“ Wirkung habe.[1307] Auch deuten die Erläuterungen des Präsidiums zu Art. 14 Abs. 3, 1. Alt. EU-GRCh darauf hin, dass es sich bei dem Verweis auf die einzelstaatlichen Rechtsvorschriften um eine (spezifische) Schranke handeln soll, wenn es dort heißt: *„[...] ihre Ausübung ist jedoch [...] eingeschränkt und erfolgt entsprechend den in den einzelstaatlichen Rechtsvorschriften festgelegten Einzelheiten.“*[1308] Im Interesse einer einheitlichen Auslegung der Schutzbereiche der Gemeinschaftsgrundrechte sprechen die besseren Argumente dafür, die Vorbehalte zugunsten der *„einzelstaatlichen Gesetze“* als spezifische Schrankenermächtigungen auszulegen. Diese spezifischen Schranken müssen ihrerseits wie-

[1305] *Cl. Ladenburger*, in: Stern/Tettinger (Hrsg.), Europäische Verfassung im Werden, 2006, S. 83 (95, 99) versteht den Verweis in die mitgliedstaatlichen Rechtsordnungen als ausdrückliche Anerkennung einzelstaatlicher Beurteilungsspielräume und vergleicht diese mit den vom EGMR entwickelten *„margins of appreciation“*; vgl. ferner *H.-W. Rengeling*, in: Schwarze (Hrsg.), Der Verfassungsentwurf des Europäischen Konvents, 2004, S. 331 (349, 357); *J. Meyer/M. Engels*, in: Deutscher Bundestag (Hrsg.), Charta der Grundrechte der Europäischen Union, 2001, S. 19; *M. Bühler*, Einschränkung von Grundrechten nach der Europäischen Grundrechtecharta, 2005, S. 373, 464 f. Kritisch *Chr. Callies*, EuZW 2001, 261 (265 f.): Der unter Zeitdruck arbeitende Konvent habe die notwendige Parallelität von Kompetenz und Grundrechtsschutz zu wenig reflektiert und sich in der Folge *„im Kompetenzgestrüpp verheddert“*.

[1306] Vgl. *H. D. Jarass*, EU-Grundrechte, § 6 Rdn. 30; § 19 Rdn. 26; ähnlich *Chr. Grabenwarter*, DVBl. 2001, 1 (5); *G. Robbers*, Festschrift H. Maurer, 2001, S. 425 (430 f.): *„Die Ausgestaltungsklausel sichert hierbei jedoch Spielräume konkreter gesetzgeberischer Gestaltung, die den gewachsenen Strukturen der jeweiligen mitgliedstaatlichen Rechte, ihren Identitäten und Kulturen Rechnung tragen kann.“*; *R. Streinz*, in: Streinz (Hrsg.), EUV/EGV, Art. 14 GR-Charta Rdn. 8: *„Der Verweis auf die ‚einzelstaatlichen Gesetze' trägt der verbliebenen Kompetenz der Mitgliedstaaten Rechnung“*.

[1307] Vgl. dazu oben Fn. 344.

[1308] Hervorhebungen durch Verfasserin. S. Erläuterungen des Präsidiums des Europäischen Konvents v. 16.12.2004 zu Art. 14 EU-GRCh, ABl. 2004 Nr. C 310 S. 434 f.

derum die Vorgaben der allgemeinen Schranke des Art. 52 Abs. 1 EU-GRCh beachten, sowie, falls aus den Verfassungsüberlieferungen zusätzliche, über die Schrankenerfordernissen des Art. 52 Abs. 1 EU-GRCh hinaus weitere Eingriffshindernisse ergeben, sind auch diese Vorgaben über Art. 52 Abs. 4 EU-GRCh zu berücksichtigen.[1309]

cc) Ergebnis

Die systematische Auslegung hat ergeben, dass es sich bei dem Vorbehalt der „*einzelstaatlichen Gesetze*“ im Sinne des Art. 14 Abs. 3, 1. Alt. EU-GRCh um eine spezifische Schranke handelt, die zu der allgemeinen Schranke des Art. 52 Abs. 1 EU-GRCh hinzutritt und ggf. über Art. 52 Abs. 4 EU-GRCh weitere Schrankenerfordernisse aus den gemeinsamen Verfassungsüberlieferungen zu beachten hat. Die Einschränkbarkeit des Art. 14 Abs. 3, 1. Alt. EU-GRCh bestimmt sich demnach gemäß Art. 52 Abs. 1 i.V.m. Abs. 4 EU-GRCh, gekoppelt an Abs. 6. Im Ergebnis bedeutet dies, dass der private Schulträger nur nach Maßgabe des einzelstaatlichen Gesetzesrechts eine Lehranstalt gründen darf. Umgekehrt kann aus dieser Wendung auch geschlossen werden, dass der Gesetzgeber die grundsätzliche Gründungsfreiheit achten muss, so dass eine Monopolisierung des staatlichen Schulwesens damit ausgeschlossen ist und – wie eingangs erwähnt – einen Eingriff in Art. 14 Abs. 3, 1. Alt. EU-GRCh darstellen würde.[1310]

b) „unter Achtung der demokratischen Grundsätze“

Fraglich ist weiterhin, wie der Vorbehalt der „*Achtung der demokratischen Grundsätze*“ zu verstehen ist.

1309 Vgl. *M. Borowsky*, in: Meyer (Hrsg.), EU-GRCh, Art. 52 Rdn. 44c, 46d; vgl. ferner, allerdings ohne den Bezug zu Art. 52 Abs. 4 EU-GRCh, *H. D. Jarass*, EU-Grundrechte, § 19 Rdn. 25: „*Die Einschränkungsgründe sind wegen des Verweises auf die ‚einzelstaatlichen Gesetze' nicht auf die Gründe des Art. 52/112 Abs. 1 beschränkt.*“; *H.-W. Rengeling*, in: Schwarze (Hrsg.), Der Verfassungsentwurf des Europäischen Konvents, 2004, S. 331 (349): „*Die [...] als ‚vertikal' zu kennzeichnende Schrankenklausel bedeutet aber nicht, dass das einzelstaatliche Recht selbständig Schranken darstellt, die sich selbst keiner Rechtfertigung nach Art. 52 Abs. 1 GRC stellen müssten [...].*“.

1310 Vgl. *H. D. Jarass*, EU-Grundrechte, § 19 Rdn. 24; *N. Bernsdorff*, in: Meyer (Hrsg.), EU-GRCh, Art. 14 Rdn. 19.

aa) Die grammatikalische Auslegung

Der Wortlaut „*unter Achtung der demokratischen Grundsätze*“ lässt im Hinblick auf die zu erörternde Frage unterschiedliche Interpretationsmöglichkeiten zu.[1311] Zunächst könnte die Formulierung so zu verstehen sein, dass die Freiheit zur Gründung von Lehranstalten nur in diesen Grenzen gewährleistet ist, dass also der Vorbehalt der „*Achtung der demokratischen Grundsätze*“ das Grundrecht nicht einschränkt, vielmehr seine Reichweite prägt und ausgestaltet.[1312] Auf diese Weise wäre der Schutzbereich des Art. 14 Abs. 3 EU-GRCh bei der Gründung solcher Schulen, die sich gegen die Verfassung der Union oder des jeweiligen Mitgliedstaates wenden und somit eine anti- oder undemokratische Ausrichtung haben, aufgrund dieses Vorbehalts schon nicht eröffnet.[1313] Indes spricht der Wortlaut aber auch nicht dagegen, dass es sich bei dem genannten Vorbehalt um eine Einschränkungsermächtigung im Sinne einer spezifischen (vertikalen) Schranke handelt.[1314] Danach würden die „*demokratischen Grundsätze*“ nur dann wirken, wenn es entsprechende gesetzliche Anforderungen an die Privatschulträger gäbe. Allein anhand der am Wortlaut orientierten Auslegung lässt sich jedenfalls keine eindeutige Aussage über den Inhalt des Vorbehalts des Art. 14 Abs. 3 EU-GRCh treffen, so dass die übrigen Auslegungsmethoden herangezogen werden müssen.

[1311] Vgl. bereits die vorgebrachte Kritik während der Diskussionen im Konvent, dazu oben, 3. Teil, A. IV. Kritisch ebenso *B. Kempen*, in: Tettinger/Stern (Hrsg.), Kölner Gemeinschaftskommentar zur Europäischen Grundrechte-Charta, Art. 14 Rdn. 17: „*textlich wenig geglückte Wendung*“.

[1312] Vgl. etwa *G. Robbers*, Festschrift H. Maurer, 2001, S. 425 (430), der die Beachtung der demokratischen Grundsätze als „*Ausgestaltungsklausel*“ bezeichnet.

[1313] In diesem Sinne *H. D. Jarass*, EU-Grundrechte, § 19 Rdn. 21; wohl auch *N. Bernsdorff*, in: Meyer (Hrsg.), EU-GRCh, Art. 14 Rdn. 19: „*anti- oder auch undemokratische Orientierungen bedeuten jedoch eine Einschränkung des Grundrechtsschutzes.*“. Unklar bei *J. Meyer/M. Engels*, in: Deutscher Bundestag (Hrsg.), Charta der Grundrechte der Europäischen Union, 2001, S. 21: „*dies allerdings unter ‚Achtung der demokratischen Grundsätze‘*“.

[1314] Vgl. *P. Szczekalla*, in: Heselhaus/Nowak (Hrsg.), Handbuch der Europäischen Grundrechte, § 7 Rdn. 67 (mit Fn. 142); *H.-W. Rengeling/P. Szczekalla*, Grundrechte in der Europäischen Union, § 19 Rdn. 767; § 20 Rdn. 800: „*Die genannten Einschränkung stellt wiederum keinen Tatbestandsausschluss dar*“; in diesem Sinne wohl auch *J. Ennuschat*, RdJB 2003, 436 (444): „*dies ermöglicht staatliche Kontrollen*“.

bb) Die systematische Auslegung

Zur Bestimmung des Charakters der Formulierung, die Gründung von Lehranstalten erfolgt *„unter Achtung der demokratischen Grundsätze"*, soll zunächst ein Vergleich mit weiteren Chartagrundrechten, die möglicherweise ähnliche Besonderheiten im Grundrechtstatbestand vorsehen, vorgenommen werden. Weiterhin muss eine Abgrenzung zur Missbrauchs-Regel des Art. 54 EU-GRCh erfolgen.

(1) Weitere Chartagrundrechte

Zwar kommt die Formulierung *„unter Achtung der demokratischen Grundsätze"* bei anderen Chartarechten nicht vor. Eine Reihe anderer Chartaartikel sehen aber so genannte tatbestandliche Einschränkungen des Schutzbereichs vor. So hat etwa gemäß Art. 12 Abs. 1 EU-GRCh jede Person das Recht, sich auf allen Ebenen *„frei und friedlich"* mit anderen zu versammeln. Die Formulierung *„frei und friedlich"* ist dabei Art. 11 Abs. 1 EMRK entnommen, dem Art. 12 Abs. 1 EU-GRCh entspricht.[1315] Im Rahmen von Art. 11 Abs. 1 EMRK wird diese Formulierung als Schutzbereichsdefinition interpretiert und nicht als Schranke[1316], so dass dies auch auf der Ebene der Grundrechtecharta gelten soll.[1317] Danach umfasst der Schutzbereich nur solche Versammlungen, die friedlich und waffenlos sind. Beim Recht auf Asyl gemäß Art. 18 EU-GRCh findet sich ebenfalls eine Besonderheit, als hier kein Individualanspruch auf Asyl gewährleistet wird, sondern lediglich auf die Genfer Flüchtlingskonvention und des Asylprotokolls[1318] als mögliche Grundrechtsbegrenzung verwiesen wird (*„... wird nach Maßgabe des Genfer Abkommens ... gewährleistet"*).[1319] Dagegen

---

[1315] S. Erläuterungen des Präsidiums des Europäischen Konvents v. 16.12.2004 zu Art. 12 EU-GRCh, ABl. 2004 Nr. C 310 S. 433 f. Vgl. auch *N. Bernsdorff*, in: Meyer (Hrsg.), EU-GRCh, Art. 12 Rdn. 1, 14.

[1316] *J. Abr. Frowein/W. Peukert*, EMRK, Art. 11 Rdn. 4; *Chr. Grabenwarter*, EMRK, § 23 Rdn. 62 m.w.N. A.A. *H. Guradze*, EMRK, Art. 11, S. 161, der die Friedlichkeit als immanente Schranke der Versammlungsfreiheit ansieht.

[1317] Vgl. *N. Bernsdorff*, in: Meyer (Hrsg.), EU-GRCh, Art. 12 Rdn. 15; dazu auch *P. Szczekalla*, in: Heselhaus/Nowak (Hrsg.), Handbuch der Europäischen Grundrechte, § 7 Rdn. 6 m.w.N.

[1318] Protokoll v. 31.1.1976 über die Rechtsstellung der Flüchtlinge (Sartorius II, Nr. 28 a).

[1319] Vgl. dazu *A. Zimmermann*, Charta der Grundrechte der Europäischen Union, 2002, S. 37, nach dem es sich dabei um eine kombinierte Schutzbereichsbegrenzung und Schrankenregelung handelt; vgl. auch *P. Altmaier*, ZG 2001, 195 (199).

aber bedeutet beispielsweise die Wendung in Art. 13 S. 1 EU-GRCh, Kunst und Forschung seien „*frei*", keinesfalls, dass der Schutzbereich unbeschränkbar gewährleistet sei. Vielmehr gelten die nach Art. 3 Abs. 2 EU-GRCh[1320] im Rahmen der Medizin und Biologie bestimmten Beachtenspflichten, die als Begrenzungen der Forschungsfreiheit zu verstehen sind.[1321] Diese angeführten Beispiele zeigen, dass die Charta innerhalb der einzelnen Formulierungen der Grundrechte sehr wohl zwischen tatbestandlichen Schutzbereichsbeschränkungen einerseits und Schranken andererseits zu differenzieren vermag. In welche Kategorie aber die „*Achtung der demokratischen Grundsätze*" einzustufen ist, ist indes nicht erkennbar.

(2) Abgrenzung zu Art. 54 EU-GRCh

Möglicherweise hilft der Zusammenhang mit der Bestimmung der Missbrauchs-Regel des Art. 54 EU-GRCh bei der Auslegung der „*Achtung der demokratischen Grundsätze*" weiter. So bezeichnet *Borowsky* diese Formulierung als Ausdruck des Art. 54 EU-GRCh.[1322] Danach könnte sich ein Privatschulträger einer weltanschaulich extremen Gruppe auf sein Recht, Lehranstalten zu gründen, nicht berufen. Ob die Bestimmung des Art. 54 EU-GRCh jedoch schutzbereichsbegrenzend wirkt oder aber im Bereich der Einschränkungsmöglichkeiten einzustufen ist, ist allerdings unsicher.[1323] Vorrangig ist jedoch immer zu prüfen, ob ein Schutz vor Missbrauch nicht bereits im Rahmen der Grund-

---

1320 Siehe zur Bestimmung des Art. 3 Abs. 2 EU-GRCh oben, B. I.

1321 Vgl. *M. Bühler*, Einschränkung von Grundrechten nach der Europäischen Grundrechtecharta, 2005, S. 374 f.; *M. Borowsky,* in: Meyer (Hrsg.), EU-GRCh, Art. 3 Rdn. 41, die diese der Forschung auferlegten Beachtenspflichten nicht als spezifische Schranke der Forschungsfreiheit, sondern als Ausprägung der Menschenwürde einstufen.

1322 *M. Borowsky,* in: Meyer (Hrsg.), EU-GRCh, Art. 54 Rdn. 8: „*Prägnant gewährt weiter Art. 14 Abs. 3 (Art. II-74 Abs. 3 EurVerf) die Freiheit zur Gründung von Lehranstalten nur ‚unter Achtung der demokratischen Grundsätze'.*".

1323 Vgl. zu dieser Problematik *H. D. Jarass*, EU-Grundrechte, § 6 Rdn. 12. Nach *M. Bühler*, Einschränkung von Grundrechten nach der Europäischen Grundrechtecharta, 2005, S. 427, würde es sich in einem solchen Fall wohl um eine der Schutzbereichsebene noch vorgelagerte Frage der Anwendbarkeit handeln; vgl. auch *M. Borowsky,* in: Meyer (Hrsg.), EU-GRCh, Art. 54 Rdn. 10, wonach der Betroffene nicht das missbrauchte Grundrecht als solches verliert, sondern nur das Recht, sich hierauf zu berufen; es finde damit keine Verwirkung auf Dauer statt.

rechtsschranken möglich ist, so dass es des Rückgriffs auf Art. 54 EU-GRCh als ultima ratio nicht bedarf.[1324]

Die Formulierung der „*Achtung der demokratischen Grundsätze*" als Ausdruck einer „streitbaren Demokratie" würde im Zusammenhang von Art. 54 EU-GRCh also eher dafür sprechen, dass es sich dabei um eine primärrechtlich unmittelbar wirkende Schranke zu handeln scheint.[1325] Die Missbrauchsvorschrift würde damit nicht zu einer Begrenzung des Schutzbereichs führen.

(3) Bewertung

Gegen eine Auslegung, die Beachtung der „*demokratischen Grundsätze*" als Schutzbereichsgestaltung einzuordnen, spricht zunächst, dass eine sachgerechte Beurteilung der Frage, welcher Privatschulträger diese Grundsätze achtet bzw. missachtet, am ehesten im Bereich der Abwägung auf Rechtfertigungsebene[1326] und damit auf Schrankenebene, statt auf der Ebene des Schutzbereichs[1327], überprüft werden kann. Hierfür sprechen auch die Erläuterungen des Präsidiums, wenn es dort heißt, dass

> „*ihre Ausübung [...] jedoch durch die Achtung der demokratischen Grundsätze eingeschränkt [ist]*.".[1328]

Ferner regten BACELAR DE VASCONCELLOS (P) und LEINEN (EP; D) in den Beratungen im Konvent an, die Bezugnahme auf die „*demokratischen Grundsätze*" an die allgemeinen, horizontalen Schranken des Art. 52 Abs. 1 EU-GRCh anzuknüpfen.[1329] Dies würde jedenfalls zunächst dafür sprechen, die Bezugnahme auf die „*demokratischen Grundsätze*" als eine primärrechtlich unmittelbar wirkende (spezifische) Schranke zu deuten. Auf der anderen Seite gilt aber zu

---

1324 *M. Borowsky*, in: Meyer (Hrsg.), EU-GRCh, Art. 54 Rdn. 12; im Ergebnis ebenso *M. Bühler*, Einschränkung von Grundrechten nach der Europäischen Grundrechtecharta, 2005, S. 428.

1325 So auch *H. D. Jarass*, EU-Grundrechte, § 7 Rdn. 68 i.V.m. § 6 Rdn. 12; *M. Bühler*, Einschränkung von Grundrechten nach der Europäischen Grundrechtecharta, 2005, S. 426.

1326 *H.-W. Rengeling/P. Szczekalla*, Grundrechte in der Europäischen Union, § 18 Rdn. 751.

1327 In diesem Sinne aber *H. D. Jarass*, EU-Grundrechte, § 19 Rdn. 21.

1328 S. Erläuterungen des Präsidiums des Europäischen Konvents v. 16.12.2004 zu Art. 14 EU-GRCh, ABl. 2004 Nr. C 310 S. 434 f.

1329 Vgl. *N. Bernsdorff/M. Borowsky*, Handreichungen und Sitzungsprotokolle, 2002, S. 290.

beachten, dass die Freiheit zur Gründung von Lehranstalten – wie zuvor erörtert – unter dem Vorbehalt der „*einzelstaatlichen Gesetze[n], welche ihre Ausübung regeln*“ steht und nach hier vertretener Auffassung die Kompetenz, das Grundrecht einzuschränken, grundsätzlich bei den sie ausgestaltenden einzelstaatlichen Rechtsbestimmungen der Mitgliedstaaten und nicht bei der Gemeinschaft liegt. In diesem Zusammenhang drängt sich also die Frage auf, ob eine konkurrierende gemeinschaftsrechtliche spezielle Einschränkungskompetenz neben den maßgeblichen mitgliedstaatlichen Schranken gewollt war. Dies wird wohl zu verneinen sein.[1330] Aus diesen Erwägungen heraus sprechen die besseren Argumente dafür, die Formulierung sinnvollerweise so zu verstehen, dass die „*Achtung der demokratischen Grundsätze*“ als zu berücksichtigender Maßstab für die Mitgliedstaaten bei der Einschränkung des Grundrechts zu verstehen sind. Dies ermöglicht eine staatliche Kontrolle und sichert die einzelstaatliche Kompetenz zur Auffüllung der Privatschulfreiheit.[1331] Die „*demokratischen Grundsätze*“ wirken also nur dann, wenn es entsprechende gesetzliche Anforderung an die Privatschulträger („Schulunternehmer“) gibt.[1332]

cc) Zwischenergebnis

Die Auslegung des Vorbehalts der „*Achtung der demokratischen Grundsätze*“ hat ergeben, dass es sich dabei weder um eine tatbestandliche Schutzbereichsbeschränkung noch um eine spezifische Schranke handelt. Vielmehr ist die Formulierung dahingehend zu verstehen, dass die Mitgliedstaaten, wenn diese von ihrer Kompetenz zur Einschränkung des Grundrechts aus Art. 14 Abs. 3, 1. Alt. EU-GRCh („*nach den einzelnen Gesetzen*“) Gebrauch machen, die Bedeutung des in jedem Mitgliedstaat geltenden Demokratieprinzips zu berücksichtigen haben, was etwa bei der Nichtzulassung einer privaten Schule einer weltanschaulich extremen Gruppe von Bedeutung sein könnte.[1333]

1330 So auch *M. Bühler*, Einschränkung von Grundrechten nach der Europäischen Grundrechtecharta, 2005, S. 378.

1331 Im Ergebnis ebenso *M. Bühler*, Einschränkung von Grundrechten nach der Europäischen Grundrechtecharta, 2005, S. 378; *J. Ennuschat*, RdJB 2003, 436 (444); *H.-W. Rengeling/P. Szczekalla*, Grundrechte in der Europäischen Union, § 19 Rdn. 767; *G. Robbers*, Festschrift H. Maurer, 2001, S. 425 (430); wohl auch *J. Caspar*, RdJB 2001, 165 (170).

1332 Vgl. *H.-W. Rengeling/P. Szczekalla*, Grundrechte in der Europäischen Union, § 19 Rdn. 767.

1333 Vgl. *M. Bühler*, Einschränkung von Grundrechten nach der Europäischen Grundrechtecharta, 2005, S. 378. Dabei sehr weit gehend *N. Bernsdorff*, in: Meyer (Hrsg.), EU-GRCh, Art. 14 Rdn. 19: „*Bei der Begründung und Führung von Privatschulen muss ein*

3. Ergebnis

Bei dem Gesetzesvorbehalt des Art. 14 Abs. 3 EU-GRCh („*nach den einzelstaatlichen Gesetzen*") handelt es sich um eine spezifische Schranke, die die Voraussetzungen der allgemeinen Schrankenbestimmung des Art. 52 Abs. 1 EU-GRCh ggf. i.V.m. etwaigen zusätzlichen Schrankenerfordernissen aus den gemeinsamen Verfassungsüberlieferungen gemäß Art. 52 Abs. 4 EU-GRCh zu beachten hat. Der Hinweis auf die einzelstaatlichen Gesetze betont dabei einen besonders weiten Spielraum der Mitgliedstaaten, so dass diese insbesondere die Einhaltung bestimmter Standards in den Privatschulen vorschreiben können.[1334] Bei der Einschränkung des Grundrechts des Art. 14 Abs. 3, 1. Alt. EU-GRCh müssen die Mitgliedstaaten zusätzlich die Bedeutung der „*demokratischen Grundsätze*" für die schulische Erziehung besonders berücksichtigen.

IV. Zusammenfassendes Ergebnis

Die Vorschrift des Art. 14 Abs. 3, 1. Alt. EU-GRCh ist zusammenfassend dahingehend auszulegen, dass der Schutzbereich der Vorschrift in erster Linie die Gründung und den Betrieb von privaten Schulen gleich welcher Bildungsstufe umfasst; allerdings werden hiervon in Anlehnung an die unternehmerische Freiheit des Art. 16 EU-GRCh auch außerschulische Bildungseinrichtungen erfasst. Unverständlich ist dagegen, wie das Präsidium in der entsprechenden Erläuterung hervorhebt, dass die Gründungsfreiheit auch die Errichtung öffentlicher Einrichtungen umfassen soll. Der systematische Zusammenhang mit der Bestimmung des Art. 16 EU-GRCh sowie den Verfassungsüberlieferungen der Mitgliedstaaten hat die Schlussfolgerung nahe gelegt, dass die praktische Bedeutung des Art. 14 Abs. 3, 1. Alt. EU-GRCh in erster Linie die Gründung und den Betrieb von privaten Bildungseinrichtungen umfassen soll. Die systematische Auslegung hat des Weiteren ergeben, dass es sich bei der Privatschulgründungsfreiheit um ein subjektives Abwehrrecht des Privatschulträgers handelt, auf einen Finanzförderanspruch kann sich der Träger gemäß Art. 14 Abs. 3, 1. Alt. EU-GRCh dagegen nicht berufen. Der Gesetzgeber muss die grundsätzliche Gründungsfreiheit „*achten*", so dass die Einrichtung eines staatlichen Schulmonopols einen Eingriff darstellen würde. Die Freiheit zur Gründung von Lehranstalten ist nach Maßgabe der „*einzelstaatlichen Gesetze*" unter Berücksichtigung

---

gewisses Maß an Offenheit, Toleranz, Pluralismus und Nichtdiskriminierung gewährleistet sein.".

1334 Vgl. *Chr. Grabenwarter*, EMRK, § 22 Rdn. 64.

des Demokratieprinzips einschränkbar, allerdings müssen diese Gesetze wiederum sich aus Art. 52 Abs. 1 i.V.m. Abs. 4 EU-GRCh ergebenden Schrankenanforderungen beachten.

E. Das Elternrecht nach Art. 14 Abs. 3, 2. Alt. EU-GRCh

I. Der sachliche Schutzbereich

Art. 14 Abs. 3 EU-GRCh sieht in seiner zweiten Alternative vor:

> *„[...] das Recht der Eltern, die Erziehung und den Unterricht ihrer Kinder entsprechend ihren eigenen religiösen, weltanschaulichen und erzieherischen Überzeugungen sicherzustellen, werden nach den einzelstaatlichen Gesetzen geachtet, welche ihre Ausübung regeln.“*

1. Die grammatikalische Auslegung

Der Schutzbereich des – teilweise wortlautidentisch mit Art. 2 S. 2 des 1. ZP formulierten[1335] – Art. 14 Abs. 3, 2. Alt. EU-GRCh umfasst das Recht der Eltern, die Erziehung und den Unterricht ihrer Kinder entsprechend ihren eigenen religiösen, weltanschaulichen und erzieherischen Überzeugungen sicherzustellen.

a) „Erziehung und Unterricht“

Das Recht der Eltern erstreckt sich zunächst auf die Erziehung. „*Erziehung*“ („*education*“ / „*éducation*“)[1336] ist dabei im weitesten Sinne zu verstehen und umfasst insbesondere auch jede erzieherische Tätigkeit außerhalb der rein schulischen Belange.[1337] Die Erziehung, die sich freilich im Wesentlichen innerhalb

---

[1335] S. dazu unten, 2. b).

[1336] Vgl. dazu bereits oben, A. I. 1.

[1337] *B. Kempen*, in: Tettinger/Stern (Hrsg.), Kölner Gemeinschaftskommentar zur Europäischen Grundrechte-Charta, Art. 14 Rdn. 12; vgl. auch *E. Bannwart-Maurer*, Das Recht auf Bildung und das Elternrecht, Art. 2 des 1. ZP zur EMRK, 1975, S. 107 ff.

der Familie abspielt und die auf die Entfaltung der geistigen, seelischen und sittlichen Werte und auf die Formung der jugendlichen Persönlichkeit zielt, bleibt damit in erster Linie Aufgabe der Eltern. Der Staat kann also nicht ohne Verletzung der familiären Intimsphäre diese elterliche Funktion übernehmen. Darüber hinaus bezieht sich das Elternrecht explizit auch auf den „*Unterricht*" („*teaching*" / „*enseignement*")[1338], also auf die eigentlichen schulischen Belange, wobei aus dem Wortlaut nicht explizit ersichtlich ist, ob sich das Elternrecht auf die Erziehung und den Unterricht von Kindern in *staatlichen* Schulen beschränken soll.

b) „religiöse, weltanschauliche und erzieherische Überzeugungen"

Die Ausübung des in Art. 14 Abs. 3, 2. Alt. EU-GRCh formulierten Elternrechts erfolgt in Übereinstimmung mit den eigenen „*religiösen, weltanschaulichen und erzieherischen Überzeugungen*".

Nach dem gewöhnlichen Sprachgebrauch umschreibt der Begriff der „*Überzeugung*" nicht jede schlichte Meinung, sondern erfasst solche überzeugungsgeleitete Ansichten und Einstellungen, die ein gewisses Maß an Ernst, Geschlossenheit und Bedeutung erreichen.[1339] Dies entspricht sowohl der englischen („*convictions*"[1340]) und französischen („*convictions*"[1341]) Textfassung.

Die „*religiösen*" („*religious*" / „*religieuses*") Überzeugungen der Eltern beinhalten die Ansichten, die sich auf bestimmte Religionsgemeinschaften beziehen.[1342] Die Einbeziehung dieses konfessionellen Elternrechts in Art. 14 Abs. 3, 2. Alt. EU-GRCh hebt hervor, dass das elterliche Erziehungsrecht auch das Recht der Eltern einschließt, ihren Kindern ihre eigenen religiösen Überzeugungen zu vermitteln und weiterzugeben.[1343] Der Begriff der „*weltanschaulichen*" Überzeugungen legt darüber hinaus nahe, dass dieser inhaltlich mehr umfassen

---

1338 Vgl. dazu oben, A. I. 2 a).

1339 Vgl. etwa *G. Wahrig*, Deutsches Wörterbuch, Stichwort „*Überzeugung*", S. 1610 = fester Glaube, feste Meinung; Gewissheit, Wissen; etwas deshalb tun, weil man es für richtig, wahr, gut hält.

1340 *Langenscheidts Handwörterbuch*, Englisch-Deutsch, Stichwort „*conviction*", S. 151 = Überzeugung, Anschauung, Gesinnung.

1341 *Pons*, Großwörterbuch, Französisch-Deutsch, Stichwort „*convictions*", S. 164 = Überzeugung, (religiöse/politische) Einstellung.

1342 Vgl. *Chr. Grabenwarter*, EMRK, § 22 Rdn. 72.

1343 Vgl. für Deutschland zur Zulässigkeit der christlichen Gemeinschaftsschule nur BVerfG, Beschluss v. 17.12.1975, („Bad. Gemeinschaftsschule"), BVerfGE 41, 29 (44, 47 f.).

soll als die *„religiösen“* und *„erzieherischen“* Überzeugungen, da sonst die Erwähnung dieser Bezeichnungen überflüssig wäre.[1344] Nach dem allgemeinen Sprachgebrauch setzt eine *„Weltanschauung“* grundsätzlich ein geschlossenes und bis zu einem gewissen Grade allumfassendes Gedankengebäude voraus.[1345] Dagegen ist das Begriffsverständnis der englischen (*„philosophical“*[1346]) bzw. französischen Textfassung (*„philosophiques“*[1347]) etwas weiter zu verstehen.[1348] Die zuletzt genannten Begrifflichkeiten können nämlich sowohl zur Bezeichnung eines ausgereiften Gedankengebäudes dienen, werden aber auch bei Ansichten über mehr oder weniger triviale Gegenstände oder Ideen verwandt.[1349] Im deutschen Sprachgebrauch kann man im gegebenen Zusammenhang etwa an die Bezeichnung der „Lebensphilosophie“ denken. Damit trifft die deutsche Übersetzung des Wortes *„philosophical“* bzw. *„philosophiques* mit *„weltanschaulich“* nur bedingt zu.[1350]

Die gleichzeitige Nennung der – im Vergleich zu Art. 2 S. 2 des 1. ZP zusätzlich aufgeführten – *„erzieherischen“* (*„pedagogical“* / *„pédagogiques“*) Überzeugungen dürfte jede Art von Überzeugung genügen lassen, da die erzieherischen Überzeugungen kaum eine Einschränkung zulassen.[1351] Durch die Doppe-

---

1344 *L. Wildhaber*, in: Golsong u.a. (Hrsg.), IK-EMRK, Art. 2 EMRK/1. ZP (1995) Rdn. 101.

1345 S. etwa *G. Wahrig*, Deutsches Wörterbuch, Stichwort *„Weltanschauung“*, S. 1742 = *„Art und Weise, wie jmd. die Welt und ihren Sinn sowie sein Dasein betrachtet und beurteilt.“*. Vgl. auch *R. Herzog*, in: Maunz/Dürig, GG, Art. 4 (1988) Rdn. 67; *R. Zippelius*, in: Dolzer/Vogel/Graßhof (Hrsg.), BK-GG, Art. 4 (1989) Rdn. 94; *Th. Günther*, Zur Zulässigkeit der Errichtung privater Volksschulen als Bekenntnisschulen religiös-ethnischer Minderheiten nach Art. 7 Abs. 5 GG, 2006, S. 55, 175 f.

1346 *Langenscheidts Handwörterbuch*, Englisch-Deutsch, Stichwort *„philosophical“*, S. 475 = philosophisch.

1347 *Pons*, Großwörterbuch, Französisch-Deutsch, Stichwort *„philosophique“*, S. 566 = philosophisch, Denkergeist (*„ésprit philosophique“*).

1348 *N. Blum*, Gedanken-, Gewissens- und Religionsfreiheit nach Art. 9 EMRK, 1990, S. 139.

1349 EGMR, Urteil v. 25.2.1982, Nr. 7511 u. 7743/76, („Campbell u. Cosans ./. GB”), Serie A 48 Rdn. 36, = EuGRZ 1982, 153 (156); vgl. auch *Th. Schilling*, Internationaler Menschenrechtsschutz, 2004, Rdn. 211; *L. Wildhaber*, in: Golsong u.a. (Hrsg.), IK-EMRK, Art. 2 EMRK/1. ZP (1995) Rdn. 102.

1350 *N. Blum*, Gedanken-, Gewissens- und Religionsfreiheit nach Art. 9 EMRK, 1990, S. 139.

1351 *H. D. Jarass*, EU-Grundrechte, § 19 Rdn. 34. Nach *Chr. Langenfeld*, in: Grote/Marauhn (Hrsg.), EMRK/GG, Kap. 24 Rdn. 25, handele es sich hierbei um eine *„(semanti-*

lung der Begriffe „*Erziehung*“ und „*erzieherische Überzeugungen*“ wird nochmals betont, dass den Eltern ein Erziehungsrecht, und zwar ein primäres, zusteht. Das bedeutet, dass andere Erziehungsträger, nämlich der Staat, diese elterliche Erziehungsfunktion nicht verdrängen oder ausschalten dürfen.[1352]

c) Zwischenergebnis

Die Wortlautauslegung des Art. 14 Abs. 3, 2. Alt. EU-GRCh hat ergeben, dass das elterliche Erziehungsrecht, ihren Kindern die eigenen religiösen, weltanschaulichen und erzieherischen Überzeugungen zu vermitteln, nicht auf den häuslichen Bereich beschränkt ist und damit auch in den schulischen Bereich hineinwirkt. Inwieweit dieses schulbezogene Elterngrundrecht freilich reicht, lässt sich allein anhand der Wortlautauslegung nicht entnehmen.

2. Die systematische Auslegung

Für die Auslegung von Art. 14 Abs. 3, 2. Alt. EU-GRCh kann zunächst der systematische Zusammenhang mit der Bestimmung der Freiheit zur Gründung von Lehranstalten der ersten Alternative des Art. 14 Abs. 3 EU-GRCh aufschlussreich sein. Darüber hinaus ist zur Bestimmung des Schutzbereichs insbesondere Art. 2 S. 2 des 1. ZP bedeutsam, da Art. 14 Abs. 3, 2. Alt. EU-GRCh mit dieser Vorschrift „deckungsgleich“ i.S.d. Art. 52 Abs. 3 S. 1 EU-GRCh ist.[1353]

a) Art. 14 Abs. 3, 1. Alt. EU-GRCh

Die in der gleichen Vorschrift des Art. 14 Abs. 3 EU-GRCh gewährleistete Privatschulfreiheit legt nahe – auch wenn dies dem Wortlaut des Art. 14 Abs. 3, 2. Alt. EU-GRCh nicht unmittelbar zu entnehmen ist –, dass das schulbezogene Elternrecht sich auf die Erziehung und den Unterricht von Kindern in *staatli-*

---

sche) Klarstellung in der Formulierung, die nicht über den Schutzbereich des Art. 2 Satz 2 ZP 2, so wie er vom EGMR bislang gedeutet worden ist, hinausgeht.“.

1352 *N. Bernsdorff*, in: Meyer (Hrsg.), EU-GRCh, Art. 14 Rdn. 20.

1353 Erläuterungen des Präsidiums v. 16.12.2004 zu Art. 52 Abs. 3 EU-GRCh, ABl. 2004 Nr. C 310 S. 458: „*Artikel 14 Absatz 3 entspricht Artikel 2 des Zusatzprotokolls zur EMRK, was die Rechte der Eltern betrifft [...].*“. S. auch *N. Bernsdorff*, in: Meyer (Hrsg.), EU-GRCh, Art. 14 Rdn. 20; *M. Borowsky*, in: Meyer (Hrsg.), EU-GRCh, Art. 52 Rdn. 32 f.; *Kl. H. Fischer*, Der Europäische Verfassungsvertrag, 2005, S. 262.

chen Schulen beschränken soll.[1354] Dafür spricht, dass die Privatschulen schwerlich erfasst werden können, da bei Schulen in privater Trägerschaft ein staatsgerichteter Anspruch auf Schutz des Elternrechts besteht.[1355] Aus dem systematischen Zusammenhang mit der Privatschulgründungsfreiheit lässt sich damit schlussfolgern, dass das Recht der Eltern so weit reichen soll, vom Staat Rücksicht auf ihre eigenen Vorstellungen über Erziehung und Unterricht auch dort zu verlangen, wo der Staat Aufgaben übernimmt, was vor allem für das staatliche Schulwesen gilt.[1356]

b) Art. 2 S. 2 des 1. ZP zur EMRK

Im Hinblick auf das elterliche Erziehungsrecht bestimmt Art. 2 S. 2 des 1. ZP zur EMRK:

> *„Der Staat hat bei Ausübung der von ihm auf dem Gebiet der Erziehung und des Unterrichts übernommenen Aufgaben das Recht der Eltern zu achten, die Erziehung und den Unterricht entsprechend ihren eigenen religiösen und weltanschaulichen Überzeugungen sicherzustellen.*"

aa) Wortlaut

In der Vorschrift des Art. 2 S. 2 des 1. ZP wird das grundsätzliche Recht der Eltern auf Erziehung ihrer Kinder anerkannt.[1357] Danach sind die Vertragsstaaten verpflichtet, allgemein auf die religiösen und weltanschaulichen Überzeugungen der Eltern Rücksicht zu nehmen.[1358] Dieses Recht der Eltern soll der Tatsache Rechnung tragen, dass die Kinder in der für die Bildung wesentlichen Phase des Lebens außerstande sind, die notwendigen Entscheidungen selbst und alleine zu

---

1354 *N. Bernsdorff*, in: Meyer (Hrsg.), EU-GRCh, Art. 14 Rdn. 20; vgl. auch *Chr. Langenfeld*, in: Grote/Marauhn (Hrsg.), EMRK/GG, Kap. 24 Rdn. 12.

1355 *H. D. Jarass*, EU-Grundrechte, § 19 Rdn. 32; *N. Bernsdorff*, in: Meyer (Hrsg.), EU-GRCh, Art. 14 Rdn. 20 (mit Fn. 278).

1356 Vgl. *G. Seidel*, Hdb Grund- und Menschenrechte, S. 63.

1357 Ausführlich dazu *Chr. Langenfeld*, in: Grote/Marauhn (Hrsg.), EMRK/GG, Kap. 24 Rdn. 4 ff.; vgl. auch *J. Abr. Frowein/W. Peukert*, EMRK, Art. 2 des 1. ZP Rdn. 4; *J. Meyer-Ladewig*, EMRK, Art. 2 ZP Rdn. 6; *G. Seidel*, Hdb Grund- und Menschenrechte, S. 63.

1358 Ausführlich *L. Wildhaber*, in: Golsong u.a. (Hrsg.), IK-EMRK, Art. 2 EMRK/1. ZP (1995) Rdn. 69 ff., 101 ff. mit einzelnen Beispielen; *Th. Schilling*, Internationaler Menschenrechtsschutz, 2004, Rdn. 211.

treffen.[1359] Die Vorschrift enthält damit in erster Linie ein Elternrecht und nicht ein Recht des Kindes.[1360]

bb) Rechtsprechung des EGMR

Auch für die Auslegung des Elternrechts des Art. 14 Abs. 3, 2. Alt. EU-GRCh ist die Rechtsprechung des EGMR als Rechtserkenntnisquelle heranzuziehen (vgl. 5. Erwägung der Präambel). In einer Reihe von Urteilen hat der EGMR erörtert, was unter den Begriff der „*weltanschaulichen Überzeugungen*“ fällt.

(1) Campbell und Cosans gegen Großbritannien, 1982

Im Fall *Campbell und Cosans* vom 25. Februar 1982[1361] stellte der EGMR fest, dass gewisse, an britischen Schulen übliche disziplinarische Maßnahmen der körperlichen Züchtigung die Rechte der betroffenen Eltern und ihrer Kinder, die wegen der Strafdrohung von der Schule ferngeblieben waren, gemäß Art. 2 S. 2 des 1. ZP verletzten. In dem Fall wandten sich zwei schottische Schüler gegen die körperliche Züchtigung durch Gebrauch eines Lederriemens (des sog. *tawse*), was an staatlichen, schottischen Schulen Tradition war. Der Gerichtshof sah durch die Statuierung des Systems der Prügelstrafe an schottischen Schulen eine Beeinträchtigung der weltanschaulichen Überzeugungen der Eltern und sprach damit eine Verletzung des Art. 2 S. 2 des 1. ZP aus.[1362] Der EGMR hat den Begriff der „*weltanschaulichen Überzeugungen*“ dabei so verstanden, dass darunter nur solche Überzeugungen fielen, die ein gewisses Maß an Verbindlichkeit, Ernsthaftigkeit, Schlüssigkeit und Bedeutung haben, die in einer demokratischen Gesellschaft Anspruch auf Respekt verdienen und die nicht unvereinbar mit der Würde des Menschen und dem grundsätzlichen Recht des Kindes auf Erziehung sind.[1363] Die billigenswerten Überzeugungen der Eltern über die In-

---

1359 *K. Spielbüchler*, EuGRZ 1985, 437 (442); *N. Blum*, Gedanken-, Gewissens- und Religionsfreiheit nach Art. 9 EMRK, 1990, S. 139.

1360 EGMR, Urteil v. 24.3.1988, Nr. 10465/83, („Olsson ./. S“), Serie A 130 Rdn. 95 f. = EuGRZ 1988, 591; EGMR, Urteil v. 22.6.1989, Nr. 11373/85, („Eriksson ./. S“), Serie A 156 Rdn. 93; *J. Meyer-Ladewig*, EMRK, Art. 2 ZP Rdn. 6; *H. Guradze*, EMRK, Art. 2 ZP I, S. 262; *Chr. Grabenwarter*, EMRK, § 22 Rdn. 78.

1361 EGMR, Urteil v. 25.2.1982, Nr. 7511 u. 7743/76, („Campbell u. Cosans ./. GB”), Serie A 48 Rdn. 36, 38, 41 = EuGRZ 1982, 153 ff.

1362 Vgl. auch EKMR, Entscheidung v. 13.5.1982, Nr. 8811/79, („Sieben Personen ./. S“), DR 29, 104 (111).

1363 EGMR, Urteil v. 25.2.1982, Nr. 7511 u. 7743/76, („Campbell u. Cosans ./. GB”), Serie A 48 Rdn. 36 = EuGRZ 1982, 153 ff. So auch die überwiegende Auffassung in der Litetegrität der Person und das Recht der Kinder auf eine von Angst freie Entwicklung seien vom Staat nicht hinreichend respektiert worden. Demgemäß sei der Staat bei der Ausgestaltung disziplinarischer Maßnahmen verpflichtet, die Elternüberzeugungen sowie das Recht auf Bildung des Kindes zu berücksichtigen.[1364]

(2) Valsamis u.a. gegen Griechenland, 1996

In dem Urteil *Valsamis und Efstratiou gegen Griechenland* vom 18. Dezember 1996[1365] ging es um die Beschwerden von Eltern, die sich gegen eine Verpflichtung zur Teilnahme ihrer Kinder an einer Schulparade anlässlich des griechischen Nationalfeiertages wandten. Die Eltern, die wie ihre Kinder Zeugen Jehovas waren, verboten den Kindern aufgrund ihrer pazifistischen Überzeugungen die Teilnahme an der Schulparade. Das unerlaubte Fernbleiben wurde mit einem Tag Schulausschluss bestraft. Die Eltern rügten in der Verpflichtung ihrer Kinder zur Teilnahme an der o. g. Veranstaltung eine Verletzung ihres Rechts auf Achtung ihrer religiösen und weltanschaulichen Überzeugungen in

---

ratur: *Chr. Langenfeld*, in: Grote/Marauhn (Hrsg.), EMRK/GG, Kap. 24 Rdn. 13; *J. Meyer-Ladewig*, EMRK, Art. 2 ZP Rdn. 7; *A. Peters,* EMRK, § 27 S. 172; *M. E. Villiger*, Hdb EMRK, § 31 Rdn. 677; *Th. Schilling*, Internationaler Menschenrechtsschutz, 2004, Rdn. 211; *Cl. Eiselstein*, Festschrift Th. Oppermann, 1981, S. 178 (186 f.). Umfassend *E. Bannwart-Maurer*, Das Recht auf Bildung und das Elternrecht, Art. 2 des 1. ZP zur EMRK, 1975, S. 100 ff. Kritisch dazu *J. Abr. Frowein/W. Peukert*, EMRK, Art. 2 des 1. ZP Rdn. 8; ablehnend ferner *Chr. Grabenwarter*, EMRK, § 22 Rdn. 72 mit dem Hinweis, dass mit dieser Definition ein wertendes Element für die Feststellung einer weltanschaulichen Überzeugung eingeführt wurde, durch die der Schutzumfang der Garantie unzulässig beschränkt werde.

[1364] EGMR, Urteil v. 25.2.1982, Nr. 7511 u. 7743/76, („Campbell u. Cosans ./. GB"), Serie A 48 Rdn. 36, 38, 41. In Reaktion auf diese und anderer Entscheidungen des Rechtsprechungsorgane ist die Prügelstrafe in britischen öffentlichen Schulen abgeschafft worden, vgl. auch EKMR, Entscheidung v. 6.3.1985, Nr. 9119/80, („Townend and Townend ./. GB"), DR 50, 36; EKMR, Entscheidung v. 13.10.1986, Nr. 9303/81, („Brant ./. GB"), DR 49, 44, Ber. v. 16.7.1987, DR 52, 21; EKMR, Entscheidung v. 16.7.1987, Nr. 9114/80, („Durairaj ./. GB"), DR 52, 13; EKMR, Entscheidung v. 11.5.1988, Nr. 11648/85, („Jarman ./. GB"), DR 56, 181; EKMR, Entscheidung v. 13.3.1984, Nr. 9471/81, („Warwick ./. GB"), DR 60, 5. Im Fall *Costello-Roberts* hat der EGMR in einer relativ geringfügigen körperlichen Strafe keine Verletzung von Art. 3 und Art. 8 EMRK gesehen. Eine Verletzung von Art. 2 S. 2 des 1. ZP war in diesem Fall nicht gerügt worden, EGMR, Entscheidung v. 25.3.1993, Nr. 13134/87, („Costello-Roberts ./. GB"), Serie A 247-C, Rdn. 29 ff.

[1365] EGMR, Urteil v. 18.12.1996, Nr. 21787/93, („Valsamis ./. GR"), RJD 1996-VI, 2312 ff. Rdn. 22-33 = ÖJZ 1998, 114. Vgl. zu diesem Fall *A. Peters*, EMRK, § 27 S. 172; *Th. Schilling*, Internationaler Menschenrechtsschutz, 2004, Rdn. 212.

Erziehung und Unterricht gemäß Art. 2 S. 2 des 1. ZP. Im Gegensatz zum Fall *Campbell und Cosans* stellte der EGMR in diesem Urteil – parallel zum Schutzbereich der Religions- und Weltanschauungsfreiheit gemäß Art. 9 Abs. 1 EMRK – fest, dass unter *„weltanschaulichen Überzeugungen“* jegliche Überzeugungen zu verstehen seien, die *„ein gewisses Maß an Verbindlichkeit, Ernsthaftigkeit und Schlüssigkeit“* aufweisen.[1366] Dabei schützt Art. 2 S. 2 des 1. ZP nicht nur Überzeugungen, die Bestandteil eines geschlossenen Weltbilds seien, sondern es genüge, wenn die Eltern bezüglich einer einzelnen, die Erziehung der Kinder betreffenden Frage eine bestimmte Überzeugung vertreten.[1367] Der EGMR betrachtete hierbei die Pflicht von Kindern zur Teilnahme an einer Parade zum Nationalfeiertag als im Allgemeininteresse liegend, da dies ein Gemeinschaftsereignis und keine militaristische Veranstaltung sei.[1368] Dies schließe eine Verletzung der religiösen und pazifistischen Überzeugungen der Eltern aus, so dass weder die Religionsfreiheit des Art. 9 EMRK noch das Elternrecht des Art. 2 S. 2 des 1. ZP berührt wurde. Letztlich traten in diesem Fall die Überzeugungen der Eltern hinter das Recht des Kindes auf Ausbildung und Erziehung zurück, so dass sich auch ein allgemeiner Schulzwang (gegen die Überzeugungen der Eltern) durchaus mit Art. 2 des 1. ZP zur EMRK vereinbaren lässt.[1369]

1366 EGMR, Urteil v. 18.12.1996, Nr. 21787/93, („Valsamis ./. GR“), RJD 1996-VI, 2312 ff. Rdn. 25: *„certain level of cogency, seriousness, cohension and importance“*; vgl. auch EGMR, Urteil v. 18.12.1996, Nr. 24095/94, („Efstratiou ./. GR“), RJD 1996-VI, 2347 Rdn. 26.

1367 In diese Richtung geht auch der EGMR, wenn er weder im bereits angesprochenen Urteil *Campbell und Cosans* noch im Urteil *Kjeldsen u.a.* erörtert, ob die von den Eltern vorgetragenen Überzeugungen Bestandteil einer Religion oder einer geschlossenen Weltanschauuung sind, dazu nachstehend (3).

1368 Allerdings äußerte der EGMR seine Überraschung darüber, dass die Androhung einer Disziplinarstrafe für den Fall des Fernbleibens von Schülern an einer Schulparade zum Staatsfeiertag ungewöhnlich sei, EGMR, Urteil v. 25.2.1982, Nr. 7511 u. 7743/76, („Campbell u. Cosans ./. GB”), Serie A 48 Rdn. 36, 38, 41= EuGRZ 1982, 153.

1369 Die EKMR hat die Statuierung eines Schulzwangs ausdrücklich erwähnt, vgl. EKMR, Entscheidung v. 9.9.1992, Nr. 17568/90, („Herman Sluijs ./. B“), (nicht in den DR veröffentlicht): Ein obligatorischer, nicht konfessioneller Religionsunterricht verletzt nicht das Elternrecht, wenn ein gesetzlicher Zwang zur Objektivität besteht, s. auch EKMR, Entscheidung v. 6.3.1984, Nr. 10228/82 und Nr. 10229/82, („Familie H. ./. GB“), DR 37, 96 (105); EKMR, Entscheidung v. 9.7.1992, Nr. 19844/92, („Leuffen ./. D“); wohl auch EGMR, Urteil v. 25.2.1982, Nr. 7511 u. 7743/76, („Campbell u. Cosans ./. GB”), Serie A 48 Rdn. 41; EGMR, Entscheidung v. 25.3.1993, Nr. 13134/87, („Costello-Roberts ./. GB“), Serie A 247-C, Rdn. 25 ff. Zum Schulzwang ferner, *J. Abr. Frowein/W. Peukert*, EMRK, Art. 2 des 1. ZP Rdn. 2; *Chr. Grabenwarter*, EMRK, § 22 Rdn. 71; *L. Wildhaber*, in: Golsong u.a. (Hrsg.), IK-

(3) Kjeldsen u.a. gegen Dänemark („Sexualkundestreit"), 1976

Dagegen nahm der EGMR in den sog. dänischen Sexual-Erziehungs-Fällen[1370] an, dass die Einführung des integrierten und damit verpflichtenden Sexualkundeunterricht in den dänischen öffentlichen Schulen die weltanschaulichen Überzeugungen der Eltern nicht beeinträchtige und insofern mit den Erziehungszielen der Eltern gemäß Art. 2 S. 2 des 1. ZP vereinbar sei. Konkret warfen Eltern in dem Fall *Kjeldsen, Busk Madsen und Pedersen* gegen Dänemark vom 7.12.1976 dem belangten Staat vor, mit der Einrichtung eines obligatorischen Sexualkundeunterrichts in den öffentlichen Volksschulen ihre religiösen und weltanschaulichen Überzeugungen nicht geachtet zu haben.

Der EGMR entschied – in Anlehnung an den *Belgischen Sprachenstreit* –, dass es nach Art. 2 S. 2 des 1. ZP Aufgabe des Staates sei, den Lehrplan aufzustellen, und dass er daher zwangsläufig befugt sei, durch den Unterricht Kenntnisse zu vermitteln, die unmittelbar oder mittelbar religiöser oder weltanschaulicher Art sind. Daher müsse, um der Überzeugung aller Eltern Rechnung zu tragen, der Unterricht an staatlichen Schulen objektiv, kritisch und pluralistisch vermittelt werden und ohne Absicht einer Indoktrinierung erfolgen, die als Verstoß gegen die Achtung der religiösen und weltanschaulichen Überzeugungen der Eltern anzusehen wären.[1371] Unter Berücksichtigung dieser Kriterien hat der Gerichtshof entschieden, dass der integrierte obligatorische Sexualkundeunterricht, so wie er in den öffentlichen Volksschulen Dänemarks gehandhabt wird,

EMRK, Art. 2 EMRK/1. ZP (1995) Rdn. 24 f.; *M. E. Villiger*, Hdb EMRK, § 31 Rdn. 677; *H. Guradze*, EMRK, Art. 2 ZP I, S. 263; *A. Peters*, EMRK, § 27 S. 172; *P. van Dijk/G. J. H. van Hoof* (Hrsg.), European Convention on Human Rights, S. 646; *Chr. Langenfeld*, in: Grote/Marauhn (Hrsg.), EMRK/GG, Kap. 23 Rdn. 19 (mit Fn. 63); *Th. Schilling*, Internationaler Menschenrechtsschutz, 2004, Rdn. 210; *N. Blum*, Gedanken-, Gewissens- und Religionsfreiheit nach Art. 9 EMRK, 1990, S. 139; *E. Bannwart-Maurer*, Das Recht auf Bildung und das Elternrecht, Art. 2 des 1. ZP zur EMRK, 1975, S. 119 f.

[1370] EGMR, Urteil v. 7.12.1976, Nr. 5095/71 u.a., („Kjeldsen u.a. ./. DK"), Serie A 23, 1976 Rdn. 53 = EuGRZ, 1976, 478 ff.; ausführlich zu diesem Fall *D. Evrigenis*, EuGRZ 1981, 637 (638 f.); *C. A. Nørgaard*, EuGRZ 1981, 633 ff.; *L. Wildhaber*, in: Golsong u.a. (Hrsg.), IK-EMRK, Art. 2 EMRK/1. ZP (1995) Rdn. 157 ff. S. auch die jüngste Rechtsprechung hierzu EGMR, Urteil v. 25.5.2000, Nr. 51188/99, („Jimenez Alonso u.a. ./. E"), IV. Sektion, Slg. 2000-VI, 465 (486): Sitzenbleiben wegen Weigerung der Teilnahme am Sexualkundeunterricht, betreffend Art. 27 Abs. 3 span. Verf.

[1371] EGMR, Urteil v. 7.12.1976, Nr. 5095/71 u.a., („Kjeldsen u.a. ./. DK"), Serie A 23, 1976 Rdn. 53 = EuGRZ 1976, 478 (485); vgl. auch EKMR, Entscheidung v. 13.5.1982, Nr. 8811/79, („Sieben Personen ./. S"), DR 29, 104 (117). Vgl. auch *E. Bannwart-Maurer*, Das Recht auf Bildung und das Elternrecht, Art. 2 des 1. ZP zur EMRK, 1975, S. 108.

mit der EMRK vereinbar ist. Dagegen erteilte der EGMR – wie bereits erwähnt – Begründungen eine Absage, die die Eltern auf die Möglichkeit verwiesen, eine Privatschule zu gründen. Der Staat müsse unter Berücksichtigung der Elternrechte die Einrichtung öffentlicher Schulen so gestalten, dass Eltern ihre Kinder auf die für jedermann in erster Linie in Betracht kommenden staatlichen Schulen schicken können.[1372]

(4) Zypern gegen Türkei, 2001

In dem bereits erwähnten Urteil *Zypern gegen Türkei* vom 10. Mai 2001 befand der EGMR, dass der Wunsch der Eltern, ihre Kinder in einer bestimmten Sprache (hier griechischsprachiger Unterricht an den weiterführenden Schulen im türkisch besetzten Teils Zyperns) unterrichten zu lassen, keine „*weltanschauliche Überzeugung*", sondern eine kulturelle und sprachliche Vorliebe darstelle.[1373] Daher sei der Staat bei der Ausgestaltung des Schulwesens nicht verpflichtet, die Vorliebe der Eltern für eine bestimmte Sprache zu achten und Schulunterricht in der entsprechenden Sprache anzubieten.[1374]

cc) Zwischenergebnis

Als Zwischenergebnis ist festzuhalten, dass das Elternrecht des Art. 2 S. 2 des 1. ZP das Recht umfasst, den Kindern gegenüber die natürlichen elterlichen Funktionen als Erzieher auszuüben oder sie in Übereinstimmung mit den eigenen Überzeugungen zu leiten. Der EGMR versteht dabei den Begriff der „*weltanschauliche Überzeugungen*" i.S.d. Art. 2 S. 2 des 1. ZP als jegliche Überzeugungen, die „*ein gewisses Maß an Verbindlichkeit, Ernsthaftigkeit und Schlüssigkeit*" aufweisen. Solche Überzeugungen sah der EGMR durch die Statuierung eines Systems der Prügelstrafe, nicht aber durch die Vorenthaltung einer be-

---

[1372] EGMR, Urteil v. 7.12.1976, Nr. 5095/71 u.a., („Kjeldsen u.a. ./. DK"), Serie A 23, 1976 Rdn. 53 = EuGRZ 1976, 478 (486 f.). Vgl. auch BVerfG, Beschluss v. 21.12.1977, („Sexualkunde"), BVerfGE 47, 46 (69-73), der hinsichtlich der Sexualerziehung in der Schule zu einer ähnlichen Wertung wie der EGMR gelangte; s.ferner *J. Abr. Frowein/W. Peukert*, EMRK, Art. 2 des 1. ZP Rdn. 7; *Chr. Grabenwarter*, EMRK, § 22 Rdn. 72.

[1373] EGMR, Urteil v. 10.5.2001, Nr. 25781/94, („Zypern ./. Türkei"), RJD 2001-IV Nr. 277 f., vgl. auch EGMR, Urteil v. 23.7.1968, Nr. 1474/62 u.a., („Belgischer Sprachenfall"), Serie A 6, 1968 = EuGRZ 1975, 298. S. dazu oben, A. II. 2 c) bb) (2).

[1374] EGMR, Urteil v. 23.7.1968, Nr. 1474/62 u.a., („Belgischer Sprachenfall"), Serie A 6, 1968 = EuGRZ 1975, 298 (300). Ebenso *L. Wildhaber*, in: Golsong u.a. (Hrsg.), IK-EMRK, Art. 2 EMRK/1. ZP (1995) Rdn. 127 f.; *J. Meyer-Ladewig*, EMRK, Art. 2 ZP Rdn. 4, 7; *Chr. Grabenwarter*, EMRK, § 22 Rdn. 72.

stimmten Sprache und die Einführung eines obligatorischen Sexualkundeunterrichts.

c) Art. 24 EU-GRCh

Laut den – in Bezug auf Art. 14 Abs. 3, 2. Alt. EU-GRCh knapp gefassten – Erläuterungen des Präsidiums soll sich die Auslegung des elterlichen Erziehungsrechts an Art. 24 EU-GRCh (Rechte des Kindes) orientieren.[1375] Die Bestimmung des Art. 24 EU-GRCh, der sich an das New Yorker Übereinkommen über die Rechte des Kindes anlehnt[1376], gewährleistet das Wohl des Kindes und dessen Selbstbestimmungsrecht.[1377] Dass das elterliche Erziehungsrecht abgestimmt mit den in Art. 24 EU-GRCh gewährleisteten Rechten des Kindes auszulegen ist, legt die Schlussfolgerung nahe, dass das elterliche Erziehungsrecht bereits auf Schutzbereichsebene eine immanente tatbestandliche Schranke in dem Selbstbestimmungsrecht des Kindes erfährt.[1378] Dies verdeutlich auch, dass das Grundrecht aus Art. 14 Abs. 3, 2. Alt. EU-GRCh weniger den Eltern in ihrem eigenen Interesse als primär dem Schutz der Interessen des Kindes zustehen soll.[1379] Insbesondere darf die Entscheidung der Eltern nicht dem Recht des Kindes auf Bildung gemäß Art. 14 Abs. 1 EU-GRCh widersprechen.[1380] So könnte in Fällen, in denen die Eltern eine schulische Entscheidung für ihr Kind treffen, die objektiv unverständlich bzw. unvernünftig ist (etwa der Verzicht auf eine weiterführende schulische Ausbildung bei einem hoch begabten Kind mit der

---

[1375] Erläuterungen des Präsidiums v. 16.12.2004 zu Art. 14 EU-GRCh, ABl. 2004 Nr. C 310 S. 435: „*Was das Recht der Eltern anbelangt, so ist dieses in Verbindung mit Artikel 24 auszulegen.*", vgl. *Kl. H. Fischer*, Der Europäische Verfassungsvertrag, 2005, S. 234.

[1376] S. Erläuterungen des Präsidiums des Europäischen Konvents v. 16.12.2004 zu Art. 24 EU-GRCh, ABl. 2004 Nr. C 310 S. 440, insbesondere Art. 3 Abs. 2 KRK (Schutz und Fürsorge für die Kinder), vgl. *S. Hölscheidt*, in: Meyer (Hrsg.), EU-GRCh, Art. 24 Rdn. 4; *D. Dörr/E. Rudolf*, RdJB 1996, 22 ff.

[1377] Vgl. *N. Bernsdorff*, in: Meyer (Hrsg.), EU-GRCh, Art. 14 Rdn. 20. Näheres dazu vgl. *S. Hölscheidt*, in: Meyer (Hrsg.), EU-GRCh, Art. 24 Rdn. 15 ff.; *H. D. Jarass*, EU-Grundrechte, § 27 Rdn. 1 ff.

[1378] Vgl. *B. Kempen*, in: Tettinger/Stern (Hrsg.), Kölner Gemeinschaftskommentar zur Europäischen Grundrechte-Charta, Art. 14 Rdn. 12; *N. Bernsdorff*, in: Meyer (Hrsg.), EU-GRCh, Art. 14 Rdn. 20.

[1379] *H. D. Jarass*, EU-Grundrechte, § 19 Rdn. 29.

[1380] *N. Bernsdorff*, in: Meyer (Hrsg.), EU-GRCh, Art. 14 Rdn. 20: „*Das Elternrecht ist auf das Bildungsgrundrecht des Kindes (lediglich) ‚aufgesetzt'.*"; *H. D. Jarass*, EU-Grundrechte, § 19 Rdn. 35; *K. Odendahl*, in: Heselhaus/Nowak (Hrsg.), Handbuch der Europäischen Grundrechte, § 39 Rdn. 44.

Begründung, alle Familienmitglieder seien auch ohne Abitur gut durchs Leben gekommen), das Kind nach Art. 24 EU-GRCh ein Recht gegenüber den zuständigen Schulbehörden geltend machen, dass diese den Willen der Eltern bei ihrer Entscheidung nicht berücksichtigen dürfen.[1381]

d) Zwischenergebnis

Der systematische Zusammenhang hat ergeben, dass sich das Elternrecht neben der häuslichen Erziehung auch auf die Erziehung und den Unterricht der Kinder innerhalb der staatlichen Schule erstreckt. Was die Art der erfassten Überzeugungen angeht, dürfte jede Überzeugung genügen, da die im Vergleich zu Art. 2 S. 2 des 1. ZP zusätzlich aufgeführten erzieherischen Überzeugungen kaum eine Einschränkung zulassen. Allerdings erfährt das Elternrecht eine immanente tatbestandliche Einschränkung durch das Selbstbestimmungsrecht des Kindes gemäß Art. 24 EU-GRCh.

3. Ergebnis

Der Schutzbereich des Art. 14 Abs. 3, 2. Alt. EU-GRCh umfasst das Erziehungsrecht der Eltern, ihre Kinder aufzuklären und zu beraten, ihnen gegenüber die natürlichen elterlichen Funktionen als Erzieher auszuüben oder sie in Übereinstimmung mit ihren religiösen, weltanschaulichen und erzieherischen Überzeugungen zu leiten. Das Elternrecht bezieht sich dabei auf alle staatlichen Aufgaben hinsichtlich der Bildung und des Schulwesens einschließlich des Religionsunterrichts. Die weltanschaulichen Überzeugungen der Eltern werden zwar bei der Aufnahme von obligatorischer Sexualkunde in den Unterrichtsplan nicht beeinträchtigt, auch wenn die Eltern dagegen sind. Allerdings endet das Recht des Staates auf Festlegung der Unterrichtsinhalte und Erziehungsziele dort, wo die Indoktrinierung beginnt. Das Elternrecht ist mithin gegen eine staatlich-indoktrinierende Vereinnahmung des Kindes gerichtet, so dass hieraus die Verpflichtung des Staates folgt, allgemein auf die Überzeugungen der Eltern Rücksicht zu nehmen.

[1381] Allerdings handelt es sich dabei nicht um konkrete Ansprüche gegen die Eltern, sondern um Schutzpflichten, die der Gesetzgeber umzusetzen hat und die einen Anspruch des Kindes gegen die jeweilige hoheitliche Gewalt enthalten, vgl. *Chr. Grabenwarter*, DVBl. 2001, 1 (6); s. ferner *J. Caspar*, RdJB 2001, 165 (173).

II. Der Gewährleistungsumfang des Grundrechts

Nach Art. 14 Abs. 3, 2. Alt. EU-GRCh wird das Erziehungsrecht der Eltern – wie die Freiheit zur Gründung von Lehranstalten – „*geachtet*" und die Erziehung und der Unterricht ihrer Kinder entsprechend ihrer eigenen Überzeugungen „*sichergestellt*". Im Folgenden gilt es zu untersuchen, was diese Formulierungen hinsichtlich des Gewährleistungsumfangs aussagen, d.h. ob diese ein subjektives Recht gewähren oder nicht. Des Weiteren ist zur Bestimmung des Gewährleistungsumfangs des elterlichen Erziehungsrechts gemäß Art. 52 Abs. 3 EU-GRCh insbesondere die Vorschrift des Art. 2 S. 2 des 1. ZP zum Maßstab zu nehmen. Daneben sollen jedoch auch – nach hier vertretener Auffassung wie bei Art. 14 Abs. 1, 1. Alt. EU-GRCh – die gemeinsamen Verfassungsüberlieferungen der EU-Mitgliedstaaten berücksichtigt werden, da sich das Elternrecht laut den Erläuterungen des Präsidiums an diese „*anlehnt*",[1382] d.h. es soll analysiert werden, ob es eine gemeinsame europäische Rechtsauffassung hinsichtlich eines Elternrechts als subjektives Abwehrrecht gibt. Sollte ein solcher Befund ermittelt werden, wäre dieser gemäß Art. 52 Abs. 4 EU-GRCh zugrunde zu legen. Schließlich soll das Elternrecht im Kontext internationaler Verträge durchleuchtet werden.

1. Die grammatikalische Auslegung

a) „werden [...] geachtet"

Zwar lässt die objektive Formulierung „*werden [...] geachtet*" einen geringeren Schutzumfang vermuten, jedoch kann für die Untersuchung dieses Begriffs auf die Ausführungen zur Freiheit zur Gründung von Lehranstalten verwiesen werden.[1383] Dabei hat die Ermittlung des grundrechtlichen Gewährleistungsgehalts des Art. 14 Abs. 3, 1. Alt. EU-GRCh bereits ergeben, dass allein die Verwendung des Wortes „*achten*" keine Verringerung des Schutzumfangs zur Folge hat. Daher spricht der Wortlaut nicht dagegen, das Recht der Eltern als subjektives Abwehrrecht zu deuten.

[1382] S. zu den Erläuterungen und der Anwendbarkeit des Art. 52 Abs. 4 EU-GRCh neben Art. 52 Abs. 3 EU-GRCh, oben, 2. Teil, B. II. 2 c) dd).

[1383] S. oben, D. II. 2 a).

b) „sicherzustellen“

In Art. 14 Abs. 3, 2. Alt. EU-GRCh wird ein Recht der Eltern festgeschrieben, selbst Erziehung und Unterricht der Kinder entsprechend ihrer eigenen Überzeugungen gegenüber der staatlichen Schule *„sicherzustellen“*. Der Wortlaut *„sicherzustellen“* (*„to ensure“* / *„d'assurer“*) legt eine Interpretation dahingehend nahe, dass das Recht der Eltern entsprechend ihrer Überzeugungen nicht nur (passiv) anerkannt oder geachtet wird, sondern es ist (aktiv) dafür zu sorgen, dass dieses Recht verwirklicht wird.[1384] Das Elternrecht ist damit zunächst in erster Linie als Abwehrrecht zu deuten. Ob das Begriffsverständnis der *„Sicherstellung“* jedoch so weit reicht, dass über eine abwehrrechtliche Komponente hinausgehend, rechtliche und politische Maßnahmen gefordert werden können[1385], lässt sich nur anhand des Wortlautes nicht festmachen, so dass die systematische Interpretation heranzuziehen ist.

c) Zwischenergebnis

Der Wortlaut des Begriffs *„achten“* legt die Annahme eines subjektiven Abwehrrechts nahe. Wie weit dagegen das Recht der Eltern, selbst Erziehung und Unterricht der Kinder *„sicherzustellen“*, reichen soll, lässt sich allein mit der Wortlautanalyse nicht entnehmen.

2. Die systematische Auslegung

Das elterliche Erziehungsrecht soll im Folgenden wie eingangs erwähnt im systematischen Zusammenhang mit der Vorschrift des Art. 2 S. 2 des 1. ZP zur EMRK sowie den gemeinsamen Verfassungsüberlieferung der Mitgliedstaaten und im Kontext internationaler Verträge hinsichtlich eines subjektiven Abwehrrechts durchleuchtet werden.

[1384] Vgl. *S. Hölscheidt*, in: Meyer (Hrsg.), EU-GRCh, Art. 23 Rdn. 18; vgl. auch *Th. v. Danwitz/S. Röder*, in: Stern/Tettinger (Hrsg.), Die Europäische Grundrechte-Charta im wertenden Verfassungsvergleich, 2005, S. 31 (41); *B. Kempen*, in: Tettinger/Stern (Hrsg.), Kölner Gemeinschaftskommentar zur Europäischen Grundrechte-Charta, Art. 14 Rdn. 19.

[1385] Vgl. etwa *J. Meyer/M. Engels*, in: Deutscher Bundestag (Hrsg.), Charta der Grundrechte der Europäischen Union, 2001, S. 24.

a) Art. 2 S. 2 des 1. ZP zur EMRK

Nach Art. 2 S. 2 des 1. ZP hat der Staat die religiösen und weltanschaulichen Überzeugungen der Eltern zu *„achten“* (*„shall respect“* / *„respectera“*). Der Wortlaut der Formulierung des Art. 2 S. 2 des 1. ZP lässt vermuten, dass das Recht der Eltern auf Erziehung ihrer Kinder nicht als subjektives Recht ausgestaltet ist. Gleichwohl ist darunter mehr zu verstehen als ein bloßes In-Rechnung-Stellen oder unverbindliches Anerkennen dieses Rechts.[1386] Dies ergibt sich aus der Bindung des Staates an das Elternrecht bei der Gestaltung des Bildungswesens gemäß Art. 2 S. 2 des 1. ZP. Wie bereits erwähnt hat der EGMR das elterliche Erziehungsrecht in dem Urteil *Kjeldsen u.a.* als das Recht umschrieben, die Kinder aufzuklären und sie zu beraten und ihnen gegenüber die natürlichen elterlichen Funktionen als Erzieher auszuüben oder sie in Übereinstimmung mit ihren religiösen oder philosophischen Überzeugungen zu leiten.[1387] Zwar reicht das Elternrecht des Art. 2 S. 2 des 1. ZP nicht so weit, dass den Eltern gegenüber der staatlichen Erziehung und Bildung in der Schule ein Recht auf Ausgestaltung der Erziehungsziele, -inhalte und -methoden nach ihren Überzeugungen zustünden, d.h. die Eltern können weder eine positive Leistungspflicht des Mitgliedstaats, für die Sicherstellung der religiös oder weltanschaulich erwünschten Bildung Sorge zu tragen, noch einen Anspruch der Eltern auf staatliche Erziehungshilfen ableiten.[1388] Aus der Verpflichtung zur Beachtung der elterlichen

---

[1386] Vgl. etwa EGMR, Urteil v. 25.2.1982, Nr. 7511 u. 7743/76, („Campbell u. Cosans ./. GB”), Serie A 48 Rdn. 37; EGMR, Urteil v. 18.12.1996, Nr. 24095/94, („Efstratiou ./. GR“), RJD 1996-VI, 2347 Rdn. 28. Der EGMR verweist insofern auf den Umstand, dass während der Abfassung des Art. 2 S. 2 des 1.ZP das Wort „berücksichtigen“ durch das Wort „achten“ ersetzt wurde (im englischen Original wurde die Formulierung „have regard to“ durch das Wort „respect“ ersetzt). Vgl. auch *Chr. Grabenwarter*, EMRK, § 22 Rdn. 73; weitergehend *A. Peters*, EMRK, § 27 S. 172: Der Ausdruck *„achten“* enthalte eine positive Pflicht; ebenso *Chr. Langenfeld*, in: Grote/Marauhn (Hrsg.), EMRK/GG, Kap. 24 Rdn. 16; *P. Szczekalla*, Die sogenannten grundrechtlichen Schutzpflichten im deutschen und europäischen Recht, 2002, S. 856: *„[...] sondern impliziere ‚eine bestimmte positive Verpflichtung‘“*, m.w.N.

[1387] S. dazu oben, I. 2. b) bb) (3).

[1388] *N. Bernsdorff*, in: Meyer (Hrsg.), EU-GRCh, Art. 14 Rdn. 20; *Chr. Langenfeld*, in: Grote/Marauhn (Hrsg.), EMRK/GG, Kap. 24 Rdn. 10. Vgl. auch EGMR, Urteil v. 23.7.1968, Nr. 1474/62 u.a., („Belgischer Sprachenfall“), Serie A 6, 1968, S. 30-32 = EuGRZ 1975, 298 (303); EKMR, Entscheidung v. 2.5.1978, Nr. 7782/77, („X ./. GB“), DR 14, 179 (180); EKMR, Entscheidung v. 1.12.1985, Nr. 10476/83, („W. u. K.L. ./. S“), DR 45, 143 (145). Ansprüche können jedoch unter Berücksichtigung des Diskriminierungsverbotes in Art. 14 EMRK entstehen, EKMR, Entscheidung v. 6.9.1995, Nr. 23419/94, („Verein Gemeinsam Lernen ./. AU“), DR 82-A, 41 (45); *L. Wildhaber*, in: Golsong u.a. (Hrsg.), IK-EMRK, Art. 2 EMRK/1. ZP (1995) Rdn. 32.

Überzeugungen und Interessen folgen jedoch positive Pflichten für den Staat.[1389] Diese verlangen insbesondere, bei der Ausgestaltung des staatlichen Schulwesens Ausnahme- und Befreiungsmöglichkeiten für Schüler vorzusehen, wenn ihre eigene oder die Überzeugung ihrer Eltern mit dem vorgesehenen Erziehungsprogramm in Konflikt geraten.[1390] Mithin sieht Art. 2 S. 2 des 1. ZP trotz der Formulierung „*achten*" ein subjektives Abwehrrecht vor.

b) Die Verfassungsüberlieferungen der Mitgliedstaaten (Art. 52 Abs. 4 EU-GRCh)

Der Blick auf die einzelnen Verfassungstexte der EU-Mitgliedstaaten bietet ein uneinheitliches Bild verschiedenartiger Aussagen in Bezug auf das Elternrecht erkennbar.[1391] In einigen Verfassungen wird das natürliche Recht der Eltern auf Erziehung, insbesondere in religiöser und weltanschaulicher Hinsicht,

---

1389 Vgl. EGMR, Urteil v. 25.2.1982, Nr. 7511 u. 7743/76, („Campbell u. Cosans ./. GB"), Serie A 48 Rdn. 37; EGMR, Urteil v. 18.12.1996, Nr. 21787/93, („Valsamis ./. GR"), RJD 1996-VI, 2312 ff. Rdn. 27. So auch *M. E. Villiger*, Hdb EMRK, § 31 Rdn. 677; *Chr. Grabenwarter*, EMRK, § 22 Rdn. 73; *A. Peters*, EMRK, § 27 S. 172; *P. Szczekalla*, Die sogenannten grundrechtlichen Schutzpflichten im deutschen und europäischen Recht, 2002, S. 856.

1390 EGMR, Urteil v. 3.12.1986, Nr. 10491/83, („Angeleni ./. S"), DR 51, 41 (49). Vgl. im Einzelnen nur *L. Wildhaber*, in: Golsong u.a. (Hrsg.), IK-EMRK, Art. 2 EMRK/1. ZP (1995) Rdn. 70 ff.

1391 Vgl. *S. Jenkner* (Hrsg.), Das Recht auf Bildung und die Freiheit der Erziehung in Europäischen Verfassungen, 1994, S. 11; s. dazu auch *B. Kempen*, in: Tettinger/Stern (Hrsg.), Kölner Gemeinschaftskommentar zur Europäischen Grundrechte-Charta, Art. 14 Rdn. 23.

besonders betont. So verbürgen die Verfassungstexte von Belgien[1392], Deutschland[1393], Irland[1394], Litauen[1395], Polen[1396], Portugal[1397], Spanien[1398] und Zy-

---

[1392] Art. 24 § 1 S. 3 u. 4 belg. Verf.: „*[...] Die Gemeinschaft organisiert ein Unterrichtswesen, das neutral ist. Die Neutralität beinhaltet insbesondere die Achtung der philosophischen, ideologischen oder religiösen Auffassungen der Eltern und Schüler.*", vgl. *A. Weber*, Menschenrechte, 2004, S. 708.

[1393] Art. 6 Abs. 2 S. 1 GG: „*Pflege und Erziehung der Kinder sind das natürliche Recht der Eltern und die zuvörderst ihnen obliegende Pflicht. [...].*". Art. 7 Abs. 2 GG: „*Die Erziehungsberechtigten haben das Recht, über die Teilnahme des Kindes am Religionsunterricht zu bestimmen.*". Die Erstreckung des Elternrechts auf den Schulbereich wird auch in vielen Landesverfassungen explizit angeordnet, vgl. Art. 12 Abs. 2, 15 Abs. 3, 17 Abs. 4 BaWüVerf; Art. 126 Abs. 1 BayVerf; Art. 30 Abs. 2 S. 2, Abs. 4 BbgVerf; Art. 23 BremVerf; Art. 55, 56 Abs. 6 HessVerf; Art. 15 Abs. 3 S. 2, Abs. 5 M-VVerf; Art. 8 Abs. 1, 10 Abs. 2 NRWVerf; Art. 25 Abs. 1, 27 Abs. 1 und 2 RhPfVerf; Art. 24, 26 Abs. 1 S. 2 SaarlVerf; Art. 22 Abs. 3 S. 1, 101 Abs. 2, 104 Abs. 1 SächsVerf; Art. 11 Abs. 1 S. 1, 26 Abs. 3 VerfLSA; Art. 8 Abs. 2 und 4 SchlHVerf; Art. 21, 23 Abs. 3 ThürVerf.

[1394] Art. 42 Abs. 1 ir. Verf.: „*Erziehung. Der Staat anerkennt, dass die Erziehung des Kindes in erster Linie und natürlicherweise der Familie obliegt; er verbürgt sich, das unveräußerliche Recht und die unveräußerliche Pflicht der Eltern zu achten, je nach ihren Mitteln für religiöse, moralische, geistige, körperliche und soziale Erziehung ihrer Kinder Sorge zu tragen.*". Vgl. dazu *R. Byrne/P. McCutcheon*, The Irish Legal System, 2001, S. 551; *D. S. J. Grehan*, in: Grabitz (Hrsg.), Grundrechte in Europa, 1986, Kap. 5: Irland, S. 259 (291, 340) m.w.N. Vgl. auch *Br. Walsh*, EuGRZ 1981, 643; *W. Kämpfer*, EuGRZ 1981, 721 (724).

[1395] Art. 26 Abs. 5 lit. Verf.: „*Parents and legal guardians shall look after the religious and moral education of their children and wards without restricitions in accordance with their own convictions.*". Art. 40 Abs. 1 lit. Verf.: „*State and municipal establishments of teaching and education shall be secular. At the request of parents, they shall provide religious instruction.*".

[1396] Art. 48 poln. Verf.: „*(1) Die Eltern haben das Recht, ihre Kinder gemäß den eigenen Anschauungen zu erziehen. Die Erziehung soll die Reife des Kindes, seine Gewissens- und Bekenntnisfreiheit sowie seine Anschauungen berücksichtigen. (2) Die Einschränkung oder Entziehung der elterlichen Gewalt ist nur in den im Gesetz bestimmten Fällen und nur aufgrund einer rechtskräftigen Gerichtsentscheidung zulässig.*". Art. 53 Abs. 3 poln. Verf.: „*Die Eltern haben das Recht, die moralische und religiöse Erziehung und Unterrichtung ihrer Kinder gemäß ihren Anschauungen sicherzustellen. Die Vorschrift des Art. 48 findet entsprechende Anwendung.*".

[1397] Art. 36 Abs. 5 port. Verf.: „*Familie [...]. Die Eltern sind zur Erziehung und zum Unterhalt ihrer Kinder berechtigt und verpflichtet.*". Art. 68 Abs. 1 port. Verf.: „*Vaterschaft und Mutterschaft. Väter und Mütter haben das Recht auf den Schutz durch die Gesellschaft und des Staates bei der Verwirklichung ihres unersetzlichen Einsatzes für die Kinder, insbesondere hinsichtlich ihrer Erziehung, wobei ihre berufliche Entfaltung und ihre Beteiligung am öffentlichen Leben des Landes zu gewährleisten ist.*". Art. 43 Abs. 2 port. Verf.: „*Der Staat darf sich nicht das Recht zusprechen, Bildung [...] nach den Maßstäben irgendwelcher*

pern[1399] die religiöse Erziehung der Kinder explizit, die Verfassungstexte von Italien[1400], Slowenien[1401], Tschechien[1402] und Ungarn[1403] regeln die besondere Elternverantwortung für die Erziehung. Im Vereinigten Königreich existiert mangels formeller Verfassung (s.o.) zwar kein ausdrücklich anerkanntes Elternrecht. Rückschlüsse lassen sich jedoch aus dem Gesetz über Kinder („*Children Act*") von 1975 ziehen, wonach „*die Gesamtheit der Rechte und Pflichten, die die Rechtsordnung der Mutter und dem Vater in Bezug auf ihr eheliches Kind*

---

philosophischer, ästhetischer, politischer, ideologischer oder religiöser Richtlinien programmatisch festzulegen.".

1398 Art. 27 span. Verf.: „*(3) Die öffentliche Gewalt gewährleistet das Recht der Eltern auf eine religiöse und moralische Erziehung ihrer Kinder, die mit ihren eigenen Überzeugungen übereinstimmt. (7) Die Lehrer, die Eltern und gegebenenfalls die Schüler beteiligen sich an der Kontrolle und Leitung aller mit öffentlichen Mitteln unterhaltenen Schulen, gemäß den Bestimmungen des Gesetzes.*". Vgl. dazu auch *M. Rodriguez-Piñero*, in: Iliopoulos-Strangas, La protection des droits sociaux fondamentaux dans les Etats membres de l'Union européenne, 2000, S. 273; *W. Kämpfer*, EuGRZ 1981, 721 (724); *N. Bernsdorff*, in: Meyer (Hrsg.), EU-GRCh, Art. 14 Rdn. 2; *A. Weber*, Menschenrechte, 2004, S. 707.

1399 Art. 20 Abs. 1 zypriot. Verf.: „*Every person has the right [...] including the right of the parents to secure for their children such education as is in conformity with their religious convictions.*".

1400 Art. 30 Abs. 1 ital. Verf.: „Es ist die Pflicht und das Recht der Eltern, die Kinder zu unterhalten, zu unterrichten und zu erziehen, auch wenn sie nichtehelich geboren wurden.". Vgl. dazu *L. Monaco*, in: Grabitz (Hrsg.), Grundrechte in Europa, 1986, Kap. 6: Italien, S. 363 (389); *L. Elia/E. Volterra/A. La Pergola*, EuGRZ 1981, 647 (651 f.); *W. Kämpfer*, EuGRZ 1981, 721 (724).

1401 Art. 54 Abs. 1 slow. Verf.: „*Rechte und Pflichten der Eltern. Eltern haben das Recht und die Pflicht, ihren Kindern Unterhalt, Ausbildung und Erziehung zu gewährleisten. Dieses Recht und die Pflicht dürfen den Eltern nur aus den Gründen, die durch Gesetz zum Schutz des Kindeswohles festgelegt sind, entzogen oder eingeschränkt werden.*".

1402 Art. 32 tschech. Grundrechte-Deklaration: „*(4) Die Sorge für die Kinder und ihre Erziehung ist das Recht der Eltern; Kinder haben das Recht auf elterliche Pflege und Erziehung. Die Elternrechte können eingeschränkt und minderjährige Kinder können den Eltern gegen ihren Willen nur auf Grund einer gerichtlichen Entscheidung gemäß dem Gesetz entzogen werden. (5) Eltern, die für Kinder sorgen, haben das Recht auf die Hilfe des Staates.*".

1403 Art. 67 Abs. 2 ungar. Verf.: „*Den Eltern steht das Recht zu, die ihren Kinder zuteil werdende Erziehung auszuwählen.*". Art. 70/J Abs. 2 ungar. Verf.: „*In der Republik Ungarn sind die Eltern und Erziehungsberechtigten verpflichtet, für die Unterrichtung ihrer minderjährigen Kinder zu sorgen.*". Vgl. *L. Sólyom/G. Brunner*, The Hungarian Constitutional Court, 2000, S. 254; *R. Arnold/V. Kovarik*, Die Konzeption des Grundrechtsschutzes in der tschechischen Republik, 2003, S. 21.

und dessen Eigentum zuweist“, zu beachten ist.[1404] Da das Gesetz die fraglichen Rechte nicht aufführt, sind sie dem *common law* zu entnehmen. Danach zählen als gesichert zum Elternrecht gehörend u. a. das Recht, die Erziehung zu überwachen, das nunmehr die Gesetzgebung in gewisser Weise eingeschränkt wurde, und das Recht, die Religionszugehörigkeit des Kindes zu bestimmen.[1405]

Die nähere Betrachtung dieser Verfassungstexte macht auch deutlich, dass die einzelnen Staaten die elterlichen Einwirkungsmöglichkeiten im Schulwesen in unterschiedlicher Weise handhaben und interpretieren. So wird beispielsweise in Deutschland der traditionelle umfassende Staatsanspruch auf die Schule in einer extensiven Interpretation des Aufsichtsbegriffs des Art. 7 Abs. 1 GG festgeschrieben als

> „*Inbegriff der staatlichen Herrschaftsrechte über die Schule, nämlich die Gesamtheit der staatlichen Befugnisse zur Organisation, Planung, Leitung und Beaufsichtigung des Schulwesens*“[1406],

womit dem Elternrecht enge Grenzen gesetzt werden. Demgegenüber wird die Gegenseite, nämlich der Vorrang des Elternrechts, besonders deutlich in Art. 42 Abs. 4 ir. Verf.[1407] formuliert, wonach die primäre und umfassende Erziehungs-

---

[1404] Zitiert aus *P. Kingston/C. Imrie*, in: Grabitz (Hrsg.), Grundrechte in Europa, 1986, Kap. 11: Vereinigtes Königreich, S. 715 (751) m.w.N.

[1405] *P. Kingston/C. Imrie*, in: Grabitz (Hrsg.), Grundrechte in Europa, 1986, Kap. 11: Vereinigtes Königreich, S. 715 (751). Zum Religionsunterricht im Vereinigten Königreich, vgl. *G. Robbers*, VVDStRL 59 (1999), 231 (251 f.).

[1406] St. Rspr., vgl. nur BVerfG, Beschluss v. 24.6.1969, („Schulzweckverband“), BVerfGE 26, 228 (238); BVerfG, Urteil v. 6.12.1972, („Förderstufe“), BVerfGE 34, 165 (182); BVerfG, Beschluss v. 21.12.1977, („Sexualkunde“), BVerfGE 47, 46 (71, 80); BVerfG, Beschluss v. 16.10.1979, („Schulgebet“), BVerfGE 52, 223 (236); BVerfG, Beschluss v. 26.2.1980, („Neuordnung Oberstufe“), BVerfGE 53, 185 (196); BVerfG, Urteil v. 9.2.1982, („Schülerberater“), BVerfGE 59, 360 (377); BVerfG, Beschluss v. 16.5.1995, („Kruzifix“), BVerfGE 93, 1 (21); BVerfG, Beschluss v. 8.10.1997, („Integrative Beschulung“), BVerfGE 96, 288 (303); BVerwG, Beschluss v. 28.12.1957, („Schulaufsicht I“), BVerwGE 6, 101 (104); BVerwG, Urteil v. 31.1.1964, („Schulaufsicht II“), BVerwGE 18, 38 (39); BVerwG, Urteil v. 2.7.1965, („frz. Lyzeum“), BVerwGE 21, 289 (290); BVerwG, Urteil v. 11.3.1966, („Weiterer Klassenzug“), BVerwGE 23, 351 (352); BVerwG, Urteil v. 17.4.1973, („Schulbesuch an Samstagen“), BVerwGE 42, 128 (130); BVerwG, Urteil v. 15.11.1974, („5-Tage-Woche“), BVerwGE 47, 201 (204); BVerwG, Urteil v. 25.8.1993, („Sportunterricht“), BVerwGE 94, 82 (84); BVerwG, Urteil v. 5.6.1997, („Sozialhilfe für Schulbesuch“), BVerwGE 105, 44 (47).

[1407] Art. 42 Abs. 4 ir. Verf.: „*[...] überdies trägt er [der Staat], sofern das Gemeinwohl es erfordert, und stets unter gebührender Beachtung der elterlichen Rechte, für weitere Erzie-*

verantwortung der Eltern hervorgehoben wird und dem Staat dagegen nur subsidiäre und „*stets unter gebührender Beachtung der elterlichen Rechte*“ begrenzte Befugnisse zustehen. Zudem hat der Staat für „*weitere Erziehungserleichterungen*“ Sorge zu tragen. Diese Position schließt den Verzicht auf die Schulpflicht ein, da die Eltern der Unterrichtspflicht durch häusliche Unterweisung genügen können (vgl. Art. 42 Abs. 2 und 3 Nr. 1 ir. Verf.[1408]).

Diese „*Unterrichtsfreiheit*“ als Ausdruck des Vorrangs elterlicher Rechte wird auch in einer Reihe anderer Verfassungen garantiert, insbesondere in denen, die noch aus dem frühen Liberalismus des 19. Jahrhunderts stammen oder in seiner Tradition stehen (vgl. Belgien [1831][1409], Dänemark [Fortgeltung von Verfassungsbestimmungen von 1848/1849][1410], Finnland [1919][1411], Niederlande [1815][1412] und Österreich [StGG von 1867][1413], ebenso die Verfassungstexte von

---

hungserleichterungen und -einrichtungen, insbesondere auf dem Gebiet der religiösen und moralischen Bildung, Sorge.“.

1408 Art. 42 ir. Verf.: „*(2) Es steht den Eltern frei, für diese Erziehung in ihrer Privatwohnung [...] zu sorgen. (3) 1. Der Staat darf die Eltern nicht dazu verpflichten, ihre Kinder unter Verletzung ihres Gewissens und ihrer rechtmäßigen Vorliebe in staatliche Schulen oder irgendeinen besonderen vom Staate vorgeschriebenen Schultypus zu schicken. [...].*“. Vgl. auch *S. Jenkner* (Hrsg.), Das Recht auf Bildung und die Freiheit der Erziehung in Europäischen Verfassungen, 1994, S. 14

1409 Art. 24 § 1 S. 2 belg. Verf.: „*[...] Die Gemeinschaft gewährleistet die Wahlfreiheit der Eltern. [...].*“. Konkretisiert wird diese Wahlfreiheit durch das bereits erwähnte Gesetz v. 29.5.1959, geändert durch die Gesetze v. 11.7.1973 und v. 14.7.1975, (sog. Gesetz zum Schulabkommen bzw. „Schulpakt“), nach dessen Art. 4 die Eltern einen Anspruch darauf haben, eine Schule ihrer Wahl in angemessener Entfernung zur Verfügung zu haben, dazu *J. Velu*, EuGRZ 1981, 595 (603); vgl. auch *D. Pieters*, in: Grabitz (Hrsg.), Grundrechte in Europa, 1986, Kap. 1: Belgien, S. 1 (25).

1410 § 76 S. 2 dän. Verf.: „*[...] Eltern oder Vormünder, die selbst dafür sorgen, dass die Kinder einen Unterricht erhalten, der den im allgemeinen an den Volksschulunterricht gestellten Anforderungen entspricht, sind nicht verpflichtet, die Kinder in der Volksschule unterrichten zu lassen.*“. Vgl. *I. Dübeck*, Einführung in das dänische Recht, 1996, S. 61; *L. A. Rehof, in:* Dahl/Melchior/Rehof/Tamm (Hrsg.), Danish Law in a European Perspective, 1996, S. 53 (80); *P. Germer*, in: Grabitz (Hrsg.), Grundrechte in Europa, 1986, Kap. 2: Dänemark, S. 85 (98) m.w.N.

1411 Die finnische Verfassung verbürgt zwar über kein besonderes Elternrecht. Finnland kennt jedoch das Recht der häuslichen Erziehung ohne Überwachung durch den Staat, vgl. *W. Kämpfer*, EuGRZ 1981, 721 (724).

1412 Art. 23 Abs. 2 niederl. Verf.: „*Die Erteilung von Unterricht ist frei [...].*“. Zwar erwähnt Art. 23 Abs. 2 niederl. Verf. kein ausdrückliches Elternrecht, jedoch ist eines der Kernelemente der Unterrichtsfreiheit des Abs. 2 das Recht der Eltern, ihre Kinder in Übereinstimmung mit ihren religiösen und weltanschaulichen Überzeugungen erziehen und unterrichten

Estland[1414] und Polen[1415]). Wenn auch von diesem Recht auf häusliche Unterrichtung nur wenig Gebrauch gemacht wird, so ist es doch bedeutsam als Ausdruck einer liberalen Einstellung zum Verhältnis Eltern – Staat, die sich auf die gesamte Gestaltung des Schulwesens auswirkt.[1416]

Dagegen ist in den restlichen sieben Verfassungen (Frankreich, Griechenland, Lettland, Luxemburg, Malta, Schweden und Slowakei) nicht ersichtlich, ob sie die Elternverantwortung normieren.

Dass die Verfassungen der Mitgliedstaaten das elterliche Erziehungsrecht unterschiedlich weit ausgestalten, spricht aber nicht gegen eine diesbezügliche gemeinsame europäische Rechtsauffassung. Im Gesamtbefund wird man davon ausgehen dürfen, dass nach der gemeinsamen Verfassungsüberlieferung der 25 EU-Mitgliedstaaten das Elternrecht als Abwehrrecht gegen staatliche Einflussnahme verankert ist. Dieser Befund ist gemäß der Traditions-Regel des Art. 52 Abs. 4 EU-GRCh bei der Interpretation des Art. 14 Abs. 3, 2. Alt. EU-GRCh zugrunde zu legen. Die Verankerung des Elternrechts in dieser Vorschrift verbietet damit zugleich eine Verdrängung oder unverhältnismäßig weite Zurückdrängung des Elternrechts, so dass Art. 14 Abs. 3, 2. Alt. EU-GRCh über den bislang erreichten Standard hinausreicht.

c) Die sonstigen internationalen Verpflichtungen (Art. 53 EU-GRCh)

Hinweise auf den Schutz des Elternrechts lassen sich auch aus den völkerrechtlichen Vorschriften der Art. 26 Abs. 3 AEMR[1417], Art. 13 Abs. 3 IP-

---

zu lassen, vgl. dazu *H. J. M. Jeukens/D. Simons/H. G. de Jong*, EuGRZ 1981, 667 (667, 669); s. auch *M. de Blois/A. W. Heringa*, in: Grabitz (Hrsg.), Grundrechte in Europa, 1986, Kap. 8: Niederlande, S. 511 (536).

[1413] Art. 17 Abs. 3 StGG: „*Der häusliche Unterricht unterliegt keiner solchen Beschränkung.*“. Diese Bestimmung gewährleistet die sog. Unterrichtsfreiheit ohne weitere persönliche oder sachliche Voraussetzungen, vgl. *A. Weber,* Menschenrechte, 2004, S. 710.

[1414] § 37 Abs. 3 estn. Verf.: „*Bei der Wahl des Unterrichts der Kinder haben die Eltern das entscheidende Wort.*“.

[1415] Art. 70 Abs. 3 S. 1 poln. Verf.: „*Eltern haben das Recht, für ihre Kinder andere als öffentliche Schulen zu wählen. […].*“. S. *J. Ennuschat*, RdJB 2003, 736 (443).

[1416] *S. Jenkner* (Hrsg.), Das Recht auf Bildung und die Freiheit der Erziehung in Europäischen Verfassungen, 1994, S. 15.

[1417] Art. 26 Abs. 3 AEMR: „*Kulturelle Betreuung, Elternrecht. In erster Linie haben die Eltern das Recht, die Art der ihren Kindern zuteil werdenden Bildung zu bestimmen.*“. Dazu

wirtR[1418], Art. 18 Abs. 1 KRK[1419] sowie des bereits angesprochenen Art. 5 des UNESCO-Übereinkommens gegen Diskriminierung im Unterrichtswesen[1420] entnehmen. Daneben wird der Schutz des Elternrechts als internationales Grundrecht wesentlich durch den bereits angesprochenen Art. 18 Abs. 4 IPbürgR geprägt. Während sowohl Art. 2 S. 2 des 1. ZP zur EMRK als auch die Art. 26 Abs. 3 AEMR und Art. 13 Abs. 3 IPwirtR das Elternrecht im Zusammenhang mit dem Recht auf Bildung regeln, findet es sich in Art. 18 Abs. 4 IPbürgR als Bestandteil der Religions- und Weltanschauungsfreiheit.[1421] Art. 18 Abs. 4 IPbürgR bezieht sich damit ausschließlich auf die religiöse und sittliche Erziehung der Kinder und enthält indes keinerlei Implikationen für das Recht auf Bildung oder die Schulorganisation der Vertragsstaaten im Allgemeinen.[1422] Dieses Recht soll gewährleisten, dass die Eltern die Kinder frei von staatlichen Eingriffen nach ihren religiösen und sittlichen Vorstellungen erziehen können.[1423] In diesem Zusammenhang entschied der Menschenrechtsausschuss der Vereinten

---

M. Nowak, UNO-Pakt über bürgerliche und politische Rechte, Art. 18 CCPR Rdn. 47; *Chr. Langenfeld*, Integration und kulturelle Identität zugewanderter Minderheiten, 2001, S. 243 f.

1418 Art. 13 Abs. 3 IPwirtR: „*Die Vertragsstaaten verpflichten sich, [...] die religiöse und sittliche Erziehung ihrer Kinder in Übereinstimmung mit ihren eigenen Überzeugungen [der Eltern] sicherzustellen.*“. Vgl. *M. Nowak*, UNO-Pakt über bürgerliche und politische Rechte, Art. 18 CCPR Rdn. 47; *R. Streinz*, in: Streinz (Hrsg.), EUV/EGV, Art. 14 GR-Charta Rdn. 3; *Chr. Langenfeld*, Integration und kulturelle Identität zugewanderter Minderheiten, 2001, S. 244.

1419 Art. 18 Abs. 1 KRK: „*Erziehung durch die Eltern. Die Vertragsstaaten bemühen sich nach besten Kräften, die Anerkennung des Grundsatzes sicherzustellen, dass beide Elternteile gemeinsam für die Erziehung und Entwicklung des Kindes verantwortlich sind. [...].*“. Ausführlich dazu *H. A. Stöcker*, FamRZ 1992, 245 (249); s. auch *I. Baer*, NJW 1993, 2209 (2210).

1420 Art. 5 UNESCO-Übereinkommens gegen Diskriminierung im Unterrichtswesen: „*(1) Die Vertragsstaaten kommen überein, b) [...] daß es ebenso wesentlich ist, ihre Freiheit zu achten, im Einklang mit dem für die Anwendung der innerstaatlichen Rechtsvorschriften geltenden Verfahren die religiöse und sittliche Erziehung der Kinder nach ihrer eigenen Überzeugung sicherzustellen [...]. (2) Die Vertragsstaaten verpflichten sich, alle erforderlichen Maßnahmen zu ergreifen, um die Anwendung der in Absatz 1 dargelegten Grundsätze zu gewährleisten.*“.

1421 Zur Interpretation des Elternrechts innerhalb der Gewährleistung der Glaubens- und Gewissensfreiheit in Art. 18 IPbürgR siehe nur *M. Nowak*, UNO-Pakt über bürgerliche und politische Rechte, Art. 18 CCPR Rdn. 46 ff.; vgl. auch *G. Seidel*, Hdb Grund- und Menschenrechte, S. 202.

1422 *M. Nowak*, UNO-Pakt über bürgerliche und politische Rechte, Art. 18 CCPR Rdn. 48.

1423 Vgl. *G. Seidel*, Hdb Grund- und Menschenrechte, S. 202.

Nationen (UN MRA) 1981 in einem Fall gegen Finnland[1424], dass ein Verstoß gegen Art. 18 Abs. 4 IPbürgR nicht gegeben sei, wenn neben dem christlichen Religionsunterricht ein alternativer Unterricht neutraler und objektiver Art angeboten werde, in dem Überzeugungen auch der atheistischen Eltern gebührende Berücksichtigung finden. Diese Aussage hat der UN MRA in seiner Allgemeinen Bemerkung 22/48 zu Art. 18 IPbürgR unterstrichen und betont, dass

> *„die öffentliche Erziehung, die den Unterricht in einer bestimmten Religion [...] einschließt, der Regelung des Art. 18 Abs. 4 IPbürgR widerspricht, es sei denn, es ist Vorsorge für nichtdiskriminierende Ausnahmen oder Alternative getroffen, die den Wünschen der Eltern [...] entsprechen.“*[1425]

Zwar werden in Art. 2 IPbürgR exakt formulierte Verpflichtungen der Vertragsstaaten statuiert, die sich verpflichten, die anerkannten Rechte des Paktes zu achten, für eine wirksame Umsetzung ins nationale Recht zu sorgen sowie die nötigen Vorkehrungen zu treffen, um diesen Rechten Wirksamkeit zu verleihen.[1426] Auch sind die Rechte des Art. 18 IPbürgR gemäß Art. 4 Abs. 2 IPbürgR notstandsfest garantiert.[1427] Allerdings ist die innerstaatliche unmittelbare Anwendung aufgrund des beschränkten Instrumentariums der Durchsetzung der Rechte sowie fundamentaler Kontroversen um die Interpretation des Paktes zwischen den Vertragsstaaten problematisch.[1428] Das Schutzniveau des garantierten Elternrechts im Pakt über bürgerliche und politische Rechte und Pflichten muss daher insgesamt eher als gering angesehen werden.[1429] Trotzdem wird Art. 14 Abs. 3, 2. Alt. EU-GRCh gemäß Art. 53 EU-GRCh im Lichte dieser Vorschriften ausgelegt werden müssen, so dass es in keinem Fall zu einer Absenkung des bestehenden Schutzniveaus kommen kann.

[1424] Entscheidung v. 9.4.1981, abgedruckt in EuGRZ, 1981, 389.

[1425] UN-Doc. HRI/GEN/1/Rev. 1, S. 36 § 6. Zu dem Elternrecht in staatlichen Schulen s. *M. Nowak*, UNO-Pakt über bürgerliche und politische Rechte, Art. 18 CCPR Rdn. 50 ff.

[1426] Vgl. *M. Borowski*, Die Glaubens- und Gewissensfreiheit des Grundgesetzes, 2006, S. 138; *P. J. Tettinger/J. Geerlings*, EuR 2005, 419 (421).

[1427] S. aber die inhaltliche Einschränkung für die Religionsausübung gemäß Art. 20 Abs. 2 IPbürgR, wonach jedes Eintreten für u.a. religiösen Hass durch Gesetz zu verbieten ist.

[1428] S. etwa *J. A. Frowein*, in: Isensee/Kirchhof (Hrsg.), Hdb StaatsR VII, § 180 Rdn. 35; *M. Borowski*, Die Glaubens- und Gewissensfreiheit des Grundgesetzes, 2006, S. 138.

[1429] Statt vieler *J. A. Frowein*, in: Isensee/Kirchhof (Hrsg.), Hdb StaatsR VII, § 180 Rdn. 35. S. auch *M. Nowak*, UNO-Pakt über bürgerliche und politische Rechte, Art. 18 CCPR Rdn. 47.

d) Zwischenergebnis

Die systematische Auslegung legt nahe, dass Art. 14 Abs. 3, 2. Alt. EU-GRCh in Übereinstimmung mit der EMRK-Regel des Art. 52 Abs. 3 S. 1 EU-GRCh in subjektiv-rechtlicher Hinsicht primär ein Abwehrrecht enthalten dürfte. Auch die Anwendung der Traditions-Regel des Art. 52 Abs. 4 EU-GRCh dürfte zu keinem anderen Befund führen. Eine wertende Rechtsvergleichung der Verfassungsüberlieferungen der Mitgliedstaaten muss hier zu dem Ergebnis gelangen, dass es eine gemeinsame Rechtsauffassung bezüglich eines Elternrechts gibt, auch wenn diese in unterschiedlicher Weise ausgestaltet sind. Immerhin sehen 18 von 25 Verfassungen der EU-Mitgliedstaaten eine besondere Elternverantwortung vor. Das Elternrecht gehört auch zu dem nach Art. 53 EU-GRCh beachtlichen Schutzniveau, zumal die völkerrechtlichen Verpflichtungen mangels ihrer Bindungswirkung hinter der Gewährleistung des Art. 14 Abs. 3, 2. Alt. EU-GRCh zurückbleiben.

3. Ergebnis

Auf das in Art. 14 Abs. 3, 2. Alt. EU-GRCh gewährleistete Elternrecht ist als Abwehrrecht insoweit Rücksicht zu nehmen, als dass die eigenen Überzeugungen der Eltern in den Bereich der Schule hineinwirken. Zwar geht das Recht tatbestandlich nicht so weit, dass die Eltern den Unterricht entscheidend mitbeeinflussen können. Allerdings gebietet das Recht der Eltern dem Staat, Befreiungsmöglichkeiten oder Alternativangebote in der Schule bereit zu halten, wenn nur so den religiösen, weltanschaulichen oder erzieherischen Überzeugungen der Eltern Rechnung getragen werden kann.

III. Beeinträchtigung und Rechtfertigung des Elternrechts

Das elterliche Erziehungsrecht des Art. 14 Abs. 3, 2. Alt. EU-GRCh gewährt als Abwehrrecht freilich Schutz gegen Grundrechtseingriffe und -einschränkungen.

1. Eingriff

Das Grundrecht wird beeinträchtigt, wenn bei der Erziehung bzw. im Unterricht in staatlichen Schulen die religiösen, weltanschaulichen und erzieherischen Überzeugungen der Eltern, soweit sachgerecht vorgebracht, nicht ausreichend berücksichtigt werden.[1430] Dies ist etwa dann der Fall, wenn der Staat im Erziehungsprozess der Eltern interveniert und den Eltern dabei keine ausreichenden Einflussmöglichkeiten einräumt.[1431] Eine vereinnahmende staatliche Indoktrination würde damit einen Eingriff in das Elternrecht darstellen.

2. Rechtfertigung des Eingriffs

Wie weit das elterliche Erziehungsrecht eingeschränkt werden darf, bestimmt sich nach unterschiedlichen Vorschriften.

a) Schranken des Art. 2 S. 2 des 1. ZP zur EMRK (Art. 52 Abs. 3 EU-GRCh)

Da das elterliche Erziehungsrecht in seiner Bedeutung und Tragweite dem Referenzrecht des Art. 2 S. 2 des 1. ZP zur EMRK entspricht, gelten nach Art. 52 Abs. 3 EU-GRCh zunächst die dort anerkannten Schranken.[1432]

Der Wortlaut der Vorschrift des Art. 2 S. 2 des 1. ZP zur EMRK enthält wie Satz 1 keine expliziten Einschränkungsmöglichkeiten. Allerdings bedeutet dies nicht, dass dieses Grundrecht unbeschränkbar gewährleistet ist. Vielmehr ist davon auszugehen, dass auch dieses Grundrecht Einschränkungen – sei es in Analogie zu den Absätzen 2 der Art. 8 bis 11 EMRK[1433] oder in der Annahme immanenter Grundrechtsschranken[1434] – unterliegt. Derartige Beschränkungsgründe sind etwa das Recht des Kindes auf Ausbildung und Erziehung gemäß Art. 2 S. 1 des 1. ZP sowie Werte der demokratischen Gesellschaft, die gegen das Elternrecht abgewogen werden müssen.[1435] So wäre beispielsweise ein allgemeiner Schulzwang – gegen die Überzeugung der Eltern – nicht als Verletzung des Art.

1430 *H. D. Jarass*, EU-Grundrechte, § 19 Rdn. 34.

1431 *N. Bernsdorff*, in: Meyer (Hrsg.), EU-GRCh, Art. 14 Rdn. 20; *H. D. Jarass*, EU-Grundrechte, § 19 Rdn. 34.

1432 Vgl. *H. D. Jarass*, EU-Grundrechte, § 19 Rdn. 35. Ähnlich *Chr. Langenfeld*, in: Grote/Marauhn (Hrsg.), EMRK/GG, Kap. 24 Rdn. 25. Wohl missverstanden von *J. Caspar*, RdJB 2001, 165 (171), der auf das elterliche Erziehungsrecht die allgemeine Schranke des Art. 52 Abs. 1 EU-GRCh anwendet.

1433 So *L. Wildhaber*, in: Golsong u.a. (Hrsg.), IK-EMRK, Art. 2 EMRK/1. ZP (1995) Rdn. 108 ff. hinsichtlich des Rechts auf Bildung des Satzes 1.

1434 So *A. Peters*, EMRK, § 27 S. 172.

1435 *A. Peters*, EMRK, § 27 S. 172. Vgl. auch EGMR, Urteil v. 7.12.1976, Nr. 5095/71 u.a., („Kjeldsen u.a. ./. DK"), Serie A 23, 1976 Rdn. 53; EGMR, Urteil v. 18.12.1996, Nr. 24095/94, („Efstratiou ./. GR"), RJD 1996-VI, 2347 Rdn. 28.

2 S. 2 des 1. ZP anzusehen, da ein öffentliches Interesse an der Sicherung der grundlegenden Ausbildung der Kinder besteht.[1436]

b) Art. 24 EU-GRCh als Schranke

Wie bereits erwähnt soll das Elternrecht in Verbindung mit Art. 24 EU-GRCh ausgelegt werden.[1437] Ähnlich wie zu den Einschränkungsmöglichkeiten des Art. 2 S. 2 des 1. ZP findet das elterliche Erziehungsrecht damit eine immanente Schranke in dem Selbstbestimmungsrecht des Kindes.[1438] Die Berücksichtigung des Art. 24 EU-GRCh bedeutet damit im Bereich religiöser und weltanschaulicher Bildung elterlicher Gewalt, dass mit zunehmendem Alter des Kindes ein allmähliches Zurücktreten dieses Elternrechts und ein vollständiges Erlöschen mit Eintritt der Volljährigkeit anzunehmen ist.[1439] In welchem Umfang das geschieht, ist in Anlehnung an Art. 24 Abs. 1 S. 3 EU-GRCh („*einer ihrem Alter und Reifegrad entsprechenden Weise*") zu entscheiden.[1440]

c) „nach den einzelstaatlichen Gesetzen"

Allerdings gilt auch zu beachten, dass das elterliche Erziehungsrecht ebenso wie die Freiheit zur Gründung von Lehranstalten zusätzlich unter Gesetzesvorbehalt („*einzelstaatlichen Gesetze[n], welche ihre Ausübung regeln*") steht, vgl. Art. 52 Abs. 6 EU-GRCh. Wie im Rahmen der Privatschulgründungsfreiheit von Art. 14 Abs. 3, 1. Alt. EU-GRCh festgestellt, handelt es sich dabei um spezifische Schranken, die ihrerseits im Lichte der Anforderungen des Art. 52 Abs. 1 EU-GRCh gemessen werden (sog. „doppelte Schranken").[1441] Fraglich ist, wie die Erstreckung dieses Gesetzesvorbehalts auf das Elternrecht zu qualifizieren

---

1436 Vgl. dazu oben die Nachweise in Fn. 1369.

1437 S. dazu oben, I. 2 c).

1438 Vgl. *N. Bernsdorff*, in: Meyer (Hrsg.), EU-GRCh, Art. 14 Rdn. 20.

1439 *N. Bernsdorff*, in: Meyer (Hrsg.), EU-GRCh, Art. 14 Rdn. 20; *H. D. Jarass*, EU-Grundrechte, § 19 Rdn. 35; vgl. auch *Chr. Langenfeld*, Integration und kulturelle Identität zugewanderter Minderheiten, 2001, S. 251; *dies.*, in: Grote/Marauhn (Hrsg.), EMRK/GG, Kap. 24 Rdn. 30.

1440 Vgl. dazu *H. D. Jarass*, EU-Grundrechte, § 4 Rdn. 23. S. auch entsprechend für Deutschland die Teilmündigkeitsbestimmungen des „*Gesetzes über die religiöse Kindererziehung*" (RKEG) v. 15.7.1921 (RGBl. 1921 I S. 939 und 1263; BGBl. III 404-9), das gemäß Art. 125 Nr. 1 GG als Bundesrecht fortgilt, vgl. dazu *Chr. Langenfeld*, Integration und kulturelle Identität zugewanderter Minderheiten, 2001, S. 251 f.

1441 S. oben, D. III. 2. a).

ist, da Art. 14 Abs. 3, 2. Alt. EU-GRCh der Bestimmung des Art. 2 S. 2 des 1. ZP entlehnt ist, so dass einzig die Voraussetzungen der speziellen Einschränkungsmöglichkeiten der EMRK zum Zuge kommen. Der Konvent ist vorliegend also von seiner bisherigen Regelungstechnik abgewichen, Freiheitsrechte, die EMRK-Garantien entsprechen, nur deren Begrenzungen zu unterwerfen und eine Einschränkung dieser Rechte nicht (auch) dem nationalen Gesetzgeber zu gestatten.[1442] Dabei gilt zudem darauf hinzuweisen, dass Art. 2 S. 2 des 1. ZP – etwa im Gegensatz zu dem Recht auf Eheschließung des Art. 12 EMRK, dem Art. 9 EU-GRCh entspricht[1443] – gerade keinen Verweis auf die einzelstaatlichen Gesetze enthält. Da Art. 14 Abs. 3, 2. Alt. EU-GRCh wegen Art. 52 Abs. 3 EU-GRCh das Schutzniveau der EMRK nicht unterschreiten damit, dürfen auch die Einschränkungsmöglichkeiten des Art. 2 S. 2 des 1. ZP nicht zurückbleiben. So erscheint es sinnvoll, den Verweis auf die einzelstaatlichen Gesetze bei der Einschränkung des Art. 14 Abs. 3, 2. Alt. EU-GRCh dahingehend zu verstehen, dass Begrenzungen nach nationalem Recht die im Rahmen des Art. 2 S. 2 des 1. ZP zugelassenen Einschränkungen beachten müssen.[1444] Das Elternrecht ist also nur insoweit zur Disposition des nationalen Gesetzgebers gestellt, als es im Schutzniveau angehoben, nicht aber unter dasjenige der EMRK abgesenkt werden darf. So kann der Gesetzgeber etwa Altersgrenzen für die selbstbestimmte religiöse Orientierung des Kindes vorsehen, diese müssen aber im Rahmen der Schranken des Art. 2 S. 2 des 1. ZP liegen.

3. Ergebnis

Das elterliche Erziehungsrecht wird beeinträchtigt, wenn der Staat im Erziehungsprozess interveniert und den Eltern keine ausreichenden Einflussmöglichkeiten oder Alternativangebote in der Schule zur Verfügung stellt, wenn nur so den religiösen, weltanschaulichen und erzieherischen Überzeugung der Eltern Rechnung getragen werden kann. Dieses Recht kann durch die einzelstaatlichen Gesetze eingeschränkt werden, die ihrerseits aber an den Voraussetzungen der Einschränkungsmöglichkeiten der EMRK zu messen sind. Die Gesetze dürfen

---

1442 So *N. Bernsdorff*, in: Meyer (Hrsg.), EU-GRCh, Art. 14 Rdn. 21.

1443 Zu dem Verweis auf das innerstaatliche Recht sowohl in Art. 12 EMRK als auch in Art. 9 EU-GRCh, vgl. *F. Vari*, in: Stern/Tettinger (Hrsg.), Europäische Verfassung im Werden, 2006, S. 59 (77 f.).

1444 *N. Bernsdorff*, in: Meyer (Hrsg.), EU-GRCh, Art. 14 Rdn. 21; ebenso *H. D. Jarass*, EU-Grundrechte, § 19 Rdn. 35; *Chr. Langenfeld*, in: Grote/Marauhn (Hrsg.), EMRK/GG, Kap. 24 Rdn. 25.

das elterliche Erziehungsrecht damit nicht verdrängen oder unverhältnismäßig weit zurückdrängen.

IV. Zusammenfassendes Ergebnis

Das elterliche Erziehungsrecht des Art. 14 Abs. 3, 2. Alt. EU-GRCh umfasst das Recht, den Kindern gegenüber die natürlichen elterlichen Funktionen als Erzieher auszuüben oder sie in Übereinstimmung mit den eigenen Überzeugungen zu leiten. Was die Art der Überzeugungen angeht, dürfte jede Überzeugung genügen, da Art. 14 Abs. 3, 2. Alt. EU-GRCh – im Unterschied zu Art. 2 S. 2 des 1. ZP – auch die erzieherischen Überzeugungen normiert. Dieses Recht erstreckt sich neben der (primären) Erziehung im familiären Bereich auch auf Erziehung und Unterricht in der staatlichen Schule und ist damit in erster Linie gegen eine indoktrinierende Vereinnahmung des Kindes durch den Staat gerichtet. Allerdings erfährt das elterliche Erziehungsrecht bereits auf der Ebene des Schutzbereichs eine tatbestandliche Schranke durch das Selbstbestimmungsrecht des Kindes gemäß Art. 24 EU-GRCh, das in dem Maße, in dem das Kind an Selbstbestimmungsfähigkeit hinzu gewinnt, an die Stellung der Eltern rückt. Als Abwehrrecht ist dieses Recht beeinträchtigt, wenn bei der Erziehung oder im Unterricht in staatlichen Schulen die religiösen, weltanschaulichen oder erzieherischen Überzeugungen der Eltern, nicht ausreichend berücksichtigt werden. Der Staat muss insoweit ausreichende Einflussmöglichkeiten einräumen oder Alternativangebote bzw. Befreiungsmöglichkeiten zur Verfügung stellen. Die Erfüllung dieses Gebots und die Möglichkeit, das Elternrecht einzuschränken, richten sich nach den einzelstaatlichen Gesetzen, die jedoch die im Rahmen des Art. 2 S. 2 des 1. ZP zugelassenen Einschränkungen beachten müssen. Eine Verpflichtung des Staates, die Überzeugungen der Eltern zu garantieren, lässt sich aus Art. 14 Abs. 3, 2. Alt. EU-GRCh dagegen nicht ableiten.

Zusammenfassung der Ergebnisse der Arbeit und Ausblick

A. Zusammenfassung der Ergebnisse

Zusammenfassend hat die Auslegung der in Art. 14 EU-GRCh gewährleisteten Teilgewährleistungen Folgendes ergeben:

Der Schutzbereich des Rechts auf Bildung im Sinne des Art. 14 Abs. 1, 1. Alt. EU-GRCh bezeichnet in Anlehnung an Art. 2 S. 1 des 1. ZP zur EMRK jede Form von Ausbildung, die nicht auf den Erwerb einer berufsbezogenen Qualifikation gerichtet ist. Das Grundrecht auf Bildung umfasst damit grundsätzlich die gesamte schulische Bildung in der Elementarschule. Dieses Recht gewährt in erster Linie neben seiner abwehrrechtlichen Funktion einen Anspruch auf diskriminierungsfreien Zugang zu bereits vorhandenen staatlichen Bildungseinrichtungen, also die Wirkung als Teilhaberecht. Im Ausnahmefall können, falls das Minimum an elementaren Ausbildungsmöglichkeiten unterschritten wird, sogar staatliche Leistungen verlangt werden. Die Einschränkungsmöglichkeiten bestimmen sich gemäß Art. 52 Abs. 3 EU-GRCh nach den Schrankenerfordernissen des Art. 2 S. 1 des 1. ZP.

Der Schutzbereich des Rechts auf Zugang zur beruflichen Aus- und Weiterbildung des Art. 14 Abs. 1, 2. Alt. EU-GRCh erfasst jede Form der Ausbildung, die auf den Erwerb einer berufsbezogenen Qualifikation oder Befähigung gerichtet ist. Hierunter fallen neben der beruflichen Erstausbildung und Umschulung auch die weiterführenden Schulen sowie der Zugang zur Hochschulausbildung. Dabei handelt es sich in erster Linie um reine Teilhaberechte. Eingeschränkt werden kann das Grundrecht unter den Voraussetzungen des Art. 52 Abs. 1 EU-GRCh, wobei etwaige zusätzliche Schrankenerfordernisse aus den gemeinsamen Verfassungsüberlieferungen gemäß Art. 52 Abs. 4 EU-GRCh zugrunde zu legen wären.

Der Schutzbereich der Unentgeltlichkeit des Pflichtschulunterrichts des Art. 14 Abs. 2 EU-GRCh umschreibt den obligatorischen (Elementar-)Unterricht, den jedes Kind nach Maßgabe des Rechts der Mitgliedstaaten durchlaufen muss, wobei Unentgeltlichkeit nur dahingehend zu verstehen ist, dass nicht sämtliche Pflichtschulveranstaltungen kostenfrei sein müssen, sondern Kindern überhaupt die Möglichkeit eingeräumt werden muss, kostenlos Pflichtschulunterricht zu erhalten. Das Recht auf unentgeltliche Teilnahme am Pflichtschulunterricht konkretisiert das allgemeine Recht auf Bildung des Art. 14 Abs. 1, 1. Alt. EU-GRCh, so dass auch dieses neben der abwehr- und teilhaberechtlichen Komponente als echtes Leistungsrecht wirken kann, wenn der Mindeststandard, also die Möglichkeit, ohne die Zahlung von Schulgeld eine Elementarausbildung zu erhalten, im Einzelfall nicht besteht. Die Einschränkungsmöglichkeiten des Art. 14 Abs. 2 EU-GRCh bestimmen sich nach Art. 52 Abs. 1 i.V.m. Abs. 4 EU-GRCh.

Die Freiheit zur Gründung von Lehranstalten im Sinne des Art. 14 Abs. 3, 1. Alt. EU-GRCh umfasst in erster Linie Schulen in privater Trägerschaft (Privatschulen) und schützt neben der Gründung und auch deren Betrieb. Da Art. 14 Abs. 3, 1. Alt. EU-GRCh ein spezieller Anwendungsfall der unternehmerischen Freiheit ist, kann der Schutzbereich auch außerschulische Bildungseinrichtungen umfassen. Bei der Freiheit zur Gründung von Lehranstalten handelt es sich um ein subjektives Abwehrrecht; Ansprüche auf staatliche finanzielle Förderung der Privatschulen gewährt Art. 14 Abs. 3, 1. Alt. EU-GRCh nicht. Durch den Verweis auf die einzelstaatlichen Gesetze gemäß Art. 52 Abs. 6 EU-GRCh bestimmen sich die Einschränkungsmöglichkeiten nach nationalem Recht, wobei jedoch die Vorgaben des Art. 52 Abs. 1 i.V.m. Abs. 4 EU-GRCh beachtet werden müssen.

Das elterliche Erziehungsrecht des Art. 14 Abs. 3, 2. Alt. EU-GRCh ist in Anlehnung an Art. 2 S. 2 des 1. ZP zur EMRK als subjektives Abwehrrecht gegen eine staatlich-indoktrinierende Vereinnahmung des Kindes gerichtet und beschränkt sich grundsätzlich auf die Erziehung und den Unterricht von Kindern in staatlichen Schulen. Das Recht gebietet es dem Staat, Befreiungsmöglichkeiten oder Alternativangebote in der Schule bereit zu halten, wenn nur so den religiösen, weltanschaulichen oder erzieherischen Überzeugungen der Eltern Rechnung getragen werden kann. Wie bei der Freiheit zur Gründung von Lehranstalten bestimmen sich die Einschränkungsmöglichkeiten durch den Verweis auf die einzelstaatlichen Gesetze nach nationalem Recht, allerdings dürfen diese das Schutzniveau der EMRK keinesfalls unterschreiten.

B. Bewertung

Die Untersuchung hat aufgezeigt, dass es der Union mit der Verankerung eines Grundrechts auf Bildung in Art. 14 EU-GRCh um die Schaffung und Fortentwicklung eines europäischen Bürgerrechts auf Bildung und Ausbildung geht, das die gleichberechtigte Teilnahme der Unionsbürger in den Einrichtungen der Bildung und Ausbildung aller Mitgliedstaaten gewährleisten soll. Zwar scheint das Recht auf Bildung ins Leere zu ziehen, weil die Union über keine einschlägigen Kompetenzen verfügt und mithin geeignet ist, Versprechen zu geben, die nicht eingelöst werden könne.[1445] Es erscheint aber gleichwohl sinnvoll, ein solches Recht in die Charta aufgenommen zu haben. Zunächst ist die Charta schon „*auf Vorrat*" für etwaige zukünftige Kompetenzen angelegt.[1446] Außerdem sollte, auch wenn von einer Realisierung des Rechts auf Bildung i.S.d. Art. 14 EU-GRCh zum gegenwärtigen Zeitpunkt nicht geredet werden kann, die zumindest symbolische Wirkung der Aufnahme eines Rechts auf Bildung nicht unterschätzt werden und kann sich bereits auf die Rechtspraxis der Unionsorgane auswirken. So ist künftig zu erwarten, dass aus der übereinstimmenden Rechtsauffassung aller an der Charta beteiligten Mitgliedstaaten eine eigene normative Prägekraft erwächst, der sich auf Dauer auch das nationale Bildungsrecht nicht wird entziehen können.[1447]

[1445] *Th. Schmitz*, EuR 2004, 691 (701). Skeptisch auch *Chr. Langenfeld*, in: Grote/Marauhn (Hrsg.), EMRK/GG, Kap. 23 Rdn. 29: „*Nennenswerte Auswirkungen der Grundrechtecharta auf das innerstaatliche Bildungsrecht sind von daher nicht zu erwarten.*".

[1446] Vgl. *M. Borowsky*, in: Meyer (Hrsg.), EU-GRCh, Art. 51 Rdn. 42; *P. Altmaier*, ZG 2001, 195 (203): „*Vorratsgrundrechte*"; *N. Bernsdorff*, VSSR 2001, 1 (20 f.): vgl. auch *R. Geesmann*, Soziale Grundrechte im deutschen und französischen Verfassungsrecht und in der Charta der Grundrechte der Europäischen Union, 2005, S. 274; *K. Odendahl*, in: Heselhaus/Nowak (Hrsg.), Handbuch der Europäischen Grundrechte, § 39 Rdn. 2: „*weiser Voraussicht*".

[1447] Vgl. *J. Caspar*, RdJB 2001, 165 (180).

Sollte in Zukunft die Charta auch eine besondere formelle Geltung erlangen, die ihr heute noch abgeht, so betrachtet sie immerhin das Recht auf Bildung als ein rechtlich vorausgesetztes europäisches Grundrecht. Es wird insofern darauf ankommen, Inhalt und Grenzen des Rechts auf Bildung auf der europäischen Ebene entsprechend zu verdeutlichen, damit „*der Bürger nicht irregeleitet wird*“[1448] und damit sich die von JOHANN W. V. GOETHE gestellte und zugleich beantwortete Frage auch gegenwärtig bewahrheiten lässt.

[1448] *I. Pernice*, DVBl. 2000, 847 (853).

Literaturverzeichnis

Abelein, Manfred, Recht auf Bildung, DÖV 1967, S. 375-379

Alber, Siegbert / Widmaier, Ulrich, Die EU-Charta der Grundrechte und ihre Auswirkungen auf die Rechtsprechung, EuGRZ 2000, S. 497-510

Alber, Siegbert, Die Selbstbindung der europäischen Organe an die Europäische Charta der Grundrechte, EuGRZ 2001, S. 349-353

Altmaier, Peter, Die Charta der Grundrechte der Europäischen Union, ZG 2001, S. 195-209

Arnold, Rainer / Hussner, M. / Land K., Rechtsstaat und Grundrechtsschutz in der Verfassungsrechtsprechung Estlands, Regensburg 2003, Zitierweise: *R. Arnold/M. Hussner/K. Land*, Rechtsstaat und Grundrechtsschutz in der Verfassungsrechtsprechung Estlands, 2003

Arnold, Rainer / Kovarik, V., Die Konzeption des Grundrechtsschutzes in der tschechischen Republik, Regensburg 2003, Zitierweise: *R. Arnold/V. Kovarik*, Die Konzeption des Grundrechtsschutzes in der tschechischen Republik, 2003

Arnold, Rainer / Warren, H. / Yeomann, E., Rechtsstaat und Grundrechtsschutz in der Verfassungsrechtsprechung Litauens, Teil 1, Regensburg 2003, Zitierweise: *R. Arnold/H. Warren/E. Yeomann*, Rechtsstaat und Grundrechtsschutz in der Verfassungsrechtsprechung Litauens, 2003

Avenarius, Hermann / Heckel, Hans, Schulrechtskunde, 7. Auflage, Kriftel 2000, Zitierweise: *H. Avenarius/H. Heckel*, Schulrechtskunde

Avenarius, Hermann, Einführung in das Schulrecht, Darmstadt 2001, Zitierweise: *H. Avenarius*, Einführung in das Schulrecht

– Zugangsrechte von EG-Ausländern im Bildungswesen der Bundesrepublik Deutschland, NVwZ 1988, S. 385-393

Badura, Peter, Staatsrecht, 3. Auflage, München 2003, Zitierweise: *P. Badura*, Staatsrecht

Baer, Ingrid, Übereinkommen der Vereinten Nationen über die Rechte des Kindes, NJW 1993, S. 2209-2211

Baer, Susanne, Grundrechte ante portas, ZRP 2000, S. 362-368

Banaszak, Bogusław / Jabłoński, Mariusz, Impulse aus der Rechtsprechung des polnischen Verfassungsgerichtshofs zu den persönlichkeitsbezogenen Menschenrechten, in: Klaus Stern / Peter J. Tettinger (Hrsg.), Die Europäische Grundrechte-Charta im wertenden Verfassungsvergleich, Berlin 2005, S. 165 ff., Zitierweise: *B. Banaszak/M. Jabłoński*, in: Stern/Tettinger (Hrsg.), Die Europäische Grundrechte-Charta im wertenden Verfassungsvergleich, 2005

Bannwart-Maurer, Elena, Das Recht auf Bildung und das Elternrecht, Art. 2 des ersten Zusatzprotokolls zur Europäischen Menschenrechtskonvention, Bern Frankfurt am Main 1975, Zitierweise: *E. Bannwart-Maurer*, Das Recht auf Bildung und das Elternrecht, Art. 2 des 1. ZP zur EMRK,1975

Barriga, Stefan, Die Entstehung der Charta der Grundrechte der Europäischen Union 1. Auflage, Baden-Baden 2003, Zitierweise: *St. Barriga*, Entstehung der Charta der Grundrechte, 2003

Bauer, Adam, Recht auf Bildung – Anspruch und Wirklichkeit, RdJB 1973, S. 225-235

Baum, Marius, Rights Brought Home, EuGRZ 2000, S. 281-303

Beckedorf, Ingo / Henze, Thomas, Neuere Entwicklungen in der Bildungspolitik der Europäischen Gemeinschaft, NVwZ 1993, S. 125-130

Behmenburg, Ben, Kompetenzverteilung bei der Berufsausbildung, Berlin 2003, Zitierweise: *B. Behmenburg*, Kompetenzverteilung bei der Berufsausbildung, 2003

Berggreen, Ingeborg, Das Bildungswesen in Europa nach Maastricht, Auswirkungen der Beschlüsse von Maastricht auf den deutschen Bildungsföderalismus, RdJB 1992, S. 436-450

Berggreen-Merkel, Ingeborg, Aufbau eines Europäischen Bildungssystems?, RdJB 2001, S. 133-150

– Europäische „Bildungspolitik" am Vorabend einer Europäischen Verfassung, RdJB 2004, S. 452-463

– Europäische Harmonisierung auf dem Gebiet des Bildungswesens, RdJB 1998, S. 18-35

Bernhardt, Rudolf, Probleme eines Beitritts der Europäischen Gemeinschaft zur Europäischen Menschenrechts-Konvention, in: Ole Due, Marcus Lutter, Jürgen Schwarze (Hrsg.), Festschrift für Ulrich Everling zum 70. Geburtstag, Band I, S. 103-111, Baden-Baden 1995, Zitierweise: *R. Bernhardt,* Festschrift U. Everling, 1995

Bernsdorff, Norbert / Borowsky, Martin, Die Charta der Grundrechte der Europäischen Union, Handreichungen und Sitzungsprotokolle, 1. Auflage, Baden-Baden 2002, Zitierweise: *N. Bernsdorff/M. Borowsky,* Handreichungen und Sitzungsprotokolle, 2002

– Die Charta der Grundrechte der Europäischen Union – Notwendigkeit, Prozess und Auswirkungen, NdsVBl. 2001, S. 177-184

– Soziale Grundrechte in der Charta der Grundrechte der Europäischen Union, VSSR 2001, S. 1-23

Beutler, Bengt, Die Erklärung des Europäischen Parlaments über Grundrechte und Grundfreiheiten vom 12. April 1989, EuGRZ 1989, S. 185-189

Białek, Justyna, Die Rechtsprechung des polnischen Verfassungsgerichtshofs zu sozialen Grundrechten, in: Klaus Stern / Peter J. Tettinger (Hrsg.), Die Europäische Grundrechte-Charta im wertenden Verfassungsvergleich, Berlin 2005, S. 245 ff., Zitierweise: *J. Białek,* in: Stern/Tettinger (Hrsg.), Die Europäische Grundrechte-Charta im wertenden Verfassungsvergleich, 2005

Birkinshaw, Patrick, British Report, in: Jürgen Schwarze (Hrsg.), Die Entstehung einer europäischen Verfassungsordnung, Baden-Baden 2000, S. 205 ff., Zitierweise: *P. Birkinshaw,* in: Schwarze (Hrsg.), Die Entstehung einer europäischen Verfassungsordnung, 2000

Blanke, Hermann-Josef, Die Gewährleistungen der Berufsfreiheit und des Rechtes zu arbeiten sowie der unternehmerischen Freiheit in der Grundrechtecharta der Europäischen Union (Art. 75 und 76 VVE), in: Klaus Stern / Peter J. Tettinger (Hrsg.), Die Europäische Grundrechte-Charta im wertenden Verfassungsvergleich, Berlin 2005, S. 233 ff., Zitierweise: *H.-J. Blanke*, in: Stern/Tettinger (Hrsg.), Die Europäische Grundrechte-Charta im wertenden Verfassungsvergleich, 2005

– Europa auf dem Weg zu einer Bildungs- und Kulturgemeinschaft, Köln Berlin Bonn München 1994, Zitierweise: *H.-J. Blanke*, Europa auf dem Weg zu einer Bildungs- und Kulturgemeinschaft, 1994

Bleckmann, Albert (Hrsg.), Europarecht, Das Recht der Europäischen Union und der Europäischen Gemeinschaften, 6. Auflage, Köln Berlin Bonn München 1997, Zitierweise: *Bearbeiter*, in: Bleckmann (Hrsg.), Europarecht

– Die Grundrechte im Europäischen Gemeinschaftsrecht, EuGRZ 1981, S. 257-274

– Albert, Zu den Auslegungsmethoden des Europäischen Gerichtshofs, NJW 1982, S. 1177-1182

– Zur Entwicklung europäischer Grundrechte, DVBl. 1978, S. 457-462

Blum, Nikolaus, Die Gedanken-, Gewissens- und Religionsfreiheit nach Art. 9 der Europäischen Menschenrechtskonvention, Berlin 1990, Zitierweise: *N. Blum*, Gedanken-, Gewissens- und Religionsfreiheit nach Art. 9 EMRK, 1990

Bode, Stephanie, Europarechtliche Gleichbehandlungsansprüche Studierender und ihre Auswirkungen in den Mitgliedstaaten. Zur Reichweite des Diskriminierungsverbots im Hochschulbereich unter besonderer Berücksichtigung der Unionsbürgerschaft, Baden-Baden 2005, Zitierweise: *St. Bode*, Europarechtliche Gleichbehandlungsansprüche Studierender und ihre Auswirkungen in den Mitgliedstaaten, 2005

Bogdandy, Armin von, Grundrechtsgemeinschaft als Integrationsziel?, JZ 2001, S. 157-171

– Grundrechtsgemeinschaft als Integrationsziel? Grundrechte und das Wesen der Europäischen Union, in: Alfred Duschanek / Stefan Griller (Hrsg.), Grundrechte für Europa, Die Europäische Union nach Nizza, Wien 2002, S. 69 ff., Zitierweise: *A. v. Bogdandy*, in: Duschanek/Griller (Hrsg.), Grundrechte für Europa, 2002

Bollenbeck, Georg, Bildung und Kultur, Glanz und Elend eines deutschen Deutungsmusters, Frankfurt am Main Leipzig 1994, Zitierweise: *G. Bollenbeck*, Bildung und Kultur, 1994

Borowski, Martin, Die Glaubens- und Gewissensfreiheit des Grundgesetzes, Tübingen 2006, Zitierweise: *M. Borowski*, Die Glaubens- und Gewissensfreiheit des Grundgesetzes, 2006

Borowsky, Martin, Die Charta der Grundrechte der Europäischen Union zwischen politischer Proklamation und rechtlicher Verbindlichkeit – Ziele, Inhalte, Konfliktlinien, DRiZ 2001, S. 275-287

Borries, Reimer von / Zacker, Christian (Hrsg.), Europarecht von A-Z, 3. Auflage, München 2003, Zitierweise: *R. v. Borries/Chr. Zacker*, Europarecht von A-Z

Bos, Ellen, Verfassungsgebung und Systemwechsel, Die Institutionalisierung von Demokratie im postsozialistischen Osteuropa, Wiesbaden 2004, Zitierweise: *E. Bos*, Verfassungsgebung und Systemwechsel, 2004

Bothe, Michael, Erziehungsauftrag und Erziehungsmaßstab der Schule im freiheitlichen Verfassungsstaat, VVDStRL 54 (1995), S. 7-46

Braibant, Guy, La Charte des droits fondamentaux de l'Union européenne, Paris 2001, Zitierweise: *G. Braibant*, La Charte des droits fondamentaux, 2001

Breinersdorfer, Alfred W. / Zimmerling, Wolfgang, Das Hochschulzulassungsanspruch ausländischer Studienbewerber, JZ 1986, S. 431-434

Breitenmoser, Stephan / Riemer, Boris / Seitz, Claudia, Praxis des Europarechts – Grundrechtsschutz, Köln 2006, Zitierweise: *St. Breitenmoser/B. Riemer/Cl. Seitz*, Praxis des Europarechts – Grundrechtsschutz, 2006

Breuer, Rüdiger, Freiheit des Berufs, in: Josef Isensee / Paul Kirchhof (Hrsg.), Handbuch des Staatsrechts der Bundesrepublik Deutschland, Band VI – Freiheitsrechte, § 147 (S.

877 ff.), 2. Auflage, Heidelberg 2001, Zitierweise: *R. Breuer*, in: Isensee/Kirchhof (Hrsg.), Hdb StaatsR VI

Brugger, Winfried, Menschenrechte im modernen Staat, AöR 114 (1989), S. 537-588

Brunner, Georg / Hofmann, Mahulena / Holländer, Pavel, Verfassungsgerichtsbarkeit in der Tschechischen Republik, Baden-Baden 2001, Zitierweise: *G. Brunner/M. Hofmann/P. Holländer*, Verfassungsgerichtsbarkeit in der Tschechischen Republik, 2001

Brunner, Georg, Die neue Verfassungsgerichtsbarkeit in Osteuropa, ZaöRV 53 (1993), S. 819-870

– Die Verfassungsordnung, in: Georg Brunner (Hrsg.), Ungarn auf dem Weg der Demokratie. Von der Wende bis zur Gegenwart, Bonn 1993, S. 42 ff., Zitierweise: *G. Brunner*, in: ders. (Hrsg.), Ungarn auf dem Weg der Demokratie, 1993

– Grundrechtsschutz durch Verfassungsgerichtsbarkeit in Osteuropa, in: Joachim Burmeister (Hrsg.), Verfassungsstaatlichkeit, Festschrift für Klaus Stern zum 65. Geburtstag, München 1997, S. 1041 ff., Zitierweise: *G. Brunner*, Festschrift Kl. Stern, 1997

– Konstruktion des polnischen Grundrechtsschutzes, in: Claus Dieter Classen / Helmut Heiss / Anna Suproń-Heidel (Hrsg.), Polens Rechtsstaat am Vorabend des EU-Beitritts, Tübingen 2004, S. 21 ff., Zitierweise: *G. Brunner*, in: Classen/Heiss/Suproń-Heidel (Hrsg.), Polens Rechtsstaat am Vorabend des EU-Beitritts, 2004

– Zweieinhalb Jahre ungarische Verfassungsgerichtsbarkeit, Der Staat 32 (1993), S. 287-315

Bryde, Brun-Otto, Grundrechte der Arbeit und Europa, RdA 2003, Sonderbeilage Heft 5, S. 5-10

Buck, Carsten, Über die Auslegungsmethoden des Gerichtshofs der Europäischen Gemeinschaften, Frankfurt am Main 1998, Zitierweise: *C. Buck*, Über die Auslegungsmethoden des Gerichtshofs der Europäischen Gemeinschaften, 1998

Büdenbender, Martin, Das Verhältnis des Europäischen Gerichtshofs zum Bundesverfassungsgericht, Köln Berlin München 2005, Zitierweise: *M. Büdenbender*, Das Verhältnis des Europäischen Gerichtshofs zum Bundesverfassungsgericht, 2005

Bühler, Margit, Einschränkung von Grundrechten nach der Europäischen Grundrechtecharta, Berlin 2005, Zitierweise: *M. Bühler*, Einschränkung von Grundrechten nach der Europäischen Grundrechtecharta, 2005

Burr, Isolde, Sprache und Recht – Auslegungsprobleme bei der Grundrechte-Charta aus sprachvergleichender Sicht, in: Klaus Stern / Peter J. Tettinger (Hrsg.), Die Europäische Grundrechte-Charta im wertenden Verfassungsvergleich, Berlin 2005, S. 61 ff., Zitierweise: *I. Burr*, in: Stern/Tettinger (Hrsg.), Die Europäische Grundrechte-Charta im wertenden Verfassungsvergleich, 2005

Busse, Christian, Eine kritische Würdigung der Präambel der Europäischen Grundrechtecharta, EuGRZ 2002, S. 559-576

Byrne, Raymond / McCutcheon, Paul, The Irish Legal System, 4. Auflage, Dublin 2001, Zitierweise: *R. Byrne/P. McCutcheon*, The Irish Legal System, 2001

Callies, Christian / Ruffert, Matthias (Hrsg.), Kommentar des Vertrages über die Europäische Union und des Vertrages zur Gründung der Europäischen Gemeinschaft – EUV/EGV –, 2. Auflage, Neuwied Kriftel 2002, Zitierweise: *Bearbeiter*, in: Callies/Ruffert (Hrsg.), EUV/EGV

Callies, Christian, Die Charta der Grundrechte der Europäischen Union – Fragen der Konzeption, Kompetenz und Verbindlichkeit, EuZW 2001, S. 261-268

Caspar, Johannes, Die EU-Charta der Grundrechte und das Bildungsrecht, RdJB 2001, S. 165-180

Chwolik-Lanfermann, Ellen, Braucht die Europäische Union einen Grundrechtskatalog?, ZRP 1995, S. 126-130

– Grundrechtsschutz in der Europäischen Union, Frankfurt am Main 1994, Zitierweise: *E. Chwolik-Lanfermann*, Grundrechtsschutz in der Europäischen Union, 1994

Classen, Claus Dieter, Bildungspolitische Förderprogramme der EG – Eine kritische Untersuchung der vertragsrechtlichen Grundlagen, EuR 1990, S. 10-19

Cludius, Stefan, Die Kompetenzen der Europäischen Gemeinschaft für den Bereich der Bildungspolitik, Frankfurt am Main 1995, Zitierweise: *St. Cludius*, Kompetenzen der Europäischen Gemeinschaft für den Bereich der Bildungspolitik, 1995

Conrad, Holger, Die Rechtsprechung des Gerichtshofs der Europäischen Gemeinschaften auf dem Gebiet des Bildungswesens, WissR 22 (1989), S. 97-110

Cremer, Wolfram, Unterhaltsstipendien für Studierende aus anderen Mitgliedstaaten nach dem Grzelczyk-Urteil des EuGH – Ausbildungsförderung für alle?, WissR 36 (2003), S. 129-155

Creytz, Ulrich von, Verfassungsfragen des Bildungsrechts in der Wissensgesellschaft, Hamburg 2003, Zitierweise: *U. v. Creytz*, Verfassungsfragen des Bildungsrechts, 2003

Curall, Julian, Bildung und Ausbildung im Recht der Europäischen Gemeinschaft, RdJB 1991, S. 139-161

Dahrendorf, Ralf, Bildung ist Bürgerrecht, Plädoyer für eine aktive Bildungspolitik, Bramsche Osnabrück 1965, Zitierweise: *R. Dahrendorf*, Bildung ist Bürgerrecht, 1965

Dallinger, Peter / Bode, Christian / Dellian, Fritz (Hrsg.), Hochschulrahmengesetz, Kommentar, Tübingen 1978, Zitierweise: *Bearbeiter*, in: Dallinger/Bode/Dellian (Hrsg.), HRG

Danelius, Hans, The incorporation of the European Convention on Human Rights into Swedish law, HRLJ 1998, S. 301-305

Danwitz, Thomas von / Röder, Sonja, Vorüberlegungen zu einer Schutzbereichslehre der europäischen Charta-Grundrechte, in: Klaus Stern / Peter J. Tettinger (Hrsg.), Die Europäische Grundrechte-Charta im wertenden Verfassungsvergleich, Berlin 2005, S. 31 ff., Zitierweise: *Th. v. Danwitz/S. Röder*, in: Stern/Tettinger (Hrsg.), Die Europäische Grundrechte-Charta im wertenden Verfassungsvergleich, 2005

De la Chapelle, Philippe, La déclaration universelle des droits de l'homme et le catholicisme, Paris 1967, Zitierweise: *Ph. De la Chapelle*, La déclaration universelle des droits de l'homme et le catholicisme, 1967

De Witte, Bruno, Educational Equality for Community Workers and their Families, in: Bruno De Witte (Hrsg.), European Community Law of Education, 1. Auflage, Baden-Baden 1989, S. 71 ff., Zitierweise: *Br. De Witte*, in: De Witte (Hrsg.), European Community Law of Education, 1989

Dederer, Hans-Georg, Menschenwürde des Embryo in vitro?, AöR 127 (2002), S. 1-26

Deutscher Bundestag (Hrsg.), Die Charta der Grundrechte der Europäischen Union, Berichte und Dokumentation mit einer Einleitung von Jürgen Meyer und Markus Engels, Opladen 2001, Zitierweise: *Deutscher Bundestag* (Hrsg.), Charta der Grundrechte der Europäischen Union, 2001

Deutscher Hochschulverband (Hrsg.), Das Gymnasium und der Bildungsauftrag des Staates, in: Schriften zu Bildung und Wissenschaft, Hartmut Schiedermair zum 60. Geburtstag, Bonn 1996, S. 45 ff., Zitierweise: *Deutscher Hochschulverband* (Hrsg.), in: Schriften zu Bildung und Wissenschaft, 1996

Dietlein, Johannes, Die Grundrechte in den Verfassungen der neuen Bundesländer, München 1993, Zitierweise: *J. Dietlein*, Die Grundrechte in den Verfassungen der neuen Bundesländer, 1993

– Die Lehre von den grundrechtlichen Schutzpflichten, Berlin 1992, Zitierweise: *J. Dietlein*, Die Lehre von den grundrechtlichen Schutzpflichten, 1992

Dijk, P. van / Hoof, G. J. H. van (Hrsg.), Theory and Practice of the European Convention on Human Rights, 3. Auflage, The Hague London Boston 1998, Zitierweise: *P. van Dijk/G. J. H. van Hoof* (Hrsg.), European Convention on Human Rights

Dittmann, Armin / Fehrenbacher, Claus, Die bildungsrechtlichen Harmonisierungsverbote (Art. 126 Abs. 4, 127 Abs. 4 EGV) und ihre Bedeutung für die nationale „Bildungshoheit“, RdJB 1992, S. 478-493

Dohms, Rüdiger, Die Kompetenz der EG im Bereich der allgemeinen Bildung nach Art. 126 EGV, RdJB 1992, S. 451-468

Dolzer, Rudolf / Vogel, Klaus / Graßhof, Karin (Hrsg.), Bonner Kommentar zum Grundgesetz, Loseblatt, Heidelberg 2005, Zitierweise: *Bearbeiter*, in: Dolzer/Vogel/Graßhof (Hrsg.), BK-GG

Dorf, Yvonne, Die Europäische Grundrechte-Charta nach dem „Nein" der Franzosen und Niederländer, NWVBl. 2005, S. II-III

– Die wirtschaftsbezogenen Rechte der Europäischen Grundrechtecharta, DVBl. 2005, S. 486-488

– Zur Interpretation der Grundrechtecharta, JZ 2005, S. 126-132

Dörr, Dieter / Rudolf, Eva, Die Rechte auf Bildung nach den Artt. 13 und 17 der UN-Kinderkonvention und ihre Umsetzung im deutschen Medienrecht, RdJB 1996, S. 22-35

Dreier, Horst (Hrsg.), Grundgesetz, Kommentar, Band I, 2. Auflage, Tübingen 2004, Zitierweise: *Bearbeiter*, in: Dreier (Hrsg.), GG I

– Subjektiv-rechtliche und objektiv-rechtliche Grundrechtsgehalte, Jura 1994, S. 505-513

Dübeck, Inger, Einführung in das dänische Recht, 1. Auflage, Baden-Baden 1996, Zitierweise: *I. Dübeck*, Einführung in das dänische Recht, 1996

Duden, Die deutsche Rechtschreibung, Band 1, 22. Auflage, Mannheim Leipzig Wien Zürich 2000, Zitierweise: *Duden*, Bd. 1

Ehlers, Dirk (Hrsg.), Europäische Grundrechte und Grundfreiheiten, 2. Auflage, Berlin 2005, Zitierweise: *Bearbeiter*, in: Ehlers (Hrsg.), Europäische Grundrechte

Eiselstein, Claus, Staatliches Bildungsmonopol und Europäische Menschenrechtskonvention – Art. 2 des Ersten Zusatzprotokolls zur EMRK in der Praxis von Kommission und Gerichtshof, in: Hans-Jörg Birk, Armin Dittmann, Manfred Erhardt (Hrsg.), Kulturverwaltungsrecht im Wandel, Festschrift für Thomas Oppermann zum 50. Geburtstag, Stuttgart München Hannover 1981, Zitierweise: *Cl. Eiselstein*, Festschrift Th. Oppermann, 1981

Eisner, Carolin, Die Schrankenregelung der Grundrechtecharta der Europäischen Union, Baden-Baden 2005, Zitierweise: *C. Eisner*, Die Schrankenregelung der Grundrechtecharta der Europäischen Union, 2005

Elia, Leopoldo / Volterra, Edoardo / La Pergola, Antonio, Bestand und Bedeutung der Grundrechte in Italien, EuGRZ 1981, S. 647-656

Emmert, Frank, Europarecht, München 1996, Zitierweise: *Fr. Emmert*, Europarecht

Ennuschat, Jörg, Der Schutz der Privatschulfreiheit im europäischen Gemeinschaftsrecht, RdJB 2003, S. 436-448

– Europäische Impulse zur Entstaatlichung des Bildungswesens, WissR 36 (2003), S. 186-203

– Grundrecht auf lebenslanges Lernen? – Verfassungsrechtliche Rahmenbedingungen für das lebenslange Lernen, RdJB 2005, S. 193-204

Ermacora, Felix (Hrsg.), Grundriss der Menschenrechte in Österreich, Wien 1988, Zitierweise: *F. Ermacora* (Hrsg.), Grundriss der Menschenrechte in Österreich, 1988

– (Hrsg.), Österreichische Verfassungslehre, Wien 1998, Zitierweise: *Bearbeiter*, in: Ermacora (Hrsg.), Österreichische Verfassungslehre, 1998

Evrigenis, Dimitros, Der Europäische Gerichtshof für Menschenrechte und das Recht auf Bildung, EuGRZ 1981, S. 637-639

F. A. Brockhaus GmbH, Der Brockhaus, in fünfzehn Bänden, Zweiter Band, Leipzig Mannheim 1997, Zitierweise: *Der Brockhaus*, Zweiter Band

Fahle, Klaus, Die Politik der Europäischen Gemeinschaft in den Bereichen Erziehung, Bildung und Wissenschaft Gutachten der Max-Träger-Stiftung, Frankfurt am Main 1989,

Zitierweise: *Kl. Fahle,* Die Politik der Europäischen Gemeinschaft in den Bereichen Erziehung, Bildung und Wissenschaft, 1989

Faller, Hans Joachim, Bestand und Bedeutung der Grundrechte im Bildungsbereich in der Bundesrepublik Deutschland, EuGRZ 1981, S. 611-628

Fechner, Frank, Auswirkungen des europarechtlichen Diskriminierungsverbots auf die Bildung, RdJB 2002, S. 339-349

– Kultur und Bildung im Europarecht, RdJB 1996, S. 35-47

Fessler, Peter, Bestand der Grundrechte, Generalbericht, Erster Teil, EuGRZ 1978, S. 485-489

Feuchthofen, Jörg E. / Brackmann, Hans-Jürgen, Berufliche Bildung im Maastrichter Unionsvertrag, RdJB 1992, S. 468-477

Fink, Udo, Gewährt das Recht der Europäischen Gemeinschaften den wissenschaftlichen Hochschulen grundrechtliche Freiheit?, EuGRZ 2001, S. 193-200

Fischbach, Marc, Le Conseil de l'Europe et la Charte des droits fondamentaux de l'Union européenne, RUDH 2000, S. 7-9

Fischer, Hans Georg, Europarecht, 3. Auflage, München 2001, Zitierweise: *H. G. Fischer*, Europarecht

Fischer, Klemens H., Der Europäische Verfassungsvertrag, Texte und Kommentar, 1. Auflage, Baden-Baden 2005, Zitierweise: *Kl. H. Fischer*, Der Europäische Verfassungsvertrag, 2005

– Der Vertrag von Nizza, Text und Kommentar, 2. Auflage, Baden-Baden Zürich 2003, Zitierweise: *Kl. H. Fischer*, Vertrag von Nizza, 2003

– Konvent zur Zukunft Europas, Texte und Kommentar, 1. Auflage, Baden-Baden 2003, Zitierweise: *Kl. H. Fischer*, Konvent zur Zukunft Europas, 2003

Flauss, Jean-François, Rapport Français, in: Jürgen Schwarze (Hrsg.), Die Entstehung einer europäischen Verfassungsordnung, Baden-Baden 2000, S. 25 ff., Zitierweise: *J.-Fr. Flauss*, in: Schwarze (Hrsg.), Die Entstehung einer europäischen Verfassungsordnung, 2000

Flynn, James, Gravier: Suite du Feuilleton, in: Bruno De Witte (Hrsg.), European Community Law of Education, 1. Auflage, Baden-Baden 1989, S. 95 ff., Zitierweise: *J. Flynn*, in: De Witte (Hrsg.), European Community Law of Education, 1989

Foders, Federico, Bildungspolitik für den Standort D, Heidelberg 2001, Zitierweise: *F. Foders*, Bildungspolitik für den Standort D, 2001

Frowein, Jochen Abr. / Peukert, Wolfgang, Europäische Menschenrechtskonvention, EMRK-Kommentar, 2. Auflage, Kehl Straßburg Arlington 1996, Zitierweise: *J. Abr. Frowein/W. Peukert*, EMRK

Frowein, Jochen Abr., Übernationale Menschenrechtsgewährleistungen und nationale Staatsgewalt, in: Josef Isensee / Paul Kirchhof (Hrsg.), Handbuch des Staatsrechts der Bundesrepublik Deutschland, Band VII – Normativität und Schutz der Verfassung – Internationale Beziehungen, § 180 (S. 731 ff.), Heidelberg 1992, Zitierweise: *J. A. Frowein*, in: Isensee/Kirchhof (Hrsg.), Hdb StaatsR VII

Funk, Bernd-Christian, Die sozialen Rechte der Grundrechtscharta vor dem Hintergrund des EG-Rechtsbestandes und im Vergleich zur Europäischen Sozialcharta, in: Alfred Duschanek / Stefan Griller (Hrsg.), Grundrechte für Europa, Die Europäische Union nach Nizza, Wien 2002, S. 39 ff., Zitierweise: *B.-Chr. Funk*, in: Duschanek/Griller (Hrsg.), Grundrechte für Europa, 2002

Fürst, Andreas, Die bildungspolitischen Kompetenzen der Europäischen Gemeinschaft, Umfang und Entwicklungsmöglichkeiten, Frankfurt am Main 1999, Zitierweise: *A. Fürst*, Die bildungspolitischen Kompetenzen der Europäischen Gemeinschaft, 1999

Gadamer, Hans-Georg, Wahrheit und Methode, Grundzüge einer philosophischen Hermeneutik, 6. Auflage, Tübingen 1990, Zitierweise: *H.-G. Gadamer*, Wahrheit und Methode, 1990

Galetta, Diana-Uriana, Das Recht auf gute Verwaltung in der Europäischen Charta der Grundrechte und in der Rechtsprechung der EG-Gerichte, in: Klaus Stern / Peter J.

Tettinger (Hrsg.), Die Europäische Grundrechte-Charta im wertenden Verfassungsvergleich, Berlin 2005, S. 207 ff., Zitierweise: *D.-U. Galetta*, in: Stern/Tettinger (Hrsg.), Die Europäische Grundrechte-Charta im wertenden Verfassungsvergleich, 2005

Gallwas, Hans-Ullrich, Das Grundrecht auf Ausbildung gemäß Art. 128 Abs. 1 der Bayerischen Verfassung, BayVBl. 1976, S. 385-389

Geesmann, Rainer, Soziale Grundrechte im deutschen und französischen Verfassungsrecht und in der Charta der Grundrechte der Europäischen Union – Eine rechtsvergleichende Untersuchung zu den Wirkdimensionen sozialer Grundrechte –, Frankfurt am Main 2005, Zitierweise: *R. Geesmann*, Soziale Grundrechte im deutschen und französischen Verfassungsrecht und in der Charta der Grundrechte der Europäischen Union, 2005

Geiger, Rudolf, EUV/EGV, Vertrag über die Europäische Union und Vertrag zur Gründung der Europäischen Gemeinschaft, Kommentar, 4. Auflage, München 2004, Zitierweise: *R. Geiger*, EUV/EGV

Geis, Max-Emmanuel, Erziehungsauftrag und Erziehungsmaßstab der Schule im freiheitlichen Verfassungsstaat, RdJB 1996, S. 111-120

Geller-Kleinrahm, Kurt / Dickersbach, Alfred / Kühne, Jörg-Detlef (Hrsg.), Die Verfassung des Landes Nordrhein-Westfalen, Kommentar, 3. Auflage, Loseblatt, Göttingen 1994, Zitierweise: *Bearbeiter*, in: Geller-Kleinrahm (Hrsg.), NRW

Gersdorf, Hubertus, Das Kooperationsverhältnis zwischen deutscher Gerichtsbarkeit und EuGH, DVBl. 1994, S. 674-685

Glotz, Peter / Klaus, Faber, Richtlinien und Grenzen des Grundgesetzes für das Bildungswesen, in: Ernst Benda / Werner Maihofer / Hans-Jochen Vogel (Hrsg.), Handbuch des Verfassungsrechts der Bundesrepublik Deutschland, 2. Auflage, Berlin New York 1994, § 28 (S. 1363 ff.), Zitierweise: *P. Glotz/Kl. Faber*, in: Benda/Maihofer/Vogel (Hrsg.), Hdb VerfR

Goedert, Albert, Bestand und Bedeutung der Grundrechte im Bildungsbereich im Großherzogtum Luxemburg, EuGRZ 1981, S. 658-667

Goethe, Johann Wolfgang von, Gedichte in zeitlicher Folge, Frankfurt am Main Leipzig 1982, in: Heinz Nicolai (Hrsg.), Sonderausgabe zum 150. Todestag, 13. Auflage, 2005 [Die Gedichte folgen der revidierten Ausgabe von 1958], Zitierweise: *Johann Wolfgang von Goethe* (1749-1832), Zahme Xenien IX (1828, Weimar), Gedichte in zeitlicher Folge

Golsong, Heribert / Karl, Wolfram / Miehsler, Herbert / Petzold, Herbert / Rogge, Kersten / Vogler, Theo / Wildhaber, Luzius (Hrsg.), Internationaler Kommentar zur Europäischen Menschenrechtskonvention, Loseblattsammlung, Stand: September 2003, Köln Berlin Bonn München, Zitierweise: *Bearbeiter*, in: Golsong u.a. (Hrsg.), IK-EMRK

Gori, Gisella, Towards an EU Right to Education, The Hague 2001, Zitierweise: *G. Gori*, Towards an EU Right to Education, 2001

Görres-Gesellschaft (Hrsg.), Staatslexikon, Recht Wirtschaft Gesellschaft, Band 1, 7. Auflage, Freiburg Basel Wien 1995, Zitierweise: *Bearbeiter*, in: Staatslexikon, Bd. 1

Grabenwarter, Christoph / Pabel, Katharina, Grundrechtsschutz in der Rechtsprechung des EuGH und des EGMR, in: Klaus Stern / Peter J. Tettinger (Hrsg.), Die Europäische Grundrechte-Charta im wertenden Verfassungsvergleich, Berlin 2005, S. 81 ff., Zitierweise: *Chr. Grabenwarter/K. Pabel*, in: Stern/Tettinger (Hrsg.), Die Europäische Grundrechte-Charta im wertenden Verfassungsvergleich, 2005

Grabenwarter, Christoph, Auf dem Weg in die Grundrechtsgemeinschaft?, EuGRZ 2004, S. 563-570

– Die Charta der Grundrechte für die Europäische Union, DVBl. 2001, S. 1-13

– Die Menschenrechtskonvention und Grundrechte-Charta in der europäischen Verfassungsentwicklung, in: Hans-Joachim Cremer, Thomas Giegerich, Dagmar Richter, Andreas Zimmermann (Hrsg.), Tradition und Weltoffenheit des Rechts, Festschrift für Helmut Steinberger, Berlin Heidelberg New York 2002, Zitierweise: *Chr. Grabenwarter*, Festschrift H. Steinberger, 2002

– Europäische Menschenrechtskonvention, 2. Auflage, München 2005, Zitierweise: *Chr. Grabenwarter*, EMRK

– Europäisches und nationales Verfassungsrecht, Zweiter Beratungsgegenstand (4. Bericht), VVDStRL 60 (2001), S. 290-345

Grabitz, Eberhard (Hrsg.), Grundrechte in Europa und USA, Band I: Strukturen nationaler Systeme, Kehl am Rhein Straßburg Arlington 1986, Zitierweise: *Bearbeiter*, in: Grabitz (Hrsg.), Grundrechte in Europa, 1986

Grabitz, Eberhard / Hilf, Meinhard (Hrsg.), Das Recht der Europäischen Union, EUV/EGV, Loseblatt, Stand: München 2005, Zitierweise: *Bearbeiter*, in: Grabitz/Hilf (Hrsg.), EUV/EGV, Bd.

Grewe, Constance, Die Grundrechte und ihre richterliche Kontrolle in Frankreich, EuGRZ 2002, S. 209-212

Griller, Stefan, Der Anwendungsbereich der Grundrechtscharta und das Verhältnis zu sonstigen Gemeinschaftsrechten, Rechten aus der EMRK und zu verfassungsgesetzlich gewährleisteten Rechten, in: Duschanek, Alfred / Griller, Stefan (Hrsg.), Grundrechte für Europa, Die Europäische Union nach Nizza, Wien 2002, S. 131 ff., Zitierweise: *St. Griller*, in: Duschanek/Griller (Hrsg.), Grundrechte für Europa, 2002

Groeben, Hans von der / Schwarze, Jürgen (Hrsg.), Kommentar zum Vertrag über die Europäische Union und zur Gründung der Europäischen Gemeinschaft, Band 3 (Art. 98-188 EGV), 6. Auflage, Baden-Baden 2003, Zitierweise: *Bearbeiter*, in: Groeben/Schwarze (Hrsg.), EUV/EGV

Groeben, Hans von der / Thiesing, Jochen / Ehlermann, Claus-Dieter (Hrsg.), Kommentar zum EU-/EG-Vertrag, Band 3 (Art. 102a-136a EGV), 5. Auflage, Baden-Baden 1999, Zitierweise: *Bearbeiter*, in: Groeben/Thiesing/Ehlermann (Hrsg.), 5. Aufl., EUV/EGV

Große Wentrup, Anna, Die Europäische Grundrechtecharta im Spannungsfeld der Kompetenzverteilung zwischen Europäischer Union und Mitgliedstaaten, Eine Untersuchung am Beispiel von Art. 14 und 16 EuGRC, Berlin 2003, Zitierweise: *A. Große Wentrup*, Europäische Grundrechtecharta, 2003

Grote, Rainer / Marauhn, Thilo (Hrsg.), EMRK/GG Konkordanzkommentar zum europäischen und deutschen Grundrechtsschutz, Tübingen 2006, Zitierweise: *Bearbeiter*, in: Grote/Marauhn (Hrsg.), EMRK/GG

Grote, Rainer, Die Inkorporierung der Europäischen Menschenrechtskonvention in das britische Recht durch den Human Rights Act 1998, ZaöRV 58 (1998), S. 309-352

Gündisch, Jürgen, Grundrechte und Rechtsschutz, in: Klaus Beckmann / Jürgen Dieringer / Ulrich Hufeld (Hrsg.), Eine Verfassung für Europa, 2. Auflage, Tübingen 2005, S. 429 ff., Zitierweise: *J. Gündisch*, in: Beckmann/Dieringer/Hufeld (Hrsg.), Eine Verfassung für Europa, 2005

Günther, Thomas, Zur Zulässigkeit der Errichtung privater Volksschulen als Bekenntnisschulen religiös-ethnischer Minderheiten nach Art. 7 Abs. 5 GG – Am Beispiel einer islamischen Bekenntnisschule, Frankfurt am Main 2006, Zitierweise: *Th. Günther*, Zur Zulässigkeit der Errichtung privater Volksschulen als Bekenntnisschulen religiös-ethnischer Minderheiten nach Art. 7 Abs. 5 GG, 2006

Guradze, Heinz, Die Europäische Menschenrechtskonvention, Kommentar, Berlin Frankfurt am Main 1968, Zitierweise: *H. Guradze*, EMRK

Häberle, Peter, Das Bundesverfassungsgericht im Leistungsstaat. Die Numerus-clausus-Entscheidung vom 18. 7. 1972, DÖV 1972, S. 729-740

– Die Wesensgehaltgarantie des Art. 19 Abs. 2 Grundgesetz. Zugleich ein Beitrag zum institutionellen Verständnis der Grundrechte und zur Lehre vom Gesetzesvorbehalt, 3. Auflage, Heidelberg 1983, Zitierweise: *P. Häberle*, Die Wesensgehaltgarantie des Art. 19 Abs. 2 Grundgesetz, 1983

– Europäische Verfassungslehre, 4. Auflage, Baden-Baden 2006, Zitierweise: *P. Häberle*, Europäische Verfassungslehre, 2006

– Grundrechtsgeltung und Grundrechtsinterpretation im Verfassungsstaat – Zugleich zur Rechtsvergleichung als „fünfter“ Auslegungsmethode, JZ 1989, S. 913-919

Hablitzel, Hans, Harmonisierungsverbot und Subsidiaritätsprinzip im europäischen Bildungsrecht, DÖV 2002, S. 407-414

– Subsidiaritätsprinzip und Bildungskompetenzen im Vertrag über die Europäische Union, Eichstätt 1994, Zitierweise: *H. Hablitzel*, Subsidiaritätsprinzip und Bildungskompetenzen im Vertrag über die Europäische Union, 1994

Häfner, Gerald / Strawe, Christoph / Zuegg, Robert, In der Auseinandersetzung um eine Charta der Grundrechte der Europäischen Union, ZRP 2000, S. 365-368

Hailbronner, Kay / Geis, Max-Emanuel (Hrsg.), Kommentar zum Hochschulrahmengesetz (HRG), Ordner 1, Loseblatt: Heidelberg 2005, Zitierweise: *Bearbeiter*, in: Hailbronner/Geis (Hrsg.), HRG

Hailbronner, Kay, Die neuere Rechtsprechung zum EG-Freizügigkeitsrecht, ZAR 1988, S. 3-13

– Die soziale Dimension der EG-Freizügigkeit – Gleichbehandlung und Territorialitätsprinzip, EuZW 1991, S. 171-180

– Diskriminierungsverbot, Unionsbürgerschaft und gleicher Zugang zu Sozialleistungen, ZaöRV 64 (2004), S. 603-619

– Europa 1992 – Freizügigkeit für Studenten und Auszubildende in der Europäischen Gemeinschaft, JuS 1991, S. 9-18

Halamai, Gábor, Die Meinungsfreiheit in der Rechtsprechung des ungarischen Verfassungsgerichts, in: Joachim Burmeister (Hrsg.), Verfassungsstaatlichkeit, Festschrift für Klaus Stern zum 65. Geburtstag, München 1997, S. 953 ff., Zitierweise: *G. Halamai*, Festschrift Kl. Stern, 1997

Harris, D. J. / O'Boyle, M. / Warbrick, C., Law of the European Convention on Human Rights, London Dublin Edinburgh 1995, Zitierweise: *D. J. Harris/M. O'Boyle/C. Warbrick*, European Convention on Human Rights

Herdegen, Matthias, Europarecht, 5. Auflage, München 2003, Zitierweise: *M. Herdegen*, Europarecht

Heringa, Aalt Willem / Verhey, Luc, The EU Charter: Text and Structure, MJ 1 (2001), S. 11-32

Herzig, Günter, Kompetenzen der Europäischen Union im Hochschulbereich und Freizügigkeitsrechte von Studenten im Europäischen Gemeinschaftsrecht, Wien 1995, Zitierweise: *G. Herzig,* Kompetenzen der EU im Hochschulbereich, 1995

Heymann, Klaus-Dieter / Stein, Ekkehart, Das Recht auf Bildung, AöR 97 (1972), S. 185-232

Hideń, Mikael, Bestand und Bedeutung der Grundrechte im Bildungsbereich in Finnland, EuGRZ 1981, S. 640-643

Hilf, Meinhard, Die Charta der Grundrechte der EU in der Perspektive 2004, EuR 2002 (Beiheft 3), S. 13-28

– Die Charta der Grundrechte der Europäischen Union, in: Charta der Grundrechte der EU, Sonderbeilage zu NJW, EuZW, NVwZ und JuS (2000), S. 1-15

– Die Gemeinsame Grundrechtserklärung des Europäischen Parlaments, des Rats und der Kommission vom 5. April 1977, EuGRZ 1977, S. 158-161

– Die Grundrechtscharta im Rechtsgefüge der Union – Nizza und die Zukunftsperspektive, in: Alfred Duschanek / Stefan Griller (Hrsg.), Grundrechte für Europa, Die Europäische Union nach Nizza, Wien 2002, S. 15 ff., Zitierweise: *M. Hilf,* in: Duschanek/Griller (Hrsg.), Grundrechte für Europa, 2002

Hilpold, Peter, Bildung in Europa, Unter besonderer Berücksichtigung der EU-Bildungsprogramme, Baden-Baden 1995, Zitierweise: *P. Hilpold*, Bildung in Europa, 1995

Hirsch, Günther, Die Aufnahme der Grundrechtecharta in den Verfassungsvertrag, in: Jürgen Schwarze (Hrsg.), Der Verfassungsentwurf des Europäischen Konvents, Baden-Baden 2004, S. 111 ff., Zitierweise: *G. Hirsch*, in: Schwarze (Hrsg.), Der Verfassungsentwurf des Europäischen Konvents, 2004

Hobe, Stephan, Europarecht, Köln Berlin Bonn München 2002, Zitierweise: *St. Hobe*, Europarecht

Hochbaum, Ingo, Die Hochschulpolitik der Europäischen Gemeinschaften, WissR 19 (1986), S. 206-219

– Politik und Kompetenzen der Europäischen Gemeinschaften im Bildungswesen, BayVBl. 1987, S. 481-490

Hoffmann, Gunter M., Grundrechte in Europa – braucht Europa einen Grundrechtskatalog?, Aachen 1995, Zitierweise: *G. M. Hoffmann*, Grundrechte in Europa, 1995

Hoffmann-Riem, Wolfgang, Kohärenz der Anwendung europäischer und nationaler Grundrechte, EuGRZ 2002, S. 473-483

Höfler, Rosemarie, Europa auf dem Weg zu einer sozialen Union? Die EuGH-Rechtsprechung zu unionsrechtlichen Ansprüchen auf Sozialhilfe, NVwZ 2002, S. 1206-1208

Höfling, Wolfram, Menschenwürde und Integritätsschutz vor der Herausforderungen der Biomedizin, in: Klaus Stern / Peter J. Tettinger (Hrsg.), Die Europäische Grundrechte-Charta im wertenden Verfassungsvergleich, Berlin 2005, S. 151 ff., Zitierweise: *W. Höfling*, in: Stern/Tettinger (Hrsg.), Die Europäische Grundrechte-Charta im wertenden Verfassungsvergleich, 2005

Holoubek, Michael, Die liberalen Rechte der Grundrechtscharta im Vergleich zur Europäischen Menschenrechtskonvention, in: Alfred Duschanek / Stefan Griller (Hrsg.), Grundrechte für Europa, Die Europäische Union nach Nizza, Wien 2002, S. 25 ff., Zitierweise: *M. Holoubek*, in: Duschanek/Griller (Hrsg.), Grundrechte für Europa, 2002

Huber, Peter M., Recht der Europäischen Integration, 2. Auflage, München 2002, Zitierweise: *P. M. Huber*, Recht der Europäischen Integration

Iber, Andreas, Der Status der Grundrechtscharta im Gemeinschaftsrecht:, Derzeitige Verbindlichkeit und Zukunftsperspektiven der Charta – insbesondere im Verfassungskonvent, ZEuS 2002, S. 483-505

Ibler, Martin, Der Grundrechtsschutz in der spanischen Verfassung am Beispiel des Eigentums, JZ 1999, S. 287-294

Iliopoulos-Strangas, Julia (Hrsg.), La protection des droits sociaux fondamentaux dans les Etats membres de l'Union européenne, Athènes Bruxelles Baden-Baden 2000, Zitierweise: *Bearbeiter,* in: Iliopoulos-Strangas (Hrsg.), La protection des droits sociaux fondamentaux dans les Etats membres de l'Union européenne, 2000

– Der Schutz sozialer Grundrechte in der Charta der Grundrechte der Europäischen Union vor dem Hintergrund des Schutzes sozialer Grundrechte in den Verfassungsordnungen der Mitgliedstaaten, in: Dieter H. Scheuing (Hrsg.), Europäische Verfassungsordnung, 1. Auflage, Baden-Baden 2003, S. 133 ff., Zitierweise: *J. Iliopoulos-Strangas*, in: Scheuing (Hrsg.), Europäische Verfassungsordnung, 2003

– Grundrechtsschutz in Griechenland, JöR 32 (1983), S. 395-442

Ipsen, Hans Peter, Europäisches Gemeinschaftsrecht, Tübingen 1972, Zitierweise: *H. P. Ipsen*, Europäisches Gemeinschaftsrecht, 1972

Ipsen, Knut, Völkerrecht, 5. Auflage, München 2004, Zitierweise: *K. Ipsen,* Völkerrecht

Isensee, Josef, Das Grundrecht als Abwehrrecht und als staatliche Schutzpflicht, in: Josef Isensee / Paul Kirchhof (Hrsg.), Handbuch des Staatsrechts der Bundesrepublik Deutschland, Band V – Allgemeine Grundrechtslehren, § 111 (S. 143 ff.), Heidelberg 1992, Zitierweise: *J. Isensee*, in: Isensee/Kirchhof (Hrsg.), Hdb StaatsR V

Ismayr, Wolfgang (Hrsg.), Die politischen Systeme Osteuropas, Opladen 2002, Zitierweise: *Bearbeiter*, in: Ismayr (Hrsg.), Die politischen Systeme Osteuropas, 2002

Jach, Frank-Rüdiger, Die Entstehung des Bildungsverfassungsrechts in den neuen Bundesländern, RdJB 1992, S. 268-280

– Die Rechtsstellung der Schulen in freier Trägerschaft vor dem Hintergrund der neueren Rechtsprechung zu Art. 7 Abs. 4 und 5 GG, DÖV 2002, S. 969-977

Jacqué, Jean-Paul, La démarche initiée par le Conseil européen de Cologne, RUDH 2000, S. 3-6

Jarass, Hans D. / Pieroth, Bodo (Hrsg.), Grundgesetz für die Bundesrepublik Deutschland, Kommentar, 8. Auflage, München 2006, Zitierweise: *Bearbeiter*, in: Jarass/Pieroth (Hrsg.), GG

Jarass, Hans D., EU-Grundrechte, München 2005, Zitierweise: *H. D. Jarass*, EU-Grundrechte

– Zum Grundrecht auf Bildung und Ausbildung, DÖV 1995, S. 674-679

Jellinek, Georg, System der subjektiven öffentlichen Rechte, 1892, 2. Auflage (1905), Nachdruck Aalen 1979, Zitierweise: *G. Jellinek*, System der subjektiven öffentlichen Rechte, 1892, 2. Auflage (1905), Nachdruck 1979

Jenkner, Siegfried (Hrsg.), Das Recht auf Bildung und die Freiheit der Erziehung in Europäischen Verfassungen, Frankfurt am Main 1994, Zitierweise: *S. Jenkner* (Hrsg.), Das Recht auf Bildung und die Freiheit der Erziehung in Europäischen Verfassungen, 1994

– (Hrsg.), Internationale Erklärungen und Übereinkomen zum Recht auf Bildung und zur Freiheit der Erziehung, Frankfurt am Main 1992, Zitierweise: *S. Jenkner* (Hrsg.), Internationale Erklärungen und Übereinkomen zum Recht auf Bildung und zur Freiheit der Erziehung, 1992

– Das Recht auf Bildung und die Freiheit der Erziehung in der deutschen Verfassungs- und Bildungsgeschichte bis zum Grundgesetz, in: Frank-Rüdiger Jach / Siegfried Jenkner (Hrsg.), 50 Jahre Grundgesetz und Schulverfassung, Berlin 2000, S. 1 ff., Zitierweise: *S. Jenkner*, in: Jach/Jenkner (Hrsg.), 50 Jahre GG und Schulverfassung, 2000

Jeukens, H. J. M. / Simons, D. / de Jong, H. G., Bestand und Bedeutung der Grundrechte im Bildungsbereich in den Niederlanden, EuGRZ 1981, S. 667-671

Kadelbach, Stefan (Hrsg.), Europäische Verfassung und direkte Demokratie, Baden-Baden 2006, Zitierweise: *Bearbeiter*, in: Kadelbach (Hrsg.), Europäische Verfassung und direkte Demokratie, 2006

Kahl, Wolfgang, Das Grundrechtsverständnis der postsozialistischen Verfassungen Osteuropas, Berlin 1994, Zitierweise: *W. Kahl*, Das Grundrechtsverständnis der postsozialistischen Verfassungen Osteuropas, 1994

Kämpfer, Walter, Bestand und Bedeutung der Grundrechte im Bildungsbereich, Generalbericht, EuGRZ 1981, S. 721-737

Kaufmann, Stefan, Das Europäische Hochschulinstitut, Die Florentiner „Europa-Universität im Gefüge des europäischen und internationalen Rechts, Berlin 2003, Zitierweise: *St. Kaufmann*, Das Europäische Hochschulinstitut, 2003

Kempen, Bernhard, Grundfragen des institutionellen Hochschulrechts, in: Michael Hartmer / Hubert Detmer (Hrsg.), Hochschulrecht, Ein Handbuch für die Praxis, 1. Auflage, Heidelberg 2004, S. 1 ff., Zitierweise: *B. Kempen*, in: Hartmer/Detmer (Hrsg.), Hdb Hochschulrecht

Kenntner, Markus, Die Schrankenbestimmungen der EU-Grundrechtecharta – Grundrechte ohne Schutzwirkung?, ZRP 2000, S. 423-425

Kimmel, Adolf / Kimmel, Christiane, Verfassungen der EU-Mitgliedstaaten, 6. Auflage, München 2005, Zitierweise: *A. Kimmel/Chr. Kimmel*, Verfassungen der EU-Mitgliedstaaten, 2005

Kimminich, Otto, Anmerkung zum Numerus-clausus-Urteil des BVerfG, JZ 1972, S. 696-699

Kingreen, Thorsten, Die Gemeinschaftsgrundrechte, JuS 2000, S. 857-865

– Theorie und Dogmatik der Grundrechte im europäischen Verfassungsvergleich, EuGRZ 2004, S. 570-576

Kischel, Uwe, Zur Dogmatik des Gleichheitssatzes in der Europäischen Union, EuGRZ 1997, S. 1-11

Klein, Eckart / Beckmann, Martina, Neuere Entwicklungen des Rechts der Europäischen Gemeinschaften, DÖV 1990, S. 179-189

Klein, Eckart, Von der Spaltung zur Einigung Europas. Bildungspolitik und Grundrechte, in: Detlef Merten / Hans-Jürgen Papier (Hrsg.), Handbuch der Grundrechte in Deutschland und Europa, Band I Entwicklung und Grundlagen, Heidelberg 2004, § 5 (S. 257 ff.), Zitierweise: *E. Klein*, in: Merten/Papier (Hrsg.), Handbuch der Grundrechte in Deutschland und Europa, Bd. I

Klein, Friedrich / Fabricius, Fritz, Das Recht auf Bildung und seine Verwirklichung im Ballungsraum, Stuttgart Berlin Köln Mainz 1969, Zitierweise: *Fr. Klein/Fr. Fabricius*, Recht auf Bildung, 1969

Kluth, Winfried, Die Bindung privater Wirtschaftsteilnehmer an die Grundfreiheiten des EG-Vertrages – eine Analyse am Beispiel des Bosman-Urteils des EuGH –, AöR 122 (1997), S. 557-582

Knecht, Matthias H., Die Charta der Grundrechte der Europäischen Union, Stuttgart 2005, Zitierweise: *M. H. Knecht*, Die Charta der Grundrechte der Europäischen Union, 2005

Knöll, Ralf, Die Charta der Grundrechte der Europäischen Union, NVwZ 2001, 392-394

– Die Diskussion um die Grundrechtscharta der Europäischen Union aus dem Blickwinkel der deutschen Länder, NJW 2000, S. 1845-1848

Köbler, Gerhard, Rechtsfranzösisch, 2. Auflage, München 1998, Zitierweise: *G. Köbler*, Rechtsfranzösisch

Koenig, Christian, EU-Grundrechtscharta – ein neuer supranationaler Kompetenztitel?, EuZW 2000, S. 417

Konow, Gerhard, Bildungs- und Kulturpolitik in der Europäischen Gemeinschaft, RdJB 1989, S. 118-129

– Bildungspolitik nach „Maastricht", RdJB 1992, S. 428-435

Köpcke-Duttler, Arnold, Zum Recht auf Bildung in interkulturellem Licht, in: Frank-Rüdiger Jach / Siegfried Jenkner (Hrsg.), 50 Jahre Grundgesetz und Schulverfassung, Berlin

2000, S. 91 ff., Zitierweise: *A. Köpcke-Duttler*, in: Jach/Jenkner (Hrsg.), 50 Jahre GG und Schulverfassung, 2000

Kopetz, Hedwig, Präambeln: unverbindliche Verfassungslyrik oder verbindliches Verfassungsprogramm?, in: Yvonne Becker / Marie Louise Bovenkerk / Katrin Groh / Florian Gröblinghoff / Lars Gußen / Vanessa Hellmann / Süleyman Kolcu / Martin Klein / Claudia Menzel / Jörg Philipp Terherchte (Hrsg.), 45. Assistententagung Öffentliches Recht, Die Europäische Verfassung – Verfassungen in Europa, Baden-Baden 2005, S. 9 ff., Zitierweise: *H. Kopetz*, in: Becker/Bovenkerk u.a. (Hrsg.), Die Europäische Verfassung, 2005

Koselleck, Reinhart, Einleitung – Zur anthropologischen und semantischen Struktur der Bildung, in: Reinhart Koselleck (Hrsg.), Bildungsbürgertum im 19. Jahrhundert, Teil II: Bildungsgüter und Bildungswissen, Stuttgart 1990, S. 11 ff., Zitierweise: *R. Koselleck*, in: Koselleck (Hrsg.), Bildungsbürgertum im 19. Jahrhundert, Teil II, 1990

Krüger, Christian / Polakiewicz, Jörg, Vorschläge für ein kohärentes System des Menschenrechtsschutze in Europa, Europäische Menschenrechtskonvention und EU-Grundrechtecharta, EuGRZ 2001, S. 92-105

Krüger, Hartmut, Hochschule in der europäischen Rechtsordnung, in: Christian Flämig / Otto Kimminich / Hartmut Krüger / Ernst-Joachim Meusel / Hans Heinrich Rupp / Dieter Scheven / Hermann Josef Schuster / Friedrich Graf Stenbock-Fermor (Hrsg.), Handbuch des Wissenschaftsrechts, Band 1, 2. Auflage, Berlin Heidelberg New York 1996, S. 189 ff., Zitierweise: *H. Krüger*, in: Flämig u.a. (Hrsg.), Hdb WissR I

Kühnhardt, Ludger, Perspektiven der Bildungsreform in Deutschland, in: Ludger Kühnhardt (Hrsg.), Erweiterung und Vertiefung. Die Europäische Union im Neubeginn, 1. Auflage, Baden-Baden 2005, S. 195 ff., Zitierweise: *L. Kühnhardt*, in: Kühnhardt (Hrsg.), Erweiterung und Vertiefung, 2005

Kutscher, Hans, Über den Gerichtshof der Europäischen Gemeinschaft, EuR 1981, S. 392-413

Ladenburger, Clemens, Das Verhältnis der Grundrechtecharta zum mitgliedstaatlichen Recht – Einige Anmerkungen zum Anwendungsbereich, zur Tragweite und zur Auslegung der Rechte und Grundsätze der Charta –, in: Klaus Stern / Peter J. Tettinger (Hrsg.), Europäische Verfassung im Werden, Berlin 2006, S. 83 ff., Zitierweise: *Cl. Ladenburger*, in: Stern/Tettinger (Hrsg.), Europäische Verfassung im Werden, 2006

Langenfeld, Christine, Gehören soziale Grundrechte in die Grundrechtecharta?, in: Jürgen Bröhmer, Roland Bieber, Christian Callies, Christine Langenfeld, Stefan Weber, Joachim Wolf (Hrsg.), Internationale Gemeinschaft und Menschenrechte, Festschrift für Georg Ress zum 70. Geburtstag, Köln Berlin München 2005, S. 599 ff., Zitierweise: *Chr. Langenfeld*, Festschrift G. Ress, 2005

– Integration und kulturelle Identität zugewanderter Minderheiten. Eine Untersuchung am Beispiel des allgemeinbildenden Schulwesens in der Bundesrepublik Deutschland, Tübingen 2001, Zitierweise: *Chr. Langenfeld*, Integration und kulturelle Identität zugewanderter Minderheiten, 2001

Langenscheidts Handwörterbuch, Englisch Teil I: Englisch-Deutsch, 5. Auflage, Berlin München 2000, Zitierweise: *Langenscheidts Handwörterbuch*, Englisch-Deutsch

Larenz, Karl / Canaris, Claus-Wilhelm, Methodenlehre der Rechtswissenschaft, 3. Auflage, Berlin Heidelberg New York 1995, Zitierweise: *K. Larenz/Cl.-W. Canaris*, Methodenlehre der Rechtwissenschaft

Lebitsch, Gerhard, Zur Unterrichtsfreiheit der Privatschule, RdS 1983, S. 33-39, 74-78

Lenaerts, Koen / Smijter, Eddy de, A "Bill of Rights" for the European Union, CMLR 2001, S. 273-300

Lenaerts, Koen, Education in European Community Law after „Maastricht", CMLR 1994, S. 7-41

– Le droit comparé dans le travail du juge communautaire, RTD eur. 2001, S. 487-528

Lenz, Carl Otto / Borchardt, Klaus-Dieter (Hrsg.), EU- und EG-Vertrag, Kommentar zu dem Vertrag über die Europäische Union und zu dem Vertrag zur Gründung der Europäische Gemeinschaft, 4. Auflage, Köln 2006, Zitierweise: *Bearbeiter*, in: Lenz/Borchardt (Hrsg.), EUV/EGV

Lenz, Carl Otto, Die Rechtsprechung des Europäischen Gerichtshofs im Bereich des Bildungswesens, EA 1989, S. 125-134

Lerche, Peter, Grundrechtlicher Schutzbereich, Grundrechtsprägung und Grundrechtseingriff, in: Josef Isensee / Paul Kirchhof (Hrsg.), Handbuch des Staatsrechts der Bundesrepublik Deutschland, Band V – Allgemeine Grundrechtslehren, § 121 (S. 739 ff.), Heidelberg 1992, Zitierweise: *P. Lerche*, in: Isensee/Kirchhof (Hrsg.), Hdb StaatsR V

Leschinsky, Achim, Der institutionelle Rahmen des Bildungswesens, in: Kai S. Cortina / Jürgen Baumert / Achim Leschinsky / Karl Ulrich Mayer / Luitgard Trommer (Hrsg.), Das Bildungswesen in der Bundesrepublik Deutschland, Reinbek 2003, S. 148 ff., Zitierweise: *A. Leschinsky*, in: Cortina/Baumert u.a. (Hrsg.), Das Bildungswesen in der Bundesrepublik Deutschland, 2003

Letzner, Peggy, Sozialhilfe für Student aus anderem Mitgliedstaat – EuGH, EuZW 2002, 52, JuS 2003, S. 118-122

Leutheusser-Schnarrenberger, Sabine, Die Entwicklung des Schutzes der Grundrechte in der EU, ZRP 2002, S. 329-332

Leuze, Dieter (Hrsg.), Gesetz über die Universitäten (bisher: wissenschaftlichen Hochschulen) des Landes Nordrhein-Westfalen, Kommentar, Band 1, Bielefeld 1998, Zitierweise: *Bearbeiter*, in: Leuze (Hrsg.), UG NW, Bd. 1

Lindner, Josef Franz, EG-Grundrechtscharta und gemeinschaftlicher Kompetenzvorbehalt, DÖV 2000, S. 543-550

Losch, Bernhard / Radau, Wiltrud Christine, Die soziale Verfassungsaufgabe der Europäischen Union, NVwZ 2003, S. 1440-1446

– Europäische Grundrechte als Integrationsfaktor, NJ 1999, S. 632-635

– Grundrechtskatalog für die Europäische Union, ZRP 2000, S. 84-87

Löwer, Wolfgang / Tettinger, Peter J. (Hrsg.), Kommentar zur Verfassung des Landes Nordrhein-Westfalen, Stuttgart München Hannover Berlin Weimar Dresden 2002, Zitierweise: *Bearbeiter*, in: Löwer/Tettinger (Hrsg.), NRW

Luthe, Ernst-Wilhelm, Bildungsrecht, Berlin 2003, Zitierweise: *E.-W. Luthe*, Bildungsrecht, 2003

Magiera, Siegfried, Die Bedeutung der Grundrechtecharta für die Europäischen Verfassungsordnung, in: Dieter H. Scheuing (Hrsg.), Europäische Verfassungsordnung, 1. Auflage, Baden-Baden 2003, S. 117 ff., Zitierweise: *S. Magiera*, in: Scheuing (Hrsg.), Europäische Verfassungsordnung, 2003

– Die Europäische Gemeinschaft auf dem Wege zu einem Europa der Bürger, DÖV 1987, S. 221-231

– Die Grundrechtecharta der Europäischen Union, DÖV 2000, S. 1017-1026

Mangoldt, Hermann von / Klein, Friedrich / Starck, Christian (Hrsg.), Kommentar zum Grundgesetz, Band 1, 5. Auflage, München 2005, Zitierweise: *Bearbeiter*, in: v. Mangoldt/Klein/Starck (Hrsg.), GG I

Martinez-Soria, José, Illegalität und Schulbesuch – Der Zugang illegal im Bundesgebiet sich aufhaltender Minderjähriger zur Schule -, RdJB 2005, S. 82-94

Matzka, Manfred, Schulrecht und „freier" Unterricht, RdS 1980, S. 4-7

Maunz, Theodor / Dürig, Günter (Hrsg.), Grundgesetz, Kommentar, Loseblatt, München 2006, Zitierweise: *Bearbeiter*, in: Maunz/Dürig (Hrsg.), GG

Mayer, Franz C., Europäisches Sprachenverfassungsrecht, Der Staat 44 (2005), S. 367-401

Mayer, Hans, Schule und Verfassung, RdS 1985, S. 1-6

Menze, Clemens, Wilhelm von Humboldts Lehre und Bild vom Menschen, Ratingen 1965, Zitierweise: *Cl. Menze*, Wilhelm von Humboldts Lehre und Bild vom Menschen, 1965

Meyer, Jürgen (Hrsg.), Kommentar zur Charta der Grundrechte der Europäischen Union, 2. Auflage, Baden-Baden 2006, Zitierweise: *Bearbeiter*, in: Meyer (Hrsg.), EU-GRCh

– Die EU ist auch eine Wertegemeinschaft, Die Grundrechtscharta soll die Integration fördern, ZRP 2000, S. 114-116

Meyer, Jürgen / Engels, Markus, Aufnahme von sozialen Grundrechten in die Europäische Grundrechtecharta?, ZRP 2000, S. 368-371

– Die Charta der Grundrechte der Europäischen Union. Eine Einführung, in: Deutscher Bundestag (Hrsg.), Die Charta der Grundrechte der Europäischen Union, Berichte und Dokumentation mit einer Einleitung von Jürgen Meyer und Markus Engels, Opladen 2001, S. 7 ff., Zitierweise *J. Meyer/M. Engels*, in: Deutscher Bundestag (Hrsg.), Charta der Grundrechte der Europäischen Union, 2001

Meyer, Jürgen / Hölscheidt, Sven, Die Europäische Verfassung des Europäischen Konvents, EuZW 2003, S. 613-621

Meyer, Peter, Die Grundsätze der Auslegung im Europäischen Gemeinschaftsrecht, Jura 1994, S. 455-458

Meyer-Ladewig, Jens, Europäische Menschenrechtskonvention, Handkommentar, 2. Auflage, Baden-Baden 2006, Zitierweise: *J. Meyer-Ladewig*, EMRK

Modeen, Tore, Die finnische Schule, in: Jürgen Bröhmer, Roland Bieber, Christian Callies, Christine Langenfeld, Stefan Weber, Joachim Wolf (Hrsg.), Internationale Gemeinschaft und Menschenrechte, Festschrift für Georg Ress zum 70. Geburtstag, Köln Berlin München 2005, S. 1481 ff., Zitierweise: *T. Modeen*, Festschrift G. Ress, 2005

– Zum Recht auf privaten Schulunterricht – Eine Auslegung der §§ 82 und 79 der finnischen Regierungsform, ZaöRV 47 (1987), S. 581-596

Molthagen, Julia, Das Verhältnis der EU-Grundrechte zur EMRK, Eine Untersuchung unter besonderer Berücksichtigung der Charta der Grundrechte der EU, Hamburg 2003, Zitierweise: *J. Molthagen*, Das Verhältnis der EU-Grundrechte zur EMRK, 2003

Möstl, Markus, Verfassung für Europa, Einführung und Kommentierung mit vollständigem Verfassungstext, München 2005, Zitierweise: *M. Möstl*, Verfassung für Europa, 2005

Müller, Jörg Paul, Soziale Grundrechte in der Verfassung?, 2. Auflage, Basel Frankfurt am Main 1981, Zitierweise: *J. P. Müller*, Soziale Grundrechte in der Verfassung?, 1981

Müller-Solger, Hermann / Czysz, Armin / Petzold, Wolfgang / Pfaff, Ulrich, Bildung und Europa. Die EU-Fördermaßnahmen, 2. Auflage, Bonn 1997, Zitierweise: *H. Müller-Solger/A. Czysz/W. Petzold/U. Pfaff*, Bildung und Europa. Die EU-Fördermaßnahmen, 1997

Münch, Ingo von / Kunig, Philip (Hrsg.), Grundgesetz-Kommentar, Band 1 (Präambel. bis Art. 19), 5. Auflage, München 2000, Zitierweise: *Bearbeiter*, in: v. Münch/Kunig (Hrsg.), GG I

Muñiz, Jaime Nicolas, Bestand und Bedeutung der Grundrechte im Bildungsbereich in Spanien, EuGRZ 1981, S. 704-711

Murswiek, Dietrich, Grundrechte als Teilhaberechte, soziale Grundrechte, in: Josef Isensee / Paul Kirchhof (Hrsg.), Handbuch des Staatsrechts der Bundesrepublik Deutschland, Band V – Allgemeine Grundrechtslehren, § 112 (S. 243 ff.), Heidelberg 1992, Zitierweise: *D. Murswiek*, in: Isensee/Kirchhof (Hrsg.), Hdb StaatsR V

Nettesheim, Martin, Die Charta der Grundrechte der Europäischen Union: Eine verfassungsrechtliche Kritik, Integration 2002, S. 35-48

Neubeck, Xenia, Die Europäische Sozialcharta und deren Protokolle, Frankfurt am Main 2002, Zitierweise: *X. Neubeck*, Die Europäische Sozialcharta und deren Protokolle, 2002

Niedobitek, Matthias, Die kulturelle Dimension im Vertrag über die Europäische Union, EuR 1995, S. 349-376

– Kultur und Europäisches Gemeinschaftsrecht, Berlin 1992, Zitierweise: *M. Niedobitek*, Kultur und Europäisches Gemeinschaftsrecht, 1992

– Studienbeihilfen und Unionsbürgerschaft, Zum Urteil des Europäischen Gerichtshofs vom 15. März 2005 in der Rechtssache C-209/03 – Dany Bidar, RdJB 2006, S. 105-115

Nørgaard, Carl Aage, Die Rechtsprechung der Europäischen Kommission für Menschenrechte zum Recht auf Bildung, EuGRZ 1981, S. 633-637

Nowak, Manfred, UNO-Pakt über bürgerliche und politische Rechte und Fakultativprotokoll. CCPR-Kommentar, Kehl am Rhein Straßburg Arlington 1989, Zitierweise: *M. Nowak*, UNO-Pakt über bürgerliche und politische Rechte

Nowoczyn, Oliver, Bildungspolitische Kompetenzen der Europäischen Gemeinschaft nach Maastricht, Frankfurt am Main 1996, Zitierweise: *O. Nowoczyn*, Bildungspolitische Kompetenzen der Europäischen Gemeinschaft nach Maastricht, 1996

Odendahl, Guido, Die sozialen Menschenrechte – ein historischer, systematischer und rechtsvergleichender Überblick, JA 1996, S. 898-904

Odendahl, Kerstin, Recht auf Bildung, in: F. Sebastian M. Heselhaus, / Carsten Nowak (Hrsg.), Handbuch der Europäischen Grundrechte, München Wien Bern 2006, § 39 (S. 1082 ff.), Zitierweise: *K. Odendahl*, in: Heselhaus/Nowak (Hrsg.), Handbuch der Europäischen Grundrechte

Oertzen, Sabine, Bildung und Berufsausbildung in den Europäischen Gemeinschaften, München 1992, Zitierweise: *S. Oertzen*, Bildung und Berufsausbildung in den Europäischen Gemeinschaften, 1992

Oppermann, Thomas, Der neue EG-Vertrag zu Bildung und Forschung, in: Deutsche Forschungsgemeinschaft (Hrsg.), Bildung und Wissenschaft im Prozess der europäischen Einigung, Weinheim 1997, S. 104 ff., Zitierweise: *Th. Oppermann*, in: DFG (Hrsg.), Bildung und Wissenschaft im Prozess der europäischen Einigung, 1997

– Eine Verfassung für die Europäische Union, – Der Entwurf des Europäischen Konvents –, DVBl. 2003, S. 1234-1246

– Europäischer Verfassungskonvent und Regierungskonferenz 2002-2004 – Zur „gemischten" Entstehung der Europäischen Verfassung 2004 – DVBl. 2004, S. 1264-1271

– Europäisches Gemeinschaftsrecht und deutsche Bildungsordnung, „Gravier" und die Folgen, Bad Honnef 1987, Zitierweise: *Th. Oppermann*, Europäisches Gemeinschaftsrecht und deutsche Bildungsordnung – „Gravier" und die Folgen, 1987

– Europarecht, 1. Auflage, München 1991, Zitierweise: *Th. Oppermann*, Europarecht, 1. Aufl.

– Europarecht, 2. Auflage, München 1999, Zitierweise: *Th. Oppermann*, Europarecht

– Kulturverwaltungsrecht, Bildung – Wissenschaft – Kunst, Tübingen 1969, Zitierweise: *Th. Oppermann*, Kulturverwaltungsrecht, 1969

– Nach welchen rechtlichen Grundsätzen sind das öffentliche Schulwesen und die Stellung der an ihm Beteiligten zu ordnen?, Gutachten C für den 51. Deutschen Juristentag, München 1976, Zitierweise: *Th. Oppermann*, Öffentliches Schulwesen, 51. DJT, 1976

– Schule und berufliche Ausbildung, in: Josef Isensee / Paul Kirchhof (Hrsg.), Handbuch des Staatsrechts der Bundesrepublik Deutschland, Band VI – Freiheitsrechte, § 135 (S. 329 ff.), 2. Auflage, Heidelberg 2001, Zitierweise: *Th. Oppermann*, in: Isensee/Kirchhof (Hrsg.), Hdb StaatsR VI

– Von der EG-Freizügigkeit zur gemeinsamen europäischen Ausbildungspolitik?, Die „Gravier"-Doktrin des Gerichtshofes der Europäischen Gemeinschaften, Berlin New York 1988, Zitierweise: *Th. Oppermann*, Von der EG-Freizügigkeit zur gemeinsamen europäischen Ausbildungspolitik? Die „Gravier"-Doktrin des Gerichtshofes der Europäischen Gemeinschaften, 1988

Ovey, Clare / White, Robin / Jacobs, Francis Geoffrey, Jacobs and White, The European Convention on Human Rights, 3. Auflage, Oxford 2002, Zitierweise: *Cl. Ovey/R. White/Fr. G. Jacobs*, The European Convention on Human Rights

Pache, Eckhard, Die Europäische Grundrechtscharta – ein Rückschritt für den Grundrechtsschutz in Europa?, EuR 2001, S. 475-494

Partsch, Karl Josef, Vor- und Nachteile einer Regionalisierung des internationalen Menschenrechtsschutzes, EuGRZ 1989, S. 1-9

Pernice, Ingolf, Eine Grundrechte-Charta für die Europäische Union, DVBl. 2000, S. 847-859

– Europäische Grundrechte-Charta und Konventsverfahren, Zehn Thesen zum Prozess der europäischen Verfassung nach Nizza, Integration 2001, S. 194-197

– Gemeinschaftsverfassung und Grundrechtsschutz – Grundlagen, Bestand und Perspektiven, NJW 1990, S. 2409-2420

– Grundrechtsgehalte im Europäischen Gemeinschaftsrecht. Ein Beitrag zum gemeinschaftsimmanenten Grundrechtsschutz durch den Europäischen Gerichtshof, Baden-Baden 1979, Zitierweise: *I. Pernice*, Grundrechtsgehalte im Europäischen Gemeinschaftsrecht, 1979

Pescatore, Pierre, Bestand und Bedeutung der Grundrechte in den Europäischen Gemeinschaften, EuGRZ 1978, S. 441-445

Peters, Anne, Einführung in die Europäische Menschenrechtskonvention, Mit rechtsvergleichenden Bezügen zum deutschen Grundgesetz, München 2003, Zitierweise: *A. Peters*, EMRK

Picht, Georg, Die deutsche Bildungskatastrophe. Analyse und Dokumentation, Olten Freiburg 1964, Zitierweise: *G. Picht*, Die deutsche Bildungskatastrophe, 1964

Pieroth, Bodo / Schlink, Bernhard, Grundrechte, Staatsrecht II, 21. Auflage, Heidelberg 2005, Zitierweise: *B. Pieroth/B. Schlink*, Grundrechte

Pieroth, Bodo / Siegert, Anja, Kulturelle Staatszielbestimmungen. Analyse der Beratungen der Gemeinsamen Verfassungskommission, RdJB 1994, S. 438-456

Pieroth, Bodo, Erziehungsauftrag und Erziehungsmaßstab der Schule im freiheitlichen Verfassungsstaat, DVBl. 1994, S. 949-961

Pietsch, Jörg, Die Grundrechtecharta im Verfassungskonvent, ZRP 2003, S. 1-4

Pitschas, Rainer, Europäische Grundrechte-Charta und soziale Grundrechte, VSSR 2000, S. 207-221

Polakiewicz, Jörg, Soziale Grundrechte und Staatszielbestimmungen in den Verfassungsordnungen Italiens, Portugals und Spaniens, ZaöRV 54 (1994), S. 340-391

Pons, Großwörterbuch für Experten und Universität, Französisch-Deutsch, Deutsch-Französisch, 1. Auflage, Stuttgart Düsseldorf Leipzig 1999, Zitierweise: *Pons*, Großwörterbuch, Französisch-Deutsch

Rehof, Lars Adam, The Danes, Their Constitution and the International Community, in: Borge Dahl / Torben Melchior / Lars Adam Rehof / Ditlev Tamm (Hrsg.), Danish Law in a European Perspective, 1. Auflage, Copenhagen 1996, S. 53 ff., Zitierweise: *L. A. Rehof*, in: Dahl/Melchior/Rehof/Tamm (Hrsg.), Danish Law in a European Perspective, 1996

Reich, Andreas, Hochschulrahmengesetz, Kommentar, 7. Auflage, Bad Honnef 2000, Zitierweise: *A. Reich*, HRG

Reich, Dietmar O., Zum Einfluss des Europäischen Gemeinschaftsrechts auf die Kompetenzen der deutschen Bundesländer, EuGRZ 2001, S. 1-18

Reihe Alternativkommentare, Kommentar zum Grundgesetz für die Bundesrepublik Deutschland, 3. Auflage, Neuwied Kriftel 2001, Zitierweise: *Bearbeiter*, in: AK-GG

Rengeling, Hans-Werner / Szczekalla, Peter, Grundrechte in der Europäischen Union, Köln Berlin München 2004, Zitierweise: *H.-W. Rengeling/P. Szczekalla*, Grundrechte in der Europäischen Union

Rengeling, Hans-Werner, Der Grundrechtsschutz in der Europäischen Gemeinschaft und die Überprüfung der Gesetzgebung, DVBl. 1982, S. 140-144

– Die wirtschaftsbezogenen Grundrechte in der Grundrechtecharta, in: Jürgen Schwarze (Hrsg.), Der Verfassungsentwurf des Europäischen Konvents, Baden-Baden 2004, S. 331 ff., Zitierweise: *H.-W. Rengeling*, in: Schwarze (Hrsg.), Der Verfassungsentwurf des Europäischen Konvents, 2004

– Die wirtschaftsbezogenen Grundrechte in der Europäischen Grundrechtecharta, DVBl. 2004, S. 453-464

– Grundrechtsschutz in der Europäischen Gemeinschaft, Bestandsaufnahme und Analyse der Rechtsprechung des Europäischen Gerichtshofs zum Schutze der Grundrechte als allgemeine Rechtsgrundsätze, München 1993, Zitierweise: *H.-W. Rengeling*, Grundrechtsschutz in der Europäischen Gemeinschaft, 1993

Reuter, Lutz R., Das Recht auf Bildung in der deutschen Bildungsgeschichte seit 1945, in: Frank-Rüdiger Jach / Siegfried Jenkner (Hrsg.), 50 Jahre Grundgesetz und Schulverfassung, Berlin 2000, S. 17 ff., Zitierweise: *L. R. Reuter*, in: Jach/Jenkner (Hrsg.), 50 Jahre GG und Schulverfassung, 2000

– Schulrechtliche und schulpraktische Fragen der schulischen Betreuung von Kindern und Jugendlichen nichtdeutscher Erstsprache, RdJB 1999, S. 26-43

Richter, Ingo, Bildungsrecht – Was ist das eigentlich?, RdJB 1997, S. 2-10

– Bildungsverfassungsrecht, 1. Auflage, Stuttgart 1973, Zitierweise: *I. Richter*, Bildungsverfassungsrecht, 1973

Riz, Roland / Happacher Brezinka, Esther, Grundzüge des italienischen Verfassungsrechts, Innsbruck 2003, Zitierweise: *R. Riz/E. Happacher Brezinka*, Grundzüge des italienischen Verfassungsrechts, 2003

Robbers, Gerhard, Religionsrechtliche Gehalte der Europäischen Grundrechtecharta, in: Max-Emanuel Geis, Dieter Lorenz (Hrsg.), Staat Kirche Verwaltung, Festschrift für Hartmut Maurer zum 70. Geburtstag, München 2001, S. 425 ff., Zitierweise: *G. Robbers*, Festschrift H. Maurer, 2001

– Staat und Religion, Zweiter Beratungsgegenstand (2. Bericht), VVDStRL 59 (1999), S. 231-263

Ruffert, Matthias, Die Mitgliedstaaten der Europäischen Gemeinschaften als Verpflichtete der Gemeinschaftsgrundrechte, EuGRZ 1995, S. 518-530

– Schlüsselfragen der Europäischen Verfassung der Zukunft, Grundrechte – Institutionen – Kompetenzen – Ratifizierung, EuR 2004, S. 165-201

Rüfner, Wolfgang, Grundrechtsadressaten, in: Josef Isensee / Paul Kirchhof (Hrsg.), Handbuch des Staatsrechts der Bundesrepublik Deutschland, Band V – Allgemeine Grundrechtslehren, § 117 (S. 525 ff.), Heidelberg 1992, Zitierweise: *W. Rüfner*, in: Isensee/Kirchhof (Hrsg.), Hdb StaatsR V

Ruhs, Christian, Zugang zur Bildung und Gleichbehandlung – der EuGH als Motor der Europäischen Bildungspolitik, ÖJZ 2002, S. 281-293

Rupp, Hans Heinrich, Die Grundrechte und das Europäische Gemeinschaftsrecht, NJW 1970, S. 353-359

Sachs, Michael (Hrsg.), Grundgesetz, Kommentar, 3. Auflage, München 2003, Zitierweise: *Bearbeiter*, in: Sachs (Hrsg.), GG

– Verfassungsrecht II, Grundrechte, 2. Auflage, Berlin Heidelberg 2003, Zitierweise: *M. Sachs*, Verfassungsrecht II, Grundrechte

Sander, Gerald G., Europäischer Gerichtshof und nationale Verfassungsgerichtsbarkeit, DÖV 2000, S. 588-596

Schäfer, Heinz, Österreichischer Landesbericht, in: Jürgen Schwarze (Hrsg.), Die Entstehung einer europäischen Verfassungsordnung, Baden-Baden 2000, S. 339 ff., Zitierweise: *H. Schäfer*, in: Schwarze (Hrsg.), Die Entstehung einer europäischen Verfassungsordnung, 2000

Schefold, Dian, Erziehung als Wertvermittlung im wertpluralistischen Staat, RdJB 1996, S. 309-321

Scheuing, Dieter H., Freizügigkeit als Unionsbürgerrecht, EuR 2003, S. 744-792

– Zur Grundrechtsbindung der EU-Mitgliedstaaten, EuR 2005, S. 162-191

Schiedermair, Hartmut, Deutsches Hochschulwesen der Gegenwart – Eine Bestandsaufnahme, in: Christian Flämig / Otto Kimminich / Hartmut Krüger / Ernst-Joachim Meusel / Hans Heinrich Rupp / Dieter Scheven / Hermann Josef Schuster / Friedrich Graf Stenbock-Fermor (Hrsg.), Handbuch des Wissenschaftsrechts, Band 1, 2. Auflage, Berlin, Heidelberg, New York 1996, S. 37 ff., Zitierweise: *H. Schiedermair*, in: Flämig u.a. (Hrsg.), Hdb WissR I

Schilling, Theodor, Bestand und allgemeine Lehren der bürgerschützenden allgemeinen Rechtsgrundsätze des Gemeinschaftsrechts, EuGRZ 2000, S. 3-43

– Internationaler Menschenrechtsschutz, Tübingen 2004, Zitierweise: *Th. Schilling*, Internationaler Menschenrechtsschutz, 2004

Schmitt, Carl, Verfassungsrechtliche Aufsätze aus den Jahren 1924-1954. Materialien zu einer Verfassungslehre, 4. Auflage, unveränderter Nachdruck der 1958 erschienenen 1. Auflage, Berlin 2003, Zitierweise: *C. Schmitt*, Verfassungsrechtliche Aufsätze aus den Jahren 1924-1954, 1958

Schmitz, Thomas, Die EU-Grundrechtecharta aus grundrechtsdogmatischer und grundrechtstheoretischer Sicht, JZ 2001, S. 833-843

– Die Grundrechtecharta als Teil der Verfassung der Europäischen Union, EuR 2004, S. 691-713

Scholz, Rupert, Zur Europäischen Grundrechtscharta, in: Max-Emanuel Geis, Dieter Lorenz (Hrsg.), Staat Kirche Verwaltung, Festschrift für Hartmut Maurer zum 70. Geburtstag, München 2001, S. 998 ff., Zitierweise: *R. Scholz*, Festschrift H. Maurer, 2001

Schorn, Hubert, Die Europäische Konvention zum Schutze der Menschenrechte und Grundfreiheiten, Text und Kommentar, Frankfurt am Main 1965, Zitierweise: *H. Schorn*, EMRK

Schroeder, Werner, Die Auslegung des EU-Rechts, JuS 2004, S. 180-186

Schrötter, Hans Jörg, Das neue Europa, 3. Auflage, München 2006, Zitierweise: *H. J. Schrötter*, Das neue Europa

Schübel-Pfister, Isabel, Sprache und Gemeinschaftsrecht. Die Auslegung der mehrsprachig verbindlichen Rechtstexte durch den Europäischen Gerichtshof, Berlin 2004, Zitierweise: *I. Schübel-Pfister*, Sprache und Gemeinschaftsrecht, 2004

Schulenberg, Sebastian, Schutz der Grundrechte in Europa: Rechtsquellen, Schutzmechanismen, Konkurrenzen, in: Jörn Axel Kämmerer / Miroslaw Wyrzykowski (Hrsg.), Verfassungsgebung für Europa, München 2005, S. 287 ff., Zitierweise: *S. Schulenberg*, in: Kämmerer/Wyrzykowski (Hrsg.), Verfassungsgebung für Europa, 2005

Schwarze, Jürgen (Hrsg.), EU-Kommentar, 1. Auflage, Baden-Baden 2000, Zitierweise: *Bearbeiter*, in: Schwarze (Hrsg.), EU

– Der Grundrechtsschutz für Unternehmen in der Europäischen Grundrechtecharta, EuZW 2001, S. 517-524

– Der Verfassungentwurf des Europäischen Konvents – Struktur, Kernelemente und Verwirklichungschancen –, in: Jürgen Schwarze (Hrsg.), Der Verfassungsentwurf des Europäischen Konvents, Baden-Baden 2004, S. 489 ff., Zitierweise: *J. Schwarze*, in: ders. (Hrsg.), Der Verfassungsentwurf des Europäischen Konvents, 2004

– Ein pragmatischer Verfassungsentwurf – Analyse und Bewertung des vom Europäischen Verfassungskonvent vorgelegten Entwurfs eines Vertrags über eine Verfassung für Europa –, EuR 2003, S. 535-573

– Europäisches Verwaltungsrecht, Entstehung und Entwicklung im Rahmen der Europäischen Gemeinschaften, 2. Auflage, Baden-Baden 2005, Zitierweise: *J. Schwarze*, Europäisches Verwaltungsrecht

Schweitzer, Michael / Herzog, Wolfgang, Bildungspolitik und EWG-Vertrag – Eine Bestandsaufnahme, ZfRV 1991, S. 14-25

Schweitzer, Michael / Hummer, Waldemar, Europarecht, 5. Auflage, Neuwied 1996, Zitierweise: *M. Schweitzer/W. Hummer*, Europarecht

Seidel, Gerd / Beck, Alexander, Rechtliche Aspekte der Bildungspolitik der EG, Jura 1997, S. 393-400

Seidel, Gerd, Handbuch der Grund- und Menschenrechte auf staatlicher, europäischer und universeller Ebene, 1. Auflage, Baden-Baden 1996, Zitierweise: *G. Seidel*, Hdb Grund- und Menschenrechte

Sieghart, Paul, Die geltenden Menschenrechte, Kehl am Rhein 1988, Zitierweise: *P. Sieghart*, Die geltenden Menschenrechte, 1988

Siekmann, Helmut / Duttge, Gunnar, Staatsrecht I: Grundrechte, 3. Auflage, Thüngersheim Frankfurt am Main 2000, Zitierweise: *H. Siekmann/G. Duttge*, Staatsrecht I: Grundrechte

Sieveking, Klaus, Europäisierung der Bildungspolitik?, ZAR 1987, S. 99-108

Simons, David, Bestand und Bedeutung der Grundrechte in den Niederlanden, EuGRZ 1978, S. 450-458

Smith, Gordon / Hix, Simon, Europäische Integration und nationales Verfassungsrecht in Großbritannien, in: Ulrich Battis / Dimitris Th. Tsatsos / Dimitris Stefanou (Hrsg.), Europäische Integration und nationales Verfassungsrecht, 1. Auflage, Baden-Baden 1995, S. 183 ff., Zitierweise: *G. Smith/S. Hix*, in: Battis/Tsatsos/Stefanou (Hrsg.), Europäische Integration und nationales Verfassungsrecht, 1995

Sólyom, László / Brunner, Georg, Constitutional Judiciary in a New Democracy, The Hungarian Constitutional Court, Michigan 2000, Zitierweise: *L. Sólyom/G. Brunner*, The Hungarian Constitutional Court, 2000

Sommermann, Karl-Peter, Funktionen und Methoden der Grundrechtsvergleichung, in: Detlef Merten / Hans-Jürgen Papier (Hrsg.), Handbuch der Grundrechte in Deutschland und Europa, Band I Entwicklung und Grundlagen, Heidelberg 2004, § 16 (S. 631 ff.), Zitierweise: *K.-P. Sommermann*, in: Merten/Papier (Hrsg.), Handbuch der Grundrechte in Deutschland und Europa, Bd. I

– Staatsziele und Staatszielbestimmungen, Tübingen 1997, Zitierweise: *K.-P. Sommermann*, Staatsziele und Staatszielbestimmungen, 1997

Soria, José Martínez, Die Unionsbürgerschaft und der Zugang zu sozialen Vergünstigungen, JZ 2002, S. 643-651

Speer, Benedikt, Die Europäische Union als Wertegemeinschaft, DÖV 2001, S. 980-988

Spielbüchler, Karl, Bestand und Bedeutung der Grundrechte im Bildungsbereich in Österreich, EuGRZ 1981, S. 675-686

– Das Grundrecht auf Bildung in Österreich, EuGRZ 1985, S. 437-446

Starck, Christian (Hrsg.), Grundgesetz und deutsche Verfassungsrechtsprechung im Spiegel ausländischer Verfassungsentwicklung, 1. Auflage, Baden-Baden 1990, Zitierweise: *Bearbeiter*, in: Starck (Hrsg.), Grundgesetz und deutsche Verfassungsrechtsprechung im Spiegel ausländischer Verfassungsentwicklung, 1990

– Ein Grundrechtskatalog für die Europäischen Gemeinschaften, EuGRZ 1981, S. 545-550

– Staatliche Schulhoheit, pädagogische Freiheit und Elternrecht, DÖV 1979, S. 269-275

Staudenmayer, Dirk, Europäische Bildungspolitik – vor und nach Maastricht –, BayVBl. 1995, S. 321-330

– Mittelbare Auswirkungen des Gemeinschaftsrechts auf das Bildungswesen, WissR 27 (1994), S. 249-281

Staupe, Jürgen, Schulrecht von A-Z, 5. Auflage, München 2001, Zitierweise: *J. Staupe*, Schulrecht von A-Z, Stichwort

Stein, Ekkehart / Frank, Götz, Staatsrecht, 19. Auflage, Tübingen 2004, Zitierweise: *E. Stein/G. Frank*, Staatsrecht

Stein, Torsten, „Gut gemeint ...“ – Bemerkungen zur Charta der Grundrechte der Europäischen Union, in: Hans-Joachim Cremer, Thomas Giegerich, Dagmar Richter, Andreas Zimmermann (Hrsg.), Tradition und Weltoffenheit des Rechts, Festschrift für Helmut Steinberger, Berlin Heidelberg New York 2002, Zitierweise: *T. Stein*, Festschrift H. Steinberger, 2002

Steinberger, Helmut, Allgemeine Regeln des Völkerrechts, in: Josef Isensee / Paul Kirchhof (Hrsg.), Handbuch des Staatsrechts der Bundesrepublik Deutschland, Band VII – Normativität und Schutz der Verfassung – Internationale Beziehungen, § 173 (S. 525 ff.), Heidelberg 1992, Zitierweise: *H. Steinberger*, in: Isensee/Kirchhof (Hrsg.), Hdb StaatsR VII

Steindorff, Ernst, Ausbildungsrechte im EG-Recht, NJW 1983, S. 1231-1233

Stern, Klaus (Hrsg.), Das Staatsrecht der Bundesrepublik Deutschland, Band III/1, Allgemeine Lehren der Grundrechte, München 1988, Zitierweise: *Bearbeiter*, in: Stern (Hrsg.), Staatsrecht III/1

– (Hrsg.), Das Staatsrecht der Bundesrepublik Deutschland, Band IV/1, Die einzelnen Grundrechte, München 2006, Zitierweise: *Bearbeiter*, in: Stern (Hrsg.), Staatsrecht IV/1

– Europäische Verfassung und Grundrechte-Charta nach dem Nein der Franzosen und Niederländer, in: Klaus Stern / Peter J. Tettinger (Hrsg.), Europäische Verfassung im Werden, Berlin 2006, S. 25 ff., Zitierweise: *Kl. Stern*, in: Stern/Tettinger (Hrsg.), Europäische Verfassung im Werden, 2006

– Neue Entwicklungen der Verfassungsgerichtsbarkeit in den Staaten Ostmitteleuropas, in: Mahulena Hofmann, Herbert Küpper (Hrsg.), Kontinuität und Neubeginn – Staat und Recht in Europa zu Beginn des 21. Jahrhunderts, Festschrift für Georg Brunner zum 65. Geburtstag, Baden-Baden 2001, S. 150 ff., Zitierweise: *Kl. Stern*, Festschrift G. Brunner, 2001

– Von der Europäischen Menschenrechtskonvention zur Europäischen Grundrechte-Charta – Perspektiven des Grundrechtsschutzes in Europa, in: Klaus Stern / Peter J. Tettinger (Hrsg.), Die Europäische Grundrechte-Charta im wertenden Verfassungsvergleich, Berlin 2005, S. 13 ff., Zitierweise: *Kl. Stern*, in: Stern/Tettinger (Hrsg.), Die Europäische Grundrechte-Charta im wertenden Verfassungsvergleich, 2005

Stock, Martin, Viele Religionen in der einen öffentlichen Schule: Der Bildungsauftrag als oberster Richtwert, RdJB 2005, S. 94-113

Stöcker, Hans A., Die UNO-Kinderrechtskonvention und das deutsche Familienrecht, FamRZ 1992, S. 245-252

Storr, Stefan, Zur Bonität des Grundrechtsschutzes in der Europäischen Union, Der Staat 36 (1997), S. 547-573

Strasser, Kyra, Grundrechtsschutz in Europa und der Beitritt der Europäischen Gemeinschaften zur Europäischen Menschenrechtskonvention, Frankfurt am Main 2001, Zitierweise: *K. Strasser*, Grundrechtsschutz in Europa, 2001

Streinz, Rudolf (Hrsg.), EUV/EGV, Vertrag über die Europäische Union und Vertrag zur Gründung der Europäischen Gemeinschaft, München 2003, Zitierweise: *Bearbeiter*, in: Streinz (Hrsg.), EUV/EGV

– Europarecht, 7. Auflage, Heidelberg 2005, Zitierweise: *R. Streinz*, Europarecht

Streinz, Rudolf / Leible, Stefan, Die unmittelbare Drittwirkung der Grundfreiheiten. Überlegungen aus Anlass von EuGH, EuZW 2000, 468 – Angonese, EuZW 2000, S. 459-467

Strömholm, Stig, An introduction to Swedish law, 2. Auflage, Stockholm 1988, Zitierweise: *St. Strömholm*, An introduction to Swedish law, 1988

Stüer, Bernhard, Recht auf unverkürzten Unterricht, RdJB 1986, S. 282-287

Suerbaum, Joachim, Die Schutzpflichtdimension der Gemeinschaftsgrundrechte, EuR 2003, S. 390-416

Suproń-Heidel, Anna, Erster Diskussionsbericht: Der Grundrechtsschutz im polnischen Recht, in: Claus Dieter Classen / Helmut Heiss / Anna Suproń-Heidel (Hrsg.), Polens Rechtsstaat am Vorabend des EU-Beitritts, Tübingen 2004, S. 45 ff., Zitierweise: *A. Suproń-Heidel*, in: Classen/Heiss/Suproń-Heidel (Hrsg.), Polens Rechtsstaat am Vorabend des EU-Beitritts, 2004

Szczekalla, Peter, Die sogenannten grundrechtlichen Schutzpflichten im deutschen und europäischen Recht, Inhalt und Reichweite einer „gemeineuropäischen Grundrechtsfunktion", Berlin 2002, Zitierweise: *P. Szczekalla*, Die sogenannten grundrechtlichen Schutzpflichten im deutschen und europäischen Recht, 2002

– Grundrechte für Europa – Die Europäische Union nach Nizza, DVBl. 2001, S. 345-352

– Grundrechtliche Schutzbereiche und Schrankensystematik, in: F. Sebastian M. Heselhaus, / Carsten Nowak (Hrsg.), Handbuch der Europäischen Grundrechte, München Wien Bern 2006, § 7 (S. 255 ff.), Zitierweise: *P. Szczekalla*, in: Heselhaus/Nowak (Hrsg.), Handbuch der Europäischen Grundrechte

Taupitz, Jochen, Der rechtliche Rahmen des Klonens zu therapeutischen Zwecken, NJW 2001, S. 3433-3440

Tettinger, Peter J. / Geerling, Jörg, Ehe und Familie in der europäischen Grundrechtsordnung, EuR 2005, S. 419-441

Tettinger, Peter J. / Stern (Hrsg.), *Klaus*, Kölner Gemeinschaftskommentar zur Europäischen Grundrechte-Charta, München 2006, Zitierweise: *Bearbeiter*, in: Tettinger/Stern (Hrsg.), Kölner Gemeinschaftskommentar zur Europäischen Grundrechte-Charta

Tettinger, Peter J., Die Charta der Grundrechte der Europäischen Union, NJW 2001, S. 1010-1015

Theuersbacher, Paul, Die Entwicklung des Schulrechts in den Jahren 1995 und 1996, NVwZ 1997, S. 744-749

Thiel, Markus, Der Erziehungsauftrag des Staates in der Schule, Grundlagen und Grenzen staatlicher Erziehungstätigkeit im öffentlichen Schulwesen, Berlin 2000, Zitierweise: *M. Thiel*, Der Erziehungsauftrag des Staates in der Schule, 2000

Thieme, Werner, Deutsches Hochschulrecht, 3. Auflage, Köln Berlin München 2004, Zitierweise: *W. Thieme*, Deutsches Hochschulrecht

Thygesen, Frants, Bestand und Bedeutung der Grundrechte im Bildungsbereich in Dänemark, EuGRZ 1981, S. 629-633

Tilch, Horst, Münchener Rechts-Lexikon, Band 1 und 3, München 1987, Zitierweise: *H. Tilch*, Münchener Rechts-Lexikon, Bd.

Triantafyllou, Dimitris, The European Charter of Fundamental Rights and the „rule of law": Restricting fundamental rights by reference, CMLR 2002, S. 53-64

Triebel, Matthias, Die rechtliche Bedeutung der Grundrechtecharta, Jura 2003, S. 525-527

Uebersohn, Gerhard, Europarechtliche Entwicklungen im Bildungsrecht und in der Bildungspolitik, RdJB 1998, S. 267-275

Uerpmann-Wittzak, Robert, Doppelter Grundrechtsschutz für die zukünftige Europäische Union, DÖV 2005, S. 152-157

Ullmann, Christian, Die UNO-Kinderrechtskonvention und das innerstaatliche Recht, FamRZ 1992, S. 892-894

Umbach, Dieter C. / Clemens, Thomas (Hrsg.), Grundgesetz, Band I, Mitarbeiterkommentar und Handbuch, Heidelberg 2002, Zitierweise: *Bearbeiter*, in: Umbach/Clemens (Hrsg.), GG I

Umbach, Dieter C., Die Grundrechte der neuen spanischen Verfassung, EuGRZ 1979, S. 229-237

Vainiuté, Milda, Die Verfassungsentwicklung der Republik Litauen unter besonderer Berücksichtigung der Verfassungsgerichtsbarkeit, Vilnius 2001, Zitierweise: *M. Vainiuté*, Die Verfassungsentwicklung der Republik Litauen, 2001

Vari, Filippo, Familie, Nichteheliche und andere Lebensgemeinschaften im Recht der Mitgliedstaaten der Europäischen Union und im Gemeinschaftsrecht, in: Klaus Stern / Peter J. Tettinger (Hrsg.), Europäische Verfassung im Werden, Berlin 2006, S. 59 ff., Zitierweise: *F. Vari*, in: Stern/Tettinger (Hrsg.), Europäische Verfassung im Werden, 2006

Velu, Jacques, Bestand und Bedeutung der Grundrechte im Bildungsbereich in Belgien, EuGRZ 1981, S. 595-610

Vidal, Carlos, Bildung und Wissenschaft aus der Sicht des spanischen Verfassungsrechts, in: Klaus Stern / Peter J. Tettinger (Hrsg.), Die Europäische Grundrechte-Charta im wertenden Verfassungsvergleich, Berlin 2005, S. 189 ff., Zitierweise: *C. Vidal*, in:

Stern/Tettinger (Hrsg.), Die Europäische Grundrechte-Charta im wertenden Verfassungsvergleich, 2005

Villiger, Mark E., Handbuch der Europäischen Menschenrechtskonvention, 2. Auflage, Zürich 1999, Zitierweise: *M. E. Villiger*, Hdb EMRK

Vitzthum, Wolfgang Graf, Die Identität Europas, EuR 2002, S. 1-16

Vogel, Johann Peter, 50 Jahre Grundrecht auf Errichtung freier Schulen, in: Frank-Rüdiger Jach / Siegfried Jenkner (Hrsg.), 50 Jahre Grundgesetz und Schulverfassung, Berlin 2000, S. 39 ff., Zitierweise: *J. P. Vogel*, in: Jach/Jenkner (Hrsg.), 50 Jahre GG und Schulverfassung, 2000

– Das „herkömmliche Bild der Privatschule". Die widersprüchliche Rechtsprechung des Bundesverfassungsgerichts zur Finanzhilfe für Ersatzschulen., RdJB 1998, S. 206-216

Wägenbaur, Rolf, Die Einbeziehung der Hochschulen in den europäischen Integrationsprozess – Überstaatliche Elemente in der Hochschulpolitik? –, EuR 1990, S. 135-142

Wahrig, Gerhard, Deutsches Wörterbuch, Gütersloh 1994, Zitierweise: *G. Wahrig*, Deutsches Wörterbuch

Walsh, Brian, Bestand und Bedeutung der Grundrechte im Bildungsbereich in Irland, EuGRZ 1981, S. 643-647

Weber, Albrecht (Hrsg.), Charta der Grundrechte der Europäischen Union, München 2002, Zitierweise: *A. Weber* (Hrsg.), Charta der Grundrechte der Europäschen Union, 2002

– Berufsausbildung und Berufszugang für Juristen im EG-Binnenmarkt, NVwZ 1990, S. 1-8

– Die Europäische Grundrechtscharta – auf dem Weg zu einer europäischen Verfassung, NJW 2000, S. 537-544

– Einheit und Vielfalt der europäischen Grundrechtsordnung(en*),* DVBl. 2003, S. 220-227

– Menschenrechte, München 2004, Zitierweise: *A. Weber*, Menschenrechte, 2004

Weber, Katrin, Die Bildung im Europäischen Gemeinschaftsrecht und die Kulturhoheit der deutschen Bundesländer, Baden-Baden 1993, Zitierweise: *K. Weber*, Die Bildung im Europäischen Gemeinschaftsrecht und die Kulturhoheit der deutschen Bundesländer, 1993

Wetter, Irmgard, Die Grundrechtscharta des Europäischen Gerichtshofes –, Die Konkretisierung der gemeinschaftlichen Grundrechte durch die Rechtsprechung des EuGH zu den allgemeinen Rechtsgrundsätzen, Frankfurt am Main 1998, Zitierweise: *I. Wetter*, Die Grundrechtscharta des Europäischen Gerichtshofes, 1998

Wiesand, Andreas Johannes, Kunst ohne Grenzen? Kulturelle Identität und Freizügigkeit in Europa; eine Einführung in Gegenwart, Probleme und Entwicklungschancen europäischer Kulturpolitik, Köln 1987, Zitierweise: *A. J. Wiesand*, Kunst ohne Grenzen?, 1987

Wildhaber, Luzius, Die dänischen Sexual-Erziehungs-Fälle (Kjeldsen, Busk Maden und Pedersen c. Dänemark), Anmerkung zum Urteil des Europäischen Gerichtshofes für Menschenrechte, EuGRZ 1976, S. 493-496

Winkler, Roland, Die Grundrechte der Europäischen Union. System und allgemeine Grundrechtslehren, Wien 2006, Zitierweise: *R. Winkler*, Die Grundrechte der Europäischen Union, 2006

Wittkowski, Bernd, Bildungsrechtliche Folgen des Maastrichter Vertrages aus deutscher Sicht, RdJB 1994, S. 317-325

Wolf, Joachim, Ratifizierung unter Vorbehalten: Einstieg oder Ausstieg der Bundesrepublik Deutschland aus der UN-Konvention über die Rechte des Kindes?, ZRP 1991, S. 374-378

Wolff, Heinrich Amadeus, Ehe und Familie in Europa, EuR 2005, S. 721-734

Wuermeling, Joachim, Die Tragische: Zum weiteren Schicksal der EU-Verfassung, ZRP 2005, S. 149-153

Zimmermann, Andreas, Die Charta der Grundrechte der Europäischen Union zwischen Gemeinschaftsrecht, Grundgesetz und EMRK. Entstehung, normative Bedeutung und Wirkung der EU-Grundrechtecharta im gesamteuropäischen Verfassungsraum, 1. Auflage, Baden-Baden 2002, Zitierweise: *A. Zimmermann*, Charta der Grundrechte der Europäischen Union, 2002

Zmas, Aristoteles, Europäische Bildungspolitik: Grenzen und Möglichkeiten unter dem Kriterium der regulativen Idee von Bildung, Bonn 2002, Zitierweise: *A. Zmas*, Europäische Bildungspolitik, 2002

Zuleeg, Manfred, Der Schutz der Menschenrechte im Gemeinschaftsrecht, DÖV 1992, S. 937-944

– Die Auslegung des Europäischen Gemeinschaftsrechts, EuR 1969, S. 97-108

– Zum Verhältnis nationaler und europäischer Grundrechte, EuGRZ 2000, S. 511-517

Zweigert, Konrad, Der Einfluss des Europäischen Gemeinschaftsrechts auf die Rechtsordnungen der Mitgliedstaaten, RabelsZ 1964, S. 601-614

Kölner Schriften zu Recht und Staat

Herausgegeben von
Hartmut Schiedermair und Bernhard Kempen

Band 1 Bernhard Kempen: Die deutsch-polnische Grenze nach der Friedensregelung des Zwei-plus-Vier-Vertrages. 1997.

Band 2 Hans-Georg Maaßen: Die Rechtsstellung des Asylbewerbers im Völkerrecht. Überlegungen zu den völkerrechtlichen Rahmenbedingungen einer europäischen Asylrechtsharmonisierung. 1997.

Band 3 Udo Fink: Kollektive Friedenssicherung. Kapitel VII UN-Charta in der Praxis des Sicherheitsrats der Vereinten Nationen. 1999.

Band 4 Stephan Grigolli: Sprachliche Minderheiten in Italien, insbesondere Südtirol, und in Europa. Der Gebrauch der Sprache vor Behörden und Gerichten und die Vergabe öffentlicher Stellen. 1997.

Band 5 Uta Stoy-Schnell: Das Bundesverfassungsgericht und die Corte costituzionale. Ein Vergleich der Verfassungsgerichtsbarkeiten in Deutschland und Italien. 1998.

Band 6 Christian Hillgruber: Die Aufnahme neuer Staaten in die Völkerrechtsgemeinschaft. Das völkerrechtliche Institut der Anerkennung von Neustaaten in der Praxis des 19. und 20. Jahrhunderts. 1998.

Band 7 Jochen Seitz: Planungshoheit und Grundeigentum. Die verfassungsrechtlichen Schranken der städtebaulichen Entwicklungsmaßnahmen. 1999.

Band 8 Jochen Herbst: Rechtskontrolle des UN-Sicherheitsrates. 1999.

Band 9 Kristin Möller: Die Beschaffung naturschutzrechtlicher Ausgleichsflächen im Baurecht. 1999.

Band 10 Klaus Löffelbein: Genehmigungsfreies Bauen und Nachbarrechtsschutz. Die baurechtlichen Anzeige- und Freistellungsverfahren der Länder aus nachbarlicher Sicht. 2000.

Band 11 Patrick Mittmann: Die Rechtsfortbildung durch den Gerichtshof der Europäischen Gemeinschaften und die Rechtsstellung der Mitgliedstaaten der Europäischen Union. 2000.

Band 12 Martin R. Albus: Zur Notwendigkeit eines Internationalen Umweltgerichtshofs. Zugleich eine Analyse der Staatenpraxis zum Internationalen Umwelthaftungsrecht und der Rechtsschutzmöglichkeiten bei grenzüberschreitenden Umweltbeeinträchtigungen. 2000.

Band 13 Irene Baur: Die Haftung der Europäischen Zentralbank. 2001.

Band 14 Tobias R. Ehlen: Zentralisierungsmöglichkeiten der deutschen Börsenaufsicht. 2003.

Band 15 Ulrich Steiner: Wertsicherungsklauseln. Zur Europarechtskonformität des neuen § 2 PaPkG. 2003.

Band 16 Stephanie Vogel: Der Prüfungsumfang des Bundesverfassungsgerichts bei Verfassungsbeschwerden am Beispiel der Kunstfreiheitsrechtsprechung. 2004.

Band 17 Thomas Schmidt: Deutsche Hochschulräte. Begriff, Darstellung und rechtliche Analyse. 2004.

Band 18 Kirsten Schmalenbach: Die Haftung Internationaler Organisationen im Rahmen von Militäreinsätzen und Territorialverwaltungen. 2004.

Band 19 Gunter Warg: Von Verteidigung zu kollektiver Sicherheit. Der Nato-Vertrag *auf Rädern*. 2004.

Band 20 Bernhard Kempen / Yvonne Dorf: Bodenreform 1945–1949. Eine verfassungsrechtliche Neubewertung. 2004.

Band 21 Jeanette Nolte: Die völkerrechtliche Vertragspraxis der EG und die Haftung der Mitgliedstaaten am Beispiel der Fischereipolitik. 2004.

Band 22 Rüdiger Schmid-Kühnhöfer: Die Staatlichkeit von Beihilfen. Mittel- und Transferzurechnung nach Art. 87 Abs. 1 EG-Vertrag. 2004.

Band 23 Florian Schöler: Die Reform des Europäischen Kartellverfahrensrechts durch die Verordnung (EG) Nr. 1/2003. 2004.

Band 24 Christina Maria Pelzer: Die Kompetenzen der EG im Bereich Forschung. Eine Analyse ihrer Reichweite und Grenzen vor dem Hintergrund des Art. 5 Abs. 3 GG. Dargestellt am Beispiel der Gentechnologie. 2004.

Band 25 Nikolaus Vieten: Die verfassungsrechtliche Zulässigkeit der Wiedereinführung einer Vermögensteuer. Zugleich eine Untersuchung des Halbteilungsbeschlusses des Bundesverfassungsgerichts. 2005.

Band 26 Bernhard Kempen (Hrsg.): Die rechtsstaatliche Bewältigung der demokratischen Bodenreform. 2005.

Band 27 Erik Hansalek: Die parlamentarische Kontrolle der Bundesregierung im Bereich der Nachrichtendienste. 2006.

Band 28 Thomas Günther: Zur Zulässigkeit der Errichtung privater Volksschulen als Bekenntnisschulen religiös-ethnischer Minderheiten nach Art. 7 Abs. 5 GG. Am Beispiel einer islamischen Grundschule. 2006.

Band 29 Christian Hoppe: Staatshaftung und Rechtsschutz bei Verletzung grundfreiheitlicher Schutzpflichten. 2006.

Band 30 Julia Schäfer: Die Entscheidung des ECOFIN-Rats über das Vorliegen eines übermäßigen Defizits. Eine Entscheidung zwischen Politik und Recht. 2007.

Band 31 Erika Elisabeth Orth: Ein Grundrecht auf Umweltschutz in Europa? Eine rechtsdogmatische Einordnung des Art. 37 GRC. 2007.

Band 32 Cécile Günther: Die Auslegung des Rechts auf Bildung in der europäischen Grundrechtsordnung. Eine Analyse von Schutzbereich und Reichweite – dargestellt am Beispiel des Art. 14 EU-GRCh (Art. II-74 EuVerf). 2007.

Kolibri 360 GmbH
Ferdinand-Jühlke-Straße 7
99095 Erfurt, Deutschland
produktsicherheit@kolibri360.de

Druck:
CPI Druckdienstleistungen GmbH
im Auftrag der
Kolibri 360 GmbH
Ferdinand-Jühlke-Str. 7
99095 Erfurt